ICH, ADOLF EICHMANN

Ein historischer Zeugenbericht

Ich, Adolf Eichmann

Ein historischer Zeugenbericht

Herausgegeben von Dr. Rudolf Aschenauer

**DRUFFEL-VERLAG
LEONI AM STARNBERGER SEE**

Schutzumschlag H. O. Pollähne, Braunschweig

Internationale Standardbuchnummer
ISBN 3 8061 1004 2

2. Auflage 1981
1980
Alle Rechte vorbehalten © by Druffel Verlag
Satz, Druck und Bindearbeiten: H. Mühlberger, Augsburg

Inhaltsverzeichnis

Vorwort des Verlages 13

Dr. *Rudolf Aschenauer*
*Zum Judentum, Antisemitismus und Zionismus, vor, im
und nach dem Ersten Weltkrieg* 17–40
*Einführung in die Problematik (17) – Zur Balfour-Declaration
(19) – Juden als Deutsche – Juden und Deutsche als Freunde und
Gegner (20) – Vom Aufleben des modernen Antisemitismus (22)
– Lanzen für die Juden (25) – Der Weg zum Jahr 1933 (26) –
Vor der Aktion und Reaktion der Juden (227) – Sowjetunion,
Kommunismus und Judentum (28) – Vom totgeborenen Birob-
džam (29) – Alles dieses wußte Eichmann nicht (30) – Vom
politischen Weltbild Adolf Hitlers (32) – Der gesetzlose Krieg
(36)*

Kurze Zusammenfassung der Ergebnisse 41–57
*Aus Eichmanns Niederschrift – Vorwort und Kommentar des
Herausgebers (41) – Zur Herausgabe dieses Buches (56)*

Adolf Eichmann
Nun spricht Eichmann 58–64
Gedanken in US-Kriegsgefangenschaft (58) – Ein Rückblick:
Zionismus und Endlösung (59) – Was ich will (62)

Adolf Eichmann
Aus meinem Leben 65–174

Als ich noch nicht Nationalsozialist war (65) – Ich wurde nationaler Sozialist (67) – Bei der österreichischen Legion (69) – Der Schritt zum SD (72) – Kontakte im Ausland (78) – Fortsetzung meiner SS-Arbeit im Reich (80) – Stärkere Kontakte mit Juden (82) – Für politische Lösung der Judenfrage durch Auswanderung – Als Untersturmführer in der österreichischen Heimat (84) – Für stärkere Auswanderung der Juden (86) – Von den Rätseln der Nacht zum 9. November 1938 (91) – Von jüdischer Arbeit im Reich (93) – Die Auswanderung und ihre Behinderung in der Welt (94) – Die „Zentralstelle für Auswanderung" in Prag (99) – Aus der Arbeit in Prag (102) – Schwierigkeiten für die Auswanderung der Juden (104) – Als Judenreferent bei der Gestapo (108) – Vom Verwaltungs-Durcheinander in der Judenpolitik (115) – „Endlösung" in Form eines „Judenstaats" in Polen (118) – Die „privilegierten" Juden (123) – Interventionen (126) – Theresienstadt als Musterbeispiel der Ghettobildung (128) – Eichmann schildert seine Aufgaben (134) – Ein paar erste Worte zum Madagaskar-Plan (138) – KZs, Gesetze und ich (138) – „Sonderbehandlung" in den KZs (141) – Besuche in den KZs (142) – „Schöpferische" Tätigkeit nur für die Auswanderung (144) – Wozu ich Befehlsgewalt hatte (145) – „Mischlinge" und Ehen zwischen Juden und Nichtjuden (147) – Ein Lieblingsthema: Zuständigkeiten (148) – Zur „Aktion Reinhard" (149) – Ebensowenig politisch: die berüchtigten Vergasungswagen à la Grafeneck (150) – Zuständigkeiten für die Deportierung (150) – Noch einmal: Das Durcheinander der politischen Instanzen (153) – Ich war weder Massenmörder noch Mörder (157) – Eichmann für Polen und die UdSSR unzuständig (159) – Eichmann als Befehlsempfänger (161) – Von den Grenzen meiner Weisungsmacht (162) – *Evian, Madagaskar und andere Pläne (164)* – *Deutsche Vorschläge zur Auswanderung der Juden ohne Erfolg (165)* – Mehr über die Geburt des Madagaskar-Plans (170) – Vom Tod des Madagaskar-Plans und danach (174)

Adolf Eichmann
Heß ist fort – Es weht ein neuer Wind – Politische Lösungen existieren nicht mehr 175–221
Der Krieg mit der UdSSR – Seine Folgen für die Juden (175) – Maßloser Krieg (176) – Judenvernichtung und Kaufman-Plan (176) – Eichmann und die Einsatzgruppen der Sicherheitspolizei und des SD (180) – Wo und wie gab es Vernichtungen? (182) – *Kriegserklärung der Jewish-Agency und ihre Teilnahme am Krieg (184)* – *Schwere Folgen des Krieges mit der UdSSR für die Juden und die Judenpolitik (185)*

Rudolf Aschenauer / Adolf Eichmann
Noch einmal: Partisanenkampf und Judensterben 222–253
Vom Widerstand der Juden (222) – *Abschließende Worte zu diesem Thema (227)* – Wie ich das Werden der „physischen Vernichtung" sehe (229) – Eichmann: Nicht an Morden, doch an Deportationen beteiligt (232) – Konstruktionsversuche eines kleinen Mannes (232) – Eichmanns Judenberater bei den deutschen Gesandten (235) – Lagerinspektion in Theresienstadt (241) – Aktive und passive Beteiligung des Auslands an den

Deportationen (242) – ... und mein Anteil (243) – Die nassen
Füße der anderen (244) – Richtlinien für Deportationen (245) –
Von den getauften und „privilegierten" Juden (245) – Vom
Verlauf der Deportationen (246) – „Hochs" und „Tiefs" bei
den Deportationen (248) – Von der Absonderung der Juden
(250) – Folgen des Warschauer Aufstands (251)

Adolf Eichmann
Die Deportationen aus dem Ausland 254–262
Aus der Slowakei (254)

Adolf Eichmann / *Rudolf Aschenauer*
Zur Judenfrage in Serbien 263–292
Deportation und Tod serbischer Juden (263) – Deportation aus
Serbien (268) – *Zur Grundfrage in Rumänien (270)* – Deportation aus Rumänien (275) – *Zur Judenfrage in Bulgarien (278)* –
Deportation aus Bulgarien (279) – Deportation aus Griechenland (280) – Deportation aus den baltischen Ländern (282) –
Zur Judenfrage in Kroatien (Deutsche Besatzungszone) (283) –
Zur Judenfrage in Kroatien (Italienische Besatzungszone) (284) –
Zur Lage in Italien (285) – Deportation aus Kroatien und Italien (286) – Deportation aus Italien (287) – *Zur Lage in Nordeuropa (288)* – *Zur Lage in Norwegen (289)* – Deportation aus
Finnland (289) – Deportation aus Norwegen (290) – Deportation aus Dänemark (291)

Rudolf Aschenauer / Adolf Eichmann
Zur Judenfrage in den Niederlanden und zur Deportation
der dortigen Juden 293–308
Deportation aus den Niederlanden (296) – *Zur Judenfrage und
Deportation in Belgien (303)* – Deportation aus Belgien (304) –
Rückführung von 367 spanischen Juden (305)

Rudolf Aschenauer / Adolf Eichmann
Zur Judenfrage in Frankreich und zu den Deportationen
von dort 309–322
Deportationen aus Frankreich (315)

Rudolf Aschenauer / Adolf Eichmann
Zur Judenfrage in Ungarn 323–408
Deportation aus Ungarn und jüdische Auswanderung von dort
(330)

Adolf Eichmann
Nach dem Ende meiner Deportationen 409–441
Veränderte Lage in Berlin – Eichmanns jüdische Mitarbeiter im
KZ erschossen (409) – Die Kapitulation wirft ihre Schatten
voraus (412) – Nach der Kapitulation – Zusammen mit Horia
Sima (422) – In US-Gefangenschaft (426) – Meine Jahre in
Deutschland nach der Flucht (429) – Wie ich meinen Fall sehe –
Ein Vergleich (430) – Versuch einer historischen Abrechnung
(437) – Eichmann spricht sich frei (441)

Rudolf Aschenauer
Nachwort 442–444

Anhang 445–510
Adolf Eichmann
Vorgesetzte und Mitarbeiter in meinem Urteil – Der Chef der Sipo und des SD, Obergruppenführer R. Heydrich (445) – SS-Obergruppenführer E. Kaltenbrunner (449) – SS-Gruppenführer Müller – Eine Sphinx (450) – Keine Sphinx: Schellenberg (454) – Obersturmbannführer Dörner (456) – Globocnik – Frage oder Ausrufezeichen? (457) – Höß, Kommandant des KZ Auschwitz (457) – Höttl „fünf oder sechs Millionen" (460) – Meine Mitarbeiter und ich (461) – Verteidigungsargumente und Zahlen (465) – Eichmanns Kommentar zu den Dokumenten (467) – Meine Antwort zu Höttls Vernehmung – Fragen und Antworten zur Juden-Vernichtung (471) – *Zum „Wannsee-Protokoll" (478)* – Zur Wannsee-Konferenz, Frage und Antwort (479) – Auseinandersetzung Eichmanns mit Höß und Pohl (487) – Auswanderung, jüdische Opfer, Autoren und ich (490) – Wäre ich Staatsanwalt oder Verteidiger: Wessen Verantwortung würde ich heute prüfen? (499) – Fragen und Aussagen zur Problematik des Judentums heute – Zionistische und assimilatorische Juden (501) – Einheit des Judentums in der Welt (504) – Rezepte für den Judenstaat (505) – Sephardim und Aschkenasim – Ost- und Westjudentum (507) – Eine Art Schlußwort (509)

Dokumente 512–534

Namensverzeichnis der Personen, Städte und Organisationen 535

Verzeichnis der Fußnoten 546

Quellen- und Literaturverzeichnis 549

Vorwort des Verlages

Im Frühsommer 1979 erhielten wir Kenntnis von der Existenz der Eichmann-Erinnerungen. Wenige Wochen später konnten wir das Manuskript in Empfang nehmen; eine sorgfältige Überprüfung unter Einschaltung eines Rechtsanwaltes setzte ein. Das wichtigste für uns war, diese Arbeit auf seine Echtheit zu überprüfen.* Dabei stellte sich heraus, daß diese Aufzeichnungen Eichmanns, kurz bevor er von den israelischen Häschern gefaßt wurde, sichergestellt werden konnten. Während seines Prozesses in Jerusalem tauchten in den USA Fragmente seiner „Erinnerungen" auf, deren Authentizität nicht als erwiesen betrachtet werden konnte. In jüngster Zeit erhielt der Verlag Nachricht von sog. Eichmann-Erinnerungen, die in Argentinien veröffentlicht wurden; sie stammen jedoch aus der Haftzeit in Israel und sind daher historisch wertlos.

Die Vorlage von Tonbandaufzeichnungen, Mikrofilmen und weiteren unverwechselbaren Dokumenten, sowie Erklärungen der Witwe Adolf Eichmanns und seines mit der Materie vertrauten Sohnes, machten deutlich, daß die uns überlassenen Unterlagen die tatsächlichen Eichmann-Erinnerungen sind.*

Ohne Zweifel zählte und zählt Adolf Eichmann nicht zu den Persönlichkeiten des Dritten Reiches, die während jener 12 Jahre besonders in Erscheinung traten. Erst nach dem verlorenen Krieg wurde Adolf Eichmann als einer der wichtigsten Männer bekannt, der mit der Behandlung der Juden befaßt war.

* Dem Verlag liegt folgende eidesstattliche Erklärung von Frau Eichmann vom 15. 9. 1980 vor:
Mein Ehemann Adolf Eichmann hat in den Jahren, beginnend mit 1951 bis zum Jahre 1959, seine Memoiren verfaßt. Die Memoiren hat er jeweils auf Tonband diktiert, diese wurden dann vom Band von Schreibkräften zu Papier gebracht. Mein Ehemann hat in der Folge das Geschriebene jeweils handschriftlich korrigiert und die Korrekturen mit schwarzem oder teilweise Violettstift selbst ausgeführt.
Einen Teil der Memoiren hat mein Ehemann auch selbst mit der Hand verfaßt, aus dieser Niederschrift wurde dann eine maschinell gefertigte Reinschrift ausgeführt.
Die Arbeiten waren 1959 beendet. Damit sollte ein Abschluß erreicht sein. Mein Ehemann hat erklärt: Diese Arbeit soll nach meinem Tod veröffentlicht werden und zwar zum Nutzen der deutschen Nachkriegsgeneration.
Anfang 1980 habe ich sodann dieses Manuskript dem Druffel-Verlag in 8131 Leoni zur Veröffentlichung zur Verfügung gestellt und dem Werk den Titel „Ich, Adolf Eichmann" gegeben.
Alles andere was bisher als Memoiren meines Mannes veröffentlicht wurde, entspricht nicht dem Manuskript, das ich unter dem genannten Titel dem Verlag vorgelegt habe. Diese vorstehenden Angaben versichere ich hiermit an Eides Statt. Sie sind richtig. gez. Veronika Eichmann, geb. Liebl

Seine Aufzeichnungen sind daher für die Zeitgeschichte von besonderer Wichtigkeit. Es wäre verantwortungslos und gewiß falsch gewesen, diese Aufzeichnungen weiter der Öffentlichkeit vorzuenthalten. Eichmann stellt aus seiner Sicht vieles richtig; er beschönigt und er leugnet nicht; er widersetzt sich aber mit Leidenschaft jenen Falschdarstellungen, mit denen nunmehr seit 35 Jahren das deutsche Volk belastet wird.

Um eine Herausgabe dieses Werkes in der Bundesrepublik Deutschland zu ermöglichen, war es nötig, einen fachkundigen Herausgeber zu finden. Dr. Rudolf Aschenauer, Verteidiger unserer Soldaten vor alliierten Tribunalen und deutschen Gerichten, vielfach auch mit sog. Juden-Prozessen befaßt, hat dankenswerterweise die Herausgabe dieses Bandes übernommen. Seine Ausführungen, Anmerkungen, Kommentare und zeitgeschichtlichen Hinweise sind in *kursiver Schrift* gesetzt, um jedwede Verwechslungen von vornherein auszuschließen. Das Manuskript wurde von einem erfahrenen und verantwortungsbewußten Lektor durchgesehen; selbstverständlich waren gewisse Glättungen notwendig, um Stilbrüche zu vermeiden.

Viele Freunde unseres Hauses, mit denen wir über die Eichmann-Erinnerungen sprachen, haben uns geraten, diese Veröffentlichung so rasch als möglich vorzunehmen; ist sie doch ein Meilenstein auf der Suche nach historischer Wahrheit. Erinnerungen wie die Adolf Eichmanns sind selten. Die an Kriegsuntaten Beteiligten hüllen sich bekanntlich meist in Schweigen, es sei denn sie bekennen sich zu ihnen. Das aber tun fast nur die „Helden" der anderen Seite. Als die Eichmann-Aufzeichnungen bereits in Druck waren, schrieb anläßlich der 35. Wiederkehr des Abwurfs der amerikanischen Atombombe auf Hiroshima, einer der schrecklichsten Kriegstäter, ein jetziger Zwei-Sterne-US-General, der die Hiroshima-Bombe warf, er hoffe, daß sich dies nie wiederholen müsse. Wiederholt hat sich diese völkerrechtswidrige Tat längst in Nagasaki, seither freilich nicht wieder. Der Leser von heute ist schockiert, wenn er hört, daß sich der US-Oberstleutnant von damals, der es danach immerhin zum General gebracht hat, noch heute als Befehlsempfänger zu seiner Tat – das Wort Untat wird mit Absicht vermieden – bekennt. Es gab in allen Armeen der Welt nur *einen* Gehorsam, den unbedingten. Das ist, sieht man einmal von den Verhältnissen im eigenen Lande ab, auch heute nicht anders.

Auch Eichmann bekennt sich in seinen Erinnerungen zu seiner Verantwortung. Es ist keineswegs ein ermutigendes, sondern in vieler Hinsicht ein Buch, das den Leser erschüttert.

Wir meinen aber, daß nur die ganze *Wahrheit* entlastet. Der kritische und nachdenkliche Leser wird in diesem Buch den Willen zur historischen Wahrheit anerkennen müssen. Auch wenn Herausgeber und Verlag keineswegs mit den gewiß oft subjektiven Ansichten Eichmanns konform gehen, so sollte man einem Mann, der vor fast zwei Jahrzehnten zum Tode verurteilt, hingerichtet und dessen Gebeine verbrannt und in alle Winde zerstreut worden sind, die Gelegenheit zur Verteidigung seiner Sache nicht versagen. Dies ist ein Anliegen.

Gewiß bringt Eichmann an zahlreichen Stellen seiner Niederschrift Erwägungen und Argumente vor, die wir von unserer Seite weder so noch ähnlich anführen oder ausdrücken würden. Andererseits konnten wir nicht unberührt bleiben von der inneren Leidenschaft ehrenhafter Wahrheitssuche, mit der Adolf Eichmann seine oft verblüffenden Thesen dem Leser vor Augen führt.

Schließlich bleibt die Tatsache, daß Eichmann in persönlicher Freiheit, ohne psychischen oder physischen Druck, all das niederschreiben konnte, was er über seine Tätigkeit während der Jahre 1933–1945 zu berichten hatte. Dieses Buch, in der Freiheit Argentiniens, bis zum Ende der 50er Jahre niedergeschrieben, ist letztendlich ein historischer Zeugenbericht von besonderem Gewicht.

Verlag und Herausgeber haben sich in ernster Sorge um die geschichtliche Wahrheit bemüht, dieses Buch in sorgfältiger Edition herauszugeben, wozu zumindest Mut gehörte.

Wer wirft jetzt den ersten Stein?

Zum Judentum, Antisemitismus und Zionismus vor, im und nach dem Ersten Weltkrieg

Einführung in die Problematik

Ich saß in einem westeuropäischen Land an dem Ufer eines Sees. Vor mir lagen Manuskriptseiten. Daneben Recorder. Ein Band brachte die Stimme eines Toten: die Aufzeichnungen, die Adolf Eichmann über die Jahre 1933–1945 niedergelegt hatte. Er behandelt sein Wirken in der Judenfrage, die ihm wie so vielen anderen zum Schicksal wurde.

Neben mir lag die 71seitige Schrift eines Realisten und Träumers aus dem Jahre 1920: Theodor Herzls „Der Judenstaat", achte Auflage, Jüdischer Verlag, Berlin. Die erste Auflage war 1896 in Wien erschienen.

Nicht ohne Grund schrieb Herzl in Beurteilung der Lage der Juden: „Man versucht, sie aus dem Geschäftsverkehr hinauszudrängen: ‚Kauft nicht bei Juden!' Die Angriffe in Parlamenten, Versammlungen, Presse, auf Kirchenkanzeln, auf der Straße, auf Reisen – Ausschließung aus gewissen Hotels – und selbst an Unterhaltungsorten mehren sich von Tag zu Tag... In Rußland werden Judendörfer gebrandschatzt, in Rumänien erschlägt man ein paar Menschen, in Deutschland prügelt man sie gelegentlich durch, in Österreich terrorisieren die Antisemiten das ganze öffentliche Leben, in Algerien treten Wanderhetzprediger auf, in Paris knöpft sich die sogenannte bessere Gesellschaft zu, die Cercles schließen sich gegen die Juden ab."

Bemerkenswert ist, was Herzl auf Seite 20/21 schreibt: „Die causa remota ist der im Mittelalter eingetretene Verlust unserer Assimilierbarkeit, die causa proxima unsere Überproduktion an mittleren Intelligenzen, die keinen Abfluß nach unten haben und keinen Aufstieg nach oben – nämlich keinen gesunden Abfluß und keinen gesunden Aufstieg. Wir werden nach unten hin zu Umstürzlern proletarisiert, bilden die Unteroffiziere aller revolutionären Parteien, und gleichzeitig wächst nach oben unsere furchtbare Allmacht. „Der auf uns ausgeübte Druck macht uns nicht besser. Wir sind nicht anders als die anderen Menschen. Wir lieben unsere Feinde nicht, das ist ganz wahr. Aber nur wer sich selbst zu überwinden vermag, darf es uns vorwerfen. Der Druck erzeugt bei uns natürlich eine Feindseligkeit gegen unsere Bedränger – und unsere Feindseligkeit steigert wieder den Druck. Aus diesem Kreislauf herauszukommen, ist unmöglich." (21)

„Wir sind ein Volk (Sperrung vom Verf.) – der Feind macht uns ohne unseren Willen dazu, wie das immer in der Geschichte so war. In der Be-

drängnis stehen wir zusammen, und da entdecken wir plötzlich unsere Kraft. Ja, wir haben die Kraft, einen Staat, und zwar einen Musterstaat, zu bilden." (21/22)
"Ist Palästina oder Argentinien vorzuziehen? ... Argentinien ist eines der reichsten Länder der Erde, von riesigem Flächeninhalt, mit schwacher Bevölkerung und gemäßigtem Klima. Palästina ist unsere unvergeßliche historische Heimat. Dieser Name allein wäre ein gewaltig ergreifender Sammelruf für unser Volk ... Für Europa würden wir dort ein Stück des Walles gegen Asien bilden ... Wir würden als neutraler Staat im Zusammenhang bleiben mit ganz Europa, das unsere Existenz garantieren müßte. Für die heiligen Stätten der Christenheit ließe sich eine völkerrechtliche Form der Exterritorialisierung finden. Wir würden die Ehrenwache um die heiligen Stätten bilden." (24/25)
Theodor Herzl vertritt die Thesen:
"Die Juden ziehen schon jetzt jeden Augenblick aus einem Land ins andere; eine starke Bewegung geht sogar übers Meer nach den Vereinigten Staaten – wo man uns auch nicht mag. Wo wird man uns denn mögen, solange wir keine eigene Heimat haben?" (45) "Ich denke mir, daß die Regierungen diesem Entwurf freiwillig oder unter dem Druck ihrer Antisemiten Aufmerksamkeit schenken werden, und vielleicht wird man sogar da und dort von Anfang an dem Plane mit Sympathie entgegenkommen und es der Society of Jews auch zeigen. Denn durch die Judenwanderungen, die ich meine, können keine wirtschaftlichen Krisen entstehen. Solche Krisen, die im Gefolge von Judenhetzen überall kommen müßten, würden durch die Ausführung dieses Entwurfes vielmehr verhindert werden." (66)
"Noch einmal sei das Wort des Anfangs wiederholt. Die Juden, die wollen, werden ihren Staat haben. Wir sollen endlich als freie Männer auf unserer eigenen Scholle leben und in unserer eigenen Heimat ruhig sterben. Die Welt wird durch unsere Freiheit befreit, durch unseren Reichtum bereichert und vergrößert durch unsere Größe." (71) Soweit Theodor Herzl.
Der Herzl-Plan – 1896 entstanden – fällt in die wilhelminische Epoche. Als 1897 der erste Zionistenkongreß in München abgehalten werden sollte, wurde dies durch den Aufruf des Rabbinervorstandes verhindert. Die Juden standen dem Herzl-Plan zum großen Teil ablehnend gegenüber. 1913 gründeten deutsche Juden ein antizionistisches Komitee.
Herzl selbst hoffte von Kaiser Wilhelm II. Hilfe zur Schaffung des jüdischen Staates in Palästina zu erhalten. Er traf im Jahre 1898 in Konstantinopel und Jerusalem mit dem Kaiser zusammen. Selbst Nichtzionisten, die in Herzls Plan eine Gefahr sahen, begannen das Kolonisationswerk im Vorderen Orient zu unterstützen. Paul Nathan plante nach dem Vorbild der Alliance Israélite Universelle eine deutsch-jüdische Organisation für den Nahen Osten. Er stellte dem Auswärtigen Amt die Frage, ob die Deutsche Reichsre-

gierung die im Aufbau begriffene Organisation und die von ihr geplanten Schulgründungen unter ihren Schutz nehmen würde. Das Außenministerium antwortete positiv. So konnte Nathan den „Hilfsverein der Deutschen Juden" ins Leben rufen.

Mit Unterstützung des Auswärtigen Amtes, das im Mittleren Osten politische Interessen verfolgte, baute er in Palästina eine Schuhfabrik auf. Verfolgten Juden aus Rußland, Polen und Rumänien half er durch Geldspenden und Förderung ihrer Auswanderung nach den Vereinigten Staaten.

Als die deutsche Regierung während des Ersten Weltkrieges Tausende von Juden aus den besetzten Ostgebieten anwarb, schloß sich der Hilfsverein aus Betreuungsgründen mit anderen Verbänden zum Arbeiterfürsorgeamt der jüdischen Organisationen Deutschlands zusammen.

Zur Balfour-Declaration

Von Interesse ist, daß Theodor Wolff, Chefredakteur des „Berliner Tagblattes", sich 1907 mehr vom deutschen Standpunkt als vom jüdischen für die Fortführung der Bagdadbahn aussprach.

Für eine deutsch-jüdische gemeinsame kleinasiatische Politik traten neben Theodor Wolff und Paul Nathan die Bankiers Richard Witting, Eduard Beit von Speyer, Otto Braunfels und die Orientalisten und Mäzene Max von Oppenheim und James Simon ein.

Aber Kleinasien lag für die meisten Juden Deutschlands „wie in einer fremden Welt".

Das Deutsche Reich glaubte es sich auf die Dauer nicht leisten zu können, die zionistische Sache zu unterstützen. Dazu kam, daß sich die Zionisten der Gleichstellung der deutschen und hebräischen Sprache in den jüdischen Schulen Palästinas widersetzten.

Bei Ausbruch des Ersten Weltkrieges änderte sich die Lage wieder. Die Mittelmächte wollten sich der Sympathie der Vereinigten Staaten versichern. Der Einfluß von drei Millionen amerikanischer Juden konnte von Bedeutung sein.

Trotz der antizionistischen Politik der Türken trat die deutsche Botschaft in Konstantinopel für die Juden Palästinas ein. Der Delegierte der Zionistischen Bewegung in der damaligen Hauptstadt der Türkei, Lichtheim, legte dem deutschen Botschaftsrat von Neurath einen Artikel von Kurt Blumenfeld unter dem Titel „Der Zionismus, eine Frage der deutschen Orientpolitik" als Vorschlag für eine Zusammenarbeit zwischen dem Reich und der zionistischen Bewegung vor.

Das AA reagierte nicht negativ. Es informierte seine Konsuln im Ottoma-

nischen Reich, daß das Deutsche Reich „jüdische Aktivitäten, die der Förderung des wirtschaftlichen und kulturellen Fortschritts der Juden in der Türkei dienen sowie die Einwanderung und Niederlassung von Juden aus anderen Gegenden in diesem Land" mit Wohlwollen betrachte.
(Vgl. Richard Lichtheim, Rückkehr, Lebenserinnerungen aus der Frühzeit des deutschen Zionismus, Veröffentlichung des Leo Baeck Instituts, Stuttgart 1970, S. 333.)

Diese deutsche Haltung fand kein Echo bei den Entente-Juden, obwohl sich Zionistenführer wie Strauß und Lewin hinter Deutschland stellten. Die Mehrheit der Juden in den Vereinigten Staaten unterstützte die Entente.

Großbritannien hatte mit der Balfour-Deklaration Erfolg. Sie wurde in der Form eines Briefes erlassen, den der britische Außenminister an Lord Rothschild richtete. Der Brief hat folgenden Wortlaut:

„Verehrter Lord Rothschild, ich bin sehr erfreut, Ihnen im Namen der Regierung Seiner Majestät die folgende Erklärung der Sympathie mit den jüdisch-zionistischen Bestrebungen übermitteln zu können, die dem Kabinett vorgelegt und von ihm gebilligt worden ist:

‚Die Regierung Seiner Majestät betrachtet mit Wohlwollen die Errichtung einer nationalen Heimstätte für das jüdische Volk in Palästina und wird ihr Bestes tun, die Erreichung dieses Zieles zu erleichtern, wobei wohlverstanden nichts geschehen soll, was die bürgerlichen und religiösen Rechte der bestehenden nicht-jüdischen Gemeinschaften in Palästina oder die Rechte und den politischen Status der Juden in anderen Ländern in Frage stellen könnte.'

Ich wäre Ihnen dankbar, wenn Sie diese Erklärung zur Kenntnis der Zionistischen Weltorganisation bringen würden.

*Ihr ergebener
Arthur Balfour"*

Juden als Deutsche – Juden und Deutsche als Freunde und Gegner

Von Interesse ist, daß im Ersten Weltkrieg eine Planung entstand, die die Eingliederung eines Grenzstreifens in Polen zum Ziel hatte; sie sah die Ausweisung von Polen und Juden und ihre Ersetzung durch deutsche Siedler vor. Immanuel Geiß beleuchtete in seiner Arbeit „Der polnische Grenzstreifen 1914–1918 – Ein Beitrag zur Deutschen Kriegszielpolitik im Ersten Weltkrieg" (Lübeck und Hamburg 1960) die gegebene Problematik.

Friedrich von Schwerin verfaßte dazu am 25. März 1915 eine Denkschrift über die Grenzstreifenpolitik.

Er ging davon aus, daß die polnische und jüdische Bevölkerung dort ent-

wurzelt ist. Die Juden würden, so schließt er, wahrscheinlich durch die deutsche Herrschaft veranlaßt werden, entweder freiwillig nach dem Osten abzuziehen oder sich im Rahmen der zionistischen Bewegung in Marokko oder Palästina niederzulassen.

Walter Rathenau, Max M. Warburg und Albert Ballin gehörten nicht zu den Gegnern dieses Projektes. Rathenau, der in der Elektroindustrie der Vorkriegszeit eine leitende Stellung einnahm, unterhielt zu Kaiser und Regierung enge Beziehungen. Ihm schwebte ein Deutschland vor, das in einem mitteleuropäischen Block, dem auch Frankreich und Belgien angehören sollten, die führende Rolle spielte. In den ersten Kriegswochen wurde die Kriegsrohstoffabteilung geschaffen, als deren Leiter Rathenau berufen wurde. Zu seinen Aufgaben gehörte auch der Großeinkauf von Rohstoffen im neutralen Ausland.

Zu diesem Zweck regten Albert Ballin, Max M. Warburg und Carl Melchior die Gründung der Zentral-Einkaufs-Gesellschaft an, von deren Direktoren bei einem einprozentigen Anteil der Juden an der Gesamtbevölkerung 9,6 % Juden waren.

Letztere Tatsache trug bei der Länge des Krieges dazu bei, antisemitische Gefühle hervorzurufen. So kam im Herbst 1916 ein Beschluß zustande, den Anteil der Juden im Heer und besonders bei den Frontsoldaten einer Prüfung zu unterziehen. Es liegt eine Zählung vor, daß am Ersten Weltkrieg 17,3 % aller Juden und 18,73 % der deutschen Nichtjuden als Soldaten teilgenommen haben. Es darf nicht übersehen werden, daß eine gewisse Anzahl von prominenten Juden im Ersten Weltkrieg dem annexionistischen Lager nahestanden. Unter ihnen befand sich Ballin, der nach der Emigration Wilhelm II. Selbstmord verübte.

Am 4. Juni 1918 fanden in Anwesenheit von Vertretern der Bleichröderschen Discontogesellschaft und des Bankhauses von M. M. Warburg in Berlin Besprechungen statt, die eine sogenannte Kolonisierung der besetzten russischen und ukrainischen Gebiete zum Gegenstand hatten.

Zweifellos brachten die ersten Monate des Ersten Weltkrieges in Deutschland eine deutsch-jüdische Solidarität hervor, die allerdings nicht von langer Dauer war. Chaim Weizmann, der erste Staatspräsident Israels, machte nach Ende dieses weltumspannenden Krieges die übertreibende Bemerkung: „1914 waren die jüdischen Intellektuellen in Deutschland die arrogantesten und kampflustigsten Preußen." Der jüdische Dichter Ernst Lissauer verfaßte den „Haßgesang gegen England". Das „Manifest der Dreiundneunzig" unterschrieben Paul Ehrlich, Ludwig Fulda, Fritz Haber, Paul Laband, Max Liebermann und Max Reinhardt.

Die Idee einer deutschen Subversionspolitik gegen das zaristische Rußland fand bei einem Teil der deutschen Juden Unterstützung.

Am 17. August 1914 bildete sich unter dem Vorsitz des Soziologen Franz Oppenheimer das „Deutsche Komitee zur Befreiung der russischen Juden".

Ein jüdisches Komitee in Galizien forderte die russischen Juden zum aktiven und passiven Widerstand gegen die zaristische Herrschaft auf.

Vom Aufleben des modernen Antisemitismus

Der Antisemitismus ist eine europäische Erscheinung. Er hat auch eine breite kirchliche Tradition. Dasselbe gilt auch vom Adel und der konservativen Schicht der Gesellschaft. Anders war es in den oberen und mittleren Gruppen der bürgerlichen Gesellschaft.

Lamar Cecil, der Biograph Albert Ballins, gibt in seiner Arbeit „Albert Ballin, Wirtschaft und Politik im deutschen Kaiserreich 1888–1918", Hamburg 1969, S. 40 einen Satz Max Warburgs an seinen Bruder Aby wieder: „Hier in Hamburg gibt es keinen offenen Antisemitismus, aber viele verborgene antisemitische Gefühle." Es wird berichtet, daß in der Zeit von 1914 in der Hansestadt Juden und Christen in freundschaftlichem Geschäftsverkehr lebten, während gesellschaftlich eine strenge Trennung herrschte. Ein Teil des Mittelstandes und des Kleinbürgertums sah im Juden eine bedrohende Macht, gleichgültig, ob er als Sozialist oder Kapitalist angesehen wurde. Antisemitische Ressentiments finden wir auch bei der deutschen Gewerkschaftsbewegung.

Im Ersten Weltkrieg hatte sich zunächst ein deutsch-jüdisches Gemeinschaftsgefühl gebildet. Im Laufe der Zeit schwand es. Der Antisemitismus lebte auf. Mit einem schnellen Sieg der Mittelmächte war nicht mehr zu rechnen. Die durch die Entente-Blokade verursachten wirtschaftlichen Schwierigkeiten verstärkten sich. Ende 1915 verweigerte eine Anzahl sozialdemokratischer Abgeordneter die Bewilligung neuer Kriegskredite. Karl Liebknecht und Rosa Luxemburg agierten mit der Parole „der imperialistische Krieg".

Die „Ostjuden" traten in das Blickfeld. 35 000 waren als polnisch-jüdische Arbeiter freiwillig oder mit Gewalt in das Reich gekommen. Häufig verließen sie ihre Arbeitsstätten, um sich in Berlin oder anderen Großstädten niederzulassen. Am Ende des Krieges und nachher kamen noch mehr aus Polen, was das Wiederaufleben des Antisemitismus förderte. Sie galten häufig als Wucherer und Profitmacher.

Im Herbst 1916 schreibt Ernst R. May: „Viele Katholiken in Stadt und Land nahmen ihrer Partei (dem Zentrum, d. V.) die Zusammenarbeit mit den Juden und Freidenkern, der Sozialdemokratie und Fortschrittspartei übel...

Die jesuitische Zeitschrift „Stimmen der Zeit" warnte vor der Illusion, daß die Katholiken mit „demokratischen Mördern und Brandstiftern" irgend etwas gemeinsam haben könnten...

Das Zentrum wurde von dem neuerwachten Antisemitismus, der in ganz Deutschland um sich griff, erfaßt.

Ein Maximilian Harden, der Oktober 1914 von einem Preußen bis hinter die „Maasfestungslinie" und einem Bundesstaat „Lotharingien" einschließlich Luxemburg unter einem süddeutschen Fürsten geträumt hatte, sah später das Heil in einer amerikanischen Demokratie. Eine Demokratisierung Deutschlands hielt er als Grundlage der Verständigung zwischen Berlin und Washington für notwendig.

Im April 1917 verließen Sozialdemokraten ihre Partei und gründeten mit der „Gruppe Internationale", auch „Spartakus" genannt, die Unabhängige Sozialdemokratische Partei, der Juden relativ zahlreich angehörten. Letzterer Sachverhalt darf aber nicht verallgemeinert werden. Wir finden auch Juden unter den „Nationalisten" der SPD, so z. B. Ernst Heilmann. Als in Rußland die Bolschewisten an die Macht gekommen waren, wurden die Unabhängigen Sozialdemokraten des Kontaktes mit der russischen Delegation beschuldigt. Man wies auf den deutschen Juden Oskar Cohn und den russischen Juden Adolf Abramowitsch Joffe hin. Mit Recht schreibt Saul Friedländer in seinem Artikel „Die politischen Veränderungen der Kriegszeit": „... die Bedeutung des jüdischen Elementes in der neuen Sowjetregierung und die Rolle, die es in Deutschland auf der äußersten Linken spielte, trugen dazu bei, Millionen von Deutschen davon zu überzeugen, daß eine ‚jüdisch-bolschewistische' Verschwörung im Gange sei, die das Kaiserreich stürzen und in Berlin die rote Fahne hissen wolle."

Man vergaß, daß es General Ludendorff war, der Lenin die Reise nach Rußland durch Deutschland ermöglichte. Nicht mit Unrecht stellt Friedländer die Bedeutung der „Kriegsgesellschaften", an deren Leitung die Juden großen Anteil hatten, die Zählung der jüdischen Soldaten und die revolutionären Aktionen von Karl Liebknecht und Rosa Luxemburg bei der Steigerung der antisemitischen Gefühle fest. Er schreibt: „Die Niederlage, die Revolution und das Chaos der Anfänge der Republik sollten den schwelenden Antisemitismus der letzten Kriegsjahre zur wahren Explosion treiben."

1918 stürzte der Deutsche Kaiser. Es brach die Revolution aus. Zuerst meuterten die Besatzungen der Kriegsflotte in den Häfen der Nord- und Ostsee. Das sprang auf Kiel, Hamburg und Bremen über. Der Süden mit Bayern war die letzte Etappe.

Was die Öffentlichkeit bewegte, war nicht so sehr die Anzahl der Juden in den Soldatenräten oder im Rat der Volksbeauftragten, der zur ersten Regierung des nachkaiserlichen Deutschlands wurde, sondern die Beteiligung in den eigentlichen revolutionären Gruppen, wobei bei den Berliner Spartakisten Karl Liebknecht zum Juden gemacht wurde. Es seien erwähnt: Rosa Luxemburg, Leo Jogiches, Paul Levi, Kurt Eisner, Ernst Toller, Gustav Landauer, Erich Mühsam, Eugen Leviné, Axelrod, Lipinsky, Geyer, Markus und Levinsohn, Grünewald, Kohn, Lilienthal und Heine.

Die Zugehörigkeit von Juden zu den revolutionären Gruppen wirkte um so stärker, als Bela Kun in Ungarn eine kommunistische Regierung bildete, in der zwei Drittel der Volkskommissare Juden waren. In der Sowjetunion gab es eine große Zahl führender Juden: Joffe, Sinowjew, Trotzki, Radek, Kamenew und viele andere. Durch Karl Radek unterstützte die Sowjetregierung den Versuch der Spartakisten, die Macht in Berlin zu übernehmen.

1920 standen Budjennyis Reiter unter Tuchatschewski vor Warschau. Sachsen und die Ruhr sollten bolschewistisch werden.

Erst 1923 entschloß sich Moskau, den Versuch, Europa zu revolutionieren, vorerst aufzugeben, obwohl das theoretische Konzept dafür in Form der „permanenten Revolution" auf Marx, Engels (Nichtjude!), Parvus-Helphand und Trotzki zurückgeht.

In Europa wurde von einer weltweiten jüdischen Verschwörung gesprochen. Als Beweis zog man eine Fälschung heran, die Protokolle der Weisen von Zion, die viele Jahre zum Bestand des russischen Antisemitismus gehörten und zu Beginn des 20. Jahrhunderts von einem Angestellten der „Heiligen Synode" von St. Petersburg (Ninus) zusammengeschrieben worden waren. Bis 1917 hatten diese einen mittelmäßigen Erfolg.

Mit der Emigration der „weißen" Russen kamen sie nach Westeuropa. In Deutschland wurden sie durch Müller von Hausen (alias Gottfried zur Beck) zuerst verbreitet. 1922 konnte die Londoner Times feststellen, daß es sich um eine Fälschung handelte.

Die „Protokolle der Weisen von Zion" erzeugten in Hunderttausenden von Deutschen das Bewußtsein, daß die Auseinandersetzung mit dem Judentum ein Kampf auf Leben und Tod sei.

Opfer dieser Propaganda wurde Walter Rathenau, von dem Fritsch in der Zeitschrift „Der Hammer" behauptete, er lenke von Deutschland aus die Politik des Bolschewismus in der Sowjetunion.

1922 wurde er beschuldigt, durch die von ihm während des Weltkrieges organisierte Rohstoffkontrolle habe er das deutsche Volk aushungern wollen.

Techow, der an der Tötung Walter Rathenaus beteiligt war, gab zu, von den Protokollen der Weisen von Zion beeinflußt gewesen zu sein. Bei der Wirkung auf die Masse kam es nicht so sehr auf die innere Einstellung des einzelnen Juden an, sondern auf die Verknüpfung so vieler Juden mit der sozialistischen und kommunistischen Revolution.

Als Ebert am 11. Dezember 1918 vor dem Brandenburger Tor zu Heimkehrern den Satz sprach „Froh begrüßen wir Euch in der Heimat. Kein Feind *hat Euch überwunden", trug er unfreiwillig zur Version des „Dolchstoßes in den Rücken des deutschen Soldaten" bei. John Wheeler-Bennett schreibt in seinem Buche „Die Nemesische Macht, die deutsche Armee in der Politik 1918–1945", Düsseldorf 1954: „Mit dieser Redewendung, mit der er den Truppen gefällig sein wollte, sprach er den Generalstab frei und verurteilte die revolutionäre Republik; die Saat zum Zweiten Weltkrieg war gesät." Die „Ostdeutsche Rundschau" vom 25. Juni 1919 beschrieb die angebliche Rolle, die die Juden beim Zusammenbruch Deutschlands gespielt hätten: „Die Juden haben unseren Siegeslauf gehemmt und uns um die Früchte unserer Siege betrogen ... Die Juden haben die innere Front und dadurch die äußere zermürbt."*

Für Techow hatte sich Rathenau, der einzige jüdische Außenminister, den Deutschland hatte, als „einen der Weisen von Zion" bezeichnet, dessen Ziel es war, in Deutschland dieselbe Regierung zu bilden, die Lenin in Rußland ins Leben gerufen hatte.

In Bayern und nicht allein dort galten die Juden als „Triebfeder der Revolution". Verständlich ist, daß Rudolf von Scholtendorf, der Herausgeber des „Münchener Beobachters", Kurt Eisner einmal einen russischen, dann wieder einen galizischen Juden nannte. Bezeichnend für die allgemeine Stimmung ist aber auch, daß Dr. Ernst Müller-Meiningen sen., der sich als einen „demokratischen Linksliberalen" bezeichnete, in einer öffentlichen Versammlung erklärte: „Wir lassen uns nicht von einem Galizier aus Berlin regieren", um dann anzufügen, er habe sich seit zwei Jahrzehnten für die staatsbürgerliche Gleichberechtigung der deutschen Juden eingesetzt. Zu diesem Thema schrieb er auch: „Es waren in der Hauptsache jene landfremden Elemente, die mit ihrer Magierkunst, ihrer Zungenfertigkeit, ihrer Skrupellosigkeit die Massen zu ködern wußten –, um dann zu verschwinden." Um Klarheit zu schaffen, wer gemeint sei, fügte er in einer Anmerkung hinzu:

„Die starke Beteiligung des Judentums an der Revolution läßt sich nicht leugnen; sie ist auch nach der historischen Entwicklung und der literarischen und rhetorischen Gewandtheit des Judentums ganz natürlich. Ebenso selbstverständlich, daß sie einen außerordentlich starken antisemitischen Zug ins Volk brachte. Fast sämtliche ‚Größen' waren Juden."

Lanzen für die Juden

Um der Gerechtigkeit willen muß gesagt werden, daß es falsch war und ist, die Juden allgemein mit dem linksrevolutionären Lager zu identifizieren. Franz Gutmann und Walter Löwenfeld nahmen aktiv am sozialdemokratischen Umsturzversuch vom 12./13. April 1919 teil. Dr. Adolf Braun, Wil-

helm Eßlinger, Adolf Kaufmann sowie Dr. Carl Landauer arbeiteten gegen die Räterepublik. Mit Recht aber führte Golo Mann vor dem Jüdischen Weltkongreß in Brüssel am 4. August 1966 aus: „Die ungeheure moralische Verwirrung und Verwilderung im Zeichen der Niederlage, die folgende totale Verarmung und soziale Deklassierung vieler Millionen Menschen durch die Inflation, Vorgänge, die über den Verstand der meisten durchaus hinausgingen, haben dem Ruf ‚Die Juden sind unser Unglück' zum ersten Mal ein starkes Echo verschafft. Ich würde die Behauptung wagen: nie war die antisemitische Leidenschaft wütender als in den Jahren 1919 bis 1923. Sie war damals viel wütender als 1930 bis 1933 oder 1933 bis 1945. Es war die Epoche des ersten großen Erfolges der Nationalsozialisten. Kaum erschien mit dem Ende der Inflation für die Massen neue Hoffnung auf ein menschenwürdiges Leben, so wurde die Bewegung rückläufig."

Der Weg zum Jahr 1933

Die Weltwirtschaftskrise brachte für die Weimarer Republik schwerste politische und wirtschaftliche Belastungen. An ihnen zerbrach die „Große Koalition" unter Reichskanzler Müller im März des Jahres 1930. Im Wahlergebnis des 14. September 1930 zeigte sich die Verdrossenheit weiter Bevölkerungskreise an der republikanischen Staatsform wie an der Demokratie. Die NSDAP stieg von 12 auf 107 Abgeordnete. Sie stellte die zweitstärkste Fraktion des Deutschen Reichstages. Im März 1933 erhielt die Nationalsozialistische Deutsche Arbeiterpartei 44% der abgegebenen Stimmen. Eine der Folgen der Weltwirtschaftskrise war auch die Steigerung des Antisemitismus, indem rassistische Gesichtspunkte in den Vordergrund traten.

Viele politische Gruppierungen waren antisemitisch eingestellt, wenn auch diese Haltung in der deutschen Rechten am stärksten verankert war.

Sie ist aber auch bei den Parteien der Mitte, den Linksparteien und den Gewerkschaften zu finden.

In Äußerungen von Sozialisten ergibt sich eine weitgehende Identifizierung der Begriffe „Jude" und „Kapitalist". In den Jahren 1930 bis 1932 zeigte sich im übrigen das Streben in den Linksparteien, sich dem nationalistischen Zeitgeist anzupassen. Am 8. April 1931 ist in der „Roten Fahne" zu lesen: „Die Volksrevolution wird mit den jüdischen Ausbeutern ebenso Schluß machen wie mit den christlichen."

In der „Jüdischen Rundschau" vom 8. Juli 1930 lesen wir: „In Deutschland erleben wir es jetzt, daß selbst die Sozialdemokratische Partei weitgehende Rücksicht auf die antisemitische Stimmung der Masse nimmt."

Auch in katholischen Kreisen zeigen sich antisemitische Varianten. Im

„Großen Herder" 6 (1933) heißt es: „Hier machen sich besonders die ihrem Glauben entfremdeten Juden schädigend bemerkbar. Ihre umstürzlerische, mehr noch ihre versteckt und meist absichtlich zersetzende Schreibweise mit ihrer Verachtung des historisch Gewordenen und der positiven christlichen Weltanschauung bedeutet um so mehr eine Gefahr für unsere Gegenwartskultur, als diese ‚liberalen' Juden im vorwiegenden Besitz aller Werkzeuge der öffentlichen Meinung sind und sich gegenseitig propagieren."
Die Universitätsprofessoren der Evang.-Theologischen Fakultät Erlangen P. Althaus und W. Elert nahmen im Jahre 1933 in einem Gutachten zu der Frage Stellung, ob Juden in die christlichen Gemeinden Zugang haben dürfen und als Pfarrer evangelischer Gemeinden amtieren könnten. Sie führten u. a. aus: „Das deutsche Volk empfindet heute die Juden in seiner Mitte mehr denn je als fremdes Volkstum. Es hat die Bedrohung seines Eigenlebens durch das emanzipierte Judentum erkannt und wehrt sich gegen diese Gefahr mit rechtlichen Ausnahmebestimmungen. Im Ringen um die Erneuerung unseres Volkes schließt der neue Staat Männer jüdischer und halbjüdischer Abstammung von führenden Ämtern aus. Die Kirche muß das grundsätzliche Recht des Staates zu solchen gesetzgeberischen Maßnahmen anerkennen. Sie weiß sich selbst in der gegenwärtigen Lage zu neuer Bestimmung auf ihre Aufgabe, Volkskirche der Deutschen zu sein, gerufen."

Von der Aktion und Reaktion der Juden

Welche Wirkungen hatte der mit den Jahren 1930–1933 verstärkt entflammte Antisemitismus? In einem Bericht des Palästina-Grundfonds (Keren Hajessod) e. V. wurde auf dem 24. Delegiertentag der Zionistischen Vereinigung für Deutschland in Frankfurt a. M. (11.–12. 9. 1932) ausgeführt: „Es ist zwar richtig, daß die Gefährdung der politischen und gesellschaftlichen Situation viele deutsche Juden für den Palästina-Gedanken empfänglicher gemacht hat; bei anderen aber hat gerade die gegenwärtige Entwicklung alte halbvergessene Vorurteile wieder wachgerufen, und wir haben in der letzten Zeit doch wieder recht häufig das Gegenargument von der Gefährdung der staatsbürgerlichen Gleichberechtigung durch die Schaffung der nationalen jüdischen Heimstätte in Palästina hören müssen. Bei Würdigung der Keren Hajessod-Arbeit in Deutschland ... sollte überhaupt ... niemals übersehen werden, daß wir es in Deutschland noch immer nicht nur mit der Indifferenz, sondern auch mit der Gegnerschaft weiter jüdischer Kreise zu tun haben."
Festzuhalten ist aber, daß in der letzten Phase der Weimarer Republik die Zahl der Zionisten, die nach Palästina ging oder ihre Auswanderung dorthin vorbereitete, merklich stieg. Vor allem in der jüdischen Jugend trat die Ziel-

setzung „Palästina" stark in den Vordergrund. Mit ihr verband sich der Gedanke der beruflichen Umschichtung. Die Vorbereitung für eine produktive Arbeit in Palästina lag bei dem „Hechaluz". Der Jüdische Pfadfinderbund setzte sich die Aktivierung und Einigung des Gesamtjudentums zum Ziel. Am 5. Juni 1932 bekannte er: „Der Bund Jüdischer Pfadfinder will seine Mitglieder zu Menschen erziehen, die ihre Lebensaufgabe in persönlichem Einsatz für das zionistische Ziel sehen. Es verlangt im Konfliktsfalle mit anderen ideellen Tendenzen ihre eindeutige Unterordnung unter das Primat der staatszionistischen Forderung." Der „Kadimah", Bund jüdischer Jugend, forderte im Jahre 1932 die Konzentrierung der Kräfte auf „Erez Israel" (Lomo Israel) und verlangte, der Bund und die Menschen des Bundes müßten ihre Arbeit darauf richten..., daß für sie der Zionismus weit mehr ist als ein „großzügiges Transportunternehmen". Der „Kadimah" stand in enger Beziehung zur chaluzischen Jugendbewegung, dem „Brith Llaolim".

Seit Anfang 1932 gaben sie unter dem Titel „Galgal" (Rad) gemeinsam eine Jugendzeitschrift heraus. Im Februar 1933 vereinigten sich beide Organisationen unter dem Namen „Habonim Noar Chaluz" mit dem Ziel der Schaffung eines großen politischen Erziehungsbundes. Daneben sind zu nennen der „Hashomer Hazair" („Der junge Wächter"), der Brith Chaluzim Datiim" (Bachad) sowie die von der „Agudath Israel" geschaffene Jugendorganisation „Esra" und „Der Kreis". Auf sie alle hatte die Lehre und Persönlichkeit Martin Bubers Einfluß.

Sowjetunion, Kommunismus und Judentum

Nicht verschwiegen darf werden, daß der „Brith Haolim" bereits 1928 seinen Mitgliedern die Zugehörigkeit zur Kommunistischen Partei Deutschlands verbot. Dieser Beschluß wurde 1932 dahin erweitert, daß die Mitglieder auch einer Reihe von kommunistischen Frontorganisationen nicht mehr angehören durften. Gegen die kommunistische Partei grenzte sich auch der „Hashomer Hazair" ab.

Im Jahre 1932 wurde auf seinem Bundestag ausgeführt: „Die Aussprache führte... zu der Feststellung, daß eine Beteiligung der chaluzischen* Jugend am Kampfe der deutschen Arbeiterklasse... nicht der Weg unserer politischen Bewegung sei." Einstimmig wurde der Beschluß gefaßt, daß die Zugehörigkeit zu politischen Parteien und Organisationen dem einzelnen nicht freisteht..."

* (chaluz = „Pioniere", d. h. Pioniere der Arbeit, insbesondere für landwirtschaftliche Erschließung)

Es gab aber auch die Abwanderung jüdischer Jugend zum Kommunismus. Zwischen diesen jüdisch-kommunistischen Jugendkreisen und der zionistischen Jugend kam es zu starken Auseinandersetzungen. Letztere mit der Idee der Übersiedlung nach Palästina und der produktiven physischen Arbeit stand im Gegensatz zur großen Mehrheit der älteren deutsch-jüdischen Gesellschaft.

Neben den jüdischen Gruppierungen, die die Schaffung einer jüdischen Heimstätte in Palästina zum Ziele hatten, gab es jüdisch-kommunistische Organisationen, die über den Kreis der kommunistischen Parteimitglieder hinaus für die Schaffung eines jüdischen Staates in Sowjetrußland, Birobidžan, eintraten. Für diesen autonomen Staat wurde jenseits des Ural die Gesellschaft „Geserd" geschaffen, die die Palästina-Bestrebungen bekämpfte.

Über die kommunistische Idee kam es zu harten Auseinandersetzungen, an denen insbesondere der sozialistisch ausgerichtete linke Flügel der zionistischen Bewegung, in Deutschland lebende Ostjuden, jüdische Jugendliche, Studenten und Akademiker beteiligt waren. Der literarische Vorkämpfer des jüdischen Kommunismus, Otto Heller, schreibt in dem Buche „Kommunismus und Judentum":

„Sie (= die Judenfrage) löst sich auch dort, wo die Judenfrage eine nationale Frage ist – im Osten!" In der gleichen Sammelschrift prägt Alfred Kantorowicz den Satz:

„Die Lösung der Judenfrage wird niemals ‚Erez Israel' heißen – so wenig wie die Lösung der deutschen Fragen ‚Das Reich' heißen wird." Ende des Jahres 1931 wurde in Köln ein jüdisches Flugblatt verteilt, in dem es hieß: „Heute abend werdet Ihr den jüdischen Staatsmann Professor Chaim Weizmann sprechen hören. Morgen spricht er vor einem erleseneren Publikum unter dem Protektorat der Kapitalisten Alfred Tietz und Graf Bernstorf. 40 Jahre hat der Zionismus die 17 Millionen Juden mit Phrasen versorgt. Zwei Milliarden Goldmark sind in den letzten 30 Jahren in Palästina ausgegeben worden. Was hat der Zionismus bisher geleistet? ... Nur die Befreiung des Proletariats und aller unterdrückten Völker wird die Massen der ganzen Welt erlösen können. Wer für Weizmann Partei nimmt, fördert den Faschismus."

Vom totgeborenen Birobidžan

Zu Birobidžan dies: In den ersten Jahren der Sowjetunion wollten die neuen Herrscher Zeichen einer „fortschrittlichen" Nationalitätenpolitik setzen. Lenin hatte dafür den Begriff „Gebietsautonomie" herausgestellt. Die Parole hieß „national in der Form, sozialistisch im Inhalt". So entstanden die Unionsrepubliken in Mittelasien, die (später liquidierte) Deutsche Wolgare-

publik und eine Reihe weiterer autonomer Gebiete. Die Bildung eines geschlossenen jüdischen Siedlungsgebietes in der Provinz Birobidžan am Amur wurde ausgerufen. Der Gedanke, England könnte durch die Ermöglichung einer Heimstätte in Palästina die Juden auf seine Seite ziehen, mag bei dem Projekt mitgespielt haben. Für die „große Aufgabe" der „Umwandlung eines Teiles der jüdischen Bevölkerung in eine kompakt siedelnde Bauernschaft" wurde die jüdische Organisation OZET 1926 geschaffen.
Anfang der 30er Jahre rollten die ersten Transporte mit jüdischen Siedlern. Es meldeten sich auch Siedlungswillige aus Übersee, ebenso 60 Ansiedler aus Palästina. Birobidžan wurde 1934 zur „Jüdischen Autonomen Provinz" proklamiert. Es hieß: „. . . der Palästina-Traum wird längst der Vergangenheit angehören, wenn in Birobidžan Automobile, Eisenbahn, Dampfer fahren, die Schlote gewaltiger Fabriken rauchen und die Kinder einer freien jüdischen Arbeiter- und Bauerngeneration in blühenden Gärten herumspringen. Birobidžan wird ein jüdisches und sozialistisches Land werden..."
Nach Rückschlägen der ersten Zeit wurde eine gewisse Konsolidierung erreicht. Mit Hilfe aus Nordamerika wurde eine Straße gebaut. Schulen entstanden. Einige kulturelle und wirtschaftliche Zentren wurden gebildet. Da kamen die Stalin'schen Säuberungen. Die Organisation OZET wurde aufgelöst, der Einwandererstrom versiegte.

All dies wußte Eichmann nicht.

Eichmann kannte das Projekt „Birobidžan" nicht, wie er auch nichts von dem negativen Ausgang der Konferenz von Evian und der gescheiterten Bemühungen des Reichsbankpräsidenten Dr. Hjalmar Schacht 1938/39 wußte. Er wußte sehr wenig von Berichten, die Himmler und dem RSHA zugingen und sich auf den sowjetrussischen Raum beziehen. Ein Rundbrief des Chefs der Sicherheitspolizei und des SD vom 22. Mai 1942, der in großer Anzahl versandt wurde, erreichte am 27. Mai 1942 den Reichsverteidigungskommissar für den Wehrbereich XVII. Der Brief zeichnet die Lage auf der Krim, wie die SS-Führung sie sah. In diesem Dokument 3943 – Ps [rückübersetzt aus dem Englischen, englischer Text in „Naziconspiration and Aggression", Bd. A, S. 661 – Rote Serie –] wird ausgeführt: „Zur gleichen Zeit, als das Judentum versuchte, sich selbst im asiatischen Teil Rußlands das autonome Gebiet von Birobidschan zu bilden, wurde der Versuch gemacht, mit starker Unterstützung durch amerikanische jüdische Organisationen ein geschlossenes jüdisches Siedlungsgebiet auch im europäischen Teil der UdSSR, auf der Krim, zu schaffen. Es ist charakteristisch für den allgemeinen Einfluß, den die Juden schon zu dieser Zeit in der UdSSR ausübten, daß die sogenannte

"Kosed", eine Unterabteilung der NKWD, die von den Roten speziell als Kontrollorganisation geschaffen worden war, innerhalb kurzer Zeit von Juden völlig beherrscht war. Die Ansiedlung der Juden auf der Krim, die hauptsächlich in der Zeit stattfand, als die Kollektivierung gesteigert wurde, erfolgte fast gänzlich auf Kosten der Volksdeutschen und der Tataren. In den westlichen und zentralen Teilen der Steppe mußten ganze deutsche Dörfer evakuiert und den Juden übergeben werden...
Alle lebenswichtigen Aufgaben waren auf der Krim bald völlig von den Juden in den Städten beherrscht. Selbst wenn die Chefs der einzelnen Kommissariate nicht Juden waren, so waren ihre Vertreter oder ersten Sekretäre Juden..."
Es wurden im Prozeß IX des Amerikanischen Militärgerichtshofes in Nürnberg nachstehende Zahlen vorgetragen:

	Russen, Ukrainer, Krimtataren	Juden
Oberster Sowjet der Krim	50 %	50 %
Volkskommissariat für das Bildungswesen	20 %	80 %
Gesundheitswesen	20 %	80 %
Wirtschaft	20 %	80 %
Handel	40 %	60 %
Finanzen	75 %	25 %
Justiz	70 %	30 %
NKWD	55 %	45 %
Anteil an der Gesamtbevölkerung	94 %	6 %

Eichmann wußte ferner nichts von der Entwicklung, wie sie der jüdische Schriftsteller Salomon Schwarz in seinem Buch "The Jews in the Sovjet-Union" wiedergibt. Nach ihm sagte der sowjetische Staatspräsident Kalinin im Jahre 1926: „... In den ersten Tagen der Revolution schlug sich die Masse der städtischen jüdischen Intelligenz und der Halbintellektuellen zu den Revolutionären... Als große Teile der russischen Intelligenz aus der Revolution ausbrachen, erschrocken über die Revolution, strömte die jüdische Intelligenz in weit höherem prozentualem Verhältnis in die Revolution hinein und begann in den Organen der revolutionären Verwaltung zu arbeiten... Besonders in Weißrußland und in der Ukraine zeigte sich die Anziehungskraft der kommunistischen Partei für die jüdischen Massen in dem bekanntermaßen höheren Anteil an den Parteiämtern." (S. 259, 260)

Wie ich ihn sehe, ist und blieb Eichmann der typische Befehlsempfänger, der jeden Befehl seiner Staatsführung und seiner Vorgesetzten ausführen zu müssen glaubte, auch wenn er gegen die Normen des Naturrechtes verstieß.

Vom politischen Weltbild Adolf Hitlers

Es gibt kaum einen Zweifel, daß an hervorragender Stelle von Adolf Hitlers Denken der Kampf gegen das Judentum stand. Der Reichskanzler sah eine Verbindung zwischen Judentum und Bolschewismus. Aus Ereignissen nach dem Ersten Weltkrieg zog er den Schluß, die Macht des jüdischen Gegners werde die „arische Welt" vernichten.

So ziehen sich antisemitische Stellungnahmen durch die von Picker aufgezeichneten „Tischgespräche". Da Hitler den Kreis der Teilnehmer kannte, bestand für ihn kein Grund, sich nicht offen zu erklären. In den Gesprächen findet sich kein Hinweis auf einen sogenannten generellen physischen Judenvernichtungsbefehl. Wie offen sich Hitler auszusprechen pflegte, geht aus einem Brief des Ministerialdirektors a. D. Hans Kehrl, den ich nach den Nürnberger Prozessen vor dem Clemency Board vertrat, vom 5. Juni 1963 hervor.

Hitler erklärte im Herbst 1943: „... wenn wir nicht mehr Kohle und mehr Eisen erzeugen können, ist der Krieg verloren." Hitler, der noch im Spätsommer 1941 davon träumt, daß nach seinem Tod Großbritannien und das Deutsche Reich gegen die USA antreten werden, urteilt am 13. Mai 1942: Die Juden, die das große Reich der USA regierten, hätten sich ja schließlich seit der Zeit der Makkabäer nur sehr wenig mit militärischen Angelegenheiten beschäftigt, und ihre Rabulistik wirke auch in den USA nur zersetzend. Roosevelt aber besorge seine politischen Geschäfte mit einer Niedertracht, die nicht die eines überlegenen Menschen, sondern die eines geisteskranken Narren sei.

Nur vier Tage später sagt Hitler, wie unverfroren Juden ... zu Werk gingen, zeige der englische Zeitungsmann Rothemere, der seine beiden Pro-Mosley-Artikel persönlich mit der Bemerkung in einer seiner Zeitungen widerrufen mußte, er sei über die Mosley-Bewegung getäuscht worden. Andernfalls wären seine sämtlichen Zeitungen von der Annoncenzuteilung und damit vom Geschäft ausgeschlossen gewesen, ein wirtschaftliches Druckmittel, das stark genug war, um eine den Juden genehme Aussage zu veranlassen. Dabei sah er das Schicksal des englischen Weltreiches voraus.

Am 15. Mai 1942 meint Hitler: Daß der Jude ... der klimafesteste Mensch der Erde sei und sich im Gegensatz zum Deutschen in Lappland genau wie in den Tropen einlebe, das bedenke kein einziger, der seine Krokodilstränen hinter einem nach dem Osten abtransportierten Juden herweine.

Schon 26. Juni 1942 folgen die Worte, die Juden seien zäh wie die Ratten, eine Rasse von Lebewesen, die die ganze Welt durchtränkten ... Wir bleiben im Jahr 1942. Am 20. Juli äußert Hitler, der geniale Stalin sei sich bewußt gewesen, daß mit seinen Weltrevolutionsplänen und seinem beabsichtigten

Überfall auf Mittel- und Westeuropa der Jude der Nutznießer der Tatsache werden könne, daß die Umstellung des Christlichen vom Metaphysischen aufs Materielle zu Ende des 19. Jahrhunderts und im 20. Jahrhundert nicht gelungen sei... Hinter Stalin stehe der Jude... Wenn dieser Krieg zu Ende sei, könne Europa erleichtert aufatmen, denn – da er mit der Beendigung dieses Krieges auch die letzten Juden aus Europa hinausgeworfen haben werde – sei dann die kommunistische Gefahr aus dem Osten mit Stumpf und Stiel ausgerottet.

Ein weiteres Hitler-Wort gleicher Art vom 24. Juli 1942: In diesem Zweiten Weltkrieg als einem Ringen auf Leben und Tod dürfe nie vergessen werden, daß das Weltjudentum nach der Kriegserklärung des Weltzionisten-Kongresses und seines Führers Chaim Weizmann der unerbitterlichste Gegner des Nationalsozialismus, der Feind Nr. 1 sei... Die Beseitigung der Juden aus Wien sei am vordringlichsten. Auch aus München müßten die letzten 1500 verschwinden. Er freue sich, daß wenigstens Linz schon ganz judenfrei sei. Wenn ihm berichtet werde, daß heute auch Litauen judenfrei sei, so sei das bezeichnend. Litauen habe aus eigener Erfahrung die Juden während der kurzen Zeit des Sowjetregimes zur Genüge kennengelernt. Jenen Juden, die nach dem Schlager ihre Wäsche an der Siegfriedlinie hätten aufhängen wollen, werde nach dem Krieg die Frechheit vergehen..."

Dann am 30. Mai 1942: Heute könnten wir prophetisch aussprechen: wäre im Jahre 1933 dieser Sieg einer Weltanschauung nicht errungen worden..., ein neuer Dschingis-Khan wäre gekommen..., hinter dieser Kraft stehe als treibendes Element jener internationale Jude...

Nicht selten wird auf die Sätze verwiesen, die Hitler und von Ribbentrop bei einer Besprechung mit dem ungarischen Reichsverweser von Horthy gebraucht haben oder gebraucht haben sollen. Von Ribbentrop: „Die Juden müssen vernichtet oder in ein Konzentrationslager gebracht werden." Hitler: „In Polen werden die Juden, die nicht arbeiten wollen, erschossen, und diejenigen, die nicht arbeiten können, müssen verkommen."

Ich darf hier auf die Besprechung von Orscha hinweisen, in der deutsche Generale im Herbst 1941 über das Schicksal der sowjetischen Kriegsgefangenen, die nicht arbeiten wollten oder konnten, Erörterungen anstellten. Hitlers Sätze gehen kaum darüber hinaus. Der englische Schriftsteller Irving wird heute kritisiert, weil er u. a. bei der Niederschlagung des Warschauer Aufstandes von einer Sonderlage spricht. Zweifellos begeht Irving hier einen Irrtum. Aber ich darf auf die Darlegungen Eichmanns verweisen, der hinter der Juden-Deportation aus Ungarn u. a. die Gefahr sieht, daß sich in Budapest etwas Ähnliches wie in Warschau ereignen könne.

Wenn Goebbels in seinem Tagebuch am 27. März 1942 angibt, daß im Generalgouvernement 60 % Juden liquidiert und 40 % zur Arbeit eingesetzt

werden können, so sehe ich hier eine modifizierte Aktion im Sinne von 14 f 13, über die in diesem Buche geschrieben wird. Der damalige Reichspropagandaminister bemerkt: „Es ist ein Kampf auf Leben und Tod zwischen der arischen Rasse und dem jüdischen Bazillus."
Hitlers allgemeine Einstellung kann man mit den Worten umschreiben, die er am 9. Mai 1942 gebraucht hat: Man solle sich... hüten, Sabotagefälle in Frankreich durch Juristen aufklären zu wollen. Nicht einen einzigen Geheimsender brächten diese heraus.
Sabotage könne man nur mit derselben Brutalität beantworten, mit der sie ausgeübt werde. Man müsse eben bestimmte Leute, etwa ein ganzes französisches Dorf, dafür haftbar machen, daß den deutschen Transporten auf den Straßen in den betreffenden Gebieten nichts passiere... Man müsse immer auf die Tat die Strafe folgen lassen... Wenn man zuerst zusehe, womöglich über mildernde Umstände berate, gleite einem der Zügel aus der Hand, und es gebe kein Halten mehr...
Nach Rauschning hielt Adolf Hitler die „Protokolle der Weisen von Zion" für echt. Den Kampf gegen das Judentum betrachtete der damalige Führer und Reichskanzler als den Entscheidungskampf über das Schicksal der Welt.
Derselben Auffassung war Henry Ford, der, wie Hjalmar Schacht berichtet, 1915 nach Europa fuhr, um den Ersten Weltkrieg durch einen Kompromißfrieden zu beenden. Dieser mächtige Mann kaufte zum Kampf gegen das Judentum die Provinzzeitung „Dearborn Independent". Am 22. Mai 1920 brachte dieses Organ den Leitartikel „Der Internationale Jude: Das Problem der Welt." Wie Hitler war Ford Anhänger der Thesen in den „Protokollen der Weisen von Zion". Die Zeitung „Dearborn Independent" erreichte 1927 eine Auflage von 500 000.
Die Artikel von 1920 bis 1922 wurden unter dem Titel „Der Internationale Jude" zusammengefaßt in 16 Sprachen herausgebracht.
Baldur von Schirach erklärte nach 1945, er sei mit 17 zum Antisemiten geworden, nachdem er das Werk „Der ewige Jude", die deutsche Ausgabe von „The International Jew", gelesen hatte. – Im „Braunen Haus" München hing an der Wand neben Hitlers Schreibtisch ein Bild von Henry Ford. – Theodor Fritsch, Inhaber des Verlages „Der Hammer", brachte bis Ende 1933 insgesamt 29 Auflagen „Der ewige Jude" heraus.
Aufgrund eines Prozesses mit dem Anwalt Aaron Shapiro aus Chikago widerrief Ford seine Beschuldigungen gegen die Juden. Es war zu einem außergerichtlichen Vergleich gekommen, der aber nicht die Unterschrift Henry Fords trug. Zur damaligen Zeit machte das Fordsche Unternehmen eine Krise durch. Nie bestritten wurde, daß Ford Geld an die NSDAP gegeben hat. Im Juli 1938 erhielt er das Großkreuz des Deutschen Adlerordens.

Von Interesse ist, daß der russische Ministerpräsident, Graf Witte, erklärte, von 136 Mill. Einwohnern in Rußland seien 7 Millionen Juden. Ihr Anteil an den revolutionären Parteien betrage aber 50 %.

Bekannte Antisemiten sind Hitlers Weggefährten im Ausland. Der Führer der NSDAP hatte Verbindungen zu einflußreichen englischen Kreisen. Lord Syndenham of Combe, ehemaliger Gouverneur von Bombay, legte Hitler nahe, die Romane Disraelis zu lesen, um das Judenproblem zu begreifen. Syndenham, der auch Mitglied des englischen Oberhauses wurde, ist der Verfasser der radikalen Broschüre „Das jüdische Weltproblem".

In den Nürnberger Prozessen wies ich auf die Bedeutung von Montagu Norman hin, der im März 1920 Gouverneur der Bank von England wurde. Er leitete diese 24 Jahre. Noch am Vorabend des Zweiten Weltkrieges reiste er zur Taufe von Dr. Hjalmar Schachts Enkel, der den Vornamen Norman erhielt, nach Deutschland. Von dem Gouverneur der englischen Bank berichtet Ernest Skinner, der 13 Jahre sein Privatsekretär war, daß er die Juden außerordentlich wenig schätzte. John Margerave, der Biograph Montagu Normans, stellt fest, es sei sicher, daß Norman finanziell in seiner Bastion der Threadneedlestreet alles tat, damit der Nationalsozialismus die politische Macht gewinnen und halten konnte. – Ein Mitglied des Direktoriums der Bank von England und enger Mitarbeiter Normans war Teilhaber der britischen Schröderbank, die mit dem gleichlautenden Bankunternehmen in Köln eng zusammenarbeitete. Im Kölner Haus des deutschen Bankiers Schröder fand am 4. Jan. 1932 die Besprechung statt, die für die Machtergreifung Hitlers von wesentlicher Bedeutung war. Auch Lord Beaverbrook, einer der britischen Pressezaren, hatte Kontakt zur NSDAP und war mit ihrem entschiedenen Antisemitismus einverstanden. Wie der reiche Pressezar Viscount Rothermere zollte er den Nationalsozialisten große Anerkennung. Letzterer traf sich am 14. Sept. 1930 mit Hitler und war von dessen antisowjetischen Auffassungen begeistert. Als Hitler Reichskanzler geworden war, besuchte Rothermere Hitler nochmals und erzählte ihm, wie die Juden seine gesamten Einnahmen aus dem Anzeigengeschäft abgeschnitten hätten. Die „Dayly Mail" schrieb, daß Hitler Deutschland vor den Israeliten mit ihren internationalen Verbindungen gerettet habe.

Glean Roberts spricht von Sir Henry Deterding als einem wahren „Nazi". Er unterhielt zur NSDAP enge Kontakte.

Auch nach Südosteuropa bestanden Verbindungen zu antisemitischen Kreisen. Es sei erwähnt Gyula Gömbös von der „Magyar Orszàgos Véderö Egyesület" (M. O. V. E.), Tibor von Eckart und András Messer. Diese waren Antikommunisten und Antisemiten. Gömbös wurde im Oktober 1932 ungarischer Ministerpräsident.

Auch zum Hause des Erzherzogs Friedrich – dieser war in der Habs-

burger Donaumonarchie Oberbefehlshaber der österreichisch-ungarischen Armee – bestanden Kontakte, insbesondere zu Erzherzog Albrecht, Friedrichs Sohn. Das Haus war antisemitisch. Es begehrte die Stefanskrone.

Der gesetzlose Krieg

Zweifellos zeigen sich in den Äußerungen des Generalquartiermeisters Wagner in Orscha Gedankengänge, wie sie sich in der Aktion 14 f 13 äußern. Mit dem Grundgedanken der Euthanasie haben sie nichts zu tun. Bei 14 f 13 sind Nützlichkeitserwägungen maßgebend, während die Euthanasie den Gnadentod zum Inhalt hat.

Natürlich darf nicht übersehen werden, daß die strategische Planung im Feldzug gegen die Sowjetunion zusammenbrach, da die sowjetische Macht in ihrer Stärke unterschätzt wurde; dazu kam, daß der Journalist Dr. Sorge als Spion entscheidende Mitteilungen an den Kreml übermittelte, die für den Mißerfolg der deutschen Truppen in der Schlacht vor Moskau von ausschlaggebender Bedeutung waren. Im Feldzug gegen die Sowjetunion wurde den deutschen Soldaten ohne Einschränkung die Priorität in der Verpflegung zuerkannt. Dazu kam die Sorge um die Heimat.

Möglicherweise waren die Lebensmittelsätze, wie sie bestimmt worden waren, im Falle eines „Blitzkrieges" für die sowjetischen Gefangenen ausreichend; dies aber nur bei einer Situation der Ruhe und bei ausreichendem Schutz gegen die Kälte. Lange Märsche und Witterungseinflüsse mußten Opfer fordern. Eine ausreichende Unterbringung war nicht gegeben, was Folgen hatte (Fleckfieber). Weitere Probleme ergaben sich durch die ungeheuren Gefangenenmassen aus den Kesselschlachten von Bialystok-Minsk, Kiew, Wjasma und Brjansk.

Nicht ohne Grund bemerkt Generaloberst Jodl, *als ihm die Zahlen der an Erschöpfung umgekommenen russischen Kriegsgefangenen gemeldet wurden (lt. Anlage zu OKW/WFsd/WBr – Nr. 8644/41 geh., Bericht vom 15. 11. 1941 –): „im Hinblick auf unsere jetzigen Absichten mit den russischen Kriegsgefangenen müssen wir ohnehin bestrebt sein, möglichst viele zurückzubringen. Im übrigen muß aber auch die Gegenpropaganda einsetzen, nämlich, daß es sich dabei um Gefangene handelte, die sich weigern weiterzumarschieren, nicht weil sie nicht mehr können, sondern weil sie nicht mehr wollen."*

Feldmarschall von Bock *und General von* Schenkendorf *hatten an der Verbesserung der Lage der russischen Kriegsgefangenen Interesse. Der Stabschef des Generalfeldmarschalls von Bock, General von* Greiffenberg, *trug bei der Besprechung der Stabschefs der Heeresgruppe und Arme-*

en mit Generalstabschef Halder und Generalquartiermeister Wagner am 13. Nov. 1941 in Orscha vor, daß die Kriegsgefangenen einen notwendigen Zuschuß an Arbeitskraft darstellten, in ihrem gegenwärtigen Zustand aber nicht arbeiten könnten, vielmehr im großen Umfange der Erschöpfung anheimfielen.

Generalquartiermeister Wagner, später Angehöriger des Kreises des 20. Juli, führte daraufhin aus: Nichtarbeitende Kriegsgefangene in den Lagern hätten zu verhungern, arbeitende Kriegsgefangene könnten im Einzelfall auch aus Heeresbeständen ernährt werden. Generell könne das auch angesichts der allgemeinen Ernährungslage leider nicht befohlen werden. – *Hermann Göring* hatte am 16. Sept. 1941 ähnliches erklärt. Hinsichtlich der Ernährung der Zivilbevölkerung in den besetzten Teilen der Sowjetunion führte der Generalquartiermeister aus, der Bevölkerung könne nur ein Existenzminimum zugebilligt werden. Dabei werde das flache Land immer noch einigermaßen erträglich dastehen. Unlösbar dagegen sei die Frage der Ernährung der Großstädte. In den weiteren Sätzen Wagners kommt zum Ausdruck, daß insbesondere Leningrad nicht zu ernähren sein werde. Bei Generalquartiermeister Wagner spielt das Trauma der Hungerblokade im Ersten Weltkrieg eine große Rolle. Wir können aus seinen Äußerungen schließen, daß das Schicksal der nichtarbeitenden Gefangenen auch das der arbeitsunfähigen sein werde.

Raumpolitische und Ernährungsprobleme, Partisanen und Untergrundkriegsführung stehen im Hintergrund der Maßnahmen der militärischen Führung des Dritten Reiches. Drakonische Vergeltungsmaßnahmen, die nicht durch das Kriegsvölkerrecht gedeckt waren, wurden getroffen.

Zweifellos stellen viele, insbesondere wenn man das Ausmaß bedenkt, Verstöße gegen das klassische Völkerrecht dar.

Es ist aber falsch, alles, was geschehen war, unter dem Gesichtspunkt eines Rassismus zu sehen. Bei den völkerrechtswidrigen Handlungen behandle ich nicht deutsche Vorbeugungsmaßnahmen, die z. B. im Jahre 1940 in Frankreich getroffen wurden. Durch die Schilderung von Einzelheiten würde die Grundlinie dessen, was zu sagen ist, verwischt werden. Notwendig ist aber, auf die Tatsache hinzuweisen, daß auch hier Verstöße gegen das Kriegsvölkerrecht vorliegen.

Für deutsche Gerichte und Staatsanwälte von heute spielt in den NS-Verfahren der rassistische Gesichtspunkt eine übergeordnete Rolle. Ungenügend ist die Aufhellung des Hintergrundes von Tötungen oder, besser gesagt, von Aktionen, die heute die Welt bewegen. Es wird vergessen, daß das 20. Jahrhundert Maßstäbe bringt, die vor 1900 nicht gegeben waren. Dies gilt nicht nur für Deutschland, sondern auch für sämtliche Großmächte der ganzen Welt.

Die Tötungen, die seit 1945 das Blickfeld beherrschen, haben vor allem nachstehende Grundlagen:
1. *Der Führerbefehl zur Durchführung der Euthanasie, der auch bei der „Räumung" der Irrenanstalten in der Sowjetunion teilweise eine Rolle spielt.*
2. *Himmlers Weisung 14 f 13: Tötung von arbeitsunfähigen Häftlingen.*
3. *Himmlers Befehl, jüdische KZ-Häftlinge in Deutschland und Österreich unter Berücksichtigung des Einlieferungsgrundes in der Aktion 14 f 13 zu erfassen.*
4. *Ausdehnung der Aktion 14 f 13 durch Himmler in modifizierter Form auf Menschen jüdischer Rasse, die im Machtbereich des „Großdeutschen Reiches" leben.*
5. *Vergeltungs- und Sicherungsbefehle insbesondere im Ostraum.*

Häufig wird übersehen, daß Heinrich Himmler nicht nur der Chef der deutschen Polizei war, dem das Reichssicherheitshauptamt unterstand, sondern daß Himmler im Herbst 1939 von Hitler zum Reichskommissar für die Festigung deutschen Volkstums ernannt wurde. Mit diesem Auftrag war, wie es damals hieß, die Ausschaltung des schädlichen Einflusses, von volksfremden Bevölkerungsteilen verbunden, die eine Gefahr für das Reich und die deutsche Volksgemeinschaft darstellen. Nur wenigen ist bekannt, daß Himmler als Reichskommissar für die Festigung deutschen Volkstums dem Reichssicherheitshauptamt, den Höheren SS- und Polizeiführern Nordost (Redies), Südost (von dem Bach-Zelewski), Weichsel (Hildebrandt), Warthe (Koppe) und Ost (Krüger) am 30. Okt. und 4. Nov. 1939 neben anderen Bevölkerungsbewegungen die Umsiedlung der Polen und Juden aus dem ehemals polnischen, nun zum Reich gekommenen Provinzen bis Februar 1940 befahl. Nicht verschwiegen werden darf, daß von dieser Umsiedlungsanordnung Himmler auch das Oberkommando der Wehrmacht, das Auswärtige Amt und das Reichsverkehrsministerium verständigte.

Grundsätzlich ist herauszustellen, was die Denkschrift des Ausschusses für „Neugestaltung des Kriegs- und Völkerrechtes", den Generalfeldmarschall Keitel am 14. Aug. 1940 einsetzte, unter „allgemeinen Bemerkungen" ausführt: „Völkerrechtliche Abkommen sind Spiegelbilder politischer Kraftverhältnisse. Gewohnheitsrechtliche Grundsätze des Kriegsrechtes entwickeln sich aus der Interessenlage der großen Militärmächte auf Grundlage ihrer militärischen Machtmittel. Die Interessen der zu Lande, zur See und in der Luft stärksten Staaten bestimmen die Art der Gestaltung der bisherigen Rechtsgrundsätze über die Führung des Krieges zu Lande, zur See und in der Luft. Sie tragen auf wesentlichen Gebieten den deutschen Interessen nicht genügend Rechnung... Der jetzige Krieg läßt umwälzende Veränderungen der strategischen Lage und Machtverschiebungen auf allen Gebie-

ten der Kriegsführung erwarten. Diese Veränderungen werden sich im künftigen Kriegsrecht widerspiegeln müssen... Ein für die Allgemeinheit der Staaten rechtsverbindliches Abkommen zur Festlegung kriegsrechtlicher Regeln – darunter erstmalig rechtsverbindliche Abkommen für den Luftkrieg – ist ein politisches Ziel... In einem solchen Abkommen müssen die neuesten Erfahrungen, insbesondere des jetzigen Krieges, berücksichtigt und Bestimmungen, die durch die militärische und wirtschaftliche Entwicklung überholt sind oder aus anderen Gründen sich als fehlerhaft erwiesen haben, ausgeschieden werden."

In einer Aufzeichnung vom 28. Apr. 1942 stellt das Amt Ausland-Abwehr unter Admiral Canaris fest: „Nach einem zukünftigen Friedensschluß, wenn die Beziehungen der Völker wieder normaler geworden sein werden, wird das Völkerrecht wieder einen neuen Auftrieb erhalten. Voraussichtlich wird Deutschland hierbei eine führende Rolle spielen. Wäre es da nicht angebracht, schon jetzt Kriegsergebnisse, bei denen das Völkerrecht in irgendeiner Weise berührt wird, zu sammeln und als geeignetes Material für eine künftige völkerrechtliche Gesetzgebung zu sichern und auszuwerten?"

Der von Keitel eingesetzte Ausschuß schließt sich diesem Gedankengang an und weist darauf hin, daß die in den Kriegstagebüchern enthaltenen Vorgänge „nach Beendigung des Krieges und für die zu erwartenden Verhandlungen über die Schaffung neuer völkerrechtlicher Grundsätze von Bedeutung sind."

Am 20. Juni 1899 hatte die Erste Haager Friedenskonferenz eine Resolution angenommen, die lautete: „In der Erwartung, daß später ein durchaus vollständiger Kodex der Kriegsgesetze gegeben werden kann, hält es die Konferenz für zweckmäßig festzustellen, daß in den nicht in dieser Konvention vorgesehenen Fällen die Bevölkerung und die Kriegführenden unter dem Schutz und der Herrschaft des Völkerrechts bleiben, wie sie sich aus den unter den zivilisierten Nationen festgesetzten Gebräuchen, aus den Gesetzen der Humanität und aus den Forderungen des öffentlichen Gewissens ergeben."

Diese Generalklausel geht auf den kaiserlich-russischen Staatsrat Friedrich von Martens zurück, der die Gedanken der Formel bereits auf der Brüsseler Vorkonferenz im Jahre 1874 vortrug. Die Erwartungen, die von Martens hegte, erfüllten sich nicht.

Die deutsche Heeresführung sah voraus, daß sich die klassische Kriegsführung und die Techniken der gesetzlosen Kriegsführung gegenüberstehen werden, zumal ja Mao-Tse-tung eine grundsätzliche Arbeit über den Partisanenkrieg bereits in den 30er Jahren dieses Jahrhunderts in Paris herausgebracht hatte.

Am 1. Okt. 1939 veröffentlichte das Oberkommando des Heeres die Heeresdienstvorschrift 231/1, in welcher es heißt: „Ritterliches Verhalten im Kampf und Treue gegenüber getroffenen Vereinbarungen gelten seit altersher als stillschweigender Kriegsbrauch zwischen den Soldaten der Kulturvölker ... Mit den durch Volkscharakter und besondere Umstände bedingten Verschiedenheiten in den Auffassungen über Kriegsgebrauch ist zu rechnen. Das Kriegsvölkerrecht umfaßt die von den Staaten freiwillig übernommenen Verpflichtungen zur Beachtung bestimmter Regeln zu dem Zweck, die Leiden des Krieges nach Möglichkeit zu mildern. Eine überstaatliche Macht, die ihre Beachtung erzwingen könnte, gibt es nicht..."

Oberst Slavko M. Bjeljavac beschreibt in der Zeitschrift „Orbis" die Entwicklung: „Die moderne industrielle und wirtschaftliche Revolution hat als erstes die traditionellen Begriffe der Kriegsführung umgeformt. Die von der französischen Revolutionsregierung im Jahre 1790 eingeführte Levée en masse war der Vorbote eines Zeitalters, in dem die Kriegsführung nicht mehr das Wirkungsgebiet einiger Experten ist, die über dem Schachbrett der Strategie grübeln, sondern ein Aderlaß an den physischen, moralischen und psychologischen Hilfsquellen ganzer Nationen."

Das ist in der Tat jene große, erschütternde Veränderung, die alle totalen Kriege seit der Französischen Revolution kennzeichnet. Einer der negativen Höhepunkte dieser totalen Auseinandersetzungen, die – vorgegeben oder in der Tat – mit Ideologie zu tun hatten, war der Bürgerkrieg in den USA von 1861–65. Goebbels als Vater dieser Sorte Krieg zu bezeichnen, ist eine der traurigen Entstellungen, die das deutsche Volk seit 35 Jahren gehorsam nachbetet.

Kurze Zusammenfassung der Ergebnisse

Aus Eichmanns Niederschrift – Vorwort und Kommentar des Herausgebers

Eichmanns Niederschrift über seine Tätigkeit als SS-Führer regt den Herausgeber in kritischer Einführung, Textbegleitung und Zusammenfassung vor allem zu folgenden Gesichtspunkten an, denen auch Eichmann gerecht zu werden sucht, ohne andere Aufgaben zu übersehen.

1. Theodor Herzl's Plan zur Schaffung eines israelischen Staates ist aus der Erkenntnis geboren, daß das Judentum im Lauf seiner Geschichte in den verschiedensten Perioden und unter sehr verschiedenen Wirtsvölkern als Minderheit einer mehr oder minder feindseligen, zunächst oft religiös begründeten Einstellung der Wirtsvölker begegnete oder solche Feindseligkeit nur unter weitgehender Aufgabe seiner historischen Identität mildern oder vermeiden konnte (Assimilation).

2. Um seine Pläne zu verwirklichen, sucht Theodor Herzl auch deutsche Unterstützung, besteht doch der größte Teil der Juden Deutschlands aus Ostjuden, sog. Aschkenasim, mit denen die zahlreichen Juden Osteuropas nach ihrer Abstammung eng zusammenhingen, während die Juden Westeuropas, sog. Sephardim, in der Geschichte der europäischen Völker eigene Wege gegangen waren. Herzl erhoffte also Verständnis gerade im Deutschen Reich. Zwischen Kaiser Wilhelm II. und Herzl fanden in Konstantinopel und Jerusalem Gespräche statt, die die Judenfrage und die Schaffung einer jüdischen Heimstätte erörterten.

3. Die deutsche Orientpolitik ist nicht konsequent. Unterstützung des Gedankens der Gründung eines Staates Israel und Distanzierung von diesem Gedanken lösen sich ab.

4. Namentlich das mehr oder minder assimilierte Judentum spielt bereits seit Bismarck im Deutschen Reich eine erhebliche Rolle. Aus der Bismarck-Zeit ist vor allen anderen an Bleichröder zu denken. In der Zeit Kaiser Wilhelms II. tritt die Rolle des Judentums stärker hervor. Sichtbar wird das vor allem in Gestalt Ballins, Rathenaus und Warburgs.

5. Im Kriege gegen das zaristische Rußland sahen maßgebende Juden Deutschlands vor allem solche, die sich als Deutsche fühlten, aber auch andere die Gelegenheit, die Ostjuden Polens und der unmittelbaren Bestandteile Rußlands aus den Bedrängnissen des Zarenreiches zu befreien.

6. Im Ersten Weltkrieg mißlingt der Versuch, das Judentum in den USA auf die deutsche Seite zu ziehen. Der Weg nach England und Frankreich ist für amerikanische Waren einigermaßen frei, der nach dem Reich nicht. Die wirtschaftlichen Interessen der USA verbinden sich daher mit Großbritannien und auch mit Frankreich. Daneben steht der allen drei Staaten gemeinsame Liberalismus. Das jüdische Element in der Wirtschaft der USA ist damals schon sehr beachtlich.

Großbritannien, das die arabischen Untertanen der Türkei an seiner eigenen Seite organisiert, rechnet natürlich stärker mit der Macht des Judentums in der Welt als mit der seiner eigenen arabischen Verbündeten. Die englische Regierung entschließt sich demzufolge 1917 zu einer Erklärung, die unter dem Namen „Balfour-Declaration" bekannt ist. Sie verspricht den Juden in Palästina eine Heimstatt.

7. Juden spielen in der demokratisch-sozialistischen und in der kommunistischen Revolution Rußlands eine bedeutende Rolle. Statt vieler anderer Namen, die zu erwähnen möglich wäre, seien Kerenski und Trotzki genannt.

8. Nachdem die Wirtschaftskräfte namentlich des USA-Judentums im Ersten Weltkrieg vor allem der Seite der westlichen Gegner Deutschlands genützt hatten, entfaltet sich im nachrevolutionären Deutschen Reich ein virulenter Antisemitismus. Er tritt u. a. in der Ermordung Rathenaus und Rosa Luxemburgs zutage. Dabei spielen als Hintergrund die gefälschten „Protokolle der Weisen von Zion" eine erhebliche Rolle, die die einheitliche Führung des Judentums in der Welt und die Pläne einer jüdischen Weltherrschaft vortäuschen, wobei die rasche Ausdehnung des jüdischen Einflusses nach dem Ersten Weltkrieg den Glauben an diese „Protokolle" und somit auch den Antisemitismus erleichtert.

9. Die Beteiligung von Juden an der Entwicklung 1918/19 im Deutschen Reich ist nicht zu leugnen. Das gilt nicht für die Arbeiterführer, aber für die Intelligenz der Mehrheitssozialisten und der Unabhängigen Sozialisten wie der Kommunisten. Bei weitem am stärksten äußert sich der Einfluß von Juden in den revolutionären Regierungen Bayerns. Daß dort der Antisemitismus in besonderem Maße sein Haupt erhebt, ist zumindest auch Reaktion auf die Aktion linksradikaler Juden, wobei natürlich auch bei diesen von einer Reaktion gesprochen werden kann.

Nachstehende Aufzählung, die sich auf die Arbeit „Juden im politischen Leben der Revolutionszeit" von Werner T. Angress stützt, verdient Beachtung:

Name	Geb.	Religion	Partei
Axelrod, T.		J	KP
Baerwald, M.	1860 Thorn	J	DDP
Bernstein, E.	1850 Berlin	J/Diss.	USP/SPD
Braun, Ad.	1862 Laag	J/Diss.	SPD
Cohen-Reuss	1876 Langenb.	J/Diss.	SPD
Cohn, O.	1869 Guttentag	J	USP
Davidsohn, G.	1872 Gnesen	J	SPD
Dernburg, B.	1865 Darmstadt	HJ/ev	DDP
Eisner, K.	1867 Berlin	J	USP
Falk, B.	1867 Bergheim	J	DDP
Fechenbach, F.	1894 Bergenth.	J	USP
Freund, F. T.	1861 Breslau	J/get	?
Gierke, A. v.	1874 Breslau	HJ/ev	DNVP
Gothein, G.	1857 Neumarkt	HJ/ev	DDP
Gradnauer, G.	1866 Magdeburg	J/get., Diss.	SPD
Haas, L.	1875 Freiburg	J	DDP
Haase, H.	1863 Allenstein	J	USP
Heimann, H.	1859 Könitz	J	SPD
Herzfeld, J.	1853 Neuss	J/Diss.	USP

Heymann, B.	1870 Posen	J/Diss.	SPD
Hilferding, R.	1877 Wien	J/Diss.	USP
Hirsch, P.	1868 Prenzlau	J/Diss.	SPD
Hoch, G.	1862 Neubrück	J/Diss.	SPD
Jaffé, E.	1866 Hamburg	J/get	USP
Joël, C. W.	1865 Greifenbg.	J/get	?
Jogisches, L.	1867 Wilna	J/Diss.	USP/KP
Katzenstein, S.	1868 Gießen	J/Diss.	SPD
Koch-Weser, E.	1875 Bremerhaven	JA/ev	DDP
Landauer, G.	1870 Karlsruhe	J	/
Landsberg, O.	1869 Rybnik	J/Diss.	SPD
Lederer, E.	1882 Pilsen	J	?
Levi, P.	1883 Hechingen	J/Diss.	USP/KP
Leviné, E.	1883 St. Petersb.	J/Diss.	USP/KP
Lipinski, R.	1867 Danzig	HJ (?)	USP
Lippmann, J.	1864 Danzig	J/get	DDP
Löwenfeld, P.	188? München	J	SPD
Luxemburg, R.	1871 Zamosc	J/Diss.	USP/KP
Marum, L.	1882 Frankenth.	J	SPD

Mühsam, E.	1878 Berlin	J/Diss.	/
Neurath, O.	1882 Wien	J/Diss.	USP (?)
Petersen, C. W.	1868 Hamburg	Ev/HJ	DDP
Preuß, H.	1860 Berlin	J	DDP
Riesser, J.	1853 Frankf./M.	J/get	DVP
Rosenfeld, K.	1877 Marienwerder	J/Diss.	USP
Schiffer, E.	1860 Breslau	J/get	DDP
Simon, H.	1880 Usch	J	USP
Sinzheimer, H.	1875 Worms	J	SPD
Süßheim, M.	1875 Nürnberg	J	SPD
Toller, E.	1893 Samotschin	J/Diss.	USP
Vogelstein, M. T.	1880 Stettin	J	DDP
Wadler, A.	1882 Krakau	J	USP
Waldstein, D. F.	1865 Gnesen	J	DDP
Wurm, E.	1857 Breslau	J	USP

Nicht verschwiegen darf die Tätigkeit von Juden, die auf Mäßigung bedacht waren, werden.

Der Geheime Kommerzienrat Hermann Frenkel, Chef des Bankhauses Juacquier & Securius, und Consul Salomon Marx, Vorsitzender des Berliner Bürgerrates, finanzierten im Januar 1919 die Anwerbung von Freiwilligen zum Schutze von Berlin.

Der Vorwärts-Redakteur Erich Kuttner war führend an der Aufstellung des Regimentes „Reichstag" beteiligt.

Mit Recht wurde gesagt, es sei fast eine Ironie der Geschichte, daß der Fahnenträger der Kompanie Albert Leo Schlageters der Jude Alfred Baldrian aus Königshütte – Oberschlesien war.

In Bayern nahmen an der Bekämpfung der „Räterepublik" jüdische Männer wie Dr. Adolf Braun, Wilhelm Eßlinger, Franz Gutmann, Dr. Carl Lauer sowie Walter Löwenfeld teil.

10. Der Antisemitismus in der Weimarer Republik ist deutlich, doch beherrscht er die politische Entwicklung nicht. Er bleibt lange eine Randerscheinung. Was wichtiger ist: er ändert sein politisches Gesicht und zuvörderst seine Begründung. Die noch aus dem 19. Jahrhundert stammende religiöse Grundlage des Antisemitismus im Reich tritt in den Hintergrund. Stattdessen erscheint eine neue Art Antisemitismus auf biologistischer Grundlage. In Österreich (v. Schönerer) eher entwickelt als im Bismarckreich, sieht er die durchschnittliche rassische Andersartigkeit des Judentums im Vergleich zu den Rassen-Elementen des deutschen Volkes und macht diese durchschnittliche Rassen-Verschiedenheit wie auch eine erblich andere Begabungs- und Denkungsauslese wie Sozialstruktur des Judentums zur Grundlage nicht nur eines Unterschiedes, sondern eines direkten Gegensatzes des deutschen Volkes zum Judentum. Gesteigert wird der Eindruck der Fremdheit des Judentums durch erheblichen Zufluß vor allem polnischer Juden ins Reich während der Dauer der Weimarer Republik. Wirtschaftliche und historische Motive, die schon vor der Weimarer Republik gegenüber dem Judentum Deutschlands wirksam waren, verbinden sich mit der biologistischen Argumentation des Antisemitismus und verstärken dessen Wirksamkeit.

11. Das deutsche Judentum pflegt in den Jahren von 1930–32 Verbindungen zu fast allen Parteien von der Deutschnationalen Volkspartei mit deren nationaldeutschen Juden über die demokratischen Parteien der Rechten, der Mitte und der Linken bis zu den Kommunisten. Am stärksten und aktivsten sind die Juden in der linksliberalen Deutschen Demokratischen Partei (später Deutsche Staatspartei), und in der Sozialdemokratischen Partei Deutschlands vertreten. Aber neben diesen Parteien der einstigen Weimarer Koalition verbinden sich jüdische Persönlichkeiten sogar mit der katholisch-konfessionellen Partei des Zentrums, die von 1930–1932 das wesentlichste Partei-Element der Regierung Brüning und deren stärkste Stütze im Reichstag bedeutet. Wie zuvor die völkischen Parteien der Jahre um den Hitlerputsch duldet die NSDAP stillschweigend nur einzelne Juden, die oft lange nicht als solche er-

kannt waren. Sie ist sonst geschlossen antisemitisch, wenn auch der Antisemitismus nur sehr am Rande der Erfolgsgründe liegt, die den Nationalsozialismus oder – besser gesagt – die NSDAP zwischen 1930 und 1932 zur größten politischen Gruppierung im Reich machen.

12. *Antisemitismus existiert in den zwanziger Jahren des 19. Jahrhunderts und vor allem von der Weltwirtschaftskrise an in steigendem Ausmaß in ganz Europa*, am wirksamsten zunächst in Ungarn und anderen Konzentrationen des Judentums, etwa in Polen. In diesen Konzentrationsbereichen des Judentums endet der kämpferische Antisemitismus nie. Vor allem in *Polen gibt es immer wieder Judenverfolgungen*, die bis zur Ermordung von Juden reichen. Zahlreiche europäische Regime besonders im sog. Zwischeneuropa haben *Diktaturen mit unklar oder klar ausgeprägtem Antisemitismus*. Am wenigsten betroffen vom Antisemitismus sind die Staaten West-, Nord- und Südeuropa, obwohl deren jüdische Bevölkerung seit 1933 vor allem in Großbritannien und Frankreich zunimmt.

13. *Die Sowjetunion sieht das Judentum immer stärker auch im Zusammenhang der jüdischen Religion und der kulturellen Sonderstellung gläubiger Juden*. Die jüdischen Elemente der Sowjetregierung werden vielfach „liquidiert". Von den Sowjets hat auch Eichmann sein Wort für systematischen Judenmord. Außerhalb der ZK der KPdSU und der Sowjetregierung spielen an das kommunistische System assimilierte, ihren Glauben nicht ausübende Menschen jüdischer Herkunft in der UdSSR nach wie vor eine erhebliche Rolle. Doch hat sich auch dort die jüdische Frage gestellt. Die UdSSR suchte zunächst innerhalb der großrussischen Sowjetrepublik (RSFSR) eine *autonome, von Juden besiedelte Republik im Fernen Osten zu schaffen*. Erkennbar war dabei der Versuch, ein Gebiet zu wählen, das nur wenig besiedelt war. Allein, diese Republik *Birobidžan* mit Namen, übte nur auf relativ wenige Juden Anziehungskraft aus. Sie war schon bald nach ihrer Entstehung ein mehr oder minder totgeborenes Kind. Zentrum einer nennenswerten jüdischen Staatsbildung ist sie nie geworden, wobei eine Rolle gespielt haben mag, daß das Interesse der Sowjetunion an einer *Konzentration orthodoxer Juden* im Grunde nur darin bestanden haben kann, diese Juden weit im *Abseits zu vereinen*.

14. *Viel erfolgreicher verlief die jüdische Eroberung Palästinas*, getragen vor allem vom Zionismus. Die Abtrennung dieses Gebiets im Frieden von Sèvres 1919 von der Türkei und die Bildung eines Völkerbundsmandats Palästina, das Großbritannien ausübte, erleichterte die *Einwanderung vor allem ostjüdischer Elemente nach Palästina*, und die starke Förderung des Zionismus vor allem aus den USA gab den jüdi-

schen Siedlern viele Möglichkeiten, Land anzukaufen. Dabei vollzog sich in Palästina lange schon vor der Bildung Israels eine **soziale Umstrukturierung des Judentums**, das dort in großem Umfang auch Bauern und Fabrikarbeiter stellt, ferner andere Berufe ausübt, die in den Auswandererstaaten relativ selten von Juden ausgeübt waren. **Wie deutlich Eichmann die jüdischen Palästina-Pläne nach seinen eigenen, kaum bezweifelbaren Angaben unterstützt hat, und zwar gleichzeitig mit Aktionen zur Vernichtung jüdischer Menschenleben, ist deutlich.** Das hatte zu tun mit dem

16. **Madagaskar-Plan.** Im Gegensatz zu Eichmanns Darstellung, die wohl weit überhöht die Bedeutung der Mitwirkung Eichmanns an dem Zustandekommen und dem Versuch der Verwirklichung dieses Plans zeichnet, ist dieser Plan viel älter als Eichmanns Mitwirkung an ihm. Eichmann stellt aber klar, welch wesentliche Mitarbeiter Hitlers in Madagaskar die Möglichkeit der Aussiedlung des europäischen Judentums und der Konzentration der Juden Europas in einem halbselbständigen Judenstaat sahen. Eichmann ist unter diesen Männern nur ein kleines „Licht". Manches an Madagaskar ist unklar. An die Abtretung durch Frankreich und an die Aussiedlung der französischen Kolonisten dort hatte man gedacht. Was mit den Madagassen erfolgen sollte, schien wohl im Zeitalter des Kolonialismus nicht so wichtig. Dazu waren die im Großdeutschen Reich an diesem Plan Beteiligten entschieden zu „weiß" eingestellt. Der Madagaskar-Plan hatte seine beste Zeit natürlich nach der Kapitulation der französischen Armee. Vom Zionismus wurde er stets abgelehnt. Er entsprach

17. **Hitlers Ziel der Entfernung der Juden aus Europa. Dieses Ziel, nicht das der Vernichtung der europäischen Juden, geht aus seinen Reden klar hervor.** Als der Krieg mit der Sowjetunion begonnen hatte, als damit auch klar wurde, wie wenig das Ende des Frankreich-Feldzuges für die Kriegsentscheidung bedeutet hatte und wie wenig greifbar Madagaskar sowohl für die deutsche Flotte wie für die Regierung des Französischen Staates war, als sich aber doch längst schon kleine Gebiete im Südosten des damaligen Generalgouvernements am San als ungeeignet für die Aufnahme zahlreicher Juden unter jüdischer Selbstverwaltung erwiesen hatten, entstand mit dem Feldzug in der UdSSR der Wunsch, **die Juden Europas in die Sowjetunion auszusiedeln.** Doch entwickelten sich die deutschen Erfolge nicht so, daß sie größere Möglichkeiten für die Entstehung eines jüdischen Staatswesens gaben. Die Wirklichkeit war anders als die ideologische Vorstellung weiter, menschenleerer, sozusagen sehnsüchtig auf die Ansiedlung entwickelter Menschen wartender Räume.

17. Eichmann hatte sich, obwohl mit der jüdischen Frage nach seinem Bildungsgang als Techniker und nachher als hauptamtlicher SS-Führer zunächst nicht tiefer befaßt, Kenntnisse über die jüdische Geschichte erworben. Er hatte eine Arbeit von Adolf Böhm studiert, die sich auch mit dem damals von den Zionisten ersehnten „Staat Israel" befaßt. Daß er sich dabei tiefgründige Kenntnisse erworben hat, kann er in seiner Darstellung nicht nachweisen. Doch steht er dem Denken zionistischer Juden seither nicht mehr durchweg fremd gegenüber, er wird im Krieg auch eine Art – ich bitte sehr um gütige Nachsicht – „antisemitischer Zionist", ohne deshalb seine Judentransporte auch nur einzuschränken.

18. An der Auswanderung der Juden hatte er schon in Wien und Prag in der Form seiner „Zentralstellen" gewirkt. Er übersieht damals ohne Zweifel nicht den ganzen Fragenkomplex, weiß z. B. nichts davon, daß und wie sehr sich Hjalmar Schacht zugunsten der Juden um ihre Herauslösung aus dem Deutschen Reich bemüht hat. Sicher fehlt ihm auch viel an Übersicht über die Geschichte und die gegenwärtige Lage der Judenfrage. Er ist in dieser Hinsicht nur bescheidener Autodidakt, aber bald wichtiger Praktiker, der sich allerdings peinlichst vor der Teilnahme an allen Praktiken scheut, die unmittelbar die Vernichtung von Juden betreffen. Offensichtlich ist er sich nicht einmal klar darüber, was Beihilfe bedeutet. Gegen diese Erkenntnis wehrt er sich mit dem Mut der Verzweiflung. Man ist geneigt, von einer nicht angenommenen Schulderkenntnis zu sprechen, aber das gehört ins Reich der Psychologie. Doch ist es nicht völlig unmöglich, daß Eichmann irgendwie sogar „guten Gewissens" spricht. Die zwei angedeuteten Möglichkeiten sind nicht mit völliger Sicherheit auszumachen, vor allem nicht für die Zeit seines Handelns. Man wird Eichmann nicht absprechen können, daß es nie seiner Zielsetzung entsprach, die Juden physisch zu vernichten, daß er vielmehr die Juden hat auswandern lassen wollen, wenn auch unter weitestgehender Enteignung, wie sie den deutschen Heimatvertriebenen widerfahren ist. Aber unbestritten sollte sein, daß Eichmann von der Vernichtung jüdischer Menschenleben gewußt hat, vielleicht hat er die Zahl ermordeter Juden partiell sogar höher eingeschätzt, als sie tatsächlich war. Er irrt mit ziemlicher Sicherheit insoweit, als eben nicht alle arbeitsunfähigen Juden in Auschwitz getötet worden sind. Es hat ja dort ein Lager mit Arbeitsunfähigen gegeben. Immerhin kennt er das schreckliche Thema der sog. Selektion. Andererseits kann kaum ein Zweifel daran bestehen, daß er bis an das Kriegsende heran, dessen Nähe seine Tätigkeit beendet, auch die Auswanderung einer gewissen

Zahl von Juden nach Israel geduldet, wenn nicht gefördert hat. So verdanken Juden diesem Mann in großer Zahl ihre Freiheit. Das gilt auch für seine Tätigkeit in Wien und Prag, wenngleich Eichmann ihnen oft nur das nackte Leben gelassen hat, soweit er in dieser Hinsicht nicht der Betrogene war. Doch das ist ein weites Feld. Bei der Juden-Auswanderung aus Ungarn nach Israel tut Eichmann nach eigener Angabe etwas, was der Struktur seiner Persönlichkeit nach dem äußeren Schein zutiefst widersprochen hat: der unbedingte Befehlsempfänger entfaltet Initiative im Sinne der Befehlsverweigerung gegenüber seinem wieder und wieder oft zitierten „Reichsführer". Dieser Begriff kommt – wir sind z. T. davon abgewichen – in Eichmanns Manuskript unwahrscheinlich oft vor, der Name Himmler hat bei ihm Seltenheitswert. Er ruft den Namen des Gottes nicht gern.
19. Daß Eichmann von großen Konferenzen wenig wußte, ist sicher. Hätte er an die Existenz des Schachtplanes geglaubt, so dürfte man das auch für diesen Fall sagen. Seine Tätigkeit hängt mit dem Scheitern dieser beiden Versuche, auch mit der zumeist mehr als zögernden Aufnahme der Juden durch die demokratischen und viele andere Länder zusammen. Nur können Länder mit Judenverfolgung nicht den rechtlichen oder sittlichen Anspruch erheben, daß andere Staatsgebiete Judenprobleme des Dritten Reiches lösten.
20. Eichmann und Nisko. Es handelt sich um einen Ort am San nahe der deutsch-sowjetischen Interessengrenze. Er war für eine autonome Provinz vorgesehen.
21. An der Madagaskar-Planung ist Eichmann beteiligt, wobei er auch Anteil an der völligen Fehleinschätzung der hier angeblich bestehenden Möglichkeiten hat. Ob Madagaskar unter heutigen Aspekten in der Lage gewesen wäre, zu seiner einheimischen Bevölkerung hinzu die europäischen Juden aufzunehmen, bleibt unter günstigster Einschätzung zweifelhaft. Immerhin hätte die Madagaskar-Lösung sicher keine materiell geringeren Möglichkeiten geboten als Israel mit seinen etwas mehr als drei Millionen Menschen. Doch hat Madagaskar mit der jüdischen Tradition so viel oder vielmehr so wenig zu tun wie etwa Birobidžan.
22. Entgegen der Behauptung Eichmanns hat Hitler im Frühjahr oder Sommer 1941 ebensowenig wie zu irgendeiner anderen Zeit einen Führerbefehl zur physischen Vernichtung des Judentums erteilt. Eichmann erklärt, diesen „Führerbefehl" von Heydrich erfahren zu haben. Er hat ohne Zweifel an einen solchen Befehl geglaubt. Insoweit ist er das Opfer seiner skrupellosen Befehlshörigkeit. Alles weitere, was die Judenvernichtung angeht, bleibt mehr oder minder

im Bereich des Spekulativen. Wie weit Himmler und Heydrich die Ermächtigung aus der Institution des „Reichskommissars für die Festigung deutschen Volkstums" ausschöpfen und inwieweit sie der Befehlsgewalt Adolf Hitlers auf ihre Weise nachgeholfen haben, bleibt der geschichtlichen Forschung vorbehalten.

Völlig unklar ist es, ob Bormann nach dem Englandflug von Rudolf Heß Hitlers Karten gemischt hat, wie er das so oft tat. Als wesentlicher Rest bleibt die Feststellung, daß Hitler als Führer eines autoritär gelenkten oder gemeinten Staates von der rechtlichen Verantwortung für das, was in den Konzentrationslagern geschehen ist, so wenig freigesprochen werden kann wie Stalin und seine westlichen Bundesgenossen von den Einzel- und Massenmorden, die in der Kriegsgefangenschaft und im Gefolge des Zweiten Weltkrieges an Deutschen begangen worden sind. Die Frage der sittlichen Beurteilung ist etwas anderes. Menschliches Gewissen kann leider in schrecklichem Umfang irren.

23. *Totale Kriege, die auch die Zivilbevölkerung und alle Möglichkeiten des Feindes zu vernichten suchen, sind alt. Sie existieren samt der Vernichtung und Verschleppung der Bevölkerung schon seit dem Altertum, sind dort vor allem mit Ereignissen im Orient verbunden. Somit ist der totale Krieg keine Erfindung des Reichspropaganda-Ministers Goebbels. Der Zweite Weltkrieg war – etwa auch aus englischer Sicht – wie der Erste ein totaler Krieg. Vom Bürgerkrieg der USA gilt dasselbe. Daß der totale Krieg im Kampf mit der Sowjetunion besonders brutal war, vor allem auch im Partisanenkrieg, ist mehr ein quantitatives als ein qualitatives Merkmal. Partisanen- und Untergrundkrieg und Partisanen-Verherrlichung trugen zur noch stärkeren Entmenschlichung des Krieges bei. Das gilt auch für die Abwehr des Partisanenkrieges in Ost und West, nicht zuletzt im weiten Raum der Sowjetunion. Diese Feststellung hat zumindest erheblich zu tun auch mit der Tätigkeit der Einsatzgruppen des SD im rückwärtigen Heeresgebiet des Ostens. Ob es bei nicht nur imperialistisch, sondern zugleich ideologisch gemeinten Kriegen gegen Unmenschlichkeit Grenzen geben kann, ist ungewiß. Eichmann zeigt solche Grenzen so wenig auf, wie das die vielfache Verherrlichung des Partisanenkrieges fertigbringt.*

24. *Obwohl schon erörtert, sei dem Plan für die Umsiedlung der Juden Europas in die UdSSR noch ein Wort gewidmet. Dieses besteht nur in der Erklärung, daß auch hier die Realitäten keinerlei Weg gewiesen haben.*

25. *Der Erlaß Hermann Görings vom Juli 1941 hat nicht die physische Vernichtung, sondern die Umsiedlung des Juden-*

tums zum Ziel. Die Praxis Görings gegenüber Mitarbeitern zumindest teilweise jüdischer Herkunft spricht entgegen allen „starken" Worten, die über alles gebotene Maß hinaus und über alle Vernunft im Dritten Reich als Zeichen wahrer Stärke galten, von Görings subjektiver Souveränität in der Judenfrage. Wiederholt sei: **Mit irgendwelchen Plänen zur Ermordung von Juden hat Göring nichts zu tun.**

26. *Die im Grunde schon kriegsentscheidende Wende vor Moskau im Dezember 1941 zerstört alle Möglichkeiten zur Umsiedlung der Juden Europas in die Sowjetunion.* Als Ansatzpunkte dazu bleiben die Ghettos und Konzentrationslager im Protektorat Böhmen-Mähren, im Generalgouvernement und in den baltischen Ländern. Alle diese Ghetto- und KZ-Bereiche waren jeder Art von deutscher Zivilverwaltung entzogen. Eichmann schildert genau die Dienststellen der SS, denen dort Zuständigkeit gegeben und gelassen wurde.

27. *Seit Kriegsende bemühen sich Historiker der Zeitgeschichte nicht nur jüdischer Herkunft, das sog. „Wannsee-Protokoll" zum Beispiel einer geplanten und ohne Zweifel z. T. verwirklichten Massentötung von Juden als Beweismittel herauszustellen. Das ist nicht gelungen.* Im Gegenteil ist heute wahrscheinlich, daß hier Pläne zur Umsiedlung der europäischen Juden angesprochen waren. Die nachträglich gefertigte Niederschrift ist ohne Beweiswert. Eichmann behauptet die Veränderung des ursprünglichen Textes.

28. *Was in einem Teil der ernsthaft um Wahrheit ringenden Literatur zumindest zweifelhaft erschien, nämlich Existenz und Fassungsvermögen von Gaskammern in Konzentrationslagern außerhalb des Altreichs und Österreichs, wird von Eichmann bejaht.* Im Gebiet des Deutschen Reiches von 1938 hat die Tötung von Erbkranken in einigen Anstalten stattgefunden. *Für Auschwitz und wohl auch Treblinka bejaht Eichmann die Frage des Bestehens von Gaskammern und von Massenmorden durch Gas an arbeitsunfähigen Juden.* Er scheint anzunehmen, daß seine Treblinka geltenden Worte auch auf andere KZs des Lubliner Bereichs zutreffen. Ferner erwähnt Eichmann den Auschwitzer KZ-Kommandanten *Höss als „Erfinder" der Vergasung durch Zyklon B, das vorher nur zur Tötung von Läusen verwendet worden war.*

Angeklagte und Zeugen in den NS-Verfahren bestätigen die Aussage Eichmanns. Außer Höss nennt Eichmann im Zusammenhang mit Vergasungsmaßnahmen den früheren Gauleiter Globocnik für das Lubliner Gebiet. *Ohne Zweifel hängt die Einführung der Vergasung im KZ Auschwitz erst mit dem Kommandanten Höss zusammen.* Seine Vorgänger, u. a. der vor dem Frankfurter Auschwitzprozeß im

Untersuchungsgefängnis ums Leben gekommene frühere Auschwitzer KZ-Kommandant Baer, haben wohl mit keinerlei Vergasungsaktionen zu tun.

Nicht vergessen sei, daß Autoren wie Dr. Stäglich und Prof. Faurisson sowie Prof. Butz, ein Ingenieur aus den USA, die Vergasung gerade für Auschwitz bestreiten, und zwar auch aus technischen und räumlichen Gründen.

Ich selbst gab den Rat, die technischen Probleme zu überprüfen sowie Behauptungen und Feststellungen über die Verteidigung in das Verfahren gegen Lischka u. a. im Schwurgerichtsverfahren in Köln einzuführen.

In der „Süddeutschen Zeitung", Nr. 156, S. 5., vom 9. Juli 1980 lese ich: „Wegen Beleidigung ist der 19jährige Verfasser eines neonazistischen Flugblattes von einem Frankfurter Jugendrichter zu acht Monaten Jugendstrafe verurteilt worden. Wie die Beweisaufnahme ergab, hatte der Angeklagte, ein Elektrolehrling, im Herbst vergangenen Jahres in Frankfurt 1000 selbstverfaßte Flugblätter verteilt, in denen es u. a. hieß: es sei „wissenschaftlich und überzeugend bewiesen, daß es in keinem deutschen Konzentrationslager Gaskammern zur angeblichen Massenvernichtung von Juden und anderen Menschen gab". Mit der Leugnung des millionenfachen Mordes, heißt es in dem Urteil, würden „Leid und Gefühle vieler Menschen mißachtet". Das Gericht setzte die Jugendstrafe auf die Dauer von drei Jahren zur Bewährung aus und verpflichtete den Angeklagten zu 30 Stunden gemeinnütziger Arbeit im Frankfurter Zoo.

Solche Urteile sind m. E. nicht problemfrei. Mehr zu sagen, ist nicht unbedingt opportun.

29. Aus Eichmanns Erinnerungen geht anstelle des von ihm nur behaupteten Führerbefehls zur Vernichtung der Juden deutlich das Schlittern der Judenpolitik in eine ausweglose Lage hervor. Sie führt zunächst in Teilbereichen im Einvernehmen mit Heinrich Himmler zur „Dezimierung" der Juden. Eichmann liefert wie vor allem Rassinier Beiträge zur annähernden Feststellung von Zahlen getöteter Juden, die angesichts seiner auch hier zu vermutenden Offenheit die Sechs-Millionen-Legende weiter erschüttern. Doch sind Eichmanns Zahlen relativ groß.

30. Die Aktion 14 f 13 als erweiterte „Euthanasie" in den Konzentrationslagern hat ohne Zweifel Möglichkeiten auch zur Tötung von Juden innerhalb der Grenzen vor dem 1. 9. 1939 geschaffen. Der Begriff 14 f 13 stammt aus der obersten KZ-Verwaltungsstelle.

Sicher ist, daß keine Vergasungen in den Lagern innerhalb des Altreichs und Österreichs stattfanden. Die Opfer wurden in Omnibussen von dem KZ in eine Euthanasieanstalt gebracht. 14 f 13 hat mit der Euthanasie, der Abkürzung „lebensunwerten" Lebens entweder im Sinne der Abkürzung der Qualen bei einer unheilbaren, langwierigen Krankheit oder im Sinne der Tötung eines unheilbaren Geisteskranken oder idiotischer Kinder nichts zu tun.

Bei Euthanasie stellt sich das nicht lösbare Problem der Grenze, während bei 14 f 13 – die Leerung der Lager von Arbeitsunfähigen – der brutale Nützlichkeitsstandpunkt im Hintergrund steht.

Es entstand bei 14 f 13 das Wort von den „unnützen Essern". Das Trauma der Hungerblockade aus der Zeit des Ersten Weltkrieges mag bei dieser schrecklichen Maßnahme eine Rolle gespielt haben.

Bei den Judentötungen in Verbindung mit den Deportationen aus den europäischen Ländern im deutschen Machtbereich dürfte die Verfahrensgrundlage die erweiterte, modifizierte Aktion 14 f 13 sein.

Eines ist bei sämtlichen Tötungsmaßnahmen aller Beteiligten am Zweiten Weltkrieg in Rechnung zu stellen:
Der totale Krieg relativiert den Wert des Menschenlebens. Judenmorde, Kriegsgefangenentötungen beider Seiten, Rachemaßnahmen an Kriegsgefangenen durch Alliierte stehen hier auf einer Stufe, ebenso die Behandlung der Polen während des Krieges und der Bombenkrieg gegen die Zivilbevölkerung sowie die Verbrechen an der deutschen Bevölkerung des Ostens samt den Vertreibungsverbrechen. Das alles ist zumindest auch Ausfluß des totalen Krieges, wobei die Verbrechen an Juden, Polen, Sowjetrussen und Deutschen weithin gleiches Gewicht haben, nicht nur in rechtlicher, sondern auch in sittlicher Sicht. Die Verbrechen an Deutschen nach Kriegsende haben insofern sogar besondere Qualität, als sich hier die Angehörigen von Völkern, die Richter über Verbrechen und Verbrecher sein wollten, selbst an Verbrechen beteiligt und z. T. sogar zu ihnen aufgefordert haben. Natürlich ist hier keine Aufrechnung möglich, aber die Anrechnung der Taten beider Seiten ist sittlich wie politisch geboten. Eichmann liefert zu solchen Betrachtungen ungewollt manchen Beitrag.

31. Am meisten teilt Eichmann uns über die Deportierung der Juden aus den Ländern unter deutschem Einfluß oder deutscher Besatzung während des Zweiten Weltkrieges mit. Hier sehen wir aus Eichmanns Worten auch den passiven Widerstand verschiedenster Staaten in West-, Nord-, Süd- und Südosteuropa.

Wir stellen auch fest, daß eine mehr oder minder lückenlose Erfassung der Juden für ihren Transport in der Hauptsache in Lager außerhalb der Reichsgrenzen von 1918 nirgends gelungen ist, es sei denn im Deutschen Reich, doch auch hier nicht durchweg.

Eichmann liefert neues Material für die Entscheidung der Frage, wie viele Juden unter seiner Beteiligung in KZs zu Deportationszügen gebracht worden sind.
32. *Zum jüdischen Widerstand geistiger Art, aber auch mit Waffen liefert Eichmann manchen Beitrag. So verständlich auch der Widerstand der Juden mit der Waffe war, mag es dem Leser überlassen bleiben zu entscheiden, inwieweit dieser Widerstand jüdisches Leben gefährdet und gerettet hat. Zu vermerken ist die Tatsache, daß Eichmann den bewaffneten Einsatz jüdischer Gruppen auch auf englischer Seite schildert, z. T. in den Reihen der Haganah.*
33. *Unverzichtbar scheint Eichmanns Darstellung der Deportation in Ungarn. Sie kann zur Wahrheitsfindung in dieser umstrittenen Frage erheblich beitragen, wobei zu sagen ist, daß Eichmann sich auch dort, wo er irrt, um Wahrheit bemüht, also subjektiv im allgemeinen um eine aufrichtige Darstellung bemüht scheint. Auszunehmen sind dabei die Bereiche, in denen er sich zugunsten seiner Vorgesetzten oder auch um seiner selbst willen gegen die volle Wahrheit sperrt. Große Teile seiner Aussagen sind nicht nur aufrichtig gemeint, sondern treffen auch die Wahrheit. Der Leser muß also sondern. Dazu gehören Vorkenntnisse. Jedenfalls trägt Eichmann wohl mehr zur Wahrheitsfindung bei, als er diese erschwert. Die bewußte Lüge und hier wieder die erfolgreiche ist ihm wohl nirgends nachzuweisen.*

Damit sich der Leser ein objektives Bild machen kann, habe ich zur Gegenüberstellung auf die Schilderung von Andreas Bliss, der aus seiner Sicht heraus eine beeindruckend geschriebene Arbeit unter dem Titel „Der Stopp der Endlösung – Kampf gegen Himmler und Eichmann in Budapest", erschienen 1966 im Seewald-Verlag in Stuttgart, hingewiesen. Der Leser wird auf gegensätzliche Darstellungen stoßen. Das Vorgehen in Ungarn steht zum Teil auch in unmittelbarem Zusammenhang mit dem Vordringen der Sowjets im Osten, mehr noch mit der Offensive gegen den südosteuropäischen Raum, vor allem gegen Ungarn.

Einem Aufstand der Juden wie in Warschau sollte vorgebeugt werden.

Den Juden sollte die Möglichkeit verschlossen werden, als Bundesgenossen der Sowjets im Partisanenkrieg oder im offenen Kampf sich einzusetzen.

Eichmann fehlen nicht selten zuverlässige Informationen.

Auffällig ist seine Fähigkeit, mit Zionisten in gewissem Umfang zusammenzuarbeiten.
34. *Eichmanns Ungarn-Aktion steht, wenn auch nur zum kleinen Teil, in Verbindung mit dem im Zweiten Weltkrieg erstarkten Zionismus,*

dem Eichmann lieber Konzessionen macht als dem assimilatorischen Judentum, das den Völkern Europas verbunden bleiben will.

Eichmanns Mitarbeiter haben z. T. den persönlichen Versuchungen, die sich für sie in Südosteuropa ergeben haben, nicht widerstanden. Unter den von Eichmann erwähnten SS-Führern bildet Becher ein eigenes Kapitel, doch sicher kein ehrenrühriges. Immerhin zeigt sich auch bei Becher, wie schwer das Lavieren selbst für einen Mann mit guten Verbindungen nach oben war, wenn er im endenden Krieg auf deutscher Seite dort eigene Wege ging, wo so viele versuchten, mehr als ihr eigenes Schäfchen ins Trockene zu bringen, wo selbst ein Mann wie Himmler in 100%iger Verkehrung der Tatsachen-Lage nach Kontakten suchte, die zu Friedensgesprächen führen sollten. Himmler, in dessen Wesen sich Realität, kaltblütiger Machtdrang und absolute Utopie so widerspruchsvoll verbinden, gibt sich gegen Kriegsende Utopien reinsten Wassers hin, in völliger Verkennung dessen, daß der Zweite Weltkrieg auch zwischen dem Dritten Reich und dem Judentum der ganzen Erde geführt worden ist und daß im Jahre 1945 Möglichkeiten zu einem „Frieden von Hubertusburg" (auch hier wie bei Hitler und Goebbels die Hoffnung auf eine Wende durch den Eingriff des Schicksals!) realiter nicht mehr bestanden. Eichmann ist bis in die letzten Kriegstage hineingezogen in diese Utopien, als er etwa einen Teil der Alpenfront schaffen soll. Hier erst zeigt er Einsicht ins Unmögliche.

35. *Von zeitgeschichtlichem Interesse ist es zu sehen, wie kleine Figuren von großer Aktivität – das beides vereint Eichmann – im NS-Regime noch viel stärker als in Herrschaftssystemen des Durchschnitts Möglichkeiten fanden, zerstörend und doch nicht ausschließlich zerstörend in die Ereignisse einzugreifen.*

Zur Herausgabe dieses Buches

Endlich noch ein Wort zur Ausgangslage um die dreißiger Jahre in Deutschland: Wenn auch im Jahre 1933 eine repräsentative Reichsvertretung der deutschen Juden unter Führung von Leo Baeck gebildet wurde, so muß dennoch festgestellt werden, daß die jüdische Reaktion in den Jahren 1930–1933 nicht einheitlich war. Auch dies wußte Eichmann wie so vieles nicht. Sicher ist es falsch, die Juden und ihre führenden Persönlichkeiten in der Zeit um den Ersten Weltkrieg als monolithischen Block zu sehen. Sie gehörten politisch sehr verschiedenen Lagern an, hatten nur z. T., vor allem als Zionisten, jüdisches Volksbewußtsein. Rassisch bildeten sie wie fast alle anderen Völker ein Konglomerat. Am ehesten unterschieden sie sich von ihren sog. „Wirtsvölkern" durch eine andere berufliche Struktur. Ein enger Zusammenhalt unter ihnen hat sicher großenteils, aber ebenso sicher nicht durchweg bestanden, obwohl zwischen einer öfters nach außen gekehrten mehr oder minder großen Einigkeit und den Parteiungen innerhalb des Judentums erstaunliche Unterschiede bemerkbar waren. All diese Dinge sind bekannt. Nicht weniger bekannt ist heute, daß der Antisemitismus der Zeit um den Ersten Weltkrieg viele dieser Tatsachen zu simplifizieren suchte, ohne Zweifel oft mit Erfolg. Doch speiste sich auch der Antisemitismus, wie kurz gezeigt, aus sehr verschiedenen Quellen, er bestand in sehr unterschiedlichen Lagern. Stets war er mit Fehl- oder Vorurteilen, auch mit Teilwahrheiten verbunden. Aus solchen falschen Voraussetzungen erwuchs wohl auch der Zionismus. Ohne Antisemitismus wäre er sicher weniger rasch gewachsen, weniger erfolgreich gewesen. Doch ist der zeitweilige Erfolg des Antisemitismus mit vielen Folgerungen, ist auch der Zionismus, der Israel gegründet hat, geschichtliche Tatsache. Wir Heutigen sollten dem ins Auge sehen.

Ich fühle mich verpflichtet, dies zur Einführung zu sagen. Der Autor zieht sich bald zurück. Er beschränkt sich dann auf die Rolle des Kommentators. Adolf Eichmann hat das Wort. Der Verlag wie ich selbst korrigieren ihn ohne jede Veränderung des Sinnes nur insoweit, daß ein lesbarer Text entsteht. Seine Worte sind für uns ein historisches Dokument, ohne Zweifel eine Aussage von Wichtigkeit. Korrigiert sind nur sprachliche Fehler, doch in der Sache nichts. Wo einige wenige Kürzungen erfolgt sind, geschah dies ohne jeden Verlust an Sachaussage. Die Zwischentitel, die Eichmanns Worte zu gliedern suchen, stammen vom Verlag.

gez. Dr. Rudolf Aschenauer

Nun spricht Eichmann

Geleitwort

„Den lebenden und den kommenden Geschlechtern will ich Aufschluß geben über ein fürchterliches Kapitel aus dem vergangenen Kriege. Ich werde nur die volle Wahrheit sagen – nichts verheimlichen, nichts beschönigen.

Diese Erklärungen gebe ich zu einer Zeit ab, in der ich mich im Vollbesitz meiner physischen Kräfte und psychischen Freiheit befinde, von niemandem beeinflußt oder bedrängt.

Diese meine Erklärung widerruft automatisch jedwede hiervon abweichende Erklärung, die ich vor einem feindlichen Forum oder Tribunal abgeben würde."

Martinez, den 9. Februar 1959.   Adolf Eichmann

Gedanken in US-Kriegsgefangenschaft

Weihnachten 1945. Oder einige Tage vorher. Ich bin amerikanischer Kriegsgefangener im Lager Oberdachstetten und stehe in einer jener entsetzlichen Latrinen, die wohl das internationale Merkmal für Lager darstellen. – Im Mund spüre ich die Giftkapsel. Sie hat vor einigen Monaten meinem zweithöchsten Chef, dem Reichsführer SS, anscheinend das Leben genommen. Die Kapsel hat mich seit Kriegsende nicht mehr verlassen; ich habe sie durch eine Anzahl Lager und entsprechende Visitationen gerettet. Jetzt muß ich mich entscheiden: Leben oder Tod. – Ich wähle den Tod, wenn ich daran denke, daß das Reich, Traum und Inhalt meines Lebens, zerschlagen darniederliegt. Ich wähle den Tod, wenn ich daran denke, daß ich nicht weiß, wie lange ich gegenüber den Beamten des CIC meine wahre Identität verbergen kann – aber ich wähle das Leben, wenn ich an die Meinigen denke, die ein Anrecht haben auf ihr Leben. Und auf mein Leben.

Mein Gewissen zwingt mich nicht zum Tode; denn ich weiß, ich hatte eine schwere und grausame Aufgabe, die ich nicht gewählt habe, zu deren Erfüllung mich jedoch Gehorsam und Pflichtbewußtsein kategorisch zwangen. – Ich fürchte aber das Leben nicht, weil es mich einmal dazu verpflichten kann, Verantwortung und Rechenschaft abzulegen.

Ich wähle das Leben und werfe die Giftkapsel über den Donnerbalken.

Dann überfällt mich eine kurze, heftige Verzweiflung. Ich habe eine Initiative ergriffen und muß konsequent weiterdenken – weiterhandeln. Ich muß jetzt aus diesem Lager weg, ich muß flüchten; denn nur so kann ich dem Risiko einer Identifizierung entgehen. Ich werde also flüchten.

Allerdings – hätte ich damals gewußt, daß in kurzer Zeit kein einziger meiner direkten und höchsten Vorgesetzten mehr am Leben oder erreichbar sein würde, hätte ich damals gewußt, daß auf diese Art und Weise nur ich übrigbleiben würde, um Zeugnis für die Wahrheit abzugeben, hätte ich damals vermuten können, daß die gegnerische Agitation aus mir den Massenmörder, einen bluttriefenden Caligula machen würde, hätte ich damals gewußt, mein Entschluß zum Leben würde meinen Schultern die Last zur verantwortlichen Klärung historischen Geschehens aufbürden unter Umständen und in einer Welt, die restlos vom Gegner und allen ihm zur Verfügung stehenden Mitteln für die Bildung einer öffentlichen Meinung beherrscht wird, hätte ich gewußt um die übermenschliche Aufgabe, gegen eine Welt von Feinden und ohne jegliche Rückenstärkung, nicht einmal des eigenen Volkes, die historische Wahrheit kundzutun wie ein Einsamer in der Wüste, fürwahr – ich hätte wahrscheinlich doch den Tod gewählt!

Denn nichts erfüllt den Einsamen mit größerer Verzweiflung als die Machtlosigkeit, einzeln der Wahrheit zum Durchbruch zu verhelfen, weil die Wahrheit allzu viele Zwecklügen und Interessen angreifen würde.

Damals faßte ich den Entschluß zum Leben. Verantwortung habe ich nie gescheut, eiserne Konsequenz ebensowenig. Weil ich damals das Leben wählte, muß, ja muß ich sprechen. Die jetzt noch lebenden und die kommenden Generationen haben ein Anrecht darauf. Es mag sein, daß in diesen Jahren sogar mein eigenes Volk, dem ich blind ergeben war und bin, mich ausspeit – wie eine giftige Natter von sich wirft. Auch dieser schmerzlichste aller Umstände kann mich nicht daran hindern, der Wahrheit und somit der Geschichte des Großdeutschen Reiches zu dienen.

Nie habe ich ohne Gott leben können, ich habe ihn in der Natur gesehen und noch gespürt im Spiel der Wolken. Diesen Gott rufe ich an, damit er mir beistehe, mich prüfe auf Ehre und Gewissen und mir die Kraft verleihe, der Wahrheit eine Gasse zu bahnen und die Lüge anzuprangern.

Ein Rückblick: Zionismus und Endlösung

Als ich in amerikanischer Gefangenschaft war, las ich eine kleine Broschüre, die hieß „Der Nürnberger Prozeß" oder ähnlich. Darin stand, daß Richter Jackson (1) mich im Nürnberger Prozeß als die „in Wahrheit finsterste Gestalt dieses Jahrhunderts" bezeichnete, zumal ich schon lange

Zeit vorher den Ausgang des Krieges klar erkannt hätte. Es stimmt, als Bock (1a) in Paris 1940 seine Truppenparade abnahm, stand die Siegeszuversicht der Deutschen auf dem Höhepunkt. Um diese Zeit trafen wir uns jeden Donnerstag in der Privatwohnung von Gruppenführer Müller (2): Huppenkothen (2), meine Wenigkeit und noch drei andere Kameraden, im ganzen fünf Abteilungsleiter von Amt IV (2). Es waren harmlose Abende beim Schachspiel; nur ab und zu trugen wir dienstliche Obliegenheiten in aller Ruhe vor, so entre nous. Am Abend der Siegesparade in Paris glaubte ich meine Bedenken äußern zu müssen; denn um diese Zeit fing ich an, recht pessimistisch zu werden. Aus meiner Angst um Deutschland sagte ich zu Huppenkothen: „Ich bin sehr pessimistisch und glaube, wenn es so weiter geht, werden wir den Krieg verlieren." Huppenkothen war der Sachbearbeiter für die „Nationale Opposition". Aus den Vorlagen auf meinem Schreibtisch ersah ich täglich „Stimmungen innerhalb des Reichsgebietes", oppositionelle Bestrebungen und ähnliches. Ich deutete Huppenkothen die Zustände im Innern an, weil er ja dafür zuständig war. Er widersprach mir heftigst, und zwar versteifte er sich auf das Wort „Pessimismus"; gerade wir Nationalsozialisten dürften nicht pessimistisch sein. Es ergab sich eine kleine Kontroverse, ich sagte ihm wörtlich: „Gerade wir, die wir mitten drin stehen, gerade wir haben das Recht zum Pessimismus; denn sind wir nicht mit Pessimismus behaftet, so haben wir nie die Kraft und die Möglichkeit, jenen Gegner zu beurteilen und zu verurteilen, der pessimistische Gedankengänge verbreitet. Selbstverständlich darf ich einen derartigen Pessimismus keiner dritten Person mitteilen, nur denen, die – wie wir – mitten drin stehen. Und Pessimismus nur aus Angst um das Reich!" Müller mischte sich ein, gab zum Teil mir recht, zum Teil Huppenkothen. Hier sagte ich auch zum erstenmal zu meinem unmittelbaren Vorgesetzten Müller, daß wir erst eine halbe Million Deutsche an die Wand stellen müßten, bevor wir das Recht hätten, den Gegner zu vernichten. Solange wir das nicht tun würden oder dürften, hätten wir kein Recht dazu. Müller sagte nicht ja und nicht nein, lächelte nur etwas väterlich. Die halbe Million Deutsche stellten die Saboteure dar, wie wir sie am 20. Juli 1944 in Wirkung gesehen haben; ich konnte sie ja auflesen aus so vielen Erscheinungen, wie z. B. der „Roten Kapelle", dem „Pressespiegel" u. a. m. Im Laufe der Zeit tat sich mir ein Bild auf, das mich dazu veranlaßte zu sagen: „Mensch, es ist soviel Stunk im Lande – warum krachen wir da nicht endlich mal hinein?"

Genau zu wissen, was vorging, war Aufgabe von Amt III; das war Ohlendorf (3). Von den Nachrichten des Amtes III zehrte ja schließlich auch Huppenkothen: Amt III erfaßte alle Nachrichten, erschöpfte sie, stellte die Kampfform des Gegners fest und gab dann seine (informative) Bearbeitung weiter an das Geheime Staatspolizeiamt und an alle interessierten Stellen des Reichssicherheitshauptamtes.

Aus diesem Zusammenhang heraus muß meine Einstellung zur Lösung der jüdischen Frage gesehen werden. Meine grundsätzliche Einstellung zur Judenfrage – in bezug auf unser Volk – beruht auf geschichtlicher Kenntnis und Erkenntnis. Es genügt hier, kurz Anfang und Ende der Entwicklung anzudeuten: Seit Jahrhunderten in der Zerstreuung lebend, war das Judentum anfangs praktisch ghettoisiert und (aus religiösen Gründen) daran gehindert, bestimmte Berufe (innerhalb seiner christlichen Wirtsvölker) auszuüben. So konzentrierten sich die Juden (bis zu ihrer Emanzipation) auf gewisse Sparten, z. B. den Handel, die Finanzen und die dazugehörige Leih- und Zinswirtschaft. Nehmen wir – für Deutschland – das Jahr 1932 als Schlußpunkt der Entwicklung, so müssen wir feststellen, daß das Judentum nach seinem Anteil an der Gesamtbevölkerung zu einem unerhörten Prozentsatz viele für das deutsche Volk lebenswichtige Gebiete beherrschte und in Schlüsselstellungen zu finden war.

Zahllose Menschen innerhalb und außerhalb Deutschlands, so auch ich, faßten den (alten) Gedanken einer Trennung der Juden von ihren Wirtsvölkern näher ins Auge; auch jüdische, besonders zionistische Kreise, erstmalig unter Herzl (4), befürworteten diese Lösung. Es konnte nur eine **politische Lösung** geben; politische Lösung, das heißt nicht Schaufenster einschlagen, heißt nicht abschleppen in die Sklaverei, heißt nicht töten – **politische Lösung, das heißt einzig und allein räumliche Trennung.** Sie wurde ja schon lange vor der nationalsozialistischen Machtübernahme angestrebt; damals war nicht der Deutsche der treibende Faktor, sondern der Jude selbst, und zwar hieß das Programm: Trennung von Juden und Nichtjuden allgemein und nicht etwa nur auf die Deutschen bezogen!

Hätte ich zu bestimmen gehabt und die Vollmacht besessen, eine Lösung durchzuführen, ich hätte das ausgeführt, was ich in Ansätzen bereits versucht habe, nämlich den Juden zunächst einmal eine gewisse Selbstverwaltung zu geben, damit sie in das verwaltungsmäßige Training hineinkommen, um sich auf diese Art selbst erhalten und führen zu können. Damals wie auch heute sah und sehe ich ein, daß die Judenfrage nur dann einer endgültigen Lösung zugeführt werden kann, wenn die Juden Grund und Boden unter den Füßen haben. Das „WO" ist eine Aufgabe der Politiker.

Schon früh erkannte ich, daß das Judentum in geistiger wie auch in parteipolitischer Hinsicht gespalten ist in Dutzende von Gruppen – wie jedes andere Volk auch. Eben aus dieser Erkenntnis leitete ich schon frühzeitig ab, daß **nur eine politische Lösung eine „Endlösung der Judenfrage"** herbeiführen könne. Es stehen eine Fülle von Beispielen zur Verfügung, um dies zu illustrieren; die Juden sind ein Volk wie jedes andere, nur haben sie sich durch eine mehrtausendjährige Geschichte, vor allem durch ihre Zerstreuung in alle Welt derartig gewandelt, daß sie unglücklicherweise im jeweiligen Wirtsvolk belastend wirken. Der Jude konnte von uns hoch geachtet werden – unter der Bedingung, daß er in irgendeinem fernen Lande wohnt, möglichst weit weg von uns.

Es ist paradox, daß die Juden ausgerechnet wieder in ihr sogenanntes Stammland zurückkehrten: sie haben es vor 2000 Jahren verlassen, in Auflehnung gegen die römische Obrigkeit, versuchen aber nun, es mit List und Gewalt wieder zu annektieren – das ist widersinnig gegen die Geschichte; denn wenn man für die Dauer von zwei Jahrtausenden ein Land aufgegeben hat, besitzt man kein Recht mehr darauf.

Wir boten den Juden Madagaskar oder ähnliche Gebiete an; denn im Mittelorient wären sie naturgemäß immer mit den arabischen Völkern in Streit geraten. Zwei Jahrtausende lassen sich nicht so ohne weiteres beiseite schieben, als seien sie nicht gewesen. In dieser Zeit haben sich andere Völker dort (im Stammland der Juden) ansässig und bodenständig gemacht; wer aber auf eine so lange Zeit des tatsächlichen Bewohnens verweisen kann, ist der wahre Besitzer.

Was ich will

In diesen meinen Erklärungen zu einem Abschnitt bereits historisch gewordenen Geschehens habe ich die Absicht, öffentlich mit mir selber zu Gericht zu gehen, um derart zu beweisen, daß ich weder ein Mörder noch gar ein Massenmörder bin.

Ich denke nicht daran, etwas zu beschönigen, um mich zu rechtfertigen, oder etwa zu versuchen, den Umfang der von mir befehlsgemäß ausgeführten Handlungen zu verringern. Nein: Klarheit will ich schaffen, die eigene und die feindliche Lüge anprangern! Ich maße es mir keinesfalls an, besser erscheinen zu wollen, als ich bin. Im Gegenteil: Ich bin davon überzeugt, daß ich bei einer allfälligen charakterlichen Wertung mit nicht mehr als einem Durchschnitt an Vorzügen neben vielen Nachteilen davonkommen würde. Des Menschen Tun und Treiben besteht ja aus einer Unzahl von Irrungen und Wirrungen; nur die Einsicht ist ein guter Weg zum Fortschritt. Aber immer wieder, wenn ich glaubte, mich auf diesen Weg, den Weg der Einsicht, begeben zu müssen, wurde diese Absicht gestört. Vom Jahre 1945 bis heute ... Denn immer wieder kamen Ereignisse auf, die sogar den fragwürdigen Normen, entstanden im „Internationalen Gericht" zu Nürnberg, in geradezu flagranter Weise widersprachen.

Gerade jene, die die ganz neue „Rechtsauffassung" Nürnbergs als ein neues Allheilmittel ansahen und es sofort am deutschen Volk praktizierten, gerade diejenigen waren es, die sich für ihr Tun und Streben keineswegs an die von ihnen selbst zusammengebastelte „Rechtsauffassung" hielten. Ich frage mich: Welchen Weg soll der Mensch beschreiten, auf daß er einsichtig werde? Und recht handelt. Und dergestalt als „guter" Mensch anzusehen wäre.

Ich scheue mich nicht vor meiner Verantwortlichkeit. Widerspruchslos würde ich die Bestrafung auf mich nehmen, die ein ordentliches und zuständiges internationales Gericht über mich verhängen würde, denn ich zögere nicht, mich ohne jeden Verzug der „Beihilfe zur Tötung" von Menschen während des Krieges und auf Befehl „schuldig" zu bekennen. Freiwillig würde ich mich einem solchen Gericht stellen; denn Deutsche wie Juden haben ein Anrecht darauf, daß die Geschehnisse geklärt werden. Aber nur dann bin ich zu einer freiwilligen Gestellung bereit, wenn auch die anderen Völker – darunter verschiedene derjenigen, welche im Jahre 1946 in Nürnberg gesetzgeberische Normen aufstellten – einschließlich des jüdischen Volkes dazu bereit wären, ausnahmslos sämtliche eigenen Staatsangehörigen für „schuldig" zu erklären und einem ordentlichen internationalen Gericht zu übergeben, die sich während des Krieges oder vom Mai 1945 bis heute – auf Befehl – der „Beihilfe zur Tötung" von Menschen schuldig gemacht haben.

Außer der Regierung des Großdeutschen Reiches bestanden und bestehen eine ganze Anzahl Regierungen, die sowohl während des Zweiten Weltkrieges als auch nach Kriegsschluß Kommandos oder Dienststellen unterhielten, die aufs Haar genau dieselben Aufgaben zu erfüllen hatten und haben wie meine Dienststelle. Auf dem üblichen Dienstweg bekam ich von meinen vorgesetzten Führungsstellen in Form von Befehlen und Weisungen mitgeteilt, was innerhalb der Reichsregierung als Gesetz, Erlaß, Verordnung, Weisung und Befehl entstand.

Ich sagte: auch andere Regierungen hatten und haben Dienststellen und Kommandos, deren Aufgaben haargenau mit den meinigen übereinstimmen. Es gibt nur einen einzigen Unterschied: ich hatte im Dienste der Großdeutschen Regierung einen Teil der Judenangelegenheiten zu behandeln, niemals aber die Vernichtung durchzuführen. Ich will jedoch klar und sachlich feststellen, daß, hätte ich während des Krieges Befehle meiner Vorgesetzten erhalten, Reichsfeinde zu töten, mein Diensteid mich selbstverständlich zur Befehlsausführung gezwungen hätte. Das Schicksal wollte es offenbar nicht. Ich bin ihm deswegen weder dankbar noch undankbar; sicher war es schon lange vor meiner Geburt in den Sternen geschrieben...

Bei meinen „Kollegen", die anderen Regierungen unterstanden und un-

terstehen, handelt es sich im wesentlichen um polnische, tschechische, jugoslawische und sowjetische Männer, die Millionen Deutsche aus den deutschen Ostgebieten „erfaßt" und deportiert haben...
um „Kollegen", die Millionen Volksdeutsche aus Polen, Rumänien, Ungarn, Jugoslawien und der Tschechoslowakei „erfaßt" und vertrieben haben...
um sowjetrussische „Kollegen", die millionenweise sowjetischer Staatsbürger in Lager und Tod „geführt" haben...
um israelitische „Kollegen", die ganze arabische Stämme, seit 1400 Jahren in Palästina ansässig, in Tod und Vertreibung geschickt haben...
so wie ich auf Befehl und während des Krieges **über eine Million Juden erfaßt und deportiert habe.**

Ich will kein Pardon: **ich will Gerechtigkeit, gleiches Recht für alle Betroffenen,** auf welcher Seite auch immer sie ihren Dienst taten.

Kein Mensch kann im Ernst annehmen, daß auf so hoher Warte wie der des Internationalen Gerichtes von Nürnberg nur das „Vae victis" – das „Wehe den Besiegten" – gilt. Wenn man jedoch meine „Kollegen von der anderen Seite" nicht für schuldig befindet, wenn man sie für ihre Deportationsarbeiten (und -methoden) nicht bestraft, wenn ihre Regierungen ihnen sogar Orden und Ehrenzeichen für ihre Dienstleistungen verleihen – dafür, daß sie – selbstverständlich befehlsgemäß – ihre Pflicht erfüllten, obwohl es sich genau wie bei uns um die Erfüllung einer traurigen Pflicht handelt, wenn man sie zur nächsten Rangstufe beförderte und sie nun in Ruhe und Sicherheit ihre wohlverdiente Staatspension genießen dürfen –, dann gilt kein gleiches Recht!

Freilich verzichte ich gern auf Auszeichnungen und Beförderung; nicht um sie geht es.

Wie lange mir das Schicksal noch zu leben gibt, weiß ich nicht. Ich weiß aber, daß jemand da sein muß, der den noch lebenden und den kommenden Geschlechtern über dies Geschehen Aufschluß gibt, Aufschluß dergestalt, daß es heutigen und künftigen Geschichtsschreibern möglich ist, sich ein abgerundetes und wahrheitsgemäßes Bild zu machen. Mögen sie nur objektiv genug sein, um nicht von der hier niedergelegten Wahrheit abzuweichen! Ich gebe diese Erklärungen zu einer Zeit ab, in der ich mich, wie oben gesagt, im Vollbesitz meiner physischen Kräfte und psychischen Freiheit befinde, von niemandem beeinflußt oder bedrängt.

Aus meinem Leben

Als ich noch nicht Nationalsozialist war

In den letzten zwanziger Jahren war ich Angestellter der österreichischen Niederlassung der Vacuum-Oil-Company, bezog für damalige Verhältnisse ein sehr großes Gehalt und lebte fröhlich und unbekümmert. Im Jahr 1930 wurde ich von einem ehemaligen Oberleutnant der k. u. k.-Armee, der gleichfalls Beamter bei der Ölgesellschaft war, bei der „Schlaraffia" in Linz eingeführt, die im Vereinshaus einen ausgesprochen netten Kellerraum hatte. Er „keilte" mich gewissermaßen; ich lernte dort allerhand Leute kennen, beispielsweise Ärzte vom Allgemeinen Krankenhaus in Linz, bedeutende Schauspieler, große Geschäftsleute, alle aus Linz. Ich wurde angewiesen, einem ausgestopften Uhu, der in halber Zimmerhöhe in einer Ecke saß, mit gekreuzten Armen eine Reverenz zu machen; dann ging das übliche Empfangszeremoniell los: ich wurde von allen Anwesenden begrüßt, der „Erzkanzler" gab ein Zeichen, woraufhin Musik auf einem spinettähnlichen Instrument angestimmt wurde und alle sich ihre Narrenkappen, mit allerlei buntem Zeug behangen, aufsetzten. Bei einem der Mitglieder stellte ich ein Hakenkreuz fest; auf meine Frage nach dem Warum sagte er: „Aber natürlich – wir nehmen ja keine Juden auf!" Das hat mir sehr imponiert. Ich sollte eine Antrittsrede zum besten geben, humorvoll und geistig inhaltsreich; ich überlegte mir also schon, welches Thema ich wählen würde. Anschließend gingen wir wie jeden Abend ins „Café Central", und weil es mir als jungem Mann von 23 Jahren außerordentlich gut ging, erdreistete ich mich, eine feine Weinsorte für die Tischrunde zu bestellen; zu dieser gehörte auch der Mundartdichter Franz Resel, der jetzt empört das Lokal verließ mit einer Bemerkung ungefähr des Inhalts, daß ich fürderhin nicht mehr wiederzukommen brauchte.

Warum? – Ich war schon seit geraumer Zeit Mitglied der Deutsch-Österreichischen Frontkämpfer-Vereinigung, die sich aus zwei verschiedenen Gruppen zusammensetzte, einer monarchistisch eingestellten und der nationalistischen, die vor allem antimarxistisch war. Um jene Zeit beherrschte der Republikanische Schutzbund in Österreich die Straßen und neben ihm, auf Grund eines Privilegs der Deutsch-Österreichischen Regierung, die Frontkämpfer-Vereinigung unter Führung des Obersten Hiltl. Weil ich aus der Vereinigung der monarchistischen Partei kam, wurde ich ohne weiteres in die „Deutschösterreichische Jungfrontkämper-Vereinigung" aufgenommen. Wir waren junge Lausbuben und hatten eine sonnige, glückliche Jugend. Im Monarchistenklub waren wir unter unseresgleichen gewesen: Beamten- sowie Offizierssöhne und -töchter. In der Frontkämpfervereinigung waren Offiziere mit vielen hohen Auszeichnungen, österreichische Mannschaftsdienstgrade, Zugführer, Feldwebel, gewöhnliche Schützen; sie alle waren vereint unter dem Banner des Antimarxismus. In der Sektion Oberösterreich nahm der aus dem Ersten Weltkrieg bekannte Generalmajor von Ehrenwald eine gewisse Ehrenstellung ein; seine Frau war verstorben; einer seiner ehemaligen Zugführer aus einem Traditionsregiment war sein Diener, der mit weißen Zwirnhandschuhen auf seinen Pranken die Aufgabe hatte, seinem Herrn und den spärlichen Besuchern die Gläser hin- und herzuschieben. – An manchem Sonntagnachmittag fuhren wir mit der Straßenbahn nach dem bei Linz gelegenen Ebelsberg, wo sich ein großer Schießstand befand. Die Frontkämpfervereinigung hatte Erlaubnis, auch mit Militärgewehren scharf zu schießen. Der erwähnte Generalmajor, von einem gewaltigen Schnurrbart geziert, sehr liebenswürdig im Umgang, drückte mir dort zum erstenmal im Leben einen Militärkarabiner in die Hand und ermahnte mich, anständig und ordentlich zu schießen. Der Generalmajor war immer – auch bei strahlendem Sonnenschein – mit einem Regenschirm bewaffnet und erzählte jedem, den er traf, sofort eine kleine Episode aus einem Gefecht, wobei es gar keine Rolle spielte, ob einer etwas davon verstand oder nicht oder auch mal mit seinen Gedanken abwesend war; der Generalmajor drohte und fuchtelte mit seinem Regenschirm in der Luft herum, rollte die Augen, zwirbelte seinen Schnurrbart und gestikulierte; und wenn er mit seinem Redeschwall eine Lage besonders anschaulich zu schildern versuchte, wußte jeder: jetzt steht der General mitten im Gefecht! Uns Buben hat das natürlich sehr stark beeindruckt; wir suchten die Nähe dieses würdigen alten Herrn, dessen Orden meiner Ansicht nach nur noch nach Gewicht berechnet werden konnten; denn er mußte sie sehr eng aneinanderheften, damit sie überhaupt Platz hatten.

Während der Monarchistenclub zu netten Zusammenkünften Gelegenheit gab, wo wir einander treffen, ein kleines Schnäpschen trinken und ein wenig über Bismarck plaudern konnten, herrschte beim Deutschösterreichischen Frontkämpferverein eine etwas mehr militante Atmosphäre. Ich hatte auf alle Fälle neben meiner angenehmen und recht lohnenden Arbeit Regungen und Anregungen, die als „national" bezeichnet werden können; denn der Grundsatz der Frontkämpfervereinigung war: Allgemeines Volkswohl. Ich war antimarxistisch, weil, nun ja, weil man es in unseren Kreisen nun einmal war, konnte mir aber nichts Rechtes darunter vorstellen. Da klärte uns der Generalmajor so nebenbei auf.

Um diese Zeit hatte ich die Tochter eines hohen Gendarmerieoffiziers zur Braut; wenn wir im Empfangszimmer ihres Vaters nichts Besseres zu tun hatten, lümmelten wir am Fenster herum und schauten auf die Straße.

Einige hundert Meter von der Kaserne entfernt befand sich ein Gasthof, der „Märzenkeller", wo es zu gewissen Jahreszeiten ein gutes Bockbier gab; im Versammlungslokal war die „Nationalsozialistische Deutsche Arbeiterpartei" untergebracht. In unseren Kreisen pflegte man zu sagen, die NSDAP bestehe nur aus Idioten und Lebensmüden. Sie wurde von einem Mann namens Boleck geführt, der, wie man das so nannte, „Gauleiter" von Oberösterreich war. Nach dem Ersten Weltkrieg war Boleck als „abgehalfteter Oberleutnant" der k. u. k.-Armee nach Linz gekommen und hatte dort die Tochter eines Fleischhauers geheiratet. Später bekam er eine Stellung bei der Linzer Straßenbahn- und Elektrizitätsgesellschaft, wo mein Vater Direktor war.

Um jene Zeit bedeutete die NSDAP in Oberösterreich gar nichts. Als ich nun neben dem Mädchen am Fenster sah, wie Trupps in der Stärke von zwanzig bis fünfundzwanzig Mann – teils in braunen Hemden, teils mit Hakenkreuzbinden und teils gänzlich ohne Abzeichen – singend vorbeimarschierten, da spürte ich, wie mir irgend etwas aus diesen Liedern ins Blut ging. Sie marschierten „anders" als der Republikanische Schutzbund, sie sangen „anders", und als meine Braut einmal zu mir sagte: „Diese Idioten!", da antwortete ich ihr: „Sie haben aber Ordnung und Disziplin – und sie marschieren gut!" Lange dauerte es dann mit dieser Braut nicht mehr, zumal ich ihr meine Meinung sagte, daß diese Menschen, die für ihr Vaterland kämpften, Idealisten seien.

Damals ging ich jeden Vormittag in ein bestimmtes Kaffeehaus, um meinen „Schwarzen" zu trinken, die „Linzer Tagespost" und die „Volksstimme" zu lesen und zu warten, bis der einzige im Lokal vorhandene „Völkische Beobachter" frei wurde, den Kellner Franz mir immer gegen ein kleines Trinkgeld brachte. Da las ich, wie um jene Zeit SA- und SS-Männer ermordet und in einer Manifestation der Gläubigkeit zu Grabe getragen wurden: „Für etwas Großes starben sie dahin!" Ich las auch, wie sogar noch die Leichenzüge von der Kommune überfallen wurden. All das empörte mich unsagbar und ließ in meinem Innern einen Hang und sogar Freundschaft zu jenen „Idioten" entstehen, die, Freiheitslieder singend, durch die Straßen längs der Gendarmeriekaserne zogen.

Ich wurde nationaler Sozialist

Eines Abend lag eine Einladung von Gauleiter Boleck zu einer Kundgebung der NSDAP im „Märzenkeller" vor. Ich ging hin. Nachdem Boleck gesprochen hatte, kam ich irgendwie zu Kaltenbrunner (16); er trug bereits die SS-Uniform, die ich hier zum erstenmal sah. Da sagte er die Worte zu mir, die ich heute noch weiß: „Du ... Du gehörst zu uns!" Dann zog er ein Blatt heraus, füllte es aus, und ich brauchte nur noch zu unterschreiben. Ich weiß heute noch, daß ich keine weiteren Fragen stellte, sondern froh und stolz war, nun wie Kaltenbrunner zu den Leuten der SS zu gehören. Das war im Jahre 1931. Vater Kaltenbrunner und mein Vater waren Geschäftsfreunde in Linz; daher kannten wir uns ganz gut. Kaltenbrunner selbst war damals in der Kanzlei seines Vaters juristisch tätig. So wurde ich SS-Mann.

Wir sprachen dann über Juden und Freimaurer; Kaltenbrunner sagte in diesem Zusammenhang: „Die Schlaraffen..., eine Vorstufe zur Freimaurerei; das sind Feinde des Reiches." Ich brachte meine Gegenargumente, aber Kaltenbrunner ließ sie nicht gelten, wurde grob und schrie mich an, so daß ich dachte, ich sei ungefähr ein halber Verbrecher, weil ich bei diesen Schlaraffen an jenem Abend überhaupt teilgenommen hatte. Als ich ihm dann erzählte, daß ich sowieso rausgeschmissen sei, lachte er; wir tranken dann ein Bier zusammen.

Als SS-Mann mußte ich nun jeden Freitagabend im „Braunen Haus" in Linz Wache halten. Da meine SS-Kameraden zumeist arbeitslos waren, bestellte ich im „Café Bahnhof", das sich im „Braunen Hof" befand, belegte Brötchen und Bier für alle. In dieser Zeit hatten wir einige Saalschlachten mitzumachen, auch einmal im „Volksgarten"-Saal, wo Boleck sprechen sollte und die Kommunisten in Stärke von 2000 Mann bereits am Nachmittag den Saal gefüllt hatten, um uns auf diese Weise die Versammlung unmöglich zu machen. Die Polizei gab, obwohl wir den Saal gemietet hatten, nur Boleck selbst und 25 SS-Männern Erlaubnis, den Saal zu betreten. Ich gehörte auch dazu; denn wir waren in Linz sowieso nie mehr als 25 SS-Männer, weil die Stadt teils „rot", teils „schwarz" war. Wir gingen also hinein; der Vortrag von Gauleiter Boleck war kurz, er konnte nur sagen: „Meine deutschen Volksgenossen..." und schon ging ein Riesenkrach los. Ich hörte noch, wie Kaltenbrunner „Auf die Kerle" rief, denn die Kommunisten schoben ihre Frauen vor, deren Brüste gerade in Höhe des Podiums waren, und dahinter sammelten sich die Männer, meist grölende, besoffene Schiffswerftarbeiter. Wir standen alle auf dem Podium und hatten mit unseren Stiefeln und den mit Bleinoten verstärkten Schulterriemen unseren Gauleiter vor den Anstürmenden zu schützen. Nachdem wir dies mit Erfolg getan hatten, zogen wir ab, allerdings mit Verlusten. So wurden z. B. dem späteren Adjudanten des Reichsführers, dem damaligen Scharführer Breuer, die Nieren zerschlagen; die Freiwillige Feuerwehr brachte ihn ins Hospital. Der „Volksgarten"-Saal war kaputtgeschlagen – bis aufs letzte Glas und den letzten Spiegel.

Eines Tages kam der Beauftragte der Motorstaffel, wahrscheinlich ein Oberscharführer, zu mir und übertrug mir in barschem Ton die Führung des

Motorsturmes der 37. SS-Standarte. Ich war also nun „Motorsturmführer", hatte jedoch keine Ahnung von allem. So ließ ich mir erst einmal eine Beschreibung kommen, um die Kommandos kennenzulernen. Es gab da auch noch einen Mann, der bei mir Adjutant werden wollte. Ich meinte aber, zunächst müsse ich Kraftfahrzeuge organisieren, was ich mir auch etwas Geld kosten ließ. Meinen Dienst bei der Ölgesellschaft machte ich weiter und trug dabei das Hoheitsabzeichen der NSDAP. Ich wurde zu einem Missionar, predigte überall, auch bei meinen Kunden. Daraufhin stellte mich die Ölgesellschaft nach Salzburg ab. Ich hatte meinen Posten bei der Firma zum Teil durch die Hilfestellung eines Juden bekommen und vertrug mich überhaupt mit etwaigen Juden, die meinen Weg kreuzten. In Salzburg wurde ein Jude technischer Inspektor bei der Ölgesellschaft, doch trotz diesbezüglicher Warnung trug ich mein Hoheitsabzeichen auch während der Dienstbesprechungen; ich war ja schließlich ledig und hatte keine Versorgungspflichten irgendwelcher Art. Pfingsten 1933 wurde ich entlassen. Der Deutsche Konsul fertigte mir ein Schreiben des Inhalts aus, ich sei „wegen Zugehörigkeit zur SS aus der Vacuum-Öl-Kompanie" entlassen worden. Kaltenbrunner schickte mich mit dem Auftrag nach Deutschland, mich in Passau beim „Chef", dem inzwischen dorthin verzogenen Gauleiter Boleck, zu melden. Ich packte Braunhemd, Reithose und Stiefel in den Koffer.

Bei der österreichischen Legion

In der Bahnhofstraße in Passau residierte Boleck als Gauleiter von Oberösterreich. Dort machte man mir klar, daß mir eine militärische Ausbildung nicht schaden würde; ich sollte nach Dachau, aber der Motorstaffelführer, der mich seinerzeit zum Motorsturmführer ernannt hatte, belegte mich gleich in Passau mit Beschlag: das war Sturmbannführer von Pichl. Ich wurde zum Unterscharführer befördert und bekam die ersten „Bonbons" aufgeklebt. Es war meine Aufgabe, mit meinen acht Männern einen bestimmten Abschnitt der deutsch-österreichischen Grenze zu überwachen, in Übereinstimmung mit dem Leiter der Grenzpolizeistelle Passau. Ich hatte Nationalsozialisten, die aus irgendeinem Grund aus Österreich flüchten mußten, über die „grüne Grenze" zu leiten, auch unser Propagandamaterial auf gleichem Wege nach Österreich hineinzuschleusen; die NSDAP war in Österreich seit längerer Zeit verboten. Ich bekam ein Motorrad und machte Dienst im Bayrischen Wald.

Das Weihnachtsfest 1933 feierten wir in Passau; die Stadtverordneten kamen zu uns acht verlassenen Österreichern, und wir wurden an diesem Abend im damals aufblühenden Passau regelrecht verwöhnt. An einem

Bach hatten wir ein schweres Maschinengewehr aufgestellt, neben dem in unserem Unterkunftsraum der Weihnachtsbaum stand...

In den ersten Monaten des Jahres 1934 bekam ich Befehl, mich beim Bataillon der „österreichischen Legion" SS-I in Dachau zu melden. Ich kam als Zivilist dort an, mit einem Koffer, von einem Träger nachgetragen, und einem Regenschirm... Ich habe nie wieder etwas von Regenschirm oder Koffer gesehen. Zunächst bekam ich verschiedene Dinge – wie blauweißkariertes Bettzeug – an den Kopf geworfen, auch irgendwelche Treter, die ich noch rechtzeitig auffangen konnte. Es war aber immerhin noch besser als im Kloster Lechfeld, wo ich einmal zwei Monate hockte, ehe ich zum SS-Verbindungsstab gelangte. Dort hatten wir ein uraltes Lager der Wehrmacht aus dem Ersten Weltkrieg bezogen und mußten die Fleischstücke und Kartoffeln mit den Fingern aus dem Eßnapf herausholen, weil es weder Messer noch Gabel oder Löffel gab. Wir schliefen auf Stroh; ich befeuchtete mein Taschentuch und legte es mir als Filter gegen den Staub auf die Nase. Aber auch daran gewöhnte man sich...

In Dachau dagegen war alles sehr ordentlich; ich absolvierte dort meine Schießübungen und gehörte zum Sturm 13. Wir wurden nach Infanterie und Stoßtrupp unterteilt: zur Infanterie gehörten die schmalbrüstigen Langen, zum Stoßtrupp die „athletisch" Gebauten; ich kam zum Stoßtrupp. Sturmführer 13 war irgendein Oberfeldwebel der Bayrischen Landespolizei, ein gefürchteter „Schleifer", den wir wie die Sünde haßten. Trotz meiner Entsagungsbereitschaft – ich hätte ja schließlich daheim ein besseres Leben führen können – und trotz meiner Freude an allem wurde mein Leben jetzt nur von Mordgedanken genährt: schon wenn morgens die Trompete erschallte, kroch Zorn in mir hoch; ich gewöhnte mich daran, eine Viertelstunde früher aufzustehen, um mich in Ruhe anziehen zu können, bevor das scheußliche Trompetensignal erklang. Wir trieben dann im Laufschritt zwanzig Minuten Frühsport; von dort ging es zu einem Wasserhahn. Es regte mich im Innersten auf, daß wir, kaum bei diesem Wasserhahn angelangt, um ein paar Tropfen ins Gesicht zu schleudern, kaum abgetrocknet, schon zum Kaffee-Empfang herbeigebrüllt wurden; kaum hatten wir das Brot in den Mund gesteckt und die kalte Kaffeebrühe hinuntergeschluckt, hieß es schon wieder „Antreten" zum Ausspülen und „Antreten" zum Appell. Der Sturmführer begrüßte uns freundlich mit „Guten Morgen, Leute"; dann fing das Gepiesacke wieder an. Ich flüchtete mich nur noch in „Mordgedanken". Der „Schleifstein" wurde in Dachau groß geschrieben, dort auf der „Schinderwiese", wo stachliges Gras und Schotter uns die Stiefel aufschnitten. Die halbe Kompanie meldete sich ins Revier ab; ich machte das nicht mit, sondern ließ mich mit Gaze und Leukoplast verbinden – aber in den ersten Minuten des Robbens am Nachmittag war alles weg und wieder durchgeblutet. Von meinen damaligen „Mordgedanken" habe ich später auch meinen Chefs erzählt, Heydrich, Kaltenbrunner und Müller, jedem, der es hören wollte. Nur durch die Wollust, mir den „Mord" an diesem Angehörigen der Landespolizei auszumalen, habe ich jene Zeit überstehen und diesen Schinderdienst machen können. Zum Schluß blieben im ganzen nur noch acht oder zehn Mann übrig. Als ich so ungefähr am Ende meiner Kräfte war, wurde ich zu einem Unteroffizier befohlen. Es stellte sich heraus, daß unsere „Schleifer" Befehl bekommen hatten, auf diese „Gewalttour" eine Anzahl Unteroffiziere in Vorschlag zu bringen, da es dem Reichsführer dringend angelegen war, einige Regimenter aufzustellen. So wurde ich befördert und konnte dann in Passau meine neuen „Bonbons" anstecken.

Das also war der Nationalsozialismus, wie ich ihn selbst erlebe. Nichts konnte mir meinen Fanatismus mehr rauben, weil ich durch die Goebbelspresse ständig vom heroischen Widerstand der Einzelkämpfer hörte. Das faszinierte mich, und ich sagte mir: wenn Menschen so für ihr Vaterland sterben können, muß es etwas Großartiges sein. So wurde mir alles übrige gleichgültig; ich war meinen Eltern dankbar, daß sie mich ohne Schwierigkeiten hatten ziehen lassen, wohin es mich zog. Die erste Stufe der Erziehung hatte mir eigentlich der alte Generalmajor von Ehrenwald gegeben; denn ich hatte nie zuvor ein Gewehr in der Hand gehabt; er hatte uns auch gepredigt, warum Schliff nötig war: um die Heiligkeit des Vaterlandes verteidigen zu können! Ich kannte damals den Nationalsozialismus nur vom Hörensagen als etwas Verabscheuungswürdiges; denn in unseren Kreisen galt es als „unfein", mit diesen Leuten, die nicht dem „Stand" angehörten und zum Großteil Arbeitslose waren, zusammenzukommen. Was ich damals (in Linz) schon gespürt hatte und später in Passau und Dachau erlebte, war die unbedingte Kameradschaft, das Zusammenhalten aus der Verfolgung heraus, nicht zu kapitulieren, um etwas Größeres zu ringen. Es lohnte sich doch, sich für etwas Großes hinschlachten zu lassen; es mußte doch etwas dran sein, dann von seinen Freunden unter Trommelschlag zu Grabe getragen zu werden. Und wie dann ein Goebbels sich im „Völkischen Beobachter" oder im „Angriff" vor Begeisterung für den toten Kameraden überschlug und andererseits einen wütenden Haßangriff gegen die Feinde entfachte! Der Nationalsozialisten waren es wenige, der Feinde waren es viele – und ich sagte mir: „Dort, wo wenige sind, da gehörst du hin – und dort, wo viele sind, da bist du überflüssig!" Diese Gedanken beschäftigten und formten mich, ebenso wie auch meine Freunde mich formten, obwohl sie politisch in anderen Lagern standen.

Der Schritt zum SD

Im Spätsommer 1934 wurde ich von der Truppe zum Sicherheitsdienst (SD) versetzt, wo ich zunächst vierzehn Tage lang mit Karteikarten beschäftigt wurde. Viele Jahre später sagte mir Heydrich (7) nach einer Besprechung einmal – und es war wie ein zufriedener Rückblick auf das bisher Erreichte –, er könne sich noch der Zeit erinnern, da er in München in der Briennerstraße in einer kleinen Dachkammer Karteikarten schrieb... Das sei die Geburtsstunde des Sicherheitsdienstes gewesen. – Das war um 1930; es galt als großes Verdienst Heydrichs. Obwohl es durchaus möglich ist, daß Heydrich in dieses Amt des Partei-Informationsdienstes durch Canaris (8) hineinkam, zeichnete er sich doch von Anfang an durch Arbeit und Initiative aus. Noch vor der Machtübernahme hatte der SD für die Partei Wichtiges geleistet. – Im Sommer 1934 wurde diese Parteidienststelle, die schon damals abgekürzt „SD" hieß, aus der „Stadt der Bewegung" nach Berlin verlegt und bekam als Sitz das Palais in der Wilhelmstraße 102, durch einen Park mit dem Prinz-Albrecht-Palais verbunden, wo die Gestapo untergebracht war. Als ich zum SD kam, erhielt ich Nummer 54 oder 59; um eben diese Zeit begann der SD stark anzuwachsen. Es müssen damals große Gelder in die Organisation geflossen sein, weswegen die Partei kein besonderes Interesse daran hatte, sich ihren eigenen, mächtigen Informationsapparat aus den Händen gleiten zu lassen. Sicherlich verfügte die NSDAP um jene Zeit über die Möglichkeit, den SD zu finanzieren; ich kann mich aber trotzdem gut entsinnen, daß es im September 1934 noch monatelang mit der Besoldung haperte. Wir arbeiteten, bekamen aber nichts bezahlt, weil der SD damals noch wenig Geld hatte: einmal lieh unser Amtschef jedem von uns zehn Mark! Erst viele Tage nach dem Monatsersten bekamen wir unser Geld, bis eines Tages der „Kassenbulle", ein Oberscharführer namens Wettich, sagte: „Nun können wir damit rechnen, daß wir unser Gehalt pünktlich bekommen." – Alle staatlichen Organe wachten eifersüchtig über ihre Belange, ob es nun die Reichswehr war, die Polizei oder Abwehrstellen, alle witterten im SD eine unliebsame Konkurrenz. Die Partei aber wollte natürlich vermeiden, daß ihr nach den schweren Kampfjahren ein staatlicher Sektor diesen wichtigen Informationsdienst wegnahm. – Die Rolle des SD bei der Röhm-Affäre (9) kann ich nicht genau beschreiben.

Damals hieß meine Dienststelle „Sicherheitsdienst-Hauptamt"; später wurden mehrere Kameraden zur Sicherheitspolizei versetzt, andere blieben beim SD. Meine ersten vierzehn Tage beim SD verbrachte ich, wie erwähnt, mit Karteikarten. In einem großen Saale des Palais wurden inzwischen neue, gewaltige Karteikartentröge aufgestellt, zwanzig oder dreißig

Stück, in denen Kolonnen von Karteikarten lagen. Jede Karteikarte hatte ungefähr die Größe einer normalen Buchseite. Da gab es eine **Freimaurerkartei**, eine **Kartei des U. O. B.**, des „**Unabhängigen Ordens B'nai, Brith, Söhne der Bundesjuden**", dann Karteikarten der sogenannten **Geheimbünde** und auch eine kleine **Judenkartei**. Die Karteikarten der Freimaurer waren gelb, die des U. O. B. B. rosa – bis karminrot. Zusammen mit meinem Kameraden Jänisch, meinem späteren Vorzimmerchef, kam ich nun in diesen Karteikartensaal, wo bereits sechs oder sieben Kameraden arbeiteten. Wir mußten diese 100 000 oder vielleicht 200 000 Karteikarten alphabetisch ordnen; wenn acht Mann etwa vierzehn Tage lang zu tun hatten, um alles nach Alphabet und Feinalphabet zu ordnen, muß es eine ganz respektable Menge an Karteikarten gewesen sein. Später wurden alle Personalakten, Vorgänge u. ä. aus dem Dienstverkehr in der Kartei ausgewertet und ebenfalls in den großen Karteitrommeln zusammengestellt. Alles, was je staatspolizeilich, aktenmäßig oder persönlich in Erscheinung trat, wurde in der Kartei mit allem Charakteristischen erfaßt. Sie wurde nicht nur alphabetisch geordnet, ebenso erfaßten wir die Personalien aus Mitgliedsverzeichnissen der oppositionellen Organisationen und hielten sie auf Karteikarten fest. In diesem Saal arbeitete u. a. auch ein SS-Mann namens Paul Nordmann, der um jene Zeit tödlich verunglückte. Wir überführten ihn in seine westfälische Heimat, wo sein Vater, ein Jurist, als Gegner des Nationalsozialismus bekannt war. Das sehr würdige Begräbnis machte auf die Bevölkerung großen Eindruck. Kurz nachher wurde ein SD-Erholungsheim, etwa siebzig km von Berlin entfernt, fertiggestellt und auf den Namen „Paul-Nordmann-Heim" getauft.

Um jene Zeit kamen sehr viele Besucher zu uns, die teils vom Reichsführer, teils von Heydrich und teils von meinem unmittelbaren Vorgesetzten, Sturmbahnführer Brandt, geführt wurden; auch Streicher besichtigte unseren Karteikartensaal einmal, und da es zu den beliebten Scherzen gehörte, daß Besucher einen beliebigen Namen nennen durften, der sofort herausgesucht wurde, forderte man auch Streicher dazu auf. Er nannte den Namen seines Adjutanten; als wir die Karteikarte herausgezogen hatten, stellte es sich heraus, daß dieser ein ehemaliger Logenangehöriger war – da brach Streicher die Besichtigung ab.

Es bestand bereits eine **Riesenkartei der Freimaurerei**, als ich hinkam; also müssen meine Vorgänger fleißig gewesen sein. Trotzdem scheint es mir, daß damals die Freimaurerei bedeutend überschätzt wurde. In der Kartei waren die kleinen „Meister vom Stuhl" und die kleinen Logenbrüder verzeichnet, und ihnen bereitete man Schwierigkeiten. Wenn aber die Freimaurerei dem internationalen Judentum zum Werkzeug wird – später haben wir das ja gesehen –, weiß der kleine Mann doch nichts davon.

Die Karteikarten hatten internationalen Charakter; es waren schon mehrere Länder karteimäßig erfaßt. Die Kartei wuchs ständig; an langen Schreibtischen wurde z. B. an Hand von Mitgliedsverzeichnissen gearbeitet, die von örtlichen Staatspolizei – und Staatspolizei-Leitstellen beschlagnahmt worden waren. Die Mitglieder der verschiedenen Organisationen oder die Abonnenten der verschiedenen Zeitschriften wurden in Karteikarten eingetragen, diese nicht nur nach Personen, sondern auch nach Organisationen angelegt; die Kartei wurde laufend bearbeitet und wuchs dementsprechend. Als ich 1935 in ein anderes Referat versetzt wurde, war der Karteiverwaltungsapparat inzwischen auf zwanzig oder auch dreißig Mann angewachsen. Damals entwarf mein späterer Chef, der Ingenieur und damalige Untersturmführer Mildenstein, zwei riesige Karteiräder, die automatisch arbeiteten und nur eine Bedienung durch zwei Personen erforderten. Diese zwei Männer saßen wie vor einem Harmonium und konnten im Nu automatisch die benötigten Karteikarten herausholen, die nun kleiner und dünner wurden, außerdem gelocht waren. Obwohl riesige Mengen von Karteikarten in diese Trommeln hineingingen, glaube ich nicht, daß schließlich das ganze deutsche Volk darin erfaßt war.

Nach den ersten vierzehn Tagen im Karteisaal kam ich in die Abteilung „Museum" und hatte dort ein ganzes Jahr nichts anderes zu tun, als Freimaurersiegel zu ordnen, zu sichten und ähnlich langweilige Museumsarbeit zu verrichten.

Wie vorher erwähnt, bestand im Jahre 1934 und/oder 1935 ein SD-Hauptamt, der Sicherheitsdienst des Reichsführers SS, der im SDHA zusammengefaßt war. Ihm unterstanden die SD-Abschnitte und -Oberabschnitte. Dem Hauptamt Sicherheitspolizei andererseits gehörten das Geheime Staatspolizeiamt und das Reichskriminalpolizeiamt zu. Das erstgenannte wurde von Müller, das zweite von Nebe (12) geführt. Dem Geheimen Staatspolizeiamt unterstanden die Stapo und die Stapo-Leitstellen, Geheime Staatspolizei und die landesmäßig eingesetzten Geheimen Staatspolizeileitstellen. Dem Reichskriminalpolizeiamt untergeordnet waren die Kriminalpolizei (Kripo) und die landesmäßig eingesetzten Kripo-Leitstellen. Das SDHA setzte sich aus mehreren Ämtern zusammen, denen damals Brandt, Oberg (13), Ohlendorf (3) und andere vorstanden, deren Chef auf diesem Sektor Heydrich war, wie er auch Chef des Hauptamtes Sicherheitspolizei war. Über Heydrich (15) stand der Reichsführer, dem sämtliche Hauptämter unterstanden. Dem Hauptamt Ordnungspolizei war die Feuerschutzpolizei u. ä. unterstellt. – Besoldungsmäßig war das SDHA dem Reichsschatzmeister Schwarz (16) unterstellt, soweit es sich um die Ernennung der Verwaltungsführer und des Verwaltungschefs der Partei handelte. Der Chef der finanziellen Verwaltung hatte in jedem Abschnitt und Oberabschnitt des SD seine Verwaltungs,,bullen", die alle Geldangelegenheiten und die Gebäudeverwaltung unter sich hatten. Während dieser Sektor ein reiner Parteiapparat war und mit staatlichen Stellen nichts zu tun hatte, waren die Gestapo mit den Stapo-Stellen und Stapo-Leitstellen und die Reichskripo mit den Kripo-Stellen und Kripo-Leitstellen rein staatlicher Natur; sie wurden auch vom Staat besoldet. Um diese Zeit trugen wir einen Ärmelstreifen mit der Aufschrift „SDHA". Im Museum, das dem Amt VII unterstand, tat ich meine Arbeit unter dem Museumsdirektor Richter aus Berlin. Ich hatte die Freimaurersiegel-Sammlung zu ordnen, karteimäßig zu erfassen und zu gestalten. Wir saßen dabei ganz abseits vom Geschehen des SD. Zu uns kamen allenfalls Besuche aus HJ, BDM und sonstigen Organisationen, um sich das Museum anzusehen. – Sturmbannführer Brandt, der spätere Polizeipräsident von Graz, war mein unmittelbarer Vorgesetzter, Heydrich unser Chef. Zum Julfest 1934 hatte sich der Reichsführer angesagt; er wollte mit uns zusammen feiern – wir waren ja damals eine kleine, verschworene Gemeinschaft. Der Reichsführer kam etwas verspätet mit seiner Frau, die ich dort zum ersten- und letztenmal sah; sie machte den Eindruck einer sympathischen, bescheidenen, südböhmischen Bauernfrau. Es war ein sehr netter, intimer Abend; wir sangen ein paar Volkslieder. Neben mir saß Darré, der Landwirtschaftsminister. Jeder von uns bekam vom Reichsführer ein Buch; ich bat ihn, seinen „Kaiser-Wilhelm" hineinzuschreiben. Es war „Die rote Erde" von Hermann Löns. Bei dieser Gelegenheit sprach ich zum erstenmal mit dem Reichsführer; gesehen hatte ich ihn schon öfters; denn damals führte er persönlich die Gauleiter, Minister oder Reichsleiter durchs Museum, wenn Heydrich ihn nicht vertreten konnte. Judenfragen wurden am Julabend gar nicht berührt, jedoch weltanschauliche Fragen besprochen, wodurch sich der Reichsführer der inneren Festigkeit seiner Leute vom SDHA versicherte.

An anderer Stelle erwähnte ich, wann und wie ich zum ersten- und letztenmal in meinem Leben den Großmufti sah. Am nächsten Tag wurden mir drei irakische Offiziere zur Information zugeteilt. Wenn ich mich richtig entsinne, war einer von ihnen ein Neffe des Großmufti. Wie ich später hörte, soll er es gewesen sein, der den König Abdullah (10) erschossen hatte und darauf selbst getötet wurde. Dieser Neffe, so sagte man mir damals, sei nach dem Sieg der deutschen Waffen in Afrika zu einer Art „Heydrich des Nahen Orients" ausersehen. Die drei irakischen Offiziere standen im Majorsrang; ich hatte Befehl, ihnen sämtliche Panzerschränke zu öffnen und sie durch mein gesamtes Sachgebiet zu führen. Ich beschäftigte mich persönlich eingehend mit den drei Herren; einer von ihnen sprach gut Deutsch, während ein anderer nur einzelne Brocken beherrschte. Meine Zusammenkunft mit ihnen war keineswegs ein geselliges Beisammensein, sondern eine regelrechte Amtseinführung, so daß sie vollständigen Einblick in meine Tätigkeit bekamen. Ich weiß, daß sie auch durch verschiedene andere Dezernate gegangen sind, die sie irgendwie interessieren konnten. Die irakischen Majore waren auffallend gelehrig und studierten sämtliche Vorgänge eifrig.

Im Sommer 1936 übernahm ich von Mildenstein das Freimaurer-Referat, das die Judenfrage, wenn auch nicht speziell, so doch zum Teil mitbehandelte. Mildenstein hatte mich in der Siegelsammlung des Museums* besucht und dabei mein Interesse an seiner eben aufgezogenen Judenabteilung zu wecken verstanden. Ich war nach dem eintönigen Museumdienst froh über diese Abwechslung und sagte zu. – Nach meiner Versetzung zu der neuen Abteilung war ich „Sachbearbeiter für die zionistischen Weltorganisationen" (21). Um diese Zeit wechselte Mildenstein zur Dienststelle Speer (22) und reiste in deren Auftrag nach den USA, um dort das Autobahnwesen zu studieren. Wenige Wochen hindurch wurde seine ehemalige Abteilung von dem rangältesten Sachbearbeiter geführt; als dieser zur Wehrmacht überging, kam Dieter Wisliceny (23) an seine Stelle, unter dessen Leitung die Abteilung für Judenfragen erst richtig aufgezogen wurde; die Sachbearbeiter avancierten zu Referenten. Schon unter Mildenstein hatte ich das Judenproblem eingehend zu studieren begonnen; das erste Buch, das für mich von grundsätzlicher Bedeutung war, hieß „Der Judenstaat" von Adolf Böhm (24). Dieses Buch begeisterte mich damals sehr und war die Hauptgrundlage für ein Leitheft über die zionistischen Weltorganisationen, das ich damals schrieb. – Außerdem mußte ich die jüdische Orthodoxie bearbeiten. Mein erstes Leitheft umfaßte ungefähr dreißig bis vierzig Seiten und wurde gedruckt an die Schulungsleiter der SD-Abschnitte und -Oberabschnitte herausgeschickt. Ich schrieb noch einige Leithefte, in denen ich schon damals vorschlug, den Juden die größtmögliche Unterstützung bei ihren Auswanderungsbestrebungen zu gewähren und diese mit allen Mitteln zu fördern. Am Schluß dieser SD-Leithefte mußte natürlich ein Arbeitsprogramm für die Judensachbearbeiter in den SD-Abschnitten gegeben werden, damit sie wußten, wie sie sich zu verhalten hatten. Es kam darauf an, die einzelnen Abschnitte auf dasselbe Ziel auszurichten, damit die Abschnittschefs die Gauleiter entsprechend orientieren konnten. Dasselbe galt für die Vertreter der einzelnen Zentralinstanzen. Ich schrieb alles unter dem Motto „Größtmögliche Förderung der jüdischen Auswanderung". Derartige Leithefte gingen niemals unter dem Namen des Bearbeiters heraus, nur im Begleitschreiben wurden neben der Drucknummer die Sachbearbeiterzeichen angegeben, aber auch nur dann, wenn der Amtschef

---

* Großer Karteiraum des Sicherheitshauptamtes. D. Herausg.

es so wünschte. – Ich studierte Religionsphilosophie und bemühte mich auch, etwas Hebräisch zu lernen. In dieser Zeit des Studiums und der Suche nach konstruktiven Lösungen stand ich stark unter dem Einfluß des alten, überaus liebenswürdigen und sehr gescheiten Professors Dr. Schwarz-Bostumitch. Er kam aus Kiew und tat bei uns als Sturmbannführer Dienst. Er war Mystiker; ich betrachtete ihn als meinen Vorgesetzten und Lehrer. Ich wurde in dieser Zeit von einem militärischen zu einem politischen Offizier. Persönlich hielt ich von dem Mystizismus gar nicht viel, aber meinen Lehrer verehrte ich trotzdem heiß. – Ich hielt mich an das damals Selbstverständliche, nämlich dafür zu sorgen, daß unsere Nachkommen ordentlich leben konnten, und unsere Waffen zu schmieden, je nach Stärke des Widerstandes. Vor allem aber suchte ich die Einordnung in das Ganze des Volkes! Dafür haben wir alles hergegeben, Jugend und Freiheit und viele sogar ihr Leben. Deshalb empört es mich, wenn man die Machtübernahme des Nationalsozialismus als etwas „Verbrecherisches" darstellt: er war rein in seinem Idealismus und in seinen Absichten.

Im Sommer 1937 wurde Wisliceny als Abteilungsleiter von Oberscharführer Herbert Hagen (25) abgelöst, einem Vertrauten von Dr. Six (26), dem das allgemeine Studium der gegnerischen Weltanschauung oblag. Im Herbst 1937 fuhr ich mit Hagen nach Ägypten und Palästina. –

Um diese Zeit war die Nürnberger Gesetzgebung schon in Kraft getreten, d. h. das „Reichsbürgergesetz" und das „Gesetz zum Schutz des deutschen Blutes und der deutschen Ehre". Persönlich hatte ich mit diesen Angelegenheiten nichts zu tun, verspürte aber – wie damals jeder – die bestimmte Atmosphäre, die dadurch hervorgerufen wurde. Ich glaube, daß diese beiden Gesetze in Besprechungen auf höchster Ebene entstanden sind, zwischen Goebbels (27), Göring (28), dem Reichsführer SS (29) und dem Führer (30), Frick (31) wie auch sein Staatssekretär Dr. Stuckart (32) wurden sicher hinzugezogen.

Die propagandistische Vorbereitung war von Streicher und Goebbels aus erfolgt; die Kanzlei des Führers war sicherlich an der Entstehung der Initiative beteiligt. Erst ab 1940 wurde IV B 4 allmählich an den Exekutivfolgen dieser Gesetze beteiligt. Daß diese Gesetzgebung überhaupt entstehen konnte, ist grundsätzlich erklärbar. Warum hat denn der Nationalsozialismus schon während der Kampfzeit die Judenfrage im Programm aufgenommen? Die jüdische Bevölkerung hatte im prozentualen Verhältnis zum Rest der Bevölkerung einen unverhältnismäßig hohen Anteil an der Führung der Wirtschaft, an den freien Berufen, in der Presse, beim Rundfunk, beim Theater usw.. So nahm die Feindschaft zwischen Wirtsvolk und Gastvolk, zwischen dem jüdischen Teil und dem nichtjüdischen Teil der Bevölkerung derartige Ausmaße an, daß dies zweifellos irgendwann zu einer Explosion geführt hätte. Deshalb war die Führung des Wirtsvolkes bestrebt, die Spannung auf ordentlichem, normalem und legalem Wege herabzusetzen. Bei der deutschen Bevölkerung war diese Feindschaft seit langem vorhanden, weil die Juden es ja verstanden hatten, sich mit Brutalität und Gewalt zu bereichern, die anderen aber darben zu lassen. Vor allen Dingen hatte es hier in der Inflationszeit dramatische Ereignisse gegeben, und die Juden selber geben teilweise zu, auf welche Art sie sich am deutschen Volk, ihrem Wirtsvolk, bereichert hatten.

Geraume Zeit vor meiner Palästina-Reise bearbeitete ich für die Leithefte einen Aufsatz über die Zionistische Weltorganisation. Wenn mir jetzt gesagt wird, dieses Heft sei erst 1938 erschienen, so vermag ich es heute nicht mehr zu erklären, wieso dieser Aufsatz nicht früher herausgekommen ist. Von einem Pseudonym „Dieter Schwarz", das für Obergruppenführer Heydrich stehen soll, weiß ich nichts. Wenn Prof. Six und Herbert Hagen die Verfasser waren, dann handelt es sich um eine spätere Veröffentlichung, in der mein Artikel über „Zionistische Weltorganisation" mitgedruckt wurde; inwieweit er revidiert worden ist, entzieht sich meiner Kenntnis; jedenfalls blieb ich m. E. immer sachlich, denn das war ja unsere Aufgabe.

Kontakte im Ausland

Als ich mich schon Jahre mit Hebräisch und Studien über den Zionismus herumgeschlagen hatte und die legale und illegale Einwanderung nach Palästina bearbeitete, las ich durch Zufall einige Artikel über geheime jüdische militärische Organisationen, so auch über die Haganah (33), worin die jüdische Wehrmacht beschrieben wurde. Meine Kollegen vom Amt Schellenberg (34) hatten engen Kontakt mit den Arabern. Zu dieser Zeit bekannte sich auch Mussolini (35) zum Schwert des Islam. Selbstverständlich interessierte es mich zu wissen, inwieweit sich das Judentum in Palästina künstlich in der Minorität hielt, aber in Wirklichkeit die dort ansässige Bevölkerung unterwanderte. Durch Juden wußte ich schon, daß sie nur darauf warteten, dort die zahlenmäßige Mehrheit zu erreichen, um dann dieses Land in Besitz zu nehmen. So interessierte es mich brennend, ob und wann dieser neue Judenstaat errichtet werden würde. In Palästina waren jüdische Aufstände an der Tagesordnung. Nun hörte ich über einen Freund von Mildenstein, einen Herrn von Bodelschwingh, der längere Zeit in Palästina ansässig gewesen war, von der Ankunft eines führenden Juden aus Palästina in Berlin. Er war an entscheidender Stelle innerhalb der jüdischen militärischen Organisation tätig. Über Herrn von Bodelschwingh erging an diesen Juden eine Einladung, sich als Gast des SD-Hauptamtes in Berlin mit

uns zu treffen. Ich kam mehrmals mit ihm zusammen; wir speisten in der
„Traube" und sprachen über dieses und jenes. Er wollte nicht recht mit der
Sprache heraus, doch erzählte er mir trotzdem einige interessante Dinge,
die ich in einem Bericht an meine vorgesetzte Dienststelle verarbeitete.
Heydrich klassifizierte diesen Bericht mit „gut", ein Zeichen, daß er sich
dafür interessierte; denn wenn irgend etwas sein Interesse nicht fand, fuhr
er mit seinem Blaustift über das Ganze hinweg. Später schickte mir dieser
Jude eine Einladung nach Palästina; im Herbst 1937 fuhr ich in Begleitung
des damaligen SS-Oberscharführers Hagen über Polen, Rumänien und Syrien nach Palästina, dann weiter nach Ägypten. Wir kamen nach Haifa, wo
uns der Vertreter des Deutschen Nachrichtenbüros, Dr. Reichert, empfing.
Um jene Zeit gab es gerade ein paar Bombenattentate in Palästina, so daß
es kein günstiger Boden war und ich nur mit größter Mühe Erlaubnis bekam, mich 24 Stunden dort aufzuhalten. Den einen Tag nützte ich voll und
ganz aus, bewunderte Bauten und Stadtansichten und machte mich mit
einer überaus eindrucksvollen Landschaft vertraut. Schließlich hatte ich ja
soviel über Palästina gelesen, daß es mich nun freute, dieses Land kennenzulernen. – Dann fuhr ich direkt weiter nach Alexandrien, wo wir drei Tage
bei dem Präsidenten der Jungarabischen Rechtsanwälte zu Gast waren.
Hier erwartete uns Dr. Reichert wiederum, diesmal in Begleitung von
Herrn Genz, dem Vertreter des DNB (Deutschen Nachrichtenbüros) in
Ägypten. Durch Vermittlung von Dr. Reichert kam auch mein einstiger
jüdischer Gast in Berlin nach Kairo. Wir trafen uns im Menzhouse; er
schlug unter anderem eine deutsche Luftfahrtlinie nach Palästina vor, im
Zeichen einer allgemeinen Zusammenarbeit, auch gerade bezüglich der
Auswanderung.

Ich wollte gern den Großmufti besuchen und hatte mich mit meinem
ehemaligen jüdischen Gast für ein neues Treffen in Haifa oder Tel Aviv
verabredet. Bei den englischen Paßbehörden in Kairo wirkte mein Schrift-
stellerausweis vom „Berliner Tageblatt" überhaupt nicht, und wegen der
dauernden Bombenattentate sagte man mir dort: „I'm sorry...", und damit
war die Sache erledigt. Eben während unserer Hinreise hatte sich der Zeitpunkt für unseren Palästinabesuch so ungünstig wie möglich gestaltet, aber
das konnten wir ja vorher nicht wissen. Ruhige Zeiten wären besser gewesen und günstiger, um manches eingehend studieren zu können. Es sollte
noch Jahre dauern, bevor ich den Großmufti persönlich kennenlernen
konnte; das geschah während des Krieges, als er zur Ausheilung eines Au-
genleidens von Italien nach Berlin kam. Er stand damals unter dem Schutz
des Amtes Schellenberg und war in dessen Gästeheim zu einem Abendessen eingeladen, wozu auch die übrigen Dezernenten, die irgend etwas mit
den Arabern zu tun hatten, gebeten waren.

Gewissermaßen als Geschenk übergab mir Dr. Reichert einen von den Arabern geklauten Postsack der Mandats-Luftfahrtgesellschaft in Palästina. Darin waren u. a. einige wichtige Briefe enthalten, z. B. an den High Commissioner und an den englischen Oberrichter der Mandatsmacht gerichtet. Diese Briefe wurden von uns an das Auswärtige Amt übergeben; als am 1. September 1939 der Krieg mit Polen ausbrach, wurden sie auf der ersten Seite des „Völkischen Beobachters" veröffentlicht; denn die Dokumente enthielten Beweise, daß die Zusammenarbeit der Mandatsmacht mit den offiziellen jüdischen Stellen sich zum Nachteil und Schaden der Araber auswirkte. – Mich interessierten diese Fragen überhaupt nicht, denn ich war nicht zuständig dafür.

Es war für mich übrigens auch ein Besuch bei dem damaligen König Abdullah vorgesehen; ich wurde beauftragt, bei einem möglichen Schachspiel auf jeden Fall zu verlieren; das sei der Brauch. – Mit den arabischen oder den jüdischen Aufständischen haben wir während unserer Reise überhaupt keine Verbindung angeknüpft. – Ich fuhr zurück nach Berlin und betrat dabei zum erstenmal seit Jahren wieder österreichischen Boden, allerdings nur wenige Meter, weil ich auf der Rückfahrt über Italien an der Grenze zwischen Österreich und der Schweiz nahe dem Bodensee das Vergnügen hatte, wenige Minuten Heimatluft zu schnuppern. – Seit ich zur Legion gestoßen war, bin ich bis zu meiner dienstlichen Kommandierung nach Wien im Frühjahr 1938 nie wieder nach Österreich gekommen.

Fortsetzung meiner SS-Arbeit im Reich

Nach meiner Rückkehr setzte ich mein Studium der jüdischen Angelegenheiten mit erhöhtem Eifer fort. Langsam wuchs ich in meine Aufgabe hinein und bekam ein gewisses Fingerspitzengefühl in meinem Fach. Am Anfang wußte ich noch nicht so recht, warum dieser oder jener Kommunist, Freimaurer oder Jude ein Gegner sei, jetzt war unser Amt VII mit seiner wissenschaftlichen Gegnerforschung auf der Höhe. Bis in die Vergangenheit wurde zurückverfolgt, was jeder einzelne Typ unserer Gegner für eine historische Entwicklung durchgemacht, was ihn zum Gegner gestempelt hatte, welche Ziele er damals und jetzt verfolgte, wie er sich tarnte, wer ihm direkt oder indirekt half. Wenn irgendein anderes Amt eine Auskunft brauchte, dann wurde bei Amt VII nachgefragt. Aber schon der Vorläufer des Amtes VII, „Amt J", hatte von sich aus versucht, mittels Leitheften den übrigen Dienststellen im SD wissenschaftliches Rüstzeug zur Verfügung zu stellen. Wenn irgendein V-Mann (Vertrauensmann) – z. B. irgendwo in Frankreich eingesetzt – auf eine jüdische Institution stieß, mit der er nichts anzufangen wußte, dann fragte er bei seinem Amt Schellenberg an. Konnte man dort keine Auskunft erteilen, wurde diese beim Amt VII verlangt; von hier bekam man in jedem Falle innerhalb kürzester Zeit eine vollständige Information.

Mit Heydrich kam ich jetzt ab 1937 häufiger in Kontakt. Er beauftragte mich, in der SD-Schule Bernau Vorträge über mein Sachgebiet zu halten, wodurch ich dann langsam, aber sicher vor den übrigen herausgehoben wurde und, obwohl ich nur Oberscharführer war, gewisse Vergünstigungen genoß, die sonst nur einem Führerdienstgrad zustanden, wie z. B. die Benutzung eines Wagens für Dienstfahrten. Ich wurde mehr und mehr nach Dienststellen und Dienstleistung eingereiht. Heydrich ließ mich oft zu sich befehlen; ich brauchte im Vorzimmer nie lange zu warten; denn seine Adjutanten wußten Bescheid. Im Vorzimmer Heydrichs war es übrigens immer sehr interessant, weil man dort alle möglichen Leute traf, mit denen man sonst nicht so leicht in Kontakt gekommen wäre. – Im ganzen bin ich bis zu Heydrichs Tode vielleicht an die fünfzigmal zu ihm befohlen worden. Es gab Zeiten, in denen ich in vierzehn Tagen vielleicht dreimal zu ihm kam, wenn besondere Dinge vorlagen, und dann gab es wieder Zeiten, wo ich ihn einmal im Monat sah, wenn ich zu ihm befohlen wurde. Ich bemerkte, daß mir immer selbständigerere Aufgaben übertragen wurden, z. B. kurz vor meiner Abfahrt nach dem Nahen Osten die Einweisung des Untersturmführers Rösler als Judensachbearbeiter in Oberschlesien. Ich nahm also umfangreiches Material mit, denn es bestand in Oberschlesien auf Grund eines Abkommen zwischen Deutschland und Polen eine Sonderlage für die Juden. Ich meldete mich in Breslau auf der Dienststelle; der dortige Chef ließ mich drei Tage warten. Dann empfing er mich und donnerte mich an: „Wenn Sie vom Hauptamt kommen, um mich auszuspionieren, dann lasse ich Sie an die Wand stellen." Ich machte ihm klar, daß ich einen solchen „Spionageauftrag" von niemandem bekommen habe, sondern mit der Weisung komme, seinen Referenten für Judenangelegenheiten zu instruieren. – Kurz vorher war ich auf dem Parkettboden ausgerutscht und mit der rechten Hand so gefallen, daß ich sie mir zweimal brach; sie wurde dann in Gips gelegt, und ich gewöhnte mir an, Unterschriften mit der Linken zu geben. Neben mir saß in Berlin Dannecker (36) als Sachbearbeiter für assimilatorisch eingestelltes Judentum. Es ärgerte mich nun sehr, daß ich beim Hinausgehen meine Ehrenbezeugung mit der linken Hand machen mußte; ich verschwand so würdig wie möglich aus dem Dienstzimmer und traf prompt einen seiner Hauptsturmführer, von dem ich wegen des unvorschriftsmäßigen Grüßens zur Rede gestellt wurde. – Die acht Tage meiner Abkommandierung nach Breslau waren mit vielen Schwierigkeiten gefüllt; ich schrieb jeden Tag einen Brief an meinen Vorgesetzten Wisliceny (37). Pünktlich nach acht Tagen fuhr ich nach Berlin zurück, ohne viel erledigt zu haben. Später wurde dieser allgewaltige Sturmbannführer abgelöst; ich traf ihn dann wieder, als ich schon Obersturmbannführer war, er aber noch immer Sturmbannführer. Es war bei irgendeinem Vortrag; er versuchte sich anzubiedern, ich hatte aber mit dem Mann weiter nichts vor – für mich war die Sache erledigt.

Während ich noch im Amt VII meine wissenschaftliche Forschung zur weltanschaulichen Gegnerbekämpfung betrieb, bestand schon ein Referat innerhalb der Gestapo, das sich mit Judenangelegenheiten befaßte. Es wurde damals von Regierungsrat Lange (38) geführt, dessen Nachfolger Regierungsrat Lischka (39) war. Schon damals bestand die ,,Reichsvereinigung der Juden". Sie nahm unter den beiden genannten Regierungsräten Gestalt und Form an. Durch Gesetz wurde die Basis zu dieser Reichsvereinigung der Juden gelegt und der Chef der Sicherheitspolizei als Dienstaufsichtsbehörde bestimmt. Es wurden immer neue Verordnungen zu dieser Reichsvereinigung herausgegeben, die ständig wuchs. Der Leiter dieser Reichsvereinigung in Deutschland war Dr. Eppstein. Als Sachbearbeiter für die ,,zionistische Weltvereinigung" und die jüdische Orthodoxie innerhalb des Amts VII brauchte ich sehr viel Aufklärung. Schon sehr früh war ich der einzige in Amt VII, der mit den jüdischen Funktionären verhandelte, selbst zu einer Zeit, als ich noch keinerlei Exekutivtätigkeit ausübte und im SD arbeitete.

Stärkere Kontakte mit Juden

Zu jener Zeit gehörte dem Dezernat im Gestapo-Amt als einer der nachgeordneten unteren Beamten ein Kriminalbezirksinspektor Kuchmann an. Diese Leute hatten kaum eine Ahnung, was ein Zionist war, noch kannten sie die ideologischen Merkmale oder Kampfarten und Zielrichtung. Sie hatten es sich sehr bequem gemacht, indem sie von Amt VII, dem ich damals angehörte, die nötige Auskunft verlangten, sehr bald geschah das nicht mehr schriftlich, sondern telefonisch. Ich wurde herübergebeten zu einer Besprechung über unklare Fälle, und so kam ich in das Dienstzimmer des Kriminalbezirksinspektors Kuchmann und war bei den Vernehmungen anwesend, die er durchführen mußte, als sein Referent ihm befohlen hatte, z. B. Dr. Eppstein zu verhören. Auf diese Weise kam ich noch mit anderen Stellen zusammen; dies war sowohl für die Gestapo vorteilhaft, der ich durch meine theoretischen Kenntnisse dienen konnte, wie auch für mich persönlich, weil diese Besprechungen meine Kenntnisse über das Judentum in Deutschland und in der Welt praktisch erweiterten. Außerdem konnte ich über Kuchmann immer bitten, den Rabbiner Sowieso zu sprechen, wenn ich von diesem interessante Belehrungen erwartete. So vermittelte Kuchmann mir die erste Unterhaltung mit Dr. Eppstein. Sowohl mit ihm wie mit dem Großrabbiner Dr. Leo Baeck (40) habe ich mich dann sehr intensiv über die jeweiligen Sachgebiete unterhalten, mit Dr. Baeck über Probleme der Orthodoxie und mit Dr. Eppstein über laufende praktische Fragen der zionistischen Politik.

Im allgemeinen erkannte ich ziemlich genau, ob ich von meinem jeweiligen Gesprächspartner aus sachlichen Gründen im unklaren gelassen wurde; denn ich hatte ja die Berichte unserer V-Männer und Agenten. Diese Berichte konnte ich durch meine Gespräche mit den Juden überprüfen und umgekehrt die Behauptungen meiner jüdischen Gesprächspartner durch unsere V-Männer und Agenten überprüfen lassen. Das war eine typische Methode des SD mit doppelter Kontrollmöglichkeit.

Dr. Eppstein war ein außerordentlich gewandter, gebildeter und wohlerzogener Jurist; genausowenig wie Dr. Löwenherz hatte er auch nur im geringsten Maße etwas „Kriecherisches" an sich. Er sprach frei und offen – und sogar mutig, wobei entscheidend gewesen sein kann, daß diese jüdischen Gesprächspartner wußten, es werde ihnen auf Grund dieser Gespräche nie ein Leid zugefügt werden. Ich hatte meine Wachen und Vorzimmerleute im Laufe der ganzen Jahre angewiesen, die Besuche dieser jüdischen Funktionäre immer so einzurichten, daß sie keine unnütze Wartezeit verloren. Sie kamen, wurden von den Wachen höflich und zuvorkommend behandelt und ohne viel Umstände vorgelassen; denn sie waren ja ständige Besucher. Sie nahmen Platz und wir sprachen und verhandelten, wie es unter Gentlemen üblich ist. – Wenn man lange mit einem Gegner verhandelt, ist es unvermeidlich, daß er Einblick in die Einstellung seines Gesprächspartners bekommt, allein schon durch die Unterhaltung, die hin und wieder auch in das Private übergreift, und so entsteht ein persönlicher Kontakt. Das galt für beide Seiten; wie sie aus meinem, so konnte ich aus ihren Gesichtern lesen. Anfänglich mögen sie Vorsicht haben walten lassen, aber nachdem sie festgestellt hatten, daß ich nie mit hinterhältigen Gedanken kam, gewöhnten sie sich daran, im Laufe der Verhandlungen alles freiweg zu sagen. Sie wußten ja auch – und ich habe nie ein Hehl daraus gemacht –, daß ich gegen den Einzeljuden gar kein Vorurteil und keinen Haß hege. Ich sah und sehe die Notwendigkeit und die Unabwendbarkeit des Kampfes, aber nur auf dem politischen Sektor. Streichers (37) Anschauungen waren schon damals weit davon entfernt, bei mir auch nur den geringsten Beifall zu finden. Schon allein das Wort „Antisemitismus" gefiel mir gar nicht; nach meiner Rückkehr aus dem Nahen Orient habe ich vor dem Gebrauch dieses Wortes ausdrücklich gewarnt. – Genauso wollte ich nie etwas von den sogenannten Ritualmorden wissen. Streicher und sein

Kreis verwendeten dieses Wort sehr gern. Der Lehrer Wurm, den ich persönlich sehr gerne mochte, nahm bei Streicher eine besondere Stelle ein; wiederholte Male sagte ich ihnen: „Kinder, was wollt ihr bloß mit euren ‚Ritualmorden‘, ... was sind das nur für Mätzchen? Vielleicht hat es diese einmal im Mittelalter gegeben, aber da hat's auch andere Sachen gegeben, wie Hexenverbrennungen seitens der Katholischen Kirche – nur weil diese Frauen blond waren! Es gibt doch heute keinen orthodoxen Juden mehr, der einen Ritualmord will. Das sind alles genauso Märchen wie die ‚Weisen von Zion‘, die alles lenken und leiten. Von einem gesunden Standpunkt aus hat das alles doch nichts mehr mit der weltanschaulichen Gegnerbekämpfung zu tun!" Ich wußte, daß der Reichsführer diesen mysteriösen und halbmystischen Gedankengängen anhing und Streicher immer einen „Dreh" bei ihm hatte, wenn er ihm auf diesem Gebiet Neuigkeiten, die die alten Thesen erhärteten, erzählen konnte. Als später, schon im Kriege ein Buch über Ritualmorde herauskam und der Reichsführer diese Geschichte auch in die Presse bringen wollte, konnte natürlich niemand den Inhalt dieses Buches öffentlich widerlegen, die Juden selbst am allerwenigsten; wenn es einmal Ritualmorde gegeben hat, so ist das alles schon so lange her, daß es für unsere Gegenwart unwesentlich ist. Das ist meine Anschauung.

Für politische Lösung der Judenfrage durch Auswanderung
Als Untersturmführer in der österreichischen Heimat

Dr. Six führte damals das Amt VII und bearbeitete die weltanschauliche Gegnerbekämpfung auf rein wissenschaftlicher Basis. Er hatte seine Augen und Ohren überall und wußte genau, wer diese oder jene Institution leitete, wer dieser oder jener war. Es ist klar, daß wir unter einem solchen Amtschef Märchen wie „Die Weisen von Zion" oder Ritualmorde glatt von der Hand wiesen. Uns ging es darum, Erkenntnisse zu sammeln, und diese Aktivität des Amtes VII lief vor dem Krieg auf vollen Touren. Nach Kriegsbeginn sank die wissenschaftliche Arbeit ab, zumal die Sachbearbeiter teilweise anderen, wichtigeren Kriegsaufgaben zugeführt wurden.

Im Januar 1938 wurde ich Offizier, Untersturmführer. Der Anschluß Österreichs riß mich jäh aus meiner Forschungsarbeit heraus. Bis zu diesem Augenblick hatte ich mit exekutiven Aspekten der Judenfrage oder der Judengesetzgebung praktisch gar nichts zu tun.

Mehrere Wochen vor dem Anschluß hatten wir die Österreich-Aktion auf Karteikarten bearbeitet, soweit sie Amt VII betraf. Ohne Rücksicht auf

Dienstgrad oder Dienststellung gingen wir in vierundzwanzigstündiger Dreischichtenarbeit nach den Erkenntnissen von SD und Gestapo vor. Wir erfaßten die jüdischen Funktionäre und Freimaurer auf allen weltanschaulichen Gebieten. Wir saßen wie Schulbuben in den Bänken und schrieben die Karteikarten; dann wurden sie nach Alphabet geordnet, buchstabenweise eingereiht und Dinge, die noch Zeit hatten, zur Seite gelegt. Mit diesem Karteikartenmaterial „rauschte" die erste Welle des SD nach Österreich hinein.

Nach einem festgelegten Plan breiteten sich Sipo und SD über Österreich aus. Inzwischen wurde ich in Berlin zurückgehalten, um mich auf meine erste praktische Aufgabe vorzubereiten: die Reorganisation des jüdischen organisatorischen Lebens mit Blickrichtung auf die Auswanderung. Vierzehn Tage nach dem Anschluß bekam ich plötzlich den Befehl, mich unverzüglich nach Wien zu begeben und dort beim Befehlshaber der Sipo und des SD, SS-Oberführer Dr. Stahlecker (41), der nachher von Dr. Dr. Rasch (42) abgelöst wurde, zu melden. Natürlich freute ich mich, wieder in Österreich zu sein, und soweit der Dienst es zuließ, machte ich auch einmal einen Ausflug. Zusammen mit dem Unterstrurmführer Pfeiffer, der damals in Wien das Legitimistenproblem bearbeitete, unternahm ich so eine Fahrt zum Sonntagsberg. Dort in der Nähe gibt es ein Habsburger Schloß, wo die Hohenbergs lebten. Im Schloß Schleiten bei Strengberg wohnte die Baronin Scoda. Als Lausbub hatte ich verschiedene Motorradunfälle, einen davon in der Nähe von Strengberg, wo ich mit einer Gehirnerschütterung liegenblieb und in ein Deputatswirtshaus dieses Schlosses gebracht wurde. Als die Baronin Marianne Scoda das erfuhr, ließ sie einspannen, kam zu mir und pflegte mich ein paar Tage; dann kam ich ins Schloß. Die Scodas sind Verwandte der Hohenbergs. Wieder in der Ostmark, bekam ich Auftrag, die verschiedenen SD-Abschnitte zu besuchen, und zwar im Rahmen der Judenfrage. Pfeiffer fuhr in der schwarzen Limousine von Rothschild mit. Auf dem Weg von Wien nach Linz übernachteten wir in Strengberg. Auf dem Schloß wurde ich sehr ungnädig empfangen, weil ich die schwarze Uniform der SS trug. Ich gab der Baronin meine Aufklärung, während ihre Mutter, eine alte Dame von etwa achtzig Jahren, mich überhaupt nicht anhörte und ihre Verachtung nicht verbarg. Baronin Marianne bat dann um meine Intervention für irgendwelche Verwandte, die als Legitimisten in Schutzhaft genommen waren. Ich sagte ihr, daß ich das weder tun könne noch wolle. Pfeiffer war erstaunt über meine Härte, zumal er selber der zuständige Sachbearbeiter war. In Wirklichkeit habe ich mich dann doch für das Schicksal dieser Person interessiert. Was ich dabei erfuhr, lieferte wieder einen Beweis dafür, daß irgendwelche höhere Persönlichkeiten auch der Gestapo oder sonstigen Dienststellen ins Handwerk pfuschen konnten. Der

Erzherzog war in Mauthausen eingeliefert und mußte dort einen großen Steinblock immer eine Anhöhe hinaufschieben; oben angekommen, mußte er den Stein wieder hinuntersausen lassen. Der Befehl dazu kam von Göring über den Reichsführer an Pohl (43) und von Pohl nach Mauthausen.

Als ich nach Wien kam, wurde mir klar, daß offenbar vergessen worden war, einen Judensachbearbeiter in Marsch zu setzen. In diesen vierzehn Tagen war das jüdische politische Leben bereits vollkommen zerschlagen, und ich machte mich daran, die jüdischen Organisationen wieder aufzubauen und gleichzeitig – ich gehörte ja noch immer zu Amt VII – das uns wissenschaftlich interessierende Archiv- und Bibliotheksmaterial sicherzustellen, unter meiner Aufsicht in Kisten verpacken zu lassen, selber die Kisten zu numerieren und ein Inhaltsverzeichnis anzulegen. Nach Fachgebieten wurde die Bibliothek sauber eingepackt und ging waggonweise nach Berlin, wo sie dann im Keller von Amt VII aufbewahrt wurde. Das interessante Material der jüdischen Organisationen kam auf diese Art von Wien fort, aber ich beließ der israelitischen Kultusgemeinde in Wien ihre Bibliothek, weil diese Leute sie zum Teil für ihre Arbeit brauchten. In den SD-Abschnitten Klagenfurt, Innsbruck, Graz, Linz usw. wurde dasselbe Material in viel kleinerem Umfang von den örtlichen Stellen des SD ebenso gesammelt, nach der Wiener Zentrale abgefahren und einer Wiener Speditionsfirma übergeben. – Für diese Firma arbeiteten zwei Möbelpacker, die auf diese Weise mit dem SD Kontakt bekamen. Eines Tages baten sie, in den SD übernommen zu werden. Der eine war zwei Meter lang und kräftig, der andere klein und sehr fromm. Dieser kleine, fromme Möbelpacker wurde dann später Hausmeister einer Dienststelle des Amtes VII in der Nähe des Fehrbelliner Platzes in Berlin. Er erbat sich von Dr. Six ein beschlagnahmtes Harmonium aus, und so klangen auch während des Krieges jeden Morgen die frommen Weisen des Hausmeisters im Dienstgebäude des SD. So war es eben bei uns, jeder konnte nach seiner Art selig werden. Erst nach zwei Jahren Dienst im SD-Hauptamt entschloß ich mich, aus der Kirche auszutreten, freiwillig, von niemandem dazu gezwungen, und meine Kirchenzugehörigkeit war ohne Einfluß auf meine Beförderung.

Für stärkere Auswanderung der Juden

Hauptaufgabe in Wien war es, die Auswanderung anzukurbeln; ich muß dem Chef der Sipo und des SD Heydrich in meiner Eigenschaft als Sachbearbeiter für die zionistischen Weltvereinigungen als der geeignete Fachmann dafür erschienen sein. – Als erstes besprach ich mich mit dem Beamten Dr. Ebener, der noch die österreichische Kommissar-Uniform trug und einen schweren Säbel herumschleppte. Später sollte dieser Dr. Ebener ständiger Vertreter des Leiters der Stapo-Leitstelle Wien werden. Auch bei Dr. Stahlecker hielt ich Vorträge über mein Programm und meine Absicht, als erstes die in diesen Tagen zerschlagenen jüdischen Organisationen wieder ins Leben zu rufen, und zwar in dem Ausmaß, wie ich sie für die Auswanderung der Juden aus der Ostmark brauchte. Ich machte ihm klar, daß ich ein ordentliches, arbeitsfähiges jüdisches Zentralinstrument brauchte, das ich einem geeigneten jüdischen Funktionär übergeben würde. Ich konnte mit Verständnis und Genehmigung von Dr. Stahlecker rechnen, formulierte dann meine Wünsche schriftlich in Form eines Aktenvermerks, ließ mir diesen abzeichnen und hatte nun die Vollmacht des Vorgesetzten, auch der Stapo-Leitstelle Wien, daß ich so und nicht anders zu verfahren hätte. Die Stapo war also angewiesen, allen meinen Wünschen Rechnung zu tragen und mir Erleichterungen zu geben. Ich bat Dr. Ebener, mir eigene verhaftete ehemalige Führer der jüdischen Organisationen in Österreich vorzuführen. Im Hotel „Metropol" hatte ich ein Dienstzimmer, wohin diese bestellt wurden: der Dr. Sowieso, der mir zu alt, der Dr. Sowieso, der mir zu langsam und gebrechlich, der Dr. Sowieso, der mir zu höflich und servil war. Dann kam Dr. Richard Löwenherz, der schon als Beamter der israelitischen Kultusgemeinde tätig gewesen war. Ich stellte die üblichen Fragen über die Personalien usw.; Löwenherz kannte mich ja nicht und belog mich in seiner Sorge und Not in einigen Fällen. Daraufhin verlor ich die Beherrschung und versetzte ihm eine Ohrfeige. Es war das erste- und letztemal in meiner ganzen Zeit der Judenbearbeitung, daß ich einen Juden angegriffen habe, ausgerechnet Dr. Löwenherz, ausgerechnet in der ersten Stunde unserer Bekanntschaft. In Anwesenheit meiner Untergebenen entschuldigte ich mich später bei Dr. Löwenherz nachdrücklich und offiziell für meine Unbeherrschtheit; im Laufe der Jahre konnte ich ausgezeichnet mit ihm zusammenarbeiten.

Ich machte Dr. Löwenherz klar, daß das jüdische organisatorische Leben wieder aufgebaut werden müsse und der Zustand, daß alle Juden eingesperrt sind und deshalb alles jüdische Leben erlahmt war, aufhören müsse; denn es komme darauf an, die Auswanderung energisch zu betreiben. Deswegen gab ich ihm die Idee mit auf den Weg, daß die Reorganisation vor allen Dingen die Wiedererstarkung der zionistischen Organisation bezwecken und dementsprechend die Auswanderung fördern solle. Für diese Führungsfunktion interessierten mich die assimilatorisch eingestellten Juden nicht, wohingegen die israelitische Kultusgemeinde in Wien Träger eines ausgeprägt zionistischen politischen Lebens in der Ostmark sein sollte. Ich beabsichtigte, Löwenherz zum Amtsdirektor der Israelitischen Kultusgemeinde zu machen, und gab ihm deshalb Papier und Bleistift in die Zelle mit und den Auftrag, mir den organisatorischen Aufbau des jüdischen Lebens in Wien und in Österreich zu schildern, nebst seinen Durchführungsplänen und Gedanken über den funktionellen Ablauf der Dinge, wobei ich ihm im Telegrammstil mein Vorhaben und meine Ideen vor allem in Dingen der Auswanderung mitteilte. Daraufhin ging Löwenherz in seine Zelle zurück, und ich gab Anweisung, daß er wohl in Gewahrsam zu bleiben habe, aber nicht mehr als Gefangener gelte. Schleunigst vergewisserte ich mich, ob Löwenherz auch das geistige Format hatte, um einen solch großen Apparat führen zu können. Am nächsten Tag kam er zurück; beim Lesen seines Projektes war ich sehr erstaunt, daß es ganz meiner Vorstellung entsprach. Es lag auch vollkommen auf der Linie meiner Besprechungen mit dem Befehlshaber der Sipo und des SD, der ja im wesentlichen alles genehmigte, weil er von keinerlei Sachkenntnis getrübt war.

Ich ließ Löwenherz sofort entlassen und schickte ihn nach Hause. Er sagte mir noch, daß seine Uhr und noch irgend etwas abhanden gekommen sei. Ich besprach das mit Dr. Ebener; Löwenherz muß seine Uhr und seine Sachen wiederbekommen haben.

Nun war Löwenherz Amtsdirektor; er hat sich eine ganze Anzahl Mitarbeiter „losgeeist" und sie in der Kultusgemeinde eingebaut. Auch Dr. Storfer, ein Kommerzialrat, der während des Ersten Weltkrieges österreichisch-ungarischer Offizier gewesen war, hatte sich gleich irgendwie an mich herangearbeitet, zusammen mit Dr. Neumann, einem sehr bekannten Chirurgen. Sie intervenierten für inhaftierte Juden, und weil der Apparat der israelitischen Kultusgemeinde eine große Anzahl Beamte verschlang, entsprach ich den geäußerten Wünschen in einigen Fällen. So ging bald die Mär, daß Storfer der Mann sei, der über „hohe" Verbindungen zu den „hohen Stellen" verfüge und daß kraft seiner Beziehungen verhaftete Juden freigelassen werden könnten. Storfer war ein vermögender Mann, der sicher nie einen Pfennig von seinen Rassegenossen angenommen hat. Durch seine dauernde Intervention entstand eine Art Zutraulichkeit; der Kommerzialrat kam alle Augenblicke zu mir und verstand es auch, sich mit Dr. Löwenherz anzufreunden. Er pendelte zwischen Dr. Löwenherz und Dr. Rottenberg, der auch zu den leitenden Personen der Kultusgemeinde gehörte, hin und her. Ich muß sagen, daß ich für diesen Kommerzialrat Dr. Storfer eine Schwäche hatte, die mein ständiger Vertreter Günther (44) so gar nicht verstehen konnte. Storfer zeigte mir ein Buch, das sein Armeechef, ein Feldmarschall, herausgegeben hatte. Es enthielt verschiedene Illustrationen. Auf irgendeiner Seite war auch ein Foto von Storfer als Verwaltungsmajor der kuk-Armee. Er hatte eine sehr nette und ordentliche Art zu verhandeln, und ich wies ihn nie ab; denn er war mir ähnlich. Er verriet niemanden, machte Spezialaufträge für mich und teilte mir Schwierigkeiten mit, die bei irgendwelchen eigenen Dienststellen draußen entstehen würden, und war gewissermaßen eine Art Spitzel, aber nicht gegen die Juden. Er war ein Spitzel, den ich auf unseren eigenen Apparat ansetzen konnte, um dort Auskünfte einzuholen.

Weder in Wien noch in Prag oder in Berlin setzte ich je einen jüdischen Amtsdirektor ein, der zu allem, was ich vorschlug, „jawohl" oder gar „zu Befehl" gerufen hätte. Es mögen andere vielleicht „willfährige Werkzeuge" eingesetzt haben, etwa örtliche Dezernenten der Stapo oder Stapo-Leitstellen, ich tat das nie. Natürlich wurden nachgeordnete Instanzen der Juden sowieso von ihrer Zentrale mit Weisungen und Richtlinien versorgt und waren nur ausführende Organe. Aber mit Jasagern konnte ich in den entscheidenden Funktionen nichts anfangen; die jüdische Organisation hätte nicht funktioniert und die jüdischen Dienststellen hätten das zehn- oder zwanzigfache an Personal gebraucht. Gerade weil ich Persönlichkeiten an die Spitze stellte, war die Organisation klar und übersichtlich. Die israelitische Kultusgemeinde in Wien arbeitete mit rund vierhundert jüdischen Beamten; sie hatten ihre eigene Matrikelführung, weswegen es auch Amtsdirektoren gab, die ich persönlich vor jedwedem Übergriff schützte. Diese jüdischen Persönlichkeiten haben mir laufend kontra gegeben und ihr „Wenn' und „Aber" gehabt. Solche Leute von Format sind sich ihrer Bedeutung bewußt, die sie auch vor der Dienstaufsichtsbehörde und sämtlichen nachgeordneten Behörden gewahrt sehen wollen, sind daher zwar keine bequemen, aber um so wertvollere Mitarbeiter.

Durch die Neubildung des jüdischen Organisationslebens in Wien und meine direkte Aufgabe, die Auswanderung mit allen Mitteln zu fördern, kam es schließlich zur Gründung der „Zentralstelle für jüdische Auswanderung". Um auszuwandern brauchte der Jude eine unheimliche Menge Papiere: eine steuerliche Unbedenklichkeitsbescheinigung, ein Führungszeugnis, eine Reihe von Dokumenten, die zur Erlangung eines Reisepasses notwendig waren. Ein Teil dieser Papiere hatte eine relativ kurze Gültigkeitsdauer, so z. B. die steuerliche Unbedenklichkeitsbescheinigung, die am schwierigsten zu erhalten war und dazu nur sechs bis acht Wochen galt. Der Jude mußte sowieso bei den Behörden warten, bis der übrige Parteiverkehr abgewickelt war; hatte er dann endlich doch noch Glück und Gelegenheit, den Schalterbeamten zu sprechen, dann war dies ein Ausnahmefall. In der Regel mußte er drei- oder viermal wiederkommen. Hatte er nun endlich diese steuerliche Unbedenklichkeitsbescheinigung erhalten, dann mußte er bei einer Anzahl anderer Dienststellen auf ähnlichem Wege genausooft und ebensolange Schlange stehen. Es konnte dann noch immer heißen: „Juden warten", je nach Lust und Laune des Schalterbeamten. Die Folge davon war, daß die sechs oder acht Wochen Laufzeit der steuerlichen

Bescheinigung längst verstrichen waren und er wieder von vorn anfangen mußte, während inzwischen wieder andere Papiere ungültig wurden.

Da kamen Dr. Rottenberg und Dr. Löwenherz eines Tages zu mir und sagten: „Sturmführer, so geht das nicht weiter. Was sollen denn die Juden noch tun, um auswandern zu können? Wenn es nicht gelingt, die Juden bevorzugt zu behandeln, dann werden Sie sie nicht los, obwohl der Jude auswanderungswillig ist." Sie schilderten mir die bestehenden Schwierigkeiten ausführlich; daraufhin überdachte ich das. Dem Befehlshaber der Sipo und des SD, Dr. Stahlecker, trug ich alles vor und machte einen Vorschlag, alle diese Schalterbeamten, die mit der Auswanderung zu tun hatten, unter unserer Kontrolle in einem einzigen Gebäude, das die Sipo mir geben würde, zu konzentrieren. Dort könnten dann die Juden am laufenden Band abgefertigt und alles für die Ausreise Notwendige veranlaßt werden. Ich hatte das Glück, in Dr. Stahlecker einen Vorgesetzten zu haben, der die Sache sofort aufgriff und noch am selben Tage mit mir den Reichskommissar Bürckel (45) aufsuchte. Der Reichskommissar war Feuer und Flamme und arbeitete noch am selben Abend einen diesbezüglichen Erlaß aus.

Diese Geschichte ist ein Beispiel dafür, wie richtig es war, als Amtsdirektoren keine „willfährigen Werkzeuge in den Händen der Sipo" anzustellen, sondern Leute von Format, die auftraten, wünschten und forderten. Leute ohne Format wären in diesem Falle angekrochen gekommen, hätten gewinselt und die Sache vielleicht noch verschönern wollen. So wurde eine kräftige Beschwerde geführt, eine entsprechende Lösung gesucht und in kürzester Zeit verwirklicht.

Oft kam Löwenherz täglich oder zumindest ein paarmal in der Woche. Auch später machte ich es mir zur Gewohnheit, die hohen jüdischen Funktionäre regelmäßig zu empfangen. Sie hielten mir ihren Vortrag und baten um Entscheidung. Ich gewöhnte sie daran, daß mir jeder, der zu mir kam, um sich einen Bescheid zu holen oder seine Maßnahmen und Anordnungen mitzuteilen, einen Aktenvermerk in doppelter Ausfertigung überreichte. Entweder genehmigte ich oder lehnte ab, und bei der nächsten Besprechung gab ich ihnen dann die Aktennotiz mit meinen Randbemerkungen zurück, mit Genehmigung oder Ablehnung und sonstigen Vermerken versehen. Um unnötigen Papierkram zu vermeiden, erhielten die Juden das Original; ich behielt die Durchschrift. So erinnere ich mich, daß Dr. Löwenherz einen ganzen Leitz-Ordner mit solchen Aktennotizen hatte, bald sogar drei. Selbstverständlich machte ich es mir auch zur Pflicht, Besprechungen im Gebäude der israelitischen Kultusgemeinde in Wien anzuberaumen. Bei solchen Besprechungen waren die Referenten und die Abteilungsleiter der jüdischen Organisationen anwesend; ich selber brachte meistens irgendeinen speziellen Sachbearbeiter meiner Dienststelle mit. Ich saß dann neben dem Amtsleiter, der die Besprechung führte, und so verlief manche rein sachliche Arbeitskonferenz im Plenar. Auch auf diese Art wurde die dem Chef der Sipo und des SD obliegende Dienstaufsicht ausgeführt.

Der Vorschlag zu einer „Zentralstelle für jüdische Auswanderung" in Wien stammt von mir. Als Heydrich nach geraumer Zeit nach Wien kam, lief die Zentrale schon zur allgemeinen Zufriedenheit. Heydrich sah sie sich einen ganzen Vormittag an; kurz darauf wurde ich nach Berlin beordert.

Die Juden in Wien und in Österreich überhaupt hatten großen Respekt vor Dr. Löwenherz, und ich tat das meinige dazu, diesen Respekt zu untermauern. Dr. Löwenherz führte seine vierhundert jüdischen Beamten und Angestellten ausgezeichnet. Ich beließ ihm seine regulären Standesbeamten, die genau dieselben Rechte und Pflichten hatten wie ein vom Staat bestellter Beamter. Sogar in den Augen jener Juden, die ihn politisch anfeindeten, besaß Dr. Löwenherz Autorität, und sie wagten es nicht, auch nur Beschwerde gegen ihn zu führen. Sie sahen eben, daß dieser Mann „persona grata" bei den Beauftragten des Chefs der Sipo und des SD war, und ich glaube bis heute, daß wenige Menschen mit solcher Freizügigkeit und solchen Freimut auf irgendeiner Behörde verhandeln konnten wie Dr. Löwenherz und später seine Kollegen in Prag und Berlin.

Die Einschaltung der jüdischen Organisationen wurde von Heydrich nachher zu einem Prinzip gemacht, aber geboren war die Idee an dem Tage, an dem ich Löwenherz mit Bleistift und Papier in seine Zelle zurückschreiten sah.

Von den Rätseln der Nacht zum 9. Nov. 1938

Wie ein Donnerschlag aus heiterem Himmel überraschte mich die „Reichskristallnacht" mit ihren Repressalien für den Mordanschlag des polnischen Juden Grynszpan (45b) gegen den deutschen Diplomaten von Rath in Paris. Nach der Besetzung Frankreichs wurde uns Grynszpan ausgeliefert; ich führte persönlich die Endvernehmung mit ihm durch. Danach stand es für mich fest, daß dieser junge Jude offenbar keine Hintermänner hatte, sondern die Tat aus eigenem Antrieb durchführte. Allerdings muß ich eine wichtige Einschränkung machen: Grynszpan lebte lange Zeit in Einzelhaft, und obwohl ihm rein physisch keinerlei Leid geschah, kann man einen Menschen nach langer Einzelhaft verhandlungstechnisch nicht mehr für vollwertig nehmen. In diesem Sinne muß die Aussage von Grynszpan mir gegenüber dahingestellt bleiben.

Auch in Wien tobte die „Reichskristallnacht". Ich kam gerade dazu, wie ein SS-Brigadeführer versuchte, die Synagoge neben dem Gebäude der jüdischen Kultusgemeinde in Brand zu stecken. Neben mir wurde eine Schreibmaschine auf den Boden geknallt; ich stellte den Brigadeführer zur Rede, obwohl ich ein viel niedrigerer Dienstgrad war, aber schließlich war ich verantwortlicher Beamter. So schnell wie möglich machte ich diesem Krawall ein Ende. Eine Anzahl Juden in Wien kam aufgeregt zu mir gelaufen und bat um Schutz. Ich ließ sie in meiner Dienststelle kampieren und schlafen; am nächsten Tag gingen sie wieder nach Hause. Diese ganze „Reichskristallnacht" war unserem Wollen und unserem Ziel voll und ganz entgegengesetzt. Das müssen die Juden gleich erkannt haben; denn wie wären sie sonst auf eine Dienststelle der Sipo und des SD geflüchtet, wo sie doch „dem Löwen in den Rachen krochen"! Die Juden mußten es gewußt haben, daß wir absolut dagegen waren. Ich selber wußte von gar nichts und hatte keine einzige Weisung und keinen Befehl bekommen.

Tagsüber wie nachts stand eine Wache vor dem Palais, der ich strikte Anweisung gab, niemanden vorzulassen. Die Synagoge brannte lichterloh, aber ich erwirkte auf schnellstem Wege den Abzug der Leute aus dem Gebäude der israelitischen Kultusgemeinde und setzte eine Wache von einigen Kriminalbeamten hin, bis der Zauber vorbei war. Ich zitterte um das umfangreiche Inventar an Karteikarten in der Kultusgemeinde, worauf sämtliche Auswanderungsmöglichkeiten erfaßt waren. Sie waren wesentlich dafür, das Tempo von etwa tausend Emigranten je Tag beizubehalten. Wären sie zerstört worden, dann hätte ich Monate gebraucht, um sie wieder aufzubauen.

Wer bei der „Reichskristallnacht" seine Hände im Spiel gehabt hat, kann ich nicht sagen. Offizielle Reichsstellen jedenfalls nicht! Weder der SD noch die Gestapo hatten damit irgend etwas zu tun; sie waren im Gegenteil empört, weil sie gemäß den Weisungen des Reichsführers in mühsamster Kleinarbeit Organisationen und Dienststellen aufgebaut hatten, die rücksichtslos angegriffen und zerschlagen wurden. Die jüdischen Kultusgemeinden z. B. wurden auf Auswanderung ausgerüstet und ausgerichtet, und das jüdische politische Funktionärskorps wurde laufend herumgeschickt, um Devisen einzutreiben und dadurch Einwanderungsmöglichkeiten zu schaffen.

Als wir nun eben bestrebt waren, die organisatorischen Aufgaben dieser jüdischen Funktionäre möglichst ungestört ablaufen zu lassen, wurden uns diese Einrichtungen genauso wie die jüdischen Geschäfte zerschlagen. Da waren wir sprachlos. Der SD war ein verlängerter Arm der Deutschen Polizei; diese Pöbelhandlungen paßten nicht zum Charakter der Polizei. Diese Ausschreitungen haben auch sicherlich kein Verständnis bei Goebbels gefunden; denn aus meiner damaligen Zusammenarbeit mit den zuständigen Funktionären seines Ministeriums weiß ich, daß auch sie schokkiert waren. Natürlich muß die „Reichskristallnacht" irgendwie geleitet und gelenkt worden sein, aber ich habe wirklich keine Ahnung, von wem; vielleicht von Ley (46), aber ich weiß es nicht.

Von jüdischer Arbeit im Reich

In der Kultusgemeinde wurden nicht nur die vorerwähnten Karteikarten aufbewahrt, sondern die jüdischen Funktionäre leisteten die ganze Vorarbeit, die Korrespondenz mit ausländischen Vertretungen in Österreich oder im Ausland, um neue Auswanderungsmöglichkeiten zu erschließen; sie erarbeiteten die Beschaffung von Devisen und waren ordentliche Leute, zum größten Teil Zionisten, die ja sowieso auswandern wollten. Darum bemühte ich mich, die negativen Folgen der „Reichskristallnacht" so schnell wie möglich auszuschalten und den normalen Dienstbetrieb nicht zu unterbrechen. Auch die Überprüfung der Fragebogen wurde zum Teil von den Beamten der Kultusgemeinde gemacht, denen ich so viel Zuständigkeit wie möglich einräumte, weil dies außerdem im Interesse der glatten Ausführung meiner Aufgabe lag.

Die „Reichsvereinigung der Juden in Deutschland" hatte das Recht, Verordnungen für die Juden herauszugeben, natürlich nur dann, wenn diese Verordnungen mit dem zuständigen Dezernat im Amt IV vorher besprochen und genehmigt waren. In der Praxis bedeutete dies, daß der Leiter der Reichsvereinigung, Dr. Eppstein, bis 1940 meinem Vorgänger Lischka sein Anliegen vortrug oder aber eine von der Gestapo inspirierte Verfügung ausgearbeitet vorlegte. Nach 1940 kam er dann mit allen Angelegenheiten dieser Art zu mir; sie wurden genehmigt oder verworfen. War es notwendig, habe ich selbstverständlich die übrigen noch in Frage kommenden interessierten Zentralinstanzen anderer Zuständigkeit beteiligen müssen. Wurde der Vorschlag genehmigt, so war er eine rechtmäßige Verordnung und bindend für alle Juden, die unter die Nürnberger Gesetze fielen. Die „Auswanderungs-Abgabe-Verordnung" der Reichsvereinigung wurde noch vor meiner Zeit erlassen. Wie die Israelitische Kultusgemeinde in Wien hatte auch die „Reichsvereinigung" diese Abgabe vorzunehmen. Die Bestimmungen wurden im Altreich etwas formeller und straffer gehandhabt als in Österreich, wo Löwenherz mir seinen Vortrag hielt und ich dann seine Anordnungen im Kurzverfahren genehmigte. Im Altreich mußte Eppstein erst mit dem fertigen Entwurf zur Stapo pilgern, wo die Beamten ihn genau studierten. Nach Wochen und Tagen bekam Eppstein seinen Vorschlag zurück und mußte ihn gewöhnlich in einigen Punkten ändern – es war eben bürokratischer, während in der Ostmark die zuständigen jüdischen Leiter freizügiger nach eigenem Ermessen verfahren konnten, weil sie auf alle Fälle von der Aufsichtsbehörde gedeckt wurden. Nur der finanzielle, haushälterische Teil, also auch die Auswanderungsabgabe, wurde gemäß Richtlinien festgelegt, und da konnte nicht über den Daumen gepeilt werden.

Die Auswanderung und ihre Behinderung in der Welt

Die „Zentralstelle für jüdische Auswanderung", die ich in Wien gründete, ergab den besten Beweis dafür, daß es der Deutschen Reichsregierung ernst damit war, die Judenfrage durch Auswanderung, sogar durch forcierte Auswanderung zu lösen. Obwohl beachtliche Auswanderungszahlen erreicht wurden, muß festgestellt werden, daß schon damals dem Bestreben der Reichsregierung die mangelnde Aufnahmebereitschaft des Auslandes und sogar der Juden im Ausland entgegenstand. – Als nach 1939 jene jüdischen Organisationen, die auf dem Gebiet der Auswanderung die größten Erfahrungen aufweisen konnten, ihre Tätigkeit eingeschränkt oder sogar ausgeschaltet sahen, stieß der organisatorische Ablauf der Auswanderung auf Schwierigkeiten aller Art. Soweit der einzelne Jude über persönliche Verbindungen zum europäischen oder überseeischen Ausland verfügte, machten Juden davon in den Jahren 1933 bis 1937 einen gewissen, aber keinesfalls regen Gebrauch. Nach der Machtübernahme herrschte in den jüdischen Kreisen eine abwartende Tendenz hinsichtlich der Auswanderung; denn – der Wunsch war der Vater des Gedankens – das Hitlerregime würde ohnedies von kurzer Dauer sein. Diese falsche Hoffnung wurde von feindlichen Kreisen, besonders aus dem Ausland, propagandistisch genährt. Als nun Ende 1936 die endgültige Ausschaltung der Juden aus dem öffentlichen Leben des deutschen Volkes einsetzte, versuchte der Einzeljude – gewissermaßen in Panikstimmung – alles in die Wege zu leiten, um auswandern zu können. Es bestand aber eine scharfe Devisenbeschränkung, die es praktisch unmöglich machte, ausländische Zahlungsmittel zu bekommen. Außerdem kannte der jüdische Auswanderer die Einzelprobleme unzähliger deutscher Dienststellen nicht. Von allergrößter Bedeutung war jedoch dann der Umstand, daß sich diesen jüdischen Auswanderungsbestrebungen nun plötzlich im Ausland immer schärfer werdende Absperrungsmaßnahmen entgegenstellten. Viele Länder verlangten auf einmal eine Erhöhung der für die Einwanderer verlangten „Vorzeigegelder", die immer in der jeweiligen Landeswährung oder in US-Dollar bezahlt werden mußten. Auch die Einwanderungsbestimmungen im allgemeinen wurden verschärft. – Noch vor meiner Wiener Zeit versuchte ich zusammen mit den jüdischen politischen Funktionären schon alles Mögliche, um – natürlich immer im

Rahmen meiner sicherheitspolitischen Zuständigkeit – diese Riegel zu lokkern. Die Schilderungen Adolf Böhms in seinem Buch „Der Judenstaat" veranlaßten mich, bei meinen Vorgesetzten Erlaubnis zu erwirken, die beiden jüdischen „Nationalfonds" innerhalb der „Zionistischen Vereinigung für Deutschland" wieder arbeiten zu lassen. Gemäß ihrer ganzen Zielrichtung hatten die zionistischen Organisationen seit ihrem Bestehen dem Auswanderungsgedanken – freilich im Blickpunkt auf Palästina – breiten Raum gegeben. Die damalige Mandatsverwaltung in Palästina setzte zwar jährliche Einwanderungskontingente für diese in der Balfour-Declaration (47) verankerte jüdische Heimstätte fest, aber diese waren durchaus ungenügend, um den Strom der nun Auswanderungswilligen aufzunehmen. Das Bestreben der jüdischen politischen Führer im Altreich und nachher in Österreich, die Not der Juden durch illegale Einwanderung zu lindern, wurde – was Palästina betrifft – zweifellos mit Wissen der dafür zuständigen arabischen Stellen geduldet. Ich werde noch darauf zurückkommen.

In der Folgezeit wurden nun den zionistischen Organisationen keine Hemmnisse in den Weg gelegt. Sie hatten Versammlungserlaubnis, konnten frei arbeiten und zur Organisation und Sammlung von Devisen ins Ausland reisen; sie konnten ihre Umschulungsbestrebungen besonders auf landwirtschaftliche Berufe fortsetzen, und auch der orthodoxe Teil der im Reich lebenden Juden wurde von uns nicht gehindert, soweit er sich mit Auswanderungsbestrebungen befaßte.

Über einen Auswanderungsplan, der von Dr. Schacht (48) aufgestellt sein soll, habe ich während meiner ganzen Tätigkeit nie gehört, und man hörte nie etwas davon, obwohl allein schon die damalige Stellung des Initiators diesen „Plan" ungemein interessant gemacht hätte.

Es bleibt eine bittere Tatsache, daß zwar eine gewaltige Propaganda gegen das Dritte Reich von der „Judenverfolgung" genährt wurde, aber kein Land dieser Erde seine Arme auftat, um großzügig bedeutende Teile der jüdischen Bevölkerung aufzunehmen. Jüdische wie nichtjüdische Instanzen hofften, daß eine Auswanderung im großem Stil eine schnelle Lösung des Problems zulassen würde. Beide Teile wurden enttäuscht. Um jene Zeit ließen es die jüdischen Führer nicht an beißendem Sarkasmus gegenüber mancher ausländischen Regierung fehlen, die durch eine dauernde Verschärfung der Einwanderungsbedingungen nur einen bescheidenen Erfolg der Bemühungen um die jüdische Auswanderung zuließ. Gerechterweise muß aber festgestellt werden, daß auch der deutsche Amtsschimmel äußerst langsam und umständlich ritt und außerdem die Devisenbewirtschaftung einem Bremsklotz gleichkam. So konnten bis zum Jahre 1938 von den im Jahre 1933 in Deutschland vorhandenen 500 000 Glaubensjuden einschließlich der Juden im Sinne der Nürnberger Gesetze nicht mehr als etwa 130 000 abwandern. In diesem Zusammenhang nun war die Schaffung der „Zentralstelle für jüdische Auswanderung" in Wien eine wirkliche Großtat. Obergruppenführer Heydrich hatte mir nahegelegt, die Auswanderung aus Österreich schnellstens zu betreiben; ich glaubte und glaube diesen Auftrag auf die für beide Seiten bestmögliche Weise erfüllt zu haben.

Dr. Richard Löwenherz als Amtsdirektor der Kultusgemeinde, Dr. Rottenberg als Chef des Palästina-Amtes und die beiden Leiter der jüdischen orthodoxen Einrichtungen, deren Namen mir leider entfallen sind, arbeiteten auf korrekter sachlicher Basis mit uns zusammen. Paß-Stellen, Geheime Staatspolizei, Oberfinanzpräsidium, Wirtschaftsministerium und die jüdischen Organisationen selber waren durch Sachbearbeiter in der „Zentralstelle" vertreten. Der Jude, der auswandern wollte, konnte hier binnen weniger Stunden seinen Reisepaß ausgestellt erhalten, schneller als der deutsche Staatsbürger. – Ich hatte die Weisung, auch das Problem „Devisenbeschaffung" zu lösen, wofür ich einen konkreten jüdischen Vorschlag bekam und jüdische politische Funktionäre ins Ausland schickte. Daran beteiligt waren vor allen Dingen von Löwenherz, Rottenberg, Kommerzialrat Storfer und die Leiter der „Aguda Israel", die bei den ausländischen jüdischen Hilfsorganisationen Gelder aufbringen wollten. Mit verhältnismäßig bescheidenen Resultaten kamen sie dann wieder nach Wien zurück. Die so erhaltenen Devisen wurden gemäß der gesetzlichen Regelung erst einmal der Reichsbank „angeboten". In unserm Falle hieß das, daß sie bei der Devisenstelle in Wien kontrolliert wurden; denn ich hatte vorher bereits die Genehmigung erwirkt, daß diese lediglich deponierten Devisenbestände von der Israelitischen Kultusgemeinde – unter Aufsicht der Dienststelle Wien – den auswandernden Juden zur Verfügung gestellt wurden, um diese in den Besitz der geforderten „Vorzeigegelder" zu bringen. Der Kurs der Devisen, die dem auswandernden Juden zur Verfügung gestellt wurden, wurde jeweils von Fall zu Fall von der Kultusgemeinde selber festgesetzt. Der Kurs richtete sich nach der Vermögenslage des Einzeljuden; die „Vorzeigegelder" wurden so den besitzlosen Juden praktisch unentgeltlich zur Verfügung gestellt, während der besitzende oder gar reiche Jude bis zum zwanzigfachen Kurswert zahlen mußte. Die so erzielten „Gewinne" dienten zur Bestreitung des Haushaltes der israelitischen Kultusgemeinde mit ihren fünfhundert Beamten. Davon wurde auch die Fürsorge der hilfsbedürftigen Juden bezahlt; denn die Ausschaltung der Juden aus den verschiedenen Lebensgebieten des deutschen Volkes hatte zur Folge, daß eine soziale Fürsorge organisiert werden mußte, sonst wäre ein gewisser Prozentsatz der Juden – über das Übliche hinaus – der Kriminalität anheimgefallen. Die Juden mußten zumindest soviel Unterstützung bekommen, daß sie essen und sich Stiefel oder Hosen kaufen konnten, die sie brauchten. Dazu hatte ich die Gelder aufzutreiben, und deshalb ermöglichte ich den jüdischen Funktionären am laufenden Band Ausreisen, damit sie ihre Devisensammlungstournees nach England usw. durchführen konnten.

Nun hatte ich auf der „Zentralstelle" keinen einzigen nichtjüdischen Juristen sitzen, der das ganze Devisengesetzwerk als solches gekannt hätte. Ich wußte nichts von der Existenz eines Gesetzes für „Hilfeleistung in Devisen". Welche Gesetze inzwischen in Berlin in dieser Materie erlassen wurden, war mir auch nicht bekannt. Mir ging es um die Auswanderung; ich kümmerte mich um die Devisengesetze nicht, sondern ging einfach stur mit dem Kopf durch die Wand. Auf der Devisenstelle in Wien saß ein Reichsbankrat Wolf, ein aufgeschlossener, unbürokratischer Herr. Diesem Mann schilderte ich meine Nöte. Ich erzählte ihm, wie ich auf der „Zentralstelle" sämtliche zuständigen Beamten zusammen mit den jüdischen Funktionären an eine Art Fließband gestellt hatte, um eine schnelle Abwicklung des Papierkrieges in Sachen Auswanderung zu ermöglichen. Jetzt habe sich herausgestellt, daß die Einwanderungsämter dauernd die Vorzeigegelder erhöhen und wirklich keine Anstrengung unterließen, um sich die Juden vom Halse zu halten. Unsererseits machten wir alle Anstrengungen, sie so schnell wie möglich zur Auswanderung zu bringen, wobei die Juden selber den Behörden halfen. Auf diese Art und Weise unterstützten wir und die Juden uns gegenseitig. Aber es wären eine ganze Menge Devisen notwendig, und wenn z. B. die USA Vorzeigegelder von zweihundertfünfzig Dollar pro Kopf verlangten, stellten andere Länder diesbezüglich noch höhere Forderungen. Ich erklärte ihm weiterhin die Notwendigkeit der Finanzierung der Arbeiten der jüdischen Kultusgemeinde, die Finanzierung der Fürsorge, deren ärztliche Hilfe und alles weitere; denn vom Staat bekämen die Juden keine Gelder zugewiesen. So bat ich diesen Bankmann, mir die Genehmigung zu erteilen, daß die Kultusgemeinde die Dollars zu einem Höchstkurs an die Juden verkaufen könne. Diese Genehmigung bekam ich, allerdings weiß ich nicht, ob Wolf beim Reichswirtschaftsministerium angefragt hatte; das ging mich nichts an. – Ich diktierte meinen Vermerk und war damit gedeckt. – Dann konnte ich meinem Freund Löwenherz vergnügt sagen: „Jetzt können Sie ihre Devisen verscheuern, bei Wolf abliefern, dort werden sie nur deponiert, Sie verfügen darüber, Sie können also vorgehen. Haben Sie zehn Familien und braucht jede Familie fünfhundert oder tausend Dollar Vorzeigegelder, dann holen Sie diese Summe bei Wolf ab und müssen nur den Nachweis erbringen, daß Sie die zehntausend Dollar nicht zu 30 000,- Mark, sondern zu 300 000,- Mark und in einigen Fällen sogar zu 600 000,- Reichsmark eingetauscht haben." Eines Tages kam dann Löwenherz zu mir und erwähnte den Fall eines Juden, der noch über Geld verfüge und bereit sei, zwanzig Mark für jeden Dollar Vorzeigegelder zu zahlen. Wie immer genehmigte ich das und erwartete, daß nun alles wie üblich in Ordnung käme.

Unerklärlicherweise wurde dieser Fall aufgegriffen und ergab einen Riesenkrach. Das Reichswirtschaftsministerium hatte sich auf den Standpunkt gestellt, daß „Eichmann in Wien den Wert der Mark im Ausland untergräbt". Es startete eine große Walze, die über den Reichsführer anlief. Von meinem Vorgesetzten bekam ich aber nicht einen einzigen Vorwurf, und ich weiß noch, wie Heydrich herzhaft über diesen Streich lachte und mich ermunterte, wo immer notwendig, rücksichtslos die Hürden der Paragraphen zu nehmen. Von meinem Vorgesetzten wurde dann dieser „Stunk" ausgebügelt.

So wurde von jüdischer und von nichtjüdischer Seite jedes Mittel herangezogen, um den gemeinsamen Absichten zu dienen. Das war notwendig, zumal die Auslandshilfe so gering war. Auch die in den KZs untergebrachten Juden kamen sofort frei, wenn eine konkrete Auswanderungsmöglichkeit gegeben war, wofür meine Dienststelle mit den jüdischen Organisationen zusammenarbeitete. In dieser Hinsicht war Dr. Löwenherz außerordentlich rührig, um alle Möglichkeiten auszuschöpfen. Trotz der großen Arbeit und der dauernden Anstrengung seitens der jüdischen Organisationen wie seitens meiner Dienststelle langten die in mühsamster Arbeit erworbenen Einwanderungsmöglichkeiten bei weitem nicht aus. Hätten die anderen Länder damals genügend Einwanderungsmöglichkeiten gewährt, dann wäre in den Jahren 1938–1939 kaum noch ein Jude in einem KZ verblieben, was ich ausdrücklich betone.

Der diesbezügliche Erlaß des Reichsführers besagte ausdrücklich, daß die Juden in den KZs sofort entlassen werden müßten, wenn eine Auswanderungsmöglichkeit für sie nachgewiesen werden konnte. Die Auswanderungsmöglichkeit hing natürlich von einer Einwanderungsmöglichkeit ab. So blieb uns auch hier infolge mangelnder Aufnahmebereitschaft des Auslandes nur ein relativer Erfolg beschieden, trotz Erreichung ansehnlicher Ziffern. Zu diesem Zeitpunkt bis nach dem Kriegsbeginn mit der Sowjetunion sah der Reichsführer und damit die gesamte Gestapo und SD die Judenfrage als eine nur politisch zu lösende Frage an. – Brandstiftungen in Synagogen, Schaufensterzertrümmerung, Raub aus Geschäften, Judenmißhandlungen und derartiges mehr wurden von mir wie von meinen unmittelbaren Vorgesetzten und von meinen Kameraden schärfstens abgelehnt.

Die „Zentralstelle für Auswanderung" in Prag

Nach der Errichtung des Protektorats Böhmen und Mähren bekam ich von Heydrich den Befehl, in Prag ebenfalls eine „Zentralstelle für jüdische Auswanderung" ins Leben zu rufen und etwa um dieselbe Zeit auch eine solche „Zentralstelle" in Berlin. In großen Zügen arbeiteten alle diese „Zentralstellen" nach demselben System wie die bereits beschriebene Wiener Stelle. Die auswandernden Juden konnten ihre gesamte Wohnungseinrichtung, verstaut in großen Überssekisten, mitnehmen; diese Kisten hatten oft die Größe eines kleinen Möbelwagens. Zur Erfassung und Verwaltung der jüdischen Vermögen – ich glaube hauptsächlich der Liegenschaften – wurden in der Folgezeit sogenannte „Verwaltungs- und Verrechnungsstellen" geschaffen. Diese arbeiteten haushälterisch genau und korrekt und wurden regelmäßig vom deutschen Reichsrechnungshof kontrolliert. So erklärt es sich auch, daß manche Juden sich gleich nach ihrer Ankunft im Einwanderungsland wirtschaftlich ausgezeichnet betätigen konnten. Der Reichsführer schaltete sich erstaunlich oft persönlich in die kleinsten Detailmaßnahmen auf dem Gebiet der Judenfrage ein, erteilte Weisungen und Befehle und stellte bezüglich der jüdischen Vermögen selber die strengen Verwaltungsprinzipien auf, die dann von den Juristen entsprechend ausgearbeitet wurden.

Die „Berechtigung" der wirtschaftlichen Maßnahmen gegen die Juden, die für uns damals gültig war, gibt zur gleichen Zeit eine umfassende Erklärung dafür, wieso überhaupt Maßnahmen gegen die Juden getroffen werden konnten. Auf Anhieb kann ich dazu in folgender Weise Stellung nehmen: Bei den Wirtschaftsmaßnahmen handelte es sich darum, den Gegner aus dem Wirtschaftsleben des deutschen Volkes auszuschalten. Der Jude hatte nicht nur einen enormen Anteil an der Wirtschaft seines Wirtsvolkes genommen, sondern auch Schlüsselstellungen besetzt, und zwar in einem Ausmaße, das nicht im Verhältnis zu seinem relativ kleinen Bevölkerungsanteil stand. Die kaufmännische Ausnützung des deutschen Volkes durch die Juden gerade in der schwersten Wirtschaftslage rief in zunehmendem Maße den Groll und Zorn des Wirtsvolkes hervor, so daß die NSDAP die Bekämpfung der Juden in ihr Parteiprogramm aufnahm und damit von vorneherein eine außerordentlich starke Resonanz innerhalb des deutschen Volkes bekam, weil eben gegen diese jüdische Wirtschaftsausnützung eine allgemeine Tendenz vorhanden war. Es ging nicht darum, ob zehn Juden mehr besaßen als hundert Deutsche, sondern darum, daß Juden mit ihrem außerordentlich scharfen Verstand für geschäftliche Angelegenheiten die Notzeit des deutschen Volkes nach Versailles ausgenutzt hatten. Hätte sich der Jude in jenen Jahren der Zurückhaltung befleißigt, hätte die NSDAP nie einen solchen Erfolg und Widerhall im deutschen Volk gefunden. Dieser Kampf gewann der NSDAP Stimmen, die sie sonst nie erhalten hätte.

Wird von dieser Warte her die Ausschaltung der Juden aus der deutschen Wirtschaft betrachtet, so ergibt sich spontan, daß viele Juden selbst die Schuld daran hatten. Sie haben sich das z. T. auch selber gesagt und sind nachher viel gescheiter geworden. Die Juden haben sich auch beklagt, daß sie zu büßen hätten für Rassegenossen, die selber dieses fürchterliche Dilemma heraufbeschworen hatten. Im besonderen schämten sich die assimilatorischen Juden ihrer eigenen Rassegenossen und machten einen großen Bogen, wenn sie einen frisch importierten Juden auch nur sahen; sie selber nannten sie „Schnorrer", mit denen sie nichts gemein haben wollten, weil sie sich durch sie blamiert fühlten. Die assimilatorischen Juden waren sich der Gefahr einer schamlosen Ausnützung bewußt und vermieden es, Schwierigkeiten aufkommen zu lassen.

Für die Verwaltung der jüdischen Vermögen war es Hauptabsicht des Reichsführers, im Rahmen der damals bestehenden Gesetze des Reiches oder der Protektoratsregierung die Vermögen der Juden sicherzustellen und sie so dem Zugriff Unberufener zu entziehen. Um diesen Vermögensverwaltungsstellen jeglichen privaten Charakter zu nehmen, ordnete der Reichsführer ihre Erhebung zur öffentlich-rechtlichen Körperschaft an. Sicherlich hatte er dafür das Einverständnis der sonstigen daran interessierten Zentralinstanzen. Über die Detailarbeit oder über die sicherlich sehr hohen Werte, die in diesen Verwaltungsstellen bearbeitet wurden, vermag ich nichts anzugeben; denn für diese Stellen zeichnete ich nicht verantwortlich. Wenn ich mich noch recht erinnere, war die Dienstaufsichtsbehörde der zuständige Befehlshaber und Chef der Sipo und des SD.

In Wien hatten die Juden im Augenblick, wo sie auswanderungsfertig waren, die Lifts bestellt und packten ihre Drei- oder Vierzimmerwohnungen hinein. Da gab es weiter nichts zu „erfassen" – außer „Geldwerten", für die aber nur der Oberfinanzpräsident in Zusammenarbeit mit den übrigen daran interessierten Stellen wie Wirtschaftsministerium, Devisenstellen usw. zuständig war. Aber in Prag war die Verwaltungs- und Verwertungsstelle notwendig; denn um jene Zeit konnten die auswandernden Juden nicht mehr alles frisch und fröhlich mitnehmen wie noch ein Jahr zuvor in Wien.

Einige Fachleute halfen mir bei der Gründung dieser Verwaltungs- und Verwertungsstelle, soweit es sich um das Buchhalterische handelte, während der gesetzgeberische Teil über den Kronjuristen des Befehlshabers der Sipo und des SD in Prag, einen älteren Oberregierungsrat namens Maurer aus Österreich, geleitet wurde. Auf dem Instanzenweg des Reichsprotektorats wurde nun alles für Böhmen und Mähren durchgepaukt, und nach einigen Wochen stand dieses Gebilde. Damit war meine Aufgabe erfüllt; denn ich war kein Kaufmann, und der weitere kaufmännische Lauf der Dinge gehörte nicht zu meinem Ressort. – Etwa zweimal im Jahr schickte der Reichsrechnungshof einen Revisor dorthin, der dann wochenlang hinter den Büchern hockte und der Dienstaufsichtsbehörde schließlich die Entlastung erteilte oder sie am Kragen packte, wenn irgendwelche Ausgaben gemacht worden waren, die er ablehnte. Es wurden Hunderte von Millionen Mark verwaltet, und jeder freute sich, wenn alles stimmte und keine Differenzen auftraten. Später wurde dann auch in Wien auf Anraten des Oberfinanzpräsidenten eine solche Verwaltungs- und Verwertungsstelle eingerichtet, aber der Höhepunkt der Auswanderung war schon vorbei. In Wien war die Aufsichtsbehörde der Inspekteur der Sipo und des SD. Sowohl der Befehlshaber der Sipo und des SD in Prag wie der Inspekteur der Sipo und des SD in Wien führten besondere Kontrollen durch. Sie hatten in den „Zentralen" hauptamtliche SS-Führer als Zivilangestellte; denn es waren keine direkten Staatsstellen, aber auch keine Privatstellen, sondern Stellen einer Körperschaft öffentlichen Rechts. Diese Zivilangestellten wurden wiederum von einigen hauptamtlichen SD-Angehörigen kontrolliert, wobei sie der unmittelbaren Kontrolle der Leiter der „Zentralen" in Prag und Wien, Sturmbannführer Gunther und Hauptsturmführer Brunner (49), unterstanden. Seinerseits hatte der Chef der Sipo und des SD nicht nur die Revisionen laut Reichsbestimmungen durchzuführen, weil es sich um öffentliche Körperschaften handelte, sondern außerdem war damit ein eigener Abteilungsleiter des Verwaltungshauptamtes des SD, Sturmbannführer Broecker, beauftragt, der die gesamten jährlichen Revisionen bei den Verwaltungsstellen in den SD-Oberabschnitten vornahm.

Persönliche Bereicherung durch jüdische Güter war m. E. ausgeschlossen. Wie die Kontrollmaßnahmen im Generalgouvernement gehandhabt wurden, weiß ich nicht, weil dort das Gestapo-Amt überhaupt nicht zuständig war. – Wohl kenne ich eine Geschichte, die an und für sich bezeichnend ist. Ein SS-Gruppenführer und Generalleutnant der Polizei (50) war in München Inspekteur der Sipo und des SD gewesen, bevor er in Krakau zum Befehlshaber der Sipo und des SD ernannt wurde. Eines Tages wurde er verhaftet, ebenso sein Fahrer und etliche andere Personen. Die Verhandlungen vor dem SS- und Polizeigericht ergaben, daß er sich für seine Frau eine Anzahl Pelze angeeignet hatte. Die Folge war, daß der General zum SS-Mann degradiert und an die Front geschickt wurde. Im Bewährungsbataillon Dirlewanger hat der Teufel ihn nicht haben wollen; ich sah ihn nach Jahr und Tag irgendwo als Hauptsturmführer wieder. Er wurde öfters befördert wegen „Tapferkeit vor dem Feind" und kletterte die ganze Leiter wieder herauf. Das war ein typisches Beispiel für die Bestrafung unrechtmäßiger Aneignung fremden Gutes. Bei meinen Leuten gab es so etwas nie, aber sicher traten noch mehr solcher Zwischenfälle ein, die schwer geahndet und bestraft wurden.

Aus der Arbeit in Prag

In Prag lief die Arbeit sehr schnell an; denn ich hatte dort das Glück, daß der Befehlshaber der Sipo und des SD der inzwischen auch nach Prag versetzte Dr. Stahlecker war. Während meiner Abwesenheit aus Wien wurde die Dienststelle von einem Bruder meines ständigen Vertreters Günther geführt. In Prag kam die Auswanderungsbewegung schnell in Fluß, und die Juden standen Schlange. Dr. Edelstein und Weiman wurden von mir als Leiter der jüdischen Organisation eingesetzt; auch die Leiter der Orthodoxie schaltete ich ein. In Prag konnten wir uns viel Mühe und Arbeit ersparen, weil wir in Wien die gesamte Entwicklungszeit durchgemacht hatten. Im gesamten böhmisch-mährischen Raum waren rund 100 000 Juden anwesend, die ich in Rekordzeit zur Auswanderung bringen wollte. Dr. Edelstein und die anderen Funktionäre hatten genau wie Löwenherz alle Möglichkeiten zu erschöpfen, um die Auswanderung zu fördern. Auch sie konnten sich weitgehend an die von Löwenherz gesammelten Erfahrungen anlehnen, die die Beschaffung von Einwanderungsgenehmigungen und allem damit Zusammenhängenden betrafen. Das Ganze war natürlich keine Deportation, sondern Auswanderung. Irgendwelche Drohungen gegenüber den jüdischen Leitern mit dem KZ, falls sie die Emigrationsquoten nicht erfüllten, gehören samt und sonders ins Reich der Phantasie, ebenso – wie mir jetzt angedeutet wird – die Version, daß die armen Juden von der jüdischen Kultusgemeinde zur Auswanderung gebracht wurden, während die reichen Juden gewöhnlich mit der Gestapo verhandelt hatten. Im Gegenteil: nicht nur in Böhmen und Mähren, sondern auch in Österreich und im Altreich war es mein Grundsatz, die reichen Juden die Finanzierung für die Abwanderung der armen Juden aufbringen zu lassen. Das schien mir nicht mehr als recht und billig, und damals rechneten die jüdischen Leiter es mir immer sehr hoch an, daß ich auf diese Weise – den Umständen entsprechend zwangsweise – den Juden soziales Verständnis und Zusammengehörigkeitsgefühl beigebracht habe; denn sie sagten mir, daß dies den Juden vorher unbekannt war. Ebensowenig habe ich je in meinem Leben einem einzigen Juden ein Visum gegeben, sondern es war der Auftrag der jüdischen Organisationen, diese Visen aufzutreiben. Nur versprach ich den jüdischen politischen Funktionären, daß ich ihnen, falls die Visa Geld kosten sollten, die Reichsmark entsprechend abwerten würde. An Hand meiner

Erfahrungen in Wien glaubte ich im Protektorat mindestens ebensoviel Juden zur Auswanderung bringen zu können. Im Grunde genommen war es in Prag leichter, weil ich ja die Erfahrungen der Kultusgemeinde in Wien nutzen konnte. Deshalb forderte ich öfters den Besuch von Dr. Löwenherz in Prag an, damit er den jüdischen Leitern dort seine Erfahrungen mitteilen konnte. Nachher ließ ich Löwenherz auch nach Berlin kommen. Im Grunde genommen war es ihm gar nicht so angenehm, die Früchte seiner Bemühungen und Erfahrungen überall hintragen zu müssen, und andererseits war es in Berlin z. B. Dr. Eppstein nicht so sehr recht, nun plötzlich Löwenherz als Ratgeber zulassen zu müssen. Ich habe mich damals sehr in diese Aufgabe der Auswanderung hineingekniet; daher kann ich es heute nicht so ohne weiteres zulassen, daß in der gegnerischen Darstellung dauernd Unrichtigkeiten und Lügen verbreitet werden. Deshalb empört es mich auch, wenn ich jetzt höre, ich habe Dr. Kaffka, einen jüdischen Funktionär in Prag, bedroht, „... daß ich dreihundert Juden aufgreifen würde, um sie nach Dachau und Merkelsgrün zu schicken..." – Dazu kann ich nur sagen, daß es wohl Suppengrün gibt, ich aber noch nie in meinem Leben von Merkelsgrün gehört habe. Als Dr. Kaffka mich auf Schwierigkeiten hinwies, derart, daß die Sperrung des jüdischen Vermögens eine Massenauswanderung unmöglich mache, habe ich wie immer alles Erdenkliche getan, um die Sperren irgendwie aufzulockern und sonstige finanzielle Voraussetzungen für das jüdische organisatorische Leben zu schaffen; damit sollte – wie ich hier wiederholen möchte – erstens der Kriminalität ein Riegel vorgeschoben, zweitens der eigene Verwaltungsapparat finanziert, drittens die Auswanderung finanziell sichergestellt werden. Die Juden straßenweise zu erfassen und zur Auswanderung zu bringen, war eine Sache der jüdischen Verwaltung, die von mir aus immer die größte Freizügigkeit gehabt hat. Damals handelte es sich keineswegs um Deportationen, die noch nicht einmal zu ahnen waren, sondern um die forcierte Auswanderung. – In Zusammenarbeit mit den jüdischen Leitern ließ ich die Juden aus dem Hinterland nach Prag bringen und so das durch die inzwischen zur Auswanderung gelangten Juden entstandene Vakuum wieder auffüllen. Wenn z. B. vorher in Prag 50 000 Juden waren und 20 000 auswanderten, dann hatte ich Platz für 20 000 Juden aus den Provinzen, die auf diese Weise nach und nach judenfrei wurden.

In Prag hatten sowohl die Juden wie ich den großen Vorteil, daß sie dort zentral unter der Kontrolle der jüdischen Funktionäre standen; diese genossen mein uneingeschränktes Vertrauen. Die Juden wurden auf diese Weise finanziell betreut, fielen der Kriminalität nicht so leicht anheim und gerieten in das Fluidum der Auswandungspsychose. Viele schrieben aus Prag an ihre Bekannten und Verwandten im Ausland und wanderten nicht über ihre Organisation, sondern auf eigene Faust aus. Im Hinterland hatten sie vielleicht viele tschechische Freunde und wären nicht so schnell auf Auswanderungsideen gekommen.

Der gegnerischen Nachkriegsliteratur verdanke ich die Kenntnis des Umstandes, daß im Oktober 1938 – fast ein Jahr vor dem Krieg – die polnische Regierung eine sehr scharfe Bestimmung erließ, wonach etwa 60 000 Juden polnischer Staatsangehörigkeit in Deutschland staatenlos werden würden, wenn sie nicht vor Monatsende einen nur in Polen erhältlichen Sonderstempel in ihre Pässe bekämen (52). Diese Maßnahme der polnischen Regierung konnte mir damals nicht bekannt sein, weil ich im Jahre 1938 nicht exekutiv tätig war, sondern um jene Zeit die „Zentrale für jüdische Auswanderung" in Wien leitete. Daher vermag ich weder Einzelheiten zu geben noch mich an irgend etwas zu entsinnen, wobei ich nicht behaupten will, daß ich später nichts davon gehört habe. Jedenfalls beweist diese Maßnahme der polnischen Regierung, wie auch lange vor dem Krieg in den sogenannten demokratischen Ländern Maßnahmen gegen die Juden ergriffen wurden.

Schwierigkeiten für die Auswanderung der Juden

Wenn behauptet wird, daß die Aufnahme der jüdischen Auswanderer im Ausland deshalb nicht erfolgte, weil ihre Papiere gefälscht oder nicht vollständig gewesen seien, so entspricht dies keineswegs der Wahrheit. Die auswandernden Juden bekamen ordnungsgemäße Reisepässe, wie sie einem jeden von uns ausgestellt worden wären. Nur hatten diese Pässe auf der ersten Seite ein ziemlich großes „J". Das war durch eine Paßvorschriftsverordnung geregelt, so daß sie eine gesetzliche Grundlage hatte. Die Beifügung des „J" entsprach einer Schweizer Anregung, die auf dem normalen Weg über die diplomatische Vertretung an das Auswärtige Amt herangetragen wurde und womit die Polizei als solche ursächlich gar nichts zu tun hatte. Daß der Schweizer Initiator dieses Vorschlages, Dr. Rothmund, irgendein höherer Polizeichef gewesen sein soll, war mir bis heute nicht bekannt. Der Auswanderungstrieb unter den Juden war teilweise so stark, daß viele illegal über die Grenze gingen – und in dieser Hinsicht wurden dem Auswärtigen Amt von den verschiedenen ausländischen Vertretungen in Berlin Schwierigkeiten gemacht, weil Anfragen einliefen und Nachforschungen angestellt werden mußten.

Weil aus der mir geschilderten gegnerischen Literatur hervorgeht, daß vollkommene Unklarheit bezüglich meiner Zuständigkeit und der meiner Dienststelle herrscht und andererseits die Abhängigkeitsverhältnisse zwischen den einzelnen Dienststellen zumindest bis zur Gründung der RSHA den Außenstehenden unklar erscheinen mußten, will ich hier versuchen, diese Verhältnisse für meine Wiener und Prager Zeit zu schildern:

Weder in Wien noch in Prag gehörte ich zu einem Hauptamt, das mit Exekutiv-Vollmacht ausgestattet war, sondern zum Amt VII. Die „Zentralstelle" in Wien unterstand direkt meiner Leitung, und zwar hatte ich als Referent des Inspekteurs der Sipo und des SD auf meinen Vorschlag hin den Befehl bekommen, eine „Zentralstelle für jüdische Auswanderung" zu schaffen. Der Inspekteur der Sipo und des SD seinerseits hatte sich zuvor die Ermächtigung vom Reichskommissar der Wiedervereinigung Österreichs mit dem Deutschen Reich eingeholt. Von diesem hatte er einen Ermächtigungserlaß bekommen, obwohl die Staatspolizei-Leitstelle in Wien von Rechts wegen zuständig gewesen wäre. Dienstbehörde der „Zentralstelle" war im Auftrage des Reichskommissars der Inspekteur der Sipo und des SD, Dr. Stahlecker. Ich war der unmittelbare Vorgesetzte der jüdischen Kultusgemeinde in Wien, aber als Dienststellenleiter der „Zentrale für jüdische Auswanderung" war ich nicht zuständig für Exekutiv-Maßnahmen. So stand mir um jene Zeit nicht zu, etwa einen Juden in Schutzhaft zu nehmen; denn ich hatte keinerlei Exekutiv-Vollmacht. Als ich nach Wien versetzt wurde, wurde ich als Judensachbearbeiter und Referent des SD-Oberabschnitts Wien vom SD-Oberabschnitt Donau besoldet. Ich behielt meine Referenten-Eigenschaft im SDHA bei, obwohl ich dort nicht mehr arbeitete; denn meine Aufgabe im SD lag ja nun erschöpfend in der „Zentralstelle für jüdische Auswanderung". Bei dieser war ich also Dienststellenleiter für den Reichskommissar der Wiedervereinigung, aber gleichzeitig noch Referent des SD-Oberabschnitts Donau. Diese Personalunion dauerte nicht lange; im SD-Oberabschnitt Wien wurde der damalige Obersturmführer Germann Sachbearbeiter für Judenfragen, weil ich dazu keine Zeit mehr hatte. Als Dienststellenleiter und als Referent hatte ich in allen administrativen Dingen, soweit sie die Auswanderung fördern konnten, eine unbeschränkte Vollmacht, die mir auch von der Staatspolizei-Leitstelle in Wien in keiner Weise beschnitten werden durfte. Der Inspekteur der Sipo und des SD hatte die Staatspolizei-Leitstelle mit der einschlägigen Weisung versehen, daß sie mir keine Anordnungen erteilen dürfe und daß, bevor staatspolizeiliche Maßnahmen gegenüber den Agenten der Kultusgemeinde oder sonstigen Juden erfolgen konnten, die etwas mit Auswanderung zu tun hatten, erst meine Unbedenklichkeitserklärung eingeholt werden mußte. Sämtliche Einzelmaßnahmen staatspolizeilicher Natur in Österreich lagen vollständig im Bereich der Staatspolizei, und dort hatte ich wiederum keine Einspruchsmöglichkeit. In der Praxis jedoch setzte ich mich mit dem zuständigen Beamten der staatspolizeilichen Leitstelle in Wien, Dr. Ebener, ins Benehmen, wenn ich irgendwelche Wünsche hatte. Die „Zentrale für jüdische Auswanderung" in Wien war also eine dem Inspekteur der Sipo und des SD nachgeordnete Dienststelle. Allerdings konnte auch der Reichskommissar für die Wiedervereinigung maßgeblich mitsprechen; denn in der „Zentrale" waren nicht nur dem Inspekteur der Sipo und des SD unterstelltes Personen anwesend, sondern auch die Beamten der jüdischen Kultusgemeinde, Beamte der Gestapo, des Wirtschaftsministeriums, der Devisenstelle, des Finanzministeriums, die alle nebeneinander und mit den jüdischen Beamten ihren Dienst versahen. Als Dr. Stahlecker dieses Amt inspizierte, begrüßte er die jüdischen Beamten genauso mit Handschlag wie die deutschen, und auch Heydrich erwiderte bei seiner Inspektion selbstverständlich den Gruß, nur sagte er „Guten Morgen", nicht „Heil Hitler" zu den jüdischen Beamten. Weil hier so viele Beamte saßen, die weder mit dem SD noch mit der Staatspolizei personell oder sachlich zu tun hatten, hatte die Dienststelle des Kommissars für die Wiedervereinigung ein gewisses Aufsichtsrecht.

In Prag erreichte der nach dort versetzte Inspekteur der Sipo und des SD Wien, Dr. Stahlecker, daß ich vom SD-Oberabschnitt Donau zum Befehlshaber der Sipo und des SD nach Prag versetzt wurde; ich war also in Prag unmittelbar dem Befehlshaber der Sipo und des SD unterstellt. Von ihm bekam ich den Auftrag, nach dem Wiener Muster eine jüdische „Zentralstelle" aufzuziehen; er selbst erhielt die notwendigen Vollmachten durch den Reichsprotektor. Dieser unterschrieb seinen Befehl in einem einfachen Verfahren und legte ihn dem Befehlshaber der Sipo und des SD vor. Später wurde das alles noch einfacher, weil Heydrich stellvertretender Reichsprotektor wurde. Der Reichsprotektor seinerseits gab der Protektoratsregierung eine Mitteilung oder Weisung, sie habe der „Zentrale" entsprechendes Beamtenpersonal zur Verfügung zu stellen, um auch in Prag innerhalb der „Zentrale" über ein laufendes Band für alle Formalitäten der Auswanderung zu verfügen. Personell und aufsichtsmäßig unterstand ich dem Befehlshaber der Sipo und des SD in Prag, hatte aber mit keinem SD-Oberabschnitt oder ähnlichem zu tun. Wie in Wien die Dienststelle des Reichskommissars zur Wiedervereinigung, hatte im Protektorat die Dienststelle des Reichsprotektors ein Einspruchsrecht. Hiervon wurde aber nicht Gebrauch gemacht; als später Heydrich zum Stellvertretenden Reichsprotektor ernannt wurde, war er sowieso mein Chef, von dem ich Befehle entgegenzunehmen hatte. Heydrichs Befehle waren ohne Verzug durchzuführen, während die mir vom Reichsprotektor von Neurath gegebenen Befehle erst durchgeführt werden konnten, wenn ich dazu von meinem Vorgesetzten die Genehmigung erhalten hatte.

Die Bearbeitung dieser Fälle nahm einen solchen Umfang an, daß ich innerhalb der „Zentralstelle" dafür eine besondere Abteilung schaffen mußte. Die zahlenmäßige Zusammenfassung der durch die „Zentralstellen" in Wien und Prag zur Auswanderung gelangenden Juden ist mir sehr scharf im Gedächtnis geblieben. Seit der Gründung der „Zentralstelle Wien" wanderten in weniger als einem Jahr 100 000 Juden aus. Im Sommer 1938 lief die Arbeit der „Zentralstelle" erst richtig an, aber trotzdem erreichten wir im Frühling 1939 die ersten 100 000 Auswanderer. Die Auswanderung wurde bis nach Kriegsanfang mit der Sowjetunion im Sommer 1941 fortgesetzt; es kamen auf diese Art über 200 000 Juden zur Auswanderung. Aus Prag wanderten weit über 100 000 aus, obwohl wenige Monate nach der Gründung der „Zentrale Prag" der Krieg ausbrach. Ganz genau entsinne ich mich der Zahl von 94 000, wobei natürlich zu bedenken ist, daß vor dem Einmarsch in die Tschechoslowakei dorthin eine gewisse Anzahl Juden aus Deutschland und Österreich normal und über die grüne Grenze flüchteten, die z. T. oder gänzlich in der gesamten Auswanderungsziffer inbegriffen sind. Nach Heydrichs Besuch in Wien bekam ich durch Fernschreiben von ihm Befehl, mich mit meinem ständigen Vertreter in Berlin zu melden. Inzwischen war das Reichssicherheitshauptamt gegründet als Zusammenfassung von Sicherheitsdienst, Staatspolizei und Kriminalpolizei.

Statt unseres bisherigen Ärmelstreifens „SDHA" bekamen wir einen neuen mit „RSHA". Zu diesem Zeitpunkt waren also parteilicher und Staats-Sektor im SD verschmolzen mit dem Reichssicherheits-Hauptamt. Daher lauteten die Briefköpfe „Reichssicherheits-Hauptamt, Der Chef der Sipo und des SD". Ich weiß nicht, wie der Haushalt gegliedert war und inwieweit der Staat dem Parteisäckel Zuschüsse gab – oder umgekehrt. Ich habe nie etwas damit zu tun gehabt; es erscheint mir auch ohne Bedeutung. Jedenfalls weiß ich noch, daß bis 1945 der Reichsschatzmeister der Partei Schwarz ein Wort mitzusprechen hatte. Ebenfalls kann ich bezeugen, daß das Verhältnis zwischen dem Reichsführer und dem Reichsleiter Bormann (53) stets ausgezeichnet war. Bormann war der Chef von Schwarz und nach dem Englandflug von Rudolf Heß (54), Chef der Parteikanzlei, in der Partei erster Mann nach Hitler. Die Briefe, die ich für meine Vorgesetzten an Bormann zu schreiben hatte, waren ohne jede Unterwürfigkeit stets in einem liebenswürdigen und kameradschaftlichen Ton gehalten.

Als wir damals in Berlin ankamen, teilte uns der Amtschef von Amt IV der Geheimen Staatspolizei, Gruppenführer Müller, mit, daß ich nach Berlin auf seine Dienststelle versetzt werden sollte. Ich hatte meine Bedenken wegen der „Zentralstelle" in Prag; außerdem waren weder mein ständiger Vertreter noch ich darauf erpicht, in die Exekutive hineinzugeraten. Wir waren auf den SD ausgerichtet und hatten darin unsere Erfahrungen, während die Aufgabe in der Exekutive vollkommen neu für uns war. Ich konnte nach Prag zurückfahren, und wir dachten schon gewonnen zu haben, doch einige Wochen später kam ein Fernschreiben, daß wir uns zur Dienstleistung in Berlin zu melden hätten. Ich ging zusammen mit dem Gestapo-Amtschef Müller zu Heydrich. Heydrich teilte mir mit, daß ich meine Arbeit fortan als Dezernent unter Gruppenführer Müller im Dezernat IV B 4 auszuführen habe und außerdem in Zusammenarbeit mit der „Reichsvereinigung für Juden" nunmehr nach dem Muster von Wien und Prag auch in Berlin eine „Zentralstelle für jüdische Auswanderung" errichten müsse. In Berlin jedoch funktionierte die „Zentralstelle" nicht recht.

Obwohl ich Dr. Eppstein zum Leiter der Zentralstelle gemacht hatte und dieser vorzügliche Jurist mit einigen geradezu preußischen Merkmalen eine wertvolle Persönlichkeit war, mußte ich doch feststellen, daß mir in Wien und Prag in bürokratischer Hinsicht Dinge gelungen waren, die sich in Berlin als unmöglich herausstellten. Zentralinstanzen wie Reichsbank, Wirtschaftsministerium, Finanzministerium usw. verweigerten mir lange Zeit die Zentralisierung ihrer Zuständigkeit innerhalb der „Zentrale". Andererseits konnte auch die raffinierteste Dunkelarbeit im Ausland keine Aufnahmemöglichkeiten mehr erschließen. Die Länder sperrten ihre Grenzen mehr und mehr; statt die Vorzeige-Gelder zu ermäßigen, erhöhte sie das Ausland und machte Schwierigkeiten, wo es nur ging. – Nach dem Kriegsausbruch wurde dann vom Reichsführer ein allgemeines Ausreiseverbot verhängt. Dazu hat zweifelsohne das ganze Benehmen und die Agitation der Juden auf internationaler Ebene bedeutend beigetragen. Es steht aber auch fest, daß der Reichsführer das Ausreiseverbot nur im Einverständnis mit Hitler herausgeben konnte; denn Himmler konnte nicht so ohne weiteres den Befehl von Göring umgehen, der die forcierte Auswanderung angeordnet hatte.

Als Judenreferent bei der Gestapo

Als ich 1940 erstmalig in das Gestapo-Amt versetzt wurde und die Judenfrage als Aufgabe übertragen bekam, habe ich diese Materie selbstverständlich nicht wie ein Roboter behandelt, sondern mich im Gegenteil darüber gefreut; es fesselte mich, diese Angelegenheit bearbeiten zu dürfen, zumal ich unter einem Chef wie Heydrich weitestgehend Gelegenheit bekam, mich mit religionswissenschaftlichen Dingen zu beschäftigen. Zwei Jahre lang konnte ich dieses Studium betreiben; mein Chef schickte mich zur Vervollkommnung meiner Kenntnisse sogar in den Nahen Osten, und ich war so begeistert, daß ich sogar Hebräisch lernte..., wenn auch schlecht. Aber ich konnte jedenfalls sämtliche jiddischen Zeitungen mühelos lesen.

Es war für mich ungemein reizvoll, an der Lösung eines Problems mithelfen zu können, das sowohl mein eigenes Volk als auch die Juden selber bedrückte. Ich ging derartig in meiner Arbeit auf, daß ich, meiner ganzen Veranlagung als Nationalist entsprechend, eigenen Kameraden und führenden Juden gegenüber wiederholt betonte, ich wäre der begeistertste Zionist, den man sich vorstellen kann, wenn ich Jude wäre. – Deshalb empört es mich, wenn geschrieben wird, daß ich z. B. in Polen Massenerschießungen durchgeführt hätte; denn **ich habe weder in Polen noch irgendwoanders in Europa die Erschießung auch nur eines einzigen Juden durchgeführt oder veranlaßt.** Wiederholt betonte ich, daß meine Aufgabe nur darin bestand, polizeilich jene Kreise zu erfassen, die als „Gegner" bezeichnet wurden, nachdem sie durch ihren Sprecher Dr. Chaim Weizmann (55) über Radio London dem deutschen Volk den Krieg erklärt hatten. –

In meiner Funktion als Dezernent im Amt IV der Gestapo in Berlin bekam ich ein **viel breiteres Aufgabenfeld.** Während ich bis dahin noch nie mit legislativer Tätigkeit oder Durchführungsverordnungen beschäftigt war, ergab sich jetzt auf dem Wege des bürokratischen Umlaufes, daß neue Durchführungsverordnungen, von irgendwelchen Zentralinstanzen geboren, an meine Dienststelle gelangten. Meistens kamen sie zuerst zu „Recht und Verwaltung" und von dort zu mir; ich mußte meine Kenntnisnahme signieren. Das war meine ganze Beteiligung an diesen Angelegenheiten. Um 1940 herum war aufgrund der verschiedenen Gesetze, Verordnungen und Erlasse das große Reinemachen in den Einzelfällen der Gesetzgebung bezüglich der Juden bereits erledigt; es handelte sich nur noch um vereinzelte Meldungen der Stapo- und Stapoleitstellen. – Praktisch war der Lauf der Dinge dann etwa folgender: eine Stapo- oder Stapoleitstelle teilte z. B. mit, daß bei dem Juden X ein deutsches Dienstmädchen eingestellt sei, obwohl in der betreffenden jüdischen Familie ein Junge von über achtzehn Jahren vorhanden war. Dann wurde der Jude gemäß dem Gesetz „Zum Schutz des deutschen Blutes und der deutschen Ehre" verhaftet. Es wurde Weisung erbeten, ob er laut Erlaß des Reichsführers in ein KZ überführt werden sollte. In meiner Dienststelle bekam das dann entweder der Regierungsamtmann oder der Polizeioberinspektor, je nachdem, welchen Anfangsbuchstaben der Jude hatte. Dann wurde nachgesehen, welche Verordnung für einen solchen Fall vorlag, und demnach beschlossen. Darauf wurde die betreffende Anweisung an die zuständige Stapo-Leitstelle mit etwa folgendem Wortlaut gegeben: „Auf das in Bezug angeführte Schreiben wird mitgeteilt, daß der Jude X gemäß dem Erlaß des Reichsführers Nr. ... gemäß dem Gesetz ... in das KZ ... einzuweisen ist." Der Haftbefehl wurde dann außerdem dem Schutzhaft-Dezernat zur Kenntnisnahme oder Vorlage zwecks Überprüfung übersandt. Alle drei Monate konnte der Fall überprüft werden. Mit Verordnungen über Anmeldepflicht der jüdischen Vermögen oder Kennkartenzwang habe ich nicht zu tun gehabt, weil sie bereits vor meiner Zeit erfolgten.

Erinnerlich ist mir die Verordnung über die Durchführung von Veränderungen in jüdischen Familien- und Vornamen, weil sie mir damals im Amt VII vom SDHA vorgelegt wurde. Ich weiß nicht, wer die Namenslisten aufgestellt hat, aber ich habe mich damals über die recht erschöpfende Auswahl der Namen, die zum Teil aus der ältesten Zeit der jüdischen Könige herausgekramt wurden, sehr gewundert. Ich nehme an, daß bei dieser Namensaufstellung die Kanzleistelle des Führers beteiligt war. Ebenso wird sich Streicher bemüht und beeilt haben, Namen nach Berlin zu melden, und zweifelsohne werden auch die jüdischen Vereinigungen aufgefordert worden sein, Namen zu nennen. Ich glaube mich dunkel entsinnen zu können, daß der Sturmbannführer Lischka, mein Vorgänger als Referent für Judenangelegenheiten in der Gestapo, mir diese Liste gezeigt hat. – Mit der jüdischen Sühneleistung (56) für den Mord an den deutschen Diplomaten von Rath sowie den sonstigen Folgen der „Reichskristallnacht" hatte ich nichts zu tun.

Die Anordnungen, daß Juden von der Teilnahme an Kino- und Theatervorstellungen und öffentlichen Konzerten ausgeschlossen wurden, hatte mit mir ebensowenig zu tun. Ich glaube, diese Anordnungen wurden vom Reichskulturwalter Hinckel in eigener Zuständigkeit erlassen. Hinckel persönlich lernte ich in der Zeit kennen, als ich die „Zentrale" in Wien führte. Er stellte sich immer als „Parteinumer 9" vor. Er hatte auch das Buch „Einer unter Hunderttausend" geschrieben. Er besichtigte die „Zentrale" ausführlich und war begeistert. Im Laufe der Zeit bekam ich ein außerordentlich herzliches Verhältnis zu ihm. Er war ein Mann, der auf seinem Gebiet „stur" war und außer Goebbels niemanden anerkannte. Er schätzte den Reichsführer und war ehrenhalber Gruppenführer. Ich glaube, er war der erste, der sich einen SS-Frack bauen ließ; damals in Wien hatte er in den Räumen der Burg den Filmball arrangiert, wozu ich dann auch eingeladen wurde. Gleich nach dem Filmball fuhr ich noch in der Nacht mit einigen slowakischen Offizieren nach einem Ort namens Engerau, wo um jene Zeit ein Revolutiönchen startete. Ich glaube, es war um die Zeit, als sich die Slowakei selbständig machte und den Staatsbereich der Tschechoslowakei verließ.

Zu der Tatsache, daß im März 1939 eine Verordnung zum Gesetz der Hitler-Jugend erlassen wurde, worin den Juden die Aufnahme in die HJ verboten, Mischlingen aber gestattet wurde, kann ich auf folgende Weise Stellung nehmen: Von uns wurde der Mischling umworben, denn der

Halbjude von heute ist der Vierteljude von morgen und der Deutschblütige von übermorgen. Die Mischlinge stellten eine stattliche Anzahl dar; wir konnten ja nicht die Interessen des deutschen Blutes wahren, indem einfach „das Kind mit dem Bade ausgeschüttet" wurde. Wir brauchten die Mischlinge, auch die Halbjuden, wenn sie nicht Juden im Sinne der Gesetzgebung waren, d. h. wenn sie nicht beschnitten waren und keiner jüdischen Religionsgemeinschaft angehörten. Selbstverständlich stießen Mischlinge bei der HJ manchen Parteigenossen vor den Kopf und erschienen ihnen untragbar. Wir hatten jedoch eine feste Norm, an die wir uns hielten. Außerdem gab es viele Mischlinge bei der Wehrmacht, auch verdiente Offiziere. Etwas gegen die Mischlinge zu unternehmen, wäre ein Stich ins Wespennest gewesen. –

Man stellt es jetzt nach dem Krieg gerne so hin, als ob die Gesetzgebung gegen die Juden von langer Hand vorbereitet wurde. Dem ist keinesfalls so, sondern sie kam im Gegenteil nach und nach, wie es sich eben ergab. Der Jude war von der gesetzesmäßigen Reichsregierung als Staatsfeind proklamiert. Die Regierung muß ihre Gründe dafür gehabt haben, daß sie bestrebt war, diesen Feind vordringlichst abzusondern. Nachdem dieser Befehl gegeben war, mußte er auch durchgeführt werden. Es war nicht unsere Aufgabe zu untersuchen, welche Gründe die Reichsregierung dafür hatte, in diesem Feind eine Bedrohung von Volk und Staat zu sehen. Als Polizei hatten wir lediglich entsprechend zu verfahren.

Die Verordnungen wurden oft über die „Reichsvereinigung für Juden" geleitet, so z. B. die Verordnung über die Benutzung öffentlicher Verkehrsmittel durch die Juden. Eine derartige Verordnung entstand üblicherweise dadurch, daß irgendwer etwa aus dem Verkehrsministerium auf die Überfüllung der öffentlichen Transportmittel hinwies und dann auf ministeriellem Wege seine Bemerkung darüber machte. Die Polizei als Dienstmädchen für alles mußte dann die „Reichsvereinigung" auffordern, sie möge diese Verordnung in ihrem Mitteilungsblatt veröffentlichen. Auch die Anordnung bezüglich Überweisung straffälliger Juden nach der Strafverbüßung ins KZ hatte mit meiner exekutiven Gegnerbehandlung an sich nichts zu tun. Diese Verordnung stellte ein rein formaljuristisches Abkommen dar zwischen dem Reichsjustizminister und dem Kronjuristen des Chefs der Sipo und des SD. Wenn so ein Erlaß herausgegeben war, richteten die Justizbehörden sich im gegebenen Falle nach ihm; weder mein Dezernat IV B 4 noch ein anderes Dezernat des RSHA brauchte eingeschaltet zu werden. Ob nun die in Frage kommenden Juden nach irgendeinem KZ überwiesen wurden, war nicht meine Sache; darüber machte ich mir gar keine Gedanken; denn ich hatte für meine Obliegenheiten zu sorgen. Weder für sämtliche Schandtaten noch für sämtliche

Wohltaten gegenüber den Juden war ich zuständig, sondern anfangs ausschließlich für die jüdische Auswanderung; erst später wurde ich dann über mein Dezernat nach und nach in Einzelfällen miteingeschaltet. Diese Fälle waren aber generell auf dem ministeriellen Wege, d. h. durch Gesetz, Erlaß und Verordnung geregelt, und damit fiel meine Zuständigkeit aus. Mir wurden diese Dinge lediglich zur Kenntnisnahme übermittelt.

Die Polizeiverordnung zur **Kennzeichnung der Juden** wurde im Herbst 1941 erlassen, zu einer Zeit, als ich schon Dezernent im Reichssicherheitshauptamt war. In dieser Angelegenheit wurde ich nicht einmal um Stellungnahme gebeten. Aus bürokratischen Erwägungen mußte ich als zuständiger Dezernent für Judenfragen innerhalb der Gestapo, die dem Chef der Deutschen Polizei und damit dem Innenministerium unterstand, zumindest mein Signum dazu geben. Eines Tages kam rollenweise auf mein Dezernat gelbes Tuch mit gestempelten Sternen, worauf das deutsche Wort „Jude" stand. Wer diese entwarf, weiß ich nicht, auch nicht, woher die Idee kam. Es kann die stellvertretende Kanzlei des Führers durch den Oberregierungsrat Dr. Reischauer oder das Propagandaministerium in Anlehnung an Stürmer-Methoden oder eine andere Stelle gewesen sein, die diese Idee geboren hat. Jedenfalls bekam ich die Rollen Tuch und mußte sie an die jüdischen Zentralorganisationen weitergeben. Die Initiative zum **Sterntragen** ging von einer höheren Stelle aus und wurde natürlich dem Ministerium des Innern mitgeteilt, das dann die Sipo um eine entsprechende Polizeiverordnung ersuchte. – Bei näherem Nachdenken erinnere ich mich jedoch, daß die Einführung des Judensterns vor allen Dingen psychologisch bedingt war. Es entspricht der deutschen Mentalität, sich immer dann eines andern anzunehmen, wenn er ihn bedrängt sieht. Der Staat wollte erreichen, daß der Deutsche sich zurückhielt, daß er sich gewissermaßen genierte, mit den Juden weiter zu sympathisieren und zu verkehren. Ich glaube mich daran erinnern zu können, daß die Initiative vom Propagandaministerium kam. Jedenfalls wieherte Streicher vor Vergnügen, und der „Stürmer" widmete dieser Angelegenheit eine ganze Ausgabe. Über die Version, daß Canaris den Judenstern suggeriert haben soll, gibt es viele beweiskräftige Hinweise. – Ich erinnere mich aber daran, daß ein jüdischer Rechtsanwalt in Wien mir sagte: „Herr Sturmbannführer, ich trage diesen Stern mit Stolz." Der Mann imponierte mir, er war ein Idealist; ich ließ ihn dann auch bald auswandern. Zu Dr. Löwenherz sagte ich: „Wenn ich je in einem Land sein sollte, wo der Deutsche verfemt ist und besonders gekennzeichnet wird, dann werde ich stolz sein, so etwas wie ‚Deutscher' tragen zu dürfen. Angepöbelt werdet ihr sicher nur von Dummköpfen. Aber sehen Sie zu, daß Sie die Auswanderungszahl steigern, organisieren Sie Devisen, und dann werden Sie, wenn Ihr Volk untergebracht ist, auch als Volk leben." –

Die Kontrolle der Kennzeichnungspflicht oblag der Ordnungspolizei, d. h. dem zuständigen Revierhauptmann, in Österreich dem zuständigen Kommissariat. Bei Verstößen wurde die Verhaftung auch von ihnen durchgeführt, d. h. in den Städten von den Revierhauptleuten und auf dem Land von den Landjägern.

Mit Dingen wie „Feststellung der Volks- und Staatsfeindlichkeit", „Aberkennung der deutschen Staatsangehörigkeit", „Beschlagnahme des Vermögens" und derartigen Angelegenheiten hatte ich innerhalb meines Referates IV B 4 (Unterteilung IV, B 4 a), geführt von Regierungsrat Suhr (57) und nach seinem Abgang von Regierungsrat Hünsche (58), etwas zu tun. Die Staatspolizei-Leitstelle X stellte nämlich an das Reichssicherheitshauptamt einen Antrag, gemäß einer Durchführungsverordnung für das Gesetz „zum Schutze von Volk und Staat" die Feststellung der Volks- und Staatsfeindlichkeit des Juden X durchzuführen. Geschah dies einmal, dann erfolgte die Aberkennung der deutschen Staatsangehörigkeit, und wenn alle Voraussetzungen stimmten, schloß sich automatisch die Beschlagnahme des Vermögens an. Der Betreffende konnte schon längst das KZ oder die Reichsgrenze verlassen haben oder aber, falls er noch im Reichsgebiet war, in den Gewahrsam der Polizei übergegangen sein. Die Staatspolizei-Leitstelle begründete nun im einzelnen, warum sie diesen Antrag auf Feststellung der Volks- und Staatsfeindlichkeit im Falle des Juden X stelle. In der Regel wurde diesem Antrag die Abschrift eines Vernehmungsbogens beigefügt, oder die Vernehmung wurde in einem Schreiben so gut wie vollinhaltlich wiedergegeben. Hier handelten juristische Sachbearbeiter, denen Rahmenpersonal zur Verfügung stand, und zwar immer ein Regierungsrat und ein Assessor. Diese routinemäßige Arbeit wurde schnell beendet. Dann wurde der Fall vom zuständigen Polizeioberinspektor innerhalb meines Referats auf Grundlage der dienstlichen Akten bearbeitet. Diese wurden dem Assessor oder dem Regierungsrat vorgelegt. Die Feststellungen der „Volks- und Staatsfeindlichkeit" wurden gesammelt und alle vierzehn Tage herausgegeben. Die Listen liefen über mich und wurden dem Amtschef IV mit der Bitte um Abzeichnung zugeleitet. Dann traten sie ihren Dienstweg zur Staatsdruckerei an und kamen, dem Gesetz entsprechend, im „Reichsanzeiger" heraus. Gleichzeitig ging ein Schreiben an den Reichsfinanzminister mit dem Ersuchen, daß der hierfür zuständige Oberfinanzpräsident die Einziehung des beschlagnahmten Vermögens in die Wege leiten möge. Zur selben Zeit ging ein Schreiben an das Auswärtige Amt mit dem regelmäßigen Ersuchen, die Paßausstellungsbehörden des In- und Auslandes darauf hinzuweisen, daß der Betreffende die deutsche Staatsangehörigkeit verloren habe, so daß ihm bei Vorsprache kein Reisepaß mehr ausgestellt werden dürfe, auch nicht sonstige Dokumente, aus denen seine ehemalige deutsche Staatsangehörigkeit zu ersehen sei. – Es war alles Routine; die Texte konnten immer wieder abgeschrieben werden, nur die Namen änderten sich, sonst nichts. –

IV B 4 befaßte sich nur mit der gesetzlichen, nie mit der materiellen Erfassung von jüdischem Besitz. Es wurde also festgestellt, daß das Vermögen des Juden Z infolge dieses oder jenes Deliktes laut Gesetz und Paragraph als verfallen zu betrachten sei. Die Erfassung der materiellen Güter wurde von dem zuständigen Oberfinanzpräsidenten durchgeführt. Er durfte das aber wiederum nur tun, wenn der exekutive Körper, in diesem Falle IV B 4, die Werte für das Reich „beschlagnahmt" hatte. Das war keine Beschlagnahme mit einem Möbelwagen, sondern nur eine Formalbeschlagnahme; denn die effektive Beschlagnahme war Aufgabe des Oberfinanzpräsidenten; wie er das machte, war seine Sache. – Es konnte aber vorkommen, daß in Zweifelsfällen die örtliche Staatspolizei-Stelle irgendeine Schatzkammer oder dergleichen versiegelt hatte, um die Werte somit sicherzustellen. Das Objekt konnte versiegelt werden in der Erkenntnis, daß es bereits beschlagnahmt war. War es beschlagnahmt, dann hatte die Sipo nichts mehr damit zu tun, sondern das Finanzministerium. Mit Ausnahme der sachlich zu bearbeitenden, wissenschaftlich wichtigen Unterlagen oder etwaigen Archivmaterials konnte sich die Staatspolizei nichts einverleiben. Das war also das Sachgebiet IV B 4a.

Nach dieser Schilderung des verwaltungstechnischen Vorganges soll nunmehr erläutert werden, in welcher Form der „Außendienst" derartiges an das Amt herantrug. Nur muß ich feststellen, daß der **Führererlaß über die eingezogenen Werte von Reichsfeinden** mich praktisch überraschte, weil ich keineswegs an der Ausarbeitung beteiligt war. Natürlich konnten wir in Berlin nicht feststellen, wer sich in München, Stuttgart oder sonstwo staatsfeindlicher Umtriebe schuldig gemacht hatte. Das war Sache der zuständigen Stapo- und Stapoleitstellen, zweifellos in Zusammenarbeit mit dem SD und dem SD-Oberabschnitt. Sie stellten fest, daß die Notverordnung des Reichspräsidenten „zum Schutze des Staates" und die verschiedenen Durchführungsbestimmungen mit den zusätzlichen Gesetzen auf eine bestimmte Person ihres Dienstbereiches in Anwendung zu bringen sei. Daraufhin legten sie eine umfassende Akte an; wenn der Mann noch im Reichsgebiet war – ein seltener Fall –, wurde er vorgeladen; wenn nicht, wurden alle Erörterungen in die Wege geleitet, um Beweiskraft zu erlangen. Das alles ging im Extrakt nach Berlin, mit dem Ersuchen um Aberkennung der deutschen Staatsangehörigkeit wegen „Volks- und Staatsfeindlichkeit" und mit der Bitte um Einziehung des Vermögens durch den Obersten Finanzpräsidenten. Wir im Dezernat IV B 4 hatten personelle Dinge nicht zu überprüfen; dafür war als letzte Instanz die Stapo- oder die Stapoleit zuständig; es sei denn, es wäre dagegen Berufung eingelegt worden. In meinem Dezernat wurde lediglich festgestellt, ob in dem betreffenden Fall die gesetzliche Grundlage vorhanden war. Die Person interessierte in der Zentralinstanz nicht, nur die Sache. Die Veröffentlichungen im „Reichsanzeiger" trugen in allen Fällen das Aktenzeichen IV B 4 meines Dezernates.

Erlasse, Verordnungen, Gesetze und ähnliches, die Juden betreffen, sind sehr oft auf die Initiative einzelner Polizeistellen, Parteistellen oder Verwaltungsstellen zurückzuführen. Sie bestätigen, daß in der Judenfrage keine zentrale Steuerung vorhanden war. Auch wenn niemand heute zu glauben vermag, daß die Judenangelegenheit nicht zentral gesteuert wurde, muß ich trotzdem feststellen, daß es keine Zentralsteuerung gab. Natürlich hat sich die Nachkriegsliteratur darum bemüht, bei jedem das Bild von einem obersten „Judenpapst" zu erwecken, der alles an seiner Strippe hatte und alles mit einschlägigen Unterlagen versorgte, mit Verordnungen und Befehlen, die er sich vielleicht gerade noch von seinem unmittelbaren Vorgesetzten einholte, während er alles übrige zentral leitete wie eine Spinne im Netz. Und diese Spinne sollte dann natürlich ich sein. – Dieser Glaube ist weit verbreitet; denn das glaubt das deutsche Volk, das glaubt der ehemalige Soldat, und das glaubt der ehemalige Beamte, der Gegner glaubt es und auch die Welt.

Vom Verwaltungs-Durcheinander in der Judenpolitik

Genauso wie die Mehrzahl der Leute, die sich mit dem Judenproblem auseinandersetzen, fest daran glaubten, daß das internationale Judentum mindestens ebenso straff geleitet wird wie die Judenpolitik im Dritten Reich und daß auch das internationale Judentum zentral gelenkt und dirigiert wird von einer Stelle, die auch wie eine Spinne im Netz sitzt. Die eine „Spinne" ist ein ebenso großer Unsinn wie die andere „Spinne". –

Im Dritten Reich erließ jede Zentralinstanz irgendeine „Judenverordnung" für sich. Das ging manchmal sehr weit: Wenn Adolf Hitler wieder eine Rede gehalten hatte, worin er, wie überhaupt immer seit 1939, das Judentum als verantwortlich für den Weltkrieg anprangerte und deshalb mit Sanktionen bedrohte, dann war prompt eine Woche später festzustellen, daß irgendwelche Zentralinstanzen oder Parteibehörden wieder eine neue Zusatzverordnung gegen die Juden erließen.

Schon vorher erwähnte ich, daß die Reichsbürgergesetze im Jahre 1935 erlassen wurden, es aber trotzdem noch Jahre später irgend jemandem einfallen konnte: ‚Halt, hier haben wir ja vergessen, gesetzlich festzulegen, daß den Juden der Zutritt zur Hitlerjugend verboten ist' oder etwas Ähnliches. Und so wurde eben Jahre später eine neue Durchführungsverordnung zu den Nürnberger Gesetzen erlassen. So war es überall. Zwei oder drei Minister besprachen sich miteinander oder ein Minster mit einem Gauleiter oder irgendein Reichsleiter mit einem andern Reichsbeauftragten, wobei sie im Laufe des Gespräches darauf kamen, daß man die Juden noch aus diesem oder jenem Sektor ausschalten müsse, oder aber, daß diese oder jene Judensache eigentlich unter den Zuständigkeitsbereich des Betreffenden einzureihen sei ... Das wurde dann bei einem Gläschen Cognac besprochen und festgelegt; dann folgte ein Briefwechsel, worin diese Abmachung bestätigt wurde. Die entsprechenden Zentralinstanzen gaben schließlich einen Erlaß heraus, der für die nachgeordneten Stellen festlegte, daß in diesem Falle auf diese und jene Weise zu verfahren sei. Ein typisches Beispiel dafür war die Abmachung zwischen dem Reichsführer und dem Reichsjustizminister, daß die Übergabe der Juden aus dem Strafvollzug in den Gewahrsam der KZs unter dem VWHA zu erfolgen habe. Genau wie auf dem Sektor der Legislatur Gesetze, Verordnungen, Erlasse meist auf die geschilderte dezentralisierte Weise zustande kamen, so bestand eine ähnliche Dezentralisierung in der exekutiven Arbeit. Ein wirklicher Sachkenner wird nie behaupten können, daß die Gestapo, Gruppenführer Müller oder gar ich die Judenfrage zentral in den Händen hatten. – Wie wäre es sonst möglich gewesen, daß ich dafür in den besetzten sowjetischen Gebieten, im Generalgouvernement, in Litauen, in Estland usw. niemals zuständig war und von Amts wegen nichts damit zu tun hatte? Mit den exekutiven Vorgängen hatte ich sogar in Ungarn nichts zu tun und auch nicht in den verschiedenen anderen Ländern, weil diese jeweils von örtlichen, in Ungarn also von ungarischen Exekutivkräften besorgt wurden. –

Ich verstehe, daß es schwer zu glauben ist, aber es gibt dafür eine Anzahl Beweise und Indizien: sogar das Reichssicherheitshauptamt war in der Judenfrage nicht immer die federführende Stelle. – Wir waren wohl „das Mädchen für alles". Wo uns aufgrund einer Anordnung, einer Weisung oder eines Befehles sehr hoher Vorgesetzter die Judenangelegenheit aus den Händen genommen wurde, hatten wir eben zu sehen, wie wir damit fertig wurden. – Natürlich soll das nicht heißen, daß im Generalgouvernement und in den besetzten sowjetischen Gebieten die Kräfte der Sipo und des SD bei der Lösung der Judenfrage überhaupt nicht eingesetzt waren – auch andere Formationen hatten gelegentlich damit zu tun. Aber das Reichssicherheitshauptamt und sein Dezernat IV B 4 hatte in jenen Gebieten damit nichts zu schaffen. Dort wurden vom Reichsführer andere, örtliche oder höhere Kommandos eingesetzt und erhielten von ihm direkte Befehle ohne Berichterstattungspflicht an das Reichssicherheitshauptamt oder an IV B 4. – Natürlich haben die Höheren SS- und Polizeiführer an den Reichsführer berichtet; er hat seinerseits gelegentlich den Chef der Sicherheitspolizei unterrichtet, wodurch ich Aktenkenntnis von verschiedenen Dingen bekam, aber beeinflussen konnte ich sie nie. – Diese örtlichen Höheren Kommandos wurden auch keineswegs vom RSHA mit Richtlinien versorgt; sie bekamen diese in Form von direkten Befehlen des Reichsführers.

Als Referent IV B 4 habe ich nie einen Befehl geben dürfen! Das hätte den Grundsätzen einer polizeilichen Zentralinstanz widersprochen. Ich durfte nur die örtlichen Dienststellen der Gestapo mit „Weisungen" versehen, aber nie mit Befehlen; denn einem Beamten kann man nicht „befehlen", man kann nur anordnen oder anweisen. – Die Einsatzkommandos in den besetzten sowjetischen Gebieten hatten militärischen Charakter; sie hatten Befehle entgegenzunehmen. Im Generalgouvernement war es ein Zwischending.

Vor allen Dingen nach dem Krieg ist auf alle mögliche und unmögliche Weise versucht worden, aus mir die Zentralfigur der Judenangelegenheiten im Dritten Reich zu machen, einen mit sämtlichen Vollmachten und uneingeschränkter Befehlsgewalt ausstaffierten „Judenpapst". Im Grunde genommen wurde diese Idee schon vor dem Krieg lanciert. – Nun stimmt es, daß ich seit dem Jahre 1934 Judenangelegenheiten bearbeitete, zuerst im SD-Hauptamt und ab Herbst 1940 als Referatsleiter IV B 4.

Von 1935 bis 1945 habe ich zehn Jahre lang nicht nur im Altreich, sondern in Österreich, im Protektorat Böhmen und Mähren und in vielen Ländern, in denen wir damals unseren Einfluß geltend machten, Tausende von Besprechungen mit jüdischen und nichtjüdischen Stellen geführt. So wurde ich bekannt wie „ein bunter Hund", hatte mich um gewisse Details wie um grundsätzliche Angelegenheiten zu kümmern. Das Judentum hatte sich schlichtweg angewöhnt, in mir eine Zentralfigur zu sehen. Der Lehrer Wurm, der unter Streicher arbeitete, legte mir zu Kriegsbeginn eine ganze Sammlung ausländischer Gazetten auf den Schreibtisch, aus denen schon damals hervorging, daß Judenangelegenheiten im Reich – soweit es sich nicht um „Streicher-Geschichten" handelte – meine Sache waren; ich glaube, es war das „Pariser Tageblatt", das im Frühjahr 1939 auf der ersten Seite eine Story über mich brachte; darin war ich „der Zar der Juden". Da stand, daß ich nunmehr, nachdem ich im Altreich und in der Ostmark geschaltet und gewaltet hatte, auch in Böhmen und Mähren die Juden „jage". –

Hätten diese Pariser Schreiberlinge, statt zu hetzen, nur untersucht, wie gerade durch meine Tätigkeit in den „Zentralen" in Wien und Prag den Juden soviel Blut erhalten blieb, dann hätten sie den Artikel nie und nimmer geschrieben. Dieser Artikel war genauso stümperhaft wie ein x-beliebiger Artikel aus dem „Stürmer".

„Endlösung" in Form eines „Judenstaats" in Polen

Die rasche Niederwerfung Polens einerseits und auf der anderen Seite die wachsenden Schwierigkeiten, Einwanderungsmöglichkeiten für die Juden zu besorgen, riefen bei mir die Idee wach, den Versuch zu machen, auf polnischem Territorium eine Art „Judenstaat" zu bilden. Um diese Zeit hatte ich mit Berlin praktisch nichts zu tun, sondern unterstand dem Befehlshaber der Sipo und des SD, Dr. Stahlecker. In ihm fand ich einen Vorgesetzten, der außerordentlich lebendig und aktiv war, vielleicht auch etwas ehrgeizig, aber immer auf der Suche nach schöpferischen Ideen. In diesem Sinne war er durchaus kein Beamter; denn das gesamte Beamtenleben spielt sich ja nach „Schema F" ab – die Beamten werden versetzt oder bleiben eben an demselben Platz, bis sie pensionsreif werden oder sterben. Neue Gedanken werden kaum geboren; wagt man es, mit politischen Lösungen neuartiger Struktur aufzuwarten, dann ist der Beamte im allgemeinen zugeknöpft. Stahlecker war das überhaupt nicht, und so konnte ich durch ihn den Plan zur Verwirklichung einer „Zentrale für jüdische Auswanderung" schlagartig durchführen. Wie immer war ich auch im Fall des „Judenstaates in Polen" von Adolf Böhms Buch „Der Judenstaat" inspiriert. Es ließ in mir den Wunsch entstehen, eine Lösung des Problems zu finden, durch die den Juden eine Heimstätte gegeben und das deutsche Volk gleichzeitig „judenfrei" gemacht werden konnte. „Heimstätte" war ja auch das geflügelte Wort der „Balfour-Declaration".

Mit Begeisterung nahm Stahlecker meine Idee auf, aus der gewaltigen Anzahl der Quadratkilometer in Polen ein Territorium von der Größe eines deutschen Gaues abzutrennen, um dort eine Art Judenstaat zu gründen. Dorthin würden wir sämtliche Juden aussiedeln; sie würden ihre eigene Verwaltung und ihre eigenen Schulen haben; der Chef der Sipo und des SD würde nur Aufsichtsbehörde sein. Zweifellos unterrichtete Stahlecker Gruppenführer Heydrich davon; ich erhielt die Genehmigung, meinen Plan anlaufen zu lassen. Selbstverständlich konnte Stahlecker bei Heydrich um so überzeugender wirken, als er wußte, daß ich für einen solchen Vorschlag Möglichkeiten der Verwirklichung sah. Stahlecker war keineswegs ein Federfuchser, der alles bis ins kleinste Detail schon vorher genau wissen wollte. Er war gern überall dabei, schwebte aber andererseits über den Dingen und versuchte, sie von einer höheren Warte aus zu lenken. Heydrich glich ihm darin. Er und Stahlecker hätten Brüder sein können. Stahlecker hatte Vertrauen zu meinen Plänen und zu meiner Arbeit, weil ich durch die „Zentralstelle" in Wien bewiesen hatte, nicht nur so „dahinzureden". – Außerdem bedeutete der „Judenstaat in Polen" eine immer so sehr angestrebte politische Lösung.

Als ich die Genehmigung erhalten hatte, fuhr ich los, um innerhalb des polnischen Territoriums einen geeigneten Platz zu suchen. Ich kam an den San, sah eine gesprengte Eisenbahnbrücke und eine weite Landschaft, unendlich weit, von Horizont zu Horizont, fast eine Ebene. Der San war ein gewaltiger Wasserträger; als Stützpunkt für die ersten Zeiten stand mir Nisko, ein größeres Dorf hart an der Demarkationslinie, zur Verfügung. Das Gelände schien mir ideal. Ich fuhr zurück und machte für Stahlecker Geländeskizzen und Beschreibungen. In seiner Begeisterung entschloß er sich, mit mir hinzufahren, um sich alles selbst anzusehen. Das mag Mitte Oktober 1939 gewesen sein, zwei bis drei Wochen nach dem polnischen Waffenstillstand. Wir fuhren an die deutsch-sowjetische Demarkationslinie und unterhielten uns mit einem GPU-Kommissar. Ich sehe den hochgewachsenen, breitschultrigen Mann mit seiner braunen Lederjacke als Uniform noch vor mir. Er leitete gewissermaßen den Kontrollposten am Eingang zum Korridor. Er begleitete uns ein kurzes Stück und stand dabei auf dem Trittbrett des Wagens bis zu einem Kontrollposten des längs der Demarkationslinie stationierten Sibirischen Schützenregimentes. Dort ließ er uns wissen, daß wir frei und ungehindert passieren könnten. Einige Soldaten begleiteten uns durch den sowjetischen Korridor, damit wir vor Unliebsamkeiten verschont blieben; denn wir fuhren in voller Uniform. Der Korridor war wohl zwanzig Kilometer lang; auf unserem Weg wurden wir von der Bevölkerung bestaunt. In einem kleinen Dorf mußten wir wegen einer geringfügigen Panne halten und waren gleich von vielen Einwohnern umringt. Auch Dr. Stahlecker war begeistert, als er sich das von mir ausgesuchte Gebiet ansah; ich bekam die Genehmigung, gleich mit der praktischen Arbeit anzufangen. Meine Absicht war, die ganze Angelegenheit sofort in großem Maßstab aufzuziehen und in kürzester Zeit zu verwirklichen. Dazu hatte ich berechnet, daß etwa 2000 jüdische Handwerker und entsprechendes Aufsichtspersonal gebraucht werde. Dem Rabbiner Dr. Murmelstein hatte ich schon des öfteren Verwaltungsarbeiten übertragen; ihm übergab ich nun auch die Zusammenstellung der Arbeitsgruppen. Die besten Handwerker aus Mährisch-Ostrau und die besten Fachleute und Arbeiter aus Prag und Wien wurden herausgezogen; in Theresienstadt, wo wir viele Baracken hatten, ließ ich das anfangs notwendige Material zusammenstellen. Daraufhin erhielt ich einige Züge für die zu befördernden 2000 Personen und das Material. Unter dem Personal war auch ein Tierarzt, der mich bat, seinen Sohn als Gehilfen mitnehmen zu dürfen. Ich genehmigte es.

Die Juden arbeiteten nicht unter unserer Leitung, sondern unter der Führung der verschiedenen jüdischen Sachbearbeiter und Fachleute. Natürlich hatte ich Dr. Murmelstein gesagt, wie ich mir die Siedlung dachte. Ich ritt mit ihm das Gelände ab und gab ihm meine Erklärungen. Das Dorf

Nisko sollte der erste Stützpunkt in diesem Distrikt sein, den ich ganz für meinen Plan zu erhalten hoffte; Transportzug auf Transportzug sollte Menschen und Material dorthin bringen, um die Besiedlung von dem Ausstrahlungspunkt Nisko aus durchzuführen. Der San war die Grenze des jüdischen Territoriums. Man muß sich dieses Land in seiner grenzenlosen Weite vorstellen: vielleicht fünfzig Kilometer im Umkreis von Nisko gab es nichts; weiter entfernt lag die Stadt Radom (59) im späteren Distrikt Lublin. Ich wollte diesen ganzen Distrikt haben und die Stadt Radom zur ersten Hauptstadt des jüdischen Staates machen. Aber erfahrungsgemäß rechnete ich zuerst mit Nisko am San; denn an Radom konnte ich vorerst nur denken, weil es dort größerer Verwaltungsverordnungen bedurft hätte, um die ansässige polnische Bevölkerung umzusiedeln. Ich zog es vor, die Sache klein und von unten her anzufangen, und stieß zunächst einmal in ein Gebiet vor, wo ich keine Erlasse und Verordnungen brauchte oder zu fürchten hatte. Der Winter war bereits angebrochen, und es gab viel Schnee. Trotzdem wurden die Einrichtungsarbeiten energisch vorangetrieben, sie dauerten nur wenige Wochen.

Murmelstein war begeistert, und auch die übrigen Juden verstanden, daß in Nisko ein kleiner Judenstaat im Werden war. Dort stand anfänglich eine Bannmeile von 10 Quadratkilometern zur Verfügung, die ich mir einfach genommen hatte. Es waren Pferde da; ich sagte zu Murmelstein: „Rabbiner, hier müssen Sie auch reiten lernen und nicht nur am Schreibtisch sitzen." Da kroch Murmelstein zum erstenmal auf einen Gaul und saß, offensichtlich wenig erbaut, wie ein Fettfleck auf dem Rücken des Pferdes. Mit Fahrzeugen war da wenig zu machen, aber weil das Gelände groß war, wurden Pferde gebraucht. Es war der kleine Anfang, der zu einem a u t o n o m e n J u d e n s t a a t im Distrikt Lublin unter dem Protektorat des Deutschen Reiches wachsen sollte. Natürlich machte ich mir auch darüber Gedanken, wie dieser Staat lebensfähig sein könnte, wenn er nur Juden beschäftigte. Das war nicht von heute auf morgen zu erreichen, auch konnte ich nicht auf einmal zwei Millionen oder nur eine Million oder 500 000 Juden dorthin transportieren: sie wären mir weggestorben wie Fliegen; denn die Seuchengefahr ist in solchen Fällen groß. Darum brachte ich zuerst die Fachleute dorthin; sie sollten Baracken errichten, Nisko zu einem Stützpunkt ausbauen und die erforderliche Industrie entstehen lassen. Außer den Fachleuten wären auch Hilfsarbeiter nötig gewesen – alles das war möglich; denn auch unsere KZs hatten sich an einer Stelle, wo früher nichts war, zu Groß-KZs mit 100 000 und mehr Insassen ausgewachsen. Nur sollte hier kein KZ, sondern ein autonomer Judenstaat entstehen.

In dieser Zeit war ich natürlich öfters an der Demarkationslinie. Sie stellte bei weitem keinen hermetisch abgeschlossenen Riegel dar: an den

Hauptübergangsstellen waren hier und da Kontrollposten, aber dann wieder war zehn oder 20 km lang weder von den Sowjets noch von uns etwas zu sehen. Schon während der Kriegshandlungen hatten sich viele Juden aus Polen in östlicher Richtung abgesetzt; von Ende September 1939 bis zum Kriegsbeginn mit der Sowjetunion im Sommer 1941 waren erneut tausend und abertausend Juden über diese Grenze ostwärts gezogen, weil es innerhalb Polens örtlich zur Konzentration und Ghettoisierung kam. In den „allerschlimmsten Zeiten" und beim Auftauchen eines sowjetischen Postens kostete die „Auswanderung" höchstens eine Armbanduhr, wie mir Murmelstein erzählte. Die Zahl der damals nach dem Osten verzogenen polnischen Juden habe ich um jene Zeit nur schätzen können: sie kann bis zu einer Viertelmillion betragen; denn sie überschritten die Demarkationslinie auf ganzer Breite – und wir hatten keine Kontrolle darüber. Als nun im Generalgouvernement mit den Judenmaßnahmen begonnen wurde, wanderten sie natürlich in noch größerer Zahl ins sowjetische Gebiet ab. Eine Viertelmillion war mir damals als Zahl dieser „Auswanderer" bekannt; ich glaube sogar, daß wir sie in unserer Statistik führten, jedoch mit 100 000 angaben – wenn ich mich richtig erinnere –, weil wir ganz sichergehen wollten. Als nun Anfang 1940 die 2000 jüdischen Facharbeiter unter Murmelsteins Leitung in Nisko waren und der Druck gegen die Juden stärker wurde, erhöhte sich die „Auswanderung" nochmals. Deshalb vermag ich nicht anzugeben, wer alles über die Grenze zog.

In dieser Zeit machte ich natürlich verschiedene Inspektionsfahrten nach Nisko am San. Als ich dabei eines Tages in Krakau übernachtete, teilte mir der Befehlshaber der Sipo und des SD, Streckenbach (60), mit – er betrachtete das als einen Witz –, daß Generalgouverneur Frank (61) dem Höheren SS- und Polizeiführer im Generalgouvernement, Krüger (62), Befehl gegeben habe, ich sei bei Betreten des Generalgouvernements zu verhaften. Der „Judenstaat" lief eben nach Überwindung der Anfangsschwierigkeiten richtig an, als uns dieser Befehl des Generalgouverneurs Frank einen Strich durch die Rechnung machte. Am nächsten Morgen fuhr ich nach Prag zurück und erstattete meinen diesbezüglichen Bericht. Es schien, daß Generalgouverneur Frank bei Göring oder sonstwo gegen meinen „Judenstaat" protestiert hatte und mit seinem Protest durchgekommen war. Nie wieder bekam ich den Befehl, nach Nisko am San zu fahren, sondern ich mußte das Lager dort ungefähr nach Jahresfrist auflösen lassen und die Juden wieder zu ihren Herkunftsorten oder nach Theresienstadt zurückführen. – Im Gegensatz zu Konrad Henlein (63) in Böhmen und Mähren, einem außerordentlich bescheidenen Mann, war der „Polen-Frank" in vollkommener Selbstherrlichkeit befangen. Er war redegewaltig und stellte sich gern ins Rampenlicht. Streckenbach, glaube ich, erzählte mir, daß sich, wenn der „Polen-Frank" von seiner Dienststelle nach Hause fuhr, eine gewaltige Autokarawane mit Sirenen und Polizei in Bewegung setzte, etwa so, als ob sich ein orientalischer Fürst auf Reisen begibt. Frank sah anscheinend in mir eine Konkurrenz und wollte selbst alle Initiativen ergreifen. Wahrheitshalber muß ich schärfstens festellen: Hätte „Polen-Frank" das RSHA von Ende 1939 bis 1941 im Distrikt Nisko am San schalten und walten lassen und hätte er meinem Plan, für den ich die Genehmigung meiner Vorgesetzten besaß, nicht verhindert, dann hätte er nie etwas mit der Judenvernichtung zu tun gehabt, und dann wäre die ganze Frage im Generalgouvernement völlig unblutig gelöst worden. Er hätte mir nur den Distrikt Lublin zu überlassen brauchen; denn ich wollte mich von Nisko aus nach Radom hinaufarbeiten und weiter nach Lublin.

Der „Judenstaat in Polen" sollte eine Endlösung der Judenfrage sein, eine politische, unblutige Lösung; für mich war er ein „letztes Zusammenraffen aller Entschiedenheit", Durchschlagskraft und schöpferischer Gewalt. Noch war ich nicht im Polizeilichen verhaftet, noch hatte ich keinen Polizei-Eid geleistet, noch war ich frei. Ich was SS-Angehöriger, hatte als solcher meinen Vorgesetzten, den Befehlshaber des SD, Stahlecker, von meiner Idee begeistern können, ich konnte noch eigene Gedanken haben, noch als Initiator auftreten, noch konnte ich bei meinem Versuch, eine Lösung zu finden, schöpferisch sein. Später war das ausgeschlossen, da durfte ich dies nicht mehr, weil es nicht innerhalb meiner Kompetenz lag, sondern ich damit in andere Zuständigkeiten hineingestoßen und alle Welt über micht hergefallen wäre, weil man mich als größenwahnsinnig angesehen hätte... Es ist ein Paradoxon, daß ich als Leiter der „Zentralstelle für jüdische Auswanderung" in Wien eine viel größere Macht hatte denn später als Dezernent und Abteilungsleiter im Reichssicherheitshauptamt.

Auch mein „Judenstaat in Polen" wurde von irgendwelchen Kräften gestört und unmöglich gemacht – und ich geriet in ein Netz, aus dem ich nicht mehr heraus konnte.

Den Generalgouverneur Frank aber kann ich heute nicht davon freisprechen, der Miturheber für die gewaltige Judenvernichtung in seinem Generalgouvernement zu sein, weil er vielleicht aus Kurzsichtigkeit, vielleicht aus krampfhafter Angst um seine Kompetenz die unblutige Lösung der Judenfrage in Form eines autonomen „Judenstaates" unmöglich gemacht hat. Für mich war diese Entwicklung eine bittere Enttäuschung. Trotzdem setzte ich meine Bemühungen um eine politische Lösung des Judenproblems fort und entwarf etwas später den Madagaskar-Plan, worauf ich noch zurückkommen werde.

Noch ein Wort zu den 2000 jüdischen Handwerkern und Facharbeitern von Nisko am San: selbstverständlich können sie mit ihrem Führungspersonal in keiner Weise als „deportiert" betrachtet werden. Sie waren ein Arbeitskommando im wahrsten Sinne des Wortes, das für sich selbst und die jüdische Gemeinschaft arbeiten sollte. Mit Deportierungen hatte ich damals nichts zu tun, da ich ja erst 1940 nach IV B 4 versetzt wurde. Natürlich haben nach der Niederlage Polens auch polnische Stellen den Auftrag bekommen, Juden, aber ebenso auch Polen auszusiedeln, z. B. im Warthegau, und nach dem Generalgouvernement zu überstellen, um Wolhynien-, Bessarabien- und andere Volksdeutsche aus dem Osten z. B. im genannten Warthegau seßhaft zu machen. Das war die Arbeit von Krumey, der bis 1944 zum Siedlungshauptamt gehörte. Wenn man jetzt behauptet, von jenem Arbeitskommando jüdischer Arbeiter und Handwerker in Nisko am San gebe es nur noch „wenige Überlebende", so ist das gelogen.

Die „privilegierten" Juden

Bei der Judengesetzgebung existierte eine große Anzahl Ausnahmen, die unter dem Sammelbegriff „Privilegierte Juden" geführt wurden. An erster Stelle galten die Partner aus Mischehen als solche, weiter die Inhaber von Tapferkeitsauszeichnungen und Verwundete aus dem Ersten Weltkrieg, die dies nachweisen konnten, ferner Juden, die sich um die nationalen Belange verdient gemacht hatten, wozu in einigen Fällen auch jüdische Wirtschaftsführer gehörten. Die Eigenmächtigkeiten einiger Dienststellen durchbrachen hier manchmal die Schranken, die Sache aber kam nachträglich wieder in Ordnung. Abgeschafft waren diese „Ausnahmen" nie, nur wurden diese Juden später größtenteils nach Theresienstadt eingewiesen, das ja als privilegiertes Lager galt. So wurde z. B. der österreichische General Sommer, ein Jude, dorthin gebracht, wo er eine sogenannte „Prominenten-Unterkunft" hatte; er lebte hier unbehelligt in seinem Häuschen und überstand nach meinem Wissen den Krieg. Die öffentlichen Dienststellen hielten sich im allgemeinen strikt an diese Ausnahmen, was aber nicht besagen soll, daß hier und da nicht gelegentlich Verstöße vorkamen. Wir standen unterm Kriegsrecht und waren alle dazu erzogen, dem Leben tapfer gegenüberzustehen; wir wurden vor allem auch zur Achtung vor all denen erzogen, die für das Deutsche Reich gekämpft und geblutet hatten. So konnten wir bei den Juden keine Ausnahme machen und achteten daher die Frontkämpfer des Ersten Weltkrieges unter ihnen.

Unsere Einstellung kam ganz klar zutage im Falle der insgesamt etwa fünfzig SS-Männer mit jüdischem Blut, die für die NSDAP in den Saalschlachten mitgekämpft hatten und deren Abstammung erst durch die Ahnenforschung festgestellt wurde. Bei anderen Parteiorganisationen gab es viele hundert Mitglieder mit jüdischem Blut, darunter auch „alte Kämpfer". Um die Jahre 1937/38 begann man im Altreich und in Österreich Ahnenforschung zu betreiben, wobei sich u. a. die erwähnten Fälle der SS-Männer mit jüdischem Blutsanteil oder auch SS-Männer als Vollblutjuden herausstellten. Wir haben diese Leute nicht vor den Kopf gestoßen, sondern ihnen die Wege zu einem ordentlichen Leben geebnet: sie konnten frei ins Ausland abreisen, aber auch hierbleiben; die Mehrzahl zog die Auswanderung vor, doch in keinem einzigen Falle wurde bekannt, daß sie etwa aus Erbitterung oder sonstigen Gründen gegen das Reich gearbeitet hätten. – Eine kleine Anzahl von ihnen, meistens ehemalige Offiziere, erschoß sich selbst. – Ich hatte auch einen Oberscharführer, bei dem sich ergab, daß er Vollblutjude war. Im allgemeinen gab ich mich mit solchen Einzelfällen nicht ab, aber diesen Mann ließ ich mir kommen, um offen über seine Zukunftspläne zu sprechen; es freute mich, daß er nicht bedrückt war, sondern nur sagte: „Pech gehabt, Sturmbannführer! Es war eine schöne Zeit, aber es ist nun mal so, und da kann man nichts machen." Nach einiger Zeit suchte er mich nochmals auf und teilte mir mit, daß er in die Schweiz gehen wolle, um dort als Musiker eine Kapelle zu gründen. Er hatte selber Geld, sonst hätten wir es ihm gegeben; er bekam einen Reisepaß, die Grenzübertrittsstellen wurden von mir angewiesen, ihn durchzulassen, und damit schien alles in Ordnung. Als er aber an die Schweizer Grenze kam, muß er irgendwie mißtrauisch geworden sein und versuchte, über die grüne Grenze zu gehen. Er wurde angerufen, blieb aber nicht stehen, der Grenzwächter schoß pflichtgemäß und traf ihn tödlich. Ich veranlaßte, daß alles genau aufgenommen und untersucht wurde. Es stellte sich heraus, daß die Grenzstellen keine Schuld hatten. – Diese SS-Männer mit jüdischem Blut waren und blieben unsere Freunde; bei ihnen trat ihr Judentum zurück, und die Kameradschaft, manchmal auch aus ehemaligen Saalschlachten, stand im Vordergrund. –

Unter den Juden gab es viele, die vom Tragen des Sterns befreit waren, wie es auch viele Juden gab, die nie erfaßt wurden und in ihrem Hause blieben. Ich kenne keine Einzelfälle, aber die „Privilegierten" stellten einen Sammelbegriff dar; sie fielen unter eine bestimmte Polizeiverordnung, die besagte, welche Juden von jeglichen Maßnahmen auszunehmen seien – es waren Tausende. Natürlich gab es einige Gaue, deren Gauleiter besonders radikal vorgingen und selbstherrlich die Verbringung auch privilegierter Juden ins Lager anordneten; dies wurde dann wieder rückgängig gemacht: die „Privilegierten" kamen im allgemeinen erst ganz zum Schluß nach Theresienstadt.

Schellenberg forderte Hunderte von jüdischen Vertrauensmännern an – es konnten im ganzen auch gut Tausende gewesen sein –, die er dann als

Agenten im besetzten Gebiet, aber auch im Auslande ansetzte. Viele der Juden aus Deutschland kamen nach Lissabon, was ich deshalb genau weiß, weil ich die Unbedenklichkeit bescheinigen mußte, bevor sie einen Paß erhielten. Persönlich glaube ich nicht, daß sie erfolgreiche Informationsarbeit für Schellenberg geleistet haben, obwohl mir bekannt ist, daß sie teilweise Spionage für den deutschen Westfeldzug leisteten.

Von Anfang an war die Judenfrage von sehr vielen Interventionisten gekennzeichnet. Reichsmarschall Göring setzte sich verschiedentlich für Juden ein und bewirkte Ausnahmebestimmungen für sie, weil er sie in seiner Eigenschaft als Beauftragter für den Vierjahresplan anforderte. Die Kirchen beider Konfessionen, in Sonderheit die protestantische, intervenierten gleichfalls laufend. Der heutige Propst zu Berlin, Pfarrer Krüger, war dabei von besonderer Zähigkeit und mußte wiederholt von der Staatspolizei ermahnt werden; auch ich selbst erteilte ihm in zwar freundlicher, aber sehr bestimmter Form verschiedene Verwarnungen. Er ließ jedoch nicht von seiner Interventionstätigkeit ab; nach der dritten staatspolizeilichen Verwarnung mußte ich ihm mitteilen, daß eine erneute Intervention die Überstellung ins KZ zur Folge haben könnte. Er ließ sich auch diesmal nicht einschüchtern und kam ins KZ, wo er auf Befehl des Reichsführers bis Kriegsende verblieb. Seine Frau bedrängte mich sehr und erreichte es sogar einmal durch einen Trick, mich persönlich am Telefon zu erwischen; ich mußte ihr allerdings eine abschlägige Antwort geben, stellte aber anheim, sich an den Reichsführer zu wenden. Krügers Steckenpferd war die Betreuung nichtarischer Christen; diese nahmen sowieso in der Gesetzgebung eine Sonderstellung ein, und hätte Pfarrer Krüger es dabei bewenden lassen, wäre alles gut gewesen. Aber er ließ sich auch mit der Verwandtschaft dieser nichtarischen Christen ein, also mit einem Personenkreis, der nach dem Gesetz nicht privilegiert war. In Unkenntnis des Sachverhaltes könnten die immer wiederholten Ermahnungen gegenüber Krüger fast als Langmut ausgelegt werden.

Der katholische Bischof Münch, damals ständiger Geschäftsführer der Fuldaer Bischofskonferenz, kam jeden Monat ein- oder zweimal auf meine Dienststelle in Berlin. Seine Kanzlei vereinbarte mit meinem Vorzimmer die Stunde der Zusammenkunft; fast immer konnte ich ihm einen Untersturmführer entgegenschicken, der ihn von der Wache in mein Dienstzimmer begleitete. Auf einem Zettelchen hatte Münch seine Wünsche notiert, die ich entweder befriedigen konnte oder nicht. In vielen Fällen versprach ich, mich zu erkundigen, ob und inwieweit überhaupt in diesem oder jenem Falle etwas zu machen sei; dann wurden diese Fragen bis zur nächsten Zusammenkunft vertagt. Eigentlich ist es nicht korrekt ausgedrückt zu sagen, daß Münch intervenierte: er zog vielmehr Erkundigungen ein, teilweise auch im Auftrage verschiedener Kardinäle, wozu er gewissermaßen als Geschäftsführer der Bischofskonferenz beauftragt war.

Interventionen

Interventionen gab es am laufenden Band: der Reichsführer selbst ging mit dem Beispiel voran; denn er liebte es, sich in Einzelfällen in Einzelheiten zu verlieren. Wenn nun der Reichsführer intervenierte, ebenso Göring, Generäle der Waffen-SS, Bischöfe und Pröpste, dann konnte ich anderen Leuten die Intervention nicht verweigern, obwohl es an sich verboten war, überhaupt zu intervenieren. Natürlich habe ich es nicht gewagt, mich mit Göring anzulegen; er wandte sich auch keineswegs etwa an mich, auch seine Dienststelle rief die meinige nicht an, sondern Göring besprach eine solche Angelegenheit mit dem Reichsführer direkt; dieser tischte dann manchmal Dinge auf, die genau im Gegensatz zu seinen gerade vorher gegebenen Anordnungen standen.

Nach dem Anschluß Österreichs drängelten sich in Wien die NS-Rechtswahrer heran, um Juden bei den Behörden zu vertreten oder aufgrund ihrer Beziehungen zu versuchen, für ihre jüdischen Klienten Ausnahmebestimmungen zu erwirken, was sie sich natürlich schwer bezahlen ließen. Da hierdurch die vom Reichsführer erstellten Richtlinien, also die Standardnormen, für alle Fälle praktisch nicht mehr in Anwendung zu bringen waren und ein heilloses Durcheinander entstand, blieb mir nichts anderes übrig, als diese Rechtswahrer ernstlich zu ermahnen. Aber auch dies fruchtete nichts; die Folge war, daß sowohl die Sachbearbeiter bei der Gestapo-Leitstelle in Wien als auch meine Sachbearbeiter bei der „Zentrale für jüdische Auwanderung" zum Schluß überhaupt nicht mehr wußten, nach welchen Richtlinien im Einzelfalle zu verfahren war. Nachdem ich die Angelegenheit mit Dr. Stahlecker besprochen und er sich in Berlin zweifelsohne entsprechende Weisungen eingeholt hatte, ließ ich mir den Leiter des NS-Rechtswahrerbundes in Wien kommen und eröffnete ihm, daß nunmehr – auf Weisung von Berlin – jeder Rechtswahrer sofort in Schutzhaft zu nehmen sei, der künftig für Juden intervenierte. Damit hörten die Interventionen schlagartig auf, aber ich zog mir die Feindschaft fast aller Wiener Rechtsanwälte zu. Ich hörte, daß diese als „Repressalien" meinen Lebenslauf schier von meiner Geburt bis zum Tage des Interventionsverbotes genauestens durchleuchteten, in der Hoffnung, irgendwo einen „dunklen Punkt" zu finden, um mich von Wien „abservieren" zu lassen. Es gelang ihnen jedoch nicht – und ich habe mich damals sehr belustigt! Später renkte sich alles wieder ein; denn ich hatte persönlich mit keinem Feindschaft.

Auch Gruppenführer Wolff (66), Chefadjutant des Reichsführers, intervenierte verschiedentlich bei Einzelfällen. Am Telefon krachte ich einmal sehr hart mit ihm zusammen, als ich ihm klarzumachen versuchte, daß ich in einem bestimmten Einzelfall genau nach den Anordnungen des Reichsführers gehandelt hatte; Wolff wollte für den betreffenden Juden eine Ausnahme erreichen, aber diese war unmöglich, weil kein einziger Punkt vorlag, um diesen Fall unter die Ausnahmefälle einzureihen – Wolff wurde sehr ungehalten, obwohl oder weil ich im Recht war; ich wollte ihn unbedingt fordern, aber beim Reichsführer wurde dem nicht stattgegeben. Im Rahmen des Möglichen gab ich persönlich immer nach; denn bei der großen Zahl der Juden spielte der Einzelfall keine Rolle; doch mußte ich selbstverständlich vor meinen Juristen immer Haltung bewahren, die diese Bestimmungen ja zu überwachen hatten; ebenso handelte ich vor meinen Offizieren im Außendienst, die in der gleichen Lage waren. Wenn die Zentralinstanz nach Gutdünken eine Ausnahme gemacht hätte, die in den Ausführungsbestimmungen des Reichsführers nicht vorgesehen war, hätte eine solche Fehlentscheidung verheerende Folgen haben können. Viele deutsche Stellen lauerten sowieso nur darauf, im weiteren Umfange zu intervenieren, darin natürlich durch die Bemühungen des Judentums selbst unterstützt. Eine Fehlentscheidung der Zentralinstanz würde binnen kürzester Zeit ein vollkommenes Durcheinander verursacht haben, in dem sich keiner mehr ausgekannt hätte – mit dem Ergebnis, daß umgekehrt sogar Juden, die nach den allgemeinen Bestimmungen gar nicht deportiert werden durften, doch deportiert worden wären, was zu einer Unmenge Schwierigkeiten geführt hätte, zu außenpolitischen Komplikationen und Blamagen für die Zentralinstanzen des Reiches.

Als später die Forderungen des totalen Krieges immer stärker spürbar wurden, andererseits der Reichsführerbefehl kam, die einzelnen Gaue nach Juden zu durchkämmen, die für eine Deportierung in Frage kämen, war dies eine andere Art der Intervention. Um diese Zeit führten Sipo und SD zum Teil härteste Kämpfe mit den Dienststellen der Rüstungsindustrie, die Juden in großer Zahl in ihren Fabriken einsetzten und für ihre Unabkömmlichkeitsbescheinigung sorgten. Stapo und Stapoleitstellen mußten dann in mühseliger Kleinarbeit den Nachweis erbringen – es wurde wegen eines einzigen Juden oft eine große Korrespondenz geführt von den Leitstellen zum RSHA, von dort an die Rüstung oder an Minister Speer und von da wieder zurück. In Dresden gab es einen sehr hartnäckigen Direktor in einem Rüstungsbetrieb; Gauleiter Mutschmann aber wollte seinen Gau judenfrei haben – wie so oft ging die Initiative nicht so sehr von der Stapo und Stapoleitstelle aus als vielmehr von einer Parteidienststelle, in diesem Falle von der Gauleitung. Es war ein ähnliches Rennen wie bei den Fabriken, die der Deutschen Arbeitsfront nicht schnell genug melden konnten, der Betrieb stehe hundertprozentig in der Arbeitsfront. In seinem Kampf mit dem erwähnten Direktor griff Mutschmann zu einem außergewöhnlichen Mittel: er ließ jenen Direktor festnehmen, ihm einen Zettel um den Hals hängen und ihn in Begleitung eines Schutzmannes durch die Stadt gehen; auf dem Zettel stand: „Ich bin der größte Judenbeschützer von Dresden". Daraufhin gelang es Mutschmann sehr schnell, Dresden völlig judenfrei zu machen. Damals konnten sehr viele Juden, die in Rüstungsbetrieben als unabkömmlich gemeldet waren, nur in Einzelfällen erfaßt werden, obwohl das VWHA einzelnen KZs Rüstungsindustrien angegliedert hatte.

Theresienstadt als Musterbeispiel der Ghettobildung

Theresienstadt entstand in Wahrheit aufgrund eines Vorschlags, den ich machte. Ich wurde in Gegenwart des Staatssekretärs Frank (68) einmal zu Heydrich beordert, kurz nach seiner Ernennung zum Stellvertretenden Reichsprotektor von Böhmen und Mähren. Er sagte mir: „Ich habe versprochen, daß das Protektorat Böhmen und Mähren in einigen Wochen judenfrei sein wird; die Presseleute haben das in die Zeitung gebracht... Was tun wir jetzt? Es muß etwas geschehen. Machen Sie einen Vorschlag!" Ich war vorher nicht informiert worden, worum es sich handelte, und kam also unvorbereitet zu meinem Obersten Chef, wo ich nun einen „Vorschlag" machen sollte. Die Wahl schien mir nicht groß. So sagte ich: „**Obergruppenführer, übergeben Sie mir eine große Stadt mit dem nötigen Land ringsumher! Dann nehmen wir dort sämtliche Juden des Protektorats hinein wie in ein Ghetto**". Daraufhin wandte sich Heydrich an Frank und fragte: „Welche Stadt kommt dafür in Frage? Schlagen Sie vor!" Frank nannte denn **Theresienstadt** (69), und damit fand meine Idee einen ersten konkreten Niederschlag. Erst jetzt habe ich erfahren, daß Heydrich der große Gegner der Ghetto-Idee gewesen sein soll. Dazu kann ich nur sagen, daß ich selbst nie etwas davon bemerkt oder gehört habe; in unseren Anfangsbesprechungen sagte er selbst „Judenghetto Theresienstadt". Dies ist seine eigene Formulierung. Nur hat der Reichsführer später die Bezeichnung „Judenghetto Theresienstadt" nicht mehr haben wollen, sondern in „Altersheim Theresienstadt" abgeändert. Theresienstadt war eine kleine Garnisonstadt, wo sich auch einige tausend tschechische Arbeiter und Handwerker angesiedelt hatten, wie es für Garnisonstädte in diesem Raum üblich war. Heydrich entschloß sich, die Garnison zu verlegen und die ansässige Bevölkerung unter voller Entschädigung umzusiedeln; die technischen Dinge erledigte die tschechische Protektoratsregierung, ohne daß irgendwelche Klagen laut geworden wären. IV B 4 übernahm die verschiedenen Gegenstände aus der Dienststelle der Wehrmachts-Verwaltungsoffiziere, und damit war Theresienstadt frei für unsere Ghettoisierungspläne. Zum erstenmal wurde auf Reichsboden ein Ghetto gebildet. Als wir 1939 nach Polen marschierten, war Heydrich noch nicht Stellvertretender Reichsprotektor. Dort in Polen gab es Ghettos, die von den Juden selbst beibehalten worden waren; es kamen in sie nun noch mehr Insassen hinein, sowohl Juden, die bisher nicht im Ghetto gelebt hatten, als auch solche, die vereinzelt auf dem Lande wohnten. Die Ghettos in Polen wurden bewacht und abgeriegelt, z. T. mit Stacheldraht, z. B. mit Mauern oder auch auf andere Weise.

Der orthodoxe Jude hat immer die Ghettoisierung befürwortet, vor allem im Osten, weil er dort in früheren Jahren regelmäßige Pogrome zu erdulden hatte. In Deutschland gab es im Mittelalter ebenfalls Ghettos der orthodoxen Juden; der Zionismus existierte um diese Zeit noch gar nicht, wohl aber einzelne assimilatorisch eingestellte Juden, Wechsler und später in der Hauptsache Finanzleute, die bei den Fürsten ein- und ausgingen. Beide Teile hatten stets Vorteile in der Ghettoisierung gesehen: die Fürsten und Stadtregierungen erblickten diesen in der besseren Übersichtlichkeit, während die Juden gern unter sich lebten und zudem größere Sicherheit erhofften und erhielten. Der assimilatorisch eingestellte Jude lebte jedoch vorzugsweise nicht im Ghetto und war unglücklich, wenn er dazu gezwungen wurde. In unserer Zeit kam die Ghettoisierung den orthodoxen und zionistischen Teilen des Judentums entgegen: sie empfanden das Leben im Ghetto als eine wunderbare Gelegenheit, sich an das Gemeinschaftsleben zu gewöhnen, weswegen wir seitens dieser Kreise auch nicht eine einzige Klage über die Ghettoisierung hörten. Im Gegenteil, Dr. Eppstein aus Berlin sagte mir einmal, daß das Judentum mir dankbar sei, weil es durch das Zusammenleben im Ghetto Theresienstadt die wirkliche Gemeinschaft kennenlerne; dies sei eine großartige Schule für das künftige Leben dieser Menschen im Staate Israel. Ich wiederhole: nur der assimilatorische Jude empfand die Ghettoisierung als „Ausschluß aus der Gemeinschaft" und Degradierung, und ebenso urteilte der Nichtjude, der sich in die jüdische Mentalität überhaupt nicht einfühlen konnte und daher eine brutale Zwangsmaßnahme in der Ghettoisierung erblickte. Ich glaube heute noch, daß die Einheit des orthodoxen Judentums durch die Jahrhunderte hindurch der Ghetto-Idee zu verdanken ist.

Theresienstadt war keineswegs ein KZ, sondern unterstand, angefangen vom Großrabbiner Baeck bis zu Murmelstein, ausschließlich einer jüdischen Leitung. Es wurde von tschechischer Gendarmerie abgeriegelt, und das auch nur bis zu einer gewissen Grenze, weil die Autostraße Berlin-Prag mitten durch Theresienstadt verlief. Alle Wochen oder alle vierzehn Tage lieferten wir dem Lager die Lebensmittel in Lastzügen und hatten öfters mit dem Gauleiter von Sachsen, Mutschmann, und vielen Ortsgruppenleitern unsere Schwierigkeiten, weil es tatsächlich den Juden in Theresienstadt zeitweilig in puncto Lebensmittel besser ging als der deutschen Zivilbevölkerung. Die Juden arbeiteten für die Rüstungsindustrie und wurden von den betreffenden Firmen bezahlt (70) genau wie unsere eigenen Arbeiter auch.

In seiner impulsiven Art hatte Heydrich ein „Versprechen abgegeben" – und ich konnte nun zusehen, wie es zu erfüllen war; es wurde erfüllt, mit voller Unterstützung der führenden jüdischen Persönlichkeiten. Zu jener Zeit war ich in Berlin und kam nur gelegentlich auf einen Sprung nach Prag, während die Aufbauarbeiten in Theresienstadt in vollem Gange waren. Da erfuhr ich, daß der Befehlshaber der Sipo und des SD in Böhmen und Mähren (71) angeordnet habe, drei oder vier Juden mitten in dem im Aufbau befindlichen Ghetto zu hängen. Heute kann ich den Sachverhalt nicht mehr genau schildern: Günther, mein Hauptsturmführer und damaliger Leiter der „Zentrale für jüdische Auswanderung" in Prag, dem die Durchführungs- und Bearbeitungsangelegenheiten von Theresienstadt unterstanden, hatte festgestellt, daß einige Juden irgend etwas Verbotenes ausgeheckt hatten oder aushecken wollten; dies hatte er dem Befehlshaber der Sipo und des SD als der zuständigen Dienstaufsichtsbehörde von Theresienstadt gemeldet. Das öffentliche Erhängen der Übeltäter wurde dann von diesem, also dem Befehlshaber der Sipo und des SD, zur Abschreckung angeordnet.

Die Panikstimmung der bereits im Ghetto anwesenden Juden war begreiflich, da wir ihnen natürlich erklärt hatten, wie es ja auch geplant war, daß sie ein eigenes Territorium in Theresienstadt aufbauen könnten. Als ich sofort hinreiste, machten mir die jüdischen Funktionäre die Hölle heiß, aber ich mußte vor ihnen zu der Maßnahme des Befehlshabers der Sipo und des SD stehen und erklärte daher wahrheitsgemäß, daß ich gegen Gesetzesverstöße seitens der Juden und ihre Bestrafung seitens des örtlichen Befehlshabers nichts machen könne. Andererseits versicherte ich ihnen, und diese Versicherung wurde erfüllt, daß künftig hier im Lager keine Hinrichtung mehr vollzogen werde, ich jedoch als Gegenversicherung dafür erwarte, daß der Ältestenrat eine Wiederholung derartiger Verstöße gegen Gesetze und Anordnungen verhindern werde.

Zu diesem Zweck genehmigte ich den Juden eine eigene Polizei, die zu einer Stärke von 150 Mann anstieg; sie war mit einer Armbinde gekennzeichnet. Bald meldete der Befehlshaber der Sipo und des SD in Berlin seine Bedenken dagegen an, weil diese jüdische Ordnungspolizei im Lagergebiet zu exerzieren und militärische Übungen durchzuführen begann. Dennoch blieb die Polizei erhalten, doch ließ ich eine Altersgrenze festlegen: nur Juden ab fünfzig bis fünfundfünfzig Jahren konnten von nun an Polizisten sein; damit hoffte ich mögliche militärische Bestrebungen der Juden vorgebeugt zu haben.

Um auf jene öffentliche Erhängung zurückzukommen, muß ich noch erwähnen, daß ich bei der betreffenden Dienststelle Protest einlegte und erklärte, man könne nicht auf der einen Seite den Juden versprechen, sie könnten in Theresienstadt eine eigene Verwaltung aufbauen, wenn man sie auf der anderen Seite gleich zu Anfang mit einer solchen Maßnahme vor den Kopf stoße; die straffälligen Juden hätten ja einem KZ zugeführt werden können, wie dies auch sonst der übliche Weg der Bestrafung sei. Mir wurde bei diesem Protest vollkommen recht gegeben. Der damals neue Befehlshaber der Sipo und des SD hatte wahrscheinlich aus Unkenntnis der Sachlage so gehandelt; der Befehl des Reichsführers besagte, daß straffällige Juden einem KZ zuzuführen seien; Theresienstadt war jedoch kein KZ. Im Grunde genommen unterstanden die Juden im Protektorat rechtlich der Protektoratsregierung; diese hatte mit dem Reichsprotektor ein Übereinkommen getroffen, wonach die tschechische Bevölkerung von Theresienstadt, wie erwähnt, ausgesiedelt und voll entschädigt wurde, wofür die tschechische Protektoratsregierung alle Juden im Bereiche ihrer Verwaltung der Zuständigkeit des Reichsprotektors überstellte; es war diesen die Einweisung nach Theresienstadt zugesichert. Da jedoch nicht genügend Aufnahmemöglichkeiten vorhanden waren, ordnete der Reichsprotektor an, daß ein gewisser Prozentsatz der Protektoratsjuden in östliche KZs verbracht wurde. In Theresienstadt unterstanden die Juden, von dem Augenblick ihrer Ankunft im Lager an gerechnet, der zuständigen Dienstaufsichtsbehörde, d. h. dem Befehlshaber der Sipo und des SD. Dieser hatte dort ein ständiges Kommando von fünf bis sechs Mann aus den Reihen seiner Dienststellenangehörigen, während die Außenbewachung von etwa fünfzehn bis zwanzig tschechischen Gendarmen durchgeführt wurde, was praktisch einen Mann für ein paar Kilometer bedeutete. Die Aufsicht über Theresienstadt war gewissermaßen auch dem RSHA unterstellt, da ich es gegründet und eingerichtet hatte, aber nach Berlin versetzt war und die Detailarbeiten nun von Günther geführt wurden, der seinerseits dem Befehlshaber der Sipo und des SD unterstand. Zur Exekution oder sonstigen Strafvollzügen von deutscher Seite ist es in Theresienstadt nicht mehr gekommen, sondern es blieb bei dem, was ich den Juden gesagt hatte: ,,Es wird nicht mehr von deutschen Staatsstellen und Dienststellen aus bestraft – bestraft ihr euch selber!"

Nach dem Kriege las ich, daß einer meiner Leute – ich glaube, es war

Seidel – von irgendeinem Gericht zum Tode verurteilt wurde und als Entlastungszeugen ausschließlich Juden anführte. Sie alle sagten zu seinen Gunsten aus, und ich habe selber gelesen, daß die Theresienstädter Juden es nicht verstanden, wieso Seidel und die anderen Chefs von Theresienstadt zum Tode verurteilt und hingerichtet wurden. Das war keine Justiz, sondern eine absolute Willkür, vergleichbar in etwa der gegenüber den anfangs in Theresienstadt erhängten drei oder vier Juden.

Der Reichsführer hatte immer ein offenes Ohr für Dinge, die mit Theresienstadt zu tun hatten. Als ich beispielsweise einmal darauf hinwies, es sei angebracht, für die Juden in Theresienstadt ein eigenes Theater, einen Kindergarten und sonstige kulturelle Einrichtungen zu schaffen, wurde das sofort bewilligt; denn Theresienstadt sollta je kein KZ sein, sondern ein Ghetto oder eine Art Altersheim. Ein brutaler Geist hätte Angehörigen eines Volkes, das dem eigenen den Krieg erklären ließ, niemals solche Vergünstigungen zugebilligt – das konnte nur ein Mann von der Größe des Reichsführers tun.

Aufgrund der mir jetzt mitgeteilten Werturteile aus der gegnerischen Nachkriegsliteratur will ich über Theresienstadt noch zusammenfassend erklären: nachdem mein Chef Heydrich zum Stellvertretenden Reichsprotektor von Böhmen und Mähren ernannt worden war und der Presse versichert hatte, daß in Monaten das Protektorat judenfrei sein würde, bekam ich den Auftrag, seine Presseankündigung wahrzumachen. Ich entsinne mich nicht mehr, wieviel Monate Spielraum Heydrich angegeben hatte, aber ich weiß noch, daß es eine erstaunlich kurze Zeit war, die eine Lösung durch Auswanderung vollkommen unmöglich machte; denn woher sollte ich in so kurzer Zeit die erforderlichen Einwanderungsmöglichkeiten hernehmen? Heydrich sah das auch ein, aber irgend etwas mußte geschehen, da die Presse bereits in dem angegebenen Sinne informiert war. Wie schon so oft in all meinen Vorträgen entwickelte ich auch jetzt wieder – zum soundsovielten Male – den Gedanken, daß das ganze Judenproblem der Welt in der Heimatlosigkeit dieses Volkes begründet liege. Deshalb schlug ich – wie schon gesagt – Heydrich vor, innerhalb seines Protektoratsbereiches ein Territorium mit einer Stadt im Zentrum einzuräumen, wo die Juden des Protektorates, soweit zahlenmäßig möglich, unter Selbstverwaltung leben sollten. Staatssekretär K. H. Frank schlug das Städtchen Theresienstadt vor. Freilich, was sollte ich mit einer Stadt, in der kaum zehntausend Menschen untergebracht werden konnten, beginnen? Es war daher keine Lösung, kaum eine Zwischenlösung; denn mir schwebte noch immer ein weit größeres Territorium vor, wo z. B. auch die Lebensmittel in ausreichendem Maße hätten selbst produziert werden können. Aber etwas in diesem Umfange stand nicht zur Verfügung. Die wenigen Hektar Land, die die Stadt umgaben, reichten keineswegs aus. Gemäß Weisung des Chefs der Sipo und des SD in Böhmen und Mähren, Heydrich, oder gemäß der Verordnung des Stellvertretenden Reichsprotektors Heydrich wurden die Einweisungsarbeiten nach Theresienstadt über die örtlichen Dienststellen in die Wege geleitet. Ein in Theresienstadt eingesetzter jüdischer „Ältestenrat" bearbeitete die Einzelheiten der Ordnung in der Stadt. Dienstaufsichtsbehörde war der Befehlshaber der Sipo und des SD, dem nach der ersten Anlaufzeit auch die „Zentralstelle für jüdische Auswanderung" in Prag unterstellt war. Allmählich wurde Theresienstadt auf Befehl Himmlers zu einem Prominenten-, Alters- und Jugendheim. Die Juden von Theresienstadt verwalteten sich selbst, hatten ihr eigenes Geld, ihre eigenen, von der Postverwaltung des Protektorats herausgegebenen Briefmarken, ihre eigene Polizei, ihre Kindergärten, Schulen, Theater, ein Hospital und Kaffeehäuser sowie ein eigenes, unter jüdischer Verwaltung stehendes Krematorium. Die Lebensmittel kamen im großen und ganzen über den Befehlshaber der Sipo und des SD an den „Ältestenrat", der sie verteilte und auch verwaltete. An Bewachung waren lediglich einige tschechische Gendarmeriebeamte da, die an den Gemarkungen der Stadt Dienst taten sowie an der mitten durch Theresienstadt führenden Autobahn Dresden-Prag. Ferner war dort, wie gesagt, ein kleines SS-Kommando von sechs bis höchstens zehn Mann mit der Aufgabe, für die Lebensmittelversorgung im großen, die Kontrolle der verschiedenen sanitären Anordnungen sowie die laufende Berichterstattung über das jüdische Leben in der Stadt an den Befehlshaber der Sipo und des SD in Prag Sorge zu tragen.

Wiederholt bestätigten mir jüdische Funktionäre, sie seien dankbar für Theresienstadt, weil sie hier im Hinblick auf ihre Palästinapläne eine gute Schulungsmöglichkeit besäßen, insbesondere was Erziehung zum Gemeinschaftsleben anlangt. Die meisten Juden, so sagte man mir, würden erst hier und hier zum erstenmal an gemeinsames Leben gewöhnt und zu gemeinsamen Arbeiten angehalten.

Aus der an Irrtümern so reichen „sachverständigen Nachkriegsliteratur" sei hier noch ein grober Fehler erwähnt, da Theresienstadt davon betroffen ist. Da heißt es z. B.: „... so wie Theresienstadt wurde Belsen ‚politisch' von ‚IV A 4 b' verwaltet, Eichmanns Dienststelle..." Es scheint, als ob solche „sachverständige Autoren" nur eine Menge großer und kleiner Buchstaben, römischer und arabischer Ziffern zu sehen brauchen, um alles durcheinanderzubringen: meine Dienststelle gehörte zu IV B; IV A war etwas vollkommen davon Getrenntes und Verschiedenes – der Unterschied zwischen IV A und IV B war etwa so groß wie der zwischen der südlichen und nördlichen Erdhälfte.

Ich wage es, das Kapitel „Theresienstadt" abzuschließen mit der Bemerkung, man möge nur die rund 10 000 jüdischen Einwohner von Theresienstadt, die nach Kriegsende von den Alliierten dort vorgefunden wurden, befragen, welcher Art ihre Erfahrungen – immer unter Berücksichtigung der Tatsache, daß Krieg war – im Ghetto, Altersheim oder Prominentenlager Theresienstadt waren; die Antworten können nicht anders als positiv ausfallen. Es wurde, soweit ich über die letzten Zeiten unterrichtet bin, von Berlin aus nie etwas angeordnet, was nachträglich unter „Kriegs- oder Menschlichkeitsverbrechen" gezählt werden konnte. Nach Theresienstadt erfolgten, um dies der Vollständigkeit halber noch anzufügen, auf Befehl des Reichsführers ständig Einweisungen, was anfangs zu Überfüllung führte. Um drohende Seuchenausbrüche zu verhindern, ordnete der Reichsführer der SS zwei bis drei Transporte von mehreren tausend Juden zur Einweisung nach Auschwitz (72) an. Damit waren sie aus dem Zuständigkeitsbereich des Chefs der Sipo und des SD ausgeschieden und in den eines anderen Hauptamtes, des Wirtschafts- und Verwaltungshauptamtes (WVHA) übergegangen, das dem Reichsführer in eben dieser Eigenschaft unterstand.

Eichmann schildert seine Aufgaben

Mit dem Kriegsausbruch gegen die Sowjetunion wurde die physische Vernichtung der Juden angeordnet und ihre Auswanderung verboten. Auf ersteres werde ich an anderer Stelle dieser Erklärungen ausführlich eingehen.

Das Auswanderungsverbot hatte zur Folge, daß Amt IV B 4 die Juden nunmehr laut Befehl an bestimmte Zielbahnhöfe, immer in der Nähe der KZs, zu deportieren hatte. Inzwischen hatte sich mein Dezernat IV B 4 mit verschiedenen jüdischen Maßnahmen befaßt. Damit ein klarer Begriff der Aufgaben und Zuständigkeit meines Dezernats entsteht, will ich schildern, wie Verordnungen, Befehle und Erlasse von ihm bearbeitet wurden. Als Beispiel nehme ich die Pflicht zur Kennzeichnung der Juden. Bei näherem Nachdenken glaube ich nicht, daß der gesetzliche, d. h. der verordnungstechnische Teil in meinem Dezernat entstanden ist. Dies geschah an einer anderen Stelle, wenngleich mein Dezernat hieran beteiligt war, und zwar zweifelsohne durch einen meiner Juristen. Die Stelle, die in dieser Sache federführend war, hat alle in Frage kommenden und daran dienstlich interessierten Zentralinstanzen laufend zu einschlägigen Besprechungen gebeten. – In anderen Fällen konnte ich natürlich mit der Abfertigung der Durchführungsbestimmungen irgendwelcher Verordnungen befaßt werden, damit die Polizei in die Lage versetzt wurde, deren Anwendung zu beachten und zu kontrollieren. In einem solchen Falle bekam ich von meinem Chef,

Gruppenführer Müller, oder direkt vom Chef der Sipo und des SD, Heydrich, den Auftrag, die Regelung durch Erlaß oder Polizeiverordnung unter dem jeweiligen Stichwort bis zu einem Stichdatum vorzulegen. Einen derartigen Auftrag besprach ich dann im konkreten Falle seines juristischen Charakters wegen nicht nur mit meinem Regierungsamtmann oder meinem Polizei-Inspektor, sondern mit einem Regierungsrat oder Regierungsassessor. Dann beraumte ich Arbeitsbesprechungen ein, an denen alle Zentralstellen teilnahmen, die entweder am Rande oder federführend beteiligt waren. Bei dieser Gelegenheit brachte jeder sein Anliegen oder auch kleine Entwürfe vor; falls von oben befohlen wurde, daß der Chef der Sipo und des SD federführend war, hatte ich den Rahmenentwurf zu machen, d. h. also eine Polizeiverordnung mit einer bestimmten Nummer, des Inhalts, daß mit Wirkung von einem bestimmten Datum sämtliche im Reichsgebiet lebende Juden deutscher Staatsangehörigkeit zu kennzeichnen sind. Dann folgte die Feststellung, wer als solcher galt. Dafür wurden die Nürnberger Gesetze herangezogen; dann wurden die Grenzfälle bestimmt und schließlich die Strafe bei Nichtbeachtung. Die Durchführungsbestimmungen enthielten die Angabe, auf welcher Seite der Kleidung die Kennzeichnung anzubringen sei, wie groß, in welcher Farbe, ob auf der Straße zu tragen oder auch im Haus, und wie die Stellen sich zu verhalten hätten, wenn ein Jude ohne Kennzeichnung auf der Straße angetroffen wurde. Ein Rahmenentwurf entstand immer schnell, aber Durchführungsbestimmungen mußten lange beraten werden; denn immer wieder tauchten neue Bedenken auf und neue Anträge, die zu berücksichtigen waren. Hatte ich einen solchen Entwurf in meinen Arbeitsbesprechungen fertiggestellt, denen ich persönlich, mein in Vertretung handelnder Regierungsrat oder mein ständiger Vertreter vorsitzen mußte, dann ließ ich mir diesen Rahmenentwurf von sämtlichen an der Besprechung teilnehmenden Beauftragten abzeichnen, machte ihn fertig und sandte ihn als Anlage zu einem Schreiben an den Chef der Sipo und des SD oder an den Chef der Deutschen Polizei. Darauf wurde der Entwurf vom Reichsführer oder dem Chef der Sipo und des SD unterschrieben und kam zu mir zurück. Anschließend wurde er an sämtliche Dienststellen verschickt und als Polizeiverordnung veröffentlicht. Eine derartige Sache fand einen äußeren Niederschlag, der sich im In- und Ausland nicht verbergen ließ; dabei war, wie ersichtlich, ein erheblicher Apparat eingeschaltet.

Es gab aber auch interne Polizeierlasse, die auf schnellerem Wege zustande kamen, denen aber auch nicht solche grundsätzliche Bedeutung zukam.

Ein Beispiel: Eine Stelle draußen meldete mir Schwierigkeiten auf irgendeinem Gebiet der „Gegnerbehandlung"; dies konnte irgendeinen meiner Berater betreffen oder irgendeine Staatspolizei-Leitstelle. Diese Stelle meldete mir nun, daß Unklarheiten herrschten oder Schwierigkeiten sich in der Praxis ergäben, daß für die Angelegenheit wohl verschiedene Gesichtspunkte maßgebend seien und eine einheitliche Arbeit bislang noch nicht erzielt werden konnte; daher wurde gebeten, die Sache generell zu klären. Dann zog ich meinen zuständigen Sachbearbeiter heran, ging mit ihm die Angelegenheit durch und beauftragte ihn, sie zu bearbeiten und alles an Weisungen und Erlassen vorzulegen, was auf diesem Gebiet bereits vorhanden war. Gleichzeitig sollte er prüfen, inwieweit das Ganze durch einen Erlaß geregelt werden könne oder ob eine polizeiliche Verordnung notwendig sei. Nachdem er den Sachverhalt studiert hatte, teilte er mir mit, daß in diesem Falle z. B. ein Rundschreiben an sämtliche Polizeistellen genüge. Dieses Rundschreiben mußte dann zur Benachrichtigung an die Inspekteure der Sipo und des SD, an die Befehlshaber der Sipo und des SD und auch an die Höheren SS- und Polizeiführer herausgegeben werden. War ich einverstanden oder meinte ich, daß noch Schwierigkeiten oder Unklarheiten auftauchen könnten, so wanderte die ganze Angelegenheit in meine Rücksprachemappe zur nochmaligen Beratung mit meinem Amtschef. Hielt er sie aber nicht für so wichtig, daß hier noch der Chef der Sipo und des SD oder gar der Reichsführer einzuschalten sei, dann wurde beschlossen, die Angelegenheit in einem Rundschreiben klarzustellen. Dieses Rundschreiben wurde von meinem Sachbearbeiter entworfen und von mir abgezeichnet. Der Sachbearbeiter machte unter dem Zeichen IV B 4 sein Signum und ich das meine rechts davon, dann ging das Rundschreiben an Amtschef IV zur Unterschrift, anschließend weiter an den Chef der Sipo und des SD, der ebenfalls unterschrieb oder auch nur sein Signum machte, und schließlich an den Reichsführer. Auf demselben Dienstweg, wie das Ganze hinausgegangen war, kam es auch wieder zurück. Dann verfaßte ich aufgrund dieses Kanzleientwurfes das endgültige Rundschreiben für sämtliche Polizei- und Polizeileitstellen. – Handelte es sich um eine kleine Angelegenheit, die in eigener Zuständigkeit geregelt werden konnte, unterschrieb ich mit meinem Namen; der meines Sachbearbeiters stand nur oben in der Buchungsnummer; oder Müller oder Heydrich unterschrieb. Nie hätte ich als Referent einen Polizeierlaß herausgeben können, ohne den Behördenapparat einzuschalten, und wäre er noch so geringfügig gewesen.

Die geistige Urheberschaft bei Erlassen und Verordnungen hat nur in den allerseltensten Fällen ein Referent im Gestapo-Amt gehabt. Es ist im Polizeiwesen immer so, daß praktische Fälle von den nachgeordneten Stellen an die vorgesetzte Behörde herangetragen werden und somit die „geistige Urheberschaft" unten zu suchen ist. Handelt es sich um bedeutendere Fälle oder um Fälle grundsätzlicher Art, dann kommen Erlasse, Verordnungen u. ä. von oben herunter und werden angeordnet. Ein Referent im

Gestapo-Amt war weniger schöpferisch tätig als z. B. eine Referent im Amt VII. Im Amt IV war es auch nicht die Aufgabe eines Referenten, schöpferisch tätig zu sein; er mußte vielmehr seinem Bearbeitungsapparat vorstehen. Schöpferisch tätig waren Amt VII, Amt III, das Propagandaministerium, die Kanzlei des Stellvertreters des Führers. Der Referent im Gestapo-Amt war der Vorstand seiner Büromaschine, die im Sinne der ergangenen Weisungen und Befehle zu bearbeiten hatte, was von oben und unten hereinkam. Waren noch keine Weisungen und Befehle ergangen, besorgte er sich diese aufgrund von Rücksprachen. Nie konnte ich selbständig einen Erlaß – und ein Erlaß hat immer grundsätzliche Bedeutung, sonst ist es kein Erlaß im Sinne einer polizeilichen Verordnung – an meine in den europäischen Ländern tätigen Mitarbeiter herausgeben, wenn ich nicht dazu veranlaßt war. Es konnte geschehen, daß irgendeiner meiner Offiziere aus dem Ausland zu mir kam und z. B. sagte: „Ich habe hier eine große Schwierigkeit; ich glaube, wir kommen hier nicht weiter. Ich denke, Obersturmbannführer, daß wir etwas unternehmen müssen, denn die Gesetze in diesem Land sind derartig, daß eine Überstellung der Juden dieser Staatsangehörigkeit unmöglich ist, solange hier nicht eine besondere Gesetzgebung vorliegt oder auf gesetzgeberischem Wege eine Durchführungsmöglichkeit erarbeitet wird." Ich hörte mir das an, ließ den zuständigen Sachbearbeiter kommen, in diesem Falle also wieder einen Juristen. Entweder kannte er die Schwierigkeit in dem betreffenden Land oder nicht. Er meinte z. B., die Sache sei an sich sehr einfach; denn wir brauchten nur dem Auswärtigen Amt vorzuschlagen, über seine Missionsträger bei der zuständigen Stelle im Ausland zu erwirken, daß zu einem bestimmten Gesetz in diesem oder in jenem Sinne eine Zusatzverordnung komme, damit man eine Handhabe besitze und operieren könne. Dann entschied ich entweder, daß die Angelegenheit in diesem Sinne zur Vorlage gemacht werden solle oder daß ich noch Rücksprache diesbezüglich nehmen werde. Bei der nächsten Gelegenheit unterbreitete ich dann Müller diesen Vorschlag; befand er ihn für gut, wurde ein Schreiben für das Auswärtige Amt angefertigt. Ein solches Schreiben wurde nie von mir, sondern vom Amtschef unterschrieben. Nur wenn es eine ganz einfache Sache war, die zu Händen von Legationsrat von Thadden (75) an das Auswärtige Amt abging, unterzeichnete ich das Schreiben selber. In den erstgenannten Briefen an das Auswärtige Amt, unterschrieben vom Amtschef, wurde auf die betreffende Sachlage aufmerksam gemacht und gebeten, vorzufühlen und auszukundschaften, ob, inwieweit und unter welchen Bedingungen in dem betreffenden Land der fragliche Befehl des Reichsführers durchgeführt werden könnte. Es war immer ein sehr langwieriger Vorgang mit dem Auswärtigen Amt; es wurde gebohrt und gebohrt..., oder aber die Sache lief sich tot und wurde zu den

Akten gelegt; denn auch das hat es gegeben. Verordnungen, die von mir inspiriert und ausgearbeitet wurden, haben auch existiert, jedoch nur in unbedeutenden Angelegenheiten. Heydrich z. B. ließ sich eigentlich nie die Federführung aus den Händen nehmen; bei Kaltenbrunner war es einfacher, da brauchten wir nicht so besorgt zu sein; stellte es sich nachträglich heraus, daß die Federführung an sich Sache des Auswärtigen Amtes oder des Reichswirtschaftsministeriums sei, dann erhob Kaltenbrunner nie Einspruch, während bei Heydrich ein lautes Donnerwetter krachte, wenn ihm eine Sache aus der Hand genommen wurde.

Ein paar erste Worte zum Madagaskar-Plan

Im „Madagaskar-Projekt", worüber noch ausführlicher gesprochen wird, kam der Anstoß von mir; da war ich – wenn man es so nennen will – „schöpferisch" beteiligt, aber auch wiederum nicht allein, denn der Jude Herzl selber hatte ja die Idee aufgegriffen, weil er in Palästina wenig Erfolg hatte. Solche Fälle waren aber ganz selten; denn es war nicht Aufgabe des Referenten, zu grübeln, was hier zu machen sei. Das gab es überhaupt nicht; denn gerade bei „Gegnerbehandlung" bestand eine solche Fülle von Einflüssen außerhalb des Dezernats, so von den Polizeifernstellen, von der Partei, von einflußreichen Personen, daß derartiges nur polizeitechnisch verarbeitet werden konnte, d. h. unter Einsatz des gesamten Polizeiapparates. – Es war meine Aufgabe als Dezernent, darauf zu achten, jeden Erlaßentwurf zu vermeiden, der eine außerordentliche Überlastung für die nachgeordneten Exekutivstellen bedeutet hätte. Es gab eine solche Fülle von Anregungen, daß genau gesiebt werden mußte; ein Dezernent hatte es gar nicht nötig, etwas Eigenes zu fabrizieren. So erging es nicht nur mir als Dezernent von IV B 4, sondern auch allen übrigen Dezernenten.

KZs, Gesetze und ich

In diesem Zusammenhang sollte m. E. deutlich erklärt werden, was ich als Referent vom Dezernat IV B 4 des Gestapo-Amtes überhaupt mit den KZs zu tun hatte. Dabei muß ein Unterschied gemacht werden zwischen der Zeit, in der das Gestapo-Amt Einzelfälle zu entscheiden hatte, also bis ungefähr 1941, und der Zeit, in welcher der Führerbefehl „zur physischen Vernichtung" erging. Während der ersten Zeit entstanden die KZs; die später „großen Leute" waren noch klein. Schon damals wurden einige Richtlinien aufgestellt, die nachher zum Teil weiter übernommen, ausgearbeitet oder auch aufgehoben wurden. Es kam eine ganze Liste von Maßnahmen zustande, die zu ergreifen waren, wenn bei der Gestapo ein Jude wegen rassenschänderischer Beziehungen oder wegen Devisenschmuggels namhaft gemacht wurde; mit einem Wort, wenn es sich um Vergehen auf den verschiedensten Lebensgebieten des deutschen Volkes handelte. Da waren Anordnungen ergangen, die vom Reichsführer SS immer wieder ergänzt, ausgebaut oder auch widerrufen wurden. Bei wenigen der zu bearbeitenden Sparten der Gegnerbekämpfung kniete sich der oberste Chef, der Reichsführer, so sehr persönlich auch in Einzelheiten wie gerade bei Judenfragen. Es genügte, wenn Ley, ein Gauleiter oder sonst jemand bei irgendeinem Anlaß – und sei es bei einem gemeinsamen Essen – den Reichsführer in einer bestimmten Angelegenheit ansprach, um ihn persönlich zu Anordnungen zu veranlassen; diese standen sogar vielfach im Gegensatz zum vorher Gültigen. – Andere Dinge wurden dagegen gesetzlich geregelt. Die Gestapo oder die Polizeileitstelle schrieb z. B. an das Gestapo-Amt: ‚Der Jude X hat diese oder jene gesetzwidrige Tat begangen. Es wird vorgeschlagen, ihn dem KZ zu überstellen; ich (der Leiter der Stapo-Leit) bitte um Weisung.' Diese Sache kam dann zu IV B 4; mein Regierungsamtmann oder mein Polizeiinspektor bearbeiteten den Fall, indem sie kontrollierten, ob die Bedingungen vorlagen, um den betreffenden Juden in ein KZ einzuliefern. Lag der Fall klar, so hieß es im Rückschreiben an die Gestapo oder Polizeileitstelle: „Einweisung ins KZ gemäß Erlaß des Reichsführers." Dieses Schreiben ging nicht von IV B 4 oder vom Amtschef zur Staatspolizei-Leitstelle – z. B. München –, sondern im Entwurf an das Schutzhaftdezernat im Amt IV. Ein Regierungs- oder Kriminalrat stand diesem Dezernat vor; dieser unterzeichnete entweder selber, oder der Amtschef unterschrieb und gab dann die nötigen Anweisungen weiter. Später wurden solche Anfragen nach nachgeordneten oder vorgesetzten Dienststellen an das Gestapo-Amt durch die Zentralregistratur des Amtes IV so geregelt, daß der Schutzhaftdezernent derartige Anfragen zuerst bekam und so behandelte, wie auch mein Sachbearbeiter sie behandelt hätte; ich selbst oder mein ständiger Vertreter mußten lediglich die Unbedenklichkeit signieren. Aber das Schutzhaftdezernat konnte in der Sache nicht entscheiden; es war nur eine „verlängerte Registratur"; deshalb wurde es nicht von einem Regierungsrat geführt, sondern von einem Regierungskriminalrat, der nicht zur „höheren Laufbahn" gehörte. Natürlich war ich in erster Linie mitverantwortlich und mußte auch von meinem Sachbearbeiter prüfen lassen, unter welchen Gesichtspunkten ein bestimmter Jude eingeliefert werden durfte oder nicht. Später wurde es zur Vereinfachung so geregelt, daß wir in IV B 4 nur noch zu zeichnen brauchten, denn es handelte sich ja um Dutzende von Fällen.

Eine derartige Anfrage hatte ungefähr folgende Form:
„Staatspolizei-Leitstelle (München)
Aktenzeichen ....
      An das
      Gestapo-Amt
      z. Hd. Gruppenführer Müller
Betr.: Jude X (Lemberg)
 geboren................ wohnhaft ....
Bezug: Runderlaß des RF vom ....
Der oben angeführte Jude wurde vom Devisenfahndungsamt der hiesigen Dienststelle überstellt, weil er Devisen verschoben hat. Unter Bezugnahme auf den vorerwähnten Runderlaß bitte ich um Einverständnis, den Juden X in das KZ (Dachau) zu überstellen. Ich bitte um Weisung.

             gez. .... "

Das Antwortschreiben konnte dann wie folgt lauten:
„Gemäß der derzeitigen Anfrage vom .... ist laut Runderlaß vom .... der Jude X in Schutzhaft zu nehmen.
Haftüberprüfungstermin: ½ Jahr.

             gez. .... "

Dieses Schreiben ging zunächst zum Schutzhaftdezernat, wo gleich die Haftüberprüfungstermine festgelegt wurden; dann ging es an die betreffende Staatspolizei-Leitstelle weiter, die anschließend den Juden X an das KZ überstellte. Weiter hatte ich mit dem KZ oder mit dem Häftling nichts zu tun. Nur bezüglich des Haftüberprüfungstermins fragte die Staatspolizeiliche Leitstelle nochmals an. Dieser wurde dann entweder neu festgelegt, oder aber es hatte sich in der Zwischenzeit die Möglichkeit ergeben, dem Juden X die Ausreise nach dem Land Y zu gestatten. Dann teilte die Staatspolizei-Leitstelle weiterhin mit, daß der Jude X wegen Devisenschmuggels eingesperrt wurde, und fragte an, ob einer Auswanderung stattgegeben werden könne, da ein diesbezüglicher Reichsführerbefehl vorlag, wonach den in KZs inhaftierten Juden sofortige Entlassung zu erteilen war, wenn eine Einwanderungsgenehmigung vorgezeigt werden konnte. Alles wurde genau überprüft, bejahend oder abschlägig entschieden, laut den bestehenden Erlassen. Es gab eine Fülle von Einzelfällen; meine Leute hatten Tag und Nacht zu tun, um sie alle zu behandeln; denn in jedem einzelnen Fall mußte geprüft werden, ob der Betreffende nach Gesetz, Erlaß und Verordnung Jude oder Nichtjude war, ob er sich vergangen hatte, für welche der betreffenden Vergehen die Strafe galt, die vorgeschlagen wurde, und schließlich, ob nun die ganze Angelegenheit tatsächlich mit den vorliegenden Gesetzen oder Polizeiverordnungen im Einklang stand. Alles mußte nach dem Gesetz gehen; IV B 4 konnte nicht einmal hü und ein andermal hott sagen. Wenn es nicht genau nach einem bestimmten Verfahren gegangen und eine Fehlweisung gegeben worden wäre, wäre der Anpfiff von oben vielleicht nicht so schlimm gewesen. Schlimmer wäre gewesen, daß der Polizeibeamte hätte sagen können: „Ja, früher waren einmal Gesetze maßgebend, aber heute kennt man anscheinend keine Gesetze mehr." Das wäre furchtbar gewesen, und deshalb durften wir keine Fehlanweisungen geben.

„Sonderbehandlung" in den KZs

Es gab Sonderbehandlung, aber nicht nur bei Juden allein. Wenn ein Jude sich damals gegen die Nürnberger Gesetze vergangen hatte, z. B. durch nachgewiesenen Geschlechtsverkehr mit einer Deutschblütigen, und er gefunden werden konnte, wurde er einer staatspolizeilichen Stelle zugeführt. Dann schrieb diese Stelle genau wie in anderen Fällen: „Der Jude Y wurde eingeliefert, weil er am .... bei rassenschänderischen Handlungen angetroffen wurde. Gemäß Erlaß wird angefragt, ob Sonderbehandlung durchgeführt werden soll." Mein Sachbearbeiter überprüfte den Fall; mich ging der Tatbestand nichts an; auf Grund eines besonderen Übereinkommens zwischen Himmler und dem Justizminister (77) wurden diese Fälle gar nicht mehr der Justiz zugeleitet. In Judenangelegenheiten wurden nur noch grundsätzliche Fälle von besonderer Bedeutung der Justiz vorgetragen, aber hier mußte der Führer damit einverstanden sein, daß die Zuständigkeit des Justizministers beschränkt wurde. Wenn die Überprüfung meines Sachbearbeiters ergab, daß alles klar war, ging die Entscheidung wieder zurück an die betreffende Polizeileitstelle, und der Jude X durfte einer Sonderbehandlung zugeführt werden. Diese Sonderbehandlung bestand in Erschießen oder Erhängen, je nach den diesbezüglichen Bestimmungen des Reichsführers. In Bestrafungsangelegenheiten war der Reichsführer sehr penibel. So erlaubte er z. B. in einem Erlaß bestimmte Strafen in den KZs und umschrieb genau Anzahl und Zuständigkeit der zu erteilenden Stockhiebe (78). Die Straffälle waren ebenfalls genau umschrieben. Stockhiebe durften nur in Anwesenheit eines Arztes erteilt werden, und Wasserkübel mußten bereitstehen. Über

12 Stockhiebe konnte nur der Amtschef entscheiden,
25 Stockhiebe konnte nur der Chef der SIPO und des SD festlegen und
50 Stockhiebe waren eine Strafe, die sich der Reichsführer selbst vorbehalten hatte.

Ein Referent konnte nicht einen einzigen Stockhieb anordnen.

Besuche in KZs

Nach dem Führerbefehl der physischen Vernichtung fuhr ich öfters in KZs, so nach Auschwitz, in die Nähe von Lublin und nach Oranienburg. Meine Besuche im KZ in der Nähe von Lublin werde ich an anderer Stelle ausführlich schildern. – Ins KZ Oranienburg kam ich im Zusammenhang mit der Grynszpan-Affaire; es war ein Einzelfall. – Bei Höß im KZ Auschwitz war ich wiederholt; denn ich mußte mit den KZs, die meine Deportationszüge abzunehmen hatten, ständige Fühlungnahme halten. Dies ist leicht erklärlich: Nehmen wir einmal als Beispiel, daß Wisliceny aus der Slowakei einen Transport von -zig Juden zusammengestellt hatte oder daß Dannekker in Frankreich acht Transportzüge mit zusammen zehntausend Juden plante. Vor der Fahrplankonferenz mit dem Reichsverkehrsminister fand eine Besprechung mit den zuständigen Personen des WVHA statt; denn der „Inspekteur des KZ-Wesens" mußte mir Mitteilung machen, wohin diese Transporte zu führen seien. Der Chef des WVHA, Pohl, hatte vom Reichsführer die grundsätzliche Weisung, alle Juden aufzunehmen; wo er sie unterbrachte, war seine Sache. War Auschwitz festgelegt, dann wurde vom Reichsverkehrsministerium als Abgangsbahnhof z. B. die Reichsgrenze Ungarn/Österreich ausgemacht oder in anderen Fällen die Endstation Auschwitz. Dann rollten die Deportationen, aber das WVHA hatte mir eine maximale Zahl angegeben, woran ich mich ebenso halten mußte wie an die Bestimmungen des Chefs des WHVA, daß nämlich die Juden in einem einwandfreien Gesundheitszustand zu überstellen seien und dies und jenes nicht der Fall sein dürfe. Solange alles einwandfrei vor sich ging, rollten die Transporte, und keiner kümmerte sich um den anderen. Aber die Praxis ist manchmal anders als die Theorie. So z. B. bat ich den Staatssekretär Endre (81) im Falle Ungarns inständig, daß die Juden bei ihrer Ankunft arbeitsfähig sein sollten. Trotzdem knüppelte die ungarische Gendarmerie die Juden in einzelnen Fällen in die Waggons hinein, weil ein wilder ungarischer Gendarmeriewachtmeister z. B. nicht „viel Zeit verlieren wollte". Manchmal war die Verpflegung und Versorgung in Ungarn unzureichend, und obwohl sie auf deutschem Boden besser wurde, kamen die Juden in schlechtem Zustand an. Das mag nicht nur bei den ungarischen Transporten vorgekommen sein, sondern auch bei anderen; denn es gab überall Schwierigkeiten. So kam ein Beauftragter von Höss oder auch er persönlich zu mir, oder ich bekam ein Fernschreiben von Müller, daß ich mich unverzüglich nach Auschwitz zu begeben habe, um Schwierigkeiten, die vielleicht auftreten würden, zu erörtern und zu beheben; er bitte mich, im Anschluß daran zur Berichterstattung nach Berlin zu kommen. So mußte ich während meines Aufenthaltes in Ungarn im ganzen vielleicht drei- oder viermal nach Auschwitz fahren. Auf dem Höhepunkt der ungarischen Deportationen wurde das Maß einmal überzogen; denn es gab ja Schwierigkeiten in Hülle und Fülle. Die Deportationszüge fuhren zu jener Zeit täglich etwa mit der Anzahl von fünf bis sechs oder auch zehn Zügen. Durch einen Bombenangriff kam ein bestimmter Transport des Tages nicht mehr durch und blieb liegen, oder es kam sonst etwas dazwischen. Der nächste Transport rollte gleich nach, und so geschah es, daß einmal zehn oder zwölf oder sechzehn Transportzüge zugleich in Auschwitz eintrafen. Daraufhin wurde Höss „wahnsinnig" und konnte nicht mehr weiter. Ich wurde zu Pohl befohlen, der sich offenbar nicht ganz beherrschen konnte und mich in unangemessener Art anfuhr; schließlich war ich dafür gar nicht zuständig gewesen. Ich verstand die Schwierigkeiten von Höss. In Kriegszeiten herrschte höhere Gewalt, und es wurde ein Sündenbock gesucht. – Zur Klärung solcher Fälle besuchte ich also das KZ, keineswegs aus „persönlicher Neugierde", sondern infolge einer Aufforderung des Kommandanten, der sich nebenbei vielleicht ein Vergnügen daraus machte, einem „Schreibtischhengst" einmal die Zustände zu zeigen, die einem KZ-Kommandanten zugemutet wurden. Etwas Derartiges ist mir zwar nie gesagt worden, aber ich habe es so empfunden. Vielleicht hätte auch ich selber so reagiert.

Das war also der Grund dafür, warum und wann ich mit einem KZ zu tun hatte. Genausowenig wie ein Dezernent in einem Polizeiamt schöpferisch tätig zu sein braucht, genausowenig hat er mit einem KZ zu tun; er war Vorstand seines Büroapparates wie in jedem Amt mit exekutiven Vollmachten. Nicht nur Vorstand seines Büroapparates war der Dezernent im Amt VII oder im Amt III, in jenem Amt, dem keinerlei Exekutiv-Vollmachten zustanden. Nur Vorstand seines Büroapparates war der Dezernent im Reichskriminalamt, Amt der Ordnungspolizei, Gestapo-Amt. Der Reichsführer hatte an und für sich die Zuständigkeiten klar verteilt und wurde darin sehr gut beraten; er ließ seine Polizei gar nicht nach Gutdünken schalten und walten, sondern hatte sie fest im Griff, so daß sie schematisch ihre Aufgaben erfüllte, soweit es sich um Evekutivangelegenheiten handelte. In anderen Dingen war der Reichsführer jedoch genau das Gegenteil; ich glaube, ihm war nichts verhaßter als ein „Schema F" bei Leuten, bei denen er einen eigenen Horizont und eigenes Denken erwartete. Unsere Stärke in der Exekutive lag nicht im schöpferischen Handeln, sondern in unserer vollen Übersicht. Wir mußten die Dinge überschauen und danach trachten, eine Angelegenheit mit Reichshorizont so schnell und so umfassend wie möglich zu bearbeiten, ohne die Gestapo in schwierige Situationen mit anderen Zentralinstanzen zu bringen, ohne Fälle zu schaffen, die den Chef der Sipo und des SD oder den Reichsführer in Unannehmlichkeiten bringen konnten. Im übrigen hatte ich darüber zu wachen, daß mir als dem vom Staat eingesetzten Vertrauensmann, als dem Referenten von IV B 4 keine dienstliche Lauheit unterlief. Diese Aufgabe zu erfüllen, bedeutete ein derart gerütteltes Maß von Arbeit, daß der Referent gar nicht mehr dazu kam, sich noch eigene Sachen auszudenken, die ohnehin zu Dutzenden als Anregung von unten oder auch von vorgesetzten Dienststellen in den Akten lagen und sowieso laufend bearbeitet wurden.

Gerade der jüdische Gegner muß die hier beschriebene Technik und die wirklichen Zusammenhänge heute besser kennen, weil er ja im Staat Israel seine eigene Geheimpolizei hat; deshalb weiß er heute sicher, wie so etwas gemacht wird. Übrigens bin ich davon überzeugt, daß keine östliche Sicherheitspolizei, weder die sowjetische noch die ungarische oder die tschechische anders handelt; ein anderes amtliches Gebaren ist bürotechnisch nicht vorstellbar. Ich kann nicht glauben, daß ein sowjetischer oder ungarischer Kommissar frei nach eigenem Ermessen handeln kann; das gibt es auf der ganzen Welt nicht, auch nicht im „Westen". Ein Dezernent bearbeitet nur das, was von oben und von unten an ihn herangetragen wird. Wir brauchten gar nicht schöpferisch zu sein, weil jede Phase eines Vorganges schon von anderen Gehirnen be- und durchdacht war. –

„Schöpferische" Tätigkeit nur für die Auswanderung

„Schöpferisch" tätig war ich nur, solange die Auswanderung lief; so war ich auch für den Auswanderungssektor direkt zuständig. Aber es gab keine schöpferische Tätigkeit mehr bei meinem Dezernat, nachdem die Auswanderung der Juden verboten worden war. Alles, was auf dem Gebiet der Lösung der Judenfrage nach diesem Zeitpunkt geschah, wurde mit einigen wenigen Sätzen des Reichsführers, denen Erlaß- oder Verordnungskraft zukam, auf Grund des an ihn ergangenen Führerbefehls umrissen, so daß es von diesem Augenblick an keinen selbstgewählten Weg des Dezernenten mehr geben konnte. Ganz anders war es im Riesengestrüpp der Auswanderungsbestimmungen, die sich oft wöchentlich änderten, bei den sich überschlagenden Devisenverordnungen, die mit immer wieder anderen Vorzeichen herauskamen, bei den ewig und immer wieder umgeworfenen Erlassen des Reichsführers über Auswanderung oder Nichtauswanderung. Hier entstand eine Fülle von Problemen, und hier war es freilich Aufgabe des Dezernenten, sich mit Geschick der jeweiligen außen- und innenpolitischen Lage anzupassen, um das von ihm gestellte Ziel zu erreichen, nämlich innerhalb kürzester Frist eine Höchstzahl von Juden zur Auswanderung zu bringen. Nach dem Auswanderungsstop jedoch wurde die Tätigkeit von IV B 4 rein bürokratisch.

Wo ich Befehlsgewalt hatte

Es ist üblich geworden, meine „uneingeschränkte Macht" herauszustellen. In Wirklichkeit war meine Befehlsgewalt eng umrissen. Ich hatte Befehlsgewalt gegenüber meinen Untergebenen. Dies waren
ein Regierungsrat,
ein Regierungsassessor,
mein ständiger Vertreter,
ein Regierungsamtmann,
mehrere Polizei-Oberinspekteure und Polizei-Inspekteure,
einige Polizei- und Kriminalsekretäre,
mehrere Kriminalassistenten,
mehrere Polizeiangestellte,
mehrere Führer des SD, zeitweilig ein Obersturmbannführer des SD,
mehrere Unteroffiziere und Männer des SD, die als Polizeiangestellte fungierten.
Das war mein Dezernat in Berlin, wozu als verlängerter Arm die „Berater für jüdische Fragen" bei den Deutschen Gesandtschaften und bei den Befehlshabern der Sipo und des SD gehörten. Hier unterlag meine Befehlsgewalt jedoch einer Einschränkung, denn diese „Berater" unterstanden in erster Linie dem Botschafter oder Gesandten oder dem Befehlshaber der Sipo und des SD. Falls diese „Berater" irgendeinem erhaltenen sachlichen Befehl nicht folgen konnten, stand es ihnen frei, zu mir zu kommen. Das war anders als bei den sonst einem Botschafter oder Befehlshaber unmittelbar unterstellten Beamten. Die „Berater" konnten mir dann erklären, warum sie den betreffenden Befehl nicht ausführen konnten, etwa weil er im Widerspruch zu einer vom Dezernat erhaltenen Weisung stand; dann konnten sie um Klärung bitten. War diese erfolgt, begaben sie sich wieder zu ihrer Dienststelle. Hiermit habe ich den Bereich meiner direkten Befehlsgewalt genau umschrieben. Beschränkte Weisungsbefugnisse standen mir zu. Ein Rundschreiben an alle Staatspolizei-Leitstellen konnte als Briefkopf „Der Chef der Sipo und des SD" und meine Dezernatnummer haben und auch von mir unterschrieben sein; das war dann eine Weisung und kein Befehl. Hieraus würde man folgern können, daß ich aufgrund dessen uneingeschränkte „Weisungsbefugnisse" über sämtliche nachgeordneten Stellen des Chefs der Sipo und des SD hatte. Doch erstens stand es den Leitern der Stapo-(Leit)stellen zu, Bedenken zu äußern; die Weisung trat natürlich erst nach Zerstreuung dieser allfälligen Bedenken in Kraft. Waren die Bedenken begründet, dann verfuhr man entsprechend anders. Grundsätzlich jedoch ging ein Schreiben an sämtliche Staatspolizei-Stellen und Gestapo-Leitstellen mit einer Weisung als Fernschreiben heraus. Diese Fernschrei-

ben hatten aber ihren Kopf und ihre Wurzel in der Akte, und diese war die Hauptsache. Eine solche Akte sah wie folgt aus:

I – Vermerk: Hier wurde alles sachlich zusammengetragen, entwickelt, ausgearbeitet und erklärt. Unter

II – ging eine solche Weisung an die Staatspolizeistellen heraus, besonders wenn sie an mehrere Staatspolizeistellen erging, und ganz besonders wenn es sich um einen Runderlaß an sämtliche Staatspolizei- und Leitstellen handelte. Dazu wurde unter II die Angelegenheit dem Amtschef IV auf dem Dienstweg vorgelegt, mit der Bitte um Kenntnisnahme, Genehmigung und Abzeichnung. Dies bedeutete, daß eine Weisung an mehr als einer Stelle, in der Regel vom Amtschef IV, unterschrieben werden mußte.

III – Handelte es sich um einen Runderlaß an sämtliche Staatspolizei-Leitstellen, so wurde in der Regel die Unterschrift vom Chef der Sipo und des SD geleistet.

In Ausnahmefällen unterzeichnete der Amtschef. Nur in ganz besonders gelagerten Fällen, wenn z. B. weder der Amtschef noch der Chef der Sipo und des SD anwesend und auch nicht rasch auffindbar war, hätte ich selbstverständlich ein solches Rundschreiben auch unterschreiben können, aber dann hätte ich das vermerken müssen als Punkt III: „Da niemand aufzufinden war und Gefahr des Verzuges bestand." Aber nachher hätte ich dafür einstehen müssen, einen Runderlaß selbst unterschrieben und angeordnet zu haben. Wäre meine Begründung ungenügend erschienen, hätte ich einen dienstlichen Verweis hinnehmen müssen. Ein solcher Fall kam aber nie vor, denn der Amtschef Müller hatte ja seinen Vertreter, kurze Zeit Schellenberg und später laufend Huppenkothen. Bei „Sonderbehandlung" hatte der Amtschef über seine Unterschrift zu entscheiden. Nur Routinesachen an staatspolizeiliche Leitstellen konnte ich unterzeichnen; das Schreiben war nebensächlich, wichtig war der Amtskopf; denn auch im Routineverfahren mußte ein Vermerk angelegt werden, in welchem der Sachbearbeiter die Begründung dafür anzuführen hatte, daß und weshalb dem Ansuchen stattzugeben war oder es abschlägig behandelt werden mußte. Unter II machte er dann den Briefentwurf fertig, und unter III entschied ich, ob dieser Briefentwurf von mir unterzeichnet wurde oder ob ich ihn dem Amtschef zur Unterschrift vorzulegen hatte.

Aber auch dies alles kann juristisch zerpflückt werden: Wenn z. B. dem Staatspolizei-Leitstellenleiter Bedenken kamen, eine bestimmte Weisung durchzuführen, mußte er einen Vermerk anlegen; denn er durfte die Weisung natürlich nicht unterlassen. In seinem Vermerk hatte er seine Bedenken zum Ausdruck zu bringen und sich dadurch selber einen Aufschub der Ausführung zu gestatten. Sein Vermerk mußte seine Annahme klarlegen, daß dieser bestimmten Weisung grundsätzliche Bedeutung zukomme und daß er vor Anordnung dieser Maßnahme noch Rücksprache mit dem Chef des Amtes IV nehmen wolle. In so einem Fall ging das Schreiben noch einmal seinen Weg; das stand dem Leiter einer Staatspolizeileitstelle zu. Aber wenn durch diese Verzögerung dem Reich Schaden entstanden wäre, dann war er dafür verantwortlich, falls eindeutige, klare Weisung des RSHA, in diesem Falle des Gestapo-Amtes, vorlag. Denn dann hatte er nicht mehr zu fragen, ob diese Weisung zu Recht oder zu Unrecht bestand. Er hätte sie dann unabhängig von seiner persönlichen Auffassung genau durchführen müssen. Wenn es sich um Menschenleben oder um Freiheitsberaubung handelte, wurden diese an sich schon heiklen Angelegenheiten immer mit äußerster Vorsicht gehandhabt.

„Mischlinge" und Ehen zwischen Juden und Nichtjuden

Eines der Probleme, die während des Krieges in meinem Dezernat auf bürokratischem Wege behandelt wurden, war die Angelegenheit der Mischehen, deren Auflösung und die Frage einer Zwangssterilisierung. Dazu wurden sehr viele Vorschläge gemacht, aber in der Praxis kam es nie zur Durchführung. Scharf formulierte Vorschläge waren unterbreitet, die von Oberregierungsrat Dr. Reischauer von der Parteikanzlei des Führers kamen. Diese Schärfe entsprach keinesfalls seiner persönlichen Auffassung, sondern seinem Dienstauftrag. Die Parteikanzlei war immer und ewig hinter dem Mischlingsproblem her. Ich war, gerade was privilegierte und nicht privilegierte Mischehen anging, ein wenig zu oberflächlich mit der Nürnberger Gesetzgebung bekannt und hatte das Mischlingsrecht nie so richtig im Kopf. Ich bewunderte daher meinen Sachbearbeiter, der die Rechtslage für jeden Fall sofort erkannte. Ich war dazu nicht fähig und mußte immer wieder nachlesen, ohne mir die Fülle der Bestimmungen zu merken. Oberregierungsrat Dr. Reischauer beherrschte diesen Fragenkomplex souverän. Ich wunderte mich immer wieder, daß gerade die Parteikanzlei mit solcher Ungeduld hinter diesen Mischlingsverhältnissen her war. Ich stand immer auf dem Standpunkt – und hielt den Standpunkt des Reichsführers für ähnlich –, daß sich dieses Problem mit jeder Generation entschärfe, weil die Gesetzgebung weitere Vermischung mit rein jüdischem Blut verhinderte, so daß der deutsche Blutsanteil der Mischlinge folglich immer höher wurde. Bisher war ich stets Gegner dieser ganzen Mischlingsgesetzgebung. Daher interessierte ich mich nicht dafür, mir im einzelnen alles zu merken. Ich entsinne mich noch, daß Dr. Reischauer immer wieder in diese mir lästige Kerbe schlug. Obwohl ich den Komplex nicht beherrschte, wollte ich mir nicht die Blöße der Unwissenheit geben. Wenn aber z. B. versucht wurde, die personenrechtlichen Verhältnisse der Standesämter in dieser Angelegenheit über den Haufen zu werfen, dann machte Staatssekretär Stuckart vom Innenministerium seine Bedenken geltend. Daß die Parteikanzlei in dieser Angelegenheit federführend war, geht schon allein aus dem Begriff „Arbeitskreise" hervor. Ein derartiges Wort ist dem Sprachschatz einer staatlichen Behörde fremd. Wie in vielen Fällen hatte die Parteikanzlei auch hier die Initiative, und da sie als Parteikanzlei nicht recht an die Behörden herankommen konnte, dabei auch auf Opposition gestoßen wäre, wurde diese Angelegenheit kurzerhand an IV B 4 herangetragen, weil dies eine „Behörde" war. Außerdem verstand ich mich ausgezeichnet mit Dr. Reischauer, und so gingen von mir die Einladungen zu Arbeitsbesprechungen (Arbeitskreisen) aus. – Die Parteikanzlei hat diese Aufgabe in Initiative und Verhandlungen führend behandelt; Dr. Reischauer diktierte den entsprechenden Vermerk, den er als vorläufiges Ergebnis des „Arbeitskreises" ansprach. Trotz endloser Besprechungen kam es nicht zu einer praktischen Durchführung, obwohl die Parteikanzlei darauf drängte. Die Mischlinge verblieben trotzdem alle im Reich, die ganze Angelegenheit war langatmig und brachte nichts als Schwierigkeiten mit sich.

Ein Lieblingsthema: Zuständigkeiten

Peinlichst genau waren im Amt IV Zuständigkeiten und Befugnisse abgegrenzt. Eine kleine Anekdote mag zur Erhärtung dieser Behauptung dienen. – Mein Referat war für die Feststellung der Volks- und Staatsfeindlichkeit mit anschließender Vermögensbeschlagnahme zuständig, wie schon an anderer Stelle beschrieben. Diese Angelegenheit wurde nur von Juristen bearbeitet, nachdem die Staatsfeindlichkeit auf Grund irgendeines Erlasses behauptet worden war. Es wurde geprüft, ob die Voraussetzungen zutreffen, und wenn dies der Fall war, wurde dem Antrag stattgegeben. Gemäß der polizeilichen Verordnung wurde automatisch die Beschlagnahme und Einziehung des Vermögens beantragt; darauf erfolgte die Veröffentlichung im „Reichsanzeiger", damit sämtliche davon betroffenen Stellen in Kenntnis gesetzt würden. Über dieser amtlichen Mitteilung stand, so glaube ich, „Der Reichsminister des Innern" und darunter „im Auftrage..." (Unterschrift). Nun war Gruppenführer Müller einmal nicht da; in meiner Unterschriftsmappe war eine Anzahl von diesen Veröffentlichungen; ich sah sie nach und signierte das Konzept, das in Reinschrift umgeschrieben wurde und an die Druckerei ging: In der Veröffentlichung also „gez. Eichmann". Als Gruppenführer Müller zurückkam, erhielt ich einen scharfen Verweis. Er machte mich darauf aufmerksam, daß ich meine Kompetenz überschritten hatte, und verbat sich solche Eingriffe; ich hätte die Sache liegenlassen oder seinem zuständigen Vertreter zur Unterschrift vorlegen sollen.

Sogar die Farben der Tinten waren im RSHA festgelegt! So schrieb der Reichsführer grün, der Chef der Sipo blau, Gruppenführer Müller orange und ich selber violett.

Zur „Aktion Reinhard"

Wenn mir nun ein Bericht vorgelegt wird über die mir erst jetzt zur Kenntnis gelangende sog. „Aktion Reinhard", wobei Lumpen und Garnituren aufgezählt werden sowie die unglaubliche Anzahl von „Tausenden Kilos von Frauenhaar", so handelt es sich kaum um einen Originalbericht. Ich weiß, daß wegen der Verlausungsgefahr jeder KZ-Insasse, ob Mann oder Frau, geschoren wurde, aber »Tausende Kilos Frauenhaar" und „zugweise Bettfedern" halte ich doch für sehr unwahrscheinlich. Liebehenschel oder Glücks sagten mir einmal, daß in jedem KZ sämtliche Haare entfernt wurden und die Gefangenen mit einer bestimmten Lösung eingerieben wurden, um die Läuse zu töten. Die Frauen bekamen ein Kopftuch. Das ist nichts Besonderes; denn in sämtlichen östlichen Ländern werden den Häftlingen alle Haare abgeschnitten, weil die Laus dort Fleckfieber überträgt. Im ganzen Osten hat man vor keinem Tier einen größeren Respekt als vor der Laus; denn im Gegensatz zu der nur unangenehmen Filzlaus kann die Körperlaus den Tod bringen. Fleckfieber-Epidemien sind viele Insassen von KZs, vor allem im Osten, zum Opfer gefallen. Da mußten manchmal sehr energische Maßnahmen getroffen werden, und ich erinnere mich, daß ich einmal mit Globocnik durch die abgesonderten Baracken eines Fleckfieber-Lagers gegangen bin. Da lagen die Kranken auf bezogenen Strohsäcken; es waren leichtere Fälle, schwer Erkrankte und solche, die gerade gestorben waren oder im Sterben lagen. Da mag auch manchmal die Entscheidung gefallen sein, diese Kranken zu töten, um dadurch der Gefahr einer Ausbreitung der Seuche vorzubeugen. Ein mir erst jetzt hier vorgelegtes Schreiben des Reichsstatthalters im Warthegau, Greiser (84), bescheinigte die Tötung von Polen, die an offener Tbc litten, falls deren Unheilbarkeit festgestellt und bescheinigt worden war. Der Reichsführer war gebeten worden, die Mittel zur Tötung der unheilbar Kranken zur Verfügung zu stellen. Ich erinnere mich, daß Regierungsrat Däumling im RSHA das Polenreferat leitete und auch mit dieser Geschichte der „offenen Tbc" zu tun hatte. Wie sie ausgegangen ist, kann ich nicht mehr sagen, ebensowenig, ob der Vorschlag genehmigt wurde. Ich war dafür ja nicht zuständig, auch nicht zuständig für die Behandlung der Juden im Warthegau.

Ebensowenig politisch: Die berüchtigten Vergasungswagen à la Grafeneck

In Berlin wurden die Vergasungswagen für die Todkranken fertiggestellt, aber davon hatte ich im RSHA keine Ahnung, weil wir davon keine Mitteilung erhielten. – Müller wußte es schon viel früher, aber ich wurde nicht damit befaßt. So ist mir auch weiter nichts von der Angelegenheit der offenen Tbc bekannt. Aber das Schreiben von Greiser (84) an den Reichsführer ist wiederum eine deutliche Bestätigung für meine öfters wiederholte Behauptung, daß das Dezernat IV B 4 nicht immer mit der Initiative ursächlich in Erscheinung getreten sei. So war es nicht, sondern irgendwelche Reichsleiter oder Führer, die sich bei Dienstbesprechungen, Vorträgen, Dienstreisen oder einem gemeinsamen Essen trafen, machten solche Dinge direkt unter sich aus; der Reichsführer entschied dann entweder zustimmend oder ablehnend und ordnete in seinem Zuständigkeitsbereich alles selbstherrlich; für die Durchführung seiner Befehle wurde alles, was er in seinem Zugeständigkeitsbereich für verfügbar und opportun hielt, eingesetzt. Das Dezernat IV B 4 wurde einfach übergangen und nur vor eine vollendete Tatsache gestellt, an der wir nichts mehr ändern konnten. Wir mußten uns damit begnügen, festzustellen, daß eine Maßnahme mal wieder gegen diesen Erlaß und jene Verordnung verstieß, daß wieder ein neuer Befehl erteilt worden war, den wir eben so ausführen mußten, wie er erteilt war. Das war dieses Durcheinander, auf das ich schon öfters hinwies. Das RSHA konnte es überhaupt nur erkennen, wenn wir eine schriftliche Unterlage in den Akten auffinden konnten.

Zuständigkeiten für die Deportierung

Genau umschrieben waren die Zuständigkeiten für Konzentrierung, Deportierung und Einlieferung in die KZs. Im Reichsgebiet war mein Dezernat zuständig für die Erfassung und den Transport. Im Ausland wurde im allgemeinen die Erfassung der Juden von der jeweiligen Landespolizei durchgeführt; mein Dezernat war nur für den Transport zuständig. Auch in dieser Angelegenheit scheue ich nicht davor zurück, die mir zustehende Verantwortung auf mich zu nehmen, verweigere aber genauso entschieden jede Verantwortlichkeit für Geschehnisse, für die ich keineswegs zuständig war.

Wenn ich Befehl bekam, aus einem bestimmten Land eine Deportation durchzuführen, mußten zuerst die Transportzüge vom Reichsverkehrsministerium gesichert werden. Dafür wurde eine sogenannte Fahrplankonferenz anberaumt, die im Reichsverkehrsministerium stattfand, wobei ein Fahrplansachbearbeiter der Eisenbahndirektion aus dem Raum, wo die Verladung stattfinden sollte, zugegen war, ebenso der zuständige Beamte von der Reichsbahndirektion aus dem Raum des Zielbahnhofes und mein Transportreferent, Hauptsturmführer Nowak (85). Derartige Fahrplankonferenzen waren immer sehr umständlich und langwierig; es konnten nicht einmal zwei Deportationszüge rollen, ohne daß vorher eine Fahrplankonferenz stattgefunden hatte; denn die Deporationszüge mußten in ein riesiges Verkehrsnetz eingebaut werden, um mit den normalen Zügen zu harmonieren. Einen Fahrplan herzustellen, ist eine Wissenschaft für sich, die ich nicht erläutern kann. Weil ich im Generalgouvernement nie zuständig war, hatte ich dort auch mit der Erstellung der Transportzüge nichts zu tun. Dazu wurde auch das Reichsverkehrsministerium nicht herangezogen; denn in Krakau bestand eine Reichsbahndirektion, und solange derartige Transporte innerhalb des Generalgouvernements liefen, konnte Krakau die Fahrpläne allein ausarbeiten; das Reichsverkehrsministerium mußte nur dann herangezogen werden, wenn diese Züge auch im eigentlichen Reichsgebiet fuhren. So wurden auch in Serbien, im Protektorat und in den Ostgebieten die Fahrpläne in eigener Regie gemacht. – Die Fahrplankonferenz legte z. B. fest, wie viele gedeckte R-Waggons zur Verfügung gestellt werden mußten. Diese Waggons wurden natürlich nicht aus einem Waggonpark an irgendeinem Ort in Deutschland, sondern aus dem Verkehr herausgezogen. So fuhren z. B. Güterzüge an einen bestimmten Ort, wurden dann entladen und umdirigiert. Dann wurden die Züge zusammengestellt und mußten fahrplanmäßig bis zu einem Stichdatum am Zielbahnhof ankommen, mit Vor- und Rückmeldung.

Die Fahrplankonferenzen waren eine Quelle dauernden Kummers. Jahrelang schlug ich mich mit dem Reichsverkehrsministerium herum, und mein Sachbearbeiter für Transporte jammerte mir die Ohren voll über die Schwierigkeiten, Transportzüge zu bekommen. Auf der einen Seite bedrängten mich meine Vorgesetzten und verlangten den Abtransport dringend, die örtlichen Dienststellen der Sipo wie auch der politischen Instanzen ließen mich nicht in Ruhe; man setzte mir manchmal die Pistole auf die Brust, und hatte ich mit Hochdruck alles geregelt, sagte dann das Reichsverkehrsministerium: „Wir haben keine Züge" ... oder „Die Eisenbahnlinie ist zerbombt." Dann mußten wir wieder eine Fahrplanbesprechung anberaumen.

Sehr oft konnte sich das Reichsverkehrsministerium auf anderweitige Befehle oder Totalsperren berufen. Und wenn IV B 4 im allgemeinen schon immer so lange „trat" oder belästigte, bis ein paar Züge als Bruchteil der wirklichen Notwendigkeit zu bekommen waren, so verlief in Zeiten der allgemeinen Sperre jede Bemühung aussichtslos. Es gab Zugsperren von vier bis acht Wochen und sogar solche von drei bis vier Monaten. Jeder Offensivbeginn bedeutete natürlich eine Totalsperre. Nur später, wenn die Züge mit Verpflegungsnachschub, Munition und Soldaten hinausgefahren waren und leer zurückkamen, hatte ich manchmal eine Gelegenheit, Transportmittel in beschränktem Umfang zugeteilt zu erhalten. – Ich erinnere mich, daß ich eine Zeitlang überhaupt nichts bekam und mir resigniert sagte: ‚Dann muß es Heydrich eben selber machen.'

Nachdem auf der Fahrplankonferenz die Anzahl der zur Verfügung stehenden Züge festgestellt war, wurde veranlaßt, zu welchem Lager die Juden zu überführen seien. Diese Weisungen gab der Chef des WHVA, aber manchmal auch der Reichsführer SS. Es wäre organisatorisch viel vorteilhafter gewesen, immer der Regel zu folgen, d. h. das Amt IV über den Chef der Sipo und des SD mit der direkten Einholung der Weisungen für den Transport in ein bestimmtes Lager zu beauftragen. Natürlich war nur in seltenen Fällen und nur bei größeren Operationen, wie z. B. Ungarn, Pohl in Person der Auftraggeber, sonst jedoch der Inspekteur der KZs, Brigadeführer Glücks, und bei kleinen Angelegenheiten Glücks' Sachbearbeiter, Obersturmbannführer Liebehenschel. Waren irgendwelche Fragen mit Glücks zu behandeln, so hatte ich dies zu tun. Waren es Angelegenheiten, die mit Liebehenschel besprochen werden konnten, ging in der Regel mein ständiger Vertreter hin. Einzig und allein das WVHA oder, wie erwähnt, der Reichsführer entschied, in welches Lager die Juden verbracht werden sollten. Es stand IV B 4 weder zu, ein Vernichtungslager als Endziel vorzuschlagen, noch die Zahlen zu bestimmen, da uns ja die Aufnahmekapazität der einzelnen Konzentrationslager niemals bekanntgegeben wurde. Die Überlegungen des WVHA stützten sich auf die gegebenen Aufnahmemöglichkeiten sowie die Produktionspläne. Es kam darauf an, welche neuen Fabriken entstanden waren, wieviel Bergwerke betrieben werden mußten, welche sonstige Herstellung kriegswichtiger Natur in den Bereich der KZs verlegt wurde, welche Zahl an Arbeitern nötig war, wieviel weibliche und wieviel männliche Arbeitskräfte, wieviel Büropersonal und derartiges mehr. Die Kommandanturen der einzelnen KZs meldeten ihren Personalbedarf bei dem WVHA. Und auch danach wurden die Transporte eingeteilt. Der Reichsführer dürfte zweifellos Pohl persönlich den „Vernichtungsbefehl" übergeben und dieser über Glücks dem Kommandanten des KZs jene Richtlinien zugeleitet haben, nach denen ein bestimmter Teil der Gefangenen der Vernichtung zuzuführen, ein anderer zur Mitwirkung an der Produktion unterzubringen war. Diese Verteilung zwischen „Arbeitsfähigen" und „Arbeitsunfähigen" traf der KZ-Kommandant in keinem Falle selbst, sondern dazu waren Ärzte des WVHA da.

Gemäß den Weisungen an die einzelnen Kommandanten wurden die Leute nach ihrer Auswaggonierung von den Ärztekommissionen ausgesucht – in jenen Zeiten, als der Vernichtungsbefehl galt. Das Gestapo-Amt hatte hierauf überhaupt keinen Einfluß, wußte nicht Bescheid über die näheren Umstände und interessierte sich auch nicht dafür. Dies waren ausschließlich Zuständigkeiten des WVHA.

Nachdem die eigentliche Aufgabe des IV B 4, die politische Lösung, gescheitert war, wurden wir selbstverständlich auch in der weiteren Phase der „Endlösung" eingeschaltet, aber nur für Transporte und in einigen Fällen bei der Erfassung, alles andere ging uns nichts an; unsere Arbeit war erledigt, wenn wir gemeinsam mit dem Reichsverkehrsministerium die Fahrpläne erstellten und vom WVHA die Aufnahmebahnhöfe genannt bekamen. Die Erfassung wurde grundsätzlich ebensowenig von IV B 4 durchgeführt; dazu hätte ich in meinem Dezernat mindestens 2000 Mann Personal haben müssen, was nachweisbar niemals der Fall war.

Noch einmal: Das Durcheinander der politischen Instanzen

Aus der einschlägigen Nachkriegsliteratur sind mir jetzt einzelne Fotokopien und sonstige Schriftstücke zur Begutachtung vorgelegt worden, wovon ein Teil gefälscht ist, ein anderer den Anspruch auf Echtheit erheben kann. Mir ist jedenfalls klargeworden, daß eine unheimliche Anzahl dieser „Dokumente" mein Referatzeichen IV B 4 tragen; dieser Umstand veranlaßt mich dazu, die Zusammenhänge näher zu erklären. – Sehr zu unserm Leidwesen hat sich der Reichsführer in die kleinsten Einzelheiten eingemischt, Befehle gegeben, die seine eigenen bestehenden Befehle umwarfen, und dadurch manchmal ein Chaos gestiftet. Öfters habe ich betont, daß weder ich persönlich noch mein Referat IV B 4 mit den Geschehnissen im Generalgouvernement und in der Sowjetunion zu tun hatte. Die Einsatzkommandoführer, die Einsatzgruppenchefs haben niemals Weisungen von Dezernenten, sondern immer nur direkte Befehle vom Reichsführer bezogen. Es scheint mir heute sogar sicher, daß einzelne Dienststellen, Kommandeure der Sipo aus den östlichen Gebieten die Gestapo in Fällen der Unklarheit ebensogut um Weisungen gebeten haben können wie ein anderes Amt. Selbstverständlich hat mein Dezernat je nach Sachlage diese Weisungen – unter Beachtung der schon vorher erwähnten Einschränkungen und Entstehungstechnik – entweder befürwortet oder abgelehnt. Auch hier bildeten die einschlägigen Gesetze den Maßstab für einen positiven oder negativen Entscheid. Das galt auch für Polizeiverordnungen, Befehle und Weisungen des Reichsführers oder des Chefs der Sipo und des SD. – Nur auf Grund dieser Vorlagen konnte der Sachbearbeiter überhaupt „entscheiden". Es gab – und ich glaube, es gibt – keinen Regierungsamtmann, keinen Polizei-Oberinspektor, keinen Regierungsassessor und keinen Regierungsrat, der je in einer Zentralinstanz eine Entscheidung ausgearbeitet und sie seinem Dezernenten zur Unterschriftsleistung oder zur Abzeichnung mit der Bitte um Weitergabe auf dem Dienstweg vorgelegt hätte, d. h. zur Abzeichnung durch den Amtschef, wenn es eine Sache grundsätzlicher Natur war, zur Weiterleitung durch den Amtschef an den Chef der Sipo und des SD oder, wenn es sich um Spitzenangelegenheiten handelte, mit der Bitte um Weiterleitung an den Reichsführer, mit dem Ziel der Unterschriftsleistung. – Der Angehörige einer deutschen Zentralinstanz müßte erst noch geboren werden, der ohne solchen Weisungsniederschlag, ohne Vorhandensein von Verordnungen und Weisungen in irgendeiner Sache entscheiden kann, genauso wie es keinen Richter gibt, der ohne Paragraphen handeln könnte. – Dies war der Dienstweg an nachgeordneten Dienststellen; es versteht sich von selbst, daß ein mit der Leitung des Referates beauftragter Dezernent zuständig für die Einholung grundsätzlicher Weisungen war, denn er mußte ja seine Sachbearbeiter mit dem nötigen sachlichen Rüstzeug versorgen. Solche grundsätzliche Weisungen entnahm er der Gesetzessammlung, der Erlaßsammlung, der Sammlung der Polizeiverordnungen und den vorliegenden Weisungen der Vorgesetzten. Diese Anordnungen entstanden entweder auf Grund der Entscheidungen der gesetzgebenden Körperschaften oder auf Grund direkter Befehle der Vorgesetzten, die ihrerseits nicht selbständig handelten. – Sie konnten aber auch dadurch entstehen, daß der Referent von sich aus seine Vorgesetzten auf dem Dienstweg anschrieb, sie in Vermerkform mit der Sachlage vertraut machte und die Bitte um Kenntnisnahme und Weisung aussprach. In so einem Fall „inspirierte" der Dezernent gewissermaßen von sich aus seinen Vorgesetzten, zu einem bestimmten Thema Stellung zu nehmen und zu entscheiden, wie der Referent künftig zu verfahren habe.

Auf diese Weise kamen natürlich auch Schreiben mit dem Aktenzeichen IV B 4 an Dienststellen zustande, mit denen ich nichts zu tun hatte, denen ich keinerlei Weisungen erteilen konnte. Wenn sich also der zuständige Sachbearbeiter eines Kommandeurs der Sipo und des SD irgendwo aus dem Osten an IV B 4 wandte, um eine Weisung oder Erklärung zu erhalten, dann wurde ihm das selbstverständlich beantwortet, und seine Anfrage wurde klar und deutlich in der rechten Ecke unterhalb des Kopfes unter dem betreffenden Aktenzeichen vermerkt, soweit es um die Zuständigkeit von IV B 4 ging. Es folgte dann die Aktennummer mit einem Strich, schließlich folgten die beiden letzten Ziffern der Jahreszahl. Die Einsatzgruppen (87) aus dem Osten hatten nichts zu schreiben; mit ihnen lag überhaupt kein Schriftverkehr vor.* Sie wendeten ein kurzes Verfahren auf diesem Gebiet an und hatten einen Generalbefehl ohne jegliche Rückfrage auszuführen. Sie hatten auch keine „Richtlinien" zu beachten, dort galt weder die Beachtung „alter gebrechlicher Personen", noch galten Richtlinien über Ordens- und Ehrenzeichenträger aus dem Ersten Weltkrieg oder solche im Hinblick auf sogenannte „Versippung" mit Angehörigen der beiden christlichen Konfessionen. Es gab überhaupt keine Richtlinien, sondern es wurde nach einem summarischen Befehl verfahren; es war also kein Schriftverkehr nötig.

Wenn Schriftstücke von IV B 4 herausgingen, wurden sie nicht immer durch den Dezernenten abgezeichnet, sondern oftmals von seinem ständigen Vertreter. Genügte der Rahmen der Referatzuständigkeit nicht mehr, dann ging das Schriftstück zum Amtschef IV, und wenn dessen Zuständigkeit nicht mehr gegeben war, zum Chef der Sipo und des SD. In jeder behördlichen Zentralinstanz, gleich zu welchem Reichsministerium sie gehörte, war ein bestimmtes Verfahren nach einem bestimmten Schema üblich, das kein Mensch hätte verhindern können. Es ist übrigens dasselbe Verfahren, das mit kleinen organisatorischen Abweichungen in fast allen Kulturländern der Erde angetroffen wird. Angelegenheiten von außerordentlicher Tragweite – wie der nachher ausführlich zu besprechende Brief an Globocnik – gingen nicht auf dem üblichen Dienstweg heraus, sondern mußten persönlich mit der Weisung übergeben werden, dieses Schreiben nach Vollzugsmeldung zu verbrennen. In meiner offenen Registratur hatte ich an die 200 000, in meiner Geheimregistratur 30 000–40 000 Akten. Dieser relativ geringe Prozentsatz geheimer Registratur ist daraus zu erklären, daß auf Grund bestehender Befehle sämtliche mit der Deportation in Zusammenhang stehende Maßnahmen automatisch als „Geheime Reichssache" behandelt wurden, damit der Gegner nicht etwa vorher informiert werden konnte. Eine übergeordnete Dienststelle durfte unter Bezugnahme auf IV B 4 Schreiben herausschicken, und in der Regel geschah dies auch. Wenn das Schriftstück auf Gesetzesbestimmungen oder gegebene Befehle hinweist, braucht dies nicht unbedingt der Fall zu sein. Wenn z. B. ein Fall vorlag, den die Nürnberger Gesetze entschieden, dann konnte ich einfach eine Durchführungsbestimmung zu einem Gesetzesparagraphen heranziehen, auf Grund dieser entscheiden und unterschreiben. In meiner Antwort wurde dann die Bezugnahme auf die Nürnberger Gesetze klar angesprochen. Nachher wurde nur das Gesetz erwähnt; damit hatte die Staatspolizei-Leitstelle von meiner Zentralinstanz ihre schriftliche

---

* Eichmann hat unrecht. Es gab Schriftverkehr. D. Herausg.

Unterlage und war gewissermaßen gedeckt, genauso wie ich gedeckt war vor meinen Vorgesetzten, indem ich immer darauf achten mußte, die Sammlung von Gesetzen und Verordnungen auf dem laufenden zu halten, und zwar sowohl die sogenannte „Arbeitssammlung" bei meinem Sachbearbeiter als auch jene Gesetze, die in der Registratur vorhanden waren und jederzeit zum Nachschlagen herausgeholt werden konnten; meine Sachbearbeiter mußten ständig Ergänzungen dieser Sammlungen im Kopf haben. Wenn die Erkenntnis, die ich weiter vermittelte, ihren Niederschlag bereits in der „Sammlung" fand, dann konnte eine solche Sache ruhig meine Unterschrift tragen, solange der Inhalt nicht den Rahmen der Zuständigkeit eines Dezernates sprengte. Um ein konkretes Beispiel zu bringen: In Berlin waren in der Ausstellung „Rotes Paradies" Sabotageakte vorgekommen; die mit der Untersuchung beauftragte Kriminalpolizei oder auch das zuständige Dezernat „Sabotagen" des Amtes IV, geleitet von einem Kriminalrat, stellte fest, daß Juden damit in Zusammenhang standen. Ich bekam Befehl, den Leiter der Israelitischen Kultusgemeinde in Wien, Dr. Richard Löwenherz, sowie die beiden Leiter der Kultusgemeinde in Prag, Dr. Weiman und Edelstein, nach Berlin zu beordern und außer Dr. Eppstein, Berlin, noch einige andere Herren an einem bestimmten Tag in meiner Dienststelle zu empfangen. Als sie vollzählig erschienen waren, teilte ich ihre Anwesenheit Gruppenführer Müller mit, der dann auf meine Dienststelle kam. Ich stand ein wenig abseits der Reihe der jüdischen Funktionäre, einige Schritte von Müller entfernt. Müller verlas eine Erklärung, die sinngemäß etwa den Inhalt hatte: Da festgestellt wurde, daß an der Sabotage der Ausstellung „Rotes Paradies" Juden beteiligt waren, habe ich Sie auf Befehl des Reichsführers hierher beordert, um Ihnen die Eröffnung zu machen, daß dafür (4 oder 6) Funktionäre der Jüdischen Kultusgemeinde Berlin zum Tode verurteilt worden sind. Die Staatspolizeiliche Leitstelle Berlin hat diese Juden inzwischen festgestellt und in Gewahrsam genommen. Soviel ich mich entsinnen kann, waren es Juden, die schon einmal staatspolizeilich „aufgefallen" waren. Sie wurden dann in das KZ Oranienburg gebracht und dort auf Befehl getötet. – In diesem Falle stand es mir keineswegs zu, den Befehl des Reichsführers, der die Vollstreckung eines Todesurteils angeordnet hatte, den Juden auch nur mitzuteilen; das hätte den Referatsrahmen gesprengt.

Ich war weder Massenmörder noch Mörder

Als Mörder, ja als Massenmörder schildert mich die einschlägige Nachkriegsliteratur, und zum wiederholten Male stelle ich fest, daß weder ich noch irgend jemand von meinem Dezernat einen einzigen Juden getötet hat, überhaupt jemanden getötet hat oder auch nur einen Befehl an andere Stellen herausgegeben hat, Juden zu töten. Nur gegen Ende des Krieges und in meiner Abwesenheit wurde durch einen Angehörigen meines Dezernates der Befehl zur Tötung einzelner Juden erreicht; hierauf werde ich noch ausführlich zurückkommen. – Diese Literatur stützt sich zum Teil auf das Zeichen IV B 4, das auf verschiedenen Dokumenten erscheint. Des öftern bekam ich den Befehl, Briefe zu entwerfen und auszuarbeiten, die dann vom Chef der Sipo und des SD oder vom Reichsführer SS unterschrieben wurden. Ich glaube keineswegs, daß Heydrich eine besondere Absicht gehabt hätte, bei ganz folgenschweren Briefen mein Referatszeichen aufzuführen; denn es war undenkbar, daß der Chef der Sipo und des SD alle Briefe selber hätte schreiben können. Gerade für Heydrich habe ich viele Briefe entwerfen müssen, an sämtliche Reichsminister, an sämtliche ihm gleichrangigen Personen, sofern es sich um mein Aufgabengebiet handelte. Da wurde ich zu ihm zitiert; in kurzen, abgehackten Wörtern gab er mir das Gerippe des betreffenden Schreibens; anfänglich machte ich in Blitzeseile kleine Notizen, später brauchte ich das nicht mehr, denn eine jahrelange Zusammenarbeit mit einem Chef macht den Menschen mit dem ganzen Milieu vertraut, so daß ein spontanes Gefühl vorhanden ist, wie die einzelnen Minister anzusprechen sind. – Müller war mit seiner Korrespondenz sehr anspruchslos; seine Briefe mußten nur sachlich und dienstlich korrekt sein, ohne jedes persönliche Gefühl. Aber Heydrich war viel anspruchsvoller, er war ein Meister.

Mein Dezernat hatte zwei Unterteilungen: IV B 4a und IV B 4b. – IV B 4a war Regierungsrat Suhr und nach seinem Abgang Regierungsrat Hunsche unterstellt; IV B 4a leitete Günther, in Personalunion damit war er mein ständiger Vertreter. IV B 4a prüfte, wie schon beschrieben, die Feststellungen der „Volks- und Staatsfeindlichkeit" und sonstige juristische Angelegenheiten. Das andere Sachgebiet unterstand mir und wurde von Günther als Sachbearbeiter geleitet. Ende 1944 hießen Günther und Hunsche „Referenten", wodurch ich Abteilungsleiter wurde, also zu einem so späten Zeitpunkt, daß dies praktisch gar nicht mehr in Erscheinung trat; denn es rollte nichts mehr, und auch der Amtsschimmel ritt nicht mehr, sondern wir stapften von einem Provisorium ins andere; je nachdem die staatspolizeilichen Leitstellen mehr oder weniger angeschlagen waren und immer mehr Referate und Dezernate in meiner Dienststelle zusammenkamen, blieb mir kaum noch Platz. Zum Referat Günther gehörte die Fahrplanabteilung des Hauptsturmführers Novak; dem Abteilungsleiter unmittelbar unterstellt war die Registratur, die offene und geheime, geführt von Untersturmführer Martin mit einem kleinen Apparat von Polizeibeamten und SD-Angestellten. Dann war noch das „Geschäftszimmer" unter Führung von Obersturmführer Jänisch da, der auch die Kraftfahrzeuge kontrollierte, ferner ein technisches Sachgebiet unter Führung eines Untersturmführers, dem alle Angelegenheiten des Hauses unterstanden, Bauten, Luftschutzkeller usw. Später wurde eine Fernschreibstelle gebaut, wo die einzelnen Außenstellen Berlin anschreiben konnten. Unter der Erde gab es eine ziemlich große Telefonzentrale.

Ich hatte immer eine Vorliebe für Bauzeichnungen gehabt, und so entwarf ich in meiner Freizeit einen besonderen Schutz gegen Luftangriffe. Eine Motorspritze stand bereit, im Hof war ein Wasserteich. Sobald Angriffe mit Brandbomben erfolgten, hielt ich alle Mann in Trab, und so war es lange Zeit das einzige Haus in der Umgebung, das erhalten blieb. Die Wände ließ ich mit Sandsäcken verbauen, für diese Arbeiten hatte ich während des ganzen Krieges ein Kommando von Juden, die ich einfach zu „privilegierten Juden" machte, weil sie sowieso zum Teil in Mischehen lebten. Solch eine kleinere Sache, die mir direkt unterstand und sich in meiner unmittelbaren Nähe abspielte oder in der unmittelbaren Nähe der Dienststelle, konnte ich zwar nicht theoretisch, aber praktisch selbst erledigen. Diese Juden verhüllten abends ihren Judenstern, gingen nach Hause und kamen morgens wieder. Eigentlich mußten sie ihren Stern tragen, aber sie bekamen von uns einen Ausweis, daß sie Erlaubnis hatten, frei herumzulaufen, und nicht von Polizeimaßnahmen betroffen werden dürften. Während des ganzen Krieges hatte ich einen alten, sehr tüchtigen Baupolier, dem wir immer wieder eine Unabkömmlichkeitsbescheinigung besorgten, da er sonst irgendwo in der „Organisation Todt" gelandet wäre. Er kam mit fast nichts aus und holte sich mit seinem Kommando die nötigen Materialien aus den Trümmervierteln Berlins. Ich erkläre diese technische Abteilung etwas ausführlicher, damit man nicht auf die Idee kommt, ich hätte etwa diese Abteilung zur Planung oder Herstellung von Gaskammern und derartigem gehabt. Keineswegs, denn bei mir wurde nicht ein einziger Strich zur Herstellung von Gaskammern, KZ-Anlagen und dergleichen gezogen, sondern die technische Abteilung hatte nur eine Aufgabe: Verteidigung der Dienststelle gegen den Luftkampf und sonstige Versorgung für den Luftkrieg, wie z. B. Bau des Luftschutzbunkers. Als ich 1940 zum Amt IV kam, schufen wir eine Art Organisation, um das Dach über unseren Akten gegen Bomben und Feuer zu verteidigen. Wenn es bei uns in der Nachbarschaft nicht brannte, leisteten wir Feuerwehrdienst, bis uns die normale Feuerwehr ablöste. Unsere Luftschutzbunker-Anlagen waren so groß, daß die gesamte Nachbarschaft Erlaubnis bekam, sie bei Luftalarm aufzusuchen. Sie mußten nur bei der Wache vorbeigehen und beim Weggehen einen Schein abgeben, der sie dazu berechtigte, auf einem bestimmten Weg in die Bunkeranlagen zu gehen. Dadurch wurde verhindert, daß jemand im Hause bleiben konnte. Dieser allgemeine Bunker für die Zivilbevölkerung stand unter dem Kommando eines Untersturmführers und war weitaus besser als der Bunker für die direkten Amtsangestellten; er besaß außerdem eine Alarmanlage zum Dienststellenbunker, um in Notfällen Hilfe leisten zu können. Kaltenbrunner besuchte diese Anlage einmal, da sagte ich zu ihm: „Schutzsuchendes, geplagtes Volk unter den Fittichen der bösen Gestapo." Sobald Luftalarm war, jagte ich jeden von der Dienststelle auf den Dachboden – und natürlich ging ich selber mit dem Beispiel voran –, um die Brandbomben zu erledigen; so blieb meine Dienststelle erhalten, nachdem die anderen schon ausgebrannt waren.

Eichmann für Polen und die UdSSR unzuständig

In Polen und der Sowjetunion war nie ein „Judenberater" von IV B 4. Die dortigen Dienststellen bezogen ihre Weisungen von höheren Stellen als vom Dezernat IV B 4. Dort, wo es Kommandeure gab, hatte ich nichts zu „kommandieren". Die Kommandeure waren in der Lage der Einsatzkommandoführer, die ihre Befehle vom Einsatzgruppenchef bezogen und nicht etwa aus Berlin; der Einsatzgruppenchef bekam seine Befehle direkt von Himmler. Natürlich hatte der Einsatzgruppenchef einen diesbezüglichen Referenten in seinem Stab, aber er war keineswegs etwa auf IV B 4 angewiesen. Im Osten wurde das im Zuge einer straffen Befehlsführung von oben aus so geregelt, sonst wäre ja eine Triangel entstanden. Der Reichsführer hätte direkt befohlen, die einzelnen Dezernenten im Amt IV aber ihren bürokratischen Weg eingebaut. Das ging wahrscheinlich zu langsam, und so wurde die Bürokratie gänzlich ausgeschaltet. Durch die rasche Befehlsübermittlung konnte man rascher zum Resultat kommen – das ist völlig klar.

Manche von den Weisungen las ich nachträglich in den allgemeinen „Lage-Berichten", die durch die verschiedenen Abteilungen und Dezernate des Amtes IV liefen, genauso wie durch die Ämter III, IV oder VII, wo jedes Referat seine Notizen herausnahm, um sie der eigenen Registratur einzuverleiben. Nicht ein einziges Mal ging von mir ein Befehl oder eine Anweisung nach dem Osten; unter „Osten" verstehe ich Generalgouvernement und die besetzten sowjetischen Gebiete. Dazu zählt auch Lemberg; dort bin ich einmal durchgekommen. Ein Kommandeur der Sipo zeigte mir ein hügeliges Terrain und bemerkte dazu, hier seien 6000 Juden erschossen worden. Diesem Kommandeur hatte ich niemals etwas anzuordnen, er hat weder „Befehle" noch „Rat" von mir bekommen, sondern von höherer Warte, von jener Warte aus, von der auch Globocnik seine Befehle empfangen hat, nämlich vom Chef der Sipo im Auftrage des Reichsführers, aber nie von einem Dezernenten IV B 4, nicht einmal vom Amtschef IV. – Natürlich gab es Schreiben, die vom Reichsführer, Heydrich oder Kaltenbrunner unterschrieben waren und den Briefkopf mit „IV B 4" anführten, aber Erschießungsbefehle für die Sowjetunion konnten nie mit „IV B 4" als Referatszeichen existieren. Ich erklärte schon vorher, wie solche Briefe zustande kamen. **Mit Ausnahme des Schreibens an Globocnik kenne ich keinen schriftlichen Vernichtungsbefehl, der mein Dezernat IV B 4 angeführt hätte.** Es ist mir vollkommen klar, daß aus der Tatsache der Anführung des Dezernats IV B 4 auf dem Brief an Globocnik, worin ihm befohlen wurde, eine große Anzahl Juden der Vernichtung zuzuführen, gefolgert werden kann, daß IV B 4 diese Vernichtung befohlen hat. So kann bei Gutgläubigen, Juden oder Nichtjuden, die keine Kenntnis von behördlichen Vorgängen haben, der Eindruck entstehen, daß das Dezernat IV B 4 wirklich „der Bluthund" gewesen sei. **Die Wirklichkeit war vollkommen anders;** ich habe schon vorher ausführlich dargestellt, wann der Dezernent IV B 4 unterschriftsberechtigt war und in welchen Fällen er überhaupt Weisungen erteilen konnte und auch nicht erteilen durfte.

Eichmann als Befehlsempfänger

Genauso verhält es sich mit den Folgen unserer Judenpolitik im neutralen Ausland und der Hilfestellung, die der feindlichen Propaganda aus manchen antijüdischen Maßnahmen entstand. Wäre ich an einer Stelle gesessen, wo ich frei hätte entscheiden können, dann hätte mich die Meinung der Weltöffentlichkeit interessieren müssen. Da ich aber nicht den Vorzug hatte, einen solchen Posten innezuhaben, und im wahrsten Sinne des Wortes – vor allem nach dem Ausbruch des Krieges mit der Sowjetunion – nur **Befehlsempfänger** war, hatte ich nicht danach zu fragen, welche Auswirkungen im Ausland entstanden.

Und ich wiederhole heute nochmals: Wo wären wir hingekommen, wenn jeder Befehlsempfänger sich gefragt hätte, ob der von ihm erhaltene Befehl einen Sinn hat und inwieweit er sich für oder gegen Deutschland auswirken konnte? Wir hätten niemals fünf Jahre gegen den Feind durchstehen können, sondern nach ein oder zwei Jahren kapitulieren müssen. Ich war in der Exekutive, bekam Befehle und habe gehorcht.

Bis zum Jahre 1941 habe ich „gedacht", nicht leise, sondern laut. Ich habe gegenüber Müller und meinen Mitarbeitern laut gedacht und meiner Meinung Ausdruck gegeben, daß ich die Lösung der jüdischen Frage als gewaltlose Lösung ansah, ein gewaltloses Auseinandergehen durch eine gesetzliche Verordnung, die zur Trennung zwischen Gastvolk und Wirtsvolk führt. Das war mein ganzes Bestreben – und aus diesem Gedanken entstand bei mir die Idee der „Zentralen für jüdische Auswanderung", die Idee des „Judenstaates" in Polen, des selbst verwalteten Lagers „Theresienstadt", der Ansiedlung auf Madagaskar. Um diese Ideen verwirklichen zu können, habe ich gekämpft und **Schulter an Schulter mit den jüdischen Führern gerungen.** So wurde das Verhältnis zwischen diesen Juden und mir verschwommen; wir gingen nebeneinander derart in der gemeinsamen Arbeit auf, daß man zum Schluß nicht mehr sagen konnte: Ist das nun ein Jude oder ein SS-Führer?

Damals war ich von meinem Wollen besessen, damals „dachte" ich noch, damals konnte ich noch eine gewisse Initiative entwickeln, um Gedanken dann wirklich in die Praxis umzusetzen. – Als aber das Kriegsgeschehen solche Ausmaße annahm, daß diese „bürgerlichen Normen" nicht mehr befolgt werden konnten, wurde von hoher Warte aus anders entschieden. Von diesem Augenblick ab bezog ich nur noch Befehle, die – ob sie mir paßten oder nicht – gemäß meinem Diensteid auszuführen waren. Hätte ich mir die ganze Angelegenheit erst einmal in Einzelheiten angesehen, vor allem jene Dinge, für welche die Zentralinstanz und IV B 4 gar nicht zuständig waren, vielleicht wären mir aus rein menschlichen Erwägungen andere „Gedanken" gekommen.

Nachdem die politische Lösung gescheitert war und die ganze Judenangelegenheit auf ein anderes Gleis gefahren wurde, war für mich der Weisheit letzter Schluß, Scheuklappen aufzusetzen. Ich sorgte also nur für die Transporte und für die gesetzliche Untermauerung in den einzelnen von uns beeinflußten Ländern, damit diese uns ihre Juden auslieferten. Alles übrige wollte ich nicht sehen, wollte nichts damit zu tun haben. Bei all den Abtransporten war für mich der einzige „Trost", daß ich eben nicht wußte, wer stirbt und wer nicht. Es war mein einziger Halt, daß ich dafür nicht zuständig war, daß ich eben nicht wußte, **was mit welchen Menschen** geschah. Ich erwähne an dieser Stelle, wie ich schon in den dreißiger Jahren mit Wisliceny diskutierte und dabei den Standpunkt vertrat, der Nationalsozialismus und das Reich würden nie und nimmer tausend Jahre bestehen, sondern spätestens nach dem Tode Adolf Hitlers zerfallen unter den Feldherrninteressen, wie jedes große Reich der Geschichte nach dem Ableben des Begründers zerfällt. Als ich nach 1941 mit negativen Arbeiten belastet wurde, versuchte ich manchmal den Sinn herauszuschälen: Warum diese Härte, wenn doch nichts ewig dauert? Vielleicht sprach in mir noch ein Rest meiner christlichen Erziehung aus meiner Jugendzeit? Und kein Befehl war mir willkommener gewesen als jener, daß „vermeidbare Härten" zu vermeiden seien. Wohl Dutzende Male diktierte ich diesen Befehl und griff überall durch, wo ich nur entfernt auf Auswüchse traf.

Welche Auswirkungen die Befehle unserer obersten Führung für das deutsche Volk hatten und haben konnten, hatte mich nicht zu interessieren. Als Pessimist sagte ich mir schon von Haus aus: Für uns selbst ist es doch alles umsonst; wir wollen versuchen, das Haus für unsere Kinder fest und solide zu bauen, damit sie es nicht so hart haben wie wir. Mehr können wir nicht tun, und je mehr Generationen nach uns kommen, um so ruhiger und um so besser soll es sein.

Wenn ich nicht gesonnen bin, die Verantwortung auf mich zu nehmen für alles, was unter Ausführung des Referatszeichens IV B 4 geschrieben und beschlossen wurde, dann ist das keineswegs ein Abschütteln irgendwelcher Verantwortung. Die Wirklichkeit ist, daß in der „Endlösung" jeder mitgemischt hat, weil jeder glaubte, etwas zu der von der hohen Führung gewünschten Arbeit beitragen zu müssen. Viele haben sich zu dieser Arbeit gedrängelt, aber heute wollen sie natürlich alle nichts mehr davon wissen. Heute bleibt nur das Dezernat IV B 4 übrig, die Gestapo, das Amt IV, das die gegnerische Literatur zur „Spinne in blutigen Netzen" stempelt.

Von den Grenzen meiner Weisungsmacht

Über die Befehlshaber hatte ich, wie mehrfach betont, keinerlei Weisungsmacht, auch dann nicht, wenn sie von meinem Dezernat aus einzelne Beauftragte bei sich im Stab hatten. Mein Hauptsturmführer Dannecker war in Paris zum Befehlshaber der Sipo und des SD abkommandiert, wie Wisliceny zum deutschen Gesandten nach Preßburg. Um es einmal ganz kraß zu sagen: Wenn der Befehlshaber der Sipo und der SD in Paris zu Dannecker gesagt hätte: ‚Halt's Maul', dann hätte er „das Maul halten müssen", aber er hätte sich sicher nach Berlin begeben und wäre in dem Augenblick, da er das Reichssicherheits-Hauptamt betrat, „Sachgebietsbearbeiter Frankreich" gewesen; dann hätte er in dieser Eigenschaft auf dem Dienstwege dem Befehlshaber der Sipo und des SD in Paris eine Anweisung geben können – immer unter der Voraussetzung, daß der Amtschef oder der Chef der Sipo und des SD diese Anweisung unterschrieben hätten. Dann wäre er zurückgefahren, wo der Befehlshaber der Sipo und des SD in

Paris inzwischen ein Schreiben vom RSHA mit dem Aktenzeichen „IV B 4" bekommen hätte; dann hätte er wohl zu Dannecker gesagt: „Hauptsturmführer, ich habe in der Zwischenzeit ein Schreiben aus Berlin bekommen, man müsse die Sache doch so machen, wie Sie meinten." Das waren eben die Finessen, wie sie im Gestapo-Amt üblich waren. Dannecker war außerdem in der bequemen Position, daß er gleichzeitig Sachbearbeiter Frankreich im IV B 4 und Referent des Pariser Befehlshabers war. Die Befehlshaber der Sipo und des SD mußten öfters zur Berichterstattung und zum Befehlsempfang nach Berlin kommen. Sie kamen aber nie zu mir, obwohl ein Befehlshaber der Sipo und des SD im gleichen Rang stand wie ein Referent der Gestapo, überdies selbst aus dem Referentenposten kam und hin- und herversetzt wurde. Zum Befehlsempfang jedoch trat er zuerst beim Chef der Sipo und des SD an, zweitens bei den Amtschefs, nicht allein beim Amtschef IV der Gestapo, sondern auch bei den andern, denn jeder Befehlshaber hatte in seinem Bereich sämtliche sieben Ämter des RSHA zu vertreten. Dafür war er ja Befehlshaber der Sipo und des SD und damit Repräsentant des Chefs der Sipo und des SD für Frankreich, Holland usw. Sie kamen also nie zu mir. In besonderen Belangen konnte der Befehlshaber auch zum Reichsführer befohlen werden.

Es hat sich aus diesem Befehlsempfang und aus dieser Berichterstattung im persönlichen Verfahren eine Praxis entwickelt, nach der der Befehlshaber ihre Befehle vom Chef der Sipo und des SD und von den Amtschefs generell bezogen, während die Ausführungsbestimmungen den einzelnen Dezernaten überlassen blieben. Diesbezüglich hatten sich die Befehlshaber also an die Dezernatsreferenten zu wenden. So gesehen, gab es zwei Wege. Wie ich einen Weg nach unten hatte, hatten die Befehlshaber ihn von unten nach oben. Wenn ich dies genau überdenke, steckt darin natürlich eine diabolische Möglichkeit der Exekutive, sich je nach Bedarf oder Möglichkeit verwaltungsjuristisch vor den fremden Regierungen zu rechtfertigen und sich einzumieten. Diese doppelte Möglichkeit muß Heydrich gewollt haben – derartige „jesuistische Merkmale" weisen nur auf eine Person hin: Heydrich. Alle im RSHA und draußen waren kleine Ausnahmen gewesen, die zusammenspielten und verstellt werden sollten, je nach Lust und Laune. Ich konnte nach unten genauso arbeiten wie die Befehlshaber nach oben. Es gab im RSHA keinen Referenten, der neben dem BDS – dem Chef der Sipo und des SD – noch einen unmittelbaren eigenen Amtsträger in dem betreffenden Land hatte, außer dem Referent IV B 4, also mir. So konnte ich z. B. zu Müller gehen und sagen: Jetzt kommt der Vertreter des BDS-Paris, Knochen. Sagen Sie ihm bitte, daß diese und jene Sache erledigt werden müsse. Müller tat das dann oder auch nicht; es war jedenfalls ein Weg, der mir offenstand, und weil ich keine direkten Befugnisse besaß, mußte ich Hintertüren benutzen. Meine Hintertür war also mein eigener Amtschef. Ich konnte Knochen keinen Befehl zustellen oder irgend etwas von ihm fordern. Aber der Amtschef konnte den persönlich berichterstattenden Vortrag von Knochen benützen, um dieses oder jenes durchzusetzen. Immer wieder wurde ich ja in die verschiedenen Länder hinausgeschickt, weil es Schwierigkeiten gab, aber auch dann durfte ich nicht „anweisen"; ich konnte nur den Wunsch und/oder den Willen des Reichsführers, Heydrichs, Kaltenbrunners oder des Amtschefs IV, der am meisten und mehr als der Reichsführer gefürchtet war, bei den Befehlshabern durchsetzen.

Wenn ich einem BDS mit dem Amtschef IV „gedroht" habe, dann resignierte er und versprach, das Möglichste zu tun. So etwas ging direkt in Form von unmittelbaren Missionen, wurde aber nie von etwaigen „Anweisungsberechtigungen" hergeleitet.

Evian, Madagaskar und andere Pläne

Die Konferenz von Evian am Genfer See kam durch eine Initiative des Präsidenten der Vereinigten Staaten, Roosevelt, zustande. Es wurden alle amerikanischen und mit Ausnahme der deutschen Reichsregierung alle europäischen Regierungen eingeladen.

Am 6. Juli 1938 kamen die Vertreter von 31 Ländern im Hotel Royal in Evian zusammen. Die Vereinigten Staaten von Nordamerika waren durch Myron C. Taylor, den ehemaligen Präsidenten des United Steel Trust, und James G. MacDonald, Völkerbundskommissar für Flüchtlinge aus Deutschland von 1933–1935, vertreten.

Der britische Chefdelegierte war Lord Winterton, der durch Captain Viktor Cazalar unterstützt wurde. Frankreichs Vertreter war Senator Bérenger.

Der Umstand, daß die deutsche Reichsregierung jüdischen Delegierten aus Berlin und Wien die Teilnahme erlaubte, zeigt das große Interesse Hitlers an einem positiven Ergebnis der Konferenz auf.

Mehr als einhundert Organisationen, meist jüdische, waren auf der Konferenz erschienen. Auf ihr verlangten die Juden aus Polen, die unter dem Regime der „Obristen-Regierung" in Warschau litten, Hilfe. Doch die Konferenz brachte kein Ergebnis.

Auf ihr propagierte Graf Coudenhove – Kalergi die Gründung eines jüdischen Staates in Afrika.

Einzig und allein die Dominikanische Republik bot die Aufnahme von 100 000 Juden aus Deutschland und Österreich unter der Bedingung an, daß die Siedler für die Landwirtschaft eingesetzt werden können. Voraussetzung war, daß ihre bisherige Regierung die Kosten für Landkauf und landwirtschaftliche Ausrüstung trug.

Aus dem damaligen Machtbereich des Großdeutschen Reiches waren 600 000 Juden auszusiedeln gewesen. Die USA sagten zu, 30 000 von den durch die „Nürnberger Gesetze" betroffenen Personen aufzunehmen. Je 40 000 wurden tatsächlich von dem nordamerikanischen Bundestaat und England zwischen 1938 und 1940 übernommen. Mit Recht wird von jüdischer Seite ausgeführt, daß die Räume des Britischen Empires fast sämtlichen Juden Europas eine Heimat hätten geben können.

Dieser Auffassung waren auch die Konferenzteilnehmer von Evian. Als dürftiges Konferenzergebnis ist die Einsetzung von Untersuchungskommissionen zu verzeichnen. Die Bildung eines Inter-Gouvernmental Commitee on Refugees (I.G.C.R.) unter dem Rechtsanwalt George Rubblee aus New York kam zustande.

Für die Ansiedlung wurde Britisch Guayana als ungeeignet angesehen. Nord-Rhodesien, das von Coudenhove-Kalergi und Viktor Cazalar vorgeschlagen wurde, leistete Widerstand. Die dortigen Behörden stellten sich auf den Standpunkt, daß nur für 150 Neusiedler Platz sei. Australien wollte 15 000 aufnehmen; Kanada verweigerte jede Festlegung. Südafrika erlaubte nur den Juden, die bereits nahe Verwandte im Lande hatten, die Einwanderung.

Die Zionisten betrachteten die Konferenz mit Ablehnung oder Gleichgültigkeit, da das Ziel der Konferenz nicht der Idee des Zionismus entsprach. Sie wünschte keine Siedlungen außerhalb Palästinas.

Deutsche Vorschläge zur Auswanderung der Juden ohne Erfolg

Im Herbst 1938 sandte Hermann Göring den österreichischen Wirtschaftsminister Fischböck mit Auswanderungsvorschlägen nach London. Mit Zustimmung Adolf Hitlers reiste dann im Dezember Dr. Schacht nach London. Er erörterte mit Lord Winterton und Mr. Rublee nachstehende Vorschläge: Die deutsche Reichsregierung verhängt über das Vermögen der Juden in Deutschland eine Sperre. Dieses Vermögen sollte die Sicherheit für eine in 20–25 Jahren rückzahlbare internationale Anleihe bilden. Die jüdischen Vermögenswerte im Deutschen Reich wurden auf 1,5 Milliarden Reichsmark geschätzt. Auf diese Weise hätten für die Auswanderung der Juden genügend ausländische Devisen zur Verfügung gestanden. Die Auswanderung war für einen Zeitraum von 3–5 Jahren ge-

dacht. Am 2. Jan. 1939 berichtete Dr. Schacht Adolf Hitler, der grundsätzlich mit der Planung einverstanden war. Nach der Aussage des früheren Reichsbankpräsidenten hätten für die Verwirklichung eines solchen Abkommens sechs Wochen zur Verfügung gestanden. Am 20. Jan. 1939 wurde Dr. Schacht entlassen, da er der Erhöhung des Banknotenumlaufes nicht zustimmte. Nach der Verabschiedung Dr. Schachts trat an dessen Stelle Staatsrat Helmuth Wohltat, der die Kontrollbehörde für ausländische Kredite leitete. Zur Einigung kam es nicht. Als im April 1939 Wohltat Besprechungen in London über eine beschränkte Auswanderung nach Rhodesien und Britisch-Guayana führte, fand man auch keine Lösung.

Eine Denkschrift des Auswärtigen Amtes vom 25. Jan. 1939 über „Die Judenfrage als Faktor der Außenpolitik im Jahre 1938" hebt „die Notwendigkeit für eine radikale Lösung der Judenfrage" als eine Konsequenz der außenpolitischen Entwicklung hervor. Darunter verstand es die Entfernung aller Juden durch wirtschaftlichen Druck. Das letzte Ziel der deutschen Judenpolitik sei „die Auswanderung aller im Reichsgebiet lebenden Juden".

Am 7. Februar 1939 sprach Alfred Rosenberg auf einer Pressekonferenz, über die der „Völkische Beobachter" berichtete. In der Ausgabe vom 8. Februar ist zu lesen: „Da ... Palästina ... nicht in Frage kommt ..., so bleibt eben übrig, ob und welches in sich abgeschlossene Territorium die Demokratien bereitstellen wollen, um die Juden umzusiedeln. Dieses Territorium müßte eine Kapazität von rund 15 Millionen Juden vorsehen."

Bereits am 12. Nov. 1938 brachte Göring bei einer Besprechung im Reichsluftfahrtministerium Berlin zum Ausdruck, daß das Madagaskar-Projekt wünschenswert sei. Hitler stellte sich dazu positiv ein.

Dieses Umsiedlungsvorhaben ist nicht nationalsozialistischen Ursprungs. Im Jahre 1937 war eine polnische Studienkommission, der der polnische Major Lepecki angehörte, eingesetzt worden. Am 7. Dezember 1938 unterrichtete der französische Außenminister Bonnet den Reichsaußenminister von Ribbentrop in Paris, daß die französische Regierung erwäge, 10 000 jüdische Flüchtlinge auf Madagaskar anzusiedeln. (Akten zur Deutschen Auswärtigen Politik 1918–1945, Serie D, Band IV, Nr. 372, S. 420/21). Am 3. Juni 1940 gab Legationsrat Franz Rademacher einen „Überblick über die neu aufzunehmenden vordringlichen Aufgaben des Referates D III" (des AA). Rademacher schreibt u. a.: „Erbitten eine grundsätzliche Festlegung des deutschen Kriegsziels in der Judenfrage von Herrn Reichsaußenminister.

Möglichkeiten:
a) Alle Juden aus Europa,
b) Trennung zwischen Ost- und Westjuden. Ostjuden, die den zeugungskräfti-

geren und talmudsicheren Nachwuchs für die deutsche Intelligenz bilden, bleiben als Faustpfand in deutscher Hand (Lublin?), um die Amerika-Juden lahmzulegen; Westjuden aus Europa (Madagaskar).
c) Jüdisches Nationalheim in Palästina (Gefahr eines 2. Roms!)"
(Akten des Auswärtigen Amtes „Inland II g", Bl. 229.)

 In einer Denkschrift Rademachers vom 3. Juli 1940 wird ausdrücklich der Begriff „Deportation" der Juden gebraucht und ausgeführt: „Frankreich muß im Friedensvertrag die Insel Madagaskar für die Lösung der Judenfrage zur Verfügung stellen und seine rund 25 000 dort ansässigen Franzosen aussiedeln und entschädigen. Die Insel wird Deutschland als Mandat übertragen." Vorgesehen war die Einsetzung eines deutschen Polizeigouverneurs, der dem RFSS untersteht. Die Juden sollten im übrigen die Selbstverwaltung erhalten.

 Als finanzielle Regelung war vorgesehen:
„Für den Wert der Insel haften die Juden als Gesamtschuldner. Zu diesem Zweck wird ihr bisheriges europäisches Vermögen einer zu gründenden Europäischen Bank zur Verwertung übertragen. Soweit dieses Vermögen zur Bezahlung der Landwerte, die sie in die Hand bekommen, und der zum Aufbau der Insel notwendigen Warenaufkäufe in Europa nicht ausreicht, werden den Juden von der gleichen Bank bankmäßige Kredite zur Verfügung gestellt." (Akten des AA „Inland II g, Bl. 230/231). Diesem Plan stimmte der Reichsaußenminister zu. Die Vorarbeiten sollten im engen Einvernehmen mit den Dienststellen des RSHA erfolgen.

 Das RSHA arbeitete hierauf einen Plan für die Evakuierung nach Madagaskar und die Ansiedlung der Juden auf der Insel aus, der die Billigung von Himmler als RFSS fand. Heydrich leitete ihn unmittelbar dem Reichsaußenminister zu. (Akten des AA Inland II g, Bl. 197.) Auch Rademacher erhielt am 15. Aug. 1940 ein Stück des „Madagaskar-Projektes". (Akten des AA Inland II g, Bl. 197.) Aus einer Vortragsnotiz Rademachers vom 30. Aug. 1940 ergibt sich, daß bei Erfassung des jüdischen Vermögens in Europa die Gründung einer intereuropäischen Bank durch die Dienststelle des Vierjahresplanes (Staatsrat Wohltat) durchgeführt werden sollte. (Akten des AA Inland II b g.)
Noch Anfang Oktober 1941 befaßte sich das RSHA mit der Planung Madagaskar. Nach Rademacher nahm es in Lissabon mit Vertretern des „Joint Distribution Committee" (American Joint Distribution = größte jüdische Wohlfahrtsorganisation der Vereinigten Staaten) Verbindung auf. Die Organisation wurde gebeten, sich bei der englischen Regierung dafür einzusetzen, daß die Schiffe, die die auszusiedelnden Juden nach Madagaskar bringen sollten, unbehelligt blieben.

Joint lehnte mit der Begründung ab, einzig und allein Palästina komme als Heimstätte in Frage.
Lissabon war einer der Hauptstützpunkte der Joint. Die Organisation charterte Schiffe nach den USA und Kuba. Sie arbeitete sogar mit deutschen Reisebüros zusammen. Von Berlin, Wien und Prag verkehrten regelmäßig Züge nach Lissabon. In Frankreich unterstützte sie alle Gruppen, die Juden Hilfe leisteten. Von Marseille baute sie einen Kurierweg nach Paris auf. Sie versorgte die jüdischen Häftlinge in den Konzentrations- und Internierungslagern. Der Joint war auch im sowjetischen Raum tätig. 1939 und 1940 deportierte die Sowjetregierung aus dem von dem im Jahre 1939 an die UdSSR gefallenen Raum Polens in das rauhe asiatisch-persische Grenzgebiet 350 000 Juden. Die Mehrzahl starb. Die Überlebenden lebten in kleinen Städten an der persischen Grenze. Das Joint Distribution Committee richtete für sie 1942 ein Hilfswerk ein. Nach dem Kriege wanderten sie über Persien oder Polen oder über die DP-Lager in Palästina ein.
Infolge des Ausbruches des Krieges gegen die UdSSR schwanden die Aussichten auf einen baldigen Friedensschluß. Der Madagaskar-Plan wurde zu den Akten gelegt. Statt dessen trat die „Umsiedlung in die Sowjetunion" in den Vordergrund.
SS-Sturmbannführer Carltheo Zeitschel, Legationsrat bei der deutschen Botschaft in Paris, fertigte für Botschafter Abetz am 22. Aug. 1941 eine Aufzeichnung an: Diese lautet: „Die fortschreitende Eroberung und Besetzung der weiteren Ostgebiete können zur Zeit das Judenproblem in ganz Europa in kürzester Zeit zu einer endgültigen befriedigenden Lösung bringen. Wie aus einem Hilfeschrei der gesamten jüdischen Presse Palästinas an die amerikanischen Juden hervorgeht, sind in den von uns in den letzten Wochen besetzten Gebieten, besonders Bessarabien, über sechs Millionen Juden ansässig, das bedeutet $^1/_3$ des Weltjudentums. Diese sechs Millionen Juden müßte man sowieso bei der Neuordnung des Ostraums irgendwie zusammenfassen und voraussichtlich doch ein besonderes Territorium für sie abgrenzen. Es dürfte bei dieser Gelegenheit kein allzu großes Problem sein, wenn aus allen übrigen europäischen Staaten die Juden noch hinzukommen und auch die z. Zt. in Warschau, Litzmannstadt, Lublin usw. in Ghettos zusammengepferchten Juden auch dorthin abgeschoben werden. Soweit es sich um die besetzten Gebiete handelt, wie Holland, Belgien, Luxemburg, Norwegen, Jugoslawien, Griechenland, könnten die Juden einfach durch militärische Befehle in Massentransporten in das neue Territorium abtransportiert werden; den übrigen Staaten könnte nahegelegt werden, dem Beispiel zu folgen und ihre Juden in dieses Territorium abzustoßen. Wir könnten dann Europa in kürzester Zeit judenfrei haben.
Die seit Jahren spukende und auch von Admiral Darlan vor einigen Mo-

naten neuerdings ventilierte Idee, alle Juden Europas nach Madagaskar zu transportieren, ist zwar an sich nicht schlecht, dürfte aber unmittelbar nach dem Kriege auf unüberwindliche Transportschwierigkeiten stoßen, da die durch den Krieg stark dezimierte Welttonnage sicher zu anderen Dingen wichtiger gebraucht wird, als große Mengen von Juden auf den Weltmeeren spazierenzufahren. Ganz abgesehen davon, daß ein Transport von nahezu 10 Millionen, selbst wenn zahlreiche Schiffe zur Verfügung stünden, jahrelang dauern würde.

Ich schlage daher vor, bei der nächsten Gelegenheit diese Frage dem Reichsaußenminister vorzutragen und zu bitten, in dem Sinne einer solchen Regelung sich mit dem bereits ernannten zukünftigen Minister für die Ostgebiete, Reichsleiter Rosenberg, und dem Reichsführer-SS zusammenzusetzen und die Angelegenheit in dem von mir vorgeschlagenen Sinne zu prüfen. Das Transportproblem der Juden in die Ostgebiete würde selbst während des Krieges zu lösen sein und nach dem Kriege nicht auf unüberwindliche Schwierigkeiten stoßen, zumal die gesamten Juden im Generalgouvernement die Strecke in das neue abgegrenzte Territorium ja mit ihren Fahrzeugen auf den Landstraßen zurücklegen könnten.

Bei dieser Gelegenheit könnte man auch besonders betonen, daß beispielsweise in Frankreich, wo mit aller Intensität an einer baldigen Regelung der Judenfrage gearbeitet wird, die Durchführung im stärksten Maße darunter leidet, daß nicht genügend Lager zur Internierung der Juden zur Verfügung stehen und man sich infolgedessen mit allen möglichen Gesetzen und sonstigen Vorschriften durchhelfen muß, die doch, im ganzen gesehen, nur vorübergehende und nicht durchgreifende Maßnahmen sind.

Weiterhin würde ich vorschlagen, bei der nächsten Gelegenheit auch dem Reichsmarschall, der z. Zt. gerade für das Judenproblem sehr empfänglich ist, diese Idee nahezubringen, da er seinerseits sicher in seiner augenblicklichen Einstellung und nach seinen Erfahrungen des Ostfeldzuges eine außerordentlich starke Stütze in der Durchführung der oberen entwickelten Idee sein könnte."

Auch ein Vermerk vom 13. Oktober 1941 über eine Besprechung des Generalgouverneurs Dr. Hans Frank mit Reichsminister Alfred Rosenberg zeigt die Wendung auf. Ich zitiere:

„. . . Der Generalgouverneur kam dann auf die Möglichkeit der Abschiebung der jüdischen Bevölkerung des Generalgouvernements in die besetzten Ostgebiete zu sprechen. Reichsminister Rosenberg bemerkte, daß ähnliche Wünsche bereits seitens der Militärverwaltung in Paris an ihn herangetragen worden seien."

Mehr über die Geburt des Madagaskar-Plans

Meine Arbeit im Dezernat IV B 4 machte mich zu einem „lebenden Aktenbock". Ich hatte befehlsmäßig zu handeln, doch ich machte mir selbst auch meine Gedanken und lebte in der von mir bearbeiteten Materie, sonst wäre ich ja nur ein Hilfsarbeiter gewesen, etwas Geistloses – Totes. Als nun die Auswanderung stockte, der Versuch des Judenstaates in Polen scheiterte und Theresienstadt seiner Kapazität nach nur ein Tropfen auf dem heißen Stein sein konnte, überlegte ich, wie die Auswanderung wieder anzukurbeln wäre. – Der Westfeldzug war beendet, Frankreich gefallen. In Böhms Buch hatte ich gelesen, wie Herzl in seinem zähen Versuch, den Juden eine Eigenstaatlichkeit zu verschaffen, Gott und die Welt rebellisch gemacht hatte, den Sultan angegangen war, mit Kaiser Wilhelm verhandeln wollte. In seiner Not tauchte Madagaskar (92) in seinen Überlegungen als Lösung auf. Herzl entzweite sich mit den rechtsstehenden Orthodoxen, die alle nur vom Heiligen Land, vom Erez Israel (91) hören wollten. Der Erste Weltkrieg brachte die Balfour-Declaration und bot damit den Juden die Möglichkeit einer Heimstätte in Palästina, womit alle sonstigen Pläne wie etwa Madagaskar (92) hinfällig geworden waren.

In diesen Tagen unseres Sieges im Westen tauchte der Madagaskar-Plan wiederum auf. Er war ja schon älter und entsprang nicht deutscher Initiative. Ich hatte erkannt, daß das Territorium in der Größenordnung des Distriktes Lublin, mit vielen Unzulänglichkeiten behaftet, ohnedies bereits zu klein geworden war. Mit aller Energie wandte ich mich der sich neu anbahnenden Möglichkeit Madagaskar zu. Ich wollte die Angelegenheit schnell unter Dach und Fach bringen, ehe es dafür wieder zu spät werden würde. Die Siegesparade der deutschen Truppen in Paris war vorbei. Die Kräfte der nationalen Opposition im Reichsinnern einerseits und die überschwengliche Siegeszuversicht, die hier und da bereits zu einer nachlassenden Aktivität führte, das Fehlen einer militärischen Konsequenz von Dünkirchen und viele andere Kleinigkeiten, denen ich symptomatische Bedeutung zumessen zu können glaubte, ließen mich in zunehmendem Maße nachdenklicher werden und gaben meiner pessimistischen Einstellung im Hinblick auf einen siegreichen Ausgang des Krieges immer breiteren Raum. Deshalb wollte ich das an sich alte und schon vor Jahrzehnten von Juden selbst bearbeitete Madagaskar-Projekt in einem für beide Teile günstigen Sinne erledigen, sowohl im Interesse der Juden als im Interesse des Reiches.

Als Referent IV B 4 trug ich die Idee „Madagaskar" Gruppenführer Müller vor, anschließend dem Chef der Sipo und des SD, Heydrich. – Ich erhielt die Genehmigung, alles Erforderliche in die Wege zu leiten. Als Nicht-Militär und Nicht-Politiker konnte ich nicht beurteilen, inwieweit

Madagaskar zu unserer freien Verfügung stand. Es kam zu einer Anzahl Dezernentenbesprechungen, an denen die Dezernenten aus allen Zentralinstanzen teilnahmen. Das Auswärtige Amt hatte einen Sprecher in Herrn von Thadden, die Kanzlei des Führers in Oberregierungsrat Dr. Reischauer, der als ständiger Verbindungsmann zwischen dem Kanzleivertreter des Führers und dem Dezernat IV B 4 eingesetzt war, und auch alle übrigen Zentralstellen waren an diesem Projekt beteiligt, wenn sie auch zum großen Teil nur irgendwie am Rande damit zu tun hatten. Jede Zentralinstanz wachte wie eh und je eifersüchtig darüber, daß ihre Kompetenz in keiner Weise übergangen wurde. Ich glaube, daß auf meiner Dienststelle über das „Projekt Madagaskar" mindestens fünfzehn bis zwanzig große Sitzungen stattfanden, in denen bei Teilnahme von 20–25 Personen intensiv gearbeitet wurde. Über die Juristen, die zu meiner Verfügung standen, ließ ich damals nebst einer Präambel eine regelrechte Gesetzesvorlage zur Umsiedlung und Ansiedlung der Juden auf Madagaskar erstellen, das zu einem jüdischen Territorium erklärt werden sollte, wo die Juden, selbstverständlich unter dem Protektorat des Großdeutschen Reiches, frei und in Selbstverwaltung hätten leben sollen. – Damit wäre eine Endlösung gefunden für alle Juden, nicht nur aus Deutschland, sondern aus dem gesamten europäischen Raum, eine Endlösung unter unserem Einfluß. Im Reichsinnenministerium bestand schon seit Ende des vorigen Jahrhunderts eine „Reichsstelle für das Auswanderungswesen", die bekanntlich geschaffen wurde, um deutsche Auswanderer über klimatische Verhältnisse und sonst Wissenswertes zu beraten. Von dem Leiter dieser Stelle ließ ich mir über die Verhältnisse auf Madagaskar und die Aufnahmekapazität des Landes Unterlagen und Zahlen geben, die außerordentlich zufriedenstellend waren. Ich weiß heute noch, daß Madagaskar gewissermaßen in zwei Zonen einzuteilen war, eine nördliche und eine südliche, von denen eine sehr günstige klimatische Bedingungen besaß. – Daraus sich ergebende Einzelheiten waren nicht unsere Aufgabe, sondern die der jüdischen Selbstverwaltung, der jüdischen Madagaskar-Regierung. Es wurde eine Paragraphensammlung von über hundert Kapiteln aufgesetzt; teilweise waren sogar Ausführungsbestimmungen ausgearbeitet. Die Hürden der Bürokratie wurden im Lauf genommen, und schon nach wenigen Monaten war das „Projekt Madagaskar" „ministerreif" und konnte über die Staatssekretäre den einzelnen Ministern zur Abzeichnung vorgelegt werden.

Eine Unsumme von Arbeit war damit geleistet. Mit der Vichy-Regierung (98) war Kontakt aufgenommen worden; bei jeder Sitzung war Legationsrat von Thadden anwesend, und jeder Entwurf mußte vom Auswärtigen Amt abgezeichnet werden. Wir gingen schrittweise vor; in einigen Kardinalpunkten war es Sache des Auswärtigen Amtes, die Bedenkenlosigkeit abzuzeichnen, womit für mich als Angehörigen der Gestapo die Frage der Abstimmung mit der Vichy-Regierung gelöst war. – Es hätte natürlich sämtlichen Gepflogenheiten einer Zentralinstanz widersprochen, wenn das Auswärtige Amt von sich aus über ein Gebiet wie Madagaskar verfügt hätte, ohne mit der maßgeblichen Regierung zu verhandeln. Ich glaubte mich darum gar nicht kümmern zu müssen; für mich war die Abzeichnung des Auswärtigen Amtes bindend. – Legationsrat von Thadden, der sich persönlich natürlich nicht bindend äußern konnte, weil er dazu eine viel zu bescheidene Dienststellung innehatte, vertrat das Auswärtige Amt als Mittelsmann zu dessen ständigem Vertreter in Vichy; er dürfte berichtet haben, was Laval (93) zu dem Madagaskar-Projekt äußerte. Allerdings ist der Name Laval der einzige, der mir aus den Verhandlungen Auswärtiges Amt/ Vichy in der Angelegenheit »Madagaskar-Projekt in Erinnerung geblieben ist. –

Für den Transport der Juden nach Madagaskar hatte irgend jemand bereits die benötigte Tonnage ausgerechnet. Freigeleit der englischen Flotte war allerdings nicht erhältlich. Die Überführung sollte anständig vor sich gehen; denn die Juden sollten arbeitseinsatzfähig in Madagaskar ankommen. Madagaskar sollte weder ein Ghetto noch ein KZ werden, sondern eine regelrechte Protektoratsregierung erhalten. Das war auch der Grund, weshalb alles bis ins kleinste behandelt und über alle zuständigen Zentralinstanzen ausgearbeitet wurde. Das „Projekt Madagaskar" war eine mit Billigung sämtlicher Zentralinstanzen gesetzlich aufgebaute Lösung, die auch das Schicksal der Bewohner dieser Insel vertraglich regeln sollte.

Als Beweis für die Gründlichkeit, mit der ich das „Madagaskar-Projekt" aufsetzte, führe ich noch an, daß ich in Hamburg im Institut für Tropenhygiene ebenfalls alles bis ins kleinste durcharbeitete. – Für die Schiffahrt hatte ich einen Fachmann zur Verfügung und bekam über den Ministerialrat, der der Auswanderungsberatungsstelle des Reichsinnenministeriums vorstand, gleichfalls Fachleute, die allerdings ihre Gesichtspunkte aus den Gesetzen des vorigen Jahrhunderts herausholten. Für die Einschiffung sollten verschiedene europäische Häfen zur Verfügung stehen.

In dem ganzen „Madagaskar-Projekt" ließ sich Heydrich nie die Federführung aus den Händen nehmen. Er hatte überhaupt einen sehr aufnahmefähigen Kopf für Dinge, die die Priorität der Sipo betrafen; im „Madagaskar-Projekt" sah er nach den „Zentralen" in Wien und Prag eine zweite Gelegenheit, seine Befugnisse zu erweitern. Er sprach kurzerhand Göring darauf an und ließ sich Generalvollmacht für „die Endlösung der Judenfrage" in Form eines Erlasses geben.

Nachdem das ministerreife Projekt von allen bevollmächtigten Dezernenten der Zentralinstanz abgezeichnet war, wurde es über den Chef der

Sipo und des SD, Heydrich, natürlich zuerst an Reichsmarschall Göring weitergeleitet. Seitdem Heydrich Generalvollmacht hatte, konnte keine Zentralinstanz ihm in die Judenfrage hineinreden, irgendwelche Vorschriften oder Vorhaltungen machen.

Als das „Madagaskar-Projekt" ins Wasser gefallen war und von höchster Warte aus andere Direktiven erteilt wurden, haben Heydrich und auch Himmler aus diesem Erlaß sicherlich die Rechte abgeleitet, auch weiterhin nach eigenem Ermessen alles zu tun und zu lassen, denn Heydrichs Vollmacht war nicht auf das „Projekt Madagaskar" beschränkt. Vielmehr war dieses Projekt für Heydrich der Anlaß, sich eine weitgehende Generalbestallung und Generalvollmacht zu verschaffen. Der Ernst, mit dem die vielen Schwierigkeiten bewältigt wurden, die bei diesem Projekt auftauchten, sowie der Umstand, daß das „Madagaskar-Projekt" eine vernünftige Lösung darstellen konnte, macht es für mich unvorstellbar, daß es hier Raum gab für hinterhältige Gedanken. Nicht nur stellte es eine günstige Lösung dar für die Deutsche Reichsregierung, sondern auch der jüdische Teil sagte gern seine Mitarbeit zu, zumal da die konservativ eingestellten Juden mit dem Begriff „Madagaskar" schon vertraut waren und es ihnen eine Pflicht schien, hier mitzuarbeiten. – Als Heydrich von Göring mit der Gesamtdurchführung der „Endlösung der Judenfrage in Europa" bestallt wurde, war unter dem Begriff „Endlösung" niemals an eine „physische Lösung" gedacht worden.

Das „Projekt Madagaskar" umfaßte schließlich eine komplette Gesetzessammlung mit der besagten Präambel, einer Anzahl Paragraphen als Grundparagraphen und einer Fülle von Ausführungsbestimmungen, entstanden als Ergebnis wochenlanger Zusammenarbeit der eigenen Juristen mit den juristischen Experten der wichtigsten Zentralinstanzen, die mir gewissermaßen Rückendeckung und Hilfestellung gaben, wie z. B. Dr. Reischauer von der Kanzlei des Stellvertreters des Führers, der zuständige Mann aus dem Auswärtigen Amt und der Vertreter des Propagandaministeriums. Damit hatte ich von vornherein die drei wichtigsten Zentralinstanzen für mein Projekt gewonnen; denn der eine vertrat die Partei, der andere das Auswärtige Amt, wo ich an sich vorher die schlimmsten Bedenken hatte, und der dritte das Propagandaministerium, ein gewaltiges Instrument, wenn ich es gegen mich gehabt hätte. So hatte ich das schwere Geschütz auf meiner Seite. Über die Einschaltung des Innenministeriums sprach ich schon. Dort bestanden große Bedenken, die nicht zum Tragen kamen.

Nachdem das „Projekt Madagaskar" an alle Minister gegangen war, stellten sich Zusatzbesprechungen als notwendig heraus; sie wurden in Form von Ministerbesprechungen mit Himmler ausgetragen, wobei sich auch

Heydrich einschaltete. Ich wurde nur insofern herangezogen, als ich den Schriftverkehr Heydrichs oder des Reichsführers mit einzelnen Zentralinstanzen zur Klärung irgendwelcher Probleme entwerfen oder führen mußte. Dies dauerte länger als die grundsätzliche Arbeit. Es kostete Mühe und Geduld, im Verwaltungsgestrüpp der Zentralinstanzen Hürde um Hürde zu nehmen. Aber wir schafften es mit Zähigkeit und Geschick.

Vom Tod des Madagaskar-Planes und danach

Die Waage des Krieges neigte sich nicht zu unsern Gunsten. Ich glaube, es gab irgendeinen Aufstand von de Gaulle in Dakar, jedenfalls hatten wir einige Schlappen einzustecken, wodurch Madagaskar für uns unerreichbar wurde. Zu jener Zeit lebte ich überhaupt nur noch im Madagaskar-Gedanken, aber das Projekt mußte fallengelassen werden; noch heute tut es mir leid darum. – Damit war mein Traum, den der jüdische Vorkämpfer Herzl auch einmal geträumt hatte, zu Ende. Und damit war es auch aus mit der Suche nach einem Ausweg im Interesse beider Seiten, im Interesse des jüdischen und des nichtjüdischen Lagers.

Heß ist fort – Es weht ein neuer Wind – Politische Lösungen existieren nicht mehr

Der Krieg mit der UdSSR – Seine Folgen für die Juden

Der eigene Boden reichte kaum für das deutsche Volk, und auf den von deutschen Truppen besetzten Territorien gab es kein verfügbares Gebiet in der gewünschten Größe. Die Bemühungen um den „Judenstaat in Polen" scheiterten am Unverständnis der Personen, deren Zustimmung nötig war, unter ihnen „Polen-Frank" an erster Stelle. – Die Bemühungen, im überseeischen Raum eine Lösung zu finden, wurden durch die militärische Lage überholt. Damit war auch jene Epoche abgeschlossen – ohne Dazutun meiner unmittelbaren Vorgesetzten –, während welcher für die Behandlung des einzelnen Juden Gesetze, Verordnungen und Erlasse die einzige Grundlage bildeten, nach denen erkannt wurde, und zwar entsprechend dem allgemein gültigen Grundsatz: Wer sich gegen Gesetze vergeht (gleichgültig, ob Jude oder Nichtjude), setzt sich einer gesetzlich vorgesehenen Bestrafung aus.

Der Feldzug gegen die Sowjetunion hatte begonnen. Die Verhältnisse wurden stärker als mein Können und Wollen. Wahrheitsgemäß muß ich eines feststellen: Die Sicherheitspolizei hatte oftmals entgegen allgemein herrschenden Anschauungen nichts unversucht gelassen, um das Judenproblem in humaner Weise zu lösen, ohne Hilfe des Auslandes, die versagt wurde. Diese humane Lösung war in erster Etappe die „Auswanderung" gewesen. In der zweiten Etappe bemühten wir uns, in irgendeinem uns zugänglichen Gebiet Grund und Boden für die Juden zu finden. Ich bezeuge, daß dies dem Wollen eines großen Teiles der Reichsregierung im nationalsozialistischen Deutschland entsprach. – Und ich war nun ein Rädchen in diesem Getriebe, das Befehle und Weisungen auszuführen hatte.

Vom Beginn des Rußland-Krieges an wurde ein anderer Weg eingeschlagen, der uns – mich und die mir unmittelbar Unterstellten meines Dezernats im Geheimen Staatspolizeiamt des Reichssicherheits-Hauptamtes – in Dingen der „Endlösung der Judenfrage" in die zweite Linie versetzte. Was sich nun anbahnte, wurde auf andere Einheiten und auf das WVHA verlagert, das Himmler unterstand. Auf diese tragische Verkettung der Ereignisse und auf die verhängnisvollen Unterlassungssünden des Auslandes – einschließlich des internationalen Judentums – gegenüber den Juden in unserem Machtbereich werde ich noch an anderer Stelle zurückkommen.

Maßloser Krieg

Bis zum Anfang der Feindseligkeiten gegen die Sowjetunion schien die Lage verhältnismäßig harmlos, doch nun stürzte die ganze Welt auf uns paar Deutsche los. Unsere Staatsführung verstand es nicht, Zug um Zug vorzugehen, sondern ließ zu, daß wir teilweise oder ganz durch eigene Schuld von allen Seiten eingekesselt wurden. Es gab relativ wenig Fachleute auf jedem Gebiet; auf jedem Sektor wurde der Arbeitsanfall immer größer, so daß jeder Fachmann weite Bereiche zu überblicken hatte; das konnte er natürlich nicht. Örtliche Stellen traten auf, die sich nicht mehr von den Vorschriften, sondern vom Geschehen leiten ließen. Ich könnte mir vorstellen, daß jemand, der erfuhr, irgendein naher Verwandter sei massakriert worden oder unter Feindeinwirkung gefallen, nun sein ganzes Sinnen und Trachten auf die Vernichtung des Gegners richtete. Schließlich konnte er nicht mehr unterscheiden, ob und welche ethischen Maßstäbe einzuhalten waren oder ob nicht vielmehr alles erlaubt sei, wenn es nur dem Siege diente. Wenn nun solche Elemente bestimmte Aufgaben im Generalgouvernement oder in den besetzten sowjetischen Gebieten durchzuführen hatten, dann hatte schließlich jeder Einsatzgruppenchef, jeder Führer und jeder Unterführer dort einen sehr weiten Spielraum; so kam es gelegentlich zu nicht vorstellbaren Dingen; denn die Verantwortlichen waren von der zentralen Steuerung, die sie normalerweise straff erfaßt hätte, allzu weit entfernt.

Judenvernichtung und Kaufman-Plan

Ich bin mir bewußt, daß die folgenden Schilderungen der Umstände und Ereignisse, die dazu führten, daß Juden der physischen Vernichtung unterworfen wurden, von historisch weitesttragender Bedeutung sind. Ich werde mich auch hier, von niemanden beeinflußt oder bedrängt, der vollen mir bekannten Wahrheit befleißigen. Folgende Feststellung will ich jedoch vorausschicken:

Für die Judenvernichtung war ich mit meinen mir unterstellten Offizieren, Unteroffizieren, Männern und Bezirksbeamten in keiner Weise verantwortlich. Weder in die allgemeine Kriegsentwicklung noch in die Entstehung des Vernichtungsbefehles konnte meine Dienststelle auch nur im geringsten korrigierend eingreifen; denn dazu war sie innerhalb des damaligen autoritären Regimes zu klein. Weder ich noch meine Untergebenen haben Menschen getötet, noch konnten wir solche Aktionen beeinflussen. Wenn ich hierüber anschließend Genaueres sage, so tue ich das mit gutem Gewissen, ohne in den Verdacht zu geraten, eine etwaige Schuld billig auf andere abladen zu wollen, weil bereits seit einigen Jahren dem hierfür verantwortlichen Chef des Wirtschafts- und Verwaltungshauptamtes vor dem Amerikanischen Militärgericht in Nürnberg der Prozeß gemacht wurde. – Demnach ist diese ganze Angelegenheit ohnedies aktenkundig.

Etwa um die Jahreswende 1941/42 **teilte mir der Chef der Sipo und des SD, Heydrich, mündlich mit, daß der Führer die physische Vernichtung des jüdischen Gegners befohlen habe.** Welche Gründe Hitler dazu bestimmt haben mögen, plötzlich diesen Befehl zu erteilen, wußte und weiß ich nicht. Heute wie seinerzeit vermag ich nur zu vermuten: Hitler hat öfters, und zwar seit der Zeit kurz vor Kriegsausbruch bis tief in den Krieg hinein, öffentlich kundgetan, daß ein Krieg, den das Judentum gegen das Dritte Reich entfessele, wie immer er auch ausgehen möge, das Judentum als Verlierer aufweisen würde. Diese Erklärung kannte die ganze Welt. Ende 1941 war es klar, daß der Rußlandfeldzug nicht so blitzartig verlief, wie man es oben erwartet hatte. Der für Deutschland gefährliche, ja vernichtende Zwei-Fronten-Krieg war da. – Schon längst hatten die Führer des internationalen Judentums dem Deutschen Reich den Krieg erklärt. Letzte etwaige Hemmnisse kamen offenbar nunmehr in Fortfall. Dies sind meine Vermutungen; sie können stimmen, sie **müssen** es aber nicht. Denn **selbst gesehen habe ich den genannten Vernichtungserlaß von Hitler* nie.**

Die Kriegserklärung der Vereinigten Staaten wurde ganz allgemein als ein Erfolg jüdischer Bemühungen empfunden. – Noch vor dem Kriegsantritt Amerikas bekamen wir eine ausführliche Beschreibung des sogenannten „Kaufman-Planes". Kaufman war ein Intimus von Roosevelt, der seinen Plan sicherlich nicht ohne Zustimmung führender jüdischer Kreise veröffentlichen konnte. Darin war als Hauptziel enthalten: die vollkommene Ausrottung von siebzig oder achtzig Millionen Deutschen; detailliert wurde aufgeführt, wie die deutsche Wehrmacht, Division um Division, sterilisiert werden würde, wie nur Männer über 70 Jahre und Frauen über 50 Jahre ausgenommen werden dürften und sonst das ganze deutsche Volk einschließlich der Kinder und Kleinstkinder sterilisiert werden müsse. Deutschland solle ganz aufgeteilt, die deutsche Sprache verboten werden. **Kaufman beabsichtigte die vollkommene Ausrottung unseres Volkes mittels einer Totalsterilisation.** Heute meine ich, daß dieser Kaufman-Plan möglicherweise nur als Provokation gedacht war, um eine gewalttätige Ausrottungspolitik gegen die Juden zu erzielen und im Gegenzug einen jüdischen Staat mit internationalen Garantien zu errichten und

---

* Eichmann nimmt auf das Thema „Führerbefehl zur Vernichtung des Judentums" Bezug. Herausg. verweist auf seine Ausführungen dazu.

für lange Zeiten zu sichern. Der Gedanke wäre mir unheimlich, daß wir den Juden ein Instrument gewesen sind, um ihren Staat zu bekommen, und ich betone hier ausdrücklich: ich kann nicht glauben, daß Heydrich oder gar Himmler in irgendwelche Verbindung mit Feindplänen gebracht werden können. Auch von meinem direkten Vorgesetzten, Gruppenführer Müller, kann ich derartiges unmöglich annehmen. – Andererseits darf für Tötungsmaßnahmen gegen Juden nie der jüdische Anteil und Antrieb außer acht gelassen werden. Das stellt sich auch im Fall von Kaufman heraus. War dieser Plan als Provokation gemeint, dann kann man nur sagen: die Juden haben ihr Ziel erreicht. Es ist wohl anzunehmen, daß der Kaufman-Plan in unseren **höchsten Führungskreisen** als ein **auslösender Faktor** für eigene Vernichtungsmaßnahmen gewirkt hat.*

In der erwähnten Zeit zur Jahreswende 1941/42 teilte mir der Chef der Sipo und des SD, Heydrich, außer dem „physischen Vernichtungsbefehl" auch den **Befehl des Reichsführers** mit, demzufolge das **Judenauswanderungsverbot nunmehr strikt zu beachten sei**; es war bereits zu Beginn des Krieges erlassen, sah aber Ausnahmemöglichkeiten vor. Alle Juden im Sinne der Nürnberger Gesetzgebung mit Ausnahme des jüdischen Teiles einer privilegierten Mischehe sowie der Verwundeten und Tapferkeitsauszeichnungsträger des letzten Weltkrieges waren danach dem Chef des SS-WVHA an von ihm genannte Orte – meistens KZ-Bahnhöfe – zu überstellen. Ausnahmen behalte sich der Reichsführer selbst vor. Anschließend teilte mir Heydrich mit, daß die Sicherheitspolizei mit der physischen Liquidierung nichts zu tun habe, sondern ihre Aufgabe auf den rein polizeilichen Teil, d. h. in diesem Falle die Erfassung, beschränkt bleibe. Die Formulierung „Endlösung der Judenfrage", mit der seit jeher der gesamte Komplex bezeichnet wurde, sollte auch jetzt beibehalten werden.

Als Heydrich mir sagte „Ich komme vom Reichsführer; der Führer hat nunmehr die physische Vernichtung der Juden angeordnet", waren das Worte, die so inhaltsschwer waren, daß man sie im Augenblick des Sprechens nicht einmal annähernd ermessen kann; weil jedes Vorbild fehlte, konnte man ihre tonnenschwere Last erst später ermessen; ich kannte Heydrich – die Art, wie er mir dies mitteilte, war so, daß ich ihm ansehen konnte: auch er hatte mit einer solchen Konsequenz nicht gerechnet. Im ersten Augenblick vermochte ich mir überhaupt nicht klarzumachen, was „physische Vernichtung" nun eigentlich bedeutete, und Heydrich wird das auch bemerkt haben. Er teilte mir weiter mit, daß der Reichsführer den SS- und Polizeiführer Globocnik in Lublin beauftragt habe, die

---

* Immer wieder nimmt Eichmann auf einen nicht existierenden Befehl Hitlers zu allgemeiner Ermordung der Juden Bezug. D. Herausg.

sowjetischen Panzergräben bei der Massenliquidierung der Juden zu benutzen. Ich selber solle hinfahren und Heydrich über den Fortgang der Operation Bericht erstatten. – Nach diesem folgenschweren Befehlsempfang machte ich meine Meldung bei meinem Amtschef, Gruppenführer Müller. Offenbar wußte er schon davon; denn das konnte ich stets an seinem wortlosen Nicken, verbunden mit einem flauen Lächeln um die scharfen Lippen, erkennen. Er hockte immer und ewig in der Prinz-Albrecht-Straße und rührte sich nicht von seinem Schreibtisch weg. Aber er wußte alles, was innerhalb des Deutschen Reiches und in den von uns Zug um Zug besetzten und beeinflußten Gebieten geschah.

Ich fuhr in Richtung Lublin; ich weiß heute nicht mehr, wie der Ort hieß, ein Hauptsturmführer begleitete mich; dort traf ich einen Hauptmann der Ordnungspolizei; ich staunte nicht wenig, als dieser kleine Häuschen, hermetisch abgeschlossen, aufbauen ließ und mir sagte: „Hier werden die Juden jetzt vergast." Ich dachte immer noch an Panzergräben, aber er erklärte mir, wie gut er alles abgedichtet habe, so daß wirklich nichts nach außen dringen könne. Ich war vollkommen durcheinander.*

Im Zusammenhang mit diesem ersten Vernichtungsbefehl, der mir als Briefträger von Heydrich für Globocnik übergeben wurde, halte ich es für angebracht, eine bestehende Version, wonach Heydrich schon Jahre vor dem Kriege bis in die kleinsten Einzelheiten hinein einen Plan zur sogenannten Lösung der Judenfrage in jeder Hinsicht verfaßt hätte, zu verneinen. Hätte ein solcher Plan bestanden, dann hätte ich davon wissen müssen. Wird jedoch damit gemeint, daß laufende Bemühungen zu einer Lösung der Judenfrage erfolgten, dann muß ich das allerdings voll und ganz bejahen. – Zu diesen Bemühungen gehörten die Auswanderung, der krampfhafte Versuch der Bildung eines jüdischen Territoriums im Distrikt Lublin, der spätere Versuch mit dem Projekt „Madagaskar", Bemühungen, die alle scheiterten. – Dann entstanden die großen Konzentrierungen, die mit der Verschickung in die KZs endeten. Aber nie lag ein „Generalstabsplan" fest, nach dem gehandelt wurde, sondern der Augenblick diktierte die Entscheidungen.

---

* Bei den „Kleinen Häuschen" hat man sich mit Eichmann einen Scherz erlaubt. Sie hingen mit deutschen Siedlungen (Ostwall) zusammen. Möglicherweise hat man mit Eichmann über Vergasung gesprochen. Nach einem Prozeß in Hamburg gab es in Maidanek eine Hütte oder ein Holzhaus, wo vergast wurde. Im Auschwitz-Prozeß sprachen Deutsche von zwei Bauernhäusern, in denen Höß Vergasungen vorgenommen habe. Eichmanns „Vergasungshäuser" haben damit nichts zu tun. Dieses makabre Thema hat mit Kleinfamilien-Häuschen von vornherein nicht das mindeste zu schaffen. D. Herausg.

Eichmann und die Einsatzgruppen der Sicherheitspolizei und des SD

Was ich damals bezüglich der ersten Vernichtungsbefehle empfand, ist schwer wiederzugeben. Ich verzichte darauf. Bisher hatte ich wohl von Erschießungsbefehlen gehört, die der Reichsführer direkt einzelnen im Osten eingesetzten Chefs von Einsatzgruppen der Sipo und des SD erteilt hatte. Aber jene Befehle standen in keinem Verhältnis zu dem jetzigen Führerbefehl. Dennoch muß ich feststellen, daß auch jetzt die ganze Angelegenheit nicht die Formen annahm, die man sich anfänglich vorgestellt hatte. Alle arbeitsfähigen Juden sollten zur Arbeit eingesetzt werden und blieben deshalb am Leben. Im Generalgouvernement und in der UdSSR stellten die örtlichen Stellen der Sipo und des SD Transportzüge zusammen, während dies in einigen anderen von Deutschland zu jener Zeit kontrollierten Ländern im Verein mit den Polizei- oder Gendarmerie-Einheiten der betreffenden Länder geschah.

Als ich das erste Mal zu Globocnik im Marsch gesetzt wurde, war meine Mission rein informatorisch; nachdem ich mir die merkwürdigen Häuschen angesehen hatte und mir ihr Zweck erklärt war, fuhr ich nach Berlin zurück und informierte meine Vorgesetzten entsprechend. – Rein menschlich war mein Wiedersehen mit Globocnik freudig; denn ich hatte mit ihm noch aus der Kampfzeit ein sehr herzliches Verhältnis. Ich kannte ihn von meinen ständigen Bemühungen um die Errichtung der „Zentrale für jüdische Auswanderung" in Wien. Globocnik war Gauleiter von Wien; als ich vor ihm meine Nöte auseinandersetzte, zog er alle nur denkbaren Register, um mir zu helfen. Seit dieser Zeit datierte unsere Freundschaft. Dann kam ich nach Berlin, wo ich nichts mehr von Globocnik sah und hörte bis zu diesem Auftrag Himmlers, ins Generalgouvernement zu fahren und festzustellen, wie weit Globocnik mit den Vorbereitungen zur Durchführung des Befehls gekommen sei. – Ich meldete Heydrich, was ich gesehen hatte, und wurde nach einiger Zeit wieder zu ihm befohlen. Diesmal teilte er mir mit, daß auf Befehl des Reichsführers – oder eben nur „auf Befehl" „**250 000 Juden der Vernichtung zuzuführen seien**". Ich weiß heute nicht mehr, ob ich das diesbezügliche Schreiben fix und fertig bekam oder ob Heydrich anordnete, dieses Schreiben auf meiner Dienststelle anzufertigen. Falls ich das Schreiben erstellt hätte, müßte es routinemäßig das Aktenzeichen IV B 4 und die Buchungsnummer tragen. **Jedenfalls hatte dieses Schreiben als Unterschrift die des Chefs der Sipo und des SD, Heydrich.** Damit wurde ich also als Kurier in Marsch gesetzt und mußte es Globocnik persönlich übergeben. – Als ich hinkam, erkannte ich das Lager Lublin nicht wieder, denn es waren ein schönes Polizeirevier, ein Gästehaus, Büroräume und gewaltige Zeichenräume entstanden. Globocnik führte mich durch seine technische Abteilung und erzählte mir, wie er von Himmler einen Sonderauftrag erhalten habe, und zwar die Erstellung der Modelle, nach denen künftig die SS- und Polizei-Stützpunkte im Osten aufgebaut werden sollten. Er ließ verschiedene Modelle teils zeichnen, teils im Kleinformat in Holz modellieren. Die Zeichnungen waren architektonisch komplett. Im technischen Büro arbeiteten nicht nur dienstverpflichtete Polen, sondern auch jüdische Architekten, Mathematiker, Techniker und Facharbeiter der holzverarbeitenden Industrie. Globocnik zeigte mir eine riesige Tischlerei, in der Juden arbeiteten, die nach Werkstattangaben die schönsten Dinge fertigten. So ließ das Mobiliar des SS- und Polizei-Stützpunktes Lublin überhaupt nicht den Gedanken aufkommen, daß man hier in einer verlassenen östlichen Ecke des Generalgouvernements war, sondern man glaubte sich eher in einer schön ausgestatteten Räumlichkeit der Hauptstadt zu befinden.

Globocnik zeigte mir sein Zimmer, wo er auch seine Schlafstätte aufgebaut hatte; da übergab ich ihm das Schreiben. Er nahm es und las. Weil es unter „Geheimer Reichssache" lief, mußte er mir unter einer besonderen Nummer die Empfangsbestätigung geben; ich nahm sie entgegen. Hinter oder neben einem Bild war ein kleines Panzerschränkchen in die Wand eingelassen; er öffnete es und verwahrte das Schreiben darin. Dann sagte er mir: „Sehen Sie, Kamerad Eichmann, man muß immer alles schwarz auf weiß haben." Dieser Ausdruck „schwarz auf weiß" war ein geflügeltes Wort bei uns; denn man tat nichts ohne Weisung oder Befehl, auch Globocnik als SS- und Polizeiführer nicht.

Vielleicht ein halbes Jahr später besuchte ich Globocnik ein drittes Mal. Ich hatte ihm das zweite ähnliche Schreiben auszuhändigen. Dieses zweite Schreiben* unterschied sich vom ersten in zwei Punkten: einmal durch das Wort „weitere" 250000 und dann durch die Unterschrift; es war diejenige Müllers in Vertretung des Chefs der Sipo und des SD; ich glaube, daß um diese Zeit Kaltenbrunner schon effektiver Chef war. Bei diesem Besuch stellte ich fest, wie sehr Globocnik die Arbeiten vorwärtsgetrieben hatte; denn am Ausgang von Lublin befand sich ein Lager, das vorher recht kümmerlich ausgesehen hatte, aber jetzt bei meinem letzten Besuch schon recht respektable Ausmaße angenommen hatte.

Globocnik muß die erwähnten zwei Schreiben verbrannt haben; denn dazu verpflichtete ihn der Befehl als Geheimnisträger einer „Geheimen Reichssache". Als solcher war man verpflichtet, geheime Reichssachen auch unter Aufopferung des eigenen Lebens vor jedem Zugriff zu schützen.

---

* Möglicherweise Erinnerungsfehler Eichmanns. D. Herausg.

Das Hauspersonal von Globocnik bestand aus weiblichem polnischem Personal und einer Anzahl von SS-Ordonanzen, meistens Schwerverwundeten, die frontuntauglich waren. Vor dem Kamin stand ein kleiner Kacheltisch mit außerordentlich schönen Motiven. Sowohl im Dienst wie privat war Globocnik recht leger. Er war an keine feste Zeit gebunden; bei Himmler hatte er einen Stein im Brett. Er war der kämpferische, zähe illegale Gauleiter der Ostmark gewesen und hatte dann als Gauleiter von Wien wenig Schwierigkeiten gemacht, als er abserviert wurde, um einem reichsdeutschen Statthalter, dem Reichskommissar Bürckel, Platz zu machen. Globocnik stellte nicht die Person, sondern die Sache voran – und das wurde ihm offensichtlich nicht vergessen. So hatte ihn der Reichsführer entschädigt und zum SS- und Polizeiführer bestellt. Später wurde er Höherer SS- und Polizeiführer in Triest und stand somit im gleichen Rang, den er ohne Murren aufgegeben hatte. So ist es verständlich, daß Globocnik eine ganz andere Rolle spielte als die anderen SS- und Polizeiführer. Mit Globocnik konnte auch der Generalgouverneur Frank nicht schlittenfahren, denn Globocnik schrieb dem Reichsführer persönlich, was bei den anderen eine Umgehung des Dienstweges bedeutet hätte. Daher auch der persönliche Auftrag des Reichsführers, die sogenannten Polizeisiedlungen oder Stützpunkt-Siedlungen zu entwerfen – eine sehr große Aufgabe –, denn diese SS- und Polizeistationen waren als eine Art Ostwall gedacht. Sie sollten für die deutschen Siedler der Umgebung die Einkäufe machen, für Ärzte und Krankenhaus sorgen u. ä. m. Ein derartiger Posten würde in ständiger Fühlungnahme mit den kleinen Außenposten stehen. Dieses Netz war für den ganzen Osten geplant, damit die Polizei ihre sicheren Quartiere hätte und schnell im ganzen Land hin- und hergeworfen werden könnte. In Notfällen sollte auch die ganze Bevölkerung, ganz gleich, ob Deutsche oder Nichtdeutsche, hier sofort Unterschlupf finden können. Deshalb hatte Globocnik so viele Werkstätten in Betrieb, in die er die Juden hereinnahm, auch den „Ältestenrat", dem er für seine Mitarbeit Vergünstigungen versprochen hatte.

Wo und wie gab es Vernichtungen?

Im Generalgouvernement wurden die Juden von deutschen Organen wie auch von litauischen, ukrainischen und estnischen erfaßt und konzentriert. Globocnik hatte in der Hauptsache einige Kompanien Letten, mit denen er seine Aufgaben im Distrikt Lublin durchführte. Diese Männer waren hart; denn sie waren durch eine furchtbare Schule gegangen. Ich fuhr einmal mit Globocnik an einem bitterkalten Wintertag über Land, da trafen wir auch einige Letten oder Litauer. Globocnik deutete auf einen von ihnen; da sagte der betreffende Mann selber, er stehe nun allein im Leben und er habe sich Rache geschworen; denn seine Frau, seine Eltern, seine Brüder seien alle hingemordet worden von den Juden, dort oben in seiner Heimat, von den bolschewistischen Juden. Die deutschen Polizeieinheiten, die sich dieser Kompanien bedienten, hatten in derartig schwergeprüften Menschen harte Draufgänger, die überhaupt keinen Widerstand aufkommen ließen; außer in Warschau gab es ja auch nicht den geringsten Widerstand. – Persönlich kenne ich nur eine einzige Ausnahme, und zwar stellte ich diese fest, als ich einmal auf einer Fahrt vom Osten nach dem Westen durch ein Lager kam, wo Globocnik damals oder später Vernichtungen durchführte. Es war im Ostdistrikt von Lublin, in Treblinka oder Maidanek oder in einem anderen Lager, jedenfalls einem kleinen, denn ein Obersturmführer war Lagerleiter. Wie sie vernichteten, weiß ich nicht; ich glaube aber, nicht mit Gas. Dieser Obersturmführer hatte einen Panzerspähwagen auf Ketten, ein sehr niedriges Fahrzeug, in dem ich im unmittelbaren Lagerbereich herumfuhr. Es dauerte eine Stunde, bevor ich das Ding selber gut lenken konnte, und dadurch habe ich jenes Lager gut im Gedächtnis behalten. Als ich wieder nach Lublin zurückkam, erzählte mir der engste Mitarbeiter und Freund von Globocnik, Hauptsturmführer Höfle, die Geschichte dieses Lagers. Eines Tages, als sich ein SS-Angehöriger des Lagers in der Lager-Schneiderei eine Uniform anpassen ließ, stürzte plötzlich ein Jude hinter den in Arbeit befindlichen Uniformen hervor und erschoß diesen SS-Mann mit seiner eigenen Pistole, die er während der Anprobe abgelegt hatte. Wie auf Kommando wurden darauf die Türme der Wachtposten gestürmt und diese getötet, ebenfalls einige andere SS-Angehörige; die Juden bemächtigten sich ihrer Waffen. Auch den Panzerspähwagen setzten sie in Aktion und erschossen mit dem Maschinengewehr die Wachen. Danach flüchtete ein großer Teil dieser inhaftierten Juden, wobei einige den Tretminen zum Opfer fielen und der Rest mit einigen Ausnahmen durch eine Großaktion innerhalb von wenigen Stunden wieder aufgetrieben wurde.

Außer diesen Reisen als „Briefträger" oder zur Inspektion hatte ich mit Polen nichts zu tun. Nachdem durch Frank das Nisko-Projekt mißlungen war und der Verhaftungsbefehl gegen mich erfolgte, kümmerte ich mich überhaupt nicht mehr um Polen, – nicht einmal in Angelegenheiten wie Ghettobildung, Ältestenräte u. ä. – Sollte Frank doch sehen, wo er blieb. Ich glaube, daß er dies alles nachher sehr bereut hat; denn er wurde nun in eine Sache hineingedrängt, die er gar nicht wollte. Frank wollte im Generalgouvernement judenfrei sein – ich hatte ihm dort nur einen Distrikt voll Juden packen wollen, aber mich warf er heraus; jetzt mußte er sie lagerweise aufnehmen; sie brachten ihm später die „Endlösung" mit Einschluß der „physischen Vernichtung"; ob ihm das angenehmer war, weiß ich nicht.

Jedenfalls wurde er später in der ganzen Endlösungsgeschichte federführend. Alles wäre anders verlaufen, wenn mein Nisko-Projekt nicht „torpediert" worden wäre.* – Ob er das nun selber anordnete oder ob es von anderer Stelle her geschah, weiß ich nicht. Frank führte jedenfalls einen großen Kampf gegen Heydrich, gegen Himmler und damit auch gegen mich, weil ich ja dabei mit ein kleiner Anstoß wurde. Ich erreichte jedenfalls, daß ich aus sämtlichen Geschichten im Generalgouvernement herausblieb. Hätte ich den entsprechenden Befehl erhalten, dann hätte ich freilich gehorchen müssen, aber ich bekam ihn nicht; vielleicht wollte man Frank „im eigenen Saft schmoren lassen"; denn auch seine Besprechungen mit dem Reichsminister für die besetzten Ostgebiete, ihm die Juden abzunehmen, führten zu keinem Ergebnis.

Im ganzen Generalgouvernement war Amt IV nicht zuständig. Globocnik hatte dort einen Sonderauftrag nicht nur in seinem, sondern auch in allen übrigen Distrikten, obwohl er nur „SS- und Polizeiführer des Distriktes Lublin" war. Seine Befugnisse erstreckten sich über das ganze Generalgouvernement; die höheren SS- und Polizeiführer hatten ihn zu unterstützen.

Kriegserklärung der Jewish Agency und ihre Teilnahme am Krieg

Auf dem 25. Zionistenkongreß in Genf vom 16.-25. Aug. 1939 rief Dr. Chaim Weizmann alle Juden, wo sie sich auch immer befinden mögen, zum Kampf gegen Deutschland auf. Das scheint eine recht totale Aufforderung zu sein. Jedenfalls schließen die Wörter „alle Juden" niemand aus.

Der Präsident der Jewish Agency in Jerusalem veröffentlichte im September 1939 eine Stellungnahme, in der es heißt: „Die Regierung seiner Majestät hat heute Hitler-Deutschland den Krieg erklärt. In diesem schicksalsschweren Augenblick liegt der jüdischen Gemeinde dreierlei besonders am Herzen: der Schutz der jüdischen Heimat, das Wohl des jüdischen Volkes und der Sieg des Britischen Empire. Der Krieg, zu dem sich Großbritannien jetzt durch das nazistische Deutschland gezwungen sieht, ist unser Krieg. Wir werden dem britischen Heer und dem britischen Volk vorbehaltlos jede Unterstützung zuteil werden lassen, die wir leisten können und leisten dürfen."

Diese Erklärung stammt vom 3. Sept. 1939. Im Dezember schlug Dr. Weizmann vor, jüdische Jungoffiziere für eine künftige jüdische Militärmacht auszubilden. Im Juli 1940 schrieb Weizmann einen Brief an Winston Churchill, in welchem es heißt: „Das palästinensische Judentum kann eine Streitmacht von 50 000 Mann aufstellen, alle in der Blüte ihrer Jahre, eine

---

* Das ist unrichtig. Das Nisko-Projekt war unrealistisch. D. Herausg.

Streitmacht, die, richtig ausgebildet, bewaffnet und geführt, nicht zu verachten ist..." Die britische Regierung nahm daraufhin im Oktober 1940 Sondereinheiten in die britische Armee auf. Aus jüdischer Quelle geht hervor, daß an der Schlacht von El Alamein jüdische Soldaten teilnahmen.

Im August 1943 betrug die Zahl der in Sondereinheiten organisierten Juden 22 000, nicht eingerechnet diejenigen, die bei der Hilfspolizei und beim Luftschutz Dienst taten.

Im September 1944 gab das britische Kriegsministerium bekannt: ,,Die Regierung seiner Majestät hat beschlossen, dem Gesuch des Präsidenten der Jewish Agency for Palestine stattzugeben und eine jüdische Brigade *aufzustellen, die an den aktiven Kampfhandlungen teilnehmen wird." Am 31. Okt. 1944 gab die Jewish Agency bekannt, die Einheiten der jüdischen Brigade trügen als Abzeichen blaue Querstreifen auf weißem Grund mit blauem Davidstern in der Mitte sowie blau-weißem Schulterstück mit goldenem Davidschild.*

Jeder jüdisch-palästinensische Offizier und Soldat gehörte der Haganah *an.*

Schwere Folgen des Krieges mit der UdSSR für die Juden und die Judenpolitik

Adolf Eichmann spricht von einem generellen Führerbefehl zur physischen Vernichtung der Juden in Europa, der zu Beginn des Feldzuges gegen die Sowjetunion gegeben worden sei. Der Verstorbene kann keine Fakten bieten; er beruft sich auf das Wort seiner Vorgesetzten.

In Nürnberg war es Otto Ohlendorf, in dem Richter Musmano im Vergleich mit Mr. Hyde und Jeckyl einerseits einen Wohltäter der Menschheit, andererseits einen unbarmherzigen ,,Judentöter" sah.

Ich war fassungslos, als ich in Nürnberg von den Aktionen gegen die Juden hörte. Bestürzt war ich, als Ohlendorf von über 90 000 Getöteten im Zeitraum bis Juni 1942 sprach, *die im Einsatzgruppenprozeß dahin erläutert wurden, es seien ihm 90 000 gemeldet worden. Überraschung lösten bei mir die Zahlen der Einsatzgruppe* Nebe *aus, der als Angehöriger des 20. Juli den Tod fand. Er meldete über 40 000.* Baby Jar-Schlucht *und* Biala Cerkiew *werden bei mir nicht aus dem Gedächtnis schwinden.*

Ich fragte Otto Ohlendorf, wie es zu solch schrecklichen Ereignissen kommen konnte. Er erklärte knapp: Wir dachten für einen Zeitraum von 100 Jahren.

Im Nürnberger Prozeß wurde der ,,Führerbefehl zur Vernichtung des europäischen Judentums" geboren. Als Orte der Bekanntgabe 1941 wurden Pretsch und Düben genannt, wo die Einsatzgruppen vor

ihrem Einsatz in der Sowjetunion zusammengezogen wurden. Nach Aussagen in Nürnberg soll der „Führerbefehl" von Heydrich in Gegenwart von Streckenbach überbracht worden sein.
In Nürnberg erhielt die Verteidigung die Dokumente über die Anklage, Streckenbach war nicht greifbar. Die Angeklagten des Einsatzgruppenprozesses nahmen an, er sei tot. In Wirklichkeit war er in sowjetischer Gefangenschaft. Nach seiner Rückkehr sprach ich mit ihm über die über Pretsch und Dünen gemachten Aussagen. Er bestritt die Richtigkeit.
In den deutschen Nachfolgeprozessen fußt die immer wiederkehrende Behauptung des Führerbefehls, der im Frühjahr, spätestens im Frühsommer 1941 erteilt worden ist, in erster Linie auf der Aussage Otto Ohlendorfs und auf dem Einsatzgruppenprozeß.
Auch die Aussage von Rudolf Höß vor dem Internationalen Militärgerichtshof in Nürnberg am 15. Nov. 1946 wird herangezogen (IMT Prot. Bd. XI, S. 440, 461), um zu beweisen, daß Hitler im Sommer 1941 den Befehl zur physischen Vernichtung des Judentums gegeben hat.
Höß, als Sohn eines kleinen Kaufmanns 1900 in Baden-Baden geboren, wegen Verwicklung in einen Fememord in den zwanziger Jahren zusammen mit Martin Bormann inhaftiert, schreibt auf Seite 110 seiner Autobiographie, er habe bereits im Jahre 1941 von Heinrich Himmler erfahren, daß die Ausrottung der Juden in Auschwitz durchgeführt werden wird. Diese Aufzeichnung ist wertlos. Es ist sehr wahrscheinlich, daß sie später eingeschoben worden ist, da vorher der „Judenvernichtungsbefehl" nicht erwähnt ist. Nicht in die zeitgeschichtliche Entwicklung paßt auch die Behauptung des Auschwitzkommandanten: „Als der Reichsführer SS seinen ursprünglichen Befehl vom Juni 1941, nach dem alle Juden ausnahmslos zu vernichten waren, dahin abänderte, daß die arbeitsfähigen für die Rüstungsindustrie heranzuziehen seien, wurde Auschwitz Judenlager, ein Judensammellager in einem Ausmaß, das man bis dahin nicht kannte."
Nicht verständlich ist weiter, was Höß im Zusammenhang mit einem Himmlerbesuch im Juli 1942, der auf den 17. Juli 1942 zu datieren ist, hervorhebt: „Er sah alles genau und wirklichkeitsgetreu und gab uns den Befehl, sie (d. h. die Zigeuner) zu vernichten, nachdem die arbeitsfähigen wie bei den Juden ausgesucht..."
Im Prozeß vor dem Internationalen Militärgerichtshof in Nürnberg als „Entlastungszeuge" für Kaltenbrunner vernommen, erklärte er: „Im Sommer 1941 wurde ich zum persönlichen Befehlsempfang zum Reichsführer SS, Himmler, nach Berlin befohlen. Dieser sagte mir dem Sinne nach..., der Führer habe die Endlösung der Judenfrage befohlen. Wir, die SS, hätten diesen Befehl durchzuführen. Wenn jetzt zu diesem Zeitpunkt dies nicht durchgeführt wird, so werde später das jüdische Volk das deutsche vernich-

ten. Er habe Auschwitz deswegen gewählt, weil das bahntechnisch am günstigsten liege und das ausgedehnte Gelände auch Raum für Absperrungsmaßnahmen biete."

Höß führt weiter aus, daß diese geplante Aktion als „geheime Reichssache" behandelt werden müsse. **Durch die Hinzufügung, der Reichsführer der SS und Chef der deutschen Polizei habe ihm verboten, etwas darüber dem Inspekteur der Konzentrationslager, Glücks, zu sagen, entwertet er seine Aussage.**

Aus dem IG-Farben-Prozeß in Nürnberg wissen wir im übrigen, daß Auschwitz 1941 als Erzeugungsstätte von synthetischem Benzin vorgesehen und die Planung im Sommer 1941 sehr weit fortgeschritten war.

Vor März 1942 gab es keinen Judentransport in das Lager am Zusammenfluß der Sola mit der Weichsel. **Die ersten Transporte aus den westlichen Ländern trafen im Juli 1942 ein.** *Die Wannseekonferenz, auf die wir zu sprechen kamen, fand am 20. Jan. 1942 statt. Am 26. Jan. 1942 drahtet Himmler an SS-Gruppenführer Glücks: „Richten Sie sich darauf ein,* **in den nächsten vier Wochen 100 000 männliche Juden und bis zu 50 000 Jüdinnen in die Konzentrationslager aufzunehmen.** *Große wirtschaftliche Aufgaben und Aufträge werden in den nächsten Tagen an die Konzentrationslager herantreten. SS-Gruppenführer Pohl wird Sie im einzelnen unterrichten.*

Reitlinger schreibt in seiner Arbeit: „Die Endlösung": „Hier haben wir uns mit der Aussage eines Mannes auseinanderzusetzen, der in die Sache stark verwickelt war, nämlich des SS-Obersturmbannführeres Höß, der dreieinhalb Jahre Kommandant von Auschwitz war und später gegen Ende des Krieges den Platz von Glücks als Konzentrationslager-Inspekteur übernommen hat.

Höß sagte, daß er schon im Juni 1941 zu Himmler befohlen wurde, als Auschwitz noch ein sehr kleines Lager war, und daß ihm gesagt worden sei, die Ausrottung der Juden Europas würde in Auschwitz vor sich gehen, ‚weil es bahntechnisch am günstigsten liegt'. Im Juli erhielt Höß weitere Aufträge von Eichmann, der ihn im Lager besuchte, aber inzwischen war Höß bereits im polnischen Todeslager Treblinka gewesen, um die Methoden des Vergasens zu studieren. Er hielt nicht viel von den in Treblinka angewendeten Methoden und beschloß, auf eigene Faust Versuche mit „Zyklon B" (kristallisierte Blausäure) zu machen, die er bald nach Eichmanns Besuch in Anwendung brachte. Hier sehen wir also, daß Himmler sich für Auschwitz mehr als sechs Monate vor der Konferenz in Wannsee und zu einem Zeitpunkt entschlossen hatte, als Heydrich noch nicht im Besitze des Auftrags für die Endlösung war, der ihm von Göring erteilt wurde. Höß war zwar in seinen Aussagen sehr offenherzig, pflegte aber in seiner Erinnerung verschiedene

Vorfälle miteinander zu verwechseln, denn in einer anderen Aussage hatte er erklärt, daß er in Treblinka zu einem Zeitpunkt war, als dort 80 000 Juden aus dem Warschauer Ghetto ausgerottet wurden. Das wäre im August 1942 gewesen, fast ein Jahr nach der ersten versuchsweisen Anwendung von ,,Zyklon B" durch ihn. Das würde bestätigen, was auch aus anderem Beweismaterial hervorzugehen scheint, daß Himmler sich im Sommer 1942, also erst nach Heydrichs Tod, und nicht im Sommer 1941 für Auschwitz als das den Juden Osteuropas bestimmte Ausrottungszentrum entschieden hat. Der merkwürdige perverse Größenwahn, der Höß dazu veranlaßt hat, in einer schriftlichen Erklärung die Verantwortung für die Ermordung von zweieinhalb Millionen Menschen auf sich zu nehmen, trieb ihn dazu, sich eines ihm von Himmler im Sommer 1941 erteilten Auftrags zu rühmen."

Der Zeitpunkt ,,Sommer 1941" in der Höß-Aussage paßt in die Anklagekonstruktion in den ,,Nürnberger Prozessen". Am 22. Juni 1941 begann der deutsch-sowjetische Krieg. Die Alliierten hatten 1945/46 großes Interesse, eine **Kollektivschuld des deutschen Volkes aufzubauen.** Das Oberkommando der Wehrmacht und der Generalstab sollten als ,,verbrecherisch" in die Geschichte eingehen. Tatsache ist, daß am 3. März 1941 Alfred Jodl, damals noch General, die **Richtlinien Hitlers** dem Wehrmachtsführungsstab zur Weisung Nr. 21 bekanntgab.

Jodl führte aus: ,,Dieser kommende Feldzug ist mehr als ein Kampf der Waffen, er führt auch zur Auseinandersetzung zweier Weltanschauungen." Um diesen Krieg zu beenden, erklärte Jodl, genüge es bei der Weite des Raumes nicht, die feindliche Wehrmacht zu schlagen. Das ganze Gebiet müsse in Einzelstaaten aufgelöst werden. Die jüdisch-bolschewistische Intelligenz als bisheriger Unterdrücker der Völker müsse beseitigt werden. Mit dem Reichsführer SS müsse geprüft werden, ob auch schon im Operationsgebiet neben der Geheimen Feldpolizei Organe des Reichsführers SS einzusetzen seien. Dafür spreche die Notwendigkeit, alle Bolschewistenhäuptlinge sofort unschädlich zu machen. Kriegsgerichte seien für alle diese Fragen auszuschalten, sie hätten sich auf Gerichtssachen innerhalb der Truppe zu beschränken. (Kriegstagesbuch Wehrmachtsführungsstab, Abteilung L, vom 3. 3. 1941)

Am 17. März 1941 notiert der Chef des Generalstabes das Ergebnis der Besprechung bei Hitler, die unter Beteiligung des Generalquartiermeisters, General Wagner, und des Chefs der Operationsabteilung, Oberst Hensinger, stattfand: ,,15-20.30 Besprechung beim Führer mit Oberst Heusinger.
1.–3 . . . (operative Fragen)
4. Vortrag General Wagner über Nachschub
5. Rückwärtige Gebiete
Wir müssen stalin-freie Republiken schaffen. Die von Stalin eingesetzte Intel-

ligenz muß vernichtet werden. Die Führermaschinerie des russischen Reiches muß zerschlagen werden. Im Großrussischen Reich ist Anwendung brutalster Gewalt notwendig. Weltanschauliche Bande halten das russische Volk noch nicht fest genug zusammen. Es wird mit dem Beseitigen der Funktionäre zerreißen..."

Unter dem 30. März 1941 trägt Halder in das Kriegstagebuch ein: „11 Uhr Generals-Versammlung beim Führer. Fast zweieinhalbstündige Ansprache. Kampf zweier Weltanschauungen gegeneinander. Vernichtendes Urteil über Bolschewismus... ist gleich soziales Verbrechertum. Kommunismus ungeheure Gefahr für die Zukunft. Wir müssen vom Standpunkt des soldatischen Kameradentums abrücken. Der Kommunist ist vorher kein Kamerad und nachher kein Kamerad. Es handelt sich um einen Vernichtungskampf. Wenn wir es nicht so auffassen, dann werden wir zwar den Feind schlagen, aber in 30 Jahren wird uns wieder der kommunistische Feind gegenüberstehen. Wir führen nicht Krieg, um den Feind zu konservieren... Der Kampf muß geführt werden gegen das Gift der Zersetzung. Das ist keine Frage der Kriegsgerichte... Die Truppe muß sich mit allen Mitteln verteidigen, mit denen sie angegriffen wird. Kommissare und GPU-Leute sind Verbrecher und müssen als solche behandelt werden... Im Osten ist Härte mild für die Zukunft."

Am 28. Apr. 1941 wird die Zusammenarbeit mit den Sonderkommandos der Sicherheitspolizei (SD) im Operationsraum geregelt. Unter Ziffer 1 a heißt es: „Sicherstellung vor Beginn von Operationen festgelegter Objekte (Material, Archive, Karteien von reichs- und staatsfeindlichen Organisationen, Verbänden, Gruppen usw.), sowie besonders wichtiger Einzelpersonen (führende Emigranten, Saboteure, Terroristen usw.). Der Oberbefehlshaber der Armee kann den Einsatz der Sonderkommandos in Teilen des Operationsgebietes ausschließen, in denen durch den Einsatz Störungen der Organisationen eintreten können... Die Sonderkommandos der Sicherheitspolizei und des SD führen ihre Aufgaben in eigener Verantwortlichkeit durch. Sie sind den Armeen hinsichtlich Marsch, Versorgung und Unterbringung unterstellt. Sie erhalten ihre fachlichen Weisungen vom Chef der Sicherheitspolizei und des SD und sind hinsichtlich ihrer Tätigkeit gegebenenfalls einschränkenden Anordnungen der Armee (s. Ziff. 1 a) unterworfen. Für die zentrale Steuerung dieser Kommandos wird im Bereich jeder Armee ein Beauftragter des Chefs der Sicherheitspolizei und des SD eingesetzt. Dieser ist verpflichtet, die ihm vom Chef der Sicherheitspolizei und des SD zugegangenen Weisungen dem Oberbefehlshaber der Armee rechtzeitig zur Kenntnis zu bringen... Der I c hat die Aufgaben der Sonderkommandos mit der Abwehr, der Tätigkeit der Geheimen Feldpolizei und den Notwendigkeiten der Operationen in Einklang zu bringen."

Am 13. Mai 1941 wurde der Erlaß über die Ausübung der Kriegsgerichtsbarkeit im Gebiet „Barbarossa" und über besondere Maßnahmen der Truppe herausgegeben, in dem es heißt: „Die weite Ausdehnung der Operationsräume im Osten, die Form der dadurch gebotenen Kampfesführung und die Besonderheit des Gegners stellen die Wehrmachtsgerichte vor Aufgaben, die sie... nur zu lösen vermögen, wenn sich die Gerichtsbarkeit zunächst auf ihre Hauptaufgabe beschränkt. Das ist nur möglich, wenn die Truppe selbst sich gegen jede Bedrohung durch die feindliche Zivilbevölkerung schonungslos zur Wehr setzt.

Straftaten feindlicher Zivilpersonen sind der Zuständigkeit der Kriegsgerichte oder der Standgerichte bis auf weiteres entzogen, Freischärler sind durch die Truppe im Kampf oder auf der Flucht schonungslos zu erledigen. Auch alle anderen Angriffe feindlicher Zivilpersonen gegen die Wehrmacht, ihre Angehörigen und das Gefolge sind von der Truppe auf der Stelle mit den äußersten Mitteln bis zur Vernichtung des Angreifers niederzumachen. Wo Maßnahmen dieser Art versäumt wurden oder zunächst nicht möglich waren, werden tatverdächtige Elemente sogleich einem Offizier vorgeführt. Dieser entscheidet, ob sie zu erschießen sind. Gegen Ortschaften, aus denen die Wehrmacht hinterhältig oder heimtückisch angegriffen wurde, werden unverzüglich auf Anordnung eines Offiziers in der Dienststellung mindestens eine Bataillons- usw. Kommandeurs kollektive Gewaltmaßnahmen durchgeführt, wenn die Umstände eine rasche Feststellung einzelner Täter nicht gestatten..."

Am 19. Mai 1941 erschienen die „Richtlinien für das Verhalten der Truppe in Rußland", in denen darauf hingewiesen wird: „Der Bolschewismus ist der Todfeind des nationalsozialistischen deutschen Volkes. Dieser zersetzenden Weltanschauung und ihren Trägern gilt Deutschlands Kampf. Dieser Kampf verlangt rücksichtsloses und energisches Durchgreifen gegen bolschewistische Hetzer, Freischärler, Saboteure und restlose Beseitigung jedes aktiven oder passiven Widerstandes."

Am 21. Mai 1941 gab Heinrich Himmler folgende Vereinbarung bekannt: „Der höhere SS- und Polizeiführer mit Befehlsstab wird dem Befehlshaber des jeweiligen Rückwärtigen Heeresgebietes hinsichtlich Marsch, Versorgung und Unterbringung unterstellt. Dem höheren SS- und Polizeiführer sind zur Durchführung der ihm von mir unmittelbar gegebenen Aufgaben SS- und Polizeitruppen und Einsatzkräfte der Sicherheitspolizei unterstellt. Der höhere SS- und Polizeiführer unterrichtet den Befehlshaber des Rückwärtigen Heeresgebietes jeweils über die ihm von mir gegebenen Aufgaben... Der Befehlshaber des Rückwärtigen Heeresgebietes verfügt über alle SS- und Polizeitruppen bei einem dringenden Kampfeinsatz in eigener Befehlszuständigkeit."

Am 8. Juni 1941 wurde der Kommissarbefehl erlassen. In ihm heißt es: „In diesem Kampf ist Schonung und völkerrechtliche Rücksichtnahme diesen Elementen (Kommissaren) gegenüber falsch. Sie sind eine Gefahr für die eigene Sicherheit und die schnelle Befriedung der eroberten Gebiete... Politische Kommissare, die sich gegen unsere Truppen wenden, sind entsprechend dem ‚Erlaß über die Ausübung der Gerichtsbarkeit im Gebiet Barbarossa' zu behandeln. Dies gilt für Kommissare jeder Art und Stellung, auch wenn sie nur des Widerstandes, der Sabotage oder der Anstiftung hierzu verdächtigt werden. Auf die ‚Richtlinien über das Verhalten der Truppe in Rußland' wird verwiesen... Politische Kommissare sind aus den Kriegsgefangenen sofort, d. h. noch auf dem Gefechtsfeld abzusondern. Diese Kommissare werden nicht als Soldaten anerkannt; der für Kriegsgefangene völkerrechtlich geltende Schutz findet auf sie keine Anwendung. Sie sind nach durchgeführter Absonderung zu erledigen... Kommissare, die im rückwärtigen Heeresgebiet wegen zweifelhaften Verhaltens ergriffen werden, sind an die Einsatzgruppen bzw. Einsatzkommandos der Sicherheitspolizei (SD) abzugeben."

Am 17. Juli 1941 gab Heydrich die „Richtlinien über die Säuberung der Gefangenenlager, in denen Sowjetrussen untergebracht sind", den Einsatzbefehl Nr. 8 heraus. Nach diesen Richtlinien hatten die Kommandos auf das engste zusammenzuarbeiten. Als auszuscheidende Elemente (Erschießen) wurden alle bedeutenden Funktionäre des Staates und der Partei, insbesondere Berufsrevolutionäre bezeichnet. In gleicher Weise sind die der Komintern, alle maßgebenden Parteifunktionäre der KPdSU und ihre Nebenorganisationen in Gau- und Gebietskomitees, alle Volkskommissare und ihre Stellvertreter, alle ehemaligen Politkommissare in der Roten Armee, die leitenden Persönlichkeiten der Zentral- und Mittelinstanzen bei den staatlichen Behörden, die führenden Persönlichkeiten des Wirtschaftslebens, die sowjetrussischen Intelligenzler, alle Juden, alle Personen, die als Aufwiegler oder als fanatische Kommunisten festgestellt werden, zu erledigen.

Dem „Einsatzbefehl Nr. 8" schloß sich der „Einsatzbefehl Nr. 9" vom 21. Juli 1941 an, der Kommandos in die bereits mit sowjetischen Kriegsgefangenen belegten Lager in Ostpreußen und dem Generalgouvernement abordnete.

Am 12. Sept. 1941 gab das Oberkommando der Wehrmacht einen Befehl heraus: „Der Kampf gegen den Bolschewismus verlangt ein rücksichtsloses und energisches Durchgreifen, vor allem gegen die Juden, die Hauptträger des Bolschewismus.

Am 16. Sept. 1941 folgte dann der Vergeltungsbefehl des Oberkom-

mandos der Wehrmacht. In ihm wird ausgeführt: "Die Formen des Vorgehens steigern sich von propagandistischen Maßnahmen und Anschlägen gegen einzelne Wehrmachtsangehörige bis zu offenem Aufruhr und *verbreitetem Bandenkrieg.* Es ist festzustellen, daß es sich hierbei um *eine von Moskau einheitlich geleitete Massenbewegung* handelt, der auch die geringfügig erscheinenden Einzelvorfälle in bisher sonst ruhigen Gebieten zur Last zu legen sind."

Hierbei wurden folgende Richtlinien gegeben:

"a) Bei jedem Vorfall der Auflehnung gegen die deutsche Besatzungsmacht, gleichgültig, wie die Umstände im einzelnen liegen mögen, muß auf kommunistische Ursprünge geschlossen werden.

b) Um die Umtriebe im Keime zu ersticken, sind beim ersten Anlaß unverzüglich die schärfsten Mittel anzuwenden, um die Autorität der Besatzungsmacht durchzusetzen und einem weiteren Umsichgreifen vorzubeugen. Dabei ist zu berücksichtigen, daß ein Menschenleben in den betreffenden Ländern vielfach nichts gilt und eine abschreckende Wirkung nur durch ungewöhnliche Härte erreicht werden kann.

Als Sühne für ein deutsches Soldatenleben muß in diesen Fällen im allgemeinen die Todesstrafe für 50-100 Kommunisten als angemessen gelten. Die Art der Vollstreckung muß die abschreckende Wirkung noch erhöhen."

Diese Befehle gehen auf eine Vorstellungswelt zurück, die im Bolschewismus das vollkommenste, wirksamste und unbarmherzigste System aller revolutionären Systeme erblickte. Man sah in ihm das Streben nach Zerstörung. Ich las eine Formulierung, in der es heißt: "Der Zweck des Kommunismus ist, wie wir es ja schon in Rußland und in den übrigen Ländern, wo er eingeführt ist, gesehen haben, kein anderer, als das Volk im wirtschaftlichen, politischen, sozialen, menschlichen und übermenschlichen Sinn null und nichtig zu machen."

International ausgedrückt, kann das Ziel nicht klarer sein, so wird weiter formuliert: "Durch die Gewalt die Weltherrschaft einer unbedeutenden Minderheit zu erreichen, welche alles übrige Menschliche mittels Materialismus, Schrecken und, wenn nötig, durch den Tod vernichtet, gleichgültig, ob nötigenfalls die ungeheure Mehrheit der Bevölkerung ermordet werden muß, ist zur Genüge in der ganzen Welt der Drang zum Totschlag bekannt, der die führenden sowjetischen Persönlichkeiten ausgezeichnet hat. Es gibt nur wenige, die beim Bekanntwerden der blutigen Läuterungen, die von den Marxisten in Rußland vorgenommen wurden, nicht von Schreckensschauern erfaßt wurden."

In diesem Sinne verwies Generaloberst Jodl vor dem Internationalen Militärgerichtshof auf Ereignisse im Baltikum. Man ging von Berichten über das

Vorgehen der „Bolschewiki" aus, wie sie Melgunow in seiner Arbeit „Le terreur rouge en Roussie" von 1918-1923 niederlegte. Er schreibt: „Die ungeheure Anzahl von Leichen, die schon auf das Konto des kommunistischen Sozialismus gehen, wird vielleicht niemals bekannt werden, doch überschreitet sie alles Vorstellbare." In der Edinburgher Zeitung „The Scotsman" vom 7. Nov. 1923 nennt Prof. Sarolea die folgenden Zahlen der toten Opfer des Bolschewismus: 28 Bischöfe, 1219 Priester, 6000 Professoren und Lehrer, 9000 Ärzte, 54 000 Offiziere, 260 000 Soldaten, 70 000 Polizisten, 12 950 Gutsbesitzer, 355 250 Intellektuelle und freie Berufe, 193 290 Arbeiter und 215 000 Bauern. Selbstverständlich sind diese Zahlen nicht kontrollierbar. Aber ich habe nur die Vorstellungswelt zu schildern.

Der Informationsausschuß Denikins zählt in einer Abhandlung über das Vorgehen der Bolschewisten 1918-1919 „1 700 000" Opfer auf. (Vgl. Leon de Poncins „Las fuerzas de la revolución"). Es wurde argumentiert: Die Juden sind die Erfinder des Kommunismus. Sie bauten das „monstreuse" System und schufen eine wirksame Kampftaktik, „eine unempfindliche und gänzlich unmenschliche Regierungspolitik mit einer internationalen aggressiven Strategie."

Bereits 1920 wird der Begriff der „jüdischen Bolschewiken" geprägt. Auf die Massentötungen Stalins, die Umsturzversuche Bela Kuns sowie in Mitteldeutschland wird verwiesen. Man sprach von Orgien des Blutes und entfesselter Brutalität. Hervorgehoben wurde: Karl Heinrich Marx war deutscher Jude, dessen wirklicher Name Kissel Mordekaj war. Von Friedrich Engels, dem Schöpfer der „1. Internationale" wurde fälschlicherweise behauptet, er sei Jude. Dies gilt auch für Karl Liebknecht, der ebenfalls nicht Jude war. Eine Liste der Regierung Bela Kuns (Cohn) mit ihrer mehrheitlich jüdischen Beteiligung wurde verbreitet.

Man schrieb – ich nehme Bezug auf Maurice Pinay –: „Es genügt, wenn man sich an die Namen derer erinnert, welche die Regierungen und die hauptsächlichsten leitenden Organe in der Sowjetunion bildeten, um zu wissen, an was man sich sofort zu halten hat."

Von Vladimir Iljič Uljanow (Lenin) wurde behauptet, er sei Jude mütterlicherseits, seine Mutter habe Blank geheißen: In Wirklichkeit war sie Deutsche. Übersehen wurde, daß Lenin der Sohn eines geadelten Schulinspektors ist. Von seinem Bruder Alexander, der nach einem Attentat auf den Zaren hingerichtet wurde, nahm er den revolutionären Namen Lenin (russisch der von der Lena) an. 1908 heiratete Ulianow die Sozialistin Natascha Konstantinowna Krupskaja, die als Tochter eines adeligen Beamten zu Russanowo geboren wurde.

Selbst Stalin, eigentlich Soso Džugaschwili, geboren in Gori (Gouvernement Tiflis), wurde jüdische Abstammung nachgesagt, zudem einer seiner

Schwiegersöhne, Mosche Kaganovič, Jude war. Man sagte, Džugaschwili bedeute „Sohn des Džu". Und Džu sei eine kleine persische Insel, wohin verbannte Portugiesen kamen, die später nach Georgien einwanderten.

Eine Reihe von Juden im bolschewistischen Staatsgefüge wurden herausgestellt, Trotzki (Leo Davidovič Bronstein), Grigori Sinovjev (Apfelbaum) und Joffe (Lafet). Es wurde behauptet, daß während des ersten Jahres des Bestehens des sowjetischen Staates von 502 Ämtern 459 von Juden besetzt worden seien.

Es wurde auf Arbeiten von katholischer Seite verwiesen, in denen dieselbe Auffassung vertreten worden sei. Erwähnt wurde hier die Sondernummer „La rivoluzione mondiale" der Jesuitenzeitschrift „Civiltà cattolica".

In ihrer Auffassung von dem die Menschheit bedrohenden „jüdischen Bolschewismus" glaubte die deutsche Führung durch furchtbare Geschehnisse im Osten bestätigt zu sein: Tötung einer großen Anzahl der in den Gefängnissen von Litauen, Lettland, Ostpolen, Weißrußland und der Westukraine befindlichen Häftlinge. Auffindung einer großen Zahl von Leichen (Ukrainer!) in den Gefängnissen von Lemberg am 30. Juni 1941.

Josef Mackiewicz schreibt in „Katyn – Ungesühntes Verbrechen" von einem „ganzen Haufen von Leichen", die in den Gefängnissen entlang der Grenze gefunden wurden, und von dem ‚scheußlichen' Gemetzel der Sowjets an den Gefängnisinsassen.

Oberstleutnant Prawdzic Slaki schätzt am 24. Juni 1941 die Zahl der Liquidierungen in den Gefängnissen und Lagern von Minsk und anderen Orten Weißrußlands durch die NKWD und Einheiten der Roten Armee auf 20 000. In dem Sammelband „Behind the frontlines" wird festgestellt, daß die Partisanen, sobald die faschistische Bedrohung offenbar wurde, innerhalb weniger Tage „mehrere tausend Spione, Saboteure und Agenten des Feindes" töteten.

Eine lettische Dokumentation mit dem Titel „das Jahr des Schreckens" beschreibt das Ausmaß der Verschleppungen bei einer Großaktion in der Nacht zum 14. Juni 1941: 10 000 Esten, 15 000 Letten und 35 000 Litauer seien verhaftet und nach dem Norden und Osten der UdSSR gebracht worden. Das Weißbuch schreibt die Verantwortung dafür den „jüdischen Kommunisten" im Personalbestand der NKWD zu.

*Die geschilderten Befehle und Weisungen sind ausgerichtet auf Vorbeugung und Gefahrenabwehr. Sie verstoßen gegen die Regeln des Kriegsvölkerrechts und streben die Beseitigung des bolschewistischen Systems an. **Sie gehen nicht auf einen Führerbefehl zur physischen Vernichtung des Judentums zurück.** In den Befehlen zeigt sich die Gleichsetzung von Bolschewismus und Judentum. **Kein Dokument** erhärtet das Geschehen eines generellen Judenvernichtungsbefehls durch Adolf Hitler. Dies bedeutet* *aber nicht, daß der Diktator in einem Führerstaat nicht die Verantwortung für die schrecklichen Geschehnisse trägt.*

Ich stimme mit Dr. Broszat überein, der in seiner Arbeit „Hitler und die Genesis der Judenfrage" in Heft 4/1977 der „Vierteljahrshefte für Zeitgeschichte" zum Ausdruck bringt, daß auch G ö r i n g s W e i s u n g an H e y d r i c h vom 31. J u l i 1941 n i c h t im S i n n e e i n e r g e n e r e l l e n L i q u i d i e r u n g des J u d e n t u m s interpretiert werden muß. Robert M. W. Kempners Schlußfolgerung in „Eichmann und Komplizen", Seite 98: „Damit war Heydrich und seinen Mitarbeitern der verwaltete Mord übertragen worden" ist unrichtig. Eichmanns Hinweis, daß zu Beginn des deutsch-sowjetischen Krieges der generelle J u d e n v e r n i c h t u n g s b e f e h l gegeben wurde, steht o h n e B e w e i s da. Die These, die Krausnick, Bracher, Höhne und Hillberg vertreten, die einschließlich des genannten Göring-Erlasses in die gleiche Richtung zielt, ist falsch.

Im Sommer 1941 verliefen die Operationen der Heeresgruppe Mitte planmäßig. Die Übergänge über den Bug fielen unversehrt in deutsche Hand. Am 24. Juni erreichten die deutschen Panzerspitzen Slonim und Wilna. In der Doppelschlacht von Bialystok-Minsk fielen rund 330 000 Gefangene, über 3000 erbeutete Geschütze und 3332 Panzer (vgl. Tippelskirch: „Zweiter Weltkrieg" S. 184) in deutsche Hand. Am 16. Juli wurde Smolensk erreicht. Halder sah bereits am 3. Juli 1941 den Feldzug als gewonnen an. Das englische und das nordamerikanische Verteidigungsministerium rechneten ebenfalls mit dem Zusammenbruch der sowjetischen Front. Halder vertrat die Auffassung, daß die Kriegsführung gegen England in den Vordergrund trete (Kriegstagebuch Halder, Bd. III, S. 38).

Am 4. Juli triumphierte Hitler: „Ich versuche mich dauernd in die Lage des Feindes zu versetzen. P r a k t i s c h h a t er d i e s e n K r i e g s c h o n v e r l o r e n" (Kriegstagebuch Bd. I, S. 10020). 10 Tage später erklärte er, daß Stalin... diesmal das Schicksal Napoleons erleiden werde und nicht er.

Hitler hoffte bis zum 15. Aug. in Moskau zu sein und ab 1. Okt. den Rußlandfeldzug beendet zu haben. Am 4. Aug. 1941 gratulierte Hitler Feldmarschall von Bock zu den „weltgeschichtlichen Erfolgen" der Heeresgruppe Mitte. Am 25. Aug. 1941 äußerte der „Führer" dem Duce gegenüber, daß die Rote Armee spätestens im Oktober zusammenbrechen werde. Nach dem Sieg in der Kesselschlacht von Kiew glaubte Hitler die großen Ziele, Wegnahme der Krim und des Industrie- und Kohlebeckens am Donez, die Abschnürung der russischen Ölzufuhr aus dem Kaukasusraum und im Norden die Einschließung Leningrads und die Vereinigung mit den Finnen, fast erreicht zu haben. Man kann A d o l f H i t l e r s M e i n u n g nicht als die eines I g n o r a n t e n u n d N i c h t s k ö n n e r s abtun.

Auf Seite 597 des Buches „Nürnberg (Tribunal der Sieger)" von Werner

Maser heißt es: „Wie die Hauptangeklagten ihn im Angesicht des Galgens beurteilten, ist überliefert. So erklärte in Nürnberg Hjalmar Schacht (von Gilbert mit 143 Punkten beurteilt und als Genie klassifiziert): Hitler hat ‚unendlich viel gelesen, hat sich ein großes Wissen angeeignet und jonglierte mit diesen Kenntnissen in einer virtuosen Weise in allen Debatten und Vorträgen. Er war zweifellos ein genialer Mensch in gewisser Beziehung. Er hatte Einfälle, auf die ein anderer nicht kam und die geeignet waren, zuweilen aus großen Schwierigkeiten durch verblüffende Einfachheit, manchmal auch durch verblüffende Brutalität, aber doch sicher herauszufinden."

Auch der anglo-amerikanische Militärschriftsteller Cave Brown beurteilt Hitler in militärischer Hinsicht als hervorragenden Kopf.

Der als günstig angenommenen militärischen Lage des Juli 1941 liegt der Erlaß Görings vom 31. Juli 41 zugrunde, Vorbereitungen zu einer Massendeportation der Juden in den russischen Raum zu treffen. Er hat mit einer Planung der physischen Vernichtung des Judentums nichts zu tun.

Die in der Weisung Nr. 35 vom 6. Sept. 41 befohlene Operation gegen die westlich von Moskau kämpfende sowjetische Heeresgruppe Timoschenko sollte die Entscheidung im Osten bringen. Neben der Beendigung der Schlacht von Kiew und dem weiteren Vormarsch der Heeresgruppe Süd Richtung Donez und Krim waren die Operationen der Heeresgruppe Mitte so vorzubereiten, daß Ende September zum Angriff angetreten werden konnte mit dem Ziel, den im Raum ostwärts von Smolenk befindlichen Gegner in doppelter, in allgemeiner Richtung Wjasma angesetzter Umfassung – stark zusammengefaßte Panzerkräfte auf den Flügeln – zu vernichten... Erst dann, wenn die Masse der Heeresgruppe Timoschenko in dieser engumfassenden Vernichtungsoperation geschlagen war, sollte die Heeresgruppe zur Verfolgung Richtung Moskau antreten. Am 24. 9. 41 fand die Operationsbesprechung bei der Heeresgruppe im Beisein des Generalfeldmarschalls von Brauchitsch und Generaloberst Halder statt. Am 26. Sept. erging der Angriffsbefehl.

Am 14. Okt. stellte der Ic der Heeresgruppe Mitte fest: „Der Gegner ist zur Zeit nicht in der Lage, dem Angriff auf Moskau Kräfte entgegenzuwerfen, die befähigt wären, westlich und südwestlich Moskaus längeren Widerstand zu leisten." (Heeresgruppe Mitte Ic/AO v. 14. 10. 1941. „Feindbeurteilung" am 14. 10. 1941). Am 13. Okt. 1941 erließen Žukow und Bulganin an die Truppen der Westfront (Nr. 0345 – Anlage 3 zu „Feindnachrichtenblatt' Nr. 80 AOK 9 Ic / v. 6. 11. 41) – einen Befehl, der drakonische Maßnahmen androhte, wie wir sie nicht selten in der Geschichte finden. Dramatisch wirken die Worte: „In diesem Augenblick müssen alle vom Rotarmisten bis zum

höchsten Kommandeur tapfer und bedingungslos für ihre Heimat, für Moskau kämpfen. Feigheit und Angst (Panik) sind unter diesen Bedingungen dem Verrat an der Heimat gleichzustellen. Im Zusammenhang damit befehle ich:
1. *Feiglinge und Panikmacher, die das Schlachtfeld verlassen, die ohne Genehmigung die eingenommenen Stellungen im Stich lassen, die ihre Waffen und Geräte wegwerfen, sind auf der Stelle zu erschießen.*
2. *Das Kriegsgericht und die Frontstaatsanwälte haften für die Durchführung dieses Befehls... Kein Schritt zurück! Vorwärts fürs Vaterland!"*

An diesem Tage erklärte der Sekretär des Zentralkomitees und des Moskauer Stadtkomitees der KPdSU öffentlich: Moskau befindet sich in Gefahr. Stalin begann mit der Evakuierung Moskaus.

Die meisten Regierungs-, Militär- und Parteiorganisationen sowie das Diplomatische Corps verlegten ihren Sitz nach Kujbyšev an der Wolga. Einwohner Moskaus versuchten nach Osten zu fliehen. Leergewordene Geschäfte und Wohnungen wurden geplündert. Am 19. Okt. wurde der Belagerungszustand in der sowjetischen Hauptstadt ausgerufen und das Kriegsrecht eingeführt. Die deutsche Kriegführung glaubte vor dem Endsieg zu stehen.

Am 16. Okt. meldete der Moskauer Rundfunk: „In der Nacht von 14. auf 15. 10. hat sich unsere Lage an der Westfront verschlechtert... Trotz heldenmütigen Widerstandes mußten unsere Truppen hier den Rückzug antreten." Am 18. Okt. fielen Možajsk, Malojaroslavec und Borovs. Am 27. Okt. rückten deutsche Truppen in Volokolamsk ein. Von Možajsk und Nato-Fominsk bis in das Zentrum von Moskau sind es rund 80 km, von Volokolamsk 110 km.

Ich selbst fuhr in den siebziger Jahren vom Zentralflughafen zum Hotel „Russia" in der Nähe des Kreml an dem Denkmal auf der rechten Straßenseite vorbei, das daran erinnern soll, wie weit deutsche Panzer vordrangen.

Der Lagerbericht Ost Nr. 129 im Kriegstagebuch der Heeresgruppe Mitte A, Bl. 135, meldet, daß den Russen kampfkräftige Einheiten größeren Ausmaßes vor dem Winter nicht mehr zur Verfügung stehen würden.

Aber Ende Oktober 1941 hatte sich die sowjetische Westfront gefestigt. Anfang Dezember konnten die Sowjets zum Gegenangriff antreten. Die Schicksalswende war gekommen.

Wir kennen die Fehler, die bei der Vorbereitung des Feldzuges deutscherweise geschehen waren. Wir haben von der mangelhaften Aufklärung Kenntnis. Wir sind uns über die Wirkungen des Kommissarbefehls, der den sowjetischen Widerstand versteifte, im klaren. Die falschen, drakonischen Maßnahmen gegen die russischen Kriegsgefangenen und Teile der sowjetischen Bevölkerung sind uns bekannt. Aber all dies war nicht entscheidend für die deutsche Niederlage vor Moskau, auch nicht die Schlamm-Periode (Rasputi-

za genannt) mit ihren Folgen, sondern die Tatsache, daß die sowjetische Führung bereits Ende September 1941 mit der Verlegung von Divisionen aus dem sowjetisch-asiatischen Raum nach dem Westen begann. Die sowjetischen Eisenbahnen konnten in 12-15 Tagen 8 Divisionen, darunter 1 Panzerdivision transportieren.

Die deutsche Luftaufklärung versagte. Vom 17. Okt. bis 15. Nov. 1941 finden wir im Kriegstagebuch Kdr. Lw. Heeresgruppe Mitte die Eintragung: „Schlechtwetter (Regen und tiefliegende Wolken)." Keine Meldung über Truppentransporte der Sowjets ist vor dem 10. Nov. 1941 zu finden. Die sowjetischen Verbände aus dem Fernen Osten kamen rechtzeitig, um die in der Schlacht von Kiew erlittenen Verluste auszugleichen und in die Kämpfe um Moskau einzugreifen.

*Seit Anfang Juli 1941 hatte der deutsche Journalist Dr. Sorge in einer Reihe von Funksprüchen der Führung der UdSSR über die Haltung der japanischen Regierung berichtet. Diese werde die Sowjets nicht angreifen. Dazuhin enthüllt Leopold Trepper, der Chef der „Roten Kapelle", der die ersten Geldmittel an Sorge über holländische Banken übermittelte, ein **Mitglied der Gruppe Schulze-Boysen habe den sowjetischen Generalstab über die geplante Offensive gegen Moskau rechtzeitig unterrichtet.** Dieser Mitarbeiter im Spionagenetz der „Roten Kapelle" funkte auch an die „Zentrale": „Plan III mit Ziel Kaukasus, ursprünglich für November vorgesehen, tritt im Februar 1942 in Kraft. Aufmarsch soll bis Ende Mai beendet sein. Aller Nachschub geht ab 1. Febr. auf dieses Ziel. Aufmarschraum für Kaukasus-Offensive: Losovaja – Balakleja – Čugujew – Belgorod – Achtryka – Krasnograd – Oberkommando in Charkov – Einzelheiten folgen."*

Die Wende vor Moskau wurde schicksalhaft für Millionen von Menschen, – Nichtdeutschen und Deutschen. Wir kennen aus den Prozessen, die Geschehnisse im Ostraum behandeln, das Wort „umsiedeln". Wir sind uns im klaren, daß dieses Wort eine andere Deutung haben kann. Ich selbst mußte sehen, daß das Wort „exekutieren" durch Tinte oder Tusche unkenntlich gemacht wurde und darüber „umsiedeln" geschrieben worden war. Dies bedeutet aber nicht, daß immer eine Umdeutung vorlag. In dem Tagebuch des Generalgouverneurs Dr. Frank finden wir unter dem 17. 7. 1941: „Der Generalgouverneur wünscht keine weitere Ghettobildung mehr, da nach einer ausdrücklichen Erklärung des Führers vom 19. Juni ds. J. die Juden in absehbarer Zeit aus dem Generalgouvernement entfernt würden und das Generalgouvernement gewissermaßen nur noch Durchgangslager sein solle."

Dr. Goebbels schreibt am 20. Aug. 41 nieder: „... hat mir der Führer zugesagt, daß ich die Juden aus Berlin unmittelbar nach Beendigung des Ostfeldzuges in den Osten abschieben kann." Am 18. Okt. 41 schrieb

Himmler an den Gauleiter und Reichsstatthalter im Warthegau, Greiser: „Der Führer wünscht, daß möglichst bald das Altreich und das Protektorat vom Westen nach dem Osten von Juden geleert und befreit wird. Ich bin daher bestrebt, möglichst noch in diesem Jahr die Juden des Altreichs und des Protektorats zunächst einmal als erste Stufe in die vor zwei Jahren zum Reich gekommenen Ostgebiete zu transportieren, um sie im nächsten Frühjahr noch weiter nach dem Osten abzuschieben. Ich beabsichtige, in das Litzmannstädter Ghetto, das, wie ich höre, kaum aufnahmefähig ist, rund 60 000 Juden des Altreichs und des Protektorats für den Winter zu verbringen. Ich bitte Sie, diese Maßnahmen, die sicherlich für Ihren Gau Schwierigkeiten und Lasten mit sich bringen, nicht nur zu verstehen, sondern im Interesse des Gesamtreichs mit allen Kräften zu unterstützen."

An dem Inhalt dieses Briefes gibt es nichts zu deuten. Es ist an **keine Verschleierung** gedacht (s. „Hitler und die Genesis der Endlösung", S. 755 der Vierteljahreshefte des „Instituts für Zeitgeschichte", 1977, 4. Heft).

Die Kontroversen zwischen dem Regierungspräsidenten Übelhör und der Sicherheitspolizei wären kaum erklärlich, wenn der Vernichtungsplan schon ausgemachte Sache gewesen wäre.

In einer Aufzeichnung über ein Gespräch mit Heydrich im Führerhauptquartier am 23. Sept. 41 (Eintragung im Tagebuch Goebbels' am 24. Sept. 41) heißt es: „Der Führer ist der Meinung, daß die Juden nach und nach aus ganz Deutschland herausgebracht werden müssen... Ich habe die Hoffnung, daß es uns im Laufe dieses Jahres noch gelingt, einen wesentlichen Teil der Berliner Juden nach dem Osten abzutransportieren." Die Tagebucheintragung Dr. Goebbels' vom 24. Okt. 41: „Allmählich fangen wir nun auch mit der Ausweisung der Juden nach dem Osten an. Einige tausend sind schon in Marsch gesetzt worden. Sie kommen vorerst nach Litzmannstadt." Die Transporte begannen Mitte Oktober 1941.

Der Staatssekretär in der Generalgouvernements-Regierung, Dr. Josef Bühler, schildert in seiner Vernehmung vor dem Internationalen Militärgerichtshof in Nürnberg die Lage in seinem Verwaltungsraum: „... Im Laufe des Jahres 1940 und 1941 waren unheimliche Menschenmassen, meist Juden, gegen den Einspruch und die Proteste des Generalgouverneurs und seiner Verwaltung in das Generalgouvernement hereingeführt worden. Dieses völlig unerwartete, unvorbereitete und unerwünschte Hereinführen der jüdischen Bevölkerung anderer Gebiete hat die Verwaltung des Generalgouvernements in eine außerordentlich schwierige Lage gebracht. Die Unterbringung dieser Menschenmassen, ihre Ernährung und ihre gesundheitliche Betreuung wie Seuchenbekämpfung gingen beinahe oder – man darf ruhig sagen – bestimmt über die Kraft des Gebietes. Besonders bedrohlich war die Ausbreitung des Fleckfiebers, nicht nur in den Ghettos, sondern auch unter *der polnischen Bevölkerung und unter den Deutschen des Generalgouvernements. Es schien, als wolle sich die Seuche auch im Reich und im Osten an der Front, vom Generalgouvernement ausgehend, verbreiten.*

In dieser Situation kam diese Einladung Heydrichs an den Generalgouverneur. Die Besprechung sollte ursprünglich bereits im November 1941 stattfinden, wurde dann aber mehrmals abgesetzt und dürfte im Februar 1942 stattgefunden haben. Ich hatte Heydrich wegen der besonderen Probleme des Generalgouvernements um eine Einzelbesprechung gebeten, und er hat mich hierzu empfangen. Hierbei habe ich ihm unter vielem anderen besonders die katastrophalen Verhältnisse geschildert, die infolge des eigenmächtigen Hereinführens jüdischer Bevölkerung in das Generalgouvernement entstanden waren. Er hat mir daraufhin erklärt, daß er gerade deshalb den Generalgouverneur zu dieser Besprechung eingeladen habe. Der Reichsführer-SS habe vom Führer den Auftrag erhalten, die gesamten Juden Europas zusammenzufassen und im Nordosten Europas, in Rußland, anzusiedeln. Ich fragte ihn, ob das bedeute, daß die weitere Hereinführung jüdischer Bevölkerung in das Generalgouvernement unterbleibe und daß dem Generalgouvernement die vielen Hunderttausende von Juden, die ohne Erlaubnis des Generalgouverneurs hereingeführt worden waren, wieder abgenommen würden. Heydrich hat mir beides in Aussicht gestellt..."

Die Schlußfolgerung darf gezogen werden: Einen Judentötungsbefehl Hitlers vom Frühjahr oder Sommer 1941 gibt es nicht. Die Weisung Görings vom 31. Juli 41 bezieht sich auf die Vorbereitung der Deportation der Juden in den sowjetrussischen Raum. In der Hoffnung auf den Zusammenbruch der Sowjetunion beginnen die Transporte.

*

Die militärischen Aktionen stagnieren. Der Erfolg bleibt versagt. Der Raum, der als Übergang gedacht wird – Warthegau und Generalgouvernement –, ist überfüllt. Dezimierungsaktionen setzen auf Weisung Himmlers und Heydrichs ein. Sie sollen eine Lösung aus einer ausweglosen Situation bringen. – Zwischen dem 16. Okt. und 13. Nov. 1941 wurden 19 827 Juden aus Wien, Prag, Köln und anderen Städten nach Lodz geschickt. Den Befehl dazu gab am 14. Okt. 1941 SS-Obergruppenführer Daluege (vgl. IMT PS 3914). Am 24. Okt. 1941 befahl er die Deportierung von 50 000 Juden aus dem Reich nach Minsk und Riga (NO 365). Daluege war der Chef der Ordnungspolizei.

Dr. Wetzel vom Ostministerium schreibt am 25. Okt. 41 an Reichskommissar Lohse (Reichskommissariat Ostland): „Unter Bezugnahme auf mein Schreiben vom 18. Oktober 1941 teile ich Ihnen mit, daß sich Herr Ober-

dienstleiter Brack von der Kanzlei des Führers bereit erklärt hat, bei der Herstellung der erforderlichen Unterkünfte sowie der Vergasungsapparate mitzuwirken. Zur Zeit sind die in Betracht kommenden Apparate in genügender Anzahl nicht vorhanden, sie müssen erst hergestellt werden. Da nach Auffassung Bracks die Herstellung der Apparate im Reich viel größere Schwierigkeiten bereitet als an Ort und Stelle, hält es Brack für am zweckmäßigsten, wenn er umgehend seine Leute, insbesondere seinen Chemiker, Dr. Kallmeyer, nach Riga sendet, der dort alles weitere veranlassen wird. Oberdienstleiter Brack weist darauf hin, daß das ... Verfahren nicht ungefährlich ist, so daß insbesondere Schutzmaßnahmen erforderlich seien. Unter diesen Umständen bitte ich Sie, sich über Ihren Höheren SS- und Polizeiführer an Oberdienstleiter Brack ... zu wenden und um die Entsendung des Chemikers Dr. Kallmeyer sowie weiterer Hilfskräfte zu bitten. Ich darf darauf hinweisen, daß Sturmbannführer Eichmann, der Sachbearbeiter für Judenfragen im RSHA..., einverstanden ist. Nach Mitteilung von ... Eichmann sollen in Riga und in Minsk Lager für Juden geschaffen werden, in die evtl. auch Juden aus dem Altreichsgebiet kommen. Es werden zur Zeit aus dem Altreich Juden evakuiert, die nach Litzmannstadt (Lodz), aber auch nach anderen Lagern kommen sollen, um dann später im Osten, soweit arbeitsfähig, in Arbeitseinsatz zu kommen.

Nach Sachlage bestehen keine Bedenken, wenn diejenigen Juden, die nicht arbeitsfähig sind, mit den Brackschen Hilfsmitteln beseitigt werden. Auf diese Weise dürften dann auch die Vorgänge, wie sie sich bei den Erschießungen der Juden in Wilna ... ergeben haben, und die auch im Hinblick darauf, daß die Erschießungen öffentlich vorgenommen wurden, kaum gebilligt werden können, nicht mehr möglich sein. Die Arbeitsfähigen dagegen werden zum Arbeitseinsatz nach Osten abtransportiert. Daß bei den arbeitsfähigen Juden Männer und Frauen getrennt zu halten sind, dürfte selbstverständlich sein."

Es ist Dr. Broszat nicht zu widerlegen, wenn er in seiner Arbeit „Hitler und die Genesis der Judenfrage" schreibt: „Verschiedene Dienststellen des NS-Regimes waren im Spätherbst 1941 zu Vernichtungsaktionen, durch die man die Zahl der Juden wenigstens zu verringern hoffte, bereit und entschlossen, weil es für die Massendeportationen, auf die alle drängten, keine rechten Aufnahmekapazitäten gab bzw. der im Winter steckengebliebene Ostfeldzug keine Aussicht eröffnete, die Juden hinter den Ural zu verbringen." Broszat nennt dann weitere Gründe: Hinfälligkeit und Verelendung. In der englischen Ausgabe von „Hitlers Tischgesprächen" finden sich die Stellen, die Hitlers Einstellung charakterisieren: „Von der Tribüne des Reichstages aus prophezeite ich dem Judentum, daß, wenn ein Krieg unvermeidlich würde, die Juden aus Europa verschwinden würden... Niemand soll mir sagen, daß wir sie nicht in den Sumpfgebieten Rußlands unterbringen könnten... Es ist übrigens keine schlechte Sache, daß das öffentliche Gerücht uns einen Plan zur Vernichtung der Juden zuschreibt. Terror ist eine heilsame Sache..." (25. 10. 41, „Hitler's Table talk" 1941–44, London 1953, S. 87). Und weiter: „... *Die Juden müssen aus Europa heraus, sonst gibt es keine Verständigung zwischen den Europäern... (23. Jan. 42, „Hitler's Table Talk 1941–44", London 1953, S. 235).*

*Bemerkenswert ist, daß im weiteren englischen Text, in dem die Tischgespräche wiedergegeben werden, das Wort „Extermination" gebraucht wird, das dann im deutschen Text mit „Vernichtung" rückübersetzt wird. Das Original der Eintragung des Tischgesprächs liegt nicht vor. In dem rückübersetzten Text heißt es: „Aber wenn sie sich weigern, freiwillig zu gehen, sehe ich keinen anderen Weg als die Vernichtung. Warum soll ich einen Juden mit anderen Augen ansehen als einen russischen Kriegsgefangenen? Viele sterben in den Gefangenenlagern. Das ist nicht meine Schuld. Ich habe weder den Krieg noch die Kriegsgefangenschaft gewollt. **Warum hat der Jude den Krieg provoziert?"***

Eine weitere Eintragung besagt: „Die Juden müssen einpacken, aus Europa verschwinden... Es ist unbedingt nötig, die Judenfrage auf europäischer Ebene aufzurollen..." („Hitler's Table Talk 1941–1944", London, S. 260).

Im Tagebuch von **Goebbels** *heißt es unter dem 14. Febr. 42: „Der Führer gibt noch einmal seiner Meinung Ausdruck, daß er entschlossen ist, mit den Juden in Europa rücksichtslos aufzuräumen." Am 25. Okt. 41 spricht* **Rosenberg** *in einem Brief davon, daß die Arbeitsfähigen zur Arbeit hinter der Ostfront einzusetzen seien.*

Marc Dvorjetzki gibt in einer Arbeit „Ghetto à l'Est" auf Seite 288, erschienen 1950 in Paris, Gerüchte wieder, die besagen, daß die Juden zur Urbarmachung der Pripjet-Sümpfe eingesetzt oder für landwirtschaftliche Betriebe bei Kriwoj Rog verwendet werden sollten.

Aus dem Prozeß gegen Zenner, den Generalkommissar für Weißruthenien, in Koblenz wissen wir, was sich im Raum von Minsk ereignet hat. **Stahlecker** *schickte seine Kommandos, um Tötungen in Weißruthenien zu vollziehen. Es handelt sich nicht um Liquidierungen, die von langer Hand geplant waren. Am 1. 5. 42 schreibt* **Greiser** *an Himmler: „Die von Ihnen im Einvernehmen mit dem Chef der RSHA, SS-Obergruppenführer Heydrich, genehmigte Aktion zur Sonderbehandlung von rund 100 000 Juden in meinem Gaugebiet wird in den nächsten 2–3 Monaten abgeschlossen werden können." Das Wort „***Sonderbehandlung***" ist hier eindeutig. In der Niederschrift über die Besprechung vom 26. Sept. 39 im Geheimen Staatspolizeiamt wird u. a. folgendes ausgeführt: „... In der*

heutigen Referentenbesprechung legte Abteilungsleiter II nochmals die Richtlinien dar, nach denen die sogenannten Kriegsdelikte zu bearbeiten sind:
a) Sonderbehandlung (Exekution)
..." (Dokument PS-905).
Am 24. 8. 41 wurde die Euthanasie-Aktion abgeschlossen. Die Beendigung der Euthanasie wurde durch Proteste erzwungen, vor allem der Kirchen. Die Euthanasie-Aktion wurde ausgedehnt auf in den Konzentrationslagern festgehaltene, für den Arbeitseinsatz nicht mehr brauchbare Häftlinge. Diesem Zweck diente die in der ersten Hälfte 1941 einsetzende Aktion „Sonderbehandlung 14 f 13". Die Bezeichnung „14 f 13" gibt das Aktenzeichen des Inspekteurs der Konzentrationslager beim Reichsführer-SS wieder, unter dem diese Maßnahmen bearbeitet wurden. (vgl. Schreiben d. Reichsführer-SS, Inspekteur der KL v. 10. Dez. 41 und v. 10. Jan. 42 sowie des Wirtschafts- und Verwaltungshauptamtes – Amtsgruppenchef D v. 27. Apr. 43)

Über die Beweggründe, die zur Ausdehnung der Aktion T 4 (Euthanasie) auf die Aktion 14 f 13 führten, gab Viktor Brack im Nürnberger Ärzteprozeß folgende Erklärung: ,,Ich möchte in diesem Zusammenhang noch an die Besprechung erinnern, die ich mit Himmler im Januar 1941 gehabt habe. Damals war ich so außerordentlich betroffen, als er von seinen Sterilisationsabsichten und über das Judentum sprach. Ich habe damals gewisse Zweifel bekommen, ob das Bild, das ich mir bis dahin von Himmler gemacht habe, richtig sei. Diese Zweifel sind aber dann doch irgendwie wieder in den Hintergrund getreten, weil ich nichts mehr davon gehört hatte und glaubte, daß Himmler seine Absichten gegenüber dem Judentum aufgegeben habe. Ich habe es daher als eine Bestätigung dieser meiner Anschauung angesehen, daß Himmler wieder menschlicher geworden sei, als ich im Sommer 1941 von Bouhler mitgeteilt bekam, daß Himmler beabsichtige, die Schwerstkranken in den KL's auf ihren Gesamtzustand sowohl körperlich als auch psychisch-geistig untersuchen zu lassen. Himmler hatte Bouhler gebeten, ihm neutrale Ärzte zur Verfügung zu stellen, da er selbst in die Fachkenntnisse der Lagerärzte nicht genügend Vertrauen habe. Bouhler hat mich also beauftragt, mich damals mit der T 4 in Verbindung zu setzen, um dort fragen zu lassen, ob sie nicht zuließen, daß erfahrene Psychiater abgestellt würden, um die Häftlinge in den KL's zu untersuchen. Ich habe diesen Auftrag durchgeführt."

Professor Nitsche, einer der Hauptbeteiligten der Aktion, bekundete am 2. Mai 47, daß zuerst die staatlichen Anstalten wie die privaten, die psychiatrisch geleitet waren, der Durchkämmung nach Kranken, die der Euthanasie zugeführt werden sollten, unterzogen wurden. Später habe es geheißen, daß die Untersuchung auch in den Konzentrationslagern durchzuführen sei, um etwa dort befindliche Geisteskranke den Anstalten zuzuführen. Die Durchkämmung der Konzentrationslager habe nach genau denselben Gesichtspunkten stattgefunden wie die der Irrenhäuser. Ihm sei die Tatsache, daß die Tätigkeit der Ärzte sich auf die Konzentrationslager erstreckte, unsympathisch gewesen, da er darin eine Gefahr der politischen Mißdeutungen sah.

Es dürfte kaum zweifelhaft sein, daß dieser Auftrag letztlich auf Himmler zurückgeht. Dieser stand in engem Kontakt zu Brack. Nach einer eidesstattlichen Erklärung des getöteten Lagerarztes des Konzentrationslagers Buchenwald, Dr. Waldemar Hoven, vom 24. Okt. 46 hat der Lagerkommandant in Buchenwald, Koch, den Lagerführern eröffnet, Himmler habe durch Geheimbefehl angeordnet, „daß alle schwachsinnigen und verkrüppelten Häftlinge des Lagers getötet werden sollten". Daraus geht hervor, daß die „Sonderbehandlung 14 f 13" sich nicht auf geisteskranke Häftlinge beschränkt hat.

Bereits im Frühjahr 1941 begannen die Ausmusterungen in Konzentrationslagern. Von einem der Kommissionsärzte, Dr. Friedrich Mennecke, liegt ein umfangreicher Briefwechsel vor. Am 7. Apr. 41 schreibt er an seine Ehefrau: „Gerade soll noch mein letzter Brief aus dieser ersten KZ-Epoche beginnen, den ich Dir allerdings mitbringen und nicht schicken werde..."

Ein Rundschreiben des Inspekteurs der Konzentrationslager vom 10. Dez. 41, das am 18. Dez. 41 beim Kommandanten des Konzentrationslagers Großrosen eingegangen ist, gibt Aufschluß über das Erfassungsverfahren. Es lautet: „Betreff: Ärzte-Kommission.
Bezug: Hiesig. Schreiben vom 12. 11. 41, 14 f 13/...
Anlagen: – 1 –   Geheime Reichssache
                                            Ausfertigung.

An die
Lagerkommandanten der
Konzentrationslager
Dachau, Sachsenhausen, Buchenwald, Mauthausen, Auschwitz, Flossenbürg, Groß-Rosen, Neuengamme, Niederhagen.
Wie den Lagerkommandanten der Konzentrationslager Dachau, Sachsenhausen, Buchenwald, Mauthausen und Auschwitz mit dem Bezugsschreiben mitgeteilt wurde, wird in der nächsten Zeit die Ärzte-Kommission die vorgenannten Konzentrationslager zur Ausmusterung von Häftlingen aufsuchen.

Für die Konzentrationslager Flossenbürg, Groß-Rosen, Neuengamme und Niederhagen ist die 1. Januarhälfte 1942 für diese Überprüfung vorgesehen. Da die zur Verfügung stehenden Ärzte sehr stark in Anspruch genommen sind, müssen die Überprüfungsarbeiten in den Konzentrationslagern, soweit es irgend geht, abgekürzt werden.

In der Anlage wird Muster eines Meldebogens als Vorlage zur Vorarbeit übersandt...
Die Frage „Körperl. unheilb. Leiden" ist nach Möglichkeit nicht nur mit Ja oder Nein, sondern mit kurzer Angabe der Diagnose zu beantworten... Außerdem ist auch die Frage der Kriegsbeschädigung festzustellen, weil diese eine wesentliche Erleichterung bei der Überprüfungsarbeit der Ärztekommission gewährleistet. Wenn der Raum bei den Fragen „Delikt" und „Frühere Straftaten" nicht ausreicht, ist die Beantwortung auf der Rückseite des Meldebogens vorzunehmen, wie es auf dem Muster vermerkt ist. Einzelne Vorstrafen sind nicht aufzuzählen, es ist nur über die hauptsächlichsten Vorstrafen kurz zu berichten, die einzelnen Delikte sind nur kurz aufzuführen. Welche Häftlinge für die Vorführung in Frage kommen, ist aus den im Fragebogen gestellten Fragen ersichtlich. Sämtliche vorhandenen Akten und Krankenblätter sind der Kommission auf Verlangen zur Einsichtnahme zur Verfügung zu stellen.
Die Adjutanten der Konzentrationslager Flossenbürg, Groß-Rosen und Neuengamme werden zwecks mündlicher Anweisung in dieser Angelegenheit zur gegebenen Zeit nach hier befohlen werden.
Nach Abschluß der Untersuchungen ist dem Inspekteur der Konzentrationslager Bericht zu erstatten; dabei ist die Zahl der der Sonderbehandlung „14 f 13" zugeführten Häftlinge zu melden. Der genaue Zeitpunkt des Eintreffens der Ärzte-Kommission wird rechtzeitig bekanntgegeben.

I.V.
gez. Liebehenschel
SS-Obersturmbannführer."

Aus dem Muster zu Meldebogen 1 ergibt sich, daß nur einzutragen waren Zeitpunkt der Aufnahme, kurze Diagnose zu körperlich unheilbaren Leiden, Kriegsbeschädigung, Delikte und summarisch frühere Straftaten. Weiterhin ist aus den Unterlagen zu schließen, daß die für die spätere Einbeziehung in die Sonderaktion 14 f 13 im wesentlichen Umfang die Lagerkommandanten oder die Schutzhaftlagerführer die Vorauswahl vornahmen.

Im Dokument PS – 1151 heißt es:
„Betreff: Aussonderung von Häftlingen.
. . .
. . . An die
Kommandantur/Kl. Groß-Rosen

Das Schutzhaftlager überreicht in der Anlage eine Zusammenstellung von Häftlingen, die für einen Transport in Frage kommen.

Aus dem Revier wurden   70 Häftlinge ausgesondert
aus den Blocks wurden   104 Häftlinge ausgesondert
Juden   119 Häftlinge
Zusammen: 293 Häftlinge nach dem Stand
*   v. 15. Dez. 1941*
Die verlangte Häftlingszahl wurde mit 43 überschritten, um für den zu einem späteren Termin geplanten Transport den notwendigen Spielraum für eventuelle Abgänge zu haben."

Die Kommissionen in die Konzentrationslager wurden vom Inspekteur den Lagerkommandanten angekündigt.

So schreibt in Vertretung des SS-Gruppenführers Glücks der SS-Obersturmbannführer Liebehenschel an den Kommandanten von Groß-Rosen, den SS-Obersturmbannführer Roedl: „... wird mitgeteilt, daß der SS-Obersturmführer Dr. med. Mennecke am 16. oder 17. Jan. 1942 die Ausmusterung der Häftlinge im Konzentrationslager Groß-Rosen vornehmen wird. Die erforderlichen Meldebogen wurden bereits dorthin übersandt; dieselben sind, wie im Bezugsschreiben befohlen, noch vor Eintreffen des Dr. med. Mennecke, soweit dies möglich ist, auszufüllen ..."

Zu den Kommissionsärzten, die im Laufe der Aktion „Sonderbehandlung 14 f 13" tätig waren, gehörten: Prof. Heyde, Prof. Nitsche, Dr. Mennecke, Dr. Steinmeyer, Dr. Schmalenbach, Dr. Ratka, Dr. Lonauer, Dr. Hebold, Dr. Müller, Dr. Wischer, Dr. Gorgass und Dr. Coulon.

Dr. Mennecke schreibt am 4. Apr. 41 aus Oranienburg an seine Ehefrau: „... Unsere Arbeit ist sehr, sehr interessant. Heute haben Dr. Steinmeyer und ich allein geschafft; Prof. Heyde ist nach Litzmannstadt. Da nur wir beide die ca. 400 Häftlinge zu untersuchen haben, dauert es vielleicht doch etwas länger, so daß es noch nicht feststeht, ob wir schon am Mittwoch abreisen können ..."

In seinem Brief vom 20. Nov. 41, in welchem er auch den Zeitpunkt der Abfassung (20.50 Uhr) angibt, bringt er zum Ausdruck: „... Wir werden morgen zu dritt arbeiten und zunächst mit den bereits vorbereiteten Bogen fertig werden. Dann werden wir allerdings doch noch weit mehr machen, als bisher vorgesehen, nämlich etwa 2000! Es heißt einfach in Berlin (Jennerwein!), es sind 2000 zu machen, – ob soviel nach den grundsätzlichen Richtlinien überhaupt in Frage kommen, darum kümmert man sich nicht! ..." Am 25. Nov. 41 sendet er aus Weimar (Konzentrationslager Buchenwald) einen Brief, in dem er nachstehendes angibt: „... So wie ich oben nun den heutigen Tag geschildert habe, werden auch die nächsten Tage verlaufen – mit genau demselben Programm und derselben Arbeit. Nach den Juden folgen noch etwa 300 Arier als 3. Portion, die wieder „untersucht" werden müssen ..."

Vor dem Nürnberger Militärgerichtshof I bestätigte Dr. Mennecke, daß politische Gefangene und Juden beurteilt wurden. Auf eine Frage über die Gesichtspunkte der Ausmusterung sagte Dr. Mennecke: „Die Juden wurden nicht nach gesundheitlichen Gesichtspunkten beurteilt, sondern nach den Gesichtspunkten ihrer Verhaftungsgründe."

Der bereits genannte Dr. Hoven bestätigt in seiner eidesstattlichen Erklärung, von der bereits die Rede war, vom 24. Okt. 1946: „1941 erfuhr ich, daß das sogenannte „Euthanasieprogramm" zur Ausrottung der Schwachsinnigen und Krüppel in Deutschland durchgeführt wurde. Der Lagerkommandant Koch rief damals alle maßgeblichen SS-Führer des Lagers zusammen und gab ihnen bekannt, daß er von Himmler einen Geheimbefehl erhalten habe, daß alle schwachsinnigen und verkrüppelten Häftlinge des Lagers getötet werden sollten. Der Lagerkommandant erklärte, daß auf Befehl vorgesetzter Dienststellen in Berlin alle jüdischen Häftlinge des Konzentrationslagers Buchenwald mit in diesem Ausrottungsprogramm einbegriffen werden sollten. Gemäß dieser Befehle wurden 300–400 jüdische Gefangene verschiedener Nationalitäten zur Ausrottung zu der „Euthanasiestation" in Bernburg geschickt. Ein paar Tage später erhielt ich vom Lagerkommandanten eine Namensliste der in Bernburg ausgerotteten Juden mit dem Auftrag, gefälschte Todesurkunden auszustellen. Ich habe diesen Befehl befolgt. Diese Sonderaktion wurde unter dem Decknamen „14 f 13" durchgeführt. Ich habe Bernburg einmal gelegentlich einer Verbrennung besucht, die ich für 2 Häftlinge, die beim Außenkommando Wernigerode des Konzentrationslagers Buchenwald gestorben waren, veranlaßt habe..."

Vom SS-Wirtschafts- und Verwaltungshauptamt, Amtsgruppe D, ist ein Rundschreiben vom 27. 4. 43 erhalten. Es darf vollständig wiedergegeben werden:

„SS-Wirtschafts-Verwaltungshauptamt   *Oranienburg, den*
Amtsgruppenchef D   *27. Apr. 1943*
– Konzentrationslager –
D I/1 / Az.: 14 f 13/L/S.–
Geheim Tgb.-Nr. 612/43
Betreff: Aktion 14 f 13 in den Konzentrationslagern
Bezug: Hies. Verfügung – D I/1/Az.: 14 f 13/Ot/S. –
Anlagen: keine

    Geheime Reichssache
An die   *... Ausfertigung*
Lagerkommandanten der
Konzentrationslager
Da., Sah., Bu., Mau., Flo., Neu., Au., Gr.-Ro., Natz., Stu., Rav., Ri., Herz., Lubl. und Bergen-Belsen.

Abdruck an: Chef des Amtes D II, III im Hause. Der Reichsführer-SS und Chef der Deutschen Polizei hat auf Vorlage entschieden, daß in Zukunft nur noch geisteskranke Häftlinge durch die hierfür bestimmten Ärztekommissionen für die Aktion 14 f 13 ausgemustert werden dürfen. *Alle übrigen arbeitsunfähigen Häftlinge (Tuberkulosekranke, bettlägerige Krüppel usw.) sind grundsätzlich von dieser Aktion auszunehmen.* Bettlägerige Häftlinge sollen zu einer entsprechenden Arbeit, die sie auch im Bett verrichten können, herangezogen werden.

Der Befehl des Reichsführers-SS ist in Zukunft genauestens zu beachten. Die Anforderungen von Kraftstoff für diesen Zweck entfallen daher.

       gez. Glücks
       SS. Brigadeführer
       und
       Generalmajor der Waffen-SS"

(Dok.NO-1007 = 1933 PS)

Am 6. 1. 42 schreibt Mennecke *aus dem Konzentrationslager Ravensbrück:* „. . . *Sonst ist zum heutigen Tage noch zu melden, daß ich 151 Akten fertigbekommen habe; mit den gestrigen also bis jetzt 181. Es sind sämtlich Arierinnen mit zahlreichen Vorstrafen. Nun fehlen noch etwa 70 Arierinnen und 90–100 Jüdinnen. Ich hoffe, diese alle morgen zu* schaffen, *so daß ich am Donnerstag und Freitag sie schnell durchuntersuchen und schon am Sbd. mit den 300 Männern anfangen kann...*" *Von Dr. Mennecke wurden Bilder bzw.* Bildstreifen von jüdischen Konzentrationslagerinsassen *gefunden, die er ,,begutachtet" hat. Auf der Rückseite dieser Bilder machte er* handschriftliche *Vermerke, die er auch in die Meldebogen einsetzte.*

Einige Eintragungen dürfen wiedergegeben werden:

„*Isidor Israel Goi, 25. 4. 02, Kolomza, Bauarbeiter, staatenloser, deutschfeindlicher Hetzjude; im Lager: faul u. frech.*"

„*Hans Reimer, Protektoratsjude, deutschfeindliches Verhalten, Rassenschande. Im Lager: faul, frech, mehrfache Lagerstrafen: Pfahlbinden.*"

„*Ottilie Sara Schnabel, 6. 12. 79, led., Kontoristin, tschech. Jüdin, marxistische Funktionärin, üble Deutschenhasserin, Beziehungen zur englischen Botschaft.*"

„*Anna Sara Süss, 26. 11. 06, Gotha, polnische Staatsangehörige, Jüdin, Abschiebungshäftling, die illegal aus dem Ausland zurückgekehrt, geschlechtskrank (Tripper).*"

„*Anna Sara Brückel, 7. 12. 92/Polen, led., Geschäftsfrau in Rumburg/Sud., Ausweisungshäftling, staatsfeindliche Gesinnung.*"

*Eine Reihe von Zeugen wurde zu der Aktion 14 f 13 gehört. Darunter befindet sich der österreichische Spitzenpolitiker Dr. Alfons Gorbach, der inzwischen verstorben ist. In der Vernehmung vom 4. Mai 60 führt er folgendes aus: „; . . Wohl ist mir eine Ausmusterungsaktion, die Anfang September 1941 stattgefunden hat, deswegen sehr gut in Erinnerung, weil ich selbst in die Richtung austreten mußte, welche Personen dann in der Folge liquidiert wurden. Nur durch einen glücklichen Zufall bin ich am Leben geblieben. Diese Aktion hat sich dermaßen abgespielt, daß plötzlich alle Lagerinsassen am Appellplatz des Lagers Dachau im Gänsemarsch an einem SS-Arzt vorbeimarschieren mußten. Dieser SS-Arzt gab bei jedem an, ob er links oder rechts austreten müßte. Bei dieser Aktion wurden **rund 850 Häftlinge ausgemustert**. Diese Häftlinge wurden in der Folge in **Transporten zu 100 Mann nach Hartheim bei Linz gebracht, wo sie liquidiert wurden** . . ." Hartheim war eine der Euthanasieanstalten, in denen die Tötung der Geisteskranken vorgenommen worden war.*

*Am 26. März 42 kam ein Rundschreiben des SS-Wirtschafts- und Verwaltungshauptamtes – Amtsgruppe D – heraus. Es wurde an die Lagerkommandanten von Dachau, Sachsenhausen, Buchenwald, Mauthausen, Flossenbürg, Neuengamme, Auschwitz, Groß-Rosen, Niederhagen und Ravensbrück geschickt. Es heißt dort: „; . . Durch die Meldung eines Lagerkommandanten wurde bekannt, daß **von 51 für die Sonderbehandlung 14 f 13 ausgemusterten Häftlingen 42 nach einiger Zeit „wieder arbeitsfähig"** wurden und somit der Sonderbehandlung nicht zugeführt werden brauchten. Hieraus ist ersichtlich, daß bei der Auswahl dieser Häftlinge nicht nach den gegebenen Bestimmungen verfahren wird. Es dürfen der Untersuchungskommission nur solche Häftlinge zugeführt werden, die den gegebenen Bestimmungen entsprechen und vor allen Dingen nicht mehr arbeitsfähig sind. Um die den Konzentrationslagern gestellten Arbeitsaufgaben durchführen zu können, **muß jede Häftlingsarbeitskraft dem Lager erhalten werden**. Die Lagerkommandanten der Konzentrationslager werden gebeten, hierauf ihr besonderes Augenmerk zu richten . . ."* (Dok. PS-1151)

Der Kommandant des Konzentrationslagers Groß-Rosen antwortete mit Fernschreiben vom 26. März 42. Er meldet: „Am 19. und 20. Jan. 1942 wurden 214 Häftlinge ausgemustert. Am 17. März 1942 wurden davon 70 und am 18. März 1942 57 Häftlinge überstellt. In der Zeit vom 20. Jan. bis 17. März 1942 sind 36 ausgemusterte Häftlinge verstorben. Der Rest von 51 Häftlingen ergibt sich aus 42 arbeitsfähigen Juden und weiteren 10 Häftlingen, die infolge Arbeitseinstellung (Lagersperre vom 17. Jan.–17. Febr. 1942) wieder voll arbeitsfähig geworden sind, so daß deshalb von einer Überstellung abgesehen wurde . . ." (Dok. PS-1151)

Die Sonderbehandlung 14 f 13 griff auch auf das Generalgouvernement über. Himmler übertrug die Durchführung der Aktion „Reinhard" dem SS-Gruppenführer und Generalleutnant der Polizei Odilo Globocnik, der am 21. Apr. 1904 in Triest geboren und am 31. Mai 45 in Weißensee/ Kärnten verstorben ist. Globocnik war von Ende 1939 bis zum Sommer 1943 SS- und Polizeiführer im Distrikt Lublin. Er war in der Aktion Reinhard direkt Himmler und dessen persönlichem Stab unterstellt. Im Bezirk Lublin befinden sich die Lager Belzec, Sobibor und Treblinka.

Nach einem Befehl Himmlers sollte die Aktion am 31. Dez. 42 abgeschlossen sein. Sie hat sich jedoch bis zum Oktober 1943 hinausgezögert. Leiter der Aktion war der ehemalige Polizeihauptmann Christian Wirth, der 1944 im Raum Triest von Partisanen erschossen wurde. Wirth war in den Jahren 1940/1941 Büroleiter in den Euthanasie-Anstalten Grafeneck, Brandenburg und Hartheim. Im Auftrag der T 4 (Zentrale der Euthanasieaktion in Berlin, Tiergartenstr. 4) inspizierte er später verschiedene Büroabteilungen der Euthanasie-Anstalten und wurde im Rahmen der Aktion Reinhard zum Inspekteur der SS-Sonderkommandos des Einsatzes Reinhard ernannt. Erster Kommandant des Lagers Treblinka war der Direktor der Euthanasieanstalten Brandenburg und Bernburg, Dr. Irmfried Eberl, der in Untersuchungshaft Selbstmord beging. Nach einem Schreiben Globocniks vom 27. Okt. 1943 an das SS-Personalhauptamt wurden 92 Angehörige der „Kanzlei des Führers" zur Durchführung der Aktion Reinhard abgestellt.

Die enge Zusammenarbeit zwischen Viktor Brack aus der Kanzlei des Führers, Himmler und Globocnik bei der Aktion Reinhard beweist ein persönliches Schreiben Bracks vom 23. Juni 1942 an Himmler, welches das Handzeichen des Reichsführers SS als Sichtvermerk trägt. Nachstehend wird es wiedergegeben.

„*Viktor Brack*   *Berlin, den 23. Juni 1942*
SS-Oberführer   *W 8, Voßstr. 4*
                Geheime Reichssache
An den
Reichsführer SS und Chef der
Deutschen Polizei
Heinrich Himmler
<u>*Berlin SW 11*</u>
Prinz-Albrecht-Str. 8

Ich habe dem Brigadeführer Globocnik auf Anweisung von Reichsleiter Bouhler für die Durchführung seiner Sonderaufgabe schon vor längerer Zeit einen Teil meiner Männer zur Verfügung gestellt. Aufgrund einer erneuten Bitte von ihm habe ich nunmehr weiteres Personal abgestellt. Bei dieser Gelegenheit vertrat Brigadeführer Globocnik die Auffassung, die ganze Judenaktion so schnell wie nur irgend möglich durchzuführen, damit man nicht eines Tages mittendrin steckenbliebe, wenn irgendwelche Schwierigkeiten ein Abstoppen der Aktion notwendig machen. Sie selbst, Reichsführer, haben mir gegenüber seinerzeit schon die Meinung geäußert, daß man schon aus Gründen der Tarnung so schnell wie möglich arbeiten müsse. Beide Auffassungen, die ja im Prinzip das gleiche Ergebnis zeitigen, sind nach meinen eigenen Erfahrungen mehr als berechtigt; trotzdem möchte ich Sie bitten, in diesem Zusammenhang folgende Überlegung von mir vortragen zu dürfen: . . ."

*Wenn heute von einem **generellen Judentötungsbefehl** gesprochen wird, so handelt es sich um einen Befehl **Heinrich Himmlers** zu einem Zeitpunkt, als die Lager Polens durch Juden übervölkert waren und die militärischen Aktionen im Osten stagnierten. **In die Sonderaktion 14 f 13 wurden die nicht arbeitsfähigen Juden einbezogen.***

*Es kann nicht bestritten werden, daß **Tötungen von Juden in Massenaktionen stattfanden, die sicherheitspolizeilichen und militärischen Hintergrund hatten**.*

Universitätsprofessor Jäger schreibt in seinem Buch „Verbrechen unter totalitärer Herrschaft – Studien zur nationalsozialistischen Gewaltkriminalität", das im Walter-Verlag, Olten und Freiburg im Breisgau, im Jahre 1967 herauskam: „. . . Unter Umständen denkbar, daß ideologisch bedingter Terror durch pseudo-militärische Befehle verschleiert und das militärische Befehlsgefüge außermilitärischen, ideologischen Zwecken dienstbar gemacht wurde. Für den Bereich der Einsatzgruppen dagegen ist eine solche Deutung unrealistisch. Dabei können Ausnahmesituationen natürlich nicht ausgeschlossen werden, und Aschenauers Hinweis, daß zwischen Sicherheitsmaßnahmen und Vernichtungsaktionen auf rassistischer Grundlage unterschieden werden müsse, verdient jedenfalls insofern Berücksichtigung, als nicht unbedingt jede einzelne Judenerschießung mit dem generellen Mordbefehl im Zusammenhang gestanden haben muß. An der grundsätzlichen Tatsache, daß die Einsatzgruppen das Instrument eines planmäßigen Rassenmordes waren, ändert das jedoch nichts."

Hier übersieht Jäger große Zusammenhänge in militärischer und sicherheitspolizeilicher Hinsicht. Zudem übersieht er, daß Polen eine Lage hat, die für die Kriegführung von Bedeutung ist. Polen grenzt im Osten an die Sowjetunion an. Durch das damalige Generalgouvernement rollte nach Beginn des deutsch-sowjetischen Krieges ein sehr großer Teil des Nachschubs an die russische Front. Zuzugestehen ist, daß die deutsche Besatzungsmacht sowohl in Polen als auch in den übrigen besetzten europäischen Ländern von Anfang an keine glückliche Hand hatte. Der Gesichtspunkt der Gewalt, den Adolf Hitler vertrat, wurde dominierend, was naturgemäß zu Gegenaktionen von Polen und Juden führte, die aus dem Untergrund heraus entstanden.

Die Niederschrift über die Sitzung des Reichsverteidigungsausschusses vom 2. März 40 in Warschau gibt Aufschluß über die Ausgangslage, wenn auch einiges unter dem Gesichtspunkt gesehen werden muß, der im Brief des damaligen Generalmajors Hollidt, Oberquartiermeister Ober-Ost, vom 5. März 40 zum Ausdruck kommt: „Zudem weiß ja jeder, der den Generalgouverneur persönlich kennt, daß er sich gern an seinen eigenen Worten berauscht, immer weiter steigert und daß man von dem Gesagten von vornherein eine Menge abstreichen kann."

Aktionen bedingen aber Gegenaktionen. In dem Protokoll heißt es: „Die Polen behalten eine Heimstätte im Generalgouvernement, es wird nicht germanisiert, bleibt Polen-Reservation. Insofern hier Aufgabe leichter als im Warthegau, in dem 120 000 Deutsche 4 Millionen Polen gegenüberstehen. Es ist aber im Generalgouvernement den Polen vollends das Rückgrat zu brechen, so daß nie wieder der geringste Widerstand geleistet werden kann. Dies ist nicht möglich durch Terrorisierung oder Erschießen aller, jedoch durch die absolute Autorität der Verwaltung... Deutschland steht vor dem Schritt zum Weltreich. So wie Friedrich der Große Preußen durch seine Kriege als Großmacht durchgesetzt hat, setzt sich in diesem Kriege das Deutsche Reich durch als Weltmacht gegenüber den Weltmächten. Wir wollen imperial regieren, wir werden in zunehmendem Maße Völker, die nicht deutsch sprechen, in unsere Machtsphäre nehmen. Diese regieren wir als Herrenvolk... Der Führer braucht im Osten absolute Ruhe; völlige Beherrschtheit muß über diesem Raum lagern.

... Leider mußte General Bührmann alle Werte herausholen, so daß das Gebilde wirtschaftlich leer ist. Die Ernährungslage ist katastrophal... Dabei sollen wir von der Ernte 1940 ab selbständig sein. Das wilde Kaufen, Beschlagnahmen, Schlachten und Überbieten, angeblich um irgendwelche Lager einzurichten, muß endlich aufhören.

... Aus dem Reich werden wir noch 400–600 000 Juden abnehmen müssen. Von diesen werden sicher manche hinübergehen nach Sowjet-Rußland..."

In diesem Protokoll kommt auch die Sicherheitslage zum Ausdruck, über die der SS-Standartenführer Meiser Bericht erstattet: „... Seit 14 Tagen große Aktivität. 54 Gruppen bestehen, zum Teil finanziert und inspiriert aus Frankreich. Von 140 000 Rundfunkgeräten sind 87 000 abgeliefert, viele vernichtet, aber manche noch in den Händen der Polen. Die Volksdeutschen sind oft rassisch schlechter als die Polen, verratsbereit und minderwertig, häufig auch verkappte Polen, deren Papiere angeblich verloren sind. Die Polen glauben einmütig und fanatisch an die Auferstehung Polens. Die widerstrebenden Gruppen haben sich zum Teil geeinigt und werden vielleicht am 15. März mit Einzelaktionen beginnen, wahrscheinlich aber bei Beginn der Westoffensive. Durch Vertrauensleute ist eine mustergültige Organisation von 2000 Mann festgestellt worden. Daneben erhebliche Kriminalität. Bei Banden auch Beteiligung einzelner Reichsdeutscher festgestellt. Warschau zur Zeit Pulverfaß..."

Generalmajor Jaenecke: Bericht über Aufdeckung der Lodscher geheimen Polenorganisation. Anregung zur Waffensuche. Angebot zu enger Zusammenarbeit der örtlichen militärischen Stellen mit den Kreishauptleuten usw., auch durch Einbeziehung der zivilen Verwaltungsstellen bei inneren Unruhen in die Machtzentren der Wehrmacht, die durch Draht gegen überraschende Aktionen geschützt sind.

Standartenführer Streckenbach: Sicherheitspolizei hält es nach ihren Erfahrungen für praktisch, die Organisationen als Sammelbecken aller revolutionären Kräfte bestehen zu lassen und Aufständen dadurch vorzubeugen, daß die Führer rechtzeitig fortgenommen werden. Die eigenen Leute bleiben dann in dem Organisationsgerippe weiter tätig. So glaubt man mit Sicherheit bewaffnete Aufstände verhindern zu können..."

Tatjana Berenstein, Artur Eisenbach, Bernard Mark und Adam Rutkowski gaben eine Dokumentation unter dem Titel „Ausrottung und Widerstand der Juden in Polen während des II. Weltkrieges – Faschismus, Ghetto- und Massenmord" heraus. Träger der Arbeit ist das Jüdisch-Historische Institut in Warschau. Über den Kampf gegen die Okkupationsmacht finden sich bemerkenswerte Sätze sowie Unterlagen. Im Einleitungskapitel heißt es: „Während der Hitler-Okkupation kämpften Juden in Polen an allen Fronten des antifaschistischen Widerstandes. Sie kämpften Schulter an Schulter mit den polnischen Soldaten während der heldenhaften Verteidigung Warschaus. Viele von ihnen gehörten verschiedenen Organisationen und Kampfgruppen des illegalen Polen an und nahmen an den Aktionen und Kämpfen der Swardia Ludowa (SL), der Volksgarde, einer linken polnischen Militärformation, und der Armia Krajowa (AK), der Heimatarmee, teil. Außerdem gab es auch Partisanengruppen, die ausschließlich aus Juden bestanden.

Schon in den ersten Okkupationsmonaten beginnt unter der jüdischen Bevölkerung eine geheime Bewegung, die sich immer mehr verbreitet. Ihre Hauptbasis wird das Warschauer Ghetto, wo viele illegale Zeitungen herausgegeben werden. Die Widerstandsbewegung in Warschau beeinflußt die jüdischen Gruppen in anderen Gebieten Polens..."

Hervorgehoben wird, daß im März 1942 im Warschauer Ghetto ein Antifaschistischer Block geschaffen wurde, dem die kommunistische PPR, die polnische Arbeiterpartei und links-zionistische Organisationen (Haschomer Hazair, Poale Zion, Hechaluz) angehörten. Im Oktober 1942 wurde diese antifaschistische Front, deren Ziel der Kampf gegen den Okkupanten gewesen sei, erweitert, und eine jüdische Kampforganisation (Żydowska Organizacja Bojowa, ZOB) sei geschaffen worden, der die erwähnten Organisationen des Antifaschistischen Blocks, die sozialistische Partei „Bund" und einige kleinere Jugendgruppen angehört hätten. Die Hauptaufgabe der jüdischen Kampforganisation sei der bewaffnete Kampf gegen den Okkupanten, die Verteidigung der jüdischen Bevölkerung gewesen.

Es heißt wörtlich weiter: „Unter der Leitung der Jüdischen Kampforganisation bereitet sich der Rest der Ghettobevölkerung zum aktiven Widerstand vor; die Jüdische Kampforganisation sammelt Waffen und verbirgt sie und organisiert eine militärische Ausbildung; die Bevölkerung baut unterirdische Bunker, um sich vor den Razzien zu verstecken, mit denen die Nazis die Juden zur Deportation zusammentreiben..."

Hingewiesen wird darauf, daß die bedeutendste Widerstandsaktion der polnischen Juden der Aufstand im Warschauer Ghetto gewesen sei, welcher am 19. April 1943 ausbrach und unter verschiedenen Formen bis Anfang Juli desselben Jahres dauerte. Der zweite bewaffnete Massenwiderstand der Juden habe im August 1943 im Ghetto von Bialystok stattgefunden und sei vom dortigen vereinigten Block geleitet worden. Weitere Aufstände fanden statt. Festgestellt wird: Außer in den Ghettos und in den Lagern gab es auch eine jüdische Widerstandsbewegung in den Wäldern...

Vom Zeitpunkt an, als sich in den Ghettos ein Widerstand entwickelte, erwogen die jüdischen Kämpfer die Möglichkeit von zwei Kampffronten: In den Ghettos und in den Reihen der Partisanen. Schon im Juli 1942 verband sich die erste Gruppe aus dem Warschauer Ghetto mit der Partisanenbewegung. Von Herbst 1942 an flüchteten die Juden aus den Ghettos in den Distrikten Lublin, Radom, Bialystok und aus dem östlichen Teil des Distrikts Warschau massenweise in die Wälder, wo sie sich entweder den Partisanengruppen der Volksgarde oder besonderen jüdischen Partisanentrupps anschlossen.

Die polnische Widerstandsbewegung hatte eine hervorragende Bedeutung. Die Kämpfe in den Ghettos, in den KZ-Lagern und die Widerstandsbewegung haben verhältnismäßig große Kräfte der Okkupanten gebunden. Bemerkt wird: „Die jüdische Widerstandsbewegung setzte die fortschrittlichen Traditionen der für nationale und soziale Befreiung kämpfenden polnischen Juden fort. Neben den Makkabäern galten den Helden des Widerstandes auch die jüdischen Kämpfer um Polens Unabhängigkeit und die jüdischen Proletarier als Vorbild, die zusammen mit den polnischen Brüdern in der Revolution von 1905 und in den Jahren nach dem Ersten Weltkrieg kämpften."

Von Reuben Ainztein wurde ein Werk unter dem Titel „Jewish Resistance in Nazi-Occupied Eastern Europe" (London, Paul Elek) herausgebracht. Der Verfasser weist darauf hin, daß z. B. die Bildung einer jüdischen Widerstandsbewegung und zweier militärischer Organisationen mit der alleinigen Absicht, eine bewaffnete Revolte durchzuführen, überwiegend auf Teenager und Leute um 20 herum zurückgeht, die vier politischen Gruppen angehörten: Dem Bund der zionistischen Jugendorganisation, umfassend den rechten Flügel von Revolutionären bis zum extrem linken Flügel von Hashomer Hazair und die Kommunisten.

Wörtlich heißt es im 3. Absatz auf Seite 566: „Es war im November 1939... Sie gründeten eine Untergrundorganisation, die sie ‚Swit' nannten. (Sie: die jüdischen Reserveoffiziere David Mordecai [Moric] Apfelbaum, Henryk Klepszyc, Bialoskura und Kalman Mendelson.) Im Januar 1940 gab Iwanski (er und seine Ehefrau waren getreue Stützen von Sikorski... S. 566) den Juden 29 Pistolen, dann bis zum Ende des Monats noch wenige Waffen dazu und darauf Munition. Nach einigen Wochen änderte die Organisation ihren Namen von Swit in ZZW, und Anfang 42 erreichte sie unter Apfelbaums Führung eine Stärke von 40 Mitgliedern, obgleich sie aufgehört hatte, eine ausschließlich revisionistische Organisation zu sein und sogar Kommunisten als Mitglieder hatte..."

Seite 567, Abs. 3, zeigt die Absicht auf, eine Einheitsfront aller antifaschistischen Kräfte in Polen einschließlich der Kommunisten zu bilden. Auf Seite 572 heißt es: „... Im Herbst 1941 die polnischen Sozialisten ihre eigene Organisation schufen, formierte der Bund eine gleichwertige Organisation im Ghetto..." „... Die Gründungsmitglieder der Kommunistischen Partei Polens begannen sie wieder aufzubauen im Jahre 1940. Die wichtigsten Teile waren „Sichel und Hammer", die Gesellschaft der Freunde der UdSSR..." Im letzten Satz des zweiten Absatzes wurde darauf hingewiesen, daß alle diese Organisationen ihresgleichen im Warschauer Ghetto hatten. Seite 573, letzter Satz: „Im März 1942 begannen die ‚left-wing' – Zionistenführer ihre Arbeit, eine geeinte jüdische Kampforganisation zu schaffen, zusammen mit den Kommunisten..." Seite 574, Kapitel 5, hebt hervor, daß im März 1942 die left-wing-Zionisten sich zum ersten Mal im Warschauer Ghetto trafen. Auf Seite 598 wird darauf hingewiesen, daß der Aufstand in Warschau von abgesprungenen jüdischen Offizieren der Roten Armee geführt wurde.

Einzelmeldungen, Verlautbarungen, Aufrufe bestätigen den von jüdischer

Seite geleisteten Widerstand. Auf Aktionen folgten automatisch Gegenaktionen. Im Warschauer Ghetto wurde im März 1942 der antifaschistische Block geschaffen. Es gehörten ihm folgende Geheimorganisationen an: Die polnische Arbeiterpartei (PPR) und die linken zionistischen Organisationen Haschomer, Hazaer, Hechaluz und Poale Zion. Uns sind auch die Führer der Organisationen bekannt:
Josef Lewartowski, Mitglied des ZK der kommunistischen Partei Polens, der langjährige Leiter der linken Poale Zion, Szachno Sagan,
Josef Kaplan, Leiter der Haschomer, Hazaer,
Icchak Cukierman, Funktionär des Hechaluz.

Der antifaschistische Block gab in jiddischer Sprache die illegale Zeitschrift „Der Ruf" heraus. Von ihm wurden die ersten Kampfgruppen im Ghetto organisiert, die unter der Führung des ehemaligen Kapitäns der internationalen Brigaden in Spanien, des Kommunisten Andrzej Szmidt, und des Funktionärs der Haschomer, Hazaer, Mordechaj Anielewicz, standen.

Wir müssen uns, wenn wir darüber sprechen, daran erinnern, daß Professor Burkhardt, vor 1939 hoher Kommissar des Völkerbundes für Danzig und später Präsident des internationalen Roten Kreuzes in Genf, in seinem Buch „Meine Danziger Mission 1937–1939", erschienen München 1960, auf eine Unterredung mit dem polnischen Ministerpräsidenten Slawoj-Skladkowski Bezug nimmt. Nach dem polnischen Politiker sollten 90 % aller Kommunisten in Polen Juden und 60 % aller Juden Kommunisten sein.

Polnische Äußerungen sind von Interesse, die der jüdische Schriftsteller Tennenbaum in seinem Buch „Underground", erschienen im Jahre 1952 in New York, aufzeichnet.

Die „Gazeta Warszawska" vom 23. Nov. 1933 schreibt: „Wenn wir die Aufgaben erfüllen wollen, die vor uns stehen, dann müssen wir die Juden aus Polen wegschaffen" (Tennenbaum S. 54). Im Jahre 1936 erklärte der Vizemarschall des polnischen Sejm, Miedzinski, einer der engsten Mitarbeiter von Marschall Pilsudski, in einer Rede im Reichstag, Polen habe Platz nur für 50 000 Juden (Tennenbaum S. 54).

Bevor der Zweite Weltkrieg begann, erklärte der polnische Außenminister zur Zeit der Evian-Konferenz im Jahre 1938, daß in Polen für die Polen „eine Million Juden überzählig" seien.

Es ist eine alte Streitfrage, ob der Krieg, der mit dem 22. Juni 1941 gegen die Sowjetunion ausbrach, ein Angriffs- oder Präventivkrieg gewesen sei. Es gibt Urkunden, aus denen es sich ergibt, daß die Sowjetunion beabsichtigte, in das Generalgouvernement zu einem Zeitpunkt, der nach dem 22. Juni 1941 liegt, einzumarschieren, wobei die sowjetische Heeresführung mit der aktiven Hilfe der breiten polnischen und jüdischen Bevölkerung rechnete. Die Haltung der genannten Bevölkerungsgruppen hatte sie 1940/41 erkunden lassen.

Der 6. deutschen Armee fielen nach dem Einmarsch in den sowjetischen Raum Unterlagen in die Hand, in denen es heißt: "Es ist notwendig, dem Feind einen sehr starken, blitzartigen Schlag zu versetzen, um die Widerstandskraft der Soldaten zu erschüttern... Im allgemeinen werden die Kampfhandlungen sich auf dem Gebiet des Feindes abwickeln, besonders dort, wo die ukrainische und jüdische Bevölkerung vorherrscht..."

In der Ausarbeitung "Stimmung der Bevölkerung im Generalgouvernement-Stand am 1. Mai 1941", verfaßt von der Politabteilung der 8. sowjetischen Armee, heißt es: "Es ist damit zu rechnen, daß seitens der jüdischen Bevölkerung die Rote Armee aktive Unterstützung erhalten wird, mit Ausnahme der großen Kaufleute... Der größte Teil der Bevölkerung ist den Deutschen gegenüber feindlich gesinnt. Jedoch wird die Militäraktion der Roten Armee im großen und ganzen sehr erfolgreich sein, wo die ukrainische und jüdische Bevölkerung vorherrscht.

Ich darf wieder aus dem Buch von Josef Tennenbaum "Underground, the Story of People" zitieren: "Im Jahre 1941 erleuchtete die von Stalin befohlene Politik der verbrannten Erde die Straße der Nazi-Invasion mit brennenden Dörfern und rauchenden Gehöften... Die Juden waren die ersten, die zur Partisanenbewegung aufriefen. Sie übernahmen die Führung im organisierten Guerilakampf zu einer Zeit, als noch umherirrende Banden ohne klar bestimmte Aufgaben in den Wäldern streiften."

Der Stadtkommandant von Minsk stellte in seinem Monatsbericht vom 1. Nov.–30. Nov. 1941, Ziff. 3, fest: "Die gegen die Juden als Träger der bolschewistischen Idee und Führer der Partisanenbewegung eingeleiteten Maßnahmen sind von fühlbarem Erfolg." In dem Lagebericht vom 1.–15. Febr. 1942, den unter dem 20. Febr. 1942 die Kommandantur des Sicherungsgebietes Weißruthenien, d. h. das Kommando der 707. Infanteriedivision herausgab, heißt es: "Die Juden sind... ohne jede Ausnahme mit dem Begriff Partisanen identisch."

Der Aufruf der internationalen jüdischen Konferenz vom 24. Aug. 1941 in Moskau ist ein Beleg dafür, daß die Juden auf der ganzen Welt zum Kampf gegen Hitler aufforderten. Die folgenden Sätze blieben nicht ohne Widerhall: "Nehmt an der edlen Selbstaufopferung der unbezwingbaren Guerillakämpfer teil und entfaltet überall eine umfassende Propaganda für die Solidarität und die aktive Hilfe für die Sowjetunion... Die Menschheit wird von der braunen Pest befreit werden. Eure Pflicht ist es, bei ihrer Ausrottung zu helfen. Tut Eure Pflicht in diesem heiligen Krieg!"

Die Situation, von der wir auszugehen haben, umschreiben Lageberichte der Oberfeldkommandantur und Feldkommandanturen im Generalgouvernement. Die Oberfeldkommandantur 372-Kielce-Ia Nr. 294/41 stellt unter dem 20. Sept. 1941 fest: „Ausgesprochen deutschfeindlich verhält sich der jüdische Teil der Bevölkerung, der seine Hoffnung auf den Bolschewismus setzt." Die Oberfeldkommandantur in Warschau (Ch. Nr. 49/42 geh.) meldet unter dem 22. Juni 1942: „Das Bandenunwesen hat in den letzten Wochen vor allem im auswärtigen Gebiet der Oberfeldkommandantur stark an Umfang zugenommen. Die Beihilfe der Juden ist durch Berichte der Gendarmerie erwiesen." In dem Bericht der Kommandantur Warschau (Qu. Nr. 219/41 geh.) vom 20. Apr. 1941 – einem Monatsbericht für die Zeit vom 15. März–15. Apr. 41 unter der Überschrift „Beobachtungen und Feststellungen außerhalb der Truppe" heißt es: „Die Stimmung im Judenviertel ist ganz prorussisch..." Der Monatsbericht für die Zeit vom 16. Aug.–15. Sept. 1941, den die Kommandantur Warschau am 20. Sept. 1941 – (Nr. 553/41 geh.) herausgibt, bringt unter „Beobachtungen und Feststellungen außerhalb der Truppe" zum Ausdruck: „Anders ist die Auffassung in den niederen, d. h. kommunistischen Schichten der Bevölkerung und den Juden. Hier wird in jeder Weise mit Rußland sympathisiert, wie es auch in der Anbiederung mit Kriegsgefangenen, Hilfeleistung zugunsten der entflohenen russischen Kriegsgefangenen zum Ausdruck kommt... Diese Schichten erhoffen vom Sieg des Bolschewismus die Weltrevolution..." Lakonisch kurz ist die Feststellung der Kommandantur Warschau vom 19. Juli 1941 in dem Monatsbericht für die Zeit vom 16. Juni–15. Juli 41 (Ia Nr. 5866/41): „Beobachtungen und Feststellungen außerhalb der Truppe"... Die Juden – ihr heißer Wunsch ist Deutschlands Vernichtung."

Die Befehle der Widerstandsbewegung sprechen von der Mobilisation aller illegalen Kräfte. Planungen eines bewaffneten Aufstandes sind gegeben. Wegen kommunistischer Umtriebe werden Juden festgenommen.

In dem Fernschreiben FS Nr. 7186 – m 308943 vom 17. Mai 1942 heißt es: „Um die Widerstandsbewegung zu brechen, wurden im Verlauf einer Großaktion des Befehlshabers der Sicherheitspolizei und des SD gegen die Kommunistische Partei Polens und ihre Unterorganisationen in der Nacht vom 28. April 1942 in den Räumen Warschau, Krakau, Radom und Lublin insgesamt 931 Personen, darunter 400 Juden, festgenommen."

Der antifaschistische Block erließ am 15. Mai 1942 einen Aufruf, in welchem ausgeführt wird: „Riesige, gut ausgestattete und vorbereitete Armeen und mächtige Reserven Sowjetrußlands stehen zum weiteren Angriff bereit. Die sowjetische Industrie arbeitet ohne Unterbrechung, alle Kräfte sind zum Kampf vereint worden und bereiten den Sieg vor. Im Rücken der deutschen Truppen ist eine Partisanen-, Diversions- und Sabotagebewegung entstanden, die immer stärker wird und sich immer mehr ausbreitet. Hitler sah sich gezwungen zuzugeben, daß nur dank den höchsten physischen und moralischen Anstrengungen ein Zusammenbruch der deutschen Truppen vermieden worden sei. – Der deutsche Soldat blutet an der Front nur noch unter dem Druck des schrecklichen SS-Terrors. Und in derselben Zeit werden die Lebensmittelrationen für die von Fliegerangriffen gequälte deutsche Bevölkerung weiterhin eingeschränkt. Anstatt mit Brot wird sie mit dem Versprechen eines raschen Sieges gespeist, der sich aber mit jedem Tag immer weiter entfernt. Da sie sich infolge der an der Front erlittenen Niederlagen in den besetzten Gebieten nicht sicher fühlen, haben die Nazibestien die Schlinge um den Hals der unterjochten Völker noch fester gezogen. Es ist eine schauderhafte Aktion im Gange, deren Ziel es ist, die aktiven Antifaschisten und Patrioten in Norwegen, Frankreich, Belgien, Holland und Jugoslawien physisch zu vernichten...

Die jüdischen Massen dürfen sich aber dem Gefühl der Hoffnungslosigkeit und Verzweiflung nicht ergeben und passiv darauf warten, was das Schicksal ihnen bringt. Sie müssen all ihre Kräfte anstrengen und zum antifaschistischen Kampf der anderen unterjochten Völker antreten. Sie müssen genauso wie diese den blutigen Kampf mit dem Feind aufnehmen, besonders hinter seinem Rücken, hinter der Front – einen Kampf mit Vernichtung und Sabotage. In diesem antifaschistischen Ringen der unterjochten Völker muß der aktive Kampf der jüdischen Massen einen würdigen Platz einnehmen! Dieser Kampf fordert Einigkeit und Zusammenhalten. Das Bewußtsein, daß dieser einheitliche Kampf notwendig ist, hat schon in den breiten Schichten jüdischer Volksmassen tiefe Wurzeln geschlagen..."

In einem Aufruf heißt es: Die einzige Rettung ist, mit Gewalt aus dem Ghetto auszubrechen, aktiver Widerstand gegen die Deportation, die Organisierung von Kampfgruppen und individueller Widerstand – das ist die einzige richtige Haltung in diesem so dramatischen Augenblick. Der Widerstand muß Massencharakter annehmen. Im Kampf werden einzelne fallen, Tausende aber werden gerettet sein." Der Zusammenhang dürfte klar sein; der Aufruf stammt vom 30. Juli 1942.

Anfang November 1942 wurde die jüdische Kampforganisation (Żydowska Organizacja Bojowa, ŻOB) gegründet. Auf diese wurde bereits hingewiesen. Außer den am antifaschistischen Block beteiligten Gruppen gehörten auch die Jüdische Sozialistische Partei „Bund" und jüdisch-zionistische Jugendvereine wie Gordonia und Hanor Hazioni an.

Die jüdische Kampforganisation wurde in Warschau geführt von Mordechai Anielez (Haschomet Hazair). Mitglieder des Stabes waren: Michal Rosenfeld (Kommunist), Hersz Berliński (linke Paole Zion), Izhak Cukierman (Hechaluz) und Marek Edelman (Bund). Diese Organisation führte auch die Bestrafung von sogenannten Verrätern durch. So wurde Jakub Lejkin, der stellvertretende Chef des jüdischen Sicherheitsdienstes, am 29. Okt. 1942 nach einem Feme-Urteil getötet. Am 4. Dez. 1942 erließ die jüdische Kampf-

organisation einen Aufruf, in welchem ausgeführt wird: „Wir wollen angesichts der Vernichtung nicht ein Dreckhaufen, nicht elendes Gewürm sein... Verräter, die dem Feind helfen, müssen aus unserer Gemeinschaft ausgestoßen werden... Denkt daran, daß auch wir, die jüdische Zivilbevölkerung, an der Front des Kampfes um Freiheit und Menschenwürde stehen. Der Feind hat schwere Wunden davongetragen. Verteidigen wir unsere Ehre mit Mut und Würde!"

Auch über den Kampf polnischer, jüdischer, weißrussischer, russischer und deutscher „Antifaschisten" in Bialystok im März 1943 kam ein Bericht heraus. Er lautet wie folgt: Nach dem Märtyrertod von Antoni Jakubowski standen an der Spitze der polnischen, antifaschistischen, patriotischen Widerstandsbewegung in Bialystok: der Arbeiter Budzynski (etwa 60 Jahre alt), der vierzig Jahre seines Lebens der Arbeiterbewegung gewidmet hatte; Wladyslaw Niesmialek (ein Arbeiter aus Lodsch); Franciszek Kujawa (ein politischer Flüchtling aus Zgierz) und Feliks Lorek – alles ehemalige politische Häftlinge Vorkriegspolens. Der hochbejahrte Budzynski war immer bereit, jedes Opfer für die leidenden Juden zu vollbringen. Seine jüdischen Genossen nannten ihn „Papa".

Die antifaschistische Organisation beauftragte eine Gruppe von Widerstandskämpfern, den Beauftragten der jüdischen Selbstverteidigung, die Waffen zu beschaffen und sie ins Ghetto zu schmuggeln hatten, behilflich zu sein.

Eine russische Gruppe, die in der Bialystoker Konspiration tätig war, kam der jüdischen Selbstverteidigung aktiv zu Hilfe. Dieser Gruppe gehörten meistens sowjetische Staatsangehörige und Offiziere der Roten Armee an, die vom Feind abgeschnitten worden waren und sich in Bialystok unter falschem Namen verbargen. An der Spitze dieser Gruppe standen die sowjetischen Staatsangehörigen: Sachar (Pseudonym „General Sacharow"), Michail Barburin („Mischa"), Iwan Orlow („Wanja") und Wolkow. Sie brachten den Juden wichtige Nachrichten und Waffen; sie halfen dem Ghetto, Fühlung mit der Partisanenbewegung aufzunehmen. Michail Barburin war Chauffeur von Frank, dem Ortsgruppenleiter der NSDAP, und stellte stets, sein Leben aufs Spiel setzend, das Auto seines Chefs der Ghetto-Selbstverteidigung zur Verfügung. Jüdische und weißrussische Mädchen transportierten in Franks Auto illegale Schriften und Waffen."

Den 1. Mai 1943 im Bunker einer jüdischen Kampforganisation schildert ein Insasse namens B. Berg mit folgendem Wortlaut: „Der 1. Mai ist gekommen. Wir stellen den Rundfunkempfänger auf den Sender Moskau ein. Wir hören den 1.-Mai-Befehl Stalins, des Befreiers der Völker, auf den die Augen nicht nur des Restes der jüdischen Ghettokämpfer, sondern der ganzen fortschrittlichen Menschheit gerichtet sind. Wir hören von der ungeheuren, zerschmetternden Niederlage der deutschen Armee bei Stalingrad, von den über

300 000 Gefallenen, von Hunderten von Städten und Tausenden von Dörfern, die von der Hitler-Okkupation befreit worden sind. Es ist klar, daß Stalingrad als Anfang vom Ende der Hitlerherrschaft anzusehen ist. Für 10 Uhr haben wir unsere 1.-Mai-Versammlung festgesetzt...

‚Kampfgenossen' – beginnt seine Rede Genosse Szachne bei tödlicher Stille und tiefstem Ernst aller im Bunker Versammelten. In seinen großen, tiefen Augen ist abgründiger Schmerz, jedoch weder Niedergeschlagenheit noch Resignation zu lesen. Mit außergewöhnlicher Ruhe erklärt er die Bedeutung des 1. Mai. Beurteilt unsere Lage und sagt: ‚Unser Kampf wird unzweifelhaft von einer großen historischen Bedeutung nicht nur für das jüdische Volk, sondern auch für die ganze europäische Widerstandsbewegung sein, die gegen den Nazismus kämpft'... Die bewaffneten Kämpfer stimmen still, aber entschlossen die Internationale an... Indem wir die Internationale sangen, fühlten wir alle, daß unser letzter Kampf nahte."

Am 16. Aug. 1943 erließ die Vereinigte Antifaschistische Organisation einen Aufruf zum bewaffneten Widerstand. Er schließt mit den Worten: ,,Jüdische Jugend! Möge Dir das Beispiel und die Tradition vieler Generationen von jüdischen Kämpfern und Märtyrern, Denkern und Baumeistern, Pionieren und Schöpfern als Vorbild dienen! Geh auf die Straße hinauf und kämpfe! Hitler wird den Krieg verlieren; die Achse der Sklaverei und Menschenfresserei wird von der Erdoberfläche weggewischt werden. Die Welt wird gesäubert und verbessert werden. Angesichts der sonnigen Zukunft der Menschheit darfst du nicht wie ein Hund sterben! In den Wald, zu den Partisanen! Flüchte nicht aus dem Ghetto – ohne Waffen wirst du getötet; wenn du deine nationale Pflicht erfüllt hast, – geh in den Wald! Waffen kannst du von jedem Deutschen im Ghetto erbeuten. Sei stark!"

Noch einmal:
Partisanenkampf und Judensterben

Vom Widerstand der Juden

In einer Arbeit der Zentralen Stelle der Landesjustizverwaltung mit dem Titel „NS-Verbrechen und Partisanenkampf – UdSSR 1941–1944", die im Jahre 1969 erschien, wird ausgeführt, daß sich die hohen Zahlen umgekommener Juden bei Aktionen gegen Partisanen dadurch erklären lassen, daß diese sich äußerst zahlreich in Wald- und Familienlagern verborgen hätten und entdeckt worden seien. Ihnen sei es zuvor gelungen, den Ghettos zu entkommen. Sie hätten mit aktiven Partisanen nichts zu tun gehabt. In Aktionen der SS und Polizei sei eine detaillierte Aufschlüsselung von getöteten Partisanen, Partisanenhelfern und Partisanenverdächtigen einerseits und Juden andererseits gegeben worden. Diese Herausstellung von Juden weise auf „Pseudopartisanenaktionen" hin.

So eine Argumentation übersieht, daß schon vor 1939 in der Reichskriminalstatistik bei der Erfassung von kriminellen Taten zwischen Deutschen, Ausländern und Juden unterschieden wurde. Dieselbe Aufzählung wie bei den SS- und Polizeieinheiten wird auch bei den Truppen des Heeres vorgenommen. Dafür gibt es genügend Beispiele, u. a. im Raum der 11. Armee in Südrußland.

Der Aufenthalt außerhalb der Ghettos und das Untertauchen von Juden in Wäldern wurde als Gefährdung der Sicherheit angesehen. Dagegen wurden vorbeugende Gefahrenabwehrmaßnahmen getroffen. Es wird verkannt, daß aus Sicherheitsgründen im Ostraum die Freizügigkeit aufgehoben, die Unterbringung der Juden in Ghettos und ihre Kennzeichnung mit dem Judenstern befohlen wurde. Verstöße gegen diese befohlenen Maßnahmen ahndete man mit dem Tode.

In den vom Reichsminister für die besetzten Ostgebiete herausgegebenen Organisationsvorschriften und Arbeitsrichtlinien vom 3. Sept. 1941 werden unter Ziff. 3 die Leitsätze für die Behandlung der Judenfrage festgelegt, die, wie es heißt, unter dem Gesichtspunkt getroffen wurden, daß diese Frage nach dem Kriege für ganz Europa generell gelöst werden würde.

Als erstes Hauptziel wird die Absonderung aus der übrigen Bevölkerung genannt. Hervorgehoben wird, daß den zu errichtenden Ghettos eine jüdische Selbstverwaltung mit jüdischer Polizei erlaubt werden könne. Die Bewachung der Grenzen zwischen Ghettos und der Außenwelt sei jedoch Sache der Kommissariatspolizei.

Auf die bestehende Gefahrenlage weisen die „Richtlinien für Partisanenbekämpfung" des Oberbefehlshabers des Heeres vom 25. Okt. 41 hin.

Der Einsatz der Partisanen wird beschrieben: Die Grundlage der Darstellung boten Erkenntnisse und Unterlagen, die aus dem Partisanenkampf stammen. „Ziff. 6 a: Kein Kampf ohne Erkundung ... Greise, Frauen und Kinder werden als Kundschafter herangezogen ... 6 b: ... Bei Tage versteckt in Wäldern oder Sumpfgebieten oder in unbewohnten Gebäuden. 6 c: ... Überfälle in unwegsamem Gelände, in Straßenkurven, Schluchten, bei Nachtzeit oder im Morgengrauen..." Hingewiesen wird auf die Tatsache, daß Frauen im Troß oder im Sanitätsdienst beschäftigt wurden.

Ein Auszug aus dem Tagebuch des Obergefreiten H., 12. Kp. 354. Inf.Rgt, 62. Inf.Div., gibt ein Beispiel des Partisanenkampfes. „23. September 1941: Wir ... wollten weiterfahren, als wir zwei verdächtige Leute aus den Wäldern kommen sahen ... Wir waren noch nicht sehr weit gefahren, als wir auf eine Höhe kamen, von der aus wir sahen, daß wir von etwa 70–80 Partisanen umringt waren, die bis an die Zähne bewaffnet waren. Wir gingen sofort in Deckung und eröffneten das Feuer ... Am nächsten Tag begab sich die ganze Kompanie auf Partisanenjagd. Das Dorf und die Wälder wurden umstellt und sauber durchkämmt. Alle Verdächtigen wurden erschossen. Zwei Tage später fingen die 10. und 11. Kompanie 300 Leute ungefähr 24 km weiter weg ..." Der Tagebuchschreiber berichtet von der Annahme, daß „die es sein mußten, die uns dauernd auf dem Trab hielten". Er schließt mit den Worten: „Alle wurden erschossen..."

In „The work of Sowjet Guerilla behind the Nazi lines" (abgedruckt bei Dixon-Heilbrunn) heißt es: „Eine Gruppe von Kindern unter der Führung zweier zwölfjähriger Jungen brachte unlängst eine Ladung Dynamit zu einer Brücke und traf Vorbereitungen zu ihrer Sprengung im Schutze der Dunkelheit ... Sie steckte daraufhin die Zündschnur an und rannte in den Wald."

Bei solchen Tatsachen befahl der Chef des Oberkommandos der Wehrmacht am 16. Dez. 42: „Wenn dieser Kampf gegen die Banden sowohl im Osten wie auf dem Balkan nicht mit den allerbrutalsten Mitteln geführt wird, so reichen in absehbarer Zeit die verfügbaren Kräfte nicht mehr aus, um dieser Pest Herr zu werden.

Die Truppe ist daher berechtigt und verpflichtet, in diesem Kampf ohne Einschränkung auch gegen Frauen und Kinder jedes Mittel anzuwenden, wenn es nur zum Erfolg führt." Es ist selbstverständlich, daß dieser Befehl auch gegen Juden galt.

Bereits am 8. Dez. 1941 hatte der Oberbefehlshaber der Heeresgruppe Süd einen Befehl erlassen, in dem es heißt: „Der Tod durch den Strang wirkt erfahrungsgemäß besonders abschreckend. Darüber hinaus sind auch die vielen sich ohne Ausweis im Lande herumtreibenden Elemente beseitigt worden, hinter denen sich der Agenten- und Nachrichtendienst der Partisanen verbirgt."

In den schrecklichen Ereignissen von Kiew (Babi-Jar-Schlucht – 29. und 20. Sept. 1941) und im Raum von Pinsk im Jahre 1942 treten brutale Abschreckungsmaßnahmen hervor, die aus einem überzogenen Sicherheitsdenken geboren wurden. Es gibt keinen Zweifel darüber, daß diese Vernichtungsaktionen rechtswidrig waren.

Der damalige Hauptmann Dr. Dr. Koch, nach 1945 Leiter des Südosteuropa-Institutes in München, Verbindungsoffizier des Ostministeriums bei dem Oberbefehlshaber der Heeresgruppe Süd, meldet im Bericht Nr. 10, abgeschlossen am 5. Okt. 1941: „Der Brand von Kiew (24.–29. Sept. 1941) hat genau die Mitte, d. h. den schönsten und repräsentativsten Teil der Stadt zerstört... Betroffen ist ein Areal von rd. 2 Quadratkilometern. Obdachlos sind etwa 50 000 Menschen. Zur Vergeltung für die offensichtliche Sabotage wurden etwa 35 000 Personen, die Hälfte davon Frauen, am 29. und 30. Sept. liquidiert."

In einer Urteilsbegründung des Schwurgerichtes Darmstadt (AZ.: Ks 1/67 – GSt A –) wird ausgeführt: „Kiew selbst wurde am 19. Sept. 1941 von den Truppen des der 6. Armee unterstehenden XXIX. Armeekorps fast kampflos und unzerstört eingenommen. Vor ihrem Abzug hatten die russischen Truppen fast sämtliche öffentlichen Gebäude und Plätze unterminiert und zur Sprengung vorbereitet... So erfolgte am 20. Sept. 1941 eine große Explosion in der Zitadelle, von der der Stab einer Artillerie-Einheit betroffen wurde. Am 24. Sept. 1941 schloß sich eine Explosion in der Beutesammelstelle Kiew an, wobei das Gebäude der Feldkommandatur 195 zerstört wurde. Anschließend entwickelte sich in der Innenstadt Kiews ein Flächenbrand."

Der Tätigkeits- und Lagebericht Nr. 6 hebt hervor: „Die Erbitterung der ukrainischen Bevölkerung gegenüber den Juden ist außerordentlich groß, da man ihnen die Schuld an den Sprengungen zuschreibt. Auch sieht man in ihnen die Zuträger und Agenten des NKWD, die den Terror gegen das ukrainische Volk heraufbeschworen haben..."

Die Ereignismeldung Nr. 97 vom 28. Sept. 1941 berichtet auf Seite 24: „... nachgewiesenermaßen Juden an den Brandstiftungen maßgeblich beteiligt..." In der Ereignismeldung Nr. 128 vom 2. Okt. 1941 heißt es: „... Obwohl man zunächst nur mit einer Beteiligung von 5000 bis 6000 Juden gerechnet hatte, fanden sich über 30 000 ein..." Der Bericht stammt von der Einsatzgruppe C.

Abschließend ist zu Kiew noch zu bemerken, daß ungefähr 600 deutsche Soldaten den Sprengungen und dem Brand zum Opfer fielen. Bekannt dürfte

sein, daß im September 1941 ein Befehl erlassen worden ist, der als Vergeltung eine Quote 1 : 50, bzw. 1 : 100 vorsah.
Pinsk liegt an der Bahnstrecke Brest-Litowsk–Gomel. Es hatte damals etwa 40 000 Einwohner, darunter 16 000–20 000 Juden. Diese wohnten im Ghetto.
Am 27. Okt. 1942 erließ der Reichsführer SS (Schriftgutverwaltung, Akt. NR. geh. 227) an den höheren SS- und Polizeiführer Ukraine, SS-Obergruppenführer und General der Polizei Prützmann in Kiew folgenden Befehl: „Der Wehrmachtsführungsstab teilte mir mit, daß die Strecke Brest–Gomel immer mehr durch Bandenüberfälle leidet und dadurch der Nachschub für die Truppe in Frage gestellt wird. Aufgrund der mir vorliegenden Meldungen ist das Ghetto in Pinsk als Zentrale der gesamten Bandenbewegung in den Pripjet-Sümpfen anzusehen. Ich befehle Ihnen daher trotz Bestehens wirtschaftlicher Bedenken, das Ghetto in Pinsk sofort auszuheben und zu vernichten. Tausend männliche Arbeitskräfte sind, falls es die Aktion erlaubt, sicherzustellen und der Wehrmacht für die Fabrikation der Holzhütten zu überstellen. Diese Arbeit darf jedoch nur in einem geschlossenen und sehr bewachten Lager stattfinden. Falls diese Bewachung nicht garantiert ist, sind auch diese 1000 zu vernichten. gez. H. Himmler"
Gegen 5000 Juden kamen um.
Weitere Beispiele könnten gebracht werden.
Es ist kein geringerer als der frühere israelitische Außenminister Abba Eban, der in seinem Buch „Dies ist mein Volk – die Geschichte der Juden" die Atlantikmächte beschuldigt, andererseits auf den jüdischen Widerstand hinweist. Er spricht davon, daß Weizmann dem englischen Außenministerium riet, das Lager Auschwitz durch die kgl. Luftwaffe zu bombardieren. Wörtlich schreibt er die Worte des späteren Präsidenten des Staates Israel nieder: „. . . und zweitens würden dadurch auch die immer wieder auftauchenden Behauptungen der Nazisprecher Lügen gestraft, die Alliierten seien letztlich mit der Säuberung Europas von den Juden durch die Nazis gar nicht so unzufrieden... Aber das Außenministerium lebte moralisch in einem luftleeren Raum, wie das Weißbuch, teils Ursache, teils Wirkung, gezeigt hatte."
Das Außenministerium teilte Weizmann mit, die königliche Luftwaffe habe die Bombardierung abgelehnt. Er schließt das Kapitel mit den Worten: „Wieder einmal erwies sich am Prüfstein der Verwaltungspraxis, daß die britischen Politiker nicht daran dachten, sich an die offiziell verlautbarten Ziele zu halten."
Bitter beklagt sich Eban über Großbritannien in der Palästinafrage. Er äußert Verständnis dafür, daß sich die Regierung in London an ihre im Weißbuch von 1939 formulierte Palästinapolitik hielt. Die Gefahr habe

damals gedroht, der Nahe Osten könne an die Truppen der Achsenmächte fallen. Für weniger verständlich hält er es, daß die Briten die im Weißbuch enthaltenen Verfügungen über die Einwanderung von Juden nach Palästina „auch dann noch mit aller Härte durchdrückten, als sich das Kriegsglück schon gewendet hatte".

Über den jüdischen Widerstand berichtet er, es stehe außer Zweifel, daß es ihn gegen die nationalsozialistische Gewalt gegeben hatte. Er verweist auf den Kriegsdienst in sämtlichen gegen Hitler kämpfenden Armeen, „Aufstände in den Ghettos", „Partisanenkämpfe in den Wäldern".

Er schreibt auf Seite 327 seines Buches: „... In Sowjetrußland gehörten die jüdischen Widerstandskämpfer natürlich der sowjetischen Partisanenbewegung an; ähnlich lagen die Dinge auch in einigen westlichen Ländern wie Frankreich, Belgien und Holland, wo der jüdische Widerstand mit der Bevölkerung eng zusammenarbeitete..."

Eban bezeichnet die jüdische Widerstandsbewegung als Massenbewegung und als einen „wesentlichen Teil des Kampfes, den das jüdische Volk gegen die Nazis führte". Wortwörtlich stellt er fest: „;.. Viele Kämpfer stammten aus den Reihen der Zionisten; sie glaubten an einen jüdischen Staat, an eine freie sozialistische Welt oder an eine Synthese beider Möglichkeiten. Und wie andere Freiheitskämpfer ihre Partisaneneinheiten nach ihren Revolutionshelden tauften (Garibaldi in Italien, Kosciusko in Polen, Alexander Newskij in Rußland), so trugen jüdische Partisaneneinheiten Namen wie Bar Kochba und Juda Makkabi. Die jüdischen Widerstandsbewegungen entfalteten ihre Tätigkeit in den Ghettos, in Lagern und Wäldern. Einzelne Gruppen führten in den Zentren der Naziherrschaft Sabotage-Akte durch. Eine Gruppe deutscher Juden hielt sich 1944 in Berlin auf; andere kämpften im französischen Untergrund von Paris. In allen Ländern, in denen sich ihnen die Möglichkeit dazu bot, schlossen sie sich Untergrundbewegungen an. Die jüdischen Widerstandskämpfer mühten sich unablässig um die geistige und wirtschaftliche Erhaltung ihres Volkes..." (S. 328)

Von Warschau sagt Eban: „... Als die Deutschen das Ghetto endgültig räumen wollten, stießen sie auf den erbitterten Widerstand der kleinen Kampfgruppe Warschau. Zweimal wurden sie zurückgeschlagen. Als sie daraufhin mit Artillerie und Flammenwerfern gegen die jüdischen Kämpfer vorgingen, zogen sich die Verteidiger in die Kanalisationsanlagen zurück, wo sie sich trotz unerträglicher Enge und Luftmangel weiterhin wütend zur Wehr setzten. Nur langsam konnte der organisierte jüdische Widerstand gebrochen werden, und schließlich wurde die Gefechtstätigkeit vorübergehend eingestellt. In Wirklichkeit handelte es sich nur um eine Atempause. Die Juden nutzten jede Minute zur Beschaffung und Herstellung von Waffen. Keiner ihrer Führer machte sich Illusionen über den Ausgang der Aktion. Für sie gab es die Hoffnung nicht, die andere Widerstandskämpfer beseelte..." (S. 329)

Der prominente Autor bestätigt, daß in Lettland die Juden nach dem Einmarsch der Truppen zahlreiche Sabotage-Akte und Brandstiftungen begingen und auch in Holland, Belgien und Italien eine wichtige, manchmal sogar die Hauptrolle in den Widerstandsbewegungen spielten.

Eban beziffert die Zahl der in den Widerstandsgruppen organisierten Juden in Frankreich auf fünfzehn bis zwanzig Prozent und erklärt: „... Unter den vielen jüdischen Helden verdient einer besondere Erwähnung: José Aboulker, ein algerischer Medizinstudent. Der Zweiundzwanzigjährige organisierte den Widerstand in Algier und ermöglichte damit die Landung der Amerikaner. In Paris führten jüdische Guerillas und Partisanen verschiedene Anschläge durch, darunter einige der wichtigsten der ganzen Résistance..." S. 330)

Kurz gesagt: Dem Aufruf zum Krieg der Juden gegen die Deutschen folgte Zug um Zug die Tat, ohne Zweifel im Wechsel mit deutschen Maßnahmen, die ungezählten Juden zum Verderben wurden.

Abschließende Worte zu diesem Thema

Ich habe versucht, die Hintergründe von Vorkommnissen in der Zeit des Zweiten Weltkrieges zu klären.

Wenn ich Befehle aus dem Barbarossaraum und Repressalmaßnahmen herausgearbeitet habe, so bedeutet dies nicht, daß ich sie in Übereinstimmung mit dem überkommenen Kriegsvölkerrecht betrachte. Aber die Feststellung der Rechtswidrigkeit muß bei sämtlichen kriegführenden Mächten getroffen werden.

Auf der Haager Konferenz scheiterte der Versuch, ein Abkommen über das „Vergeltungsrecht" zu erzielen. Gegen das Verbot „erstickender Gase" wandten sich die Delegierten der USA und Großbritaniens.

Bezeichnend ist ihr Hinweis, daß man sich nicht der Mittel berauben solle, der man sich vielleicht einmal mit Erfolg bedienen könne.

Die Hungerblockade des Ersten Weltkrieges, durch die deutsche Männer, Frauen und Kinder umkamen, kannte kein Mitleid, ebensowenig wie der erbarmungslose Bombenkrieg der Jahre 1939/1945. Die Abgrenzung zwischen Truppe und Zivilpersonen schwindet. Der Partisanen- und Untergrundkrieg für die Kriegsentscheidung wird sichtbar.

Bei allen kriegführenden Nationen ist die Relativierung des Kriegsvölkerrechtes gegeben. Nicht umsonst schreibt der bekannte amerikanische Völkerrechtslehrer Fenwick in „International Law", 3. Auflage,

1948, S. 551: „... es ist zu erwarten, daß die einzigen Einschränkungen des Verhaltens der Kriegführenden die humanitären Instinkte der betreffenden Regierungen und der Kommandeure der Armeen an der Front sein werden. Es ist nicht wahrscheinlich, daß das herkömmliche Kriegsrecht als solches irgendeine Beschränkung für militärische Kommandeure ausüben wird."

Das Thema „kriegsbedingter Vorgang" wollte ich bei Ereignissen im sowjetischen Raum in den Vordergrund rücken, um Behauptungen, es habe sich um Pseudo-militärische Maßnahmen gehandelt, entgegenzutreten. Hier ist in dem Begriff „Vernichtung" die Zweckbestimmung zu sehen, die Absicht, Niederlage oder Kapitulation des Gegners zu erreichen. In dieser Verbindung ist auch die Frage, ob der Abwurf der Atombomben auf Hiroshima und Nagasaki – im Rahmen der totalen Kriegführung gesehen – rechtens war, zu prüfen.

Die gleiche Frage ist bei der Bombardierung von Dresden zu stellen. Nach General Fuller hätte es ausgereicht, die Ausfallstraßen der sächsischen Stadt zu bombardieren.

Der Krieg ist der große Ausnahmezustand im Leben der Völker.
Der Krieg relativiert den Wert des menschlichen Lebens.
Der Krieg führt zur großen Freigabe des Tötens.

Der moderne Krieg mit seiner furchtbaren, vollendeten Technisierung und seinen Flächenbombardements, deren Anwendung auf Lord Cherwell, einen Freund von Winston Churchill, zurückgeht, hat im Zweiten Weltkrieg einen Gipfelpunkt erreicht. Dieser moderne Krieg führte zur Erweiterung des Gebrauchs der „militärischen Notwendigkeit", deren rechtmäßige oder rechtswidrige Anwendung für die auf der unteren oder mittleren Ebene der militärischen Hierarchie Agierenden nicht durchschaubar war. Es ist einzuräumen, daß es heute Tendenzen gibt, die dahin gehen, kriegerischen Massenvernichtungen eine ähnliche Bewertung zuteil werden zu lassen wie im Falle des Genocid. Ich begrüße diese Tendenzen.

Der Begriff „kriegerische Notwendigkeit" deckt nur Maßnahmen im Falle der Abwendung einer unmittelbar gegebenen Gefahr. Bei Vorbeugemaßnahmen ist er nicht gegeben.

Zu beachten ist aber, daß zwischen der Tötung von Gesellschaftsschichten und Aktionen aus militärischer Notwendigkeit heraus ein Unterschied besteht.

Wie ich das Werden der „physischen Vernichtung" sehe

Abschließend und in gleichzeitiger Widerlegung anderweitiger Behauptungen, die mir jetzt vorgelegt wurden, will ich Entstehung und Werdegang der „physischen Vernichtung" nochmals zusammenfassen:

Es ist völlig falsch zu glauben, daß mit Beginn des Rußlandfeldzuges Himmler, Heydrich, Müller und Eichmann die „Ausrottung des Judentums" beschlossen hätten. Der Chef der Sipo und des SD, Heydrich, hat den **Befehl** dazu bekommen. Nach meiner Meinung war es keineswegs seine Idee; ich erinnere mich noch genau des Augenblicks, als er mir sagte: „Der Führer hat die physische Vernichtung befohlen." Ich hörte das Wort zum erstenmal im Leben, und so ist es mir haftengeblieben; ich habe wohl viel vergessen, aber diesen Augenblick werde ich nie vergessen. Weder Müller noch Heydrich noch Eichmann noch sonst irgendjemand vom RSHA waren damit befaßt, sondern **der Entschluß wurde vom Führer und vom Reichsführer direkt gefaßt.** Daraufhin gab der Reichsführer seine Anordnungen sicherlich auch an den Chef des WVHA. Vielleicht haben Heydrich und Müller, der in unmittelbarer Verbindung mit den einzelnen Einsatzchefs in der Sowjetunion stand, in diesem Zusammenhang als erste von „Panzergräben" gesprochen. Als ich zu Heydrich befohlen wurde, bekam ich jedenfalls einen fertig ausgearbeiteten Plan, dessen Vorbereitung durch Globocnik ich zu inspizieren und von denen ich zu berichten hatte; er sagte mir, daß Globocnik vom Reichsführer bereits den Befehl bekommen habe, die Vorbereitungen zu treffen, um die russischen Panzergräben zu benutzen, dort die Juden zu erschießen und dann die Gräben einzuebnen. Ich sollte hinfahren und ihm berichten, wie weit die Arbeiten fortgeschritten waren.

Ich kann heute nicht mehr sagen, ob der Begriff „Endlösung der Judenfrage" von mir geprägt wurde oder etwa von Müller stammt. Als ich das in Böhms Buch „Der Judenstaat" über Theodor Herzl las, begegnete mir „Lösung der Judenfrage" zum erstenmal. Als ich im Jahre 1935 im SDHA die zionistische Vereinigung als Sachgebiet übertragen bekam, begann ich damals schon in den Akten das Stichwort „Endlösung der Judenfrage" zu gebrauchen; denn es war das Bestreben Himmlers, eine endgültige Lösung herbeizuführen. Schon an anderer Stelle besprach ich die grundsätzliche Bedeutung des Buches „Der Judenstaat" für meine ganze Entwicklung. Herzl gab mir überhaupt als erster den geistigen Anstoß, meinem Volk sowie dem Gegner zu helfen und eine Lösung zu finden. Die Juden suchten ja auch die Lösung, sie suchten einen umfassenden Plan durchzuführen, und dabei mischte ich mit. Das Gewicht meiner Arbeit warf ich in den Kampf, um in Anlehnung an Adolf Böhm den Ideen Herzls (4) entgegenzukommen. Nach dem Anschluß Österreichs kristallisierte sich der Begriff „Endlösung der Judenfrage" heraus. „Endlösung" hatte mit dem physischen Ende oder mit dem Ende einer physischen Person nichts zu tun. Der Aktenbegriff „Endlösung der Judenfrage" wurde immer weiter verwendet. Kein Mensch dachte daran, daß dieser Begriff die Tötung von Juden einschließen würde. Als später ab Ende 1941 die physische Vernichtung befohlen wurde, veranlaßten Tarnungsgründe dazu, die an sich harmlose Bezeichnung „Endlösung der Judenfrage" auch dafür beizubehalten. Was vorher eine beiderseitige Befriedigung durch Auswanderung, ein Ausscheiden aus dem Wirtsvolk bedeutete, tarnte nunmehr die physische Vernichtung. Trotzdem behielt der Begriff „Endlösung" auch zu diesen Zeiten noch die ursprüngliche Bedeutung, denn auch z. B. die Auswanderung über Kastner (100) in Ungarn oder die Ghettoisierungen hatten nicht mit Vernichtung zu tun und wurden trotzdem unter dem Begriff „Endlösung" zusammengefaßt; „Endlösung" war also ein Überbegriff, ein bürokratischer Begriff, der klar sein sollte.

Heydrich war ein sehr kalter Mensch, sehr beherrscht, doch ich bin davon überzeugt, daß auch er vor dem Ausdruck „physische Vernichtung" innerlich erschauerte; denn er sprach über die Angelegenheit in einer Art und Weise, wie er es sonst nicht tat. An und für sich war er schroff und energisch, während er jedoch in diesem Fall eine Art „weichere Umgangssprache" benutzte, jedenfalls keinen Befehlston, so daß man anzunehmen hatte, auch er sei überrascht. Denn uns allen schwebte noch immer vor, die Juden außer Landes zu bringen, auch noch während des Krieges wurde, wie deutlich gesagt, eine Reihe von Versuchen in diesem Sinne unternommen. Abgesehen von der fehlenden Zusammenarbeit des Auslandes mag es wohl sein, daß der Sieg in immer weitere Ferne entschwand und Adolf Hitler sich in jeder Rede immer mehr festlegte. Daher kann er eines Tages den Befehl zur physischen Vernichtung gegeben haben. Diesen Befehl hat er zweifellos dem Reichsführer SS gegeben. Dieser muß ihn dem Chef der SIPO und des SD erteilt haben. Die übrigen Weisungen bezüglich der KZs wird der Chef des WVHA, Pohl, vom Reichsführer persönlich bekommen haben.

Hitler selber hat sich weder unmittelbar um die Endlösung gekümmert noch direkt eingegriffen oder Weisungen gegeben. Was er dem Reichsführer mitgeteilt hat, weiß ich natürlich nicht. Himmler griff unmittelbar ein und sah sich auch Lager wie Auschwitz an; Hitler dagegen nie. Hätte er es je getan, dann hätte ich es genau gewußt, weil es wie ein Lauffeuer umgegangen wäre. Ob Himmler außer Auschwitz andere Lager besichtigt hat, ist mir nicht bekannt, obwohl ich weiß, daß er mit Globocnik persönlich befreundet war. – Mit dem Führer habe ich nie selbst gesprochen; ich bin ihm nie vorgestellt worden. In der Beamtenhierarchie bekleidete ich die Dienststelle eines Abteilungsleiters, vor mir hatte ich als unmittelbaren Vorgesetzten einen Amtschef, darüber einen Hauptamtschef, dann kam der Reichsleiter, der Reichsführer SS und dann der Führer.

Das Judenproblem brannte uns auf den Nägeln und rückte in den Vordergrund. In jeder Rede behandelte der Führer dieses Problem, einmal mehr, einmal weniger ausführlich und deutlich. Deshalb knieten sich alle in dieses Problem hinein wie in kein anderes – der Reichsführer, Heydrich, später Kaltenbrunner und auch mein unmittelbarer Chef Müller – und bemühten sich persönlich um die einzelnen Punkte wie kaum in irgendeinem anderen Aufgabenbereich. Das war auch die Schwierigkeit für meine Dienststelle; denn während meine Kameraden von anderen Dezernaten eindeutig nach Gesetzen, Verordnungen und Erlassen handelten, mußte ich immer nach links und nach rechts sehen, ob nicht irgendeiner der Herren, z. B. Heydrich, durch irgendeine Einzelentscheidung einen Präzedenzfall schuf, den ich zu beachten hatte, um zu vermeiden, daß diese Entscheidung durch eine andere wieder umgestoßen werden konnte. In dem Maße nun, in dem sich meine Vorgesetzten bis in Einzelheiten der Judenangelegenheit annahmen, hatte ich selbstverständlich gar keine Möglichkeit mehr, dem Führer auch nur vorgestellt zu werden; denn Einzelheiten konnten dem Führer nur von meinen Vorgesetzten vorgetragen werden. In Judenangelegenheiten kamen der Reichsführer, Heydrich und später Kaltenbrunner zum Führer. Gruppenführer Müller wurde weder in diesen Dingen noch in einer anderen Angelegenheit dem Führer vorgestellt; denn bei uns war es nicht mehr so wie in den Kampfzeiten, als ein kameradschaftlicher Kontakt bestand: für uns war der Führer unerreichbar.

Auch Heydrich war äußerst selten beim Führer – ich entsinne mich nur an ein einziges Mal. Solange Müller noch in München bei der Polizei war, wurde er zweifellos dem Führer vorgestellt, später, wie ich glaube, nicht mehr. Müller hat nie ein Wort davon verlauten lassen. Er war ein sehr emsiger, fleißiger „Aktenbock". Als Untergebener von ihm war ich es auch. Allein schon die Subordination, der wir uns freiwillig fügten, das heißt Pflicht, Eid, Befehl haben mich immun gemacht gegen krankhaften Ehrgeiz. Wir erfüllten still und bescheiden als Soldaten des Dritten Reiches unsere Pflicht.

Eichmann: Nicht an Morden, doch an Deportationen beteiligt

Zu einer mir bekanntgegebenen Version, wonach ich irgendwann einen vom Reichsführer unterschriebenen Befehl zur physischen Vernichtung der Juden erhalten habe, muß ich erklären, daß dies eine glatte Lüge ist. Nur im kranken Gehirn eines Dummkopfes kann die Vorstellung entstehen, daß der Reichsführer schriftlich einen Erlaß herausgegeben hätte, wonach der Führer die physische Vernichtung befohlen hätte. Die Wahrheit ist, daß Himmler niemals eine Zeile schriftlich darüber festgelegt hat. Ich weiß, daß er z. B. mit Pohl vom WVHA auch immer nur mündlich verhandelte. Weder schriftlich noch mündlich habe ich vom Reichsführer jemals einen Befehl dieser Art erhalten. Wie betont, sagte mir Heydrich persönlich, daß der Führer den Befehl gegeben und daß der Reichsführer Globocnik mit der Ausführung beauftragt habe, daß aber diese Angelegenheit künftig nicht von der Polizei, sondern von einem anderen Hauptamt des Reichsführers behandelt werden würde.

Ich persönlich war anfangs für die Auswanderung verantwortlich und später für die polizeiliche Erfassung, wenn es sich um größere Deportationen handelte, und zwar in sämtlichen Gebieten, wo diese durchgeführt wurden, mit Ausnahme des Generalgouvernements, der Sowjetunion und Rumäniens, wo ich nicht zuständig war. Die Deportationen hatten Zielstationen, die mir vom Chef der Sipo und des SD anbefohlen wurden. Seine Anweisungen erhielt er vom WVHA, das allein für die Konzentrationslager zuständig war. Mit der physischen Vernichtung haben nicht nur ich und meine Untergebenen, sondern auch die gesamte Sipo und der SD nicht zu tun gehabt, es sei denn auf Grund einzelner besonderer Befehle des Reichsführers an die Einsatzkommandos im Osten, die die Tötungsmaßnahmen in eigener Verantwortung durchzuführen hatten. Damit hatte aber das Geheime Staatspolizei-Amt, in Sonderheit das Dezernat IV B 4, nichts zu tun – ja, es wurde nicht einmal informiert.

Konstruktionsversuche eines kleinen Mannes

Wenn ich heute die Situation rekonstruiere und gefragt werde, wo der Initiator zum ersten Vernichtungsbefehl zu finden ist, so bin ich mir darüber im klaren, daß die Beantwortung dieser Frage von größter Bedeutung ist. Denn nicht der sogenannte Kommissarerlaß, von dem ich jetzt und hier zum erstenmal höre, der die Tötung von sowjetischen Kommissaren und Juden vorsah, sondern der erste Befehl an Globocnik innerhalb des autoritären Staates, den wir hatten, hat Vernichtung als Kampfmittel ausgelöst. Zweifelsohne hat der Reichsführer den Globocnik-Befehl an Heydrich gegeben; der Initiator dieses Planes aber ist **nach meinem Gefühl** weder Himmler noch der Chef der Sipo und des SD, Heydrich, gewesen. **Ich weiß, es gibt nicht den geringsten Beweis dafür, daß überhaupt so ein Führerbefehl schriftlich vorhanden gewesen ist.** Es stimmt, daß **Heydrich** eine kalte Natur war und **Himmler** ebenfalls; wenn es sich um unser Volk handelte, dann waren sie beide ohne Nerven. Beide aber hatten nicht nur mit SS-Angehörigen zu rechnen, sondern mit ihren Beamten, und daher glaube ich nicht, daß ein Vernichtungsbefehl von ihnen ausgehen konnte. Nach meiner Meinung muß die Initiative aus dem politischen Sektor gekommen sein, dem Sektor **Goebbels–Bormann** (103). Nachdem der Führer festgestellt hatte, daß nun in der Judenfrage alles verfahren war, nachdem auch Goebbels und Bormann, die ja bei Besprechungen über das „Madagaskar-Projekt" zugegen waren, um das Scheitern einer politischen Lösung wußten, hörte der Führer um jene Zeit wohl mehr auf diese Ratgeber. Er hörte ja kaum auf Himmler; denn dieser war immer zweite Instanz gewesen, bis er nach dem 20. Juli 1944 Befehlshaber des Ersatzheeres und Reichsinnenminister wurde. Der Reichsführer war zuvor wohl Reichsleiter, aber kein Minister; er war Staatssekretär, aber auch Stuckart war Staatssekretär, sogar erster Staatssekretär – und damit Vorgesetzter von Himmler. Als der Führer den Entschluß zum Globocnik-Befehl gefaßt hatte, holte er selbstverständlich den Reichsführer heran, um diesen damit zu beauftragen und ihm die Meinung seiner Ratgeber mitzuteilen.* Der Reichsführer könnte dazu etwa gesagt haben: ‚Es ist die einzige Lösung, mein Führer; wir haben alles übrige erfolglos versucht.' Himmler wußte durch mich – er hatte mich ja mehrmals zu sich befohlen – und durch die laufende Berichterstattung von den Schwierigkeiten und von der Erschöpfung der politischen Möglichkeiten. Auch durch seine Amtschefs, vielleicht auch durch die übrigen Leiter der deutschen Zentralinstanzen war er im Bilde über die ständigen Bemühungen und Mißerfolge, die Judenfrage auf eine politische Weise zu lösen. Daher konnte Heydrich mir sagen: „Der Reichsführer hat mir mitgeteilt, daß der Führer die physische Vernichtung der Juden befohlen hat. Globocnik wurde beauftragt..." usw.

Als Stellvertretender Reichsprotektor war Heydrich dem Führer direkt unterstellt und hatte so einen engeren Kontakt zu ihm; ich glaube aber trotzdem nicht, daß Heydrich der Initiator war. Das ist meine Meinung, nicht weil ich sein Untergebener war – er ist tot, und meine Aussage kann

---

* Kombination von der Warte Adolf Eichmanns. D. Herausg.

ihm weder schaden noch nützen. Nach der Lage des Sachverhaltes und nach der Kenntnis meiner obersten Vorgesetzten bin ich davon überzeugt, daß weder Heydrich noch Himmler die Initiatoren des Planes waren; dann muß es also Hitler gewesen sein. – Heydrich war kein Schauspieler, er sprach immer offen, verbarg nie etwas vor mir, und ich stand sehr gut mit ihm. Wäre er der Initiator gewesen, dann hätte er wohl zu mir gesagt: „Endlich ist es so weit, Eichmann, jetzt haben wir es geschafft ... jetzt haben wir all die Hampelmänner von den Ministerien ausgeschaltet und können endlich schalten und walten." Aber nein, das sagte er nicht.*

Wenn in der gegnerischen Nachkriegsliteratur geschrieben wird „Der Teil des Führerbefehls, der die Hinrichtung der Juden befahl, wurde denjenigen, denen er mitgeteilt wurde, nicht zur gleichen Zeit bekanntgemacht", dann stimmt das schon. Allein die Tatsache, daß Heydrich mich rief und mir den Befehl gab nachzusehen, wie weit die Vorarbeiten von Globocnik gediehen seien, deutet darauf hin, daß letzterer schon viel früher davon Kenntnis gehabt hat. Globocnik muß es sogar noch vor Heydrich gewußt haben, oder Heydrich hätte sich vor mir verstellt, und das glaube ich nicht. Globocnik bekam seinen Befehl vom Reichsführer; denn er unterstand nicht etwa Heydrich. Globocnik unterstand dem Höheren SS- und Polizeiführer in Krakau, der seine Befehle nur vom Reichsführer entgegennahm. Weder die SS- und Polizeiführer in ihren Distrikten noch die ihnen nachgeordneten Staatspolizeileitstellen unterstanden Heydrichs Befehlsgewalt.

Gerade die Umstände, die die Mitteilung Heydrichs über den Vernichtungsbefehl und den Globocnik-Auftrag umgaben, stempeln es meines Erachtens zu einem völligen Unsinn, behaupten zu wollen, daß „der Vernichtungsbefehl im März 1941 in höheren Parteikreisen kein Geheimnis war". Im März 1941 wurde gar nicht „liquidiert"; als Heydrich mir den Vernichtungsbefehl bekanntmachte, fiel das Wort „russische Panzergräben", also muß es nach Beginn des Rußlandfeldzuges gewesen sein.

Blühendster Unsinn jedoch ist es, wenn behauptet wird, daß ein Monat vor dem Ostfeldzug „das Eichmann-Amt ein Rundschreiben an alle Konsulate richtete, worin mitgeteilt wurde, daß Göring die freiwillige Auswanderung von Juden aus Frankreich und Belgien verboten habe, weil dadurch eine ähnliche Auswanderung aus dem Reich behindert würde und vor allem die Endlösung der Judenfrage zweifellos unmittelbar bevorstehe". – Wie hätte ich mich je erkühnen können, ein Rundschreiben an alle Konsulate herauszugeben? Nicht nur, daß das Auswärtige Amt – mit Recht – über mich hergefallen wäre, sondern Müller oder gar Heydrich hätten

---

* Hier ist auf meine Erläuterungen in den Zwischenartikeln zu verweisen. D. Herausg.

mich in das nächste Konzentrationslager eingewiesen, wenn ich so etwas geschrieben hätte. Der Autor, der das behauptet, hat entweder die Sache vollkommen falsch verstanden, oder es handelt sich um eine an den Haaren herbeigezogene Lüge. Was über bürokratische Zusammenhänge in dieser Schrift gesagt wurde, dürfte nach meinem Ermessen genügen, um die völlige Unmöglichkeit eines solchen Schrittes meinerseits einwandfrei unter Beweis zu stellen. Noch nicht einmal ein Amtschef des SD oder gar der Chef der Sipo und des SD konnten an Konsulate schreiben, geschweige denn hätte ich so ein Rundschreiben einfach in den Briefkasten werfen können. – Wenn derselbe Autor nun auch noch behauptet, ich habe einen Vorschlag gemacht, „die ersten Vergasungsstätten in der Nähe von Riga und Minsk einzurichten", so ist das – mit wenigen Worten gesagt – bereits die dritte große, wohl absichtliche Lüge, womit er alle seine sonstigen Behauptungen genauso in Frage stellt. Nie habe ich weder mündlich noch schriftlich einen Vorschlag gemacht, um irgendein Vernichtungszentrum einzurichten, ganz einfach mangels Zuständigkeit. Mein Leben lang habe ich gerne gebaut; ich hatte in meiner Dienststelle noch bis Ende 1944 Sand, Ziegelsteine und Zement um mich und verfügte während der ganzen Jahre über einen ausgezeichneten Polier. Hätte ich den Befehl bekommen, etwas Derartiges aufzubauen, so hätte ich es sicher getan, weil ich gerne baue. Aber in dieser Richtung habe ich nicht einmal eine Anregung bekommen; denn mit Vergasungen und Vernichtungen hatte ich nichts zu tun; sie gingen mich nichts an. Gegenüber einer solchen Behauptung muß ich übrigens feststellen, daß sogar die gegnerische Nachkriegsliteratur verschiedentlich feststellt, IV B 4 habe mit so etwas nichts zu tun gehabt und erst recht nicht mit den diesbezüglichen Maßnahmen im Generalgouvernement oder in der Sowjetunion.

Eichmanns Judenberater bei den deutschen Gesandten

Mein Dezernat IV B 4 entsandte während des Krieges sogenannte „Berater" in das von uns besetzte oder beeinflußte Ausland, z. B. Dieter Wisliceny nach Preßburg, Dannecker nach Paris, Burger nach Athen, Abromeit nach Agram, Zöpf (110) nach Den Haag.

Für ihre Aufgaben bekamen sie genaueste Richtlinien mit auf den Weg; sie wurden als Bearbeiter oder Berater für Judenfragen in den betreffenden Ländern entweder der Deutschen Botschaft untergeordnet, wie Wisliceny in Preßburg, oder zum Befehlshaber der Sipo und des SD abkommandiert, wie Dannecker in Paris. Ihre Aufgabe war es, die vom Reichsführer im allgemeinen festgelegten Befehle und Wünsche und im besonderen Befehle und Wünsche des Chefs der Sipo und des SD durchzusetzen, die von mir als verantwortlichem Dezernenten im einzelnen ausgearbeitet waren. Während der eine Berater Schwierigkeiten mit der betreffenden Regierung hatte, konnte ein anderer seine Aufgabe reibungslos durchführen. Im Prinzip wurde in sämtlichen Ländern eine Konzentrierung der Juden erreicht; sie jedoch auch zur Evakuierung zu bringen, war schon schwieriger; in vielen Fällen sträubten sich die Regierungen anfänglich, weil die Landesgesetze dagegen sprachen und erst eine neue Gesetzgebung erreicht werden mußte. Für die gesamte Behandlung der Judenfrage war Voraussetzung, daß die einzelnen Regierungen von sich aus eine legislative Regelung herbeiführten. Nur so war es, völker- und staatsrechtlich gesehen, möglich, daß das betreffende Land die Juden eigener Staatsangehörigkeit einer „fremden Macht" wie Deutschland überstellen konnte. – Es gehörte ebenfalls zur Aufgabe des „Beraters", über seine örtlichen Vorgesetzten die Einführung neuer Gesetze als dringend erwünscht vorzutragen mit dem Endziel, den Abtransport der Juden zu ermöglichen. So lautete der Befehl des Reichsführers an den Chef der Sipo und des SD und von diesem an mich. Die Schwierigkeiten waren im allgemeinen groß, und nur ein Bruchteil der jeweils ansässigen Juden wurde von den Ländern tatsächlich nach dem Reichsgebiet evakuiert.

Die „Berater" waren mir unterstellt; da ich für ihren Erfolg verantwortlich war, befahl ich sie in mir opportun erscheinenden Abständen zur Berichterstattung oder fuhr selber hin. Erkannte ich Schwierigkeiten außenpolitischer Art, bemerkte ich, daß bewußt oder unbewußt, gewollt oder nicht gewollt, ein Widerstand seitens der Deutschen Botschaft oder Gesandtschaft in irgendeinem Land zu bemerken war, so ließ ich dies von dem betreffenden „Berater" in einem Vermerk schriftlich niederlegen, um das Problem dann mit dem jeweiligen Legationsrat vom Auswärtigen Amt, der für die Judenfrage zuständig war, durchzusprechen. Unterstaatssekretär im AA war Luther (111), Legationsräte waren von Thadden und Rademacher. Mit Unterstaatssekretär Luther habe ich selbstverständlich intensiv zusammengearbeitet, aber nur auf schriftlichem Wege; denn persönlich kam es nicht dazu, und so kann ich mich nicht einmal an sein Aussehen erinnern. Mit Luther verhandelte Gruppenführer Müller immer direkt, während ich wohl mit Rademacher oder von Thadden zu tun hatte. Ich weiß, daß Müller und Luther sehr häufig zusammenkamen. Handelte es sich um geringfügigere Angelegenheiten, so konnte ich mit dem betreffenden Legationsrat zur Einigung kommen; der betreffende Gesandte wurde dann durch eine Note des Auswärtigen Amtes angewiesen, dieses oder jenes mit Vollzugsmahnung bis zu einem bestimmten Datum durchzuführen. Damit kam die Sache zu den Akten. Handelte es sich um grundsätzliche Dinge, so z. B. um das Fehlen der gesetzlichen Untermauerung für einen Befehl an die Sicherheitsbehörde zur Konzentrierung der Juden und deren Übergabe an die deutschen Behörden, dann mußte ein ganz anderer Weg eingeschlagen werden. Nach einer diesbezüglichen Arbeitskonferenz richtete der Legationsrat an seinen Vorgesetzten und über letzteren an den Staatssekretär des AA einen Bericht. Dieser wurde nach Rücksprache mit dem Reichsaußenminister entweder verworfen oder anerkannt. Drohte eine ablehnende Entscheidung des Ministers, so war es meine Aufgabe, den Chef der Sipo und des SD über Gruppenführer Müller zu informieren. Dann wurden entsprechende Schreiben an den Reichsaußenminister vorbereitet; waren die Schwierigkeiten sehr groß, dann schrieb sogar der Reichsführer selbst. In diesen Briefen wurde dem Außenminister die Sachlage mitgeteilt, so daß er gar nicht anders entscheiden konnte als im Sinne des Reichsführers. Denn der Reichsführer berief sich in solchen Fällen auf Führer-Anordnungen, denen sich auch von Ribbentrop nicht entziehen konnte.

In dem betreffenden Lande eine entsprechende neue Gesetzgebung zu veranlassen, war wohl die schwierigste Aufgabe. Dazu mußte zuerst dem Auswärtigen Amt die Notwendigkeit dafür vorgetragen werden; dann war es Aufgabe der zuständigen Beamten des Auswärtigen Dienstes, einen entsprechenden Druck auf die ausländische Regierung auszuüben. Nicht politischer, vielmehr wirtschaftlicher Druck wurde ausgeübt, um einen Führerbefehl durchzudrücken. In der Regel gelang das. In den einzelnen Ländern, wie z. B. in Rumänien, waren die Regierungsbeamten politisch weich oder setzten auf zwei Pferde. Daher schoben sie in der Judenfrage tausend bürokratische Schwierigkeiten in den Vordergrund, obwohl diese an sich mit einem Federstrich hätten beseitigt werden können. Es war die Kunst und das Geschick der „Berater", die Gesandten so zu beeinflussen, daß sie ihrerseits die Beamten des Protokolls des betreffenden Landes „beschossen", um dort an den Außenminister heranzukommen und letzterem die Judenfrage in der erwünschten Form vorzutragen. Daher kam vieles auf die Persönlichkeit und Durchschlagskraft der Gesandten an. Ludin (112) in Preßburg war massiv und robust, während ein von Killinger (113) in Bukarest feiner und eleganter vorging. Im allgemeinen genossen die „Berater" in allen Ländern größte Wertschätzung, denn sie wurden als der verlängerte Arm des Reichsführers betrachtet. Das galt auch für die Botschafter; denn ein Wörtchen vom Reichsführer hätte genügt, sie ihres Postens zu entheben. Ich glaube kaum, daß die „Berater" in einem wärmeren menschlichen Verhältnis zu den verschiedenen Botschaftern standen, wohl aber in einem sachlich abgewogenen, den damaligen Aufgaben dienenden Dienstverhältnis. Nur zum Teil erkannten meine „Berater" diese Notwendigkeit; ich persönlich erkannte sie sehr früh, genauso wie Gruppenführer Müller. Die „Berater" – keiner hatte einen höheren Rang als den eines Hauptsturmführers – sollten ihre Mission erfüllen. Waren aber Schwierigkeiten grundsätzlicher Art vorhanden, dann wurde ich sowieso hingeschickt. Die „Berater" hatten höchstens drei oder vier Ordonnanzen und eine oder zwei Maschinenschreiberinnen. Exekutive Befugnisse besaßen sie nicht und konnten weder der eigenen Polizei noch gar in einem besetzten oder befreundeten Lande der einheimischen Polizei irgendwelche Anordnungen geben. So hatten sie z. B. keinerlei Befugnisse, etwa Haussuchungen oder ähnliches durchzuführen; denn das fällt selbstverständlich unter exekutive Vollmachten. Eine „Bereicherung" auf diesem Wege also, wie in der gegnerischen Nachkriegsliteratur behauptet wird, kam nicht in Frage. Ich bin heute noch froh und glücklich, daß ich von meinem Dezernat nur solche Leute ins Ausland schickte, für die ich auch heute noch meine Hand ins Feuer legen würde.

Ich habe während meiner gesamten Amtszeit nicht ein einziges Mal auch nur die geringste Klage in dieser Beziehung gehört, wobei bedacht werden muß, daß meine Mitarbeiter viel zu sehr im Rampenlicht der Öffentlichkeit standen, als daß irgendein Fehlzug ihrerseits nicht sofort registriert und früher oder später mir oder einem meiner dreißig Kollegen-Dezernenten bekanntgeworden wäre. Nie lag auch nur das geringste vor. Sie waren durch die Bank bescheiden, anständig und anspruchslos, weltanschaulich ordentlich und korrekt und – ich glaube mit Ausnahme von Wisliceny – alle verheiratet. Weil sie eben keine Exekutivvollmachten hatten, hießen sie ja auch „Berater". Waren sie bei mir in meinem Dezernat, dann hatten sie innerhalb des Reichsgebietes selbstverständlich Exekutiv-Vollmachten.

Außer Ludin in Preßburg und Veesenmayer (114) in Ungarn gab es keine Beauftragten des Auswärtigen Amtes im Ausland, mit denen ich jemals direkt, mündlich oder schriftlich in Verbindung getreten wäre.

Wie jüdische Nachkriegsautoren behaupten, stimmt es, daß das Auswärtige Amt als Initiator von Deportationen auftrat, aber nur in ausgesprochen vereinzelten Fällen, möglicherweise in der Slowakei und in Rumänien. Dort ging keine Initiative vom RSHA, sondern von Stellen des Auswärtigen Amtes aus. Dabei stelle ich ausdrücklich fest, daß ich keineswegs – in diesem Fall genausowenig wie in anderen – meine eigene Verantwortlichkeit abzuleugnen oder etwa Handlungen, die begangen wurden, zu vertuschen suche. Ich muß aber auch für das Referat IV B 4 und seine Angehörigen, doch auch für die Sipo sprechen. Wo die Sicherheitspolizei initiativ nicht verantwortlich gemacht werden kann, brauche ich keine Verantwortlichkeit auf mich zu nehmen. Andererseits ziehe ich es vor, daß meine unbedeutende Person in einer Affäre steckenbleibt, ehe der Eindruck erweckt wird, daß ich mich wie eine Ratte zu retten versuche. Bekam ich Weisung, die Deportation aus einem Land forciert durchzuführen, dann ging die Initiative von mir aus; das ist klar. Wenn aus einwandfreien Dokumenten hervorgeht, daß in der Slowakei und in Rumänien das Auswärtige Amt Initiator war, dann ist das genau so klar.

Im großen und ganzen ging die Arbeit im besetzten oder befreundeten Ausland normal vor sich; nur gelegentlich gab es Zeiten, in denen eine mehr oder weniger oppositionelle Haltung durchbrach. In der Regel war sie nur von kurzer Dauer; denn durch Personalwechsel oder Personalaustausch wurde alles alsbald wieder in normale Bahnen gelenkt. Nur die Feinfühligkeit von Staaten, die in unserer Zeit gegründet wurden, wie die Slowakei und Kroatien, verursachte Kopfzerbrechen, weil sie außerordentlich genau darauf hielten, ihre Souveränität klar zu demonstrieren.

Mit Ausnahme von Ungarn und Dänemark habe ich die Erfahrung gemacht, daß überall, wo ein deutscher Emissär hinkam, die Frage der Aussonderung der Juden aus den verschiedenen Lebensgebieten des betreffenden Volkes zur offenen Debatte stand und in keinem einzigen Fall von vornherein Schwierigkeiten bereitete. Dabei war es gleich, ob der Emissär vom Chef der Sipo und des SD, vom Auswärtigen Amt oder von einer Parteidienststelle dorthin kam. Das Angebot des Reiches, die Juden zu übernehmen, wurde als geradezu erlösend empfunden, so daß ich mir häufig überlegen mußte, wie nur der notwendige Transportraum aufzutreiben sei, um alles so schnell durchzuführen, wie es in den verschiedenen Ländern gefordert wurde. Es kam sogar dazu, daß mir der Chef der Sipo und auch Müller sagten: „In etwa einem Monat geht es dort und dort los, sehen Sie zu, daß Sie genügend Transportmaterial bekommen; mit Pohl wurde schon gesprochen; die Juden kommen da- und dorthin." Immer wieder stellte ich dann mit dem Reichsverkehrsministerium die Fahrpläne für die Transporte zusammen, die dann häufig wieder abgesagt werden mußten, denn den betreffenden Ländern waren Bedenken gekommen, weil die allerersten Transporte gewisse gegnerische Kräfte mobilisierten, weshalb irgendein Funktionär, mit dem alles geregelt war, entlassen oder versetzt wurde oder gar plötzlich nicht mehr da war, was zur Folge hatte, daß die restlichen Züge wieder abbestellt werden mußten. Dies gilt für alle Länder, die „frei" waren, außer für Dänemark, wo von Anfang an gegen die Deportierungen gewettert wurde. Schwierigkeiten bestanden auch in der Slowakei und auch für Frankreich, obwohl es dort anfänglich ganz glatt anlief. Auch in Holland rollten die Transporte zu Beginn reibungslos, aber dann tauchten Schwierigkeiten über Schwierigkeiten auf.

Im Anfang gab es nirgends Schwierigkeiten, aber kaum waren die ersten Transporte ausgeführt, zog sich die Angelegenheit ganz zäh in die Länge, bis wieder ein Transport durchgeführt werden konnte. Fast überall wurden im Anfang gegen zehntausend Personen evakuiert, dann kam ein Stillstand, bis wieder ein Kontingent von zehn- oder fünfzehntausend oder auch nur fünf- oder vier-, drei- oder auch nur zweitausend zur Verfügung gestellt wurde. Nur mit Ungarn war es anders, weil man uns dort wirklich die Juden wie saures Bier anpries; es war das einzige Land, für das wir überhaupt nicht schnell genug arbeiten konnten. Nur in Ungarn wurde ich ständig gedrängt und konnte trotz meiner Bemühungen gar nicht das notwendige Transportmaterial auftreiben; sogar die Aufnahmestellen in Auschwitz hatten Schwierigkeiten mit der Unterbringung. Dieses Tempo wurde von der ungarischen Regierung selbst eingeschlagen. Im Gegensatz dazu wurden in Dänemark tatsächlich vom ersten Tag an Schwierigkeiten gemacht, was sonst in keinem anderen Land zu verzeichnen war. Diese beiden Länder, Dänemark und Ungarn, stellen die einzigen und gegensätzlichen Ausnahmen im Vergleich zu allen übrigen Ländern Europas dar.

Ich kann nicht erschöpfend Auskunft darüber geben, welche Länder auf die Übernahme der Juden drängten, sondern nur über diejenigen, wo ich selbst verhandelte. Wie Ungarn uns seine Juden anpries, habe ich schon deutlich zum Ausdruck gebracht, die Slowakei machte es genauso. In Frankreich machte Laval uns im Anfang nicht nur keine Schwierigkeiten, sondern es schien so, daß wir ohne jede Schwierigkeiten alle Juden Frankreichs würden übernehmen können. Sobald es aber um Juden mit französischer Staatsangehörigkeit ging, war praktisch nichts mehr zu machen. In Holland rollte anfänglich Zug um Zug, und der Sachbearbeiter, ein Befehlshaber der Sipo, hatte alle Hände voll zu tun, so daß ich ihm zur Unterstützung meinen Hauptsturmführer Burger, eine Zeitlang sogar auch Brunner (115), schickte. Ich weiß nicht, wer in Holland verhandelte. In Belgien fuhren sofort einige Transporte ab, und dann trat völliger Stillstand ein. Aber irgendwie ist das Beispiel des ungarischen Gendarmeriekommandanten symptomatisch, der mir sagte: „Wir geben Ihnen das Halsfell, ohne dafür die Vollmacht zu haben, im Namen des Volkes." Er erklärte mir dann weiter, daß mir in Budapest ein Denkmal sicher sei, wenn es mir gelingen würde, den fürchterlichsten Feind des Magyarentums auszuschalten; doch ein paar Tage später befand sich derselbe Mann auf der Gegenseite. So war es überall: am Anfang helle Begeisterung und ein paar Wochen später alles wie Strohfeuer verraucht, weil der betreffende Beamte nicht mehr so recht wollte wie anfänglich oder weil er gar nicht mehr da war. Zu den besonderen Schwierigkeiten gehörte seitens der betreffenden Stellen, mit denen die deutschen Beamten verhandelten, die Methode, spezielle Wünsche auszusprechen oder die Forderung zu stellen, daß Einzelpersonen oder Kommissionen die Visitation der aus ihrem Land evakuierten Juden in ihren Aufenthaltsorten genehmigt würde. Ich komme noch darauf zurück. Zum Teil entsprach diese Bitte nicht dem Wunsche, eine Dienstreise in „ferne Länder" zu machen, sondern es waren Versuche, die Verhandlungen der deutschen Stellen vorläufig erst einmal in die Länge zu ziehen. Diese Ansuchen wurden mit der Erklärung ausgeschmückt, man könnte dann den Stellen X, Y, Z einen Bericht über den Arbeitseinsatz dieser Juden geben. Dann lasse sich diese Aufgabe leichter erledigen. Es wurde eben immer behauptet, die Juden würden getötet und vergast. Ab Ende 1942–Anfang 1943 tauchte diese Version über die Judenvernichtung auf. Wenn man mich fragte, sagte ich den Regierungspersonen dieser Länder nie: „Nein, sie werden nicht getötet." Ich gab in der Regel eine ausweichende Antwort. Ich sagte den Leuten: „Was geschieht, geschieht nun einmal. Der Führer hat ja auch im Rundfunk mehr als einmal in seinen Reden gesagt: Das Judentum wird vernichtet." Wenn mir gesagt wurde: Die Juden werden da oder dort vernichtet, dann habe ich stets etwa folgendes erwidert: „Das weiß ich nicht; denn in dem Augenblick, in dem eure Kontingente am Zielbahnhof sind, unterstehen sie dem WVHA, das die Juden zur Arbeit einsetzt, entweder im KZ selber oder in den Betrieben, die zum KZ gehören; was mit den Arbeitsunfähigen geschieht, ist mir unbekannt; vielleicht werden sie vernichtet, aber die Sipo ist dafür nicht zuständig. Wenden Sie sich also an den Reichsführer." So sagte ich auch zu Dr. Kastner, ebenso in der Slowakei und in Amsterdam. Dort wurde ich zu einer „indischen Reistafel" eingeladen und sprach mit einem holländischen Funktionär, dessen Namen ich nicht mehr kenne, über die Möglichkeiten der Vernichtung. Auch im Hotel Des Judes in Den Haag, wo ich laufend übernachtete, sprach ich einmal mit einem holländischen Funktionär darüber. Diese Holländer waren nicht uniformiert; ich weiß nicht, ob es Parteigänger von Mussert waren. Vielleicht wurden sie von meinen Leuten als sogenannte „Antisemiten" beschäftigt.

Lager-Inspektion in Theresienstadt

Die Versuche, Inspektionen durchzuführen, und die dabei erfolgten „Aufklärungen" über mögliche Judenvernichtung wurden immer mündlich behandelt. Nur das Internationale Rote Kreuz in Genf bat schriftlich um eine Genehmigung der Inspektion. In den andern Ländern wurden diese Bitten bei Besprechungen und Verhandlungen geäußert und von uns in Aktenvermerken festgehalten. Selbstverständlich wurde in den Aktenvermerken nicht das Wort „vergast" angeführt, sondern „einer Sonderbehandlung zugeführt" oder einfach „zum Arbeitseinsatz nach dem Osten" oder „im Zuge der Endlösung der Judenfrage". Das Wort „vergast" wurde nur dann im Aktenvermerk festgehalten, wenn der Verhandlungspartner der anderen Seite es brauchte. – Die Aktenvermerke über alle Besprechungen waren bei mir feste Routine; denn ich mußte ja alles weitergeben und Weisungen oder Genehmigungen für eine Inspektion einholen. Fast in allen Ländern berichteten mir meine Leute, daß dieser und jener wieder vorstellig geworden sei, um die Judenlager besichtigen zu können. Es wurde immer wieder darauf hingewiesen, daß es im Augenblick nicht möglich ist. Auch Richter (116), mein Berater für Rumänien, nannte mir Namen von rumänischen Regierungsmitgliedern, die Deutschland besuchen und Zutritt zu den KZs verlangen wollten.

Aktive und passive Beteiligung des Auslands an den Deportationen

Es ist mir kein einziger Fall bekannt, daß irgendein Land sich wirklich um die deportierten Juden sorgte, sie z. B. mit Lebensmitteln und Kleidung versah; man hat mir im Gegenteil die Juden als „ärmste Kirchenmäuse" überlassen. Ich glaube, der Kommandant von Auschwitz, Höß, wäre froh gewesen, wären die Züge etwas besser ausgestattet gewesen, denn auch die Lebensmittelversorgung, die bei den ersten Transporten noch gut war, wurde immer kümmerlicher. In keinem Fall wurde aus irgendeinem Land eine Anfrage wegen einer Sonderbetreuung der deportierten Juden gestellt, nicht einmal aus der Slowakei. Die verschiedenen Länder und Regierungen waren darum bemüht, soviel wie möglich vom Judenbesitz zurückzubehalten. Wurde den Juden anfänglich z. B. noch ein zweiter Mantel gelassen, eine dritte Decke, privates Eigentum, Lebensmittel, so wurde ihnen in manchen Fällen dies alles später rücksichtslos abgenommen oder abgezwackt. Ehemalige Angehörige des WVHA könnten, soweit sie damit zu tun hatten, hierüber erschöpfend Aufschluß geben.

Die Juden wurden aus den einzelnen Ländern praktisch ohne Personalpapiere abgeschickt. Die Übergabebestimmungen besagten weder, daß sie uns mit noch daß sie uns ohne Personalpapiere zu überstellen seien. Die betreffenden Länder konnten das handhaben, wie sie es für richtig hielten. Im Anfang wurden freilich Namenslisten abgegeben, vom Transportführer verlangt und den Aufnahmestellen des WVHA übergeben. Welche einzelnen Dokumente der einzelne Jude bei sich hatte, entzog sich meiner Kenntnis; das war Angelegenheit der Juden oder der Stellen, die sie erfaßten. Jedenfalls war es keine allgemeine polizeiliche Maßnahme, die Juden ohne Personalpapiere abzuführen, um so etwa Fluchtversuche zu verhindern.

In irgendeinem Transport nach dem Osten – vielleicht aus Frankreich, aber wahrscheinlich aus Holland – wurde eine junge Frau mitgeführt, die erklärte, gar keine Jüdin zu sein. Der betreffende Transport war nach

Auschwitz bestimmt; mein Referent wurde vom WVHA von ihren Erklärungen in Kenntnis gesetzt; Untersuchungen ergaben, daß sie vermutlich die Wahrheit gesprochen hatte, weshalb ich die Frau sofort nach Theresienstadt bringen und Überprüfungen anordnen ließ. In Theresienstadt erhielt sie eine Unterkunft im „Prominenten-Viertel". Dr. Eppstein vom Ältestenrat in Theresienstadt bedrängte mich dieserhalb sehr, weil er es offenbar nicht dulden wollte, daß Nichtjuden in seiner Gemeinschaft geführt wurden. Es war ein Gegenstück zu der späteren „Wiedergutmachung" für die Juden, wo die Juden ja auch nicht wünschten, daß andere auf ihr Konto „mitreisten". Gerade weil der jüdische Ältestenrat mich öfters ermahnte, habe ich den Fall dieser Frau noch dunkel im Gedächtnis. Doch keinerlei Stellen aus ihrem Herkunftsland setzten sich für diese Frau ein. Als ich eines Tages von der Klarstellung dieses Falles erfuhr, wurde sie wieder in ihr Herkunftsland überstellt, wie ich mich zu erinnern glaube.

Die Erfassung der Juden und die Übergabe an die deutschen Behörden geschah in den meisten Ländern durch landeseigene Organe, wie z. B. in der Slowakei und Ungarn. Das Transportbegleitkommando bestand immer aus Deutschen. In Holland führten deutsche Organe die Erfassung unter Zuhilfenahme der holländischen Polizei durch, die die Zutreiberdienste leistete. In Frankreich half die französische Polizei mit. Mein dortiger Berater konnte mit der Hilfe eines französischen Kommissars rechnen. Natürlich bin ich nicht davon überzeugt, daß z. B. in Frankreich oder anderswo die Landespolizei bei der Erfassung und Konzentrierung stets sehr human vorging. Fest steht nur, daß gerade der „Kadavergehorsam" der deutschen Ordnungspolizei und der SS-Angehörigen im allgemeinen eine – im Rahmen des Möglichen – humane Erfassung und Konzentrierung garantierte.

Wie es in Belgien gehandhabt wurde, weiß ich nicht. In Dänemark hatte die deutsche Polizei die Erfassung allein in der Hand, vielleicht mit Hilfe einiger Wehrmachtseinheiten, aber ich kann das nicht mehr genau sagen. In den übrigen Ländern führten wir selbst keine Erfassung durch, weil diese auf ihre Hoheitsrechte pochten; es gibt somit nicht allzu viele Länder, wo wir selbst handeln konnten.

... und mein Anteil

Die Transporte wurden nicht von der Zentralstelle durchgeführt, sondern von den einzelnen Stapo-Leitstellen; die Zentralstellen gaben nur die Richtlinien heraus, und zwar auf Grund eines Befehls des Chefs der SS und Polizei, Himmler. Ich bekam Weisung, aber auch nicht immer; denn es konnten auch Gauleiter oder sonstige Parteistellen ihre Stapo-Leitstellen heranziehen und den Auftrag geben, daß ein bestimmtes Gebiet bis zu einem bestimmten Datum judenfrei sein solle. Natürlich wurden Transportzüge bei uns beantragt; dafür waren wir zuständig; wir mußten dann beim Reichsverkehrsministerium jeweils das Zugmaterial beantragen. Die Richtlinien, nach denen die Deportationen im Reichsgebiet erfolgten, hatte ich zu erteilen, allerdings nach den Weisungen des Chefs der Sipo und des SD. Diese Richtlinien wurden nicht etwa von mir unterschrieben, denn so selbständig konnte weder ich noch ein anderer Referent vorgehen. Die Deportationszüge wurden mit örtlichen Bewachungsmannschaften zu denjenigen Zielbahnhöfen geleitet, die mir vorgeschrieben wurden und nicht etwa von mir ausgewählt werden konnten.

Die nassen Füße der anderen

Stalingrad bedeutete einen entscheidenden Wendepunkt für die Bereitwilligkeit der verschiedenen Länder in der Lösung der Judenfrage; nach Stalingrad hatte ich in allen Ländern, die zu bearbeiten waren, die größten Schwierigkeiten; das möchte ich ausdrücklich festhalten.

Es waren keine Schwierigkeiten, die aus Gründen der „Menschlichkeit" gemacht wurden, sondern im Sinne der Rückversicherung. Da konnten sich die entscheidenden Leute nicht genugtun, mich als kleinen Dezernenten zu Ministerbesprechungen zu bitten, zu außerdienstlichen Unterhaltungen oder zu Privatessen einzuladen. Weil sich nach Stalingrad die Waage des Kriegsgeschehens sehr zuungunsten der Achsenmächte senkte, waren diese Herrschaften darauf bedacht, die Lage zu ihrem Vorteil auszunützen; die Judenfrage war ein willkommener Anlaß, „Widerstand" zu leisten und das ganze Gewicht iherer Persönlichkeit einzusetzen, um an Juden zu retten, was zu retten war; das stellte nach dem 8. Mai 1945 einen Trumpf in ihrem Kartenspiel dar. Diese Herrschaften hatten ministerielle Agenten zu ihrer Verfügung und einen dementsprechend viel weiteren Horizont. Es wundert mich überhaupt, daß sie es so weit kommen ließen.

Bis zum Schluß wurden die Erfassungen, Konzentrierungen und Einwaggonierungen der Juden von der einheimischen Polizei durchgeführt; von dieser Regel gab es nur vereinzelte Ausnahmefälle, die zahlenmäßig gar nicht ins Gewicht fallen.

Richtlinien für Deportationen

Für das Ausland galten die Richtlinien, die im Reich bei der Deportation der Juden in Anwendung kamen. Diese Richtlinien entwickelten sich im Laufe der Jahre. Sie fingen mit der Forderung des Reichsführers an, daß wir den Juden nur das mitzunehmen erlaubten, was damals in Frankreich den Deutschen mitzunehmen gestattet war, d. h. bis zu einem Totalgewicht von 50 kg. Bevor die Deportationen begannen, konnten die Juden bei der Auswanderung vollständige Vier- und Fünf-Zimmer-Wohnungen mitnehmen; öfters führten sie einen Tausch mit Auslandsdeutschen durch, die nach Deutschland zurückkehrten.

Die „Richtlinien für Deportationen" umfaßten ungefähr anderthalb Seiten Schreibmaschinentext. Es ist mir heute unmöglich, sie vollständig wiederzugeben, aber ich glaube, die wichtigsten Punkte noch in etwa erfassen zu können. In Gebieten, wo keine Partisanenbildung zu befürchten war, gab es eine Art Altersgrenze, die jedoch nicht genau nach Jahren, sondern nach Transportfähigkeit festgesetzt wurde, d. h. nur transportfähige Personen konnten zur Verladung gelangen. Soweit es sich um das Reichsgebiet und Protektorat handelte, konnte niemand evakuiert werden, dessen Ehepartner einer christlichen Religionsgemeinschaft angehörte oder Nichtjude im Sinne der Nürnberger Gesetzgebung war, also unter dem Prinzip der privilegierten Mischehe lebte. Getaufte Juden durften nirgendwo evakuiert werden. Inhaber von Tapferkeitsauszeichnungen oder Verwundete aus dem Ersten Weltkrieg konnten nicht evakuiert werden. Seuchenträger aller Art durften nicht evakuiert werden. Es waren noch eine Reihe anderer Personenstände ausgenommen, die mir aber auf Anhieb nicht einfallen.

Von den getauften und „privilegierten" Juden

Wenn in der gegnerischen Nachkriegsliteratur behauptet wird, daß das Internationale Rote Kreuz noch nicht einmal verhindern konnte, daß „getaufte jüdische Kinder" nach Auschwitz kamen, so ist das eine bedauerliche Lüge, denn so etwas ist nie geschehen. Juden, die zu einer christlichen Religion übergetreten waren, wurden von den Deportationen ausgeschlossen. Und das nicht etwa nur in der Slowakei, wo ein Priester (118) Präsident war, der mich persönlich anging und mir sagte: „Lassen Sie mir die katholischen Juden in Ruhe." Auch in allen übrigen Ländern galt dies, und die sogenannten „nichtarischen Christen" hatten sogar einen eigenen Verband und waren gar nicht betroffen, denn wir hätten uns hiermit sämtliche Finger verbrannt.

Wir waren ebenfalls machtlos, wenn die Juden eine Scheinheirat eingingen, ins Ausland fuhren und sich scheiden ließen. Die uns zur Verfügung stehende Gesetzgebung erlaubte uns in diesen Fällen gar keinen Eingriff, und wir konnten nur zuschauen. Dies geschah oft, und ich schätze, daß diese Fälle in die Zehntausende gehen. Weder die Nürnberger Gesetzgebung noch die Judengesetzgebung in den verschiedenen anderen Ländern ermöglichte es, dagegen etwas zu unternehmen. Örtliche Übergriffe kamen selbstverständlich vor, und daher kam regelmäßig Bischof Münch, der ständige Vertreter der Fuldaer Bischofskonferenz, mit seinen Wunschzetteln. Deshalb ließ ich alle die Fälle, wo staatspolizeiliche Leitstellen irgendwelche Übergriffe verübt hatten, mit Fernschreiben in Ordnung bringen. Natürlich fielen uns diese vielen Scheinehen zwischen jüdischen und christlichen Partnern auf, aber wir konnten dagegen nicht einschreiten. Nachdem diese Lücke in der Nürnberger Gesetzgebung erkannt worden war, konnte ein nichtjüdischer deutscher Staatsangehöriger z. B. vor dem Standesamt eine Jüdin ehelichen. Vielleicht bezahlte sie ihrem deutschen Partner 20 000 Reichsmark, vielleicht auch gar nichts, weil es eine Liebesheirat war. Nur in den letzten Kriegsjahren wurde der nichtdeutschblütige Teil in Schutzhaft genommen. Wenn aber die deutsche oder französische Jüdin oder der Jude einen Juden oder eine Jüdin ausländischer Staatsangehörigkeit ehelichten, konnten wir bis zum 8. Mai 1945 nichts unternehmen, denn dafür sahen die Nürnberger Gesetze kein Hindernis vor. Von diesen Fällen kann ich keine genaue Ziffer geben, aber es müssen ebenfalls Zehntausende gewesen sein.

Vom Verlauf der Deportationen

Für den Transport selber war angeordnet, daß die Verladungen in normaler Form stattfinden und jegliche vermeidbaren Härten vermieden werden. Die Transportzüge mußten mit dem nötigen Lebensmittel- und Trinkwasserbestand ausgerüstet werden; die notwendigen Fäkalien-Aufnahmegeräte waren mitzugeben. Jeder Waggon hatte einen jüdischen Transportordner, der durch eine Armbinde gekennzeichnet war. Es war angeordnet, an den Verkehrsknotenpunkten, wo sowieso ein größerer Aufenthalt vorgesehen war, die Trinkwasserbestände zu ergänzen und die Fäkalienbehälter zu entleeren. Wieviel Leute in die Waggons verladen werden durften, stand auf den Türen der gedeckten R-Waggons mit etwa 48 Personen angegeben. Diese Bestimmung der Höchstzahl 48 wurde auf Grund eines sehr alten Gesetzes durchgeführt, aus einer Zeit, in welcher der einzelne Soldat über umfangreiches Gepäck verfügte, das viel Platz einnahm. Während des letzten Krieges war das Marschgepäck des Soldaten bedeutend geringer an

Umfang und Gewicht; deshalb faßten die gedeckten R-Waggons in der Regel auch mehr als 48 Soldaten. Bei den Evakuierungen kamen daher fünfzig oder sechzig Personen herein, kaum jedoch mehr. Die Dauer der Evakuierungsreise sowie Klima und Jahreszeit, auch das Geschlecht der Evakuierten mußte berücksichtigt werden und wurde im Reichsgebiet auch berücksichtigt. Anlaß vieler Schwierigkeiten zwischen deutschen und ungarischen Dienststellen war die teilweise Nichtbeachtung dieser Punkte durch die ungarische Gendarmerie. Nachdem die Waggons geladen waren, wurden sie nicht plombiert; es sei denn, irgendein vorsichtiger Begleitoffizier ließ das machen, aber davon ist mir nichts bekannt. Eine Vorschrift darüber gab es jedenfalls nicht; denn das Transportbegleitkommando von dreißig Mann mit einem Offizier reichte zur Sicherheit aus; überdies bestand der Befehl, auf den größeren Aufenthaltspunkten die Trinkwasserbestände zu ergänzen und die anderen Behälter zu entleeren, was von den jüdischen Transportordnern zu organisieren war – so kann eine Plombierung nicht in Frage gekommen sein. Der jüdische Transportordner konnte während des Aufenthaltes jederzeit den Waggon verlassen, um dem Transportführer Vorkommnisse und Beschwerden zu melden. Ich kann heute nicht mehr sagen, wie die Lebensmittelversorgung erfolgte und was es im einzelnen gab. Lebensmittel wurden waggonweise hereingegeben; Kocheinrichtungen fehlten. Brote gehörten zur Verpflegung und wahrscheinlich Wurst oder Käse und Margarine; denn die Transporte waren nicht wochenlang, sondern im Höchstfall einmal drei Tage unterwegs. Sie wurden ja auf Grund einer Fahrplankonferenz im Reichsverkehrsministerium erstellt, die Züge mußten einen normalen Fahrplan einhalten und konnten nicht etwa fahren, wie irgend jemand wollte. Im Laufe des Krieges wurde natürlich Verpflegung und erlaubtes Gepäck geringer; vor allen Dingen wurde die Verpflegung der Transportdauer angepaßt. Im Gegensatz zu den zehn oder zwölf Millionen Reichs- und Volksdeutschen, die noch nach dem Kriege deportiert wurden, kamen die Juden in ein Lager und standen nicht an der Zielstation vor einem absoluten Nichts. Natürlich waren die Lager Konzentrationslager, aber auch dort herrschte eine ordentliche Verpflegung, die aus Morgenkaffee, Mittagessen und Abendessen bestand und für die Arbeitenden außerdem aus sog. „Brotzeiten" vormittags und teilweise auch nachmittags. Das blieb so bis in die letzten Monate des Krieges, als das gesamte Transportsystem von den Alliierten zerbombt und damit auch die Lebensmittelversorgung der deutschen Bevölkerung sehr gefährdet wurde; die kämpfende Truppe bekam nur dreimal am Tag kalte oder warme Kost, aber ich weiß noch heute, daß die Gefangenen in Dachau fünfmal am Tage aßen.

Die Richtlinien waren human. Wer heute behauptet, die Evakuierungstransporte der Juden seien mit brutalster Härte durchgeführt worden, sagt die Unwahrheit. – Natürlich kamen örtliche Unzulänglichkeiten allenthalben vor; denn menschliche Unzulänglichkeit schaltet in der Regel von vornherein die hundertprozentige Befolgung eines Befehls aus. Befehle können überwacht werden, aber auch wieder nur von Menschen und nur im Maße ihres Wollens und Könnens. Eine vollständige Ausschaltung jeder Härte gibt es nirgendwo. Meine Deportations-Kollegen von russischer, slowakischer, tschechischer, polnischer oder israelitischer Seite können dies bestimmt aus ihrer Praxis bestätigen. Nach dem Kriege gingen die Deportationen von Deutschen und anderen Volksangehörigen in die Millionen: sie wurden bestimmt nicht mit gleicher preußisch-deutscher Genauigkeit auf dem Gebiet der Verproviantierung und der verkehrstechnisch zügigen Durchführung organisiert, wie das in unseren Zeiten geschah, obwohl wir fast gegen die ganze Welt im Kriege lagen und für die Transporte die Lebensmittel wie auch gedeckte Waggons nur unter größten Schwierigkeiten bekommen konnten.

Nie wurden Juden in offenen Waggons abtransportiert, sondern stets in gedeckten R-Waggons und stets auf schnellstem Wege und in schnellstmöglichen Zügen. Trotzdem kam es, besonders in harten Winterzeiten durch plötzlichen Temperaturwechsel, zu Schwierigkeiten während des Transportes, auch zu Schwierigkeiten mit Todesfolgen. Während des Krieges haben mich letztere weniger aufgeregt, soweit sie unvermeidbar waren, weil ich mich ja schließlich auch nicht aufregen durfte, daß die Bombenabwürfe auf deutsche Städte Todesopfer unter Kindern und Frauen forderten. Darin lag vielleicht meine ganze Einstellung zu den erhaltenen Befehlen.

„Hochs" und „Tiefs" bei den Deportationen

Aus fast allen Staaten, deren Juden wir evakuierten, kamen Gesuche um Inspektion, auch das Internationale Rote Kreuz forderte so eine Genehmigung an. In meiner diesbezüglichen Berichterstattung an meine Vorgesetzten bat ich dauernd um Klarheit über die Maßnahmen, die ich amtlich in die Wege zu leiten hatte. Die Staaten, die uns vorher ihre Juden wie „saures Bier" angeboten hatten, zeigten sich plötzlich besorgt und wollten sich einer schonenden Behandlung vergewissern. Diese Sorgen traten immer dann auf, wenn die Transporte auf Hochtour liefen. Diese Dinge liefen in Wellenform ab, und jede Evakuierung hatte ihre eigene „Welle", stark im Ansteigen und nach dem Gipfelpunkt abfallend. Im Augenblick, in dem der Gipfel überschritten war, wurden die verschiedenen Regierungen bei der deutschen Regierung vorstellig, um sich nach dem Wohlbefinden ihrer deportierten Juden zu erkundigen und Inspektionskommissionen vorzuschlagen.

Es ist klar, daß ich wegen der verschiedenen Aufnahmebahnhöfe und der verschiedenen Fahrplanaufstellungen unmöglich in der Lage war, einigen tausend Juden auf ihrem Weg in irgendeinen Distrikt genau nachzugehen, zumal diese Transporte im Ausland sehr häufig ohne Personalpapiere verladen wurden. Den überhandnehmenden Ansuchen der einzelnen Regierungen um Kommissionsentsendungen konnte endlich Einhalt geboten werden, indem ich dem Reichsführer über meinen Vorgesetzten, Gruppenführer Müller, vorschlug, eine Kommission des Internationalen Roten Kreuzes nach Theresienstadt kommen zu lassen. Gruppenführer Müller und ich würden sie in Empfang nehmen und ihr nach Überschreitung der Grenze zwischen Sachsen und dem Protektorat tatsächlich vollständige Freiheit lassen, um mit allen jüdischen Stellen des Lagers Theresienstadt zu verhandeln und zu sprechen, wo immer es ihnen beliebte, auch allein. Ich hatte Theresienstadt vorgeschlagen, weil es das einzige Lager der Deutschen Polizei war. Die verschiedenen Regierungen baten schließlich beim Reichsführer um eine solche Inspektion; der Reichsführer fand eine „jesuitische" Lösung, indem er den ganzen Aktenkomplex dieser Gesuche an seine Polizei weitergab, an die GESTAPO, die nur für das Lager Theresienstadt verantwortlich war. Hätte er diesen gesamten Aktenkomplex an das WVHA weitergegeben, dann wäre eine Inspektion in Auschwitz z. B. wohl unvermeidlich gewesen. Insoweit haben die Länder bei ihrem Ansuchen einen Fehler gemacht, obwohl natürlich niemand im Ausland ahnen konnte, daß ein polizeifernes Hauptamt wie das WVHA mit der Aufnahme der Deportierten zu tun hatte und dafür ausschließlich zuständig war. So kam es, daß allein das Internationale Rote Kreuz dreimal eine Kommission nach Theresienstadt entsandte. Beim ersten Besuch empfingen Gruppenführer Müller und ich diese Kommission und leiteten sie an den jüdischen Ältestenrat, während bei dem zweiten- und drittenmal ich sie laut Befehl allein zu empfangen und nach Begrüßung den Juden zu übergeben hatte, mit denen sie ohne meine Anwesenheit so lange sprechen und verhandeln konnten, wie sie wollten. Einer der Kommissionsleiter vom Roten Kreuz hieß Dr. Dinar oder so ähnlich. Dieser fragte mich, ob die Juden rauchen dürften. Ich sagte: „Nein, es ist offiziell verboten, aber sie rauchen trotzdem." Die an und für sich relativ gute Schweizer Berichterstattung über diese Besuche wurde etwas entkräftet, weil a priori behauptet wurde, daß Theresienstadt nur ein „Aushängeschild" war. Aber was auch immer behauptet wurde, war der Deutschen Polizei unerheblich; denn es gab überhaupt kein anderes Lager ihrer Zuständigkeit.

Von der Absonderung der Juden

Wenn die jüdische Nachkriegsliteratur erwähnt, daß im November 1941 25 000 Juden in Minsk erwartet wurden, aber in Wirklichkeit nur sechs- oder siebentausend eintrafen, die dann z. T. wieder nach Theresienstadt zurückgebracht wurden, so beweist dies, wie immer mit großen Zahlen operiert wurde. Wenn auf höherer Ebene Besprechungen abgehalten wurden, nannten die Gauleiter und sonstige Dienststellen gewaltige Zahlen, um die Dringlichkeit ihres Falles hervorzuheben; doch in Wirklichkeit erfaßten die örtlichen Polizeistellen so hohe Zahlen von Juden nie, oft bekam ich auch die benötigten Züge nicht – die „Viehwagen", wie sie immer so schön genannt werden, obwohl es nur „Güterwagen" gibt, worin nicht nur Juden, sondern auch Soldaten und sogar Verwundete transportiert wurden. Auch ganze Lazarettzüge bestanden aus ihnen.

Wenn ich heute befragt werde, kann ich gar nicht sagen, wieviel Ghettos es gegeben hat. Was heißt überhaupt „Ghetto"? – Wir haben Namen und Idee von den Juden übernommen und die Juden auf einem Raum zusammengefaßt, der mehr oder weniger ghettoähnlich ausgesehen haben mag. Die Absicht dabei war, die Juden zu isolieren, um der Partisanen- und Bandentätigkeit Einhalt zu gebieten, zumal wir stets unter Personalmangel litten und durch die Konzentrierung mit einem geringen Personalaufwand größere Menschenmengen unter Kontrolle halten konnten. Befreundete Regierungen taten dies ebenfalls, z. B. die ungarische, die kroatische, slowakische, rumänische und bulgarische Regierung. In den einzelnen Ghettos mag es teils schlechter, teils besser ausgesehen haben. Das war abhängig von der Intelligenz und den organisatorischen Fähigkeiten des sogenannten jüdischen Ältestenrats oder der jüdischen Ghettoführung und ebenso von der Intelligenz und den Fähigkeiten der jeweiligen Überwachungsinstanz. So war die Versorgung in dem einen Ghetto besser, in einem anderen schlechter. War sie schlechter, so kam es möglicherweise zu örtlichen Reibereien ohne Bedeutung. – Warschau bildete eine Ausnahme; denn die Warschauer Ghettoleitung stand in engster Tuchfühlung mit der ersten polnischen Untergrundarmee, geführt von General Bor (119).* Ein Kollege von mir im betreffenden Dezernat des RSHA verhandelte mit Bor und brachte ihn nach Berlin, wo er sich bereit erklärte, mit den Deutschen zusammenzuarbeiten. Leider hatte sich der jüdische Ältestenrat im Warschauer Ghetto dazu verführen lassen, den Siegesfanfaren der polnischen

---

* Bor war nicht der erste Führer der polnischen Untergrundarmee. Eichmanns Darstellung ist unrichtig. Der von Bor-Komorowski angeführte Aufstand begann am 1. 8. 1944.

Untergrundarmee zu vertrauen, schlug frühzeitig los und mußte daran glauben – es war ja Krieg. Hätte der jüdische Ältestenrat die Nerven behalten, abgewartet und zu einer Zeit losgeschlagen, die strategisch besser war, dann wäre dies für die militante Führung des Ghettos von großem Erfolg gewesen.

Folgen des Warschauer Aufstands

Daß der Aufstand im Warschauer Ghetto im Frühjahr 1943 verschärfte Maßnahmen gegen die Juden im ganzen deutschen Machtbereich zur Folge hatte, ist unbestreitbar. Eines Tages bekam ich im Dezernat auf dem Dienstweg ein Fotoalbum übersandt, das Himmler schon eingesehen hatte, wie aus dem Begleitschreiben hervorging. Es war mit seinem „H. H." abgezeichnet. Dieses Album enthielt viele Dutzende von Aufnahmen, worin die Phasen des Kampfes im Warschauer Ghetto dargestellt waren. Noch heute weiß ich, daß die Einheiten, die den Aufstand niederschlagen sollten, über die Härte des Kampfes und die gute Bewaffnung des Gegners überrascht waren. Die SS und auch Einheiten der Wehrmacht hatten unverhältnismäßig hohe Verluste. – Ich weiß nicht mehr, ob Müller oder Kaltenbrunner mir mitteilte, daß Himmler gesagt haben soll: „Hätten wir rechtzeitig scharf und umfassend durchgegriffen, wäre wertvolles Blut erspart geblieben." Persönlich konnte ich es mir gar nicht vorstellen, daß ghettoisierte Juden so kämpfen konnten. Als die Blutverluste stiegen, zwang auch die Kampfesart zu einem rücksichtslosen Eingreifen, und zwar so rücksichtslos, wie wahrscheinlich auch jede andere Einheit in irgendeinem anderen Land in einem ähnlichen Kampf vorgegangen wäre. Die Härte dieser Maßnahmen könnte heutzutage verglichen werden mit dem Vorgehen der Franzosen im Araber-Viertel in Algier, wobei aber zu bedenken ist, daß dort vielleicht nicht die gleiche Härte notwendig war, weil dort nicht so große Menschenmassen auf einem verhältnismäßig kleinen Raum wie dem Warschauer Ghetto zusammengepfercht saßen. Nichtsdestoweniger bieten die Araber-Ghettos mit ihren kleinen Winkelgassen eine Parallele zu den Warschauer Verhältnissen.

Als Folge dieses Aufstandes und der damit verbundenen großen Blutverluste der deutschen Wehrmacht gab Himmler Befehl an die zuständigen Stellen des Generalgouvernements, rücksichtslos den letzten Winkel nach Juden durchzukämmen. Wie ich glaube, geschah das auch, so daß einige Zeit nach dem Warschauer Aufstand im Generalgouvernement tatsächlich keine Judenfrage mehr bestand.

Eine der wichtigsten Maßnahmen traf Globocnik aus Sorge, daß ihm in seinen zahlreichen fabrikähnlichen Konzentrierungen ähnliches zustoßen könnte, wo ja Tausende und Abertausende von Juden arbeiteten; er führte auf Grund der verschärften Befehle Liquidierungen durch. Diese Juden hätten sonst den Krieg genauso überstanden wie etwa die Tausende, die in den Heinkelwerken und in den anderen KZs im Reich beschäftigt waren; diese bildeten keine Gefahr, weil sie nicht im Ghetto lebten, wo ihre Tätigkeit unkontrollierbar war. In den angegliederten Werken war die Aktivität der Juden stündlich geregelt; sie standen unter sicherer Aufsicht. Die jüdischen Arbeitstrupps bei Globocnik dagegen standen unter einer sehr geringen Kontrolle, weil er nie die nötige Zahl Bewachungssoldaten hatte, so daß die Juden in einer Art Ghettostil zusammengefaßt waren. Zweifelsohne hat sich der Reichsführer von Gedankengängen leiten lassen, die dem Warschauer Aufstand entsprangen, als er mich persönlich in Marsch setzte; es war seine Absicht, Ungarn mit einer ungeheuren Schlagkraft zu durchkämmen, noch bevor die Juden Widerstand organisieren konnten. Unsere Maßnahmen in Ungarn beugten vor und waren schon deshalb mehr als gerechtfertigt. – Wären diese Präventivmaßnahmen in Polen ergriffen worden, wäre es sicherlich nicht zu diesem blutigen Aufstand gekommen. Das wäre ein Vorteil für die entsprechenden Einheiten der Wehrmacht wie auch ein Vorteil für die Juden gewesen.

Ob führende deutsche Beamte auf Grund des Warschauer Aufstandes zur Verantwortung gezogen worden sind, ist mir nicht bekannt; denn der Aufstand war eine Angelegenheit des Generalgouvernements, insofern es sich um Beamte handelte. SS-Männer sind m. W. nicht bestraft worden. Ob örtliche Strafen erfolgt sind, weiß ich nicht; es wäre durchaus möglich, daß der eine oder andere auf Grund seiner Fahrlässigkeit zur Rechenschaft gezogen wurde; denn das war ja üblich; vielleicht wurden sogar die Verantwortlichen erwischt.

Ich selber wurde nach Warschau geschickt, um mir das Ghetto nach dem Aufstand anzusehen. Das hieß in Müllers Sprache: „Mein lieber Eichmann, fahren Sie dahin und sehen Sie sich an, wie weit es kommen kann." Im Ghetto wurden mir die Widerstandsnester gezeigt, die nur mit geballten Ladungen ausgehoben werden konnten, ferner auch sämtliche Großkampfstellen, wo der Kampf hart gewesen war. Nie habe ich einen derart im Kampf zerstörten Ort wie das Warschauer Ghetto gesehen. Diese Bilder sind mir auch haftengeblieben, als ich in Ungarn war, und deshalb bereitete mir Budapest stets eine so große Sorge, auf die ich auch meine Untergebenen wiederholt hinwies. Aber noch fürchterlicher als ein Aufstand in Budapest wäre ein Partisanengebiet hinter der Front in Ungarn gewesen, das unsere Verbindungswege zerstört hätte. – Nachdem ich Warschau gesehen hatte, wäre ich der Todesstrafe schuldig gewesen, hätte ich mir in Ungarn, vor allem in Ostungarn einen sträflichen Leichtsinn erlaubt und nicht mit aller Schlagkraft durchgegriffen.

In den Ländern, wo „Judenberater" wirkten, wurden sie nach dem Aufstand in verstärktem Maße angewiesen, alles in die Wege zu leiten, um die Restbestände der dort noch anwesenden Juden überstellt zu bekommen. Es mußte viel Zeit vergehen, das Fanal des Warschauer Ghetto-Aufstandes ließ die Sorge vor ähnlichen Ereignissen so groß werden, daß die zuständigen Regierungsstellen, z. B. auch in der Slowakei, sich bereit erklärten, die restlichen Juden im beschleunigten Verfahren abzutransportieren, soweit sie noch erfaßbar waren. Der Aufstand von Warschau veranlaßte die verschärfte Erfassung der ungarischen Kontingente, gerade um ein zweites Warschau zu vermeiden. Die Berater hatten nun leichtere Arbeit; wir operierten mit dem Warschauer Aufstand und konnten dadurch größere Schwierigkeiten und Leerlauf im eigenen Amtsapparat überwinden. Ich mußte auf die Notwendigkeit unseres Tuns verweisen, weil ich selber die Verantwortung für die Sicherheit nicht übernehmen wollte, konnte und durfte; dafür war schließlich das RSHA zuständig.

Auch im Reich war es nach dem Aufstand still geworden um die interventionistischen Versuche. Die gesamte Rüstungsindustrie, die Direktoren der großen Werke, das Amt Speer und auch der „Beauftragte für den Vierjahresplan" hatten laufend interveniert. All das ließ schlagartig nach, wenn wir nur fragten: „Übernehmt ihr die Verantwortung, daß es nicht zu einem ‚Warschauer Aufstand' kommt?"

Das Fotoalbum über den Warschauer Aufstand wurde nicht erstellt, damit Stroop mit seinen „Heldentaten" glänzen konnte, sondern um der Reichsführung zu zeigen, wie die Folgen einer zu laschen Behandlung der Judenfrage aussahen. Himmler beabsichtigte, seinen Herren mit diesem Album ein deutliches Warnzeichen zu geben. Es war auch tatsächlich ein Fehler gewesen, Groß-Ghettos wie in Warschau anzulegen. Urheber des Ghetto-Gedankens in Polen war ich nicht; vielmehr waren im Generalgouvernement Ghettos vorhanden, die wir übernahmen, weil sie für die Überwachung eine große Personalersparnis bedeuteten.

Die Judenghettos bestanden im allgemeinen aus 30 000, 40 000 oder auch bis zu 50 000 Juden; erstmalig wurde in Litzmannstadt ein größeres Ghetto gebildet, das etwa ein Drittel von Litzmannstadt ausmachte und von rund 200 000 Juden bevölkert war.

Der Aufstand im Warschauer Ghetto war für die Juden wie für die Deutschen eine Katastrophe.

Die Deportationen aus dem Ausland

Aus der Slowakei

Im Herbst 1939 muß in Wien der Filmball von Hinkel stattgefunden haben. Ich erinnere mich daran, weil ich eingeladen wurde und wir dort zum erstenmal die sogenannten Gesellschaftsschnüre zur Uniform trugen. Und in derselben Nacht noch fuhr ich mit gewissen Slowaken zusammen, die daran anschließend Regierungsmitglieder wurden, nach Preßburg.

Bevor die Slowakei ihre Selbständigkeit erklärt hatte (120), fanden keine Deportationen statt. In Preßburg war der Gesandte Ludin; mein Vertreter Dieter Wisliceny war ihm als Berater zugeteilt, als „Berater für Judenfragen" bei der Deutschen Gesandtschaft in Preßburg. Diese Benennung hatte sich Wisliceny zugelegt. Er gab viel darauf, weil es ihm gelungen war, als eine Art Attaché einen Diplomatenpaß zu bekommen –. Dies jedoch war Wislicenys einzige Funktion; der von der slowakischen Regierung gegründeten „Jüdischen Zentrale" war er nie zugeteilt. Mein offizieller Dienstweg in der Slowakei war deshalb bei jedem Besuch, mich zuerst mit Wislicenys Chef, dem Gesandten Ludin, zu unterhalten. Der slowakische Innenminister Mach (121) befürwortete persönlich die Lösung der Judenfrage auf energische Weise, und es bestand ein sehr gutes Arbeitsverhältnis zwischen Wisliceny und Mach, so daß dieser sich vielleicht arbeitstechnischen Rat von Wisliceny für die „Jüdische Zentrale" einholte. In seiner offiziellen Mission war Wisliceny jedoch nie einer slowakischen Behörde beigegeben, sondern immer nur dem deutschen Gesandten. Die slowakischen Führungsstellen setzten sich aus alten Hlinka (122)-Gardisten zusammen und wachten eifersüchtig über die slowakischen Hoheitsrechte und ihre Unantastbarkeit.

Infolge seiner Körperfülle hatte Wisliceny ein gewisses Phlegma, aber er war ein ausgezeichneter Unterhändler, und es behagte ihm, daß er in der Slowakei nicht zuviel Arbeitskraft aufzuwenden hatte, weil der Gesandte Ludin irgendwelche Stockungen mit den slowakischen Dienststellen immer wieder ausbügelte. Ich selber besuchte Ludin zwei- oder dreimal und mußte ihm genauestens die Richtlinien schildern, die wir von Himmler hatten. Als ich Mach kennenlernte, war er noch nicht Minister; anläßlich dieses ersten Besuches bei Mach hatte ich eine Rücksprache mit dem Präsidenten, Monsignore Tiso. Um diese Zeit rollten die Transportzüge bereits, und Gesandter Ludin teilte mir mit, daß Tiso mich zu sprechen wünsche. Im Gespräch mit Tiso stellte sich heraus, daß er nicht gerade erbaut war, nun dem Reich die Juden slowakischer Staatsangehörigkeit übergeben zu müssen. Er machte seine Ansicht klar, daß diese Maßnahmen zwar nötig waren, er bat jedoch, sie menschlich durchzuführen. Er erkundigte sich auch nach den Verhältnissen bei diesen Transporten. Mir wurde klar, daß Tiso Antisemit war, aber kein Politiker, der systematisch die Judenfrage lösen wollte, sondern nur von Abneigung gegen die Juden beherrscht war. Er wollte vor allen Dingen die verbindliche Zusage von mir, daß katholisch getaufte Juden unangetastet blieben. Ich erinnere mich noch, wie mich damals seine Bereitwilligkeit, uns die übrigen Juden zur Verfügung zu stellen, an sich wunderte; denn ich traf Tiso in der Soutane an; da dachte ich mir, daß er eben mehr nationaler Politiker als Priester sei. Diese Unterhaltung muß Anfang 1942 stattgefunden haben; die Deportationen waren im Gang, und ich entsinne mich, wegen des Fahrplans mit dem Reichsverkehrsministerium in Schwierigkeiten geraten zu sein.

Die Deportationen aus der Slowakei wurden nicht zügig durchgeführt wie nachher in Ungarn, sondern zeigten Stockungen, die oftmals viele Wochen dauerten. Der einzige in der Regierung, der keine direkten größeren Schwierigkeiten machte, aber Beschwerden formaler Art aufwarf, war Tuka. Im Anfang wäre die slowakische Regierung froh gewesen, wenn wir ihr alle Juden in einer einzigen Nacht abgenommen hätten. Aber als ein Mensch wie Tuka (123) mitten aus der Kampfzeit heraus hinter einen Schreibtisch gesetzt wurde und in den ministeriellen Betrieb geriet, bekam er selbstverständlich Bedenken, weil er viele Proteste hörte und vielleicht auch Nachteile wirtschaftlicher Art für die Slowakei befürchtete. Tiso dagegen legte nie ein scharfes Veto ein. Auch bereitete er keine Schwierigkeiten wie z. B. Horthy (124) in Ungarn. Darum sah Innenminister Mach keine Veranlassung, von sich aus beim Judenproblem bremsend zu wirken, zumal er von seiner weltanschaulichen und politischen Warte aus die Judenfrage lieber gestern als heute gelöst haben wollte.

Bei der Entjudung machte die slowakische Regierung einen Fehler, indem sie zuerst in der Stadt Preßburg vorging, ohne sich von dem Gesichtspunkt der Verhinderung etwaiger jüdischer Partisanentätigkeit leiten zu lassen. Die Preßburger Juden mußten Wohnraum schaffen und kamen in Arbeitslager, wo sie für die slowakische Regierung arbeiten sollten; deshalb zog es die Regierung vor, die Arbeitslager auf slowakischem Gebiet zu belassen. Erst nachher wurde ein legaler Status festgelegt, der die slowakische Regierung ermächtigte, ihre eigenen Staatsangehörigen einem fremden Staat – dem Reich – zu überstellen. Eine solche gesetzgeberische Arbeit verschlang immer sehr viel Zeit, bis sie endlich alle in Frage kommenden Zentralinstanzen passiert hatte.

Nachdem der legale Status erreicht war, wurde laufend transportiert. Es mag sein, daß die Zielstation Auschwitz war, aber mir ist nicht bekannt, daß

Transporte auch nach dem Generalgouvernement gingen. Letzteres will ich nicht in Abrede stellen, zumal ich das nicht zu bestimmen hatte, sondern einzig und allein der Chef des WVHA, Pohl, oder sein Inspekteur des KL-Wesens, Brigadeführer Glücks. Die Züge wurden immer so geleitet, wie es das WVHA wollte, nicht etwa, wie wir sie haben wollten, denn wir hatten ja keine Aufnahmemöglichkeiten; nur Pohl besaß sie. Die Auswahl der Personengruppen, die aus der Slowakei deportiert wurden, war eine Angelegenheit der slowakischen Behörden; nach welchen Richtlinien die Erfassung durchgeführt wurde, war der Slowakei ebenfalls überlassen. Die Erfassung selber nahmen slowakische Polizeiorgane vor. So besteht durchaus die Möglichkeit, daß auch Kinder evakuiert wurden, weil auch dies dem Ermessen der slowakischen Regierung anheimgestellt war. In der Slowakei, genau wie in anderen Ländern, hatte die deutsche Regierung sich bereit erklärt, alle Juden zu übernehmen.

Ob im April 1942 der Chef der Sipo und des SD, Heydrich, in Preßburg eine Besprechung mit dem slowakischen Staatspräsidenten führte, ist mir nicht bekannt; ich wurde nicht zugezogen. Mit Tuka habe ich nie gesprochen und ihn persönlich auch nicht gesehen. Ich verhandelte nur mit Mach und dem deutschen Gesandten und hatte nur eine einzige schon geschilderte Unterredung mit Monsignore Tiso sowie mit dem slowakischen Wirtschaftsminister. Es ist lächerlich zu glauben, ich hätte mir je erlauben können, etwa einen „harten Kopf" zu zeigen in Angelegenheiten, die mein Chef schon genehmigt hatte. Wenn die slowakische Regierung die deutsche Regierung gebeten hat, irgendwelche Familienangehörige den schon deportierten männlichen Juden nachzuschicken, dann ist es unvorstellbar, daß auch nur eine einzige Stelle der Reichsregierung ein Veto eingelegt hätte; und ich wäre bestimmt der letzte dabei gewesen.

Zusammenfassend kann die Entwicklung in der Slowakei auf folgende Weise dargestellt werden: es lag ein Angebot der slowakischen Regierung vor, die Juden zu deportieren. Wir mußten vorsichtig vorgehen, um die slowakischen Hoheitsrechte nicht zu verletzen. Der „Juden-Berater" Wisliceny war nur im Arbeitsbereich des deutschen Gesandten tätig. Dies bedeutet nicht, daß seine Berichterstattung an die Dienststelle der Geheimen Staatspolizei unbedingt vom Gesandten zu siegeln oder abzuzeichnen war. Seine erste Aufgabe war es, über den Gesandten zu erreichen, daß die slowakische Regierung an die deutsche mit der Bitte herantrat, die Juden slowakischer Staatsangehörigkeit und anderer Staatsangehörigkeiten, soweit dies in den Rahmen der Verordnungen des Reichsführers fiel, zu übernehmen. Solange eine solche Bitte nicht vorlag, konnte von deutscher Seite überhaupt nichts geschehen. Dazu kam, daß wir das Personal zur Erfassung nicht stellen konnten, sondern slowakische Polizeiorgane die Juden zusammenfassen und ihre Verladung durchführen mußten. War der Transport verladen, wurde er von einem Transportkommando der deutschen Ordnungspolizei in Stärke von 30 oder 25 Mann begleitet. Dieses Kommando begleitete den Zug bis zu dem Bestimmungsbahnhof, der mir vom WVHA, anfangs vom Chef der Sipo genannt wurde. Bevor solche Transporte liefen, mußte nicht nur das Ansuchen der ausländischen Regierung vorliegen, sondern auch die Zustimmung des Auswärtigen Amtes und des Reichsführers SS. Innenminister Mach wurde von Monsignore Tiso scharf angewiesen, auf keinen Fall getaufte Juden oder solche aus Mischehen mit einem katholischen Partner zur Verladung zu bringen. Wir setzten dem keinen Widerstand entgegen, zumal es auch im Sinne Himmlers war, nicht wegen einiger Gruppen das Ganze zu gefährden. Das Angebot der slowakischen Regierung, die Juden zur Deportation zur Verfügung zu stellen, kam meines Erachtens nicht unter Druck zustande. Über die Bemühungen des deutschen Gesandten, die slowakische Zustimmung zu erreichen, weiß ich nichts, weil sie Sache des Auswärtigen Amtes waren. Aber ich hatte zweimal mit dem slowakischen Innenminister zu tun, und beide Male hatte ich den Eindruck der großen Bereitschaft, außerordentlich schnell vorzugehen, um die Slowakei möglichst rasch judenfrei zu haben. Auch in Anbetracht der Bemühungen des Innenministers selber kann kaum von „Druck" die Rede sein, wie ja auch die Schnelligkeit, mit der große Kontingente überstellt wurden, in diese Richtung deutet. Es gab eine Zeitlang große Schwierigkeiten, weitere Transporte zusammenzustellen, aber nicht etwa, weil die slowakische Regierung keine Bereitschaft mehr zeigte, sondern weil örtliche Bedenken vorlagen, die vielleicht einem Wunsch nach Rückversicherung oder der Angst vor dem eigenen Schneid entsprangen.

Am Tage des Attentates gegen Heydrich war ich zum zweiten Male beim slowakischen Innenminister Mach. Es war ein Höflichkeitsbesuch; wir waren gerade nach dem Abendessen beim Kegeln, als eine Ordonnanz des Innenministers die Nachricht von jenem Attentat überbrachte. Mach gab seinem Beauftragten in Prag Weisung, jede halbe Stunde Bericht durchzugeben, und so erfuhr ich die Einzelheiten. Meine Dienstreise brach ich ab und fuhr noch in der Nacht nach Prag, aber Heydrich sollte ich nicht mehr sehen. Sein Tod hatte zur Folge, daß wir schon im Frühling 1942 Schwierigkeiten mit der Deportierung hatten, die dann für eine längere Periode vollkommen aussetzte. Das veranlaßte Gruppenführer Müller dazu, mich nach Preßburg zu schicken; bevor ich mit Innenminister Mach sprach, besuchte ich den deutschen Gesandten und setzte ihm „das Messer auf die Brust", indem ich ihm sagte: Der Reichsführer-SS wünscht sofort und unverzüglich sämtliche Anstrengungen, um die letzten Juden aus dem slowakischen Raum zu deportieren. Dasselbe sagte ich befehlsgemäß auch mit ziemlich unverblümten Worten dem slowakischen Innenminister, mit dem ich ganz anders sprechen konnte als der offizielle deutsche Gesandte, weil ich ihn aus einer Zeit kannte, in der er noch keineswegs Innenminister war.

Ich erinnere mich, daß Ende 1942 versucht wurde, für Angehörige der in der Batschka ansässigen Soldaten der 8. und 22. Division Unterstützungsmittel von den Juden in Bezahlung irgendwelcher Auswanderungserleichterungen aufzubringen; doch weiß ich nicht mehr, von wem und wann der Anstoß dazu gegeben wurde. Wenn mir jetzt vorgeworfen wird, daß Wisliceny sich Ende 1942 fünfzigtausend Pfund hat bezahlen lassen, um die Deportationen aus der Slowakei einzustellen, so gibt es nur zwei Möglichkeiten der Erklärung: entweder lügt die angegebene Quelle oder – was mir sehr schwer fällt zu glauben – Wisliceny wäre untreu geworden.*

Dazu muß ich allerdings fragen, was wohl ein Mann in unserer damaligen Lage mit einem solch horrenden Betrag von 50 000 Pfund machen sollte. Es wäre mir schleierhaft. Und schließlich ist anzufügen, daß mir über einen Eingang dieser Summe oder über einen Befehl, 50 000 Pfund einzuholen, nichts bekannt gewesen ist. Mit der Erzeugung von falschen Pfundnoten hatte ich nichts zu tun, aber ich weiß, daß später bei uns Millionen und Abermillionen Pfundnoten gedruckt wurden. Deshalb kann ich nicht annehmen, daß irgendeine Stelle 50 000 lumpige Pfund einkassieren wollte, um dafür einen grundsätzlichen Anspruch zu „verkaufen"; denn so etwas hätte sich ja herumgesprochen, und die Judenfrage wäre in den einzelnen europäischen Ländern nur noch auf der Basis von Geld behandelt und damit praktisch unbearbeitbar geworden. Wenn ich einen so unsinnigen Satz höre wie: „Wisliceny zeigte, daß er nicht mit sich spaßen ließ, und schickte dreitausend Menschen in die Gaskammern", dann kann ich nur sagen, die mir angegebene Quelle lügt unverschämt – oder Wisliceny hätte damals unerhört gebluff, was ich ihm schon infolge seiner Korpulenz nicht zutrauen möchte. Ich hatte kein Recht, keine Befehlsbefugnis, auch nur einen einzigen Juden in eine Gaskammer zu schicken, auch nur einen einzigen Juden mit der Pistole niederzuschießen, mit einem Knüppel niederzuschlagen, aufzuhängen oder ähnliches – wieviel weniger hätte also ein mir untergebener Hauptmann dieses Recht besessen! – Wenn mir hier zudem erklärt wird, die gegnerische Nachkriegsliteratur behauptet, Wisliceny habe versucht, auf der Basis einer Bezahlung von zwei Millionen Dollar die Deportationen in ganz Europa außer Deutschland und Polen einzustellen, und die Juden hätten verzweifelt nach dem Geld gesucht, es aber nicht

---

* Zum Zeitpunkt dieser Niederschrift kennt Eichmann die Äußerungen von Wisliceny und anderen noch nicht. (D. Herausg.)

aufbringen können, so will ich diesen Unsinn überhaupt nicht weiter anhören, denn das ist die objektive und sicher auch subjektive Unwahrheit.

Nehmen wir sogar noch den Fall an, einer meiner Hauptleute habe zwei Millionen Dollar verlangt, um dafür die Deportationen einzustellen; nehmen wir ferner an, daß die dazu den Auftrag erteilende deutsche Reichsstelle den ungeheuren Prestigeverlust gegenüber unseren damaligen Verbündeten hingenommen hätte, so hätte das Judentum diese zwei Millionen Dollar sicher aufbringen können und gern aufgebracht, um so viele Juden vor einer Deportation zu bewahren, zumal es später unter Standartenführer Becher (125) in Ungarn um ganz andere Beträge ging. Um jene Zeit besaß Wisliceny weder das Recht noch die Möglichkeit, ein derartiges Geschäft zu machen. Daß etwas Ähnliches später geschah, erreichte Standartenführer Becher beim Reichsführer; dabei handelte es sich nicht um Geld, sondern um zehntausend Lastkraftwagen, die für die Ostfront bestimmt waren. Wisliceny dagegen hatte weder das Recht noch den Befehl dazu. Von dieser Angelegenheit habe ich nie gehört; sie wäre mir nicht verborgen geblieben; schließlich konnte ja nicht jeder herumwursteln, wie es ihm gefiel. – Ich habe meine Männer, soweit möglich, ständig daraufhin überwacht, daß sie die gerade Bahn einhielten, und ich weiß, daß ich ebenso von Müller ständig kontrolliert wurde. Das war mir sehr recht; jemand, der korrekt ist, kann sich überwachen lassen. Nur ärgere ich mich über primitives Lügensammelsurium und wundere mich, wie so etwas der Öffentlichkeit vorgesetzt werden kann.

Ähnlich absurd ist die Geschichte, daß Wisliceny mich in Berlin besuchte und den Wunsch der slowakischen Behörden nach einer Inspektion über den Verbleib der slowakischen Juden überbrachte, worauf ich ihm geantwortet haben soll: „Die Juden werden dort infolge des Geheimbefehls Hitlers langsam getötet." Das ist eine typische Folteraussage; denn wenn ich so etwas je gesagt haben soll, dann bestimmt nicht „die Juden werden dort langsam getötet..." Es ist möglich, daß Wisliceny mir erklärt hat, der päpstliche Nuntius habe interveniert, obwohl mir auch dies unwahrscheinlich erscheint; denn ich habe seitens der Katholischen Kirche in keiner Form irgendwelche massive Vorstellungen erhalten. Was behauptet und mir in den Mund gelegt wird, entspricht ganz einfach meinem Sprachgebrauch nicht. Es ist dienstlich einfach unmöglich, daß sich ein solches Gespräch abgespielt hat. Es hätte den dienstlichen Rahmen gesprengt und ist für mich erlogener Blödsinn.

Nach etwa zwei Jahren Stillstand wurden die Deportationen im Sommer 1944 wieder aufgenommen. Von einem damaligen Besuch des Reichsführers in Preßburg weiß ich nichts. Um diese Zeit war ich in Ungarn, aber ich erinnere mich, daß Wisliceny in die Slowakei zurückkehrte, als die Deportationen in Ungarn aufhörten. Die Juden der Slowakei wurden erst jetzt voll erfaßt, wobei wir von Osten nach Westen vorgingen, weil sich schon Partisanengruppen gebildet hatten; so begannen die Deportationen erneut. Im Jahre 1942 hatte man es umgekehrt gemacht und das Gebiet von Westen nach Osten durchgekämmt, aber dafür waren nicht wir zuständig; die slowakische Regierung wollte erst einmal ihre Hauptstadt judenfrei haben und den nun verfügbaren Wohnraum für die slowakischen Behörden verwenden, die aus den Regierungsstellen in Prag von den Tschechen abgeschoben wurden. Daher boten uns die Slowaken die ersten Judentransporte wie „saures Bier" an. Nachdem nun 1944 in der Ost-Slowakei Partisanengruppen am Werke waren, die sich zu einem verhältnismäßig großen Prozentsatz aus Juden zusammensetzten, wurde auch die Wehrmacht hellhörig, ebenso viele andere Stellen, die vorher Bedenken hatten walten lassen. Auch diesmal erfolgte die Erfassung nicht mit deutschem Personal, sondern durch das „Zentrale Judenamt" der Slowakei. Sicher ist nur, daß diese Juden keineswegs der Vernichtung zugeführt wurden; denn damals bestand bereits Himmlers Vernichtungsstop-Befehl. Außerdem wurden im Oktober 1944 bestimmt keine Juden mehr deportiert, weil um diese Zeit auch keine Juden aus Ungarn mehr abtransportiert wurden. Es mag sein, daß örtliche Stellen der Sipo und des SD einige kleine Judengruppen, die zahlenmäßig nicht im entferntesten ins Gewicht fallen konnten, auf eigene Faust evakuierten, besonders in von Partisanen verseuchten Gebieten; wenn Partisanenaufstände unterdrückt wurden, so hatte das mit Deportierungen nichts mehr zu tun, sondern war „Bandenbekämpfung". – Meine Aufgabe war präventiver Art: zu verhindern, daß sich Partisanenbanden nach den traurigen Erfahrungen in Warschau bilden konnten; wenn Juden im Zuge der Partisanenbekämpfung aufgestöbert wurden, wurden sie nicht, weil sie Juden, sondern weil sie Partisanen waren, in Bausch und Bogen gleich behandelt. Das war aber nicht meine Aufgabe.

Wenn die Nachkriegsliteratur behauptet, ich hätte „forciert deportiert", obwohl Verhandlungen zwischen dem Reichsführer und den Juden liefen, dann ist auch dies vollkommen abwegig. Wenn ich es je gewagt hätte, einen Befehl des Reichsführers zu ignorieren, dann wäre Himmler sogar im Zweifelsfalle mit mir fürchterlich verfahren. Nur ein Schwachkopf kann glauben, daß ein Obersturmbannführer es wagen konnte, einen Befehl des Reichsführers direkt oder indirekt ins Gegenteil zu verkehren. Da Himmler die Maßnahmen für einen „Tauschhandel von 1000 Lastkraftwagen gegen eine Million Juden" eingestellt hatte, war Auschwitz kein Deportationsziel mehr, und die slowakischen Juden wurden nach den vom WVHA bekanntgegebenen Aufnahmemöglichkeiten auf verschiedene andere Lager verteilt. Wisliceny erhielt für die letzten Deportationen aus der Slowakei Brunner als Verstärkung; zweifelsohne wirkte die Partisanentätigkeit der Juden als auslösender Faktor.

Inwieweit die Haganah an dem Aufstand in der Slowakei beteiligt war, entzieht sich meiner Kenntnis. Ich weiß nur, daß ich mit der Stetigkeit eines Cato im römischen Senat immer auf diese Gefahr hinwies; im übrigen bin ich der Meinung, daß die Haganah schärfer zu beobachten war. Die Haganah war schließlich auch der Grund dafür, daß ich damals jenen Mann aus Palästina hofierte, und der Grund für Heydrich, mich die Einladung nach dem Nahen Orient annehmen zu lassen. Solange ich mich mit dem Zionismus befaßte, geschah das auch mit der Haganah. Damals war Mussolini unser Verbündeter wie auch „das Schwert des Islams"; Grund genug, besonders aufmerksam irgendwelche Schwierigkeiten zu vermeiden; später gehörte die Haganah zu den Kreisen, die uns sehr interessierten und mit denen wir einen engen Kontakt hatten; es würde mich selbstverständlich nicht wundern, wenn die Haganah in letzter Stunde, wo an sich auch nichts mehr zu befürchten war, den slowakischen Partisanen zu Hilfe geeilt wäre.

Als ich im Frühjahr 1942 – und wahrscheinlich in der Woche des Gespräches mit Tiso – mit dem Wirtschaftsminister wirtschaftliche Fragen besprach, wurde die Möglichkeit erwähnt, Familienangehörige von schon deportierten Juden nachzuschicken. Als ich von Berlin nach Preßburg abfuhr, wußte ich natürlich schon, welche Fragen die slowakischen Behörden mir stellen würden. Entweder hatte mir mein damaliger Vertreter Wisliceny die verschiedenen Punkte mitgeteilt, nachdem Gesandter Ludin sie mit ihm besprochen hatte, oder dieser selbst sie direkt an Wisliceny als meinen Berater durchgegeben. Obwohl ich mich auf die Slowakei in diesem Zusammenhang nicht so genau entsinnen kann, kann ich mit ruhigem Gewissen verantworten, was ich schreibe, weil ja ähnliches oft vorkam und der Vorgang immer darin bestand, daß ich mich vorher mit Gruppenführer Müller beriet; konnte er mir keine klare Antwort geben, wandte er sich an den Chef der Sipo und des SD und letzterer, wenn nötig, an den Reichsführer. Bevor ich abreiste, war ich stets im Bilde, welche Antwort ich zu geben hatte. In diesem Fall hieß sie: „Jawohl, Familienangehörige können wiedervereinigt werden." Selbstverständlich haben die in Frage kommenden Juden um jene Zeit gelebt – dies ist ein weiterer Beweis dafür, daß Deportierungen durchaus nicht gleichbedeutend waren mit Vergasungstod, wie so manche jüdischen Schreiberlinge es vorgeben, sondern Arbeitseinsatz bedeuteten. Ich will es vorsichtig formulieren: Mir ist, als ob die aus der Slowakei deportierten Juden überhaupt nicht in KZs gebracht wurden, sondern in östliche Ghettos. Während Auschwitz ein KZ mit einer Riesenzahl von Arbeitsstätten einschließlich eines Bergwerks war, gab es in den östlichen Ghettos auch Werkstätten von kleinerem Umfang. Ich will damit nicht sagen, daß slowakische Juden nicht nach Auschwitz gekommen sein können, sondern daß diese Transporte, auch wenn sie nach Lublin geleitet wurden, nicht von Globocnik übernommen, sondern direkt in die Arbeitswerkstätten abgestellt wurden. Sonst hätte ich ja den beiden slowakischen Ministern gar nicht zusagen können, daß die Möglichkeit bestand, die Familienangehörigen zu vereinigen.

Wenn es wahr ist, daß Wisliceny behauptet hat, ich habe ihm einen Geheimbefehl gezeigt, demzufolge die gesamte jüdische Rasse auszurotten sei, dann ist das ein an Haaren herbeigezogener Blödsinn von Wisliceny und ein plumper Versuch, sich von dieser Sache abzusetzen.*

Es ist ein dummer und plumper Versuch, weil es sich um jemanden handelt, der sich selbst eifrigst darum bemühte, in dieses Arbeitsgebiet hineinzukommen, sich zu mir hereinzudrängen, obwohl ich früher einmal sein Untergebener gewesen war. Vielleicht hoffte er, mich im Laufe der Zeit auszubooten und sich selbst an meine Stelle setzen zu können; ich weiß das alles nicht. Mir wäre es jedenfalls gleichgültig gewesen. Mir irgendeine „ernste Situation" aus der Slowakei mitzuteilen, war nicht Aufgabe Wislicenys, sondern die des Auswärtigen Amtes. Derartige Mitteilungen bekam ich jedesmal von Rademacher, der es ja besser wissen mußte; denn ein Gesandter war besser informiert, allein schon, weil er seine Attachés hatte. Der Horizont meiner „Berater" war viel zu eng, um etwaige Auswirkungen vollständig zu erkennen. Außerdem hätte Ludin gar nicht zugelassen, daß die private Berichterstattung an das Auswärtige Amt durchkreuzt wurde. Ich kann mich dessen nicht entsinnen; sollten aber die Slowaken versucht haben, irgendwelche Inspektionen der deportierten Juden durchzuführen, so mußte ein solches Ansinnen an das Auswärtige Amt gehen und schließlich beim Reichsführer landen. Wurde eine solche Anfrage abschlägig beschieden, dann war nicht der „böse Eichmann" daran schuld, nicht einmal Gruppenführer Müller, nicht einmal der Chef der Sipo und des SD, sondern einzig und allein Himmler. Es ist lächerlich, behaupten zu wollen, ein kleiner Referent von IV B 4 könnte eine solche Entscheidung treffen.

Abschließend kann ich zur Zahl der Deportationen slowakischer Juden nur andeuten, daß ich mich der Zahl von 40 000–45 000 aus der Slowakei deportierter Juden zu erinnern meine, eine Zahl, die die letzten Deportationen von 1944 einschließt. Ein sehr wesentlicher Teil dieser Deportierten dürfte den Krieg überlebt haben, zumal während der letzten Aktionen befohlen war, die physische Vernichtung einzustellen.

---

* Diese und die nachher folgenden Erklärungen Eichmanns erfolgten, als er die von Reitlinger und Poliakov wiedergegebenen Erklärungen Wislicenys in vollem Umfang kannte.

Zur Judenfrage in Serbien

Deportation und Tod serbischer Juden

Am 6. Apr. 1941 marschierten in Jugoslawien deutsche Truppen ein. Die jugoslawische Armee kapitulierte. Das Land wurde in zwei Staaten aufgeteilt: Serbien mit Belgrad als Hauptstadt und Kroatien mit der Hauptstadt Agram.

Nach Ausbruch des deutsch-sowjetischen Krieges wurden auf deutsche Truppen und auf einzelne deutsche Soldaten Überfälle ausgeübt, Sabotageakte mehrten sich. die militärische Führung ordnete Erschießungen an. Vom 5. Juli einschließlich des 7. Aug. 1941 wurden 664 Kommunisten, Juden und sonstige Personen erschossen.

In einem Befehl des Oberbefehlshabers des Heeres vom Mai 1941 wird darauf hingewiesen, daß im Feldzug gegen die Sowjetunion als besonders gefährliches Element aus der Zivilbevölkerung die Träger der jüdisch-bolschewistischen Weltanschauung hervorträten: Dementsprechend wird rücksichtsloses und energisches Durchgreifen gegen „bolschewistische Hetzer, Freischärler, Saboteure, Juden und restlose Beseitigung jedes aktiven oder passiven Widerstandes" verlangt.

Der Chef des Oberkommandos der Wehrmacht, Generalfeldmarschall Keitel, gab einen „Geisel-Sühnebefehl" heraus, in dem Moskau als Zentrum von Unruhen und Überfällen verantwortlich gemacht wird. Angeordnet wurde als Sühne für ein deutsches Soldatenleben die Erschießung von 100 Personen, bei Verwundung von 50. Wortwörtlich heißt es: „Die Art der Vollstreckung muß die abschreckende Wirkung noch erhöhen".

General Böhme, der mit der Niederschlagung des sogenannten Volksaufstandes beauftragt worden war, ordnete in einem Befehl vom 4. Okt. 1941 an, daß für 21 ermordete deutsche Soldaten sofort je 100 serbische Häftlinge zu erschießen seien. In dem Befehl heißt es dann weiter: „Chef der Militärverwaltung wird gebeten, 2100 Häftlinge in den Konzentrationslagern Sabac und Belgrad zu bestimmen."

Im Mai 1941 war dem Militärbefehlshaber Serbien bereits der Gesandte Benzler als „Bevollmächtigter des Auswärtigen Amtes beim Militärbefehlshaber in Serbien" zugeteilt worden. Mit Veesenmayer, der von dem deutschen Reichsaußenminister mit dem Auftrag der Partisanenbeobachtung nach Serbien geschickt worden war, entwarf Benzler ein Telegramm und schickte es am 8. Sept. 1941 nach Berlin. Darin heißt es, die Juden hätten sich bei zahlreichen Sabotage- und Aufruhr-Akten als Mittäter herausgestellt; daher müsse beschleunigt für die Sicherstellung und Entfernung zumindest aller männlichen Juden gesorgt werden. Es kämen etwa 8000 Juden in Be-

tracht. Es sei ratsam, diese so rasch wie möglich außer Landes auf rumänisches Gebiet zu bringen. (Originalakten des AA mit der Bezeichnung „Inland II g"). Das Telegramm übergab der Leiter der politischen Abteilung, Unterstaatssekretär Dr. Woermann, dem Legationssekretär von Haeften mit der Bitte, die Sache bei der Abteilung Deutschland weiterzubearbeiten, daher lehnte er den Abschub nach Rumänien ab. *(Originalakten des AA mit der Bezeichnung „Inland II g").* Auch von Ribbentrop gab dieselbe Weisung. Daraufhin erhielt Benzler die Antwort, daß der Abschiebung der Juden auf fremdes Staatsgebiet nicht zugestimmt werden könne. Hinzugefügt war: *„;... es wird anheimgestellt, die Juden in Arbeitslagern sicherzustellen..." (aaO., Bl. 154).*

Benzler antwortete am 12. Sept. 1941: „Unterbringung in Arbeitslagern bei jetzigen inneren Zuständen nicht möglich, da Sicherung nicht gewährleistet. Judenlager behindern und gefährden sogar unsere Truppen..., da Sabac Kampfgebiet und in der Umgegend aufständische Banden in Stärke von mehreren tausend Mann festgestellt... Abschiebung zunächst männlicher Juden ist wesentliche Voraussetzung für Wiederherstellung ordnungsmäßiger Zustände... Falls sie erneut abgelehnt wird, bleibt nur noch sofortige Abschiebung etwa nach Generalgouvernement oder Rußland..." (aaO., Bl. 159, 147).

Luther ordnete jetzt an: „D III bitte sofort mit RSHA sprechen, dann Bericht Lu 12./9." (aaO., Bl. 147). Auf Blatt 147 der Originalakten des AA mit der Bezeichnung „Inland II g" befindet sich eine Notiz mit dem Inhalt: *„nach Auskunft des Sturmbannführers Eichmann RSHA IV D VI Aufnahme in Rußland und Generalgouvernement unmöglich. Nicht einmal die Juden aus Deutschland können dort untergebracht werden.* **Eichmann schlägt Erschießen vor.** *R. 13./9."*

Am 13. Sept. 1941 fertigte Rademacher eine Aufzeichnung an, in der ausgeführt wird: „... Rußland ist als Operationsgebiet zur Aufnahme dieser Juden völlig ungeeignet; wenn sie schon in Serbien eine Gefahr sind, sind sie in Rußland eine noch viel größere. Das Generalgouvernement ist bereits mit Juden übersättigt. M. E. müßte es bei der nötigen Härte und Entschlossenheit möglich sein, die Juden auch in Serbien in Lagern zu halten. Wenn die Juden dort aber nach wie vor Unruhe schüren, muß gegen sie mit verschärftem Standrecht vorgegangen werden..."

Der Gesandte Benzler gab sich nicht zufrieden. Er richtete am 28. Sept. 1941 ein Telegramm mit dem Vermerk „für Herrn Reichsaußenminister persönlich". Ein Doppel dieses Telegramms erhielt auch der Unterstaatssekretär Luther. Benzler bezieht sich auf seine früheren Drahtberichte sowie an eine Zusage des Reichsaußenministers bei einer Unterredung in Fuschl, die Juden, Freimaurer und englandhörige Serben donauabwärts oder in Konzentra-

tionslagern, sei es in Deutschland oder im Generalgouvernement, unterzubringen. Wortwörtlich heißt es: „Zudem hat mich General Böhme ebenso wie Militärbefehlshaber erneut nachdrücklich gebeten, auch in ihrem Namen sofortige Abschiebung der Juden außer Landes zu erwirken... Unterbringung in neuen Lagern und außerhalb Belgrads infolge Aufstandslage unmöglich... Abschiebung auf Insel in Donaudelta erscheint transportmäßig die einfachste Lösung, da leere Frachtkähne sofort bereitstehen. Dies Verfahren ist nach meiner Unterrichtung auch bereits bei Abschiebung der Juden aus der Tschechei angewandt worden..." (aaO., Bl. 163–164, 165–166, 167–168).

Luther nimmt hierauf in einer Vortragsnotiz für den Reichsaußenminister vom 2. Sept 1941 nochmals Stellung. Er schreibt u. a.: „Wenn der Militärbefehlshaber mit Benzler dahingehend einig ist, daß diese 8000 Juden in erster Linie die Befriedungsaktion im serbischen Altreich verhindern, so muß meiner Ansicht nach der Militärbefehlshaber für die sofortige Beseitigung dieser 8000 Juden Sorge tragen. In anderen Gebieten sind andere Militärbefehlshaber mit einer wesentlich größeren Anzahl von Juden fertig geworden, ohne überhaupt darüber zu reden." Luther erbittet Ermächtigung, die Serbienfrage mit SS-Obergruppenführer Heydrich zu besprechen (aaO., Bl. 172/173). Am 4. Okt. 1941 wird die Besprechung mit Heydrich stattgefunden haben, denn er gab Rademacher den Auftrag, ein entsprechendes Fernschreiben zu entwerfen.

Dieses ging am 5. Okt. 1941 nach Belgrad ab. Ein Sonderbeauftragter des Reichssicherheitshauptamtes wird zur Regelung der aufgeworfenen Fragen angekündigt (aaO., Bl. 177). In einem weiteren Fernschreiben vom 8. Okt. 1941 teilt das Auswärtige Amt mit, daß **Sturmbannführer Eichmann** *in der nächsten Woche mit* **Rademacher nach Belgrad kommen werde** *(aaO., Bl. 182). In einem dritten Fernschreiben vom 15. Okt. 1941 teilte das Auswärtige Amt Benzler mit, daß anstelle von Sturmbannführer Eichmann Sturmbannführer Suhr und Untersturmführer Stuschka mit Rademacher am 18. Okt. 1941 in Belgrad eintreffen würden.*

In der Besprechung an demselben Tag erklärte der Militärverwaltungschef Dr. Turner in Belgrad, daß **bereits 2000** *der in dem Fernschreiben erwähnten* **Juden als Repressalie für Überfälle auf deutsche Soldaten erschossen worden seien.** *In Vollzug des Befehles der Erschießung von 100 Serben für 1 getöteten deutschen Soldaten seien zunächst die aktiven kommunistischen Führer serbischer Nationalität, etwa 50 an der Zahl, und dann laufend Juden erschossen worden. Es handle sich im übrigen nur um 4000 Juden und nicht um 8000. Wie die Differenz von 4000 entstanden sei, könne er nicht aufklären.*

Rademacher setzte dem Staatsrat Dr. Turner auseinander, weshalb die

Juden weder nach Rumänien noch in das Generalgouvernement oder in den Osten abgeschoben werden könnten.

Im Anschluß an die Unterredung traf Rademacher mit den Sachbearbeitern der Judenfrage, Sturmbannführer Weimann von der Dienststelle Turner, dem Leiter der Staatspolizeistelle, Standartenführer Fuchs, und dessen Judensachbearbeitern in Anwesenheit des Sturmbannführers Suhr zusammen. Rademacher erhielt die Mitteilung, daß ein Befehl Hitlers, ein Befehl Keitels sowie ein solcher des Generals Böhme vorliege. Diese Befehle sähen Geiselerschießungen in großer Zahl vor. Das in den Berichten des Gesandten Benzler angeschnittene Problem könne raschestens erledigt werden. (Erschießung der männlichen Juden.)

Fuchs erklärte, die Differenz von 8000 männlichen Juden zu 4000 sei dadurch zustande gekommen, daß in der Aufregung anläßlich des Aufstandes 1500 Juden aus Smedrivo und 600 aus dem Banat (ein Rest von 2000) doppelt gezählt wurden. Ein Teil der Belgrader Juden habe sich inzwischen verdrückt. Weiter wurde Legationsrat Rademacher berichtet, daß bereits 2200 Juden für einen Überfall bei Topola erschossen worden seien. Für einen Überfall bei Kraljewo müssen aufgrund eines Befehls des Generals Böhme weitere 1800 Geiseln erschossen werden. Dafür reiche aber die Zahl der festgenommenen Juden gar nicht mehr aus. Anhand von Unterlagen wurde die Beteiligung der Juden am Aufstand durch Kurierdienste und Sabotageakte dargestellt.

Der Gesandte Benzler und der Militärbefehlshaber Serbiens, der General der Flieger Dankelmann, der abgelöst wurde, hätten die Nerven verloren, als die Partisanen vor Belgrad gestanden seien. SS-Standartenführer Fuchs fuhr dann mit Rademacher nach India, einem kleinen Ort bei Belgrad, wo letzterem in einem geöffneten Massengrab die Leichen verstümmelter und bestialisch zu Tode gefolterter Deutscher gezeigt wurden. Rademacher erhob keine Einwendungen gegen die vorgeschlagene Erschießung der männlichen Juden im Rahmen der befohlenen Repressiv-Maßnahmen.

Am 20. Okt. 41 erörterte Rademacher in einer Besprechung bei Dr. Turner die Gründe, warum eine Abschiebung der Juden nicht möglich sei. Bei der Besprechung wurde noch darüber diskutiert, wo die Frauen und Kinder der Juden sowie die Zigeuner, von denen die Männer ebenfalls noch erschossen werden sollten, vorläufig untergebracht werden könnten. Zunächst wurde das Zigeunerviertel in Belgrad für die Unterbringung der etwa 20 000 Juden – Frauen, Kinder und alte Leute – als Übergangsstation in Aussicht genommen. Das Viertel müsse aber aus hygienischen Gründen bald niedergebrannt werden. Als weitere Station wurde die serbische Insel Mitrovica in Aussicht genommen. Die genannten 20 000 Juden sollten dann, sobald die Möglichkeit bestehe, auf dem Wasserweg in den Osten abgeschoben werden.

Am 21. Okt. 1941 verließ Rademacher dann mit seinen Begleitern Belgrad. In den Originalakten des Auswärtigen Amtes Inland IIg, Bl. 203, 204, findet sich der Aktenvermerk Rademachers:
„Gesandter Benzler, der z. Zt. in Berlin ist, teilte fernmündlich mit: In dem Plan zur weiteren Behandlung der serbischen Juden sei zu der Belgrader Besprechung insofern eine Änderung eingetreten, als die Juden nicht mehr auf eine serbische Insel gebracht würden, sondern in das Lager Semlin. Die zunächst vorgesehene Insel stehe unter Wasser. Die Kroaten hätten sich damit einverstanden erklärt, daß die Juden nach Semlin als einem Übergangslager gebracht würden. Gesandter Benzler bat, die Juden daher möglichst bald nach dem Osten abzunehmen. Ich habe erwidert, daß dies vor dem Frühjahr auf keinen Fall in Frage komme, da zunächst der Abtransport der Juden aus Deutschland vorgehe. Auch ein Abtransport im Frühjahr sei noch zweifelhaft."

*Aus dem gesamten Vorgang kann geschlossen werden, daß ein **Führerbefehl zur Vernichtung des europäischen Judentums nicht vorlag und auch Eichmann keine aktive Rolle spielte**.*

*Bezeichnend für die Lage in Belgrad ist ein Brief des Staatsrates Dr. Turner vom 17. Okt. 1941, der in den Fall XI des Militärgerichtshofes IV eingeführt wurde. In ihm heißt es: „. . . Daß hier der Teufel los ist, weißt du ja wohl. Es sind erhebliche Truppenvermehrungen hergekommen, die sich nun an das Aufräumen heranmachen, was aber mit Schwierigkeiten verknüpft ist. Denn nach den Leninschen Anweisungen über die Aufstandsmethoden haben sich Zweier- und Dreierkolonnen in der nötigen Menge gebildet, um überall mit Mord, Sabotageakten und ähnlichem vorzugehen, was natürlich schwer zu greifen ist. Vor fünf Wochen ungefähr hatte ich bereits **die ersten von 600 an die Wand gestellt**. Seitdem haben wir bei einer Aufräumungsaktion **wieder etwa 2000 umgelegt**, bei einer weiteren **wieder etwa 1000** und zwischendurch habe ich dann in **den letzten sechs Tagen 2000 Juden und 200 Zigeuner erschießen lassen** nach der Quote 1 : 100 für bestialisch hingemordete deutsche Soldaten, und **weitere 2200**, ebenfalls fast nur Juden, werden in den nächsten acht Tagen erschossen. Eine schöne Arbeit ist das nicht. Aber immerhin muß es sein, um einmal den Leuten klarzumachen, was es heißt, einen deutschen Soldaten überhaupt nur anzugreifen, und zum anderen löst sich die Judenfrage auf diese Weise am schnellsten."*

Deportation aus Serbien

In Belgrad hatte ich nie einen „Berater" und auch keine Deportationen durchgeführt. Wenn solche in diesem Raum stattfanden, waren sie nicht Sache von IV B 4 und ich demzufolge nicht zuständig. Mir ist nichts von den Deportationen der Juden aus der Batschka und ihrer anschließenden Ghettoisierung in Belgrad bekannt. Dasselbe muß ich zu einem angeblichen Brief des deutschen Gesandten in Belgrad, Benzler, erklären, der mich gebeten haben soll, Juden aus dem Belgrader Ghetto nach Polen und der Sowjetunion zu deportieren. Angeblich soll ich erklärt haben, daß in den erwähnten Ländern kein Platz sei und ich deshalb nur den Vorschlag machen könne, sie kurzerhand zu erschießen. Von alledem stimmt nicht ein einziges Wort. Einen solchen Vorschlag kann ich nie gemacht haben; denn ich war für Evakuierung, aber nicht für Vernichtung zuständig. Ein solcher Vorschlag wurde weder vom Amt IV B 4 noch von meinem Dezernat auch nur in einem einzigen Fall gemacht. In dieser Zeit war der Verbindungsmann zwischen dem Auswärtigen Amt und meiner Dienststelle der Legationsrat Rademacher. Ergaben sich irgendwelche Schwierigkeiten für die Dienste des Auswärtigen Amtes im Ausland, die die Judenfrage betrafen, so kam er mit seinen Noten zu mir, um eine solche Angelegenheit zu besprechen. Hätte der Gesandte Benzler irgendeine Entscheidung bezüglich der Juden im Belgrader Ghetto einholen wollen, so hätte mich Legationsrat Rademacher sicherlich davon unterrichtet. Niemals aber hätte ich einem Legationsrat, Angehörigen des Auswärtigen Amtes, sagen dürfen: „Ich gebe Ihnen den Rat, die Juden erschießen zu lassen." Einen solchen Rat könnte ich höchstens einem Angehörigen der Sipo und des SD gegeben haben, doch tat ich das nicht; denn um jene Zeit wurde nicht so „großzügig liquidiert". Die Einsatzgruppen im Osten handelten direkt auf Weisung und Befehl des Reichsführers, vielleicht auch gelegentlich einmal auf Befehl des Chefs der Sipo und des SD, aber auch hier wurde das Amt IV B 4 völlig herausgehalten. Ein derartiger „Erschießungsrat" hätte den Rahmen meiner Zuständigkeit vollkommen gesprengt.

Ich habe nichts davon gehört, daß bei den Verhandlungen zwischen dem Chef der Sipo und dem Auswärtigen Amt die Möglichkeit verneint wurde, diese Juden nach Rumänien zu leiten, und ebensowenig, daß Heydrich und Luther gemeinsam beschlossen, niemand von der Sipo und dem SD, sondern Legationsrat Rademacher zur Klärung dieser Frage nach Serbien zu senden. Es ist durchaus möglich, daß um jene Zeit der Chef der Sipo und des SD aus bestimmten Gründen das Geheime Staatspolizeiamt in Berlin von diesen Dingen gänzlich fernhielt. Vielleicht gilt das auch für den Reichsführer. In diesem Zusammenhang fiel es auch auf, daß die Einsatzgruppenchefs in der Sowjetunion gewöhnlich ihre Order über die Behandlung von Juden und anderen gegnerischen Personen bekamen, ohne daß die zuständigen Dezernenten des Geheimen Staatspolizeiamtes daran überhaupt beteiligt wurden. Damit mag auch diese Belgrader Angelegenheit im Zusammenhang gestanden haben; es ist wahrscheinlich, daß nach Abschluß der Verhandlungen, die von Staatssekretären geführt wurden, mein Dezernat als das zuständige den ganzen Komplex mit der Weisung erhielt, ihn der Registratur der einschlägigen Akten einzuverleiben. Mit der Angelegenheit selber hatte ich jedoch nichts zu tun. Wenn also ein Hauptamtschef des Reichsführers mit einem Staatssekretär des Auswärtigen Amtes eine bestimmte Angelegenheit behandelt, die für das Reich noch nicht einmal von grundsätzlicher Bedeutung war, dann leuchtet wohl jedem ein, daß sich unter die Staatssekretäre kein kleiner Dezernent mit einem sogenannten „Rat" einmischen kann! Es ist leicht möglich, daß mich mein Chef Heydrich gefragt hat, wohin man die Juden aus Belgrad leiten könne; da es sich aber um eine relativ kleine Zahl handelte, kann er einfach entschieden haben, wohin sie kommen sollten; Heydrich war im Gegensatz zu Kaltenbrunner gern bereit, direkte Entscheidungen zu treffen, ohne vorher seine Dezernenten zu Rate zu ziehen.

Es ist jedenfalls bezeichnend, daß die mir jetzt angeführten Quellen darauf hinweisen, diese ganze Angelegenheit sei von der „Wannsee-Konferenz" nochmals angeschnitten worden; das war viele Monate nach meinem angeblichen „Rat", die Juden kurzerhand zu erschießen. Dies ist damit vom Tisch gewischt. Außerdem ist der Ausdruck „kein Platz in Polen und Rußland" selbstverständlich ein an den Haaren herbeigezogener Unsinn, genauso wie die Behauptung, es seien drei Transportzüge aus Serbien, die nach Ostpolen abfuhren, „unterwegs verschwunden". Das muß einem phantasierenden Gehirn entsprungen sein; denn es können natürlich drei vollbesetzte Transportzüge nicht einfach „verschwinden", ohne daß irgendwer weiß, wie es dazu kam. Sogar die Juden selber haben zahlenmäßig viel geringere Fälle von zwanzig oder dreißig Personen genauestens registriert. Man mußte doch wenigstens wissen, wohin die Transportzüge geleitet werden sollten; auch nur ein einziger Transportzug, der von einem Ort abging, wurde mit seinem Abgangs- und Bestimmungsbahnhof gemeldet. Außerdem konnte ich keine drei Transportzüge nur so „mit dem Telephonhörer in der Hand" auf „morgen" bestellen! Das ist absurd – und dann sollen diese drei Züge einfach „verlorengegangen" sein!

Ich bekenne mich zu allem, was ich auf Grund empfangener Befehle getan habe, aber ich bin nicht bereit, alles einfach auf das Dezernat kommen zu lassen, wie z. B. einen so kaltschnäuzigen „Befehl": „Ich weiß nicht, wohin damit – erschießt sie also!" Nicht einmal transporttechnisch hatte mein Dezernat etwas mit denjenigen Juden zu tun, die in Polen, im sowjetischen und im serbischen Raum lebten. Drei Züge aus Belgrad nach Ostpolen zu leiten, das bedeutet einen Weg durch Kroatien und Österreich nach dem Generalgouvernement, für den selbstverständlich eine Fahrplankonferenz nötig gewesen wäre, von der irgend jemand heute noch etwas wissen müßte.

Von einem Lager „Zenum" in Serbien habe ich erst jetzt und hier gehört. Ich kannte den Kommandeur der Sipo, Fuchs. Es ist möglich, daß er auf Grund eines Befehles von oben, aber ohne jegliche Einbeziehung der Geheimen Staatspolizei einen Vernichtungsbefehl bekommen und ausgeführt hat. Fuchs, ein kleiner, schmächtiger Mann, Ober- oder Brigadeführer, erhielt seine Order direkt von oben, niemals von uns; dies gehörte zum selben Komplex wie die Aktionen der Einsatzgruppenchefs im Osten.

Zur Grundfrage in Rumänien

Im Herbst 1940 entsandte Hitler nach Rumänien eine Militärmission und verschiedene Truppenteile zur Ausbildung der rumänischen Armee, die allmählich verstärkt wurden, um die für Deutschland wichtigen rumänischen Erdölgebiete zu schützen.

Rumänien trat auch dem Dreimächtepakt bei, schloß mit dem Reich ein Bündnis und marschierte am 22. Juni 1941 in das an die UdSSR abgetretene Bessarabien ein.

Dem deutschen Gesandten in Bukarest, Manfred von Killinger, wurde ein Judenberater zugeteilt. Es dürften in Rumänien – einschl. Bessarabien – 342 000 Juden gewohnt haben, die im Staats- und Wirtschaftsleben wichtige Stellen einnahmen.

Die Juden in diesem osteuropäischen Land hatten keine politischen Rechte.

Am 9. Sept. 1940 erließ die rumänische Regierung eine Verordnung, nach der jeder Jude dienstpflichtig war und jede zugewiesene Arbeit annehmen mußte. Ob die Verordnung von der rumänischen Regierung aus freien Stücken erlassen wurde, läßt sich nicht feststellen.

Am 13. Nov. 41 telegrafierte der deutsche Gesandte in Bukarest an das Auswärtige Amt, daß Mihai Antonescu, der rumänische Ministerpräsident, „es der Reichsregierung überlasse, die Juden rumänischer Staatsangehörigkeit gemeinsam mit den deutschen Juden in die Ghettos nach dem Osten abschieben zu lassen. Die rumänische Regierung habe kein Interesse daran, daß die rumänischen Juden nach Rumänien zurückkehren". (Verfahren Rademacher vor dem Schwurgericht Bamberg, NG 3990 – Anl. Bd. II 8, Teil 1,

Bl. 1). Die Abteilung IV B 4 des RSHA wurde am 10. Jan. 42 von der Mitteilung des deutschen Gesandten in Bukarest unterrichtet (Verfahren Rademacher vor dem Schwurgericht Bamberg, NG 181 – Anl. Bd.. II 1–3 Bl. 11/3).

Das Schwurgericht Bamberg stellte fest, daß das RSHA die Abschiebungsmaßnahmen im Reich und in den besetzten Gebieten auf die Juden rumänischer Staatsangehörigkeit auszudehnen begann.

Der rumänische Gesandte in Berlin jedoch intervenierte. Er behauptete, von seiner Regierung gegenteilige Weisungen zu besitzen. Das RSHA unterließ daraufhin Maßnahmen gegen die rumänischen Juden. In einem Schreiben in den Akten des Auswärtigen Amtes heißt es: „In der oben bezeichneten Angelegenheit hat der Vertreter des Auswärtigen Amtes beim Reichsprotektor in Böhmen und Mähren mit Schreiben vom 2. Juni 1942 – Nr. 1097/8 D Pol. 3 Nr. 5 – die mir nachgeordneten Dienststellen der Sicherheitspolizei und des SD in Prag gebeten, von den Abschiebungen der Juden rumänischer Staatsangehörigkeit vorerst Abstand zu nehmen. Dem Schreiben des Vertreters des Auswärtigen Amts ist zu entnehmen, daß weder der rumänische Generalkonsul in Prag noch der rumänische Geschäftsträger über die zwischen der deutschen und rumänischen Regierung in dieser Hinsicht getroffene Vereinbarung unterrichtet sind." (Auswärtiges Amt Inland II g 200, Bl. K 212 593)

Es liegt ein Dokument vor, das den Titel „Abschub von Juden aus Transnistrien" behandelt. Es wurde zwischen dem deutschen und rumänischen Generalstab am 30. Aug. 41 in Tighina abgeschlossen. In diesem Übereinkommen wird ausgeführt:

„Abschub der Juden über den Bug ist zur Zeit nicht möglich. Sie müssen daher in Konzentrationslagern zusammengefaßt werden..., bis nach Abschluß der Operationen ein Abschub nach dem Osten möglich ist." Auf dem Schriftstück befindet sich ein Vermerk, der lautet: „Wie Generaldirektor Lecca heute mitteilte, werden 110 000 Juden aus der Bukowina und Bessarabien evakuiert, und zwar in zwei Wälder in der Gegend des Bug."

Die deutsche Wehrmacht hatte bei Abschiebung von 110 000 Juden über den Bug Widerstand entgegengesetzt. Hinter dem Bug liegt die Ukraine, in der damals noch militärische Operationen stattfanden. Die Juden hätten den Truppen-Nachschub behindert. Von den 110 000 Juden kam ein Teil in Transnistrien um das Leben. Der Rest wurde auf Weisung deutscher Stellen nach Rumänien zurückgebracht.

Es ist wesentlich, daß das Abkommen von Tighina bereits am 30. Aug. 41 zustandekam. Das Auswärtige Amt und Eichmann hatten mit ihm nichts zu tun. Zum ersten Mal wandte sich der SS-Obersturmbannführer am 28. Okt. 41 an das AA wegen der Einbeziehung der slowakischen und kroatischen

Juden in die Deportationen. Vom Auswärtigen Amt wurde dem Reichssicherheitsamt erst am 10. Jan. 42 eine Antwort gegeben.
Die Abschiebung erfolgte durch rumänische Stellen. In Bukarest war als Judenberater der SS-Obersturmführer Gustav Richter tätig. Er wurde vom RSHA auf Wunsch des Auswärtigen Amtes zur Verfügung gestellt. Nachdem die rumänische Regierung Judengesetze nach deutschem Vorbild eingeführt hatte, wurde Richter im Jahre 1941 zurückberufen. Von Killinger forderte ihn wieder an. Er arbeitete mit dem Beauftragten der rumänischen Regierung für Judenfragen, Ministerialdirektor Lecca, eng zusammen, Richter erreichte es, daß die rumänische Regierung ihre grundsätzliche Zustimmung zu der Abschiebung der Juden aus Rumänien erklärte. Auf Weisung der RSHA ließ sich Richter vom stellvertretenden Ministerpräsidenten Mihai Antonescu ein Handschreiben aushändigen, in dem diese Zustimmung bestätigt wurde.
Am 11. Aug. 42 unterrichtete der Gesandte von Killinger mit Telegramm das Auswärtige Amt, daß sich der stellvertretende Ministerpräsident Mihai Antonescu in einem Schreiben vom 22. Juli 42 mit dem sofortigen Abtransport der Juden aus den Bezirken Arad, Temeschburg und Thurda einverstanden erklärt habe.
Am 17. Aug. 42 schrieb Unterstaatssekretär Luther: „Die vorgesehenen Abschiebungen stellen einen weiteren Schritt vorwärts auf dem Wege der Gesamtlösung dar und sind im Hinblick auf andere Staaten (Ungarn) sehr wichtig. Der Abtransport nach dem Generalgouvernement ist eine vorläufige Maßnahme; die Juden werden nach den besetzten Ostgebieten weiterbefördert, sobald die technischen Voraussetzungen dazu gegeben sind. Reichsaußenminister von Ribbentrop erklärte sich mit den bereits vereinbarten Maßnahmen einverstanden, hinsichtlich Ungarn, Bulgarien und Kroatien verbot er eine weitere Tätigkeit des Auswärtigen Amtes. In einem Telegramm vom 25. Aug. 42 ließ er mitteilen: „Der Reichsaußenminister bittet in Zukunft vor Aufnahme von Verhandlungen mit fremden Regierungen, die in den Geschäftsbereich des AA entfallen, ihm die betreffende Angelegenheit vorzutragen oder vorzulegen und seine Genehmigung abzuwarten."
Inzwischen traf Ministerialdirektor Lecca als Gast des Reichsicherheitshauptamtes in Berlin ein. Er wurde jedoch im AA nur kurz empfangen. Luther war besetzt, und der Legationsrat Rademacher wurde aus der Besprechung mit Lecca abberufen, wobei dieser Eindruck gewann, daß dies „ostentativ" geschehen sei.
Am 24. Sept. 42 beauftragte der Reichsaußenminister den zuständigen Unterstaatssekretär telefonisch, „die Evakuierung der Juden aus den verschiedensten Ländern Europas möglichst zu beschleunigen", und ordnete an, „nunmehr an die bulgarische, die ungarische und die dänische Regierung mit

Adolf Eichmann in Uniform (Porträt)

*Adolf Eichmann mit Mantel und Hut
in Österreich 1943*

Adolf Eichmann
15. Hauptsturmf.   Berlin, den 19.7.1937

Lebenslauf.

Am 19.III.1906 wurde ich in Solingen (Rhld.) geboren. In Linz a/Donau, woselbst mein Vater die Stelle eines Direktors der Straßenbahn- und Elektrizitätsgesellschaft bekleidete, besuchte ich die Volksschule, 4 Klassen des Staatsoberrealschule und 2 Jahrgänge der Höheren Bundeslehranstalt für Elektrotechnik, Masch.Bau und Hochbau".

In den Jahren 1925 bis 1927 war ich als Verkaufsbeamter der "oberösterr. Elektrobau A.G." tätig. Diese Stelle verließ ich auf eigenen Wunsch, da mir von der "Vacuum Oil Company A.G.-Wien" die Vertretung für Oberösterreich übertragen wurde. Bis Juni 1933 arbeitete ich für diese Firma in Oberösterreich, Salzburg und Nordtirol. Um diese Zeit wurde ich wegen Zugehörigkeit zur NSDAP gekündigt. Der Deutsche Konsul in Linz a/Donau Frhr. von Langen bestätigte mir diese Tatsache in Form eines Schreibens.

Faksimile: Lebenslauf vom 19. 7. 1937

dessen Abschrift meiner P.-Akte im
SD-Hauptamt beigefügt ist.

Nachdem ich 5 Jahre Angehöriger
der „Deutschösterreichischen Frontkämpfer-
vereinigung" war (damals antimarxistische
Kampforganisation) trat ich am
1.4.1932 in die NSDAP - Österreich
ein und bekam die Mitgliedsnummer
889.895. Zum gleichen Termin trat
ich in die SS ein mit der Ausweis-
nummer 45.326. Anläßlich der
Inspektion der oberösterreichischen
Schutzstaffel durch den Reichsführer SS
im Jahre 1932, wurde ich vereidigt.

Am 1.8.1933 ging ich auf
Befehl des Gauleiters der NSDAP-
Oberösterreich, Pg. Bolleck, zwecks
militärischer Ausbildung in das
Lager Lechfeld. Am 29. Sept. 1933 wurde
ich zum SS-Verbindungsstab nach
Passau kommandiert und kam
nach Auflösung desselben am
29. Jänner 1934 zur österr. SS in das
Lager Dachau. Am 1. Oktober 1934 wurde
ich zur Dienstleistung in das SD-
Hauptamt kommandiert, woselbst
ich heute noch meinen Dienst versehe.

Adolf Eichmann
SS-Hauptscharf.

S. 2 des Lebenslaufes

Personal-Bericht

SD-Hauptamt, Zentr.Abtl. II/1
des SS-Untersturmführers Adolf Eichmann komm.z.SS-Führer d. SS-OA. Donau

Mitgl. Nr. der Partei: 899.895   SS-Ausweis-Nr. 45.326
Seit wann in der Dienststellung: 1936   Beförderungsdatum zum letzten Dienstgrad: 9.11.37
Geburtstag, Geburtsort (Kreis): 19. März 1906 in Solingen
Beruf: 1. erlernter: Maschinenbauer   2. jetziger: hauptamtlicher SS-Führer
Wohnort: z.Zt. Wien IV.,   Straße: Favoritenstr. 14/III/6
Verheiratet: ja   Mädchenname der Frau: Vera Liebel   Kinder: 1   Konf.: gottgl.
Hauptamtlich seit: 31. September 1934
Vorstrafen: keine
Verletzungen, Vertölgungen und Strafen im Kampfe für die Bewegung: keine

---

Beurteilung

I. **Allgemeine äußere Beurteilung:**
1. rassisches Gesamtbild: nordisch-dinarisch
2. persönliche Haltung: selbstbewusst
3. Auftreten und Benehmen in und außer Dienst: korrekt ohne Tadel
4. geldliche Verhältnisse: geordnet
5. Familienverhältnisse: gut

II. **Charaktereigenschaften:**
1. allgemeine Charaktereigenschaften: sehr aktiv, kameradschaftlich, zielstrebig
2. geistige Frische: ausgeprägt
3. Auffassungsvermögen: sehr gut
4. Willenskraft und persönliche Härte: ausgeprägt
5. Wissen und Bildung: besondere auf dem Sachgebiet sehr gut
6. Lebensauffassung und Urteilsvermögen: gesund
7. besondere Vorzüge und Fähigkeiten: verhandeln, reden, organisieren
8. besondere Mängel und Schwächen:

Personalbericht: Seite 1

IV. Stand und Fertigkeit der Ausbildung:

1. im Ordnungsdienst:
   1. praktische Kenntnisse:
   2. theoretische:
2. im Geländedienst:
   1. praktische:
   2. theoretische:
3. im Sport:
   1. praktische:
   2. theoretische:
   3. besitzt Sportabzeichen: SA-Sportabzeichen
4. Weltanschauung:
   1. eigenes Wissen: sehr gut, besonders auf dem Sachgebiet
   2. Fähigkeit des Vortragens: sehr gut
   3. Einstellung zur nat.-soz. Weltanschauung: bedingungslos
5. Fähigkeiten und Kenntnisse im Innendienst, Disziplinarwesen und Verwaltung:
ausreichend und entwicklungsfähig vorhanden

Gesamtbeurteilung: sehr gut, energischer und impulsiver Mensch, der grosse Fähigkeiten in der selbständigen Verwaltung seines Sachgebiets hat u. insbesondere organisatorische und verhandlungstechnische Aufgaben selbständig und sehr gut erledigt hat. Auf seinem Sachgebiet anerkannt Spe-
Eignung: zialist.
1. geeignet für jetzige Dienststellung ohne Aussicht auf höhere:
2. geeignet für andere Dienststellungen (welche): geeignet für Abteilungsleiter, Stabsführer

Stellungnahme der vorgesetzten Dienststellen:

Der SD-Führer des SS-OA. Donau

[Unterschrift]

SS-Sturmbannführer

Personalbericht: Seite 2

Adolf Eichmann (1952) in Argentinien

Adolf Eichmann in der Zeit der Niederschrift seines historischen Zeugenberichtes in Argentinien.

dem Ziel, die Judenevakuierung aus diesen Ländern in Gang zu setzen, heranzutreten".
Am 26. Nov. 42 legte der Gesandte von Killinger dem AA einen vom Berater für Judenfragen, SS-Hauptsturmführer Richter, gefertigten Lagebericht über den Stand der Judenaussiedlung in Rumänien vor. Richter führte aus, er habe bei einer Verhandlung mit dem stellvertretenden Ministerpräsidenten Rumäniens den Eindruck gewonnen, daß Marschall Antonescu die Aussiedlung der Juden auf unbestimmte Zeit verschoben habe.
Marschall Antonescu befahl etwa im Dezember 1942 die Durchführung der Auswanderung von 75–80 000 Juden nach Palästina und Syrien. Der stellvertretende Ministerpräsident Mihai Antonescu erklärte sich einverstanden und beauftragte den Generalsekretär Lecca mit der Ausführung des Befehls. Für die Auswanderung hätte jeder Jude dem rumänischen Staat 200 000 Lei (RM 2600) zahlen müssen. Dies war eine Gebühr für die Auswanderungsgenehmigung.
Lecca teilte den Sachverhalt dem deutschen Gesandten von Killinger mit. Sofort äußerte dieser Bedenken. Er erklärte, durch die Auswanderung von wehrfähigen Juden entstehe ein Nachteil für das Deutsche Reich, im übrigen wies er auf Bedenken hin, da eine Verstärkung der Juden in Palästina entstehen könne. Lecca erklärte, er könne sich diesen Bedenken nicht verschließen. Den erteilten Befehl werde er erst durchführen, wenn die deutsche Stellungnahme positiv sei. Zunächst könne er auch nichts veranlassen, weil der Schiffsraum für die Auswanderung fehle.
Von Killinger berichtete dem Auswärtigen Amt unter dem 12. Dez. 1942. Die Angelegenheit wurde dem Unterstaatssekretär Dr. Wörmann vorgelegt. Dieser nahm nachstehende Stellungnahme ein:
1. *Es sei gefährlich, wenn ein Verbündeter mit dem Mandatsstaat eines Kriegsgegners Verträge schließe, er komme dadurch in ein Gespräch mit dem Feind, was geeignet sei, einen Abfall in die Wege zu leiten;*
2. *Während des Krieges dürften der Feindseite keine wehrfähigen Männer zugeführt werden.*
3. *Durch die Einwanderung von 80 000 Juden nach Palästina und Syrien mit deutscher Zustimmung würden die arabischen Staaten verstimmt.*
Diese Stellungnahme wurde dem deutschen Gesandten in Bukarest mitgeteilt. Dieser übermittelte die Ansicht der Deutschen Reichsregierung und der rumänischen. Die beabsichtigte organisierte Auswanderung wurde darauf unterlassen.
Im englischen Unterhaus wurde Anfang des Jahres 1943 bekanntgegeben, daß Rumänien jüdische Kinder nach Palästina schicken wolle. Daraufhin fragte das Auswärtige Amt bei den Gesandtschaften in Bukarest, Sofia und Budapest an. Sofia antwortete, daß bisher nur die Ausreise von 4000 männli-

chen Juden beabsichtigt sei. Daraufhin entwarf Legationssekretär von Hahn ein Fernschreiben an die deutsche Gesandtschaft in Bukarest folgenden Inhalts:

„Es wird erneut gebeten festzustellen, ob dort Verhandlungen bezüglich Ausreise von Juden mit fremden Regierungen geführt werden oder wurden. Sollte dies der Fall sein, so ist sofort dortiger Regierung zum Ausdruck zu bringen, daß Ausreise von Juden aus mit Deutschland verbündeten Ländern nicht gebilligt werden könne, diesbezügliche Verhandlungen seien unerwünscht."

Dieses Fernschreiben enthält im wesentlichen dieselben Gründe, die für die Intervention bei der Auswanderung der 75–80 000 Juden aus Rumänien angegeben waren. Das Telegramm wurde am 9. März 1943 von Rademacher unterzeichnet. Es wurde am 10. März 43 abgesandt.

Nach diesem Datum gingen neue Meldungen beim AA ein. Eine Pressemeldung aus Antyka besagte, daß 72 jüdische Kinder aus Ungarn gekommen seien, die von den Engländern aus Rumänien, Bulgarien und der Türkei dorthin befördert worden waren. Diese Zahl sollte auf 500 erhöht werden. Es sei auch geplant, daß aus Rumänien weitere 1000 Kinder nach Palästina auswandern. In den nächsten Tagen sollten 150 Kinder über Bulgarien nach Palästina reisen.

In zwei Telegrammen, die am 12. März 1943 nach Bukarest und Sofia angingen, wurde gebeten, daß die deutschen Gesandtschaften der Aus- und Durchreise von Juden nach Palästina größtmöglichen Widerstand entgegensetzen sollten. Am 19. März 1943 ging der Deutschen Gesandtschaft in Bukarest ein weiteres Telegramm folgenden Wortlauts zu: „Es liegen hier Meldungen vor, daß es sich bei den sogenannten Judenkindern aus Rumänien, die zur Ausreise nach Palästina gelangen, in Wirklichkeit in der Hauptsache um **männliche Jugendliche zwischen 16 und 18 Jahren** handeln soll, die offenbar für Kriegszwecke bestimmt sind. Sollte diese Meldung den Tatsachen entsprechen, wird es vielleicht leichter möglich sein, bei rumänischer Regierung Verhinderung der Ausreise zu erreichen, die ggf. anzustreben ist."

Am 26. März 1943 berichtete das AA an das Reichssicherheitshauptamt, die Gesandtschaft in Sofia habe mitgeteilt, daß die bulgarische Regierung dem Wunsche, der etwaigen Durchreise jüdischer Transporte nach Palästina durch Bulgarien die größten Schwierigkeiten entgegenzusetzen, entsprechen werde. Unbekannt sei jedoch, ob nicht trotzdem damit gerechnet werden müsse, daß einige Judentransporte durch Bulgarien durchkommen. Auch bei der rumänischen Regierung seien Vorstellungen erhoben worden, die Ausreise zu verhindern. Es sei jedoch fraglich, ob und inwieweit die Schritte Erfolg haben können.

Deportation aus Rumänien

In Rumänien war der SA-Obergruppenführer von Killinger deutscher Gesandter. Als „Berater für Judenfragen" vom Auswärtigen Amt angefordert, kam mein Hauptsturmführer Richter nach Bukarest und wurde der Sipo beigegeben. Seine Aufgabe war es, dem Gesandten die Richtlinien deutlich zu machen, die auch in anderen Ländern zufolge des Befehls des Reichsführers galten. Von Rumänien übernahmen wir überhaupt keine Juden; denn die Judenfrage wurde dort ausschließlich von den Rumänen selbst gelöst, auf rumänischem Hoheitsgebiet und ohne Unterstützung deutscher Stellen. Richter war der „Berater" des deutschen Gesandten; es oblag dem Ermessen des Gesandten, ob und wieweit er Richter mit den rumänischen Behörden in Verbindung brachte. Richter bekam etwa alle vier Monate den Befehl, zur Berichterstattung nach Berlin zu kommen; soviel ich mich entsinnen kann, wies er wiederholt darauf hin, daß er zwar ein ausgezeichnetes Verhältnis zum Gesandten von Killinger habe, daß dieser jedoch sämtliche Verhandlungen mit den rumänischen Stellen selbst führe. Während Wisliceny in Preßburg den Gesandten Ludin zu allen möglichen Ämtern der slowakischen Regierung begleitete oder allein zu ihnen geschickt wurde und Ludin eine Verhandlung nur dann selbst führte, wenn sie von grundsätzlicher Bedeutung war, behielt sich von Killinger in Bukarest dies alles persönlich vor und verhandelte stets selbst. Deshalb lag Richters einzige Aufgabe in der Beratung des Gesandten.

Richter wies mich des öfteren darauf hin, daß Killinger ihm praktisch einen Maulkorb umbinde, weswegen er persönlich komme, da er schriftlich nicht berichten könnte. Richter war klug und verband meiner Meinung nach das Angenehme mit dem Nützlichen; er dürfte wohl ein halbdutzendmal in Berlin aufgetaucht sein. Ich hatte ihn ja mit der Weisung versehen, sich immer, wenn er mit seinen Angelegenheiten nicht klarkomme, ins Flugzeug oder auf die Bahn zu setzen, um mir persönlich zu berichten, wenn es sich um grundsätzliche Dinge handelte. Von Killinger wollte Anscheinend in Bukarest autoritär schalten und walten und vertrug sich mit Richter sehr gut, solange dieser sich ihm unterordnete. Wenn sich von Killinger über mich beschwerte, so muß ich dem entgegenhalten, daß er in Bukarest, fern der Heimat, nicht wußte, wie die Karten gemischt und ausgespielt wurden. Er konnte nicht ahnen, daß der zuständige Legationsrat des Auswärtigen Amtes einmal in der Woche in meiner Dienststelle eine Besprechung führte, und ebensowenig, daß das Amt IV B 4 mit dem Auswärtigen Amt engere Verbindung hatte als nur den Austausch schriftlicher Noten.

Als Marschall Antonescu (128) den Plan hegte, Juden aus Rumänien in von uns besetzte Territorien „abzuschieben", wehrte ich mich natürlich dagegen; denn meine Aufgabe war es, die Gebiete unter unserer Kontrolle judenfrei zu machen.

Selbstverständlich war ich auch in dieser Hinsicht gar nicht zuständig für die Ostgebiete, hatte aber trotzdem zu verhindern, daß Juden nach dort geleitet wurden. Die Welt ist groß genug; die rumänischen Juden brauchten nicht in die Gebiete zu kommen, die wir kontrollierten. In dieser Angelegenheit wurde ich von Legationsrat Rademacher um Rat gebeten; er war ein etwas „bequemer Mann", der sich nie sonderlich einsetzte.

Wenn die gegnerische Nachkriegsliteratur es nun so darstellt, als ob ich rumänische Juden in „volksdeutsche Siedlungen" hätte deportieren lassen, um sie dort zu liquidieren, so ist das Unsinn. Es wäre undenkbar gewesen, daß ich auch nur die geringste „Order" bezüglich rumänischer Juden auf rumänischem Hoheitsgebiet gegeben hätte. Der Chauvinismus der Rumänen hätte das nie zugelassen. Es war mir nur recht, daß die Rumänen ihre Judenfrage selber lösten, und ich wußte von Richter, daß sie dies wirklich taten. Mir standen keinerlei Vollmachten zur Verfügung, auch nur über einen einzigen Juden eine Liquidationsorder herauszugeben, geschweige denn, daß ich Vollmacht besessen hätte, die Judenfrage in Rumänien zu „behandeln", um von „liquidieren" gar nicht zu reden.

Ich kann mich nicht an einen einzigen Transport aus Rumänien erinnern und glaube auch nicht, daß ein Zug von dort abgefahren ist. Wäre dies der Fall gewesen, d. h. hätte die rumänische Regierung der deutschen Behörde irgendwelche Juden übergeben, dann würde der Chef des WVHA wohl Auschwitz als Auffanglager namhaft gemacht haben. Aber ich wiederhole, daß mir von Deportationen aus Rumänien nichts bekannt ist und daß der Reichsführer nie die Absicht gehabt hat, die rumänischen Juden nach der Lubliner Gegend zu deportieren. Ich glaube nicht, daß der Reichsführer eine solche Andeutung gemacht hat; denn da konnte das WVHA immer noch ein Veto einlegen, weil die Aufnahmeorte ausschließlich von diesem Hauptamt bestimmt wurden. Wenn der Reichsführer freilich Lublin als Bestimmungsort befahl und dort Platz vorhanden war, dann war sein Befehl selbstredend auszuführen; hatte aber das Hauptamt dort keine Aufnahmemöglichkeit, dann wären die Transporte nicht dorthin, sondern nach Auschwitz oder in ein anderes Lager gekommen. In diesem Falle wäre es Aufgabe von Obergruppenführer Pohl gewesen, die ursprüngliche Weisung des Reichsführers zu korrigieren. Die impulsiven Anordnungen des Reichsführers konnten in der Praxis oft nur schwer oder bisweilen überhaupt nicht ausgeführt werden, wenn sie auf sachliche Hindernisse stießen.

Auch wenn die gegnerische Nachkriegsliteratur Redewendungen anführt wie „der Staatssekretär Luther machte an Eichmann eine Mitteilung", so ist das eine völlige Verkennung der Lage. Selbstverständlich stand ich mit

Luther in persönlicher guter Verbindung, ohne privat mit ihm Konnex zu haben, aber der Staatssekretär Luther hat an Eichmann überhaupt nie „eine Mitteilung" gemacht; denn das wäre ungehörig gewesen und hätte den dienstlichen Rahmen gesprengt. Daß wir uns von einigen Besprechungen her kannten, besagt keineswegs, daß ich in der Folgezeit berechtigt war, an ihn persönliche Briefe zu schreiben, oder daß er dienstliche Briefe an mich richtete. Er wie ich mußten den Dienstweg einhalten; wenn er eine Mitteilung zu machen hatte, so war diese an den Chef der Sipo und des SD gerichtet und nur in besonders gelagerten Ausnahmefällen an den Amtschef Müller, meinen Vorgesetzten vom Amt IV. Erst daraufhin bekam ich diese Mitteilung mit der entsprechenden Weisung meines Chefs.

Nicht mehr entsinnen kann ich mich, ob die im folgenden erwähnten Pläne als Idee oder Anweisung vom Reichsführer, vom Auswärtigen Amt oder von einer anderen Zentralinstanz ausgingen, aber ich kann mich einigermaßen erinnern, daß ich einmal eine große Anzahl Deutscher im militärpflichtigen Alter gegen eine Anzahl Juden austauschen wollte. Darunter können auch fünftausend Kinder gewesen sein. Sicher ist nur, daß diese Aktion fehlschlug.

Wenn jetzt behauptet wird, ich habe gewarnt und auf schnelle Durchführung gedrängt, da die Zeit nicht mehr fern sei, „wo die Auswanderung von fünftausend Kindern aus dem Osten technisch nicht mehr zu bewerkstelligen sei", so ist mir davon nichts in Erinnerung. Damit will ich das gar nicht in Abrede stellen; denn ich hielt es für ungemein interessant, Juden gegen Deutsche auszuhandeln. Vielleicht sagte ich tatsächlich wie ein Kaufmann, der seine Ware anpreist: „Wenn ihr es heute nicht macht, kann es morgen vielleicht teurer werden..." Es war ja Krieg. Wo ich Deutsche retten konnte, durfte ich nichts unversucht lassen. Wenn dieser Vorschlag aus dem Jahre 1944 stammt, so ist es auch möglich, daß ich nur bei einer schnellen Durchführung Transportmöglichkeiten sichern konnte oder daß mir die Auswahl zwischen Arbeitsfähigen und Arbeitsunfähigen in den Lagern nur in einem kurzen Zeitraum möglich war.

Daß der Jüdische Weltkongreß „Lösegelder" für die Auswanderung von 70 000 rumänischen und französischen Juden zur Verfügung stellte, die Engländer diesen „Handel" jedoch ließen, ist mir unbekannt. Ich weiß nur dies, daß das feindliche Ausland praktisch nichts zu einer unblutigen Lösung der Judenfrage unternommen hat. Die illegale Auswanderung der Juden aus Rumänien muß sehr groß gewesen sein; denn über Rumänien liefen praktisch sämtliche von mir genehmigten „illegalen" Auswanderungen der Juden aus Ungarn.

Es ist mir auch gegenwärtig, daß der rumänische Judenkommissar Lecca (129) in Berlin war, wohl mit Richter zusammen. Mich suchte er allerdings nicht auf, aber vielleicht lernte ich ihn bei irgendeiner Besprechung oder bei einem Essen kennen – der Name ist mir irgendwie bekannt. Hätte er meine Dienststelle besucht, so hätte dies den Rahmen der normalen Tagesarbeit gesprengt und wäre mir sicherlich im Gedächtnis geblieben, zumal es meine Gewohnheit war, solche Herren auch privat zum Mittag- oder Abendessen zu bitten.

An anderer Stelle beschreibe ich die im Spätsommer 1944 von IV B 4 im ungarisch-rumänischen Grenzgebiet durchgeführte Aktion ausführlich. Sie wurde ausschließlich in der Absicht unternommen, die dort ansässigen Volksdeutschen dem sowjetischen Zugriff zu entziehen. Ich hatte in diesem Raum nicht mit Juden zu tun, sah oder sprach dort noch nicht einmal einen einzigen von ihnen. Niemand von meinem Kommando hatte dort irgend etwas mit Juden zu tun.

Zusammenfassend sei über Rumänien erklärt: Obwohl Richter dorthin als „Berater" vom Dezernat IV B 4 abkommandiert war, spielte dieser nur eine Statistenrolle. Nicht ein einziger Deportationszug wurde den deutschen Behörden übergeben, und ich selbst war nie in Bukarest.

Zur Judenfrage in Bulgarien

Am 6. April 1941 schloß Bulgarien mit dem Deutschen Reich einen Vertrag, durch dem es den deutschen Truppen erlaubt wurde, durch Bulgarien zu marschieren. Der Regierung wurde dafür Ostmazedonien zugesichert.

Der bulgarische Außenminister Popow wies am 26. Nov. auf die Schwierigkeiten hin, die seine Regierung bei der Anwendung der Judengesetze auf Juden fremder Staatsangehörigkeit habe. Popow regte bei von Ribbentrop an, „die Behandlung der Juden europäischer Staatsangehörigkeit zwischen den europäischen Ländern gemeinsam zu regeln". Am 1. Sept. 1941 ersuchte der deutsche Außenminister Unterstaatssekretär Luther um eine Aufzeichnung zu den Wünschen des bulgarischen Außenministers.

Rademacher schrieb nach einleitenden Bemerkungen über die Behandlung ausländischer Juden in Deutschland: „Die zweckmäßigste Vorbereitung (für die Endlösung der Judenfrage) wäre, alle europäischen Staaten dazu zu bringen, die deutschen Judengesetze bei sich einzuführen und zuzustimmen, daß die Juden unabhängig von ihrer Staatsangehörigkeit den Maßnahmen des Aufenthaltslandes unterworfen werden ... Es wird ... vorgeschlagen, eine Vereinbarung der im Antkommintern-Pakt zusammengeschlossenen europäischen Länder darüber herbeizuführen, daß die Juden mit der Staatsangehörigkeit dieser Länder in die Judenmaßnahmen dieser Länder einbezogen werden können."

Staatssekretär von Weizsäcker leitete die Vorlage der Rechtsabteilung zu. Das Gutachten der Rechtsabteilung empfahl den Abschluß von zweiseitigen Verträgen. Die deutsche Gesandtschaft in Sofia wechselte, nachdem sie von der Stellungnahme der Rechtsabteilung unterrichtet war, verschiedene Noten mit der bulgarischen Regierung. Am 6. Juli unterrichtete die Gesandtschaft in Sofia das Auswärtige Amt in Berlin, daß die bulgarische Regierung einverstanden sei, die in Deutschland und im deutschen Machtbereich wohnhaften Juden bulgarischer Staatsangehörigkeit in die geplanten Judenmaßnahmen einzubeziehen.

Deportation aus Bulgarien

Es kommt mir unwahrscheinlich vor, daß Hauptsturmführer Dannecker im Frühjahr 1943 in Bulgarien gewesen sein soll. 1943 war Dannecker in Paris, wo ich selbst in diesem Jahre ebenfalls öfters war. Deshalb glaube ich, Dannecker war eher im Jahre 1944 in Bulgarien.* Bulgarien spielte für meine Dienststelle überhaupt keine Rolle. Wenn mir jetzt gesagt wird: „Es haben Deportationen stattgefunden" –, mit dem klassischen Zusatz: „Sie kamen nach Auschwitz und wurden dort vergast" –, dann frage ich mich nur, wie es möglich sein kann, daß man diese bulgarischen Juden später antraf...

Dannecker hatte ich nach Bulgarien geschickt, wo er dem Deutschen Gesandten zugeordnet war. Wenn Bulgarien einen Judenkommissar (130) gehabt hat, wird ihm Dannecker entweder mit der Unbedenklichkeitsbescheinigung des deutschen Gesandten mit Rat und Tat zur Seite gestanden haben oder dem Gesandten innerhalb seines Dienstbereichs bei der zuständigen bulgarischen Dienststelle im Innenministerium zur Hand gegangen sein. Seine Arbeit war keineswegs von Erfolg gekrönt, weil uns kein Jude bulgarischer Staatsangehörigkeit zur Evakuierung übergeben wurde. Es mag sein, daß einige Transportzüge mit Juden aus Gebieten abgefahren sind, die damals an Bulgarien abgetreten waren; diese wurden dann in meinem Dezernat als serbische oder griechische Juden geführt.

Wenn seitens des bulgarischen Königs irgendwelche Schwierigkeiten gemacht wurden, so war mir dies unbekannt, spielte sich also vermutlich im Jahre 1944 ab, als ich nicht in Berlin war.

---

* Wahrscheinlich irrt Eichmann hier; Dannecker war tatsächlich Anfang 1943 in Sofia.

Deportation aus Griechenland

Daß die Juden in Griechenland zwangsweise zur Arbeit herangezogen wurden, diese Verpflichtung jedoch gegen Bezahlung aufgehoben werden konnte, entzieht sich vollkommen meiner Kenntnis. Wenn die Nachkriegsliteratur angibt, ein Mann namens Wulf sei als Abgesandter der Dienststelle Eichmann nach Griechenland geschickt worden und ich selber sei später auch hingekommen, so muß ich demgegenüber feststellen: erstens hatte ich weder einen „Berater" noch einen SS-Führer mit dem Namen Wulf (131) in meiner Dienststelle; zweitens betrat ich selbst zum ersten- und letztenmal im Jahre 1937 griechischen Boden, und zwar bei Gelegenheit meiner Reise in den Nahen Osten, die ich an anderer Stelle beschrieben habe. Solche Angaben der verschiedenen Nachkriegsautoren lassen eindeutige Schlüsse bezüglich ihrer Wahrhaftigkeit im allgemeinen zu...

Ich weiß nicht, ob wir in Griechenland eine staatspolizeiliche Dienststelle hatten und ob ein Befehlshaber der SIPO dort amtierte. Ist letzteres der Fall, so kann in seinem Amt ein Referent namens Wulf gewesen sein. War dies der Fall, dann unterstand er mir natürlich nicht. Er kann nur über seine vorgesetzte Dienststelle im Reichssicherheitshauptamt Weisungen erhalten haben. Selbstverständlich entzieht es sich meiner Kenntnis, wie all diese Leute hießen, mit denen ich persönlich nichts zu tun hatte. Hierbei muß ich noch feststellen, daß derartige „Judenreferenten" bei einem Befehlshaber der SIPO zwar für ihren Chef ein Schreiben an das RSHA anfertigen, jedoch nicht selbst unterschreiben konnten; dazu besaß nur der Befehlshaber die Berechtigung.

Der Sachbearbeiter von IV B 4 in Griechenland war Alois Brunner, dem ich zur Verstärkung Wisliceny beigab. Sie hatten zu keiner Zeit Ordonnanzen oder sonst jemanden zu ihrer Verfügung; deshalb haben wir auch die Erfassung und Verladung der Juden, die dort tatsächlich deportiert wurden, nicht durchgeführt. Wer das tat, weiß ich nicht mehr. Griechenland war weit weg; außer dem erwähnten „Berater" hatte meine Dienststelle dort kein weiteres Personal. Auf welche Art und mit wem der „Berater" sich durchsetzte, war allein seine Aufgabe; mir ist lediglich bekannt, daß einige Transporte aus Griechenland abgingen.

In dunkler Erinnerung ist bei mir der Name des Rabbiners Koretz (132). Wenn jetzt darauf hingewiesen wird, daß dieser Rabbiner in unseren „Diensten" stand und den griechischen Juden die Vorteile einer Ansiedlung im „Judenstaat Polen" schilderte, so glaube ich von ersterem gar nichts, und zum anderen ist zu sagen, daß meine Bemühungen um den „Judenstaat in Polen" bedeutend früher lagen. Es mag sein, daß die Stellen, die die Erfassung und Verladung durchführten, mit diesem Hinweis operierten, um sich die Arbeit zu erleichtern. Jedenfalls habe ich den Namen Koretz wohl gehört, obwohl es ja kein außergewöhnlicher Name ist und eine Verwechslung leicht möglich sein könnte.

Wenn ich jetzt gefragt werde, was ich von einem Judentransport im August 1944 weiß, der aus Rhodos abging, so kann ich nicht viel dazu sagen: von März bis Weihnachten 1944 war ich ununterbrochen in Ungarn und tauchte nur gelegentlich in Berlin auf, um mit Ungarn in Zusammenhang stehende Fragen zu lösen. Dabei konnte ich mich aber nicht in die Belange meines Referates einschalten; denn dazu hätte ich mich erst wieder einarbeiten müssen. Selbst als Referent, doch derzeit abkommandiert, konnte ich mich während der paar Stunden oder Tage meines Aufenthaltes in Berlin nicht an meinen Schreibtisch setzen und die Dezernatsführung wieder übernehmen; dazu hätte ich erst Akten studieren müssen, um über laufende Fälle im Bilde zu sein. Sicher erstattete mein ständiger Vertreter bei diesen Besuchen im Jahre 1944 Bericht über das Geschehen der letzten Wochen, weil es ja auch in seinem eigenen Interesse lag, sich meiner Ansicht zu vergewissern. Doch war ich zu lange von der Zentralinstanz weg, um mich nun an so etwas wie die Deportation der jüdischen Bevölkerung der Insel Rhodos zu erinnern. Ob bei dieser Aktion mit dem Begriff „Dienststelle Eichmann" operiert wurde, weiß ich nicht. Im allgemeinen werden meine Leute und andere in diesem Zusammenhang ein „Referat IV B 4" kaum, eine „Dienststelle Eichmann" dagegen sicher vor einem militärischen Befehlshaber genannt haben; Name und Begriff waren nun einmal auf jüdischer und nichtjüdischer Seite mit der Judenfrage verknüpft.

Ich erinnere mich, daß einmal in Griechenland versucht wurde, durch Vortäuschung einer Epidemie irgendeine Deportation zu verhindern. Ich ließ den Fall untersuchen und die Deportation, da keine Seuche vorlag, durchführen. Hätte ich dies nicht getan, hätten wir schlagartig in allen übrigen Ländern „Epidemien" gehabt. Es wurde aus den Lagern, wohin diese angeblich verseuchten Transporte eingewiesen wurden, kein einziger Fall von Fleckfieber gemeldet. Dem kann auch nicht entgegengehalten werden, diese Juden wurden im Krankheitsfalle eben sofort der Vernichtung zugeführt; denn es gab Juden aller möglichen Staatsangehörigkeiten dabei, die am Leben blieben, nichts von Fleckfieber wissen und nicht von physischer Vernichtung betroffen wurden.

Es stimmt, daß sich in Griechenland zahlreiche italienische Offiziere mit reichen griechischen Jüdinnen verheirateten, um sie so nach Italien bringen zu können. Warum sollte es schließlich in Griechenland anders gewesen sein als in den übrigen Ländern? Solche Schein-Ehen gegen Bezahlung horrender Summen waren gang und gäbe; im „sicheren Ausland" wurden sie dann meistens sofort wieder geschieden. Diese Fälle waren übrigens nicht so zahlreich, daß ihnen grundsätzliche Bedeutung zugekommen wäre. Auf dem Rücken der Juden spielte sich alles Mögliche ab: wirtschaftliche Interessen, u. a. auch der Italiener, Geheimdienstbestrebungen jeder nur denkbaren Art, Aufstands- und Partisanenbemühungen. Die Scheinehen störten jedenfalls unsere größeren Maßnahmen nicht; war die Heirat perfekt, konnten wir nichts dagegen machen. Die einzelnen „Berater" hätten bestimmt klageführende Berichte geschrieben, wenn sie eine Gefahr in diesen Scheinehen erblickt hätten.

Die Tatsache, daß Wisliceny zur Unterstützung Brunners nach Griechenland kam, beweist, daß die jüdische Deportation aus Griechenland unter einem besonderen Druck von oben, von seiten der Regierung, stand. Auch in Holland wurde ich dauernd gedrängt und sandte fallweise Brunner oder Burger zu Zöpfs Unterstützung hin. So kann ich mich noch erinnern, nach Griechenland mehrere meiner Männer abkommandiert zu haben.

Eine Anzahl griechischer Juden kam nach Theresienstadt, was mir deshalb genau in Erinnerung blieb, weil sie dort irgendwie auffielen – vielleicht, weil sie noch schlauere Händler waren als die anderen. Der Ältestenrat von Theresienstadt war unglücklich, diese griechischen Juden aufnehmen zu müssen; sie kamen später nach Auschwitz. Weil mir hier und jetzt bekanntgemacht wird, daß die Wehrmacht oder der Militärbefehlshaber von Griechenland die Güterwagen zur Verfügung stellte, muß dies meinem Gedächtnis entfallen sein. Der Vorgang war nicht Aufgabe dieser Stellen, die daher an der Deportierung interessiert gewesen sein müssen. Es ist auch möglich, daß die Wehrmacht beim Reichsführer vorstellig wurde, der dann in seiner impulsiven Art eine „Blitzaktion" zugeordnet haben könnte. Daraufhin werde ich vermutlich meine besten Leute abkommandiert haben, Wisliceny für die Verhandlungen, Brunner und Burger für die technische Seite der Aktion. Fielen die Deportationen aus Griechenland tatsächlich im wichtigsten Teil mit der Rückzugsbewegung der Wehrmacht zusammen, so kann ich mich dazu nicht äußern, da ich, wie erwähnt, von März bis Weihnachten 1944 in Ungarn war.

Deportation aus den baltischen Ländern

Mit den baltischen Staaten habe ich nie etwas zu tun gehabt; es hieß, die Judenfrage sei an Ort und Stelle gelöst worden. Der Haß gegen die Juden war dort sehr groß, zumal viele Einwohner während der sowjetischen Besatzung nachweisbar in der Hauptsache von Juden verschleppt und ermordet worden waren. Dr. Stahlecker, mit dem zusammen ich versucht hatte, den „Judenstaat in Polen" durchzusetzen, war anschließend Einsatzgruppenchef in den baltischen Ländern; in dieser Eigenschaft hatte ich mit Stahlecker nichts mehr zu tun und traf ihn auch nie mehr.

Es steht fest, daß einige Transporte aus dem Reich nach Riga geschickt wurden; neu ist mir hingegen, daß auch Minsk Zielbahnhof gewesen sein soll, was gegebenenfalls auf direkte Anordnung Heydrichs geschehen sein könnte. Die Einsatzgruppenchefs wurden sicherlich von Zeit zu Zeit zur Berichterstattung nach Berlin kommandiert, bei welcher Gelegenheit sie möglicherweise mitgeteilt bekamen, daß diese und jene Transporte geplant seien. Ich hatte die Zielbahnhöfe ja nicht zu bestimmen; kein Einsatzgruppenchef oder KZ-Kommandant hätte es sich gefallen lassen, daß ein Dezernent ihm einfach Tausende von Menschen zuschickte. Es ist durchaus möglich, daß ich Weisung bekam, irgendwelche Transportzüge nach Riga zu dirigieren.

Die mir vorgelegte Karte XX* sowie der Bericht XX** des Chefs der SIPO an das Auswärtige Amt sind mir nicht bekannt. Das Aktenzeichen dieses Schreibens ist IV A 1, also das eines anderen Referates. Möglicherweise sammelte der betreffende Referent in diesem Dezernat die gesamte Berichterstattung und war Verbindungsstelle zwischen den Amtschefs und den Einsatzgruppenchefs; das wäre wieder ein Beweis dafür, wie viele Stellen sich mit Judenangelegenheiten beschäftigten.

Angesichts der Tatsache, daß die baltischen Länder den Einsatzgruppenchefs direkt unterstanden, bin ich nicht in der Lage, nähere Angaben bezüglich der betreffenden Aktionen in diesen Gebieten zu machen.

Zur Judenfrage in Kroatien
(Deutsche Besatzungszone)

Legationsrat Rademacher traf am 18. Okt. 1941 auf seiner Dienstreise nach Belgrad in Agram mit dem deutschen Gesandten Kasche zusammen. Dieser teilte mit, daß die Kroaten sich an die deutschen Stellen gewandt und gebeten hätten, die Juden Kroatiens aufzunehmen.

Unter dem 28. Okt. 1941 fragte das RSHA beim Auswärtigen Amt fernmündlich an, ob die slowakischen und kroatischen Juden von der Judenabschiebung erfaßt werden könnten. Rademacher legte hierüber dem Staatssekretär von Weizsäcker eine Aufzeichnung mit der Bitte um Entscheidung vor.

Das Auswärtige Amt sandte darauf am 10. Nov. 41 ein Fernschreiben an

---

* Poliakov, Seite 153.
** a. a. O., Seite 154.

die deutschen Gesandtschaften in Agram und Bukarest mit dem Inhalt: „Im Zuge der Abschiebung der Juden aus Deutschland sollen auch Juden anderer europäischer Staatsangehörigkeit mit erfaßt werden. Aus Gründen der Courtoisie wird gebeten, der dortigen Regierung anheimzustellen, die Juden ihrer Staatsangehörigkeit in angemessener Frist aus Deutschland abzuberufen oder sie von deutscher Seite in die Ghettos im Osten abschieben zu lassen. Einem Bericht über die Stellungnahme der dortigen Regierung wird entgegengesehen." Das Fernschreiben ist von Rademacher abgezeichnet und von Unterstaatssekretär Luther unterzeichnet.

Die kroatische Regierung wurde auf das Frühjahr 1942 vertröstet. Im Mai 42 berichtete Kasche an das Auswärtige Amt. Rademacher erklärte dazu, in dem Teil des Berichtes vom 22. Mai 42, der sich mit den Juden beschäftigte und nicht mehr vorhanden ist, seien die Kroaten auf ihren früheren Abschiebungswunsch zurückgekommen.

Das Reichssicherheitshauptamt erhielt eine Abschrift des Berichtes, worauf es mitteilte, daß es z. Zt. technisch nicht in der Lage sei, die Juden abzunehmen. Es komme hierfür frühestens der Herbst 1942 in Frage. Nach einem Bericht des Polizeiattachés Helm in Agram vom 18. April 44 wurde die „Judenaussiedlung" aus Kroatien im Spätherbst 1942 durch die zuständigen kroatischen Behörden unter beratender Tätigkeit des Polizeiattachés durchgeführt. Helm bemerkte, „daß Kroatien als jenes Land angesehen werden konnte, in welchem die Judenfrage im großen und ganzen als gelöst anzusehen war".

Nach dem gleichen Bericht befanden sich in der Berichtszeit im Jahre 1944 noch wichtige öffentliche Stellen, besonders wirtschaftlicher Art und auf dem Gebiet des Gesundheitswesens und der Medizin, in jüdischen Händen.

Zur Judenfrage in Kroatien
(Italienische Besatzungszone)

In einer Vortragsnotiz vom 24. Juli 1942 heißt es:

„. . . Im besonderen hält man den Abtransport der 4000–5000 Juden aus der von den Italienern besetzten 2. Zone (Zentren Dubrovnik und Mostar) für wichtig, da diese eine besondere politische Belastung darstellen und deren Beseitigung allgemeiner Beruhigung dienen würde. Die Aussiedlung kann allerdings nur mit deutscher Hilfe erfolgen, da von italienischer Seite Schwierigkeiten zu erwarten sind. Praktische Beispiele von Widerstand italienischer Behörden gegen kroatische Maßnahmen im Interesse vermögender Juden liegen vor. Im übrigen erklärte der italienische Stabschef in Mostar, der Um-

siedlung nicht zustimmen zu können, da allen Einwohnern Mostars gleiche Behandlung zugesichert sei."

Am 20. Aug. 42 bat der Gesandte Kasche in Agram das Auswärtige Amt, bei der italienischen Regierung in Rom auf diplomatischem Weg eine Anweisung an die italienischen Truppen zu erwirken, daß diese die Durchführung der Judenabschiebung unterstützen.

Unabhängig davon berichtete der deutsche Botschafter in Rom, von Makkensen, am 25. Aug. 42 dem Auswärtigen Amt, daß Fürst Bismarck, einer seiner Mitarbeiter, die Frage der Aussiedlung der Juden in den von den italienischen Truppen besetzten Gebieten mit Marchese d'Ajeta besprochen habe. Dieser habe ihm mitgeteilt, daß der Duce die Anweisung gegeben habe, die Juden in dem von Italien besetzten Teil von Kroatien gleicherweise zu behandeln wie im übrigen Kroatien.

Der kroatische Gesandte in Rom wandte sich ebenfalls an die italienische Regierung.

Diese nahm auch ihm gegenüber keine direkt ablehnende Haltung ein. Es darf jedoch festgestellt werden, daß die Militärbehörden Italiens in Kroatien wahrscheinlich in der Weise unterrichtet worden waren, sie sollten w e i t e r h i n der „J u d e n v e r s c h l e p p u n g" W i d e r s t a n d l e i s t e n.

Die Judenaussiedlung aus der italienisch besetzten Zone wurde erst in Angriff genommen, als nach der italienischen Kapitulation im Oktober 1943 die Deutschen die Zone übernahmen und besetzten. Der Bericht des Polizeiattachés Helm über die „Judenfrage in Kroatien" vom 18. April 1944 trifft insoweit auch auf die frühere italienische Zone zu.

Zur Lage in Italien

Am 10. September 1943 besetzte die deutsche Wehrmacht Rom.

In der Hauptstadt Italiens befanden sich an diesem Tage 8000 Juden. Botschafter Rudolf Rahn flog am 10. September 1943 nach Berlin, um die Besetzung der Vatikanstadt zu verhindern.

Bischof Hudal informierte am 30. Sept. 1943 den deutschen Stadtkommandanten, daß Pius XII. sich vielleicht öffentlich gegen Judendeportierungen wenden werde.

Am 18. Okt. 1943 fand die erste Razzia in Rom statt. Die meisten Juden waren rechtzeitig gewarnt worden. Daher konnten sie Verstecke aufsuchen. Fast alle von ihnen kamen in Klöstern unter.

Von den kaum 1000 verhafteten Juden wurden 615 deportiert. Die Gesamtzahl der in der Zeit der Besetzung aus Rom deportierten Juden beträgt 1127.

Der Vizepräsident der Union der italienischen jüdischen Gemeinden teilte der Wiener-Library in London mit, daß aus Italien 10 271 Juden – in der Hauptsache nach Auschwitz – deportiert worden seien.

Deportation aus Kroatien und Italien

In Kroatien hatte IV B 4 einen „Berater", meinen Hauptsturmführer Abromeit. Auch seine Aufgabe war es zu versuchen, die kroatische Regierung dahingehend zu beeinflussen, daß sie bei der deutschen Regierung nachsuchte, Juden kroatischer Staatsangehörigkeit zu übernehmen. Abromeit mußte mich laufend über seine Bemühungen unterrichten; ich erinnere mich noch, wie er mir schilderte, daß die Ustascha in eigener Zuständigkeit teilweise ebenfalls Juden der Vernichtung zuführte. Im allgemeinen war Abromeits Tätigkeit nur von geringem Erfolg gekrönt; es gelang ihm nicht, namhafte Kontingente von Juden aus Kroatien herauszuführen. Die oppositionelle Haltung der kroatischen Regierung entsprang jedoch nicht so sehr dem Verlangen, die dort vorhandenen Juden zu schützen, als vielmehr dem Drang, unter allen Umständen die Souveränität zu wahren; deshalb zog man es vor, das Judenproblem in eigener Regie zu lösen. Es gingen nur sehr wenige Transportzüge aus Kroatien ab; ich glaube nicht, daß nur einer davon ins Generalgouvernement geleitet wurde.

Daß der Poglavnik Pavelić (126) sich unseren Deportationsplänen widersetzte, ist durchaus möglich, entsprach aber dann ausschließlich dem Wunsche, die eigenen Hoheitsrechte nach außen hin zu demonstrieren. Pavelić selber habe ich weder damals noch nachher jemals gesehen oder gesprochen. Daß er ab 1944 seine Einstellung „grundsätzlich" änderte und u. a. dem Internationalen Roten Kreuz die Erlaubnis erteilte, seine jüdischen Arbeitslager zu besichtigen, ist mir im einzelnen nicht bekannt. Doch warum sollte Pavelić in seinem Raum anders gehandelt haben als der Reichsführer in seinem Hoheitsgebiet? Himmler tat ja genau dasselbe, indem er über Bernadotte (127) Verhandlungen führen und demzufolge Juden aus den KZs in die weißen schwedischen Omnibusse verladen und den Schweden übergeben ließ. Dabei ging es dem Reichsführer nicht etwa darum, sich in ein milderes Licht zu setzen, und ich nehme bei Pavelić ebensowenig an, daß er sich durch mildere Bestimmungen oder Aktionen eine günstigere Position verschaffen wollte. Diese Zugeständnisse waren seiner Meinung nach nichts anderes als der Versuch, mit dem Gegner ins Gespräch zu kommen, so ähnlich wie der „Handel 10 000 LKW's gegen eine Million Juden".

Mir ist dunkel in Erinnerung, daß Abromeit in einem seiner Berichte schrieb, von den Italienern seien auf einer Insel Juden konzentriert worden. Abromeit war ein ziemlich „kluges Köpfchen", wohl Danziger. Er verstand es, dort einzudringen, wo er authentische Informationen besorgen konnte. Deshalb schilderte er mir die jeweilige Lage immer sehr gut; daher entsinne ich mich auch, daß er über die Schwierigkeiten mit den Italienern berichtete, obwohl diese auch den Kroaten Schwierigkeiten machten. Daß Abromeit beim deutschen Polizeiattaché in Agram in der Angelegenheit der Deportationen vorstellig wurde, glaube ich jedoch kaum; es sei denn, er liierte sich irgendwie sachlich mit ihm, was ja seiner Zuständigkeit überlassen blieb, da die Aufgabe des „Beauftragten für Judenfragen" darin bestand, mit allen möglichen deutschen wie kroatischen Stellen Fühlung aufzunehmen, allerdings immer mit Zustimmung seines deutschen Vorgesetzten im jeweiligen Arbeitsraum.

Daß die Italiener den Juden Schutz und Unterschlupf boten, berichtete Abromeit laufend.

Die Zahl der aus ganz Jugoslawien deportierten Juden kann ich nur schätzen. Ustacha und Četniks erledigten die Judenfrage in eigener Zuständigkeit, und der größte Teil der Juden flüchtete sowieso ins Partisanengebiet. Im Höchstfall sind vielleicht zwei oder drei Züge abgegangen.

Deportation aus Italien

Überall, wo die Italiener als Besatzungsmacht auftraten, versuchten sie, mehr oder weniger die Juden zu schützen. Daß aus Italien 15 000 Juden deportiert wurden, kommt mir höchst unwahrscheinlich vor. An irgendwelche Interventionen von Weizsäcker zugunsten der Juden kann ich mich nicht erinnern. Es mag sein, daß nach der Wiederkehr Mussolinis irgendwelche Deportationszüge abgegangen sind. Im großen und ganzen mußte ich Italien als eine „Lappalie" betrachten, und als solche wurde sie mir sicher von meinem ständigen Vertreter abgenommen, so daß ich mich an gar nichts entsinnen kann. Ich selber war während des Krieges nie in Italien; nur 1937 fuhr ich durch Italien, als ich von Ägypten kam; ich besuchte Italien zu Ostern 1939 privat und war dann erst 1950 wieder dort.

Auch mit der Lösung der Judenfrage in Triest hatte ich nichts zu tun. Daß Judentransporte aus Italien zurückgehen mußten, weil sie auf Grund alliierter Bombenangriffe den Brenner nicht passieren konnten, höre ich hier zum erstenmal. Im Jahre 1944 amtierte ich ja sowieso kaum in Berlin, und mein ständiger Vertreter war nicht angehalten, mir alles zu berichten, weil ich den größten Teil des Jahres ja in Ungarn war und er sowieso von mir keine Entscheidungen verlangen durfte.

Mir ist dunkel in Erinnerung, daß Abromeit einmal in seinen Berichten geschildert hat, wie die Italiener Juden auf einer Insel konzentrierten und wie die Juden nach der Mussolini-Geschichte und unserer entsprechenden Besetzung italienischer Zonen entweder zu den jugoslawischen Partisanen flüchteten oder in Richtung Süd-Italien nach Bari. Nur ein kleiner Teil konnte von uns ergriffen werden.

Im Juli 1943 war ich in Frankreich, fuhr von Paris aus über die Alpen an die Riviera und lief dort einige Außenstellen des Befehlshabers der SIPO und des SD an. Ich kann heute nicht mehr sagen, welchen Auftrag ich hatte, aber ich weiß, daß ich unterwegs einige große Lager vorfand, in denen entwaffnete italienische Truppen konzentriert waren.

In Italien versagte die Aktion gegen die Juden genauso wie in Belgien und in den nordischen Staaten.

Zur Lage in Nordeuropa

In Dänemark wohnten nicht sehr viele Juden. Es dürften 6300 gewesen sein. Bis zur Kündigung des im Jahre 1940 mit Schweden geschlossenen Abkommens, wonach die deutschen Soldaten im Transitverkehr nach Norwegen die schwedischen Eisenbahnen benützen konnten, geschah nichts. Dr. Best, der deutsche Reichsbevollmächtigte in Kopenhagen, hatte ein ausgezeichnetes Verhältnis zu dem dänischen Ministerpräsidenten Scavenius.

Am 5. August 1943 kündigte die schwedische Regierung die erwähnte Vereinbarung. Dänische Hafenarbeiter in Odense weigerten sich daraufhin, Reparaturarbeiten an deutschen Schiffen auszuführen.

In der Hafenstadt wurde daher das Standrecht verkündet.

Am 24. August 1943 sprengte die dänische Widerstandsbewegung die von der deutschen Besatzungsmacht besetzte Forumhalle.

Am 25. August 1943 streikten alle Schiffswerften in Dänemark. Die Regierung Scavenius trat am 28. Aug. 1943 zurück.

General Hermann von Hannecken verkündete das Standrecht.

Die dänische Marine versenkte ihre Schiffe, die nicht schwedische Häfen erreichen konnten.

Es war nicht möglich, eine neue dänische Regierung zu bilden. Am 18. September 1943 traf SS-Sturmbannführer Rolf Günther in Kopenhagen ein. Der Befehlshaber der Sicherheitspolizei in Dänemark, Dr. Mildner, flog nach Berlin, um Günthers Rückberufung zu erreichen. Seinem Verlangen war kein Erfolg beschieden.

Georg Duckwitz, Sachbearbeiter für Schiffahrtsfragen bei Dr. Best, berichtete dem früheren Ministerpräsidenten Scavenius und dem Präsidenten der jüdischen Kultusgemeinde, Henriques, am 29. Sept. 1943 von der beabsichtigten Razzia, die zwei Tage später erfolgen sollte.

Es liegt die Aussage des seinerzeitigen Leiters der Geheimen Staatspolizei in Kopenhagen vor, die bestätigt, daß Dr. Best verboten habe, die Wohnungen von Juden mit Gewalt aufzubrechen, wodurch ihre Inhaftnahme fast vollständig verhindert wurde.

In der Verhandlung gegen Dr. Best in Kopenhagen wurde ein Telegramm des Staatssekretärs von Steengracht, des Nachfolgers des nach Rom als Botschafter versetzten Staatssekretärs von Weizsäcker, vom 4. Oktober 1943 eingeführt, in dem der Reichsbevollmächtigte benachrichtigt wurde, daß das Reichssicherheitshauptamt beim Auswärtigen Amt sich über seine Weisung beschwert habe. Eine Verhaftung hätte nur bei jenen Juden stattfinden können, die „bei Klingeln oder Klopfen die Wohnung freiwillig öffneten".

Ergebnis: 284 Juden wurden am 1. Oktober 1943 festgenommen. 202 brachte man auf den Dampfer „Wartheland". 50 wurden freigelassen. Die Zahl der festgenommenen Juden erhöhte sich in den nächsten Tagen auf 447. 6000 Juden und 1376 Halbjuden gelang die Flucht nach Schweden.

Dr. Best wurde im August 1946 in Kopenhagen zum Tode verurteilt. Der oberste dänische Gerichtshof setzte aufgrund neuen Beweismaterials die Strafe auf fünf Jahre Gefängnis herab.

Dr. Best wurde am 29. August 1951 aus der Haftanstalt entlassen.

Zur Lage in Norwegen

Von den 1700 Juden, die in Oslo lebten, stammte der größte Teil aus Deutschland. Im Oktober 1942 wurde ein Aufnahmelager in Berg bei Tonsberg errichtet. Die Registrierung der Juden fand am 17. Nov. 1942 statt.

Bei einer Razzia am 25. Nov. 1942 in den wichtigsten Städten des Landes verhaftete die Polizei 725 Juden.

Ein Korherr-Bericht besagt, daß 691 Juden deportiert wurden. Unbestreitbar ist, daß es einer Anzahl gelang, in Verstecken über den Krieg hinwegzukommen. Die Privelegierung verhinderte bei einer Anzahl die Deportierung. Nach Schweden flüchteten 900 Juden.

Deportation aus Finnland

Mein Dezernat IV B 4 hatte nie etwas mit Finnland zu tun. Daß mehrere höhere Offiziere in der finnischen Wehrmacht Juden sein sollen, entzog sich meiner Kenntnis wie auch die Behauptung, daß überhaupt Soldaten und

Offiziere jüdischer Herkunft in der finnischen Armee auf deutscher Seite kämpften. Im allgemeinen haben uns die Juden in Finnland nicht gekümmert; denn ihre Zahl war nur gering. Nach meinem Wissen ist nie ein Verlangen nach Auslieferung finnischer Juden gestellt worden – und keinesfalls von meinem Dezernat.

Deportation aus Norwegen

Noch heute kann ich nicht verstehen, daß in den skandinavischen Ländern überhaupt in die Regelung der Judenfrage eingegriffen wurde: die jüdische Bevölkerungsziffer war dort nirgendwo hoch; es gab keine „Judenfrage" als solche. Norwegen zählte, glaube ich, kaum tausend Juden! Ich erinnere mich im übrigen diesbezüglich nur sehr wenig, so auch nicht an den Transport mit einem Dampfer „Donau", womit ich natürlich nicht sagen will, daß ich diese Aktion in Zweifel ziehe.

Daß Anträge der schwedischen Regierung bezüglich der Aufnahme von Juden durch Herrn von Weizsäcker (133), Staatssekretär im Auswärtigen Amt, abgelehnt wurden, liegt durchaus auf der Linie der Beamten-Hierarchie des AA; mir wäre, namentlich einige Jahre zuvor, als ich überall in der Welt verzweifelt nach Einwanderungsmöglichkeiten für Juden suchte, ein derartiges Angebot Schwedens hochwillkommen gewesen; hätte man damals 30 000 oder 40 000 Juden abgenommen, wir hätten dafür bezahlt.

Als wir den Auftrag hatten, Norwegen judenfrei zu machen, wäre es uns außerordentlich recht gewesen, die Evakuierten nach dem neutralen Schweden leiten zu können, ebenso wie jüdische Kinder, die unterzubringen waren. Wenn damals dagegengearbeitet wurde, dann sicher nur mit der Absicht, uns weitere Schwierigkeiten zu bereiten; Leute wie Weizsäcker haben sich wohl ins Fäustchen gelacht; denn in den skandinavischen Ländern gab es nie eine Judenfrage wie etwa bei uns.

An Reichskommissar Terboven (134) erinnere ich mich im Zusammenhang mit Briefen, die ich öfters für den Chef der SIPO und des SD an ihn entwerfen mußte. Während der unglücklichen Affäre in Dänemark flog ich einmal mit einer viermotorigen Maschine von Kopenhagen nach Berlin und sah Reichskommissar Terboven auf dem Kopenhagener Flugplatz, wo er vom Militärbefehlshaber offiziell verabschiedet wurde. Gesprochen habe ich jedoch nie mit ihm; um diese Zeit verspürte ich gar keine Lust, mit irgend jemand zu reden; denn ich mußte zusehen, wie ich den von anderen „ausgekochten" üblen „Stunk" wieder bereinigen konnte.

Zahlenmäßig fielen die aus Norwegen evakuierten Juden nicht ins Gewicht.

Deportation aus Dänemark

Wer der Vater der unglücklichen Idee gewesen ist, Juden aus Dänemark zu deportieren, weiß ich nicht. Es gab in Dänemark keine Judenfrage, und wer dem Reichsführer den „Floh" ins Ohr gesetzt hat, dort zu „entjuden", muß ein übler Ratgeber gewesen sein. Die paar Juden in Dänemark konnte man nur mit der Lupe finden. Sie haben der deutschen Regierung wie auch meiner Dienststelle mehr Kopfzerbrechen und Scherereien gemacht als die Deportierung von 300 000 Juden aus Ungarn. Mein Dezernat hatte überhaupt kein Interesse an Dänemark – der „Ratgeber" des Reichsführers in dieser Angelegenheit brachte entweder aus Dummheit oder Bösartigkeit Dänemark ins Spiel. Vielleicht verfiel Himmler von sich aus darauf, obwohl es in Dänemark, wie erwähnt, nur ein paar tausend Juden gab.

Das Dezernat IV B 4 ergriff jedenfalls nicht die geringste Initiative. Wäre es anders gewesen, so hätte mir wegen der ungeheuren Komplikationen der ganzen Angelegenheit entweder der Amtschef IV oder der Chef der SIPO oder auch der Reichsführer einen saftigen Verweis verpaßt, weil ich schließlich der unterste Dienstgrad war, dem man am bequemsten die „ganze Schuld" aufbürden konnte. Das geschah aber nicht, weil es nicht möglich war; demzufolge ist auch klar, daß ich in dieser Angelegenheit keineswegs Initiator war.

Nachdem der Befehl zur Evakuierung der Juden aus Dänemark gegeben war, mußte sich IV B 4 natürlich einschalten, und zwar laut ausdrücklichem Auftrag. Wenn die gegnerische Nachkriegsliteratur in diesem Zusammenhang Rademacher (135) als „Spitzel für die SS im Diplomatischen Corps" erwähnt, so stimmt das ganz und gar nicht. Rademacher kam selbst aus der Diplomatenlaufbahn und war, glaube ich, Legationsrat Erster Klasse. Völlig neu ist mir auch, daß der Reichsführer dem Gruppenführer Müller befohlen haben soll, Juden in eine Liste kommunistischer und anderer dänischer Widerstandsführer aufzunehmen, um sie auf diese Art verhaften zu können. Weder habe ich je davon gehört noch mich damit selbst befaßt.

Nach vielem Hin und Her wurde schließlich eine kleine Gruppe Juden aus Dänemark nach Deutschland verschifft; auf der Überfahrt sind einige ins Wasser gegangen und haben Selbstmord verübt. Bei den Deportationen kamen übrigens nur ganz vereinzelte Selbstmorde vor; ich glaube, dies liegt dem Juden nicht. Ich mußte jenen Selbstmordfällen dänischer Juden nachgehen und suchte den Befehlshaber der SIPO und des SD, Dr. Rudolf Mildner (136), auf; gleichzeitig war zu klären, ob wirklich Juden hohen Alters beim Transport gewesen waren, wie in diesbezüglichen Klagen behauptet wurde. Das Ganze ärgerte mich maßlos, weil ich hier mit kleinsten Einzelheiten von Einzelfällen zu tun hatte, was bisher nie zu meinen Aufgaben gehört hatte. Ich traf Mildner niedergeschlagen an; er war froh, endlich einen Dezernenten aus der Zentralinstanz vor sich zu haben, dem er gewissermaßen alles übergeben konnte. Ich besuchte Best wahrscheinlich mit Mildner zusammen und glaube mich entsinnen zu können, daß der erste Vorschlag zur Rückführung der Juden nach Dänemark von Best (137) ausging. Auch nach meiner Meinung war dies der einzige Ausweg, der noch blieb, nachdem bereits allzu viel Blödsinn gemacht worden war. Anfänglich erschien mir eine Rückführung freilich als etwas Ungeheuerliches, weil eine derartige Maßnahme noch nie dagewesen war. Ich hatte die paar dänischen Juden sehr ordentlich in Theresienstadt unterbringen lassen, damit sie mir erhalten blieben und unter meiner Kontrolle standen, doch ihre Unterbringung dort war sehr zum Leidwesen von Dr. Eppstein erfolgt, und ich selbst verstand gar nicht, wieso ausgesprochen alte Juden auf die Reise geschickt worden waren. Vielleicht hatten sich alle anderen in Sicherheit gebracht? Ich glaube kaum, daß ein Mann meines Dezernats für die Auswahl der alten Juden verantwortlich war; ich hätte ihm bestimmt ganz anständig „auf die Finger geklopft"; daher könnte ich mich sicher daran erinnern.

Daß Best mit Heydrich Schwierigkeiten hatte, hörte ich schon damals; das war jedoch höhere Politik, die ich nicht durchschauen konnte. In der Angelegenheit der Rückführung der dänischen Juden verstand es Best jedenfalls, seinen Willen durchzusetzen, nachdem er in Berlin einen heillosen Krach geschlagen hatte. Im Grunde genommen lachten wir ein wenig über die gewaltige Kraftanstrengung, die notwendig gewesen war, um erst eine Handvoll Juden aus Dänemark zu evakuieren und sie dann obendrein wieder nach dort zurückzugeleiten. Mein Dezernat tat jedenfalls bei der ganzen Angelegenheit nichts anderes als zu transportieren. Befehl ist Befehl, Deportieren genauso wie Rückführen. In Dänemark blamierten wir uns lediglich und verärgerten die Gegenseite, ohne daß sich der Anlaß gelohnt hätte.

Wäre ich nur in etwa für die Affäre Dänemark verantwortlich gewesen, hätte ich das natürlich sofort zu spüren bekommen, wie ich abschließend nochmals betonen möchte: mein unmittelbarer Vorgesetzter Müller war mit dienstlichen Verweisen nur allzu schnell bei der Hand; hätte irgendeiner seiner Dezernenten eine derart hirnlose Sache ohne Übereinstimmung mit den übrigen Zentralinstanzen in die Wege geleitet, wäre er mit diesem übel verfahren! Ich jedenfalls bekam nicht den geringsten dienstlichen Verweis.

Zur Judenfrage in den Niederlanden

und zur Deportation der dortigen Juden

Im Mai 1940 wurden durch deutsche Truppen Holland, Belgien und Teile von Frankreich besetzt. Für Holland wurde der Reichskommissar für die besetzten holländischen Gebiete als oberste deutsche Behörde geschaffen. Die Interessen des Auswärtigen Amtes hatte dessen Vertreter, Gesandter Otto Bene, wahrzunehmen. Die Legislative war ausschließlich in der Hand des Reichskommissars Dr. Seyß-Inquart. Sämtliche gesetzlichen Regelungen wurden durch ihn getroffen.

Zwischen den Menschen jüdischer Herkunft und den Niederländern bestand zu keinem Zeitpunkt ein schlechtes Verhältnis. Daher ist es verständlich, daß am 6. Mai 41 Nr. 43 der „Meldungen aus den Niederlanden" erschien, in denen berichtet wird, daß viele judenfreundliche Äußerungen vor allem kirchlicher und sog. reaktionärer Kreise die allgemeine Volksstimmung zugunsten der Juden beeinflussen.

Zu ersten Zwischenfällen erließ der höhere SS- und Polizeiführer am 25. Febr. 1941 eine Proklamation. Brigadeführer Rauter führte aus: „Während die bestialische Ermordung eines holländischen Nationalsozialisten im jüdischen Viertel noch in jedermanns Erinnerung ist, wurde nun eine Patrouille der Deutschen Sicherheitspolizei in einer Weise angegriffen, die mehr als verbrecherisch ist. Während der Nacht vom Mittwoch, den 19. Februar, auf Donnerstag wurde eine Patrouille der deutschen Sicherheitspolizei, als sie einen jüdischen Saal betrat, in welchem eine geheime Sitzung im jüdischen Emigrantenviertel im Van Woustreet in Amsterdam abgehalten wurde, mit einer ätzenden und giftigen Flüssigkeit besprizt. Gleichzeitig wurde von den jüdischen Verbrechern auf die deutschen Polizeibeamten geschossen. Infolge des sofortigen Einschreitens der ihnen folgenden Polizeibeamten wurden einige der Verbrecher festgenommen, während die meisten in der Dunkelheit entkamen.

Aus diesem Grunde hat der Generalkommissar für die öffentliche Sicherheit, der Höhere SS- und Polizeiführer, die folgende Straf- und Vergeltungsmaßnahme befohlen: 400 Juden im Alter von 20 bis 35 Jahren werden festgenommen und in ein deutsches KZ überführt. Der Generalkommissar für die öffentliche Sicherheit, der Höhere SS- und Polizeiführer, macht darauf aufmerksam, daß dies eine von den deutschen Besatzungsbehörden angeordnete Vergeltungsmaßnahme ist. Jede Demonstration irgendwelcher Art und ähnliche Vorkommnisse werden als gegen die deutschen Besatzungsbehörden gerichtet betrachtet und werden von den deutschen Sicherheitsstellen sofort unterdrückt und liquidiert."

Es liegt eine Notiz des Unterstaatssekretärs Woermann vom Auswärtigen Amt in Berlin vom 25. Febr. 41 vor, nach der der Gesandte Bene zur Orientierung folgendes mitteilte: „... 1) Aus Anlaß der Niederschlagung eines SA-Mannes durch jüdische Täter, die nicht ermittelt werden konnten, wurden 400 Juden von den Niederlanden nach Deutschland gebracht, die hier arbeiten sollten. 2) Die Lage sei in den Niederlanden außerordentlich gespannt. In Amsterdam sei Generalstreik proklamiert, in Groningen werde gestreikt, und in Rotterdam erwarte man einen Streik..."

Am 27. Febr. 42 berichtet der damalige Hauptsturmführer Zöpf dem Beauftragten des Chefs der Sicherheitspolizei und des SD für den Bereich des Militärbefehlshabers Frankreich in Paris sowie an den für den Bereich des Militärbefehlshabers in Belgien und Nordfrankreich: „Ich gebe zur Kenntnis, daß noch in dieser Woche nach entsprechender gesetzlicher und technischer Vorbereitung und nach Zustimmung durch den Führer die Kennzeichnung der in den besetzten Niederlanden sich aufhaltenden Juden durch den Judenstern erfolgt. Die Einführung des Judensterns erfolgt hier durch Anordnung des Generalkommissars für das Sicherheitswesen."

Aus einem Vermerk des SS-Hauptsturmführers Danecker vom 15. Juni 42 geht hervor, daß im RSHA eine Besprechung stattgefunden hat, an welcher Danecker sowie die Judenreferenten aus Brüssel und den Haag teilgenommen haben. In dem Vermerk heißt es: „... RF-SS hat daher angeordnet, daß entweder aus dem Südosten (Rumänien) oder aus den besetzten Westgebieten größere Judenmengen dem KZ Auschwitz zwecks Arbeitsleistung überstellt werden. Grundbedingung ist, daß die Juden (beiderlei Geschlechts) zwischen 16 und 40 Jahre sind; 10% nicht arbeitsfähige Juden können mitgeschickt werden.

Vereinbarung: Es wurde vereinbart, daß aus den Niederlanden 15000, aus Belgien 10000 und aus Frankreich einschl. unbesetztes Gebiet insgesamt 100000 Juden abgeschoben werden. Auf Vorschlag des Unterzeichneten wurde neben der Altersgrenze festgelegt, daß der Kreis der Abzuschiebenden nur jene Juden umfaßt, die zum Tragen des Judensterns verpflichtet sind, sofern sie nicht in Mischehen leben..."

Am 15. Juli 42 begannen die systematischen Deportationen; aus dem jeweiligen Bestand des Lagers Westerborg wurden die Züge gefüllt. Für die planmäßige Füllung der Züge hatte die Sicherheitspolizei in Den Haag Sorge zu tragen.

Am 31. Juli 42 berichtet der Gesandte Bene an das Auswärtige Amt: „... Der Abtransport der niederländischen Juden ist auch in dieser Woche ungestört vor sich gegangen. Mit den heute abgegangenen Zügen sind bis jetzt 6000 niederländische Juden abtransportiert worden. Der Abtransport als solcher ist ungestört verlaufen, und es ist auch nicht anzunehmen, daß bei den in den nächsten Wochen rollenden Transporten Schwierigkeiten oder Störungen eintreten werden.

Natürlich war diese Maßnahme in der niederländischen Bevölkerung nicht unbekannt geblieben, und es war auch zeitweilig eine gewisse Aufregung zu bemerken, namentlich in Amsterdam. Der englische Sender hatte sich eingeschaltet und die Gelegenheit benutzt, um zu hetzen. Auch die niederländischen Kirchen aller Konfessionen hatten sich veranlaßt gefühlt, einen Schritt bei dem Herrn Reichskommissar zu unternehmen. Von dem Herrn Reichskommissar wurde aber der Standpunkt eingenommen, daß die Kirchen sich höchstens für die den christlichen Kirchen angehörenden Juden einsetzen könnten ...

... In jüdischen Kreisen ist die Meinung vertreten, daß der Abtransport der arbeitsfähigen Juden erfolge, um für die Juden im Osten die nötigen Quartiere vorzubereiten. Wegen der in dem Drahtbericht vom 17. Juli 1942 – Nr. 250 – aufgeworfenen Frage der Aberkennung der niederländischen Staatsbürgerschaft für die Juden wird hier zunächst die Stellungnahme des Auswärtigen Amts abgewartet.

Neben dem Eingreifen der Kirchen, das, wie ich soeben höre, zur Folge hat, daß die ca. 4000 ‚christlichen Juden' nunmehr in einem Lager in Holland gesammelt und einstweilen dort behalten werden, haben auch andere Kreise, vermutlich auf englische Inspiration hin, das als Anlage 2 beigefügte Hetzblatt in Umlauf gesetzt. Über das Ergebnis ist noch nichts bekannt ..."

Am 31. Dez. 42 fertigte der Befehlshaber der Sicherheitspolizei und des SD für die besetzten niederländischen Gebiete einen Jahresbericht, der auszugsweise wiedergegeben werden darf: „... Eine Judenfrage in den Niederlanden bestand nicht nur wegen der ansehnlichen Zahl von 140 000 – zum Teil alteingesessenen – Volljuden (Amsterdam war mit 80 000 Juden die jüdische Metropole Westeuropas), sondern vor allem wegen ihres großen Einflusses, wegen ihrer wirtschaftlichen und geistigen Verflechtung mit dem Niederländertum. Vorherrschend im Diamanten-, Kleider-, Fell-, Metall-, Papier-, Altmaterial- und Lebensmittelhandel hatten sie hohe Kapitalien in ihren Händen angesammelt. Sie wurden dabei nicht als lästige Fremdkörper, sondern als gleichberechtigte und gleichgeschätzte Volksgenossen betrachtet. Die liberal-humanitäre Lebensanschauung des Niederländers war nicht durch fühlbare und auf jüdisches Konto zu setzende Wirtschaftskatastrophen und Linksrevolutionen erschüttert worden, die in Deutschland das Volk weltanschaulich vorbereitet hatten. Im Gegenteil wurde seit 1933 die Hinneigung zum Judentum eher noch verstärkt durch das prosemitische Bekenntnis des Herrscherhauses, der Regierung und der tragenden plutokratischen Schicht. Ein Kampf gegen das Juden-

tum war nur von Einzelpersonen geführt und selbst die NSB erst nach dem Einmarsch von Juden gereinigt worden...

In Ausnutzung der noch vorhandenen Transportlage und wegen der später vermutlich noch steigenden psychologischen und technischen Schwierigkeiten einer Radikallösung wurde 1942 die planmäßige Abschiebung der Juden im Rahmen der zentralen Europa-Lösung in Angriff genommen; sie vollzieht sich seitdem laufend nach den vom Reich bestimmten Plätzen...

Trotz aller Schwierigkeiten wurde die begonnene Entjudung ohne Unterbrechung und im großen ganzen reibungslos weitergeführt. Von den ursprünglich 140 000 Volljuden hatten durch Abschub und Abwanderung bis Ende 1942 etwa 50 000 das Land verlassen. Weitere Tausende sind in den Lagern der Sicherheitspolizei konzentriert. Die für die ersten Monate des Jahres 1943 vorgesehene Abholung der kranken Juden (ca. 8000, dazu Pfleger und Angehörige) aus Wohnungen und Krankenhäusern ist vorbereitet. Der überwiegende Teil des Restes ist im Rückstellungsverfahren erfaßt und lebt unter eingeschränkten Bedingungen im wesentlichen getrennt von den Ariern. Die Rückstellungsgruppen sollen weiter abgebaut oder im Lager Vught bzw. in Baarneveld konzentriert werden, der Rest ausländischer Juden soll in Kürze nach den Heimatländern abreisen. Die Provinzen der Niederlande, ausgenommen Nord- und Südholland, sind bereits jetzt weitestgehend frei von Juden..."

Das Niederländische Staatliche Institut für Kriegsdokumentation (Rijksinstituut voor oorlogsdocumentatie) in Amsterdam erklärt, daß in der Zeit vom 15.–27. Juli 42 in 5 Transporten insgesamt 5044 Juden nach Auschwitz deportiert worden seien.

Nach dem 30. Juli 42 seien rd. 105 000 Juden beiderlei Geschlechts und jeden Alters in die Lager Auschwitz und Sobibor gebracht worden.

Deportation aus den Niederlanden

In Den Haag amtierte ein Befehlshaber der SIPO und des SD; auf höherer Ebene wurde bestimmt, daß Regierungsrat Zöpf (138) das Judenproblem in Holland zu bearbeiten und sich dieserhalb mit dem zuständigen Referat des Reichssicherheitshauptamtes – also IV B 4 – ins Benehmen zu setzen hatte. Wie ich Zöpf kennenlernte, weiß ich nicht mehr; es mag sein, daß er zum RSHA kam und sich dort als der beauftragte Judenreferent in den besetzten niederländischen Gebieten vorstellte; er bezog jedenfalls seine Richtlinien von meinem Dezernat. Zöpf hatte noch einen Mitarbeiter, dessen Name mir jetzt nach seiner Erwähnung wieder ins Gedächtnis kommt

(140): nämlich Aus der Fünten. Letzterer war, wie ich glaube, Vertreter von Zöpf.

Da der Befehlshaber der SIPO und des SD in Den Haag durch sein „Funkspiel" mit England stark in Anspruch genommen war und durch eine Anzahl erwischter feindlicher Fallschirmagenten auch den Erfolg seiner Arbeit unter Beweis stellen konnte, hatte er persönlich keine Zeit, sich um die Lösung der Judenfrage in Holland zu kümmern. Deshalb hatte Zöpf weitgehend freie Hand; ich weiß, daß er z. B. an Reichskommissar Seyß-Inquart sowie an den Wirtschaftsminister herantrat. Zöpf hatte aber auch holländische Organe an der Hand, die mit Exekutivgewalt ausgestattet waren. Er war ein außerordentlich weicher Mensch, den aber Beamteneifer, Beamtenpünktlichkeit und Beamtentreue auszeichneten. Solange er allein disponierte, hatte er mit mehr Schwierigkeiten als praktischen Erfolgen zu rechnen: es wurden z. B. Transportkontingente in der Größenordnung von zwanzig- bis fünfzigtausend vereinbart, aber praktisch kam es dann auf kaum zehn Prozent davon heraus. Ich mußte selbst fünf- oder sechsmal nach Den Haag fahren, um Zöpf immer wieder das Rückgrat zu stärken sowie für die legislative Untermauerung und die erforderlichen Exekutiv-Verordnungen zu sorgen. Aus den obenerwähnten Gründen zog sich die Evakuierung von ein paar tausend Juden lange Zeit hin.

Um den ständigen Interventionen in Holland entgegenwirken zu können, mußte ich des öfteren „indische Reistafeln" vertilgen und manche Stunde mit Konferenzen in dem alten, verstaubten, aber sonst recht ordentlichen und gutbürgerlichen Hotel Des Indes verbringen. Gelegentlich fuhr ich auch nach Amsterdam, wo Zöpf eine Art von Dezernenten sitzen hatte, einen Hauptsturm- oder Sturmbannführer aus dem Stabe des Kommandeurs der SIPO. Er war in meinen Augen damals der richtige Mann, der im richtigen Augenblick die richtigen polizeilichen Maßnahmen in die Wege leitete und damit Erfolg hatte. In Amsterdam saß er im Mittelpunkt des jüdischen Lebens in Holland; er war Kriminalkommissar oder Kriminalrat und hieß, wie ich glaube, Lages (143). Zöpfs Eigenschaften entsprechend war die gesetzliche Untermauerung der Deportationen auf dem Instanzenweg nur mit vielen Schwierigkeiten zu erreichen; war dies geschehen, so war Zöpf nicht mehr der geeignete Mann für die Weiterarbeit, weil ihm die nötige Erfahrung hierzu fehlte, und daher schickte ich ihm eine Anzahl verfügbarer „Berater", die dem Befehlshaber der SIPO unterstellt wurden. Eines Tages informierte mich Gruppenführer Müller, ich solle auch Aus der Fünten bei Zöpf unterbringen; dieser machte bei mir einen „Schnellkurs", indem er sämtliche Fachgebiete durchlief; dann wurde er als Adlatus zu Zöpf geschickt. Als diese Berater in Holland arbeiteten, regelte sich alles so, daß Zöpf nur noch die Wege zur Erledigung der theoretischen Angelegenheiten zu ebnen hatte, und zwar über den Befehlshaber der SIPO zu den einzelnen Sachbearbeitern des Reichskommissars und zum Höheren SS- und Polizeiführer Rauter.

Schwierigkeiten gab es in Holland am laufenden Band, mehrfach von holländischer Seite, aber in erster Linie seitens der eigenen deutschen Wirtschaftsstellen, weil sie ein Handicap des holländischen Wirtschafts-Solls befürchteten. Ein-, wenn nicht zweimal mußte ich sogar Rauter im Auftrage des Chefs der SIPO und des SD eine Art Vortrag darüber halten, daß die Geduld des RSHA sich nunmehr der Erschöpfung nähere; wir hätten alles getan, und personaltechnisch sei alles veranlaßt, um die Lösung der Judenfrage in den besetzten niederländischen Gebieten jetzt schlagkräftig durchzuführen. Ich werde wohl ein „Spezialprogramm" für Rauter gehabt haben, in dem alles nach Punkten gegliedert war, so daß er die entsprechenden Anordnungen verteilen und u. U. fehlende Vollmachten umgehend besorgen konnte. Rauter war ein sehr ordentlicher, netter Mensch, mit dem ich mich gut vertrug. Er war seinerzeit der zweite, der gegen Fürst Starhemberg in Österreich den steirischen „Heimatschutz" aufstellte, als militärischer Berater von Dr. Friene (142), dem Gründer des „Heimatschutzes", dessen Führer von der SS übernommen wurden, im Gegensatz zu denen der christlich-sozialen „Heimwehr". Daraus erklärt es sich auch, daß wir uns so gut verstanden: ich kam aus Linz und konnte mich mit dem Steiermärker Rauter in der Mundart unterhalten. Unser gutes Verhältnis wirkte sich auch in den Arbeitskonferenzen positiv aus.

Hatte ich in Den Haag meine Verhandlungen beendet, fuhr ich nach Berlin zurück und harrte der Dinge, die da kommen sollten. Von Den Haag waren mir Zahlen mitgegeben worden, die ich nun meinem Transportsachbearbeiter vorlegte; es war dann seine Aufgabe, innerhalb der vereinbarten Zeit den entsprechenden Fahrplan zu erstellen und die nötigen Züge zu bekommen. Die Transporte rollten, bis sie unterbrochen werden mußten, wenn sich wieder einmal zu viele Hindernisse ergaben. Der Fahrplan wurde dann, sehr zum Leidwesen des Verkehrsministeriums, wieder umgestoßen, was zur Folge hatte, daß die gesamte Fahrplanordnung, die ja nicht nur unsere Transporte umfaßte, neu festzulegen war. Das war bei den holländischen Deportationen sehr häufig der Fall. Rauter selbst hatte immer gewisse Bedenken gegen unser Evakuierungsprogramm, die ich zu zerstreuen versuchte; es war sehr kompliziert, Juden mit holländischer Staatsangehörigkeit zu erfassen; denn der Niederländer kennt keine „Juden mit niederländischer Staatsangehörigkeit", er kennt nur Niederländer und Nicht-Niederländer; daher sträubte er sich gegen die Evakuierung irgendeines „Staatsangehörigen". Rauter bekam das sehr zu spüren, da er mit der holländischen Polizei zu tun hatte; im einzelnen sind mir jedoch seine Bedenken nicht erinnerlich, ebensowenig übrigens wie das Verhältnis zwischen Rauter und Kaltenbrunner; bei Briefentwürfen an den ersteren mußte ich jedenfalls nicht besonders aufpassen.

Daß in Holland ein Judenghetto nach osteuropäischem Muster geschaffen wurde, ist mir bekannt. Zöpf hatte alles dazu veranlaßt: die Juden wurden im Ghetto von Amsterdam zusammengefaßt. Es mag auch sein, daß der jüdische „Ältestenrat" Torfstechlager anlegte, genauso wie die „Reichsvereinigung" in Deutschland nach einer Idee des „Ältestenrates" verschiedene Arbeitslager in Theresienstadt gründete. Ich glaube aber nicht, daß sich die Sicherheitspolizei mit Torfstechlagern abgab.

Von lokalen Maßnahmen, wie z. B. einer Razzia im historischen Judenviertel von Amsterdam, weiß ich ebensowenig wie von einem Eisenbahnerstreik, der jetzt im Zusammenhang damit erwähnt wird. Unbekannt ist mir auch, daß nach irgendwelchen Zwischenfällen einmal 400 Juden auf Befehl des Reichsführers als Geiseln festgenommen wurden. Mein Dezernat war dafür nicht zuständig; wir hatten, um es wieder und wieder zu bringen, nur die Deportationen vorzunehmen, während für Sabotage oder die Erfassung von Geiseln andere Dezernate bestanden genau wie für Attentate oder Streikangelegenheiten. Alle Personen, die andere Dezernate aufgegriffen hatten, wurden gesondert ins Reich gebracht; handelte es sich nicht um Juden im Rahmen der Lösung der Judenfrage, dann hatte ich auch mit Transporten nichts zu tun, sondern das betreffende Dezernat war für sämtliche aufkommenden Fragen zuständig, – für Sabotage, Attentate, Geiseln usw. –, dabei war es gleichgültig, ob es sich dabei um Juden oder Nichtjuden handelte.

Heute wird behauptet, ich habe im Juni 1942 an Legationsrat Rademacher geschrieben, daß ab Mitte Juni 40 000 Juden aus den Niederlanden und die gleiche Zahl aus dem besetzten Frankreich befördert werden sollten. Dazu muß ich feststellen, daß es sich lediglich um ein Programm handelte; die Wirklichkeit sah ganz anders aus: ich bekam nach persönlicher Rücksprache in Holland ein Kontingent von 40 000 in Aussicht gestellt, aber die Schwierigkeiten waren viel zu groß, um diese Zahl zu erreichen, zumal sehr viele Juden besonders geschützt waren: so war es schon viel, wenn bei einer Meldung von 40 000 dann ein Transport von 5000 oder 8000 zustande kam. Diese Zahl von 40 000 verfolgte mich durch alle Länder und kommt noch heute immer wieder zum Vorschein. Es will mir fast scheinen, als hätten sich meine Berater bei ihren Zusammenkünften irgendwie auf diese Zahl geeinigt, um sie mir durchzugeben. Natürlich wußte ich schon aus der Praxis, daß die genannten Kontingente nie erfüllt wurden, und ließ keinen Fahrplan für Transporte von 40 000 sondern nur von 10 000 Personen erstellen. War die Zahl einmal höher, so konnte leichter ein Zusatzfahrplan zu einem rollenden Unternehmen geschaffen werden, als es möglich war, einen gänzlich neuen in den bereits bestehenden einzubauen.

Die Mitarbeiter des Reichskommissariats für die besetzten Niederlande waren an sich bereit, alles zu tun, was verlangt wurde, aber sie hatten ja auch noch ganz bestimmte Aufgaben, z. B. hinsichtlich der Wirtschaft, zu erfüllen, forderten daher eine große Zahl von Freistellungen, denen auch stattgegeben wurde, um kein Zahnrad in der großen Maschine ausfallen und schließlich die Maschine selbst leerlaufen zu lassen. Diese Stellen waren im übrigen dazu angehalten, ruhig, Zug um Zug, unsere Forderungen in ihr Wirtschaftsprogramm einzubauen; dasselbe galt für den politischen Sektor. Die SIPO war ungeduldig, da sie unter dem Befehl des Reichsführers stand. Diese Ungeduld zu zügeln, ohne dabei vor dem Reichsführer „Gesicht zu verlieren", war die Kunst Seyß-Inquarts und seiner Leute. Persönlich habe ich nie mit ihm verhandelt, auch nicht mit seinen höchsten Mitarbeitern, sondern nur einmal mit einem Parteibeauftragten namens Schmidt; allerdings weiß ich nicht mehr, wo und worüber; denn dieser Mann hatte mit der Judenfrage nichts zu tun.

Rauter als ausgesprochen „dumm" zu bezeichnen, ist meines Erachtens – ausgesprochen töricht. Er war nichts als Befehlsempfänger, und zwar unmittelbarer Befehle des Reichsführers, die er stets unbedingt anerkannte und zu deren Durchführung er die Hürden der Bedenken etwa des Reichskommissars im Galopp zu nehmen bereit war. Dies um so leichter, als sich Seyß-Inquart und Rauter, beide Ostmärker auf hohen Posten in einem Meer von „Piefkes", persönlich gut aussprechen konnten. Ich sage das um so freier, als ich ja auch dazu gehöre: auf meiner Dienststelle erlebte ich oftmals Reibereien zwischen Ostmärkern und den sogenannten Piefkes, wobei ich mir stets jeden einzelnen vorknöpfte, der dem andern sein „Österreichertum" oder sein „Piefketum" vorwarf; diese Seuche wollte ich unbedingt bekämpfen. Aber es ist menschlich verständlich, daß sich Seyß-Inquart und Rauter auf der Basis der gemeinsamen ostmärkischen Heimat leichter fanden.

Wenn in der Nachkriegsliteratur von Holland behauptet wird, daß anfänglich und mit Rücksicht auf die psychologischen Auswirkungen nur 25 000 staatenlose Juden und Flüchtlinge deportiert werden sollten, und hinzugefügt wird: „. . . während Zöpf und Aus der Fünten alles verhaftet haben, was sie erfassen konnten", so muß ich dazu bemerken, daß Zöpf sich streng an die „Richtlinien" hielt; diese habe ich nicht frei erfunden. Vielmehr wurden sie im Laufe der Zeit durch Reichsführer-Befehle, durch Zusatzverordnungen und praktische Lehren geboren. Die praktischen Erfahrungen des Dezernates waren unser eigener Anteil an den „Richtlinien", deren Basis natürlich die Reichsführerbefehle bildeten; Zusatzbefehle kamen hinzu, auch der Chef der SIPO hatte oft noch etwas beizutragen, die Kanzlei des Stellvertreters des Führers meldete sich mit gewissen Dingen – alle wollten etwas dabei zu sagen haben, und so wucherten die „Richtlinien" wie ein Krebsgeschwür.

An und für sich war ursprünglich geplant, auch in Holland eine „Zentrale für jüdische Auswanderung" zu schaffen; ich glaube sogar, daß eine solche eine Zeitlang funktioniert hat, doch wurde – ähnlich wie in Berlin – nichts Rechtes daraus, da ich bei den Zentralinstanzen immer ängstliche Gesichter vorfand und keiner wagte, etwas zu unternehmen. Es gab Leute, die glaubten, daß die Wiener „Zentrale für jüdische Auswanderung" an irgendeinem anderen Punkt einfach wie ein Abziehbild nachzuahmen sei. Was uns in Wien auf Anhieb und mit großem Schwung gelungen war, konnte in Prag noch einmal wiederholt werden, weil sich Heydrich dahinter klemmte; aber schon in Berlin ging das nicht mehr – die Zentralinstanzen weigerten sich, das nötige Personal und vor allem die erforderlichen Polizeibefugnisse zu überstellen. Damals in Wien legte sich wohl niemand darüber Rechenschaft ab, wie die praktischen Folgen einer solchen Übertragung von Befugnissen aussähen; niemand erwartete, daß die Polizei einmal eigene Register ziehen würde. Als ich zugunsten auswandernder Juden gesammelte Dollars einmal zum Wechselkurs von 20 RM an den Leiter der Devisenhandelsstelle „verkaufte", fiel erst der Groschen; hätten mich damals meine Vorgesetzten nicht gedeckt, hätte ich Schwierigkeiten bekommen. In Berlin und Den Haag konnte ich keinen wirklichen Erfolg mehr mit den „Zentralen" verbuchen, weil die nötigen Befugnisse nicht vorhanden waren.

Es ist möglich, daß der Amsterdamer Judenrat mehr als 14 000 Angestellte hatte, die dann von der Gestapo auf 13 000 „vermindert" wurden. In Amsterdam war ja jeder zweite „jüdischer Beamter"! Schließlich ist auch die Freistellung der Arbeiter in den Torfstechlagern mitsamt ihren Angehörigen ein Beweis dafür, wie tolerant die SIPO war.

Unter den zahlreichen „privilegierten Juden"* in Holland gab es auch Diamantschleifer; in Wirklichkeit waren sie nicht „privilegiert", vielmehr „freigestellt" und galten nach dem Gesetz als „unabkömmlich". Heute kann ich mich nicht mehr entsinnen, ob Zöpf in seinem Bericht unter dem Titel „Die Entjudung der Niederlande" aufzeigte, daß „71 000 Juden legal und offen in Amsterdam lebten und mindestens 27 000 Juden Bescheinigungen besaßen, denen zufolge die gegen die Juden gerichteten Maßnahmen auf sie nicht zutrafen..." Aber ich weiß, daß in Holland außergewöhnlich viele Juden „privilegiert" oder „freigestellt" waren; denn auch in Holland ließ der Beauftragte für den Vierjahresplan seine Emissäre „rau-

---

* Siehe auch Anhang.

schen", und Edelsteinhändler, Antiquitätenhändler und Kunsthändler bekamen sofort ihren Schutzpaß. Wenn der Reichsmarschall so seinen Passionen nachging, ist es nicht verwunderlich, daß Hinz und Kunz entweder für persönliche oder dienstliche Belange Juden von den gegen sie gerichteten Maßnahmen auszunehmen bestrebt waren. Bei den Diamantenschleifern handelte es sich um eine Spitzengruppe von Fachkräften, die irgendeinen berühmten Stein geschliffen hatten, dessen Namen ich nicht mehr weiß. – Im allgemeinen respektierte der Reichsführer sämtliche Anordnungen des Beauftragten für den Vierjahresplan. Bei diesen zahlreichen Freistellungen ist zu bedenken, daß Regierungsrat Zöpf beim Befehlshaber der SIPO und des SD in Den Haag arbeitete, der von Haus aus schon eine große Portion Toleranz an den Tag legte; Zöpf war mit ihm befreundet, wäre aber bei Differenzen nach Berlin gefahren – genau wie Dannecker.

Daß auch in Holland der Warschauer Ghettoaufstand verschärfte Maßnahmen hervorrief, entsprach der allgemeinen Linie. Es brauchte von IV B 4 kein Runderlaß oder ähnliches herauszugehen, sondern die zuständigen SS- und Polizeiführer taten von sich aus das Nötige, weil sie ja für die Sicherheit in ihrem Gebiet verantwortlich waren.

Ob die aus Holland deportierten Juden für das Buna-Werk in Auschwitz benötigt wurden, ist mir unbekannt. In Auschwitz war ein Heinkel- und auch ein Buna-Werk; wozu aber das WVHA die Juden brauchte, stand in keiner Akte und ging mich auch nichts an; denn ich hatte lediglich die Transporte an die mir vorgeschriebenen Bestimmungsorte abzuliefern. Daß holländische Juden nach Sobibor verbracht wurden, ist mir nicht bekannt.

Eine kleine sephardische Gemeinde wurde von der Deportation ausgenommen; das war eine Einzelfrage, für die ich nicht zuständig war. Selbstverständlich wurde solch ein Fall in den „Richtlinien" nicht erwähnt. Genausowenig vermag ich zu erklären, wieso angeblich eine sephardische Gemeinde aus Saloniki vernichtet wurde. Es ist durchaus möglich, daß der Befehlshaber der SIPO in Holland jene Sephardim nach eigenem Ermessen von der Deportation ausgenommen hat. Hätte er bei meinem Dezernat angefragt, so hätte ich ihm hierzu keine Genehmigung geben können, weil das den „Richtlinien" widersprach, da diese Sephardim keine portugiesische Staatsangehörigkeit besaßen.*

Es ist logisch, daß ich jetzt auf eine Befragung nach einer Anzahl britischer Juden, die aus Holland deportiert worden sein sollen, meine Unkenntnis zugeben muß. Ist dies tatsächlich der Fall gewesen und besaßen diese Juden wirklich die britische Staatsangehörigkeit, so deportierte Zöpf sie entgegen den „Richtlinien"; ich erfuhr davon schon deshalb nichts.

* Sie waren nämlich 1492 aus Portugal vertrieben worden.

Zur Judenfrage und Deportation in Belgien

Im Gefolge des Westfeldzuges ernannte das Reich als seinen obersten Vertreter den Militärbefehlshaber von Falkenhausen. Beigegeben wurde ihm als Vertreter des Auswärtigen Amtes und Berater der Gesandte von Bargen. Davon gab das AA dem Militärbefehlshaber durch Telegramm vom 28. Juni 42 Kenntnis. Von Bargen setzte den Militärbefehlshaber davon in Kenntnis, daß das AA die Absicht habe, die Lösung der Judenfrage auch in Belgien in Angriff zu nehmen. Falkenhausen und Bargen waren sich darin einig, dies zu verhindern. Daher schickte der Militärbefehlshaber seinen Verwaltungschef zu Himmler mit dem Auftrag, wenigstens die Juden belgischer Staatsangehörigkeit auszunehmen. Als Ergebnis der Intervention ist zu verzeichnen, daß die belgischen Juden zurückgestellt wurden. In seiner Antwort vom 9. Juli 42 an das AA wies von Bargen darauf hin, daß die Juden belgischer Staatsangehörigkeit von der Bevölkerung als Belgier angesehen würden. Er brachte auch Bedenken zum Ausdruck, die dahin gingen, daß Schwierigkeiten auf dem Arbeitsmarkt entstehen würden, daher sei seiner Ansicht nach die Verschickung belgischer Juden zu vermeiden. Dies teilte das AA dem Reichssicherheits-Hauptamt mit.

Dr. Klingenfuß verfaßte den Entwurf, der wie folgt lautet: „Gegen die geplante Verschickung der angegebenen Anzahl von Juden aus dem besetzten französischen Gebiet, aus den Niederlanden und aus Belgien zum Arbeitseinsatz in das Lager Auschwitz bestehen grundsätzlich keine Bedenken seitens des AA. Im Hinblick auf die psychologischen Rückwirkungen darf ich aber bitten, zunächst die staatenlosen Juden zu verschicken, um dadurch schon in weitgehendem Maße das Kontingent der in die Westgebiete zugewanderten fremdländischen Juden zu erfassen, da es in den Niederlanden allein gegen 25 000 beträfe. Aus dem gleichen Grunde beabsichtigt die Militärverwaltung in Brüssel, zunächst nur polnische, tschechische und russische Juden auszuwählen, während sie Bedenken trägt, die Verschickung auf belgische Juden auszudehnen. Das AA teilt diese Bedenken nicht. Juden ungarischer und rumänischer Staatsangehörigkeit können in die Verschickung einbezogen werden; Es wird jedoch gebeten, in jedem Falle für eine gesonderte Sicherstellung der Vermögenswerte Sorge zu tragen."

Dieser Entwurf wurde durch Unterstaatssekretär Dr. Wörmann und Staatssekretär Dr. Weizsäcker abgezeichnet. Letzterer nahm im ersten Absatz des Entwurfes eine redaktionelle Änderung vor und strich den letzten Absatz: ... während sie Bedenken trägt, die Verschickung auf die belgischen Juden auszudehnen; das Auswärtige Amt teilte diese Bedenken nicht."

Es wurde eine Reinschrift gefertigt und am 30. Juli 1942 dem SS-Obersturmbannführer Eichmann übermittelt.

Die Dienststelle des Auswärtigen Amtes beim Militärbefehlshaber in Belgien und der Vertreter des Auswärtigen Amtes beim Reichskommissar für die besetzten Niederlande wurden verständigt, daß die Zusage des Generalsekretärs des rumänischen Auswärtigen Amtes, Davidescu, vorliege.
*Der Vertreter des Auswärtigen Amtes beim Befehlshaber in Belgien führte in einem Bericht vom 11. Nov. 42 aus, daß sich aufgrund der Verordnung des Militärbefehlshabers vom 28. Okt. 1942 insgesamt **42 000 Männer und Frauen über 16 Jahren gemeldet hätten, wovon 38 000 nicht belgische Staatsangehörige gewesen wären. Hiervon seien 15 000 Männer, Frauen und Kinder nach dem Osten abgeschoben worden.** Weitere Transporte würden demnächst Belgien verlassen. Unter den Abgeschobenen hätten sich Staatenlose, ehemalige Deutsche, Tschechen, Polen, Holländer, Rumänen, Griechen, Slowaken, Russen, Norweger, Luxemburger, Kroaten und Angehörige der drei baltischen Staaten befunden. Von Bargen erklärte im Verfahren gegen Rademacher, daß sich dieser Bericht auf Mitteilungen gestützt habe, die er von der Dienststelle des Militärbefehlshabers erhalten habe.*
*José Gottovich, ein Historiker aus Brüssel, nannte eine Zahl von **25 208 jüdischen Männern, Frauen und Kindern,** die aus Belgien nach Auschwitz oder in andere Konzentrationslager deportiert worden seien. Die Transporte seien vom 4. Aug. 42 bis einschl. 19. Apr. 44 gelaufen.*

Deportation aus Belgien

Auf Grund einiger Behauptungen in der jüdischen Nachkriegsliteratur möchte ich hier ausdrücklich betonen: es hat nie einen Auftrag an die KZ-Kommandanturen geben können, daß belgische, holländische oder ungarische Juden zu vernichten seien. So etwas gab es gar nicht, sondern ausschließlich einen Befehl des Reichsführers, der von Zeit zu Zeit immer wieder abgeändert wurde; er lautete: „Arbeitsfähige Juden sind dem Arbeitseinsatz zuzuführen, **nichtarbeitsfähige der Vernichtung.**" Weder Pohl noch Zierach oder Höss konnten die Arbeitsfähigkeit oder Arbeitsunfähigkeit bestimmen, sondern **nur die Ärztekommission in den einzelnen KZs.**

Wenn in **Amsterdam** eine gewisse Anzahl von Juden erfaßt wurde, weil diese deutsche oder holländische Soldaten erschossen hatten, so waren Maßnahmen des Reichsführers gegen diese Gruppe natürlich möglich. Es ist aber vollkommen unzutreffend zu behaupten, daß die Vernichtung etwa nach Nationen vorgenommen wurde!

In **Belgien** hatten wir mit Deportationen überhaupt keinen Erfolg.

Wenn angegeben wird, in Belgien habe es 85 000 Juden gegeben, aber nur 42 000 seien feststellbar gewesen, so erklärt sich dieser Umstand weitestgehend durch Flucht. Außerdem hatten weder der Militär- noch der Zivilgouverneur ein Interesse daran, unsere Maßnahmen zu unterstützen; ich erinnere mich, daß ich im Auftrage von Heydrich für jeden von beiden Briefentwürfe herstellen mußte: Heydrich versuchte, die von den örtlichen SIPO-Stellen in Belgien vorgetragenen Fragen in irgendeiner Form klarzustellen und die SIPO-Belange zu fördern.

Ich entsinne mich auch, daß ich mich dagegenstellte, aus Belgien lauter nichtbelgische Juden zu übernehmen, da eben die Juden gewisser ausländischer Staatsangehörigkeiten laut „Richtlinien" von der Deportation ausgenommen waren: nur staatenlose Juden oder solche mit einer Staatsangehörigkeit, die von uns besetzte Länder betraf, durfte ich als deportationsberechtigt ansehen. Mein Befehl lautete, Belgien nach den erteilten Richtlinien judenfrei zu machen; mithin widersprach das Vorgehen von Falkenhausens den Befehlen des Reichsführers geradezu. Ich mußte dagegen angehen und habe wahrscheinlich das Auswärtige Amt bemüht, das dann in Belgien intervenierte. Diesen Werdegang und Verlauf will ich nicht in Abrede stellen.

Obwohl mir keine Einzelfälle mehr erinnerlich sind, weiß ich mich zu erinnern, daß die belgische Bevölkerung stark auf seiten der Juden stand.

Praktisch gesehen, haben wir also in Belgien sehr wenig erreicht; das wird wohl auch der Grund dafür gewesen sein, daß ich wiederholt Briefentwürfe für Heydrich und Kaltenbrunner an R. (*Reichsführer*) anfertigen mußte.

Daß alles in allem aus dem Raum Niederlande und Belgien mehr als 80 000 Juden deportiert wurden, möchte ich sehr stark bezweifeln; ein Großteil muß den Krieg ohne Evakuierung überstanden haben.

Rückführung von 367 spanischen Juden

Mir ist nichts davon bekannt, daß im Dezember 1943 zwischen Herrn von Thadden vom Auswärtigen Amt und dem spanischen Diplomaten Diaz die Rückführung von 367 spanischen Juden aus dem Lager Bergen-Belsen nach Spanien verhandelt wurde. Wenn mir jetzt gesagt wird, diese seien „aus dem KZ entlassen" worden, so bedeutet dies keineswegs, daß ich als Referent IV B 4 davon unterrichtet sein mußte. Um jene Zeit bestand ein grundsätzlicher Befehl des Reichsführers, im Gegensatz zu früher im KZ befindliche Juden bis zum Kriegsschluß nicht mehr zu entlassen; von diesem Zeitpunkt an wurde auch nicht mehr vierteljährlich der KZ-Einweisungsbefehl des einzelnen beim Referenten im Schutzhaftdezernat vorgelegt. Es wäre also durchaus denkbar, daß Legationsrat von Thadden über das Auswärtige Amt beim Reichsführer vorstellig wurde und dieser daraufhin den Chef der SIPO und des SD anwies, die Juden spanischer Staatsangehörigkeit aus den KZs zu entlassen. War dies der Fall, so erteilte der Reichsführer diese Weisung auch Pohl, und der Chef der SIPO wird sie auf dem Dienstwege dem Amtschef IV weitergeleitet haben. Dann gab dieser seinem Schutzhaftreferenten eine diesbezügliche Weisung, die auch dem WVHA zugeleitet wurde. Sie besagte, daß diese bestimmte Kategorie jüdischer Häftlinge an einem bestimmten Termin bestimmten Dienststellen zu übergeben sei.

Zum besseren Verständnis muß ich an dieser Stelle etwas weiter ausholen: Es ist ein grundsätzlicher Unterschied zu machen zwischen der Einlieferung in die KZs vor dem Kriege, in den ersten Jahren nachher und der summarischen Einweisung ins KZ zu einer Zeit, da der Krieg auf seinem Höhepunkt angelangt war. Wurden Personen – Juden wie Nichtjuden – über die Staatspolizeiliche Dienststelle ins KZ eingeliefert auf Grund eines Vergehens gegen bestehende Gesetze oder Verordnungen, so wurde in regelmäßigen und ordentlichen Haftüberprüfungsterminen entschieden, ob eine einzelne Person noch im KZ zu verbleiben habe, entlassen werden könne, mit Erfolg „umerzogen" sei oder nicht.

Später wurden auf Grund eines Befehles des Reichsführers speziell die Juden automatisch in die KZs eingewiesen und über die einzelnen keine Karteikarten mehr angelegt; dementsprechend fiel der Haftüberprüfungstermin weg. Es blieb dann dem WVHA anheimgestellt zu entscheiden, ob sie in den Flugzeugwerken oder den sonstigen Industriebetrieben, die angegliedert waren, einzusetzen seien oder nicht. Das ging weder den Schutzhaftdezernenten noch die übrigen Dezernenten im Amt IV etwas an.

Nach dieser Erklärung wird man verstehen, daß IV B 4 nicht unbedingt von der Maßnahme bezüglich der spanischen Juden unterrichtet sein mußte. Vielleicht wurde mir eine Information zugeleitet, doch wird diese Angelegenheit, in der ich nicht federführend war, für mich nebensächlich gewesen sein, so daß ich mich heute nicht mehr erinnere.

Vorher, nämlich solange die Auswanderung noch erlaubt war, war ich tatsächlich für solche Entlassungen aus dem KZ federführend, da der Befehl des Reichsführers, für die Juden Auswanderungsmöglichkeiten zu beschaffen, sich auch auf Juden erstreckte, die im KZ inhaftiert waren. Diese Fälle, also die Erlangung von Auswanderungsmöglichkeiten für Juden im KZ, waren so häufig, daß ich in Wien in der „Zentralstelle" eine besondere Abteilung dafür schuf. Als der Reichsführer später die Auswanderung verbot, hatte ich mit Personen, die im KZ waren, überhaupt nichts mehr zu tun.

Aus diesem Grunde war die Angelegenheit der spanischen Juden eine Frage, die zwischen dem Auswärtigen Amt und dem Reichsführer zu klären war. Zur Durchführung der Entlassungsmaßnahmen wurde natürlich auch das WVHA und das RSHA herangezogen. Mag sein, der spanische Botschafter sprach im Anschluß an irgendeinen Empfang oder bei irgendeiner anderen passenden Gelegenheit den Reichsführer auf diese Sache hin an. Dann fiel eben eine Entscheidung Himmlers, die einen vorausgegangenen eigenen Befehl umstieß.

Zu der ganzen Angelegenheit kann ich nur feststellen, daß grundsätzlich keine Juden mit ausländischer Staatsangehörigkeit erfaßt wurden, weil dies den bindenden „Richtlinien" zuwiderlief. Auch in Frankreich, um ein Beispiel zu nennen, konnten keineswegs en bloc Juden neutraler oder gar verbündeter Länder in einem summarischen Verfahren evakuiert werden, wenn die zuständigen Regierungen nicht damit einverstanden waren. Es war z. B. unmöglich, auch nur einen einzigen Juden mit englischer Staatsangehörigkeit nach Auschwitz oder in ein anderes KZ zu überstellen; für diese war eine Sonderbehandlung* vorgesehen.

Vielleicht sind die fraglichen spanischen Juden irrtümlich ins KZ gekommen; für mein Dezernat jedenfalls waren die Richtlinien bindend und voll gültig. Doch bin ich davon überzeugt, daß im Generalgouvernement, wo IV B 4, wie hier wiederholt werden soll, nicht mitzusprechen hatte, zum Schluß kein Unterschied mehr gemacht wurde zwischen staatenlosen Juden und solchen polnischer oder anderer Staatsangehörigkeit; ich weiß dies natürlich nicht genau; es könnte aber die Anwesenheit der spanischen Juden in einem KZ erklären.

Wenn es stimmt, daß diese Juden im Februar 1944 aus Bergen-Belsen entlassen wurden, ist es auch verständlich, daß ich nichts davon weiß; denn ich hatte von Januar bis März 1944 etwa 100 km von Berlin entfernt in einem Wald ein kleines Dorf zu errichten, in dem die Dienststellen der ausgebombten Staatspolizei untergebracht werden sollten. Als Gruppenführer Müller diese kleine Barackenstadt besichtigte, die ich da aufgebaut hatte, teilte er mir schon den Befehl des Reichsführers mit, demzufolge ich mit sofortiger Wirkung einen Einsatz in Ungarn vorzubereiten hatte; mir wurde absolute Schweigepflicht auferlegt, so daß ich nicht einmal meinen ständigen Vertreter ins Bild setzen konnte.

So kann ich nur nochmals betonen, daß ich von der Angelegenheit der spanischen Juden vielleicht etwas, vielleicht aber auch überhaupt nichts gehört habe; es war ein für uns nebensächlicher Fall, da wir, d. h. Dezernat

---

* Das Wort „Sonderbehandlung" ist hier wohl nicht im Sinne der Vernichtung zu verstehen. D. Herausg.

IV B 4, nichts damit zu tun hatten. Selbst wenn ich in Berlin gewesen wäre, hätte sich mein ständiger Vertreter damit befaßt, nicht ich, da ich nur mit Fällen, die mein Dezernat unmittelbar angingen und von grundsätzlicher Bedeutung waren, zu tun hatte.

Zur Judenfrage in Frankreich und zu den Deportationen von dort

Im Juni 1940 wurde Frankreich durch eine Demarkationslinie in eine besetzte und eine unbesetzte Zone geteilt. General Otto von Stülpnagel wurde als Militärbefehlshaber eingesetzt. Der bisherige Gesandte Abetz, der von April 1939 bis Januar 1940 Berater des AA für alle französischen Fragen gewesen war, wurde zum Botschafter in Paris ernannt. Demgemäß hatte er die militärischen Stellen in politischen Fragen zu beraten und Fühlung mit der französischen Regierung in Vichy und ihrem Beauftragten im besetzten Frankreich zu halten. In Paris war eine Dienststelle der Sicherheitspolizei und des SD eingerichtet worden, die ihre Weisungen unmittelbar vom Reichssicherheits-Hauptamt erhielt.

Am 20. Aug. 40 sandte Botschafter Abetz ein Telegramm an das AA, in dem er den Reichsaußenminister um die Genehmigung „antisemitischer Sofortmaßnahmen" bat. Juden sollten nicht aus dem unbesetzten Gebiet des Französischen Staates zurückwandern dürfen in den besetzten Teil Frankreichs. Die Juden im besetzten Gebiet sollten einer Meldepflicht unterworfen werden. Abetz schlug die Kenntlichmachung jüdischer Geschäfte vor. Außerdem erachtete er es als zweckmäßig, Wirtschaftsbetriebe geflohener Juden unter treuhänderische Verwaltung zu stellen. Das Auswärtige Amt fragte in dieser Sache beim Reichsführer SS zurück, ob er damit einverstanden sei.

Dies war der Fall. Himmler ersuchte jedoch um die Einschaltung der Sicherheitspolizei. Unterstaatssekretär Luther übermittelte der deutschen Botschaft in Paris, daß die Zweckmäßigkeit der Maßnahmen gegen die Juden im besetzten Gebiet von Berlin aus nicht beurteilt werden könne.

Er halte eine psychologische Vorbereitung für erforderlich. Als wünschenswert bezeichnete er, daß die geplanten Maßnahmen erst von der Regierung in Vichy durchgeführt werden, damit diese beim Mißlingen der Maßnahmen als verantwortlich bezeichnet werden könne.

Der Chef der Militärverwaltung in Frankreich erließ jedoch bereits am 27. Sept. 40 eine entsprechende Verordnung. Nur die Juden nordamerikanischer Staatsangehörigkeit sollten der Meldepflicht nicht unterworfen werden. Reichsaußenminister von Ribbentrop brachte sein Mißfallen darüber zum Ausdruck; er bezeichnete es als Schwäche, den Amerikanern gegenüber nachzugeben. Dies übermittelte das AA am 24. Dez. 40 der deutschen Botschaft in Paris.

Die Vichy-Regierung erließ am 4. Okt. 40 ein Gesetz, durch das 40 000 Juden in Konzentrationslager im unbesetzten Frank-

reich einzuweisen waren. Die aufgrund des genannten Gesetzes vorgesehene Maßnahme wurde durchgeführt.

Bereits am 29. März 41 ernannte der französische Ministerrat auf Anraten deutscherseits einen Judenkommissar. Der Judenreferent der SD-Dienststelle in Paris, Dannecker, ließ durch die französische Polizei Judenzählungen durchführen und eine große Judenkartei anlegen.

Am 28. Nov. und am 2. Dez. 1941 kam es in Frankreich zu Anschlägen auf Wehrmachtsangehörige. Hermann Göring befahl daher dem Militärbefehlshaber in Paris nachstehende Sühnemaßnahme: „1. Erschießung von 100 Geiseln, 2. eine Geldbuße von 1 000 000 000 Franc für die Juden von Paris, 3. die Internierung und Deportierung von 1000 Juden und 500 Jungkommunisten nach dem Osten. General von Stülpnagel setzte im Einvernehmen mit Adolf Hitler die Ausführung der erteilten Befehle aus. Es wurde versucht, den Täter zu ermitteln. Am 5. Dez. 1941 folgte erneut ein Anschlag. Hitler befahl daher am 13. Dez. 1941 die Durchführung der Sühnemaßnahmen.

Am 4. März 1942 fand im Reichssicherheitshauptamt in Berlin eine Tagung der SD-Dienststellen statt. Dannecker wies darauf hin, daß es notwendig sei, „der französischen Regierung etwas wirklich Positives wie etwa den Abschub mehrerer tausend Juden vorzuschlagen". Eichmann erklärte sich damit einverstanden, wegen des Abschubs von rd. 5000 Juden nach dem Osten in Verhandlungen mit französischen Regierungsstellen einzutreten.

In einer Besprechung am 6. März 42 im Reichssicherheitshauptamt über Mischlingsfragen nach der sogenannten „Wannsee-Konferenz" erklärte SS-Obersturmbannführer Eichmann dem Legationsrat Rademacher, daß nunmehr die Deportierung der 1000 Juden aus Frankreich nach Oberschlesien durchzuführen sei. Er fragte, ob seitens des AA hiergegen Bedenken bestünden. Rademacher bat, die Anfrage schriftlich zu wiederholen.

Dies tat Eichmann durch einen Schnellbrief vom 9. März 42. Er schrieb, es handle sich durchweg um Juden französischer Staatsangehörigkeit bzw. staatenlose Juden. Der Abtransport dieser 1000 Juden, die z. Z. in einem Lager in Compiègne zusammengefaßt seien, solle am 20. März 42 mit einem Sonderzug erfolgen. Er sei für eine Mitteilung, daß dort keine Bedenken gegen Durchführung der Aktion bestehen, dankbar.

Am 11. März 1942 schrieb Eichmann an das AA:
„Betrifft: Evakuierung von Juden aus Frankreich.
Bezug: Hiesi. Schnellbrief vom 9. 3. 42 – IV B 4a – 32–33/41 g (1550).

Im Nachgang zu hiesigem Schnellbrief vom 9. März 42 wird mitgeteilt, daß außer der am 23. März 42 vorgesehenen Evakuierung von 1000 Juden aus Compiègne in Zeitkürze weitere 5000 staatspolizeilich in Erscheinung getre-

tene Juden aus Frankreich in das Konzentrationslager Auschwitz (Oberschlesien) abgeschoben werden sollen. Ich darf bitten, auch hier die dortige Zustimmung auszusprechen."

Den Text beider Schnellbriefe leitete Rademacher in zwei vom Unterstaatssekretär Luther unterzeichneten Fernschreiben am 11. und 13. März 42 an die Deutsche Botschaft Paris mit der Bitte um Stellungnahme weiter. Die Botschaft erklärte daraufhin, daß Bedenken nicht bestünden. Legationsrat Weege entwarf hierauf eine Antwort an das Reichssicherheitshauptamt, die lautete: Seitens des AA bestünden keine Bedenken gegen die geplante Abschiebung von insgesamt 6000 Juden französischer Staatsangehörigkeit bzw. staatenloser Juden nach dem Konzentrationslager Auschwitz (Oberschlesien). Seitens der Deutschen Botschaft Paris sind ebenfalls Bedenken nicht geäußert worden." Der Entwurf wurde dem Unterstaatssekretär Dr. Wörmann und Staatssekretär von Weizsäcker vorgelegt. Der Unterstaatssekretär strich den letzten Satz. Statt „Es bestehen keine Bedenken" setzte er „wird kein Einspruch erhoben". Nach der Zahl 6000 fügte er ein: „polizeilich näher charakterisierte." Das Schreiben an das Reichssicherheitshauptamt ging am 20. März 42 ab.

Der Mitarbeiter des Centre de Documentation Juive Contemporaine, Paris, hat dazu erklärt, daß in der Zeit vom 27. März bis 28. Juni 1942 in fünf Transporten insgesamt 5137 Juden von Paris nach Auschwitz verschleppt worden sind. Er hob hervor, daß 96,5 % ums Leben gekommen seien. Nach einem Bericht der deutschen Botschaft in Paris an das AA vom 11. Sept. 1942 sollen 5138 Juden deportiert worden sein.

Staatssekretär von Weizsäcker sagte im Wilhelmstraßen-Prozeß vor dem Nürnberger Militärtribunal, die fraglichen Juden seien schon interniert gewesen. Gerald Reitlinger bemerkt in seinem Buch „Die Endlösung" in der 1. Auflage auf Seite 350 (Deutsche Ausgabe):

„Da der erste für Auschwitz bestimmte Transport erst am 28. März Compiègne verließ, hatte der Beamtenapparat der beiden Stülpnagel 3½ Monate Zeit, die am 12. Dez. festgenommenen Juden zu befreien. Während die Gestapo auf reiche ausländische Juden und Intellektuelle aus war, schlug Heinrich von Stülpnagel vor, nur Juden im Alter zwischen 18 und 55 zu deportieren, soweit sie arbeitsfähig waren. Infolgedessen wurde nur die Hälfte der 1098 nach Compiègne gebrachten Juden nach Auschwitz deportiert. Die verbleibenden 550 mußten aus dem Lager Drancy ausgesucht werden. In Compiègne waren aber 97 Opfer der Razzia im Laufe von 15 Wochen infolge der Entbehrungen gestorben, und 15 wurden früher entlassen. Diesmal standen Personenwagen für den Transport der Juden nach Auschwitz zur Verfügung. Dannecker hatte SS-Obersturmbannführer No-

wak, den in Transportfragen zuständigen Beamten in Eichmanns Amt, ausdrücklich um Bereitstellung von Güterwagen ersucht. Aber alle verfügbaren Güterwagen waren für die russischen Zivilarbeiter vorbehalten. Personenwagen waren bei der Gestapo nicht beliebt, weil sie die Überwachung erschwerten.

Von den ersten 1100 Deportierten aus Frankreich hat man vom 30. März an nichts mehr gehört, dem Tag, an dem sie in Auschwitz eingetroffen waren. Ein jüdischer Arzt aus der Slowakei, dessen sehr genaue Berichte über Auschwitz im Jahre 1944 vom amerikanischen „War Refugee Board" veröffentlicht wurden, sagte, daß nur 700 von ihnen 14 Tage später noch am Leben waren. Die französischen Juden waren in drei von den fünf fertiggestellten Gebäuden im neuen Lager Birkenau untergebracht und arbeiteten in der DAW-Fabrik, 5 km vom Lager entfernt. Invaliden wurden damals bereits für die Gaskammer ausgesucht, und Zenon Rozanski sowie andere berichteten, daß 500 von ihnen jeden Dienstag den Krankenbau verließen. (Seite 352). Die Zustimmung des AA mit Weizsäckers Randbemerkung machte die Deportationszüge möglich, die am 29. Apr. sowie am 1., 6., 22., und 28. Juni von Drancy nach Auschwitz gingen. In diese Transporte hatte man mehr als 5000 Männer und Frauen gepfercht. Der schon erwähnte slowakische Arzt bemerkte die Ankunft zweier dieser Züge in Auschwitz-Birkenau. Die anderen wurden wahrscheinlich in das Lubliner Konzentrationslager (Maidanek) dirigiert. Die Selektionen waren in Drancy vor sich gegangen, in den vier häßlichen Wolkenkratzern der Cite Üi Ouvrière, die den am Flugplatz le Bourget ankommenden Passagieren aufzufallen pflegen."

Der verstorbene Vizepräsident des Deutschen Bundestages, Carlo Schmid, schreibt in seinem Buch „Erinnerungen": Zwischen der kommunistischen Widerstandsbewegung und jüdischen Kreisen wurden Zusammenhänge vermutet. Französische Polizeistellen berichteten, Attentate auf Wehrmachtsangehörige seien von kommunistischen Freischärlern „unter jüdischer Führung" verübt worden. Kommunismus und „jüdischer Kapitalismus" galten manchen als gleichwertige Formen der Weltherrschaft des Judentums. Ortskommandanten, die so dachten, hielten es für richtig, für Sühnemaßnahmen „bevorzugt" Juden festzunehmen. General Karl-Heinrich von Stülpnagel, der doch durch die Tat bewiesen hat, daß er kein Mann Hitlers war, empfahl, besser als Massenerschießungen sei die Deportation „größerer Massen von Kommunisten und Juden nach dem Osten". Das werde auf die Bevölkerung abschreckender wirken als die Geiselpraxis.

Im Reichssicherheitshauptamt hielt am 11. Juni 42 Eichmann eine Besprechung mit den Judenreferenten aus Paris, den Haag und Brüssel ab. Es wurde beschlossen, daß aus den Niederlanden 15 000, aus Belgien 10 000

und aus Frankreich 100 000 Juden nach Auschwitz „zwecks Arbeitsleistung" überstellt werden. Die Züge sollten ab 13. Juli 42 rollen. Eichmanns Stellvertreter Günter teilte dies am 30. Juni 42 dem AA mit. Rademacher bat, die Anfrage schriftlich zu wiederholen. Dies geschah am 22. Juni 42. Der Schnellbrief lautete:
„Betrifft: Arbeitseinsatz von Juden aus Frankreich, Belgien und den Niederlanden".
Bezug: Fmdl. Besprechung am 20. 6. 42.

Es ist vorgesehen, ab Mitte Juli bzw. Anfang August d. J. in täglich verkehrenden Sonderzügen zu je 1000 Personen zunächst etwa 40 000 Juden aus dem besetzten französischen Gebiet, 40 000 Juden aus den Niederlanden und 10 000 Juden aus Belgien zum Arbeitsplatz in das Lager Auschwitz abzubefördern.

Der zu erfassende Personenkreis erstreckt sich zunächst auf arbeitsfähige Juden, soweit sie nicht in Mischehe leben und nicht die Staatsangehörigkeit des Britischen Empire, der USA, von Mexico, der mittel- und südamerikanischen Feindstaaten sowie der neutralen und verbündeten Staaten besitzen.

Ich darf um gefl. Kenntnisnahme bitten und nehme an, daß auch seitens des AA Bedenken gegen diese Maßnahme nicht bestehen."

Das AA teilte der deutschen Botschaft in Paris mit der Bitte um baldige Stellungnahme den Inhalt dieses Schnellbriefes mit. Der Staatssekretär von Weizsäcker zeichnete diese ab. Die deutsche Botschaft in Paris wurde bereits vorher von Dannecker unmittelbar unterrichtet. Letztere berichtete am 27. Juni 42 dem Legationsrat Dr. Zeitschel, daß möglichst bald 50 000 Juden aus dem unbesetzten Gebiet zum Abtransport nach dem Osten vorgesehen seien. Der Legationsrat berichtete an Botschafter Abetz und an den deutschen Vertreter in Vichy. Dieser – Rahn – sollte mit dem französischen Ministerpräsidenten Laval sprechen und am 29. oder 30. Juni Dannecker Bescheid geben.

Am 2. Juli 42 teilte die deutsche Botschaft in Paris dem AA mit, daß ihrerseits gegen den Abtransport von 40 000 Juden aus Frankreich zum Arbeitseinsatz in dem Lager Auschwitz grundsätzlich keine Bedenken bestünden. Es wurde aber vorgeschlagen, zunächst nur fremdländische Juden zu erfassen und auf französische Juden nur zurückzugreifen, wenn das angegebene Kontingent mit ausländischen Juden nicht gedeckt werden könne.

Das AA antwortete am 14. Juli 42: „Vordringlicher Abtransport fremdländischer Juden in Frankreich ist z. Z. noch nicht möglich, bzgl. Ausdehnung der Aussiedlungsmaßnahmen auf fremdländische Juden bleibt weitere Weisung vorbehalten. Durchführung der Evakuierung soll jetzt dadurch nicht aufgehalten werden."

Am 30. Juni 1942 gab Dannecker den Sachbearbeitern für Judenfragen bei den SD-Kommandos bekannt, daß der erste Transportzug für den 13. Juli

1942 schon bereitgestellt sei. Die Abstellung der übrigen Transportzüge erfolge voraussichtlich in Abständen von 2 Tagen. Am 1. 7. 42 war Eichmann in Paris. Er wies darauf hin, daß das bisher vorgesehene Tempo des Abtransports – 3000 Personen pro Woche – bedeutend gesteigert werden müsse.

In einer weiteren Besprechung am 4. Juli 1942, an der auch der französische Staatssekretär für die Polizei, Bousquet, und der französische Judenkommissar, Darquier de Pellepoix, – der 1. Judenkommissar, Valat, war nach kurzer Zeit abgelöst worden – teilnahmen, wurde das ganze Problem nochmals erörtert.

Bousquet gab die Erklärung ab, daß Marschall Pétain und Ministerpräsident Laval einverstanden seien, daß zunächst alle im besetzten und unbesetzten Gebiet lebenden staatenlosen Juden abgeschoben werden müssen.

Die Bildung einer Kommission wurde besprochen, deren erste Sitzung auf den 7. Juli 42 festgelegt wurde, „da der erste Transport schom am 13. Juli 42 rollen soll."

Nach Aussage von Zeugen wurden in weiteren Transporten bis zum 11. Aug. 44 rd. 68 000 Juden – Männer, Frauen und Kinder – einschl. 2000 rumänischer Juden aus Frankreich nach Auschwitz oder in andere Konzentrationslager deportiert.

Es liegen Zeugenaussagen vor, daß am 23. Sept. 1942 die Judenmaßnahmen in Frankreich auf Juden rumänischer Staatsangehörigkeit ausgedehnt worden seien. Es seien 2000 rumänische Juden nach Auschwitz deportiert worden. Die Anfrage an das Auswärtige Amt vom 22. Juni 42, die Eichmann stellte, zeigt, dieser Personenkreis sollte zunächst noch nicht erfaßt werden. Im Schreiben des Auswärtigen Amtes vom 29. Juli 42 heißt es: „Juden ungarischer und rumänischer Staatsangehörigkeit können in die Verschickung miteinbezogen werden." Eichmann nahm auch dieses Schreiben mit zum Anlaß, die Weisung herauszugeben, Juden dieser Staatsangehörigkeiten zu erfassen.

Die Einbeziehung der rumänischen Juden in Frankreich zeigt folgenden Ablauf: Der Gesandte von Killinger berichtete am 11. Aug. 42, Davidescu habe erklärt, er werde die rumänischen Dienststellen nicht nur um Protektorat bitten, sondern noch einmal ganz allgemein davon unterrichten, daß die rumänische Regierung es der deutschen Reichsregierung überlasse, die Juden rumänischer Staatsangehörigkeit den deutschen Maßnahmen gegen die Juden zu unterwerfen.

Diese Mitteilung mit dem vom Legationsrat Dr. Klingenfuß verfaßten Zusatz „. . . es bestehen daraufhin seitens des Auswärtigen Amtes keine Bedenken, daß die zum Teil unterbrochene Abschiebung wieder aufgenommen und die rumänischen Juden im Reich und in den besetzten Gebieten in die Judenmaßnahmen miteinbezogen werden", wurde nicht nur dem Obersturmbann-

führer Eichmann, sondern auch der Deutschen Botschaft in Paris mit der Bitte um Kenntnisnahme zugeleitet.

Vom Inhalt dieser Mitteilung wurde durch die Deutsche Botschaft in Paris die Dienststelle des Befehlshabers der Sicherheitspolizei unterrichtet; diese veranlaßte daraufhin Festnahme und Verschickung der in Frage kommenden Juden in Frankreich. Das Reichssicherheitshauptamt wurde durch Fernschreiben vom 26. Sept. 42 von dem Sachverhalt unterrichtet.

In dem Fernschreiben heißt es: „Es werden festgenommen im Augenblick alle rumänischen Juden (die Mitteilung, daß rumänische Juden festgenommen werden können, ging von der hiesigen Botschaft ein). Es ist mit allen Mitteln in Verbindung mit dem Auswärtigen Amt zu versuchen, die Genehmigung für weitere ausländische Juden zu erhalten. (Nach Mitteilung der Botschaft sind die Verhandlungen energisch für Italiener und Ungarn aufgenommen). Der Abtransport rumänischer Juden erfolgte unmittelbar, wird aber die Zahl von 3000 nicht übersteigen können."

Deportationen aus Frankreich

Eine Anzahl wildgewordener Gauleiter im Südwesten des Reiches hatten nach der Niederlage Frankreichs selbständig eine Deportation der Juden organisiert. Ich wurde damit in aller Eile befaßt und erinnere mich, daß es sich wohl um fünf oder sechs Eisenbahnzüge handelte. Ohne Fahrplankonferenz ließ ich diese dann durch das besetzte Frankreich leiten und führte sie persönlich von den letzten besetzten bis zum ersten unbesetzten Bahnhof, und gerade dieses kleine Stück enthielt die schwerste Arbeit. Ich höre jetzt zum erstenmal, daß während dieser Deportationen eine Anzahl Todesfälle vorgekommen sein sollen. Mein Auftrag war nur, die nötigen Waggons vom Transportministerium zu bekommen und die Juden in das unbesetzte Gebiet zu bringen. An und für sich war es schwierig, Züge vom besetzten ins unbesetzte Gebiet zu führen, vor allem, weil dort die Juden auch nicht erwünscht waren. Es mag sein, daß ich irgendeinen meiner Offiziere als Begleitung mitgegeben habe; daran entsinne ich mich nicht mehr. Wohl erinnere ich mich, daß ich die französischen Eisenbahnbeamten an der Nase herumführen mußte, indem ich die Züge als „Wehrmachtstransporte" deklarierte, wobei mir der Bahnhofsvorsteher aus dem unbesetzten Gebiet behilflich war. – Ich sorgte dafür, daß die Abfertigung schnell erfolgte, und nachdem die Züge das besetzte Gebiet verlassen hatten, wurde die Bahnstrecke von den französischen Eisenbahnbeamten gesperrt. Meine Sorge war, daß die Juden wieder zurückgeschickt würden; deshalb wurden auch die Übergangsstellen angewiesen, keine Juden mehr zurück ins besetzte

Frankreich hereinzulassen. – Von den angegebenen Toten dieser Züge glaube ich kein Wort; denn wenn 6000 Menschen in sechs Züge verladen werden, kann keine Rede davon sein, daß sie „hineingepfercht" wurden. Außerdem hätte es gewaltige Komplikationen gegeben, wenn ausgerechnet diese Züge „Leichenzüge" gewesen wären. Ich glaube im Gegenteil, daß sie in jeder Hinsicht besonders gut versorgt wurden, damit nur keine Schwierigkeiten entstünden; denn im unbesetzten Frankreich befanden wir uns gewissermaßen im – wenn auch kontrollierten Ausland. – Wäre ich der „Sadist" gewesen, für den man mich ausgibt, so hätte ich bei diesem Falle vorschlagen können, die sechs Züge in ein KZ zu überbringen; damit hätte ich mir viel Arbeit und Ärger erspart.

Wenn jetzt behauptet wird, daß es Heydrichs Absicht war, das unbesetzte Frankreich als ein Sammelbecken für die in Deutschland unerwünschten Juden zu verwenden, und er dabei von Hitlers Linie abwich, so ist das in meinen Augen blühender Unsinn; denn Heydrich tat, was Hitler verlangte.*

Es mag sein, daß das Auswärtige Amt versucht hat, eine „Zentrale" nach dem Muster von Prag und Wien aufzuziehen. Dieser Versuch wird dann als Ziel gehabt haben, die Federführung im Auswärtigen Amt zu behalten; denn ich hatte ja in Frankreich beim Befehlshaber der SIPO und des SD einen „Berater für Judenfragen", der dem Judenkommissar der französischen Regierung zur Seite stand.

Es ist zu sagen, daß kaum ein Land so um die Juden seiner Staatsangehörigkeit gekämpft hat wie gerade Frankreich. Auch die französischen Beamten, die eine Lösung der Judenfrage anstrebten, wehrten sich dagegen, uns in Frankreich geborene Juden oder Juden mit französischer Staatsangehörigkeit zu übergeben. An sich war es schlecht, daß ein „Judenberater" in Frankreich dem Befehlshaber der SIPO und des SD unterstellt war. Allein schon deshalb mußte der „Berater" sofort in Spannung zu allen französischen Beamten geraten, wie gute Mitarbeiter sie sonst auch waren: die Franzosen sahen in ihm nun einmal einen Referenten des Befehlshabers der SIPO und des SD in „ihrem" Frankreich. Alles, was der „Berater" tat oder sprach, wurde schon von vornherein von diesen nationalistisch eingestellten Franzosen abgelehnt, wenngleich sie von Haus aus die Juden wohl nicht liebten. Zudem war der „Berater" Dannecker vielleicht nicht der richtige Mann; denn er war so bieder wie plump; so kam er im SD nur bis zum Hauptsturmführer; ein treuer, ordentlicher Aktenbearbeiter. Einen ordentlichen Beruf hatte er nicht gelernt; von 1935 oder 36 ab hatte er den Sektor

---

* Es ist zu erwägen, ob diese Deportation nicht mit der Madagaskarplanung zusammenhängt.

„assimilierte Juden" behandelt. Darin wurde er zum Fachmann, und weil der größte Teil der Juden Frankreichs assimiliert war, wurde Dannecker als Sachbearbeiter nach Frankreich abgeordnet. Aus guten Gründen stimmte ich dem zu, weil ich selber über keinen besseren Mann verfügte. Sogar ein Könner wäre als Sachbearbeiter des Befehlshabers der SIPO und des SD in Paris unglücklich gelandet. Wir hätten höchstens bei der Vichy-Regierung oder beim Auswärtigen Amt einen Mann einbauen sollen. Das ging aber nicht, weil wir darauf angewiesen waren, in dem nun einmal in Frankreich aufgebauten Apparat der SIPO auch den Judenbearbeiter unterzubringen. Darin lag die Ursache für das Mißlingen der generellen Erfassung des jüdischen Gegners in Frankreich.

Die „Union Générale Israélite de France" nahm eine Mittelstellung ein zwischen unserer „Reichsvereinigung für Juden in Deutschland" und der „Israelitischen Kultusgemeinde" in Wien oder Prag. Dies war ein krasser Gegensatz zu den Judenräten etwa in den polnischen Distrikten. Die Juden der „Union Générale" waren keine Ja-Sager, genausowenig wie ein Dr. Eppstein aus der Reichsvereinigung oder ein Dr. Löwenherz in Wien; diese Leute verhandelten und waren keine Befehlsempfänger.

Das Judenproblem in Frankreich war dadurch gekennzeichnet, daß die französische Regierung verbissen um ihre Juden kämpfte, Dannecker schwach war, der Befehlshaber Knochen ebenfalls und daß der Höhere SS- und Polizeiführer Oberg ein ziemlich geringes Durchsetzungsvermögen hatte. Daher war ich trotz steten Zeitmangels drei- bis fünfmal in Frankreich, um nach dem Rechten zu sehen. Aber wenn man im ganzen doch nur selten kommt, wird einem alles Mögliche erzählt, und die Schwierigkeiten werden übergroß hingestellt, so daß ich zum Schluß froh sein mußte, überhaupt etwas zu erreichen.

Ganz im Anfang war in Frankreich in jüdischen Angelegenheiten auch der Regierungsrat und Sturmbannführer Lischka tätig, mein Vorgänger im Gestapo-Amt als Referent IV B 4. Lischka paßte würdig zu Dannecker. Als er noch Dezernent im Amt IV war, hatte er gar keine Initiative entwickelt, sondern tat nur, wozu ihn das Gesetz drängte. Er überwachte nicht einmal, ob das Gesetz auch ausgeführt wurde. Darin unterschied ich mich grundsätzlich von meinem Vorgänger; denn ich tat zwar nichts anderes, als das Gesetz in Anwendung zu bringen, aber ich habe mir mehr Mühe gegeben zu überwachen, daß die Wünsche des Gesetzgebers durchgeführt werden. So war ich für meine Mitarbeiter nicht immer ein bequemer Vorgesetzter. Mit Lischka hatte ich oft sachlich begründete Spannungen, als ich ohne alle Exekutiv-Vollmachten Referent im Sicherheitsdienst-Hauptamt war und Lischka das gleiche Sachgebiet als Referent im Gestapo-Amt behandelte, jedoch mit Exekutiv-Vollmachten. Daher kam es zu einer nie ausgesprochenen, aber bestehenden Aversion von beiden Seiten; denn ich fühlte mich als idealistischer Nationalsozialist; Lischka war nur Gehaltsempfänger. Als ich zum erstenmal hörte, daß Lischka der Vertreter von Hellmuth Knochen wurde, war ich sehr erstaunt. Knochen kam aus derselben Sparte des SD wie ich, nur befaßte er sich mehr oder weniger mit dem Zeitungswesen. Lischka war eine Niete und ergänzte Dannecker. Das Resultat höre ich heute aus der gegnerischen Literatur.

Wenn Dannecker und Lischka so waren, brauche ich mich keiner Schilderung des zuständigen Dezernenten beim Militärbefehlshaber von Frankreich mehr zu befleißigen.

Frankreich war für mich ein Sorgenkind; denn meinen Vorgesetzten war der lahme Gang der Dinge in Frankreich nicht verborgen geblieben. Sie hörten lange vor mir von ihren politischen Zuträgern, in ihrem Verkehr mit den Hoheitsträgern der Partei und auf anderen Wegen von der Lage, derentwegen ich öfters nach Paris befohlen wurde. Um in Paris überhaupt nur einige Erfolge zu verzeichnen, mußte ich tatkräftig auftreten. Dannecker liebte das gute Leben und heiratete nachher die Sekretärin seiner Dienststelle. Infolgedessen war er an Paris „gekettet"; ich drohte ihm mehrere Male mit sofortiger Rückversetzung zum Amt IV, wenn er nicht bestimmte Angelegenheiten durchsetzen könne. Nur so waren einige bescheidene Erfolge zu verzeichnen. Ich sage dies deshalb, weil es die Wahrheit ist, zumal ich gegenüber Gruppenführer Müller nie ein Hehl aus der verfahrenen Situation gemacht habe.

In Frankreich hatte ich mit einem „Super-Beamtenstaat" zu kämpfen, hundert Paragraphenhürden und hundert Instanzen zu nehmen und zu überrollen, um überhaupt einen einzigen Transport herauszuholen. – Der deutsche Verwaltungsapparat war, was die SIPO betraf, in Frankreich vollkommen verfahren.

Es ist mir nicht bekannt, daß ein SS-Obersturmführer Sommer (145) einen Versuch gemacht hätte, zwei Pariser Synagogen in die Luft zu sprengen, so daß er Schwierigkeiten zwischen Feldmarschall Keitel und Heydrich verursachte. Mir ist dieser ganze Vorfall nicht bekannt. Allerdings war Sommer der Vertreter von Dannecker, wozu Knochen (89) ihn bestimmt hatte, aber in diesem Zusammenhang besteht ein merkwürdiges Zusammentreffen der Umstände. – Um jene Zeit wurde ich von Heydrich zu einem Mittagessen auf die Prager Burg befohlen, wobei nur Heydrich, der Höhere SS- und Polizeiführer in Frankreich, Thomas (147), der Adjutant von Heydrich und ich selber anwesend waren. Ich kann mir nicht erklären, welches Interesse Heydrich gehabt hat, mich zu einem Mittagessen mit Thomas zu bitten. Es fiel kein Wort über Frankreich. Wollte Heydrich gegenüber Thomas demonstrieren, daß seine Mitarbeiter erhaltene Befehle bedingungslos durchführen? Nur so hätte dieses Zusammentreffen einen Sinn gehabt. Um jene Zeit mögen Machtkämpfe in Frankreich stattgefunden haben, und kurz danach wurde Oberg an Thomas' Stelle gesetzt. Im Oktober 1941 wurde der Chef der SIPO und des SD von Göring mit der Endlösung der europäischen Judenfrage beauftragt.

In der Angelegenheit Frankreich hatte ich keine Dokumente von Staatssekretär Weizsäcker in der Hand, aber ich weiß wohl, daß Gruppenführer Müller mit dem Staatssekretär sehr gut stand; ich selber habe ein Dutzend Briefe entworfen, die Kardinalprobleme behandelten und von Gruppenführer Müller an Weizsäcker abgesandt wurden. Wenngleich ich nicht mehr angeben kann, welchen Inhaltes sie waren, so weiß ich doch, daß ich mich größter Genauigkeit und behördlicher Konzentration befleißigen mußte, um diese Schreiben einwandfrei abzufassen. Das stand im Gegensatz zu Briefen, die an Luther hinausgingen und manchmal schnell diktiert wurden. In der Korrespondenz zwischen Gruppenführer Müller und Weizsäcker ging es um grundsätzliche Dinge; Gruppenführer Müller hatte anscheinend großen Einfluß auf Weizsäcker, der zu Müllers Zufriedenheit gearbeitet haben muß; das Gegenteil hätte ich bemerken müssen.

Ich entsinne mich sehr gut, daß eines Tages zur Debatte stand, die Pflicht zum Tragen des Judensterns zu erweitern. Auch Frankreich wurde hier einbezogen. Wer mir diese Weisung erteilt hat, weiß ich nicht mehr, aber ich leugne sie nicht ab, kann nur nicht den genauen Zeitpunkt angeben. Selbstverständlich erwartete ich bei all meinen Anordnungen Reaktionen nicht nur der französischen Regierung, aber wenn ich einen Befehl hatte, so führte ich diesen auch aus. So haben die Juden in dem besetzten Teil Frankreichs den Judenstern getragen. Daß der französische Judenkommissar der Vichy-Regierung auf Grund der Einführung dieser Regelung zurücktrat, ist möglich, ebenso, daß ich vielleicht so lange durch Dannecker und Knochen gegen diesen mit Erfolg „geschossen" habe.

Als wir in Frankreich einzogen, stellte sich sehr schnell unsere wenig gute Information über das französische Judentum heraus; darin liegt ein weiterer Grund für das Mißlingen unserer Aktion. Beim Einzug wurde bezüglich der Freimaurer so gut wie nichts veranlaßt; denn sie waren uninteressant geworden, auch im Reich. Das nötige jüdische Archivmaterial sollte allerdings sichergestellt werden. Ich entsinne mich, daß die „Alliance Israélite Universelle" eine Zeitung herausgegeben hatte, die in Deutschland einen erheblichen Anklang fand. Daher glaubten wir, daß die „Alliance" eine bedeutende Gruppe darstelle. Als nun die Männer des Befehlshabers der SIPO und des SD in Frankreich einzogen, wurde auch die „Alliance" durchsucht; ich entsinne mich, wie Dannecker mir berichtete, unsere Leute seien erstaunt über den kleinen, unansehnlichen Apparat dieser Organisation gewesen.

Sie schien ein Winkelunternehmen ersten Ranges zu sein, wo gar nichts gefunden wurde. Wenn ich „gar nichts" sage, so meine ich das von dem Blickwinkel des Exekutiv-Organs aus, nicht etwa von dem eines Angehörigen des Amtes VII, der sich für die Bibliothek dieser Organisation interessierte. Die Gestapo sprach die Beschlagnahme derartiger Bibliotheken und Archive aus; das Amt VII stellte sie sicher. So hatte die „Alliance" zwar für mich kein Interesse, doch bedeutet das nicht, daß diese Gruppe in ideologischer Hinsicht – und das ausschließlich interessierte Amt VII – unbedeutend war. – Nahe dem Fehrbelliner Platz in Berlin befand sich das große Archiv von Amt VII; im Keller lagen Hunderttausende von Büchern und Bände, die von einem Bibliothekar katalogisiert wurden. Diese Arbeit hat er allerdings nicht fertigstellen können; als der Krieg kam, wurde die Bedeutung von Amt VII stark eingeschränkt, vor allen Dingen in personeller Hinsicht. Eine derartige Beschlagnahme in Frankreich erfolgte natürlich im Einvernehmen mit der französischen Polizei. Während wir in Frankreich das Einverständnis der französischen Instanzen brauchten, glaube ich, daß dies in Holland nicht nötig war.

Das von uns in Frankreich beim Einmarsch angetroffene Material war kümmerlich; auch unser Nachrichtendienst und unsere Vertrauensmänner hatten wenig in den Händen, so daß wir uns unter der „Alliance" etwas ganz anderes vorstellten, wohl deshalb, weil diese Organisation von einer bestimmten Seite besonders aufgebauscht wurde. Wären wir nur mit unseren Unterlagen in Frankreich ohne die von der französischen Polizei schon vor dem Einmarsch geleistete Vorarbeit in der Registrierung und Erfassung der jüdischen Personen und Organisationen an unsere Aufgabe gegangen, so hätten wir gar nichts erreicht. In der Nähe von Paris war ein großes Gefangenenlager, wo die französische Polizei die Juden einlieferte; von dort aus wurden sie evakuiert. Dafür war ein französischer Kommissar zuständig, der mir vorgestellt wurde.

Die französische Polizei brauchte keine Weisungen; sie hätte sich diese verbeten, denn sie war viel ängstlicher auf ihre Souveränität bedacht als zum Beispiel die ungarische Gendarmerie. In Frankreich wachte die Regierung wesentlich strenger über alles. Das Gefangenenlager Drancy wurde uns komplett gefüllt ohne große Verhandlungen mit dem Kommissar an der Spitze zur Verfügung gestellt. Ansonsten war es klar, daß das „Deuxieme Bureau" mit den entsprechenden Wehrmachtsstellen und die „Sécurité" mit der Sicherheitspolizei zusammenarbeitete. Genaue Schilderungen kann ich nicht geben, aber ich weiß, daß Dannecker im Grunde in ein „volles Nest" kam und keine weisen Ratschläge an den Mann zu bringen brauchte. Inwieweit eine rege Spionage von Juden zugunsten des Dritten Reiches vor unserem Einmarsch in Frankreich irgendwelche Maßnahmen der französischen Polizei und Sicherheitsbehörden veranlaßten, weiß ich nicht. Während die holländische Polizei die jüdischen Emigranten vor unserem Einmarsch ziemlich genau erfaßte und beobachtete, fehlen mir entsprechende Indizien für Frankreich.

Ich erinnere mich, wie groß die Schwierigkeiten in Frankreich waren, denn ich wurde nach Vichy geschickt. Dort hatte das RSHA oder der Reichsführer, vielleicht auch das AA, irgendeinen Mann, den ich aufzusuchen hatte, um ihm das Rückgrat zu stärken. Vichy bereitete immer mehr Schwierigkeiten. Auch die Rolle von Laval wurde stets undurchsichtiger. Knochen sagte mir, Laval wolle die Einbürgerung von Juden überprüfen, aber zu praktischen Erfolgen kam es nie. Wenn die Nachkriegsliteratur erwähnt, ich habe darauf bestanden, daß die allfälligen gesetzlichen Untermauerungen geschaffen würden, die es ermöglichten, die den Zielstationen überstellten Juden mit Betreten des Reichsgebietes als staatenlos anzusehen, wenn gesagt wird, bei einem Versagen auf diesem Gebiet seien größte Unannehmlichkeiten in staatspolitischer Hinsicht zu erwarten gewesen, die in Durchführung des Reichsführerbefehles auf jeden Fall vermieden werden müßten, so verläßt mich hier meine Erinnerung, aber die Worte, die ich eben hörte, könnten auch jetzt noch aus meinem Munde stammen. Ich erkenne sie an als meine. Sie gehören zu meinem Sprachschatz. Zudem entsinne ich mich dunkel, wie wir einmal Schwierigkeiten mit Juden französischer Staatsangehörigkeit hatten oder zu haben glaubten. Freilich wurden bei meinen Pariser Besuchen keine Einzelthemen besprochen; dafür waren die örtlichen Dienststellen der SIPO zuständig. In Paris hatte ich weder mit der Erfassung noch mit anderen Einzelheiten zu tun; mich interessierte nur das Grundsätzliche: daß Frankreich uns die Juden anbot. Um diese gesetzliche Regelung zu erreichen, fuhr ich hin. Notfalls hätte ein Höherer SS- und Polizeiführer dies durchsetzen können, obwohl dies nicht seine Aufgabe war; denn auch er hatte sich um grundsätzliche Dinge zu kümmern, und zwar darum, sich mit dem deutschen Gesandten zusammen bei Laval durchzusetzen.

Nachdem Dannecker praktisch keine Erfolge aufweisen konnte, setzte ich Röthke nach Paris in Marsch mit dem Ziel, Dannecker allmählich zu ersetzen. Dannecker war ein Dickschädel, auch etwas unbeholfen; in Frankreich brauchten wir einen wendigeren Mann, der den Holzhammer zu Hause ließ. Keinesfalls stimmt es, daß Dannecker Nachtlokale oder ähnliches betrieb. Aber er war etwas lasch und den Schwierigkeiten in Frankreich nicht gewachsen, zumal er nicht die geringste juristische Vorbildung besaß.

Die mir jetzt bekanntgemachte Geschichte von 4000 französischen Kindern, die ohne entsprechende Versorgung in einem Pariser Sportstadium zusammengetrieben worden sein sollen, war mir nicht bekannt. Die Erfassung war Angelegenheit der französischen Polizei, und ich kann in diesem – laut den Berichten ausgesprochen traurigen Fall – keine Verantwortung übernehmen. Dazu ist festzustellen, daß in diesen Berichten behauptet wird, ich habe telefonisch von Berlin aus Anweisungen für diese Kinder gegeben. Das habe ich nie getan; telefonisch lief bei uns gar nichts. Es galt die Parole „Feind hört mit". Eine derartige Angelegenheit lief bestimmt unter „Geheimer Reichssache", und da hätte ich nie etwas telefonisch vereinbart. Wenn schon, dann durch Fernschreiben. Abgesehen davon müßte ich mich an so eine Angelegenheit wie die von 4000 Kindern doch erinnern können. Eine derartige Unterbringung und ein Transport, wie in diesen Berichten geschildert, widerspricht in jedem Punkt den „Richtlinien". Wenn sich die damit beauftragten Stellen in Frankreich nicht an die „Richtlinien" hielten, dann muß ich dazu sagen, daß eine Dienstaufsichtsbehörde nicht mehr tun kann als „Richtlinien" herauszugeben; jeder Angehörige der SIPO und des SD stand im Diensteid und mußte deshalb Weisungen, Anforderungen und Richtlinien befolgen. Als Dezernent der Zentralstelle konnte es nicht meine Aufgabe sein, jeden einzelnen Transportzug persönlich zu besichtigen. Bei Verladungen war ich nur einige Male in Deutschland, nie aber im Ausland zugegen. Es ist selbstverständlich Aufgabe der nachgeordneten Stelle, sich an die Weisungen der übergeordneten zu halten. Vom Amt IV aus geschah alles rein bürokratisch und den vorliegenden Anordnungen gemäß. Nach meinen Kenntnissen sind Meldungen über hohe Ausfälle in den Deportationszügen bis zu ihrer Ankunft an den Zielbahnhöfen ins Reich der Greuelmärchen zu verweisen.

Wiederholt sei: an einen Transport von 4000 Kindern kann ich mich nicht erinnern; und die geschilderten Schrecken in diesem Sportstadion und Sammellager müssen übertrieben sein. Wie dem auch immer sei, für örtliche Unzulänglichkeiten war IV B 4 nicht zuständig. Wenn nicht nach den Richtlinien verfahren wurde, war das die Schuld der örtlichen Dienststelle oder der Organe, die die Erfassung durchführten. Wenn ich sage, daß ich mich an den Kindertransport nicht erinnern kann, so darf man mir das glauben: Ich habe in diesem Buch mit nichts hinter dem Berg gehalten und gesagt, was ich weiß. Ich würde ohne Zaudern auch in diesem Falle alles zugeben, wenn ich mich dessen entsinnen könnte. Sicher ist nur, daß ich Dannecker ablösen ließ, weil wir mit seiner Arbeit nicht zufrieden waren.

Geradezu lächerlich ist die Behauptung, ich habe mich bemüht, Juden aus Nord-Afrika zu bekommen! Unser ganzes Bestreben war es, die Juden aus Europa herauszubekommen – wie sollte ich da Juden außerhalb Europas übernehmen!

Zur Judenfrage in Ungarn

In seiner Betrachtung über sein Wirken in Ungarn setzt sich Adolf Eichmann mit Angriffen von jüdischer Seite auseinander. Eine große Rolle spielt die umstrittene Persönlichkeit von Joel Brand.

Über Ungarn erschien im Seewald-Verlag, Stuttgart, ein Werk von Andreas Bliss. Es trägt den Titel „Der Stopp der Endlösung – Kampf gegen Himmler und Eichmann in Budapest". Dieses Buch erschien im Jahr 1966. Eichmann konnte es nicht kennen, da er in Israel bereits erhängt war.

Zum Vergleich mit den Ausführungen von Eichmann darf ich in einer kurzen Zusammenfassung den Inhalt der Arbeit von Andreas Bliss wiedergeben, die glänzend geschrieben ist. Bliss zeigt die historischen Hintergründe in der Judenfrage auf. Er verkleinert die Bedeutung von Béla Kun und sagt, daß die Juden im Kampf um die sozialen Rechte der Arbeiter keine nennenswerte Rolle spielten. Entscheidend dagegen sei der Anteil, den jüdische Intellektuelle an der Errichtung der Räte-Republik Béla Kuns hatten. In der sog. reaktionären Gesellschaftsordnung Ungarns war es einem Juden nicht möglich, politisch zu arbeiten, es sei denn in der Linksopposition.

Bliss spricht von einem „weißen Terror" in den ersten beiden Jahren der Horthy-Ära. Durch ihn seien vorwiegend die Juden als die angeblichen geistigen Urheber und Organisatoren des kurzen Zwischenspiels von 1919 betroffen gewesen.

Eichmann habe 1944 nur wenige Mitarbeiter mitgebracht. Der Stab seines Kommandos habe sich aus Krumey, Hunsche, Dannecker und Wisliceny zusammengesetzt. Er stellt den Hauptsturmführer Otto Klages heraus. Die Gruppe Klages habe zur SS-Abwehrorganisation gehört, die im Gegensatz zur Abwehr der Wehrmacht unter Admiral Canaris stand. Die Canaris-Leute seien der deutschen Botschaft in Budapest zugeteilt gewesen. Die Canaris-Gruppe habe Kontakte zu jüdischen Kreisen unterhalten, insbesondere zu Zionisten und zu Beauftragten der amerikanisch-jüdischen Wohlfahrtsorganisation „America Joint Distribution Committee". Die Canaris-Leute hätten den jüdischen Organisationen bei der deutschen Botschaft Durchreisevisa für Kinderzüge nach Palästina durch Rumänien und Bulgarien verschafft.

Als gewichtig stellt Bliss die Tätigkeit eines zionistischen Hilfskomitees – die Waadah – heraus. (Der vollständige Name der Waadah lautete: Waadat Ezra Vö-Hazzalah Bö-Budapest, deutsch: Jüdisches Rettungskommitee von Budapest.) Die führenden Persönlichkeiten des genannten Kommitees seien Ing. Otto Komoly, Dr. Rezsö Kastner und Samuel Springmann gewesen.

Bliss beschreibt die Ernennung eines Judenrates durch Eichmann. Vorsit-

zender dieser Gemeinde, die etwa 80% der Budapester Juden umfaßte, sei Hofrat *Samuel Stern* gewesen. Außer ihm nennt Bliss als führende Mitglieder Philipp von Freudiger, Samuel Kahan-Frankl, Dr. Karl Wilhelm, Dr. Ernst Petö, Dr. Ernst Boda, Dr. Samuel Csobadi, Dr. Nisson-Kahan und Dr. Imre Reiner.

Nach ihm habe die **erste Unterhaltung zwischen Joel Brand und Eichmann am 25. Apr.** 44 stattgefunden, aus der ersterer mit dem Auftrag herauskam, sich ins neutrale Ausland, und zwar in die Türkei, zu begeben, um dort mit führenden Vertretern der zionistischen Organisation als deutsche Gegenleistung für die **Lieferung von 10000 Lastautos** und verschiedenen kriegswichtigen Gütern als **Tauschobjekt das Leben der ungarischen Juden** anzubieten. Angeblich habe Eichmann ihm als Begleiter bei der geplanten Auslandsreise Bandi Grosz vorgeschlagen.

Bei dem Genannten habe es sich um einen Agenten des ungarischen Geheimdienstes gehandelt. Bliss schreibt über ihn: *„Bandi Grosz, ein typischer Doppelagent, der zunächst für die ungarische und später für die deutsche Abwehr gearbeitet hatte, von sich selbst behauptete, in engem Kontakt mit dem Secret Service zu stehen, und dann bei der SD-Stelle Klages gelandet war, schien uns allen wenig geeignet, Vertrauen zu erwecken. Mit der Bemerkung, Grosz werde Brand im Ausland kompromittieren und könne ihm bei seiner wichtigen Mission nur von Schaden sein, sprach Kastner das aus, was wir alle – mit Ausnahme von Brand – in diesem Augenblick dachten..."*

In der Zeit von 24. Apr.–17. Mai 44, dem Tage seiner Abfahrt nach Istanbul, sei Brand noch drei- oder viermal bei Eichmann gewesen, der ihm Instruktionen gegeben habe. Eichmann habe Brand den Vorschlag gemacht, einen **Transport von 600–1200 ungarischen Juden ins neutrale Ausland zu entlassen** und diesen „Musterzug" als Beweis des guten Willens so rechtzeitig zusammenzustellen, daß seine Ankunft im Ausland mit dem Eintreffen Brands in der Türkei zusammenfalle. Der Vorschlag sei auf die Anregung der Waadah zurückgegangen. Es sei vereinbart worden, in dem vorgesehenen Transport jeweils kleine Gruppen von Juden aus den Provinzstädten Siebenbürgens und Nordungarns zusammenzufassen.

Als Ziel des Transportes sei Portugal vorgesehen gewesen, wo dieser von den Amerikanern übernommen und nach den USA weitergeleitet werden sollte.

Bliss behauptet, daß Eichmann nicht aus eigener Machtvollkommenheit die Zustimmung zu einem Plan erteilt habe, aus dem sich die Aktion des Musterzuges entwickelte, der erst nach Bergen-Belsen ging, um dann in der Schweiz zu landen. Klages habe damals den Vorschlag der Waadah an Himmler geleitet und kurzfristig das prinzipielle Einverständnis erhalten, das dann Brand durch Eichmann mitgeteilt wurde.

Brand sei dann abgefahren. Die Waadah habe Bedenken gehabt, da Brand am 19. März bei der Besetzung Ungarns seine Familie im Stich gelassen und sich in Sicherheit gebracht habe. Nach der Abreise Brands sei der Kontakt zwischen Kastner und Eichmann entstanden. Bliss schildert die Persönlichkeit von Reszö Kastner. Dieser sei in Klausenburg geboren und habe sein Studium an der dortigen rumänisch-sprachigen Universität mit der Promotion zum Doktor der Rechte abgeschlossen. Sein Schwiegervater sei der jüdische Rechtsanwalt und Abgeordnete Dr. Josef Fischer gewesen, der die Fraktion der jüdischen Abgeordneten im Bukarester Parlament führte. Von Beruf Journalist gewesen, habe Kastner für die in ungarischer Sprache erscheinende Klausenburger Tageszeitung „Uj Kelet" gearbeitet. Der damalige Ministerpräsident Rumäniens, Juliu Maniu, habe dem intelligenten jüdischen Journalisten verschiedene Male Interviews gewährt.

14 Tage seien seit der Abreise von Joel Brand und Bandi Grosz verstrichen. Kastner habe Eichmann vorgehalten, daß die erfolgten Deportierungen in Widerspruch zu den Vorschlägen stünden, die zu überbringen Brand im Begriffe sei. Nirgendwo in Siebenbürgen sei mit der Zusammenstellung des versprochenen Musterzuges für das Ausland begonnen worden. Die Bewohner mehrerer Ghettos seien deportiert worden. Daraufhin habe Eichmann erwidert, daß die Ausreisebewilligung für 600 Personen vorhanden sei.

Täglich seien Berichte gekommen, daß die Juden aus Nordsiebenbürgen in den größeren Städten Klausenburg (Cluj), Targu-Mures, Groß Wardein (Oradea), Szatmar (Mare), Bistritz (Bistrita) und Dej abtransportiert worden seien.

Eichmann habe über den Mustertransport in das Ausland mit Kastner gefeilscht. Schließlich habe man sich geeinigt. Kastner habe mit Eichmann noch zahlreiche Einzelheiten über den Transport der Juden aus der Provinz nach Budapest erörtert. Ebenfalls sei über die Unterbringung bis zur Weiterreise der Juden und die Geheimhaltung der ganzen Aktion vor den ungarischen Behörden gesprochen worden. Eichmann habe jedoch keine seiner Zusagen gehalten.

Im Gegensatz zu Eichmann stellt Bliss dem späteren Standartenführer Kurt Becher ein ausgezeichnetes Zeugnis aus. Becher war der Leiter eines Ausrüstungsstabes der SS. Er habe durch eine Transaktion die Besitzer der Manfred-Weiß-Werke vor der Deportierung bewahrt und anschließend in das Ausland gefahren. Der Standartenführer sei durch einen Zufall mit der Familie Manfred Weiß in Kontakt gekommen. Sie sei in den ersten Tagen der Besetzung Ungarns von der Geheimen Staatspolizei festgenommen und in ein Konzentrationslager in Österreich transportiert worden. Als Becher erfuhr, unter welchen Umständen man der Familie Weiß ihren Besitz genommen habe, habe er ein Inventarverzeichnis gefordert, das er unterschreiben wolle, um nicht des Diebstahls bezichtigt zu werden. Es habe sich bei ihm ein Dr. Billitz gemeldet, einer der Direktoren der Manfred-Weiß-Werke, eines großen Konzerns mit etwa 50 Einzelunternehmen. Dr. Billitz habe Becher die Umstände geschildert, unter denen Dr. Franz Chorin, der Schwiegersohn des Barons Manfred Weiß und der derzeitige Chef der Familie, ebenso wie deren übrige Mitglieder verhaftet und außer Landes gebracht worden seien.

Becher habe sich bewegen lassen, Dr. Chorin in Österreich aufzusuchen, und dieser habe die Gelegenheit benutzt, Becher zuzureden, ihn wieder nach Ungarn zu bringen, wo er bereit sei, Becher mit Rat und Tat beizustehen und eine richtig funktionierende Ankaufsorganisation aufzubauen. Zwischen dem 25. und 27. Juni habe Becher in seinen Amtsräumen in den Büros der Weiß-Werke Kastner zu einem Gespräch empfangen. Der SS-Standartenführer habe sich nach diesem Gespräch nach Berlin begeben. Er habe den Auftrag erhalten, sich einzuschalten und anstelle von Eichmann die Verhandlungen zu führen. Es habe eine entscheidende Besprechung stattgefunden, an der auf der einen Seite Becher und sein Adjutant, SS-Hauptsturmführer Max Grüson, auf der anderen Seite Kastner, Dr. Billitz und Bliss teilgenommen haben.

Letzterer erhebt gegen Horthy harte Vorwürfe. Horthy sei passiv gewesen. Erst als der päpstliche Nuntius in Ungarn, Monsignore Angelo Rotta, dem Reichsverweser eine Intervention des Papstes Pius XII. übermittelte, der USA-Außenminister in einer Rundfunkrede Repressalien androhte, König Gustav V. von Schweden und der Präsident des Internationalen Roten Kreuzes, Professor Karl Burckhardt, Protestschreiben bzw. -noten an Horthy richteten, sprach sich der Reichsverweser gegen die antijüdischen Maßnahmen aus.

Daraufhin habe Oberstleutnant Ferenczy von der ungarischen Gendarmerie gemeinsam mit Baky und Endre aus dem Innenministerium einen Staatsstreich gegen Horthy geplant. Obwohl die ungarische Regierung nach dem mißglückten Staatsstreich Baky und Endre ihre Vollmachten entzogen und der Gendarmerie eine Mitwirkung an den Deportationen weitgehend unmöglich gemacht hatte, kam es zur Deportierung der im Lager Kistarcsa inhaftierten 1450 Juden, wobei die örtlichen ungarischen Behörden und ungarische Gendarmerieeinheiten dem Befehl zuwider Hilfe leisteten. Horthy habe den Transport durch ungarische Truppen aufgehalten und nach Kistarcsa zurückbringen lassen.

Am 20. Juli 1944 brachte die Londoner „Times" einen Bericht über die Mission der nach Konstantinopel entsandten jüdischen Emissäre unter dem Titel: „Ein ungeheuerliches Angebot – deutsche Erpressung – Juden für Kriegsmaterial angeboten." In dem Artikel heißt es: „Ein prominenter ungarischer Jude und ein deutscher Beauftragter, der offensichtlich die Tätigkeit und Bewegungen des anderen zu überwachen hatte, kamen kürzlich in die Türkei und konnten englischen Stellen ein Angebot übergeben. Der ungarische Jude erklärte, er habe ‚ernsthaften Grund zu glauben', daß die deutschen Machthaber sich bereit fänden, den restlichen 350 000 ungarischen Juden das Leben zu schenken und sie sogar ins Ausland zu lassen, wenn die Engländer Deutschland dafür wichtiges Kriegsmaterial einschließlich 10 000 Lastkraftwagen übergäben. Er erklärte weiterhin, daß dieses Material nicht an der Westfront eingesetzt werden würde."

Die Angelegenheit des Musterzuges wurde geregelt. Am 21. Aug. 1944 traf er in St. Margarethen ein, wo er von dem Schweizer Bankier Saly Mayer in Empfang genommen wurde. Er hatte in seiner Eigenschaft als Leiter der Schweizer Sektion des „American Joint Distribution Committee" den Auftrag erhalten, die Gruppe zu übernehmen und anschließend mit Becher Verhandlungen zu führen. Bliss erklärt, daß die Schweizer Regierung genügend Einreisevisa erteilt und sich auch weiterhin positiv verhalten habe. Eine Enttäuschung sei gewesen, daß der Transport nur 380 Menschen in die Freiheit brachte. Eichmann habe die Reduzierung der Zahl mit Mangel an Transportmitteln erklärt.

Am 15. Okt. 1944, 11 Uhr vormittags, habe der ungarische Rundfunk eine Adresse Horthys an das ungarische Volk und an die Welt verlesen, derzufolge Ungarn bereit sei zu kapitulieren. Am Abend des gleichen Tages um 20 Uhr habe der Rundfunk jedoch die Nachricht gebracht, daß die Pfeilkreuzler-Partei unter der Führung von Franz Szalasi die Macht in Ungarn übernommen habe. Bliss erklärt, „Ungarns neuer Staatschef hatte früher als aktiver Hauptmann der Armee angehört. Später hatte er sich bereit gefunden, eine ungarische nationalsozialistische Partei zu gründen ... Nach der Erklärung Horthys vom 15. Okt. 1944 gab es für die SS in Ungarn nur noch einen Partner: Szalasi."

Fast den ganzen November 1944 hätten Eichmann und der ungarische Minister Konvarcz auf die möglichst unterschiedslose Deportierung der Juden gedrängt. Bliss erklärt: „Eichmann hatte allerdings keine Gasöfen mehr zur Verfügung und durfte im Prinzip auch nicht deportieren.

Er durfte aber arbeitslose Juden zu Befestigungs- und Schanzarbeiten heranziehen. Diese Arbeitseinsätze kosteten Tausende von Menschen das Leben; denn Eichmann ließ die dazu Getriebenen bis an die österreichische Grenze, also über eine 180 km lange Strecke, zu Fuß marschieren. Der Mann, der ihn bei dieser Aktion auf ungarischer Seite am meisten unterstützte, war der Chef der Pfeilkreuzler-Polizei, Solymossy, den die neue Regierung eingesetzt hatte. Aber auch der Leiter der ungarischen Gendarmerie, Obsterleutnant Ferenczy, der unter Baky und Endre an den ersten Deportationen maßgeblich beteiligt gewesen war, tat alles, was in seiner Macht stand, um den Rest der ungarischen Juden zu vernichten. Ihm ging es darum, bei dem neuen Regime und bei Eichmann vergessen zu machen, daß er eine Zeitlang gemeinsam mit Horthy die Loslösung von der Achse angestrebt und persönlich sogar nicht ganz geheim gebliebene Kontakte zu den Juden unterhalten hatte."

Als Eichmann von Budapest abwesend gewesen sei, seien die Fußmärsche abgestellt worden. Am 17. Nov. 1944 seien sogar etwa 7000 Menschen wieder nach Budapest zurückgebracht worden. Bliss führt dies darauf zurück, daß SS-Obergruppenführer und General der Waffen-SS Jüttner, dessen Adjutant Gräßler und SS-Standartenführer Becher nach Budapest gekommen seien.

Am 18. Nov. habe Becher Himmler ein Memorandum vorgelegt, Himmler habe dann nachstehenden Befehl erteilt:
„Geheime Reichssache
An den Chef des Wirtschafts- und Verwaltungshauptamtes, SS-Obergruppenführer Pohl.
An den Chef des Reichssicherheitshauptamtes, SS-Obergruppenführer Kaltenbrunner.
Ich verbiete mit sofortiger Wirkung jegliche Vernichtung von Juden und befehle im Gegenteil die Pflege von schwachen und kranken Personen. Ich halte Sie persönlich dafür verantwortlich, auch wenn dieser Befehl von untergeordneten Dienststellen nicht strikt befolgt wird.   *Heinrich Himmler"*

Am 21. Nov. – so führt Bliss aus – sei Eichmann zurückgekehrt und habe sofort dafür gesorgt, daß die Fußmärsche wieder aufgenommen wurden, wie er behauptete, auf Befehl Hitlers. Danach sollten 70 000 Juden für Befestigungsarbeiten an der österreichisch-ungarischen Grenze konzentriert werden, da diese dort beim Bau des Südost-Walls zum Schutz der Ostmark als Arbeitskräfte gebraucht würden.

Bliss spricht dann weiter von Kontakten zu dem schwedischen Diplomaten Raoul Wallenberg, der von den Sowjets später verhaftet wurde und über dessen Schicksal Unklarheit besteht, zu dem päpstlichen Nuntius Rotta und dem Exponenten der ungarischen Widerstandsbewegung.

Eine fantastische Aktion sei vorbereitet worden, die jedoch niemals verwirklicht wurde: Austausch der in Rumänien beheimateten Volksdeutschen gegen ungarische Juden und sonstige in Händen der Deutschen und der Pfeilkreuzler befindliche politische Häftlinge, also insbesondere Sozialisten, Kommunisten und Mitglieder anderer liberaler politischer Parteien.

Nach Bliss wären in Rumänien infolge des Putsches, den der junge König Michael unternommen hatte und der zur Gefangennahme von Teilen der deutschen Truppeneinheiten und zum fluchtartigen Rückzug geführt hatte, hunderttausende Volksdeutsche zurückgeblieben, denen seitens des neuen Regimes eine Deportierung nach Sibirien drohte.

Bemerkenswert ist ein Brief, den der Reichsführer-SS am 21. März 1945 an seinen früheren Masseur, den Finnen Felix Kersten, gesandt haben soll. In ihm heißt es: „. . . . Es wird Sie interessieren, daß ich im Laufe des letzten Vierteljahres einen Gedanken, über den wir einmal sprachen, zur Verwirklichung gebracht habe. Es wurden nämlich in zwei Zügen rund 2700 jüdische Männer, Frauen und Kinder in die Schweiz verbracht. Es ist dies praktisch die Fortsetzung des Weges gewesen, den meine Mitarbeiter und ich lange Jahre hindurch konsequent verfolgten, bis der Krieg und die mit ihm einsetzende Unvernunft in der Welt seine Durchführung unmöglich machten.

Sie wissen ja, daß ich in den Jahren 1936, 37, 38, 39 und 40 zusammen mit jüdischen amerikanischen Vereinigungen eine Auswandererorganisation ins Leben gerufen habe, die sehr segensreich gewirkt hat. Die Fahrt der beiden Züge in die Schweiz ist die trotz aller Schwierigkeiten bewußt vorgenommene Wiederaufnahme dieses segensreichen Verfahrens . . ." Soweit der Brief Himmlers.

Abschließend aus einer Niederschrift Himmlers: „Ich hatte am Montag, den 15. Jan. 1945, mit dem Präsidenten Dr. Jean Marie Musy in Wildbad eine Zusammenkunft. Er sprach mich offenkundig im Auftrag der Amerikaner darauf an, ob man nicht in der Judenfrage eine großzügige Lösung finden könne. Er selbst bot sich dafür an. Über meine Mitteilung, daß im Auftrage der Joint ein Jude Saly Meier in der Schweiz einen Beauftragten von mir, SS-Oberstrumbannführer Becher, mit einem Amerikaner MacClelland zusammengebracht hatte, war er sehr überrascht. Nach längerem Gespräch verblieben wir bei folgenden Punkten: . . . Ich habe ihm erneut meinen Standpunkt präzisiert. Die Juden sind bei uns in Arbeit eingesetzt, selbstverständlich auch in schweren Arbeiten, wie Straßenbau, Kanalbau, Bergwerksbetrieben, und haben dabei eine hohe Sterblichkeit. Seitdem die Besprechungen über eine Verbesserung des Loses der Juden laufen, sind sie in normalen Arbeiten eingesetzt, müssen jedoch selbstverständlich wie jeder Deutsche in der Rüstung arbeiten. Unser Standpunkt in der Judenfrage ist: Es interessiert uns in keiner Weise, was Amerika und England für eine Stellung zu den Juden einnehmen. Klar ist lediglich, daß wir sie in Deutschland und im deutschen Lebensbereich aus jahrzehntelangen Erfahrungen nicht haben wollen und uns hier auf keinerlei Diskussion einlassen. Wenn Amerika sie nehmen will, begrüßen wir das. Ausgeschlossen muß sein, und dafür muß Garantie gegeben werden, daß Juden, die wir über die Schweiz herauslassen, niemals nach Palästina abgeschoben werden . . .

Ich habe keinen Zweifel, daß der von dem Verfasser Bliss gebrachte Brief Himmlers an Kersten und die Niederschrift Musy echt sind.

Der Inhalt in beiden Schriften stimmt mit Schilderungen des Generalfeldmarschalls Kesselring, mit dem ich seit seiner Haft in Werl bis zu seinem Tode engen Kontakt hatte, des Gesandten Dr. Rahn, der mich in meinem Ferienhaus im Chiemgau besuchte, und eines Verbindungsmannes aus der Gruppe Allan Dulles, mit dem ich in Verbindung mit einem NSG-Verfahren in Rom sprach, überein.

Nach Poliakov-Wulf, „Das Dritte Reich und die Juden", Berlin 1955, S. 97, sagte Dieter Wisliceny vor seinem Tode: „Die seit Frühjahr 1944 in Budapest laufenden Bemühungen von Vertretern des ‚Joint Distribution Committee' führten dann im Oktober 1944 zu einem *Befehl Himmlers, der die ‚Endlösung' stornierte.*"

Deportation aus Ungarn und jüdische Auswanderung von dort

Ende 1943 massierten die Alliierten ihre Bombenangriffe auf Berlin. Unter diesen ziemlich heftigen Bombardements hatte auch die Dienststelle der Gestapo sehr gelitten. Nur notdürftig konnten die größten Schäden ausgebessert werden, damit der Dienstbetrieb weitergehen konnte. Aber nach jedem heftigen Bombardement setzte er – wenn auch nur stundenweise – aus. Daher gab mir mein Chef, Gruppenführer Müller, entweder in den letzten Dezembertagen 1943 oder in den allerersten Januartagen 1944 den Befehl, etwa 80–100 km von Berlin eine zweite Dienststelle des Amtes IV, also der Gestapo, einzurichten. Ich war der einzige unter seinen rund 30 Dezernenten, der einige technische Erfahrungen hatte; daher bekam ich diesen Befehl. Ich sah mir die Gegend an und entwarf dann ein Schreiben an den Befehlshaber der Sipo und des SD im Protektorat Böhmen und Mähren, Dr. Weinmann; darin bat ich, dem Amt IV leihweise etwa anderthalb Dutzend Baracken zu überlassen, die in Theresienstadt überzählig waren, und sie zusammen mit einer Gruppe jüdischer Handwerker und jüdischer Baumeister bereitzuhalten. Gruppenführer Müller unterschrieb diesen Brief; einige Zeit danach fuhr ich nach Theresienstadt. Einordnung und Verladung des Materials in zwei Güterzüge organisierte ich so, daß die Stücke, die ich zuerst benötigte, zuerst abgeladen wurden, so daß der kleine Bahnhof nicht allzu lange blockiert war. Das jüdische Kommando aus Theresienstadt arbeitete sehr gut; einige Wochen später waren die Baracken erstellt. Eines Tages, es muß Anfang März 1944 gewesen sein, inspizierte Gruppenführer Müller meine Arbeit; bei diesem Anlaß erklärte er mir, auf

Befehl des Reichsführers habe ich mich auf den Einsatz Ungarn vorzubereiten. Müller beglückwünschte mich dazu; ich hatte darüber jedem, auch meinem ständigen Vertreter gegenüber Schweigen zu wahren. Es blieb mir einige Zeit, um die Arbeiten an dem neuen Dorf, das ich für die Gestapo ausbaute, zu übergeben und meine dienstlichen Angelegenheiten in Berlin zu ordnen.

Etwa eine Woche vor dem 19. März 1944 wurde ich nach dem KZ Mauthausen in Marsch gesetzt. Ich hatte freie Hand in der Auswahl der Personen meines Kommandos und nahm die fähigsten Leute meines Dezernates mit. In Mauthausen waren wir in einem Extrablock gewissermaßen von der Außenwelt isoliert und durften das Lager nicht verlassen. Dort kamen zahlreiche Fahrzeuge an, Tornister, Sturmgepäck und vieles sonstige Material. Vorsichtshalber rechnete die höhere Führung mit der Möglichkeit eines gewissen Widerstandes seitens der Magyaren. Wir vertrieben uns die freie Zeit, so gut wir konnten, mit Schach- oder Kartenspiel; ich besuchte häufig einen Hauptsturmführer von der Lagerleitung Mauthausen, mit dem ich mich dort angefreundet hatte. Er war ein leidenschaftlicher Jäger, und ich unterhielt mich gern mit ihm in seinem Jagdzimmer. Er hatte seit elf Jahren dieselbe Ordonanz, einen deutschen Kommunisten, der in den verschiedensten KZs gesessen hatte, mit dem Vornamen Otto. Otto bot mir freundlicherweise an, meinen Tornister so zu packen, wie ich es selber bestimmt nicht könnte, denn er sei im Ersten Weltkrieg Unteroffizier gewesen. Als ich ihn fragte, wie er damit fertigwerde, so viele Jahre seiner Freiheit beraubt zu sein, antwortete er mir zu meinem größten Erstaunen: „Tja, Obersturmbannführer, ich kann mich eigentlich gar nicht beklagen... sehen Sie, ich trage die blaue Binde, ich arbeite bis um sechs Uhr beim Hauptsturmführer, genieße sein Vertrauen und arbeite sonst für niemand im Lager. Um Punkt sechs Uhr haue ich ab, gehe nach Mauthausen, setze mich in die Kneipe, trinke meine Molle und finde mich dann um zehn Uhr wieder im Lager ein. Ich türme nicht, denn dann kriegt man mich sowieso wieder." Wir sahen von Mauthausen so gut wie nichts, denn es gab eine Art Gegnerschaft zwischen dem Besatzungspersonal des KZs und der Sipo in diesen acht Tagen unseres erzwungenen Zusammenlebens in Mauthausen. Auch die Besatzung des KZs war inzwischen zu „Salonoffizieren" geworden, die in ihrem Kasino mit den Allüren der preußischen Gardeoffiziere wetteiferten. Zwischen diesen Offizieren und uns Volksoffizieren der Sipo bestand eine Kluft; außer den SD-Leuten waren bei uns auch Kriminalsekretäre, Kriminalräte, Polizeiinspektoren, Polizeioberinspektoren, alle in einem Dienstgrad vom Untersturmführer aufwärts; sie sahen genauso auf jene „Salonoffiziere" des KZs herab wie diese auf uns. Ich habe mich nur mit dem erwähnten Hauptsturmführer in Mauthausen mehr oder weniger gut vertragen, sonst wurden wir gemieden wie die Pest. Ich hatte übrigens nicht den höchsten Dienstrang. In Mauthausen hatte ich andere Dinge zu tun, als mir etwa den KZ-Bereich anzusehen; zudem war ich froh, mit meinem Pensum der organisatorischen Vorbereitung fertigzuwerden; so blieb gar keine Gelegenheit, mich mit dem KZ Mauthausen näher zu befassen.

Der Abmarschtag nach Ungarn näherte sich. Als Dienstältestem des Kommandos wurde mir der gesamte Marschblock der Sipo und der Ordnungspolizei unterstellt. Es handelte sich um insgesamt rund 150 oder 180 Fahrzeuge und zwei Kesselwagen. Aus diesem Fahrzeugpark sonderte ich 40 schnelle Wagen ab und stellte sie unter den Befehl des Sturmbannführers Krumey (65). Auch Sturmbannführer Dieter Wisliceny war in dieser Gruppe; er war an und für sich nicht für Ungarn vorgesehen, hatte mich aber gebeten, ihn mitzunehmen, denn er sei besonders an dieser Arbeit interessiert. Die Gruppe der 40 Fahrzeuge fuhr 24 Stunden eher aus dem Lagerbereich nach Ungarn ab; ich folgte mit dem Gros. In der Nacht vom 18. auf 19. März hielten meine Kradschützen an, zweifellos auf Weisung irgendeines meiner Hauptleute, und die Kolonne stand. Die mir unterstellten Führer kamen zu meinem Fahrzeug und protesten mir mit einer Flasche Kunstrum zu, denn ich hatte gerade Geburtstag, weshalb ich mich an dieses Datum lebhaft entsinnen kann. Wir fuhren weiter; die Ordnungspolizei bildete den Schluß dieser Fahrzeugkolonne. Unterwegs hatten wir einige Male Fliegeralarm und tankten zweimal auf. Am Sonntag darauf überschritten wir bei strahlend schönem Wetter vormittags die ungarische Grenze. Statt mit Schüssen oder Feindseligkeiten wurden wir von der uns zujubelnden ungarischen Dorfbevölkerung mit Wein, Weißbrot, Fleisch und Zigaretten traktiert. Daraufhin versorgten wir unsere Handfeuerwaffen und ölten sie wieder ein; denn an einen Widerstand war kaum noch zu denken. Der Wehrmachtsbeauftragte legte die Marschordnung fest; ich fuhr mit meiner Gruppe im Anschluß an die 1. Panzer-Lehrdivision.

Schon in Mauthausen hatte ich Krumey die ersten Befehle zur Soforthandlung in Ungarn gegeben. So sollte er sofort die jüdischen politischen Funktionäre um sich versammeln und im übrigen dafür Sorge tragen, daß sie nicht im Begeisterungstaumel eines möglichen Volksaufstandes rechtsstehender Elemente zu Schaden kämen. Nach alter Erfahrung gedachte ich, mit diesen Leuten zusammenzuarbeiten.

Am Nachmittag dieses Sonntags kam ich in Budapest an; als Quartier wurden mir einige Zimmer in einem der großen Hotels zugewiesen, wo ich fast die ganze Nacht arbeitete und gleich ein kleines Büro aufzog. Ich erließ die ersten Verfügungen, die darauf hinzielten, gleich am nächsten Tag die ersten Konferenzen mit den jüdischen politischen Funktionären abzuhalten. Einige Tage wohnte ich in diesem Hotel; dann bekam ich durch den

Höheren SS- und Polizeiführer eine Villa als private Unterkunft und als dienstliche das Hotel Majestic auf dem Schwabenberg. Dort befanden sich mehrere große Hotels, in einem amtierte der Befehlshaber der Sipo und des SD, im Nebenhotel befand sich seine Geheime Staatspolizei und in einem andern Hotel die Ungarische Geheime Staatspolizei. So war der Schwabenberg sowohl deutscher- als auch ungarischerseits Zentrum der Polizeistellen und der politischen Polizei. Den Hauptsturmführer Wisliceny beauftragte ich als meinen wendigsten und begabtesten Mitarbeiter, sofort mit den ungarischen Stellen Fühlung aufzunehmen, und zwar über die ungarischen Fachleute der Gestapo. Diese Ungarn waren dem Leiter der Gestapo-Dienststelle Budapest, Dr. Geschke (149), unterstellt. Nach einziger Zeit meldete mir Wisliceny, es sei ihm gelungen, Verbindung mit dem Vicegespan des Komitats Budapest-Land, einem gewissen Dr. László Endre (150), aufzunehmen.

Dieser Dr. Endre hatte seine Laufbahn als Richter angefangen und es schließlich zum Vicegespan im Budapester Land-Komitat gebracht. Vor Jahren hatte er ein Buch herausgegeben, das sich mit der Lösung der Judenfrage beschäftigte. Er war zutiefst von dem Gedanken beseelt, Ungarn freizumachen von – wie er sagte – ,,der jüdischen Plage". Wisliceny teilte mir mit, daß Dr. Endre darauf brenne, mit mir in Kontakt zu kommen; ich ließ also meinen Besuch bei ihm ansagen, und mangels Zeit vereinbarten wir an einem der nächsten Tage abends ein Treffen im Komitatshaus von Budapest-Land.

Dr. Endre gab ein kleines Abendessen; eine uniformierte Ordonanz stand ihm stets zur Seite. Außer dem Gastgeber nahmen zwei oder drei Verwaltungsbeamte daran teil sowie mein Hauptsturmführer Wisliceny und vielleicht auch Krumey. An diesem ersten Abend erklärte ich Endre mein Programm und sah, daß er Feuer und Flamme war, worüber ich sehr erstaunt war, da ich mich auf Kämpfe und Schwierigkeiten eingestellt hatte. Ich brauchte nicht mehr zu sprechen, sondern konnte den restlichen Teil des Abends dem Probieren der verschiedenen Tokayer-Weine widmen.

Dieser Abend bestimmte das Schicksal der Juden in Ungarn. Als ich Dr. Endre kennenlernte und seine Energie bemerkte, spürte ich sofort sein heißes Verlangen, seinem ungarischen Vaterland zu dienen. Er ließ durchblicken, daß er in seiner Eigenschaft als Vicegespan kaum in der Lage sei, nennenswerte positive Arbeit zur Lösung der Judenfrage zu leisten. Diese Schwierigkeiten besprach ich sofort mit dem Höheren SS- und Polizeiführer in Ungarn, General Winkelmann (151), um bei der ungarischen Regierung einen Versuch in die Wege zu leiten, Dr. Endre direkt in das ungarische Innenministerium einzubauen. Natürlich ist eine solche Transferierung im staatlichen Sektor in keinem Land von heute auf morgen durchführbar; darum dauerte es auch in diesem Fall einige Wochen. In dieser Zeit geschah kaum etwas; ich machte mich mit dem jüdischen Leben in Ungarn vertraut und hatte genug damit zu tun, alle möglichen Vorstellungen der jüdischen Funktionäre anzuhören, weil ungarischerseits unbesonnene Maßnahmen getroffen wurden und die Juden nun gewissermaßen um Hilfe zu den deutschen Behörden kamen.

Ich richtete inzwischen meine Dienststelle ein. Einer der ersten Polizeibeamten, die mir Gruppenführer Müller von irgendeinem anderen Dezernat übergab, das auch Judenfragen behandelte, war Polizeiinspektor Mös. Er arbeitete sehr gewissenhaft; ich reichte bald seine Beförderung zum Polizeioberinspektor ein; er wurde „angegliederter Hauptsturmführer". Er zeichnete sich auch dadurch aus, daß ich nie wußte, ob er mich ansah oder in die Ecke schaute, denn er schielte fürchterlich. Mös ließ ich nach Ungarn kommen, weil er mir die Gewähr für einen exakten bürokratischen Ablauf der Dinge gab. An und für sich war es mein Fehler gewesen, Krumey als Stellvertreter einzusetzen; denn er war bis März 1944 daran gewöhnt, beim SS-Rasse- und Siedlungshauptamt selbst Dienststellen zu leiten. Deswegen war er für staatspolizeiliche Tätigkeiten zu selbständig; denn bei der Staatspolizei kann nun einmal nicht über den Daumen hinweg angeordnet oder angewiesen werden. Um hier eine bürokratische Bremse anzusetzen, ließ ich den alten Mös kommen, den ich seit 1940 als einen „lebenden Paragraphen" bei mir hatte. Wo Mös saß, da wurde nichts mehr im Freistil angeordnet, sondern bürokratisch genau erledigt. Bei solchen Dingen verließ ich mich weder auf Wisliceny noch Brunner oder Burger. Sie konnte ich nicht ständig im Auge behalten, nur um zum Erfolg zu kommen; sie machten manchmal Unsinn und beriefen sich auf Weisungen, die gar nicht erteilt worden waren. Darum wurden die bürokratischen Angelegenheiten bei mir nur von meinen Beamten geführt, auf die ich mich voll und ganz verlassen konnte. Mös war so ein guter, alter Beamter, der diese Funktion schon in der Weimarer Republik erfüllt hatte; nach seiner Ankunft herrschte in meiner Dienststelle in Budapest die gewohnte bürokratische Ordnung.

Eines Tages war es so weit, daß ein gewisser Baky (152) Erster Staatssekretär und mein neuer Freund Dr. Endre Zweiter Staatssekretär im ungarischen Ministerium des Innern wurden. Baky unterstand die Exekutive, also die Polizei und die außerordentliche ungarische Gendarmerie, Endre oblag der legislative Teil. Hiermit waren die Voraussetzungen für den Befehl geschaffen, den ich für Ungarn erhalten hatte, nämlich in einer Art Blitzarbeit die Juden aus Ungarn herauszubringen. Schließlich war meine Ungarn-Aufgabe inspiriert von der Sorge höheren Ortes, daß der Jude in Ungarn den sich bildenden Widerstandsbewegungen beitreten, sie verstärken oder gar neue organisieren könnte. Die Rote Armee saß uns auf den Fersen, und deshalb erhielt ich Weisung, Ungarn vom Osten nach Westen durchzukämmen. Unserer höchsten Führung und auch uns geisterte das schreckliche Geschehen im Warschauer Ghetto durch den Kopf; seine Wiederholung auf ungarischem Boden mußte um jeden Preis vermieden werden.

Daß Kaltenbrunner am 22. März 1944 in Budapest war, ist möglich; doch habe ich ihn dort weder gesehen noch gesprochen. Allerdings glaube ich, es ist sehr übertrieben, es so darzustellen, als ob er Baky und Endre in ein „ungarisches Judenkommissariat" hineinmanövriert hätte. Das hatte man von deutscher Seite gar nicht notwendig, und wenn, so war es nicht Aufgabe des Chefs der Sipo und des SD, ein solches in Ungarn zu schaffen, sondern die Aufgabe von General Winkelmann. So entsinne ich mich noch sehr genau, einmal an einer Besprechung mit Winkelmann teilgenommen zu haben, als irgendwie der Wunsch nach einer Änderung in der Ministerliste ausgesprochen wurde. Da sagte ich mir selber: Schau, schau, der Winkelmann regiert hier wie weiland Metternich, natürlich im Kleinformat. Das Hin- und Herschieben der Figuren auf dem „Schachbrett" besorgte Winkelmann, soweit er das eben konnte, nicht Veesenmayer. Letzterer trat natürlich weit massiver auf, aber Winkelmann trachtete danach, bei diesem Schachspiel diejenigen Figuren in den Vordergrund zu rücken, an denen der Reichsführer und der Chef der Sipo Interesse haben könnte, und so konnten auch Baky und Endre ins Spielfeld hineingeraten. Aber der Initiator und der entscheidende Organisator war ganz bestimmt nicht auf deutscher Seite zu finden.

Es war mir klar, daß ich als Deutscher von den Ungarn keine Juden zur Deportation verlangen konnte. So etwas betrieben einmal in Kopenhagen andere Stellen mit dem Erfolg eines großen Fiaskos. Ich überließ das den ungarischen Behörden selbst. Dr. Endre war ein fähiger Mann; auf ihn und Baky ist der Umstand zurückzuführen, daß Ungarn fast das einzige Land war, wo wir in der Lösung der Judenfrage überhaupt keine Schwierigkeiten administrativer oder sonstiger grundsätzlicher Art erlebten. Diese beiden Staatssekretäre ordneten einfach an oder befahlen, und der ungarische Innenminister unterschrieb, weil er zu unterschreiben hatte; Endre erließ die entsprechenden Gesetze und Verordnungen, und Baky stellte die ungarische Gendarmerie zur Verfügung. In Ungarn hatte ich lediglich dafür zu sorgen, vom Reichsverkehrsministerium die nötigen Züge zu erhalten und von meinen Vorgesetzten in Berlin die Zielbahnhöfe für die Transporte zu erfahren. Berlin wies mich an, sämtliche Transporte der Bahnstation Auschwitz zuzuführen. Hauptsturmführer Novak hatte von mir den Befehl, beim Reichsverkehrsministerium die nötigen Transportzüge freizubekommen und Fahrplanbesprechungen zu halten, die im Verkehrsministerium von Amtsrat Stange praktisch durchgeführt wurden.

Auch in diesem Falle übermittelte ich den beiden Staatssekretären die Erfassungs- und die Verladungsverordnung, die wir anzuwenden pflegten. Wie sonst bat ich darum, es möge wie bei der deutschen Polizei in den Befehlen der ungarischen Exekutive der Vermerk erscheinen, daß „alle vermeidbaren Härten zu vermeiden seien". Anfangs hörte ich auch keine sonderlichen Klagen von seiten meiner jüdischen Funktionäre, daß etwa die ungarische Gendarmerie durch Rohheitsakte aufgefallen wäre. Auch die ungarische Gendarmerie arbeitete in den Komitaten weitgehend mit den jüdischen Funktionären zusammen. Noch heute ist es mir ein Rätsel, wie politische Funktionäre sich als Kollaborateure hergeben können, um mit ihren Feinden zusammenzuarbeiten und ihnen so ihr Vorgehen zu erleichtern. Jedes Komitat stand unter der Aufsicht des ungarischen Oberstleutnants Ferenczy (153); und unter seiner unmittelbaren Leitung fand die Erfassungsaktion und Verladung statt, ich stellte jeweils einen meiner Mitarbeiter als Berater zur Verfügung. Weder mit der polizeilichen Erfassung noch mit der Verladung hatte ich in Ungarn irgend etwas zu tun; die Transporte rollten reibungslos.

Wenn die Nachkriegsliteratur behauptet, am 31. März 1944 habe der Judenrat von Budapest die erste Unterredung mit mir gehabt unter dem Motto: „Sie wissen nicht, wer ich bin? – Ich bin ein Bluthund!", so habe ich das vielleicht tatsächlich gesagt, aber nur aus einer Mischung von Humor und Sarkasmus. Genauso wie ich zu jüdischen Funktionären ein paarmal sagte: „Na, wissen Sie, wo Sie sind? Sie sind beim ‚Zaren der Juden', oder haben Sie das ‚Pariser Tageblatt' nicht gelesen?" Mit solchen Ausdrücken wollte ich andeuten, daß die betreffenden jüdischen Führer überhaupt keine Bedenken, Sorgen oder Angst zu haben brauchten, sich mit mir zu unterhalten, denn sie konnten ja selber feststellen, daß ich gar nicht „der Bluthund" war, als den man mich hinstellte und verschrie.

Im Laufe der Zeit meldeten sich die Vertreter der verschiedenen jüdischen Organisationen bei mir, so auch eines Tages ein Dr. Rudolf Kastner (100). Dr. Kastner war ein fanatischer Zionist; er erschien häufig in Begleitung seiner Ehefrau, die sich selbst in die Verhandlungen einschaltete. Daraus folgerte ich, daß sie weitgehend mit der jüdischen Arbeit vertraut war. Dr. Kastners Bemühungen hatten in Wirklichkeit nur ein Ziel: Wertvolle Teile des jüdischen Volkes in Ungarn freizubekommen und ihnen die Abwanderung nach Palästina zu ermöglichen. Inzwischen war die Ungarische Nationalsozialistische Bewegung der Pfeilkreuzler immer stärker geworden und hatte ihre Vertreter in den einzelnen Komitaten als Verwaltungsbeamte oder als Inspektoren sitzen, die oft auf alle Vorgänge und auch auf die Arbeit der ungarischen Gendarmerie weitgehend Einfluß nahmen. Sie waren stur und kannten keine Ausnahmen, keine Rücksicht. So erklärt es sich, daß die jüdischen Funktionäre am liebsten der deutschen Behörde ihre Wünsche bezüglich einzelner Fälle oder ihre Einwände vortrugen. Sie erkannten, daß sie es mit Fachleuten zu tun hatten, die durch jahrelange Tätigkeit bereits bis ins einzelne über jüdische Dinge informiert waren. Die große Mehrzahl der ungarischen Funktionäre beschäftigten sich ja erst seit wenigen Wochen mit der Judenfrage, sie wurden allzu leicht ungeduldig, weil sie überall jüdische Ausreden oder Lügen zu erblicken glaubten. Sie konnten die Materie gar nicht überblicken, da sie nicht eingearbeitet waren.

Dr. Kastner versicherte mir eingangs, daß er mir bei den Erfassungsaktionen keinerlei Schwierigkeiten bereiten werde; er sagte mir unumwunden, er habe gar kein Interesse am assimilatorischen Judentum; er besprach immer wieder die biologische Seite des Problems und verlangte von mir, daß ich ihm biologisch wertvolles, also zeugungsfähiges Menschenmaterial gebe, ebenso nur arbeitsfähige Juden. Er erklärte mir rundheraus, daß er an alten Leuten nur sehr geringes Interesse habe; er wolle nur junge Juden haben. Weil Kastner mir seine Mitarbeit für meine Aufgabe zusagte, erklärte ich mich meinerseits bereit, beide Augen zuzudrücken, um einige Tausend junger Juden und Jüdinnen illegal nach Palästina abwandern zu lassen. Eine solche Auswanderung mußte nach Möglichkeit vor den ungarischen Behörden verborgen bleiben, ebenso wie die illegale Einwanderung der Juden nach Palästina vor den englischen Mandatsbehörden. Von Anfang an entstand ein regelrechtes Vertrauensverhältnis zwischen mir und Dr. Kastner. Die Besprechungen häuften sich, und seine Forderungen wurden stets massiver, aber es blieb immer bei einigen hunderten oder tausenden Juden. Damit diese Juden nicht von ungarischen Behörden belästigt werden konnten, wurden sie konzentriert und von Soldaten der Waffen-SS „bewacht". So hielten sie sich für den Abruf Dr. Kastners zum Abwanderungsmarsch über Rumänien nach Palästina bereit.

Heute wird man mir diese meine Besprechungen mit Dr. Kastner glauben, nachdem ich aus Zeitungskritiken entnahm, daß Joel Brand (155) ein Buch herausgegeben und diese Zusammenhänge gebracht hat. Vorher hätte man mir das bestimmt nie abgenommen. Wie ein roter Faden zieht sich durch die Geschichte meiner Aktivität die Bemühung der deutschen Reichsregierung, die Juden außerhalb des Deutschen Reiches, außerhalb der deutschen Einflußsphäre unterzubringen; denn die deutsche Regierung wollte eine Lösung – und die ganze Welt wußte, daß sie diese Absicht ja auch gesetzlich festgelegt hatte. Aber niemand, keine Stelle auf der ganzen Welt wollte diese Juden aufnehmen! Sogar das internationale Judentum mit dem jüdischen Weltkongreß an der Spitze gab nur tropfenweise Hilfe. Zeugen für diese immensen Schwierigkeiten sind nicht nur Dr. Richard Löwenherz und Dr. Rottenberg aus Wien, den ich nach Palästina auswandern ließ, sondern auch zahlreiche jüdische politische Funktionäre, die mit mir zusammenarbeiteten und in vielen Hunderten von Konferenzen und Besprechungen meine Partner waren. Sie alle resignierten, sie alle hatten offensichtlich eine großzügige Unterstützung und Hilfe seitens des internationalen Judentums erwartet. Der letzte Zeuge war Dr. Kastner, aber zweifellos mußte Kastner genauso sterben wie der Schwede Bernadotte (127); denn beide wußten offenbar zuviel über die vergeblichen Bemühungen der jüdischen politischen Funktionäre, mit Hilfe des internationalen Judentums oder der angeblich pro-jüdisch eingestellten Regierungen Juden in bedeutender Anzahl irgendwo auf unserer Erde unterzubringen. Sie alle wußten zuviel vom negativen Ausgang ihrer Bemühungen und waren daher wahrscheinlich den derzeitigen jüdischen Machthabern oder den Interessenten am jüdischen politischen Geschehen zu unbequem geworden. Der Jude Joel Brand bereiste die halbe Welt, um eine Million Juden unterzubringen, nämlich sämtliche ungarischen Juden und den Rest aus Deutschland, Österreich und anderen Ländern, wo immer die eigenen jüdischen Organisationen sie hernehmen wollten. Diese Million Juden auszusuchen, war ja die Aufgabe der jüdischen Funktionäre gewesen; sie hätten sich ohne weiteres junge, arbeitsfähige Juden aussuchen können. Joel Brand beschreibt in seinem Buch, auf welchen Widerstand er bei seinen Bemühungen stieß. Wir hatten im Tausch für diese Million Juden nichts anderes verlangt als 10 000 Lastwagen mit Anhänger, winterfest; ich konnte zweifellos auf Grund der Weisung des Reichsführers ehrenwörtlich zusichern, daß diese Lastkraftwagen ausnahmslos an der Ostfront eingesetzt werden würden. Ich habe das Buch von Joel Brand nicht gelesen, da es nicht leicht zugänglich war, seit es vor wenigen Monaten herauskam. Doch durch eine Reihe von Besprechungen in verschiedenen Zeitungen wurden die damaligen Vorkommnisse wieder in meiner Erinnerung wach. Ich komme noch darauf zurück. Dr. Kastner sprach eine mir verwandte Sprache so wie vorher Dr. Löwenherz, mit dem ich mich auch eingehend über die Zielsetzung der Zionisten unterhielt, über ihre Pläne in Palästina, über ihre innere Bindung an dieses Land und ihre Vorstellungen vom Leben in Palästina. Auch mit Dr. Rottenberg sprach ich hierüber, wenn auch seltener. Nun stieß ich bei Dr. Kastner auf eine gewisse Verwandtschaft des Denkens; denn auch innerhalb der SS erstrebten wir ja die Verhaftung am Boden, die Treue zum Blut. Nichts anderes wollten die Zionisten, nichts anderes planten sie in Palästina, das sie nun endlich nach zweitausend Jahren wieder zu „ihrem Land" zu machen hofften, nichts anderes wollte der Jüdische Aufbaufonds, der Jüdische Nationalfonds: Sie kauften Boden in Palästina, der um keinen Preis weiterverkäuflich war. In aller Herren Ländern sammelten sich die Gelder in den Aufbaufonds, um jüdischen nationalen Boden zu erwerben und entsprechend auszunützen. Das waren die jüdischen Pioniere der Chaluzim, genau wie wir von der Idee von „Blut und Boden" beseelt: Die Bauern hinter dem Pflug, das Gewehr am Rücken, die Traktorenführer, die neben dem Steuer ihres Schleppers das schießbereite Gewehr stehen haben. Es sind die bäuerlichen Mannschaften beiderlei Geschlechts, die in harter Arbeit verwurzeln und bewirken, daß er Jahr um Jahr Früchte trägt und die Menschen ernährt. Es war für den zionistischen Juden dasselbe ideale Gefühl wie für uns in der Schutz-Staffel, wenn wir vom Ethos der Arbeit hörten, angefangen beim Jungvolk der HJ, dann beim Reichsarbeitsdienst, oder wenn wir über die Erbhofgesetzgebung hörten, über die Unterstützung und Hilfe, die unsere nationalsozialistische deutsche Reichsregierung jedem Bauern angedeihen ließ; denn er war ja der Lieblingssohn des Volkes, weil er deutsche Erde beackerte und bearbeitete. Wegen dieser Parallele sagte ich Dr. Löwenherz und wiederholte es auch gegenüber Kastner, daß ich, wenn ich nicht Deutscher und Nationalsozialist wäre, sondern Jude, bestimmt der draufgängerischste Zionist wäre.

Mir war es von Anfang an klar, daß die idealistisch eingestellten zionistischen Führer wie Kastner damals genauso im Endkampf um den Kriegsausgang lagen wie wir; denn auch sie wußten, daß sich ihre Sache, ihr Traum je nach Kriegsausgang entscheiden würde. Daraufhin arbeiteten sie, wie es das Nachkriegsgeschehen bewiesen hat, schon während des Krieges.

Überall hatte ich das Glück, mit wirklichen Spitzenleuten unter den jüdischen Funktionären arbeiten zu können, die meiner Aufgabe, aber zur selben Zeit ihren eigenen Plänen dienten, nämlich die Mandatsregierung Palästina durch Unterwanderung auszuschalten. Natürlich gab es auch bei ihnen verschiedene Charaktere: Dr. Löwenherz z. B. benahm sich in den ersten Jahren außerordentlich servil mir gegenüber, wie ich es gegenüber meinem Gegner nie getan hätte; Dr Kastner dagegen verhielt sich mir gegenüber nie servil, er war energisch, elastisch, im Vollbesitz seiner physischen Kräfte, ein verhältnismäßig junger Mann, etwa in meinem Alter, während Dr. Löwenherz ein älterer Herr war, der schon ein gerütteltes Maß von Sorgen hinter sich hatte und nun in seinen alten Tagen von mir zum Amtsdirektor der Israelitischen Kultusgemeinde in Wien bestellt war. Er hatte nur einen bescheidenen persönlichen Wunsch: Er habe Verwandte in London, ich glaube sogar verheiratete Kinder, und wenn nun die Sache erledigt wäre, möchte ich ihm die Auswanderung nach London ermöglichen; würde ich ihm das versprechen, so sei er vollkommen beruhigt; denn er glaube an mein Wort, ich hätte es noch immer gehalten. Darauf versicherte ich ihm: „Herr Löwenherz, Sie können sich darauf verlassen, daß ich Sie elegant nach London bringen lasse."

Dr. Kastner zielte mit seinen Bitten immer höher, aber mir erschien der Preis von 15 000–20 000 jungen Juden zur illegalen Auswanderung nach Palästina nicht zu hoch; denn das war gewissermaßen das Entgelt dafür, daß er mir die Ruhe und Ordnung innerhalb des jüdischen Lagers garantierte. Kastner war für mich ein jüdischer „Beschwichtigungshofrat"; er sorgte dafür, daß ich mich mit meinen deutschen Organen überhaupt nicht einzuschalten brauchte, sondern die ungarischen Behörden wirken lassen konnte.

Die Transporte rollten – Kastner war der Schlüssel zum Geheimnis der schnellen, sogar blitzartigen Evakuierung einer relativ hohen Zahl Juden in relativ kurzer Zeit. Dabei sollte nicht vergessen werden, daß gerade zu jener Zeit die Erfüllung der technischen Voraussetzungen dafür immer schwieriger wurde: Bahnhöfe wie z. B. Györ und viele andere auf dem Weg nach dem Westen wurden von der alliierten Luftwaffe zerschlagen. Wenn trotzdem in so kurzer Zeit tatsächliche Erfolge aufzuweisen waren, verdanke ich dies einerseits der guten Zusammenarbeit mit den beiden oft erwähnten ungarischen Staatssekretären und andererseits der Ruhe und Ordnung im jüdischen Lager, wofür Dr. Kastner mir garantierte.

Sämtliche Grenzübergänge waren von mir angewiesen worden, Dr. Kastner jederzeit passieren zu lassen; so konnte er, wann und wie er wollte, in die Slowakei, nach Rumänien oder Polen fahren; nur für eine Reise nach Österreich oder ins neutrale Ausland mußte er bei mir besonders nachfragen. Kastner leistete ganze Arbeit: Ohne daß ein einziger Schuß fiel, ohne die geringste Demonstration, ohne außer meinen Judenberatern auch nur einen einzigen Mann selbst einsetzen zu müssen, hat Kastner mir die ungarischen Juden übergeben. Wenn ein solcher Mann mir meine Aufgabe erleichterte und mir sehr viel Kummer ersparte, wäre es Undankbarkeit gewesen, ihm seine Bewegungsfreiheit auch nur im geringsten einzuschränken. Dr. Kastner brachte Pohl zu Wutausbrüchen und veranlaßte Höss wiederholt, nach Ungarn zu fahren und ausdrücklich weniger Transporte und deren bessere Ausrüstung zu fordern. Mir blieb dadurch eine relativ einfache Schreibtischarbeit in der Dienststelle am Schwanenberg; es braucht also niemanden zu wundern, daß ein solcher jüdischer Vertrauensmann auch Dank beanspruchen konnte, was mir nur durch persönliche Freigebigkeit möglich war.

Wenn ich gefragt werde, ob Kastner mir gegenüber je ängstlich – um nicht zu sagen feig – oder als hochmütiger Intellektueller ohne innere Beziehung zum einfachen Menschen erschienen ist, so muß ich „nein" antworten. Kastner war nicht feig, nur ungeheuer vorsichtig; er wäre ein guter Beamter des Amtes IV, des Gestapo-Amtes, gewesen. Er war eiskalt, nüchtern, ein konsequent denkender Geist, geradezu prädestiniert zum künftigen Gesandten oder Botschafter des Staates Israel. Er war kein hochmütiger Intellektueller, sondern stand im Dienst des jüdischen Blut-und-Boden-Gedankens. Darum erklärte er mir, alte und assimilatorisch eingestellte Juden interessierten ihn nicht; denn sie seien für den neuen Staat unbrauchbar; er sagte mir unumwunden und wiederholt, weshalb auch ich es wiederhole, er müsse junge Leute haben, zeugungsfähige Juden. Er war ein harter Verhandlungspartner, kein Kriecher; er besaß viel persönlichen Ehrgeiz. Nur insoweit könnte er als kaltschnäuziger Intellektueller bezeichnet werden, als er bedenkenlos Tausende oder Hunderttausende seines Blutes opfern würde, um sein politisches Ziel zu erreichen, und sein politisches Ziel war EREZ ISRAEL! Dafür brauchte er wertvolles Menschenmaterial, um das er hart mit mir verhandelte. Es wären gewissermaßen die jüdischen SA- oder SS-Männer für Israel gewesen, die illegal, also gegen den Willen des High Commissioners, über Rumänien in Palästina einzogen und die Widerstandsorganisation der Haganah und ähnlicher Vereinigungen bildeten, die schließlich ihr Teil dazu beitrugen, Israel ins Leben zu rufen.

Wenn ich heute versuche, mich nochmals in die Angelegenheit Kastner hineinzuvertiefen, wenn ich Kastners Haltung durchdenke, ohne sie so positiv vom nationalsozialistischen und besonders vom „Blut-und-Boden"-Gedanken her zu betrachten, muß ich sagen, daß ich es irgendwie verstehen kann, wie sich in EREZ ISRAEL eine Gruppe von Menschen dazu bereit gefunden hat, jenen Dr. Rudi Kastner zu erschießen – als palästinesischer Extremist hätte ich es vielleicht auch getan. Kastners Standpunkt war: Alles, was EREZ ISRAEL nützt, wird gemacht; alte und assimilatorisch eingestellte Juden nützen EREZ ISRAEL nichts oder nicht viel, wir brauchen sie daher nicht. Juden in Palästina von der Kategorie der „Schwärmer Zions", religiöse Fanatiker sehen Kastners Haltung von einer anderen Warte aus; für sie ist eben ein anderer Maßstab verpflichtend. Der Reichsführer und die Seinen hatten eine andere Meinung über Mittel und Wege zur Schaffung und Stärkung des Deutschen Reiches als Niemöller.

Dr. Kastner hat mit mir zusammengearbeitet; der israelitische Staatsanwalt sagte im Laufe des Prozesses, den Kastner in eiserner Konsequenz gegen sich selbst beantragte, daß nicht die Tatsache, mit mir zusammengearbeitet zu haben, sondern sich mit mir zu tief eingelassen zu haben, strafwürdig war. Kastner war ein eiskalter Jurist, ein Politiker, ein Mann der Mapai (156). Das heutige Israel wird von den Links-Parteien* getragen, ob

* Niedergeschrieben in den 50er Jahren. D. Herausg.

das nun die Außenministerin Golda Meir oder Ben Gurion ist, alle kommen sie aus der Mapai, aus derselben Gruppe wie Kastner. Theoretisch gesehen hat Kastner selbstverständlich jüdisches Blut „verrraten", denn er unterstützte unser Sonderkommando in Ungarn bei seiner Aufgabe, das Land – praktisch ohne eigene Mannschaft – von Osten nach Westen zu durchkämmen, um ähnliche Aufstände wie in Warschau zu verhindern. Die ungarische Exekutive half dabei nicht nur im Maßstabe einer Länderregierung, sondern überantwortete dem Deutschen Reich en bloc und gesetzlich untermauert eine halbe Million Juden. Ich mußte sie übernehmen und mich damit herumschlagen, um überhaupt vom Reichsverkehrsministerium das nötige Transportmaterial noch bekommen zu können. Da hat nun Kastner so gehandelt, wie z. B. Dr. Löwenherz in Wien nie gehandelt hätte. Löwenherz war Zionist, aber vor allem ein Mensch, der jedem Juden, ganz gleich welcher politischen Schattierung, geholfen hätte und hat. Dr. Kastner dagegen war hundertfünfzigprozentig für sein eigenes Ziel engagiert, endlich einmal Boden unter den Füßen zu haben, endlich einmal freier Jude zu sein, koste es, was es wolle. Ein Ziel also, das jedes Mittel heiligte. So ist Kastner auf der einen Seite ein Verräter an seinem Blut; denn er sagte zu mir – es sei hier nochmals wiederholt: „Alte und assimilierte Juden interessieren mich nicht; ihr Schicksal finde ich bedauerlich – aber da kann man nichts machen." Auf der andern Seite hatte er als Kämpfernatur mit der Ausrichtung auf EREZ ISRAEL wiederum recht, denn nur die Errichtung des Staates Israel konnte ja den Juden einen wirklichen Schutz ihres Blutes gewähren, eine wirkliche Verteidigung gegen periodisch ausbrechende, provozierte oder nichtprovozierte antijüdische Aktionen in aller Welt; dieses Ziel erforderte Opfer wie jedes große Ziel, das eine Sicherheit für alle Zukunft verbürgen soll.

Die ganze Kompliziertheit des Falles Kastner geht daraus hervor, daß auf der einen Seite eine jüdische Organisation ihre Leute entsandte, um diesen Mann zu töten, aber wenige Stunden darauf die israelitische Regierung, die Mapai und Tausende Mitglieder von anderen israelitischen Organisationen dem Ermordeten ein Ehrengefolge zu seiner letzten Ruhestätte gaben. In Wahrheit war er also irgendwie anerkannt, nur die Härte seines Kampfes wurde nicht verstanden. Es ist möglich, daß Kastner im heutigen Israel mit Ausnahme der älteren Führer abgelehnt und erst in hundert oder mehr Jahren verstanden wird.

Ebenso verurteilt man idealistische Nationalsozialisten auch heute noch, zehn, zwölf Jahre nach dem Kriegsende. Sicher werden dem Nationalsozialismus in hundert oder mehr Jahren auch Lorbeeren gereicht. Und wenn heute, um nur meine kleine Wenigkeit herauszunehmen, behauptet wird, ich sei eine Art Caligula (157) gewesen, so ist das dem perversen Gehirn irgendeines Mannes entsprungen, dem die Natur zufälligerweise eine spitze Feder verliehen hat, der aber nie im entferntesten in das Tun und Wollen der nationalsozialistischen Deutschen Reichsregierung eingedrungen ist. Ein solcher Mann hat sich offenbar nicht die Mühe gemacht, die ich mir gemacht habe, nämlich auch in die Psyche des ehemaligen Gegners einzudringen. Ich glaube kaum, daß ein anderer Mensch die Psyche Kastners besser verstehen kann als ich. Der neue israelitische Staat hat sich durch Gewalt und Raub in den Besitz des Landes gesetzt, aber ich muß anerkennen, daß die israelitische Regierung offenbar weiß, welch unschätzbaren Geist sie in Kastner hatte; ich erlaube mir an jener Gruppe Kritik zu üben, die sich „Schwärmer Zions" nennt und offenbar aus halb- oder völlig verrückten orthodoxen Elementen zusammengesetzt ist, die das Leben Kastners forderte – als Tribut zur Beruhigung ihres religiösen orthodoxen Gewissens.

Wenn ich vorher sagte, auch ich hätte vielleicht für Kastners Ermordung eintreten können, so meinte ich damit, daß ich als kleiner „israelitischer Untersturmführer" dazu imstande gewesen wäre, weil mir dann die Erkenntnis gefehlt hätte, daß Kastner jüdisches Blut „verraten" hat, um ein höheres Ziel zu erreichen, das ich dann auch nicht gekannt hätte.

Dr. Rudolf Kastner hat ein Anrecht darauf, daß ich ihn näher zu charakterisieren suche. Mir hat er zwar anscheinend nur Ungutes nachgesagt. Leider oder vielleicht auch Gott sei Dank – denn im Prinzip ist mir das gleich – bin ich nicht in der Lage, ihm Ungutes nachsagen zu können, weil ich in ihm einen Idealisten sehe, einen Fanatiker, wie auch ich es gewesen bin. Für die Schaffung seines Staates, damit letzten Endes für die endgültige Sicherheit seines Blutes, scheute er nicht davor zurück, „Verräter" am eigenen Blut zu sein. Der Kampf um die Freiheit, um den eigenen Staat kostet immer Blut. Der Durchschnitt vermag nie zu erkennen, was ein großer Geist vorausschaut – genausowenig wie ein Unteroffizier die Maßnahmen seines Feldherrn zu erkennen vermag, sie sogar kritisiert, obwohl der Feldherr mit seinen Entscheidungen nur das Beste will; vielleicht nicht das Beste für den Unteroffizier selbst, aber für seine Familie, für die Nachkommen. Mit diesem Beispiel „Unteroffizier und Feldherr" möchte ich die Situation zwischen den Kritikern und Dr. Kastner vergleichsweise erläutern.

Schon damals in Budapest hatte Kastner gelegentlich Schwierigkeiten mit verschiedenen jüdischen Stellen. Aber er ging sehr vorsichtig vor, denn er wußte, daß ich Schwierigkeiten von jüdischer Seite sofort beseitigen würde, um ihm, meinem wichtigsten Mitarbeiter im ungarischen Raum, zu helfen. Kastner und ich beherrschten gemeinsam die Lage im ungarischen Gebiet souverän – man möge mir dieses unbeliebte Wort zur Aufklärung verzeihen! Vielleicht kam Kastner am Anfang noch mißtrauisch zu mir, aber sobald wir etwas warm geworden waren, war ich für ihn nicht mehr der gefürchtete Gestapo-Gewaltige: Er kam zur Aussprache zu mir, rauchte eine Zigarette nach der anderen, brachte auch öfters seine Frau mit; wenn man all dies psychologisch richtig deutet, erkennt man, daß wir Gegner waren, die furchtlos miteinander verhandelten, ein reines Politikum.

Nicht nur mit Kastner, auch mit den übrigen jüdischen Funktionären hatte ich ein korrektes, sachliches Verhältnis, ob es nun Dr. Löwenherz war, der Amtsdirektor der israelitischen Kultusgemeinde in Wien, Dachorganisation aller damals in der Ostmark arbeitenden jüdischen Vereinigungen, ob es Dr. Kastner in Budapest oder Dr. Eppstein in Berlin und viele andere mehr waren. Ich hatte wiederholt sehr offene Aussprachen mit ihnen und sagte mehr als einmal, daß ich keinen Rassenhaß kenne und sogenannte „Stürmer-Methoden" ablehne. Keiner der jüdischen politischen Funktionäre kann sich darüber beklagen, in den zahllosen Konferenzen und Besprechungen jener Jahre je in mir auf einen wütenden, sadistischen „Mörder" gestoßen zu sein. Meine Vorgesetzten erlaubten mir, diese Verhandlungen mit offenem Visier zu führen. „Offenes Visier" ist bei mir ein geflügeltes Wort, das ich erstmalig 1938 gegenüber Löwenherz und Rottenburg gebrauchte. Am Anfang unserer Zusammenarbeit ermahnte ich meine jüdischen Verhandlungspartner etwa in folgender Weise: ‚Ich spreche mit euch ehrlich, ihr könnt mein Wort so nehmen, wie es gesagt wird, ohne zu deuteln und zu drehen. Ich will von euch nicht belogen, betrogen oder begaunert werden. Wenn wir uns die Wahrheit sagen, so kommen wir uns am besten entgegen und sparen Zeit und Arbeitskraft. Belügt ihr mich, so ist es schlecht für euch; belügt ihr euch, so werdet ihr mich begaunern und betrügen, also verlange ich die Wahrheit.' In diesem Sinne habe ich die ganzen Jahre mit meinen jüdischen Verhandlungspartnern gearbeitet und bin gut dabei gefahren, denn das sprach sich herum. Um nicht in den Verdacht zu geraten, ich wolle mich heute in ein milderes Licht stellen, als es mir zukommt, betone ich, daß ich dazu die Genehmigung meiner Vorgesetzten hatte.

Dr. Eppstein, Berlin, Kommerzienrat Storfer aus Wien und ich, wie ich glaube, auch Dr. Weiman und Edelstein aus Prag wurden während meiner Abwesenheit aus dem Reichsgebiet im Jahre 1944 ohne mein Wissen in ein KZ überführt, wo sie gestorben sind. Mit diesen jüdischen Funktionären hatte ich zum Teil jahrelang dienstlich zusammengearbeitet, korrekt von beiden Seiten. Als ich hinterher erfuhr, daß sie ins KZ gebracht worden waren, habe ich mein Bedauern und Nichtverstehen weder vor den Juden noch vor meinem Vorgesetzten Müller und meinem ständigen Vertreter verborgen. Dr. Rottenberg, dem Leiter des Palästina-Amtes in Wien, hatte ich einmal versprochen, ihn bei der ersten passenden Gelegenheit nach

Palästina auswandern zu lassen; ich löste mein Wort ein. Auch dem Kommerzienrat Storfer hatte ich diese Zusage gemacht, die ich nun nicht mehr verwirklichen konnte. Dr. Bach und Dr. Murmelstein ließ ich in der Leitung von Theresienstadt einsetzen. Natürlich waren die Verhältnisse in Theresienstadt auch kriegsbedingt, aber es wäre eine Unwahrheit zu behaupten, es wäre ihnen und den übrigen Bewohnern dieser Judenstadt schlechtgegangen. Ich überzeugte mich selbst einmal davon, in welch ordentlicher Wohnung z. B. Dr. Murmelstein mit seiner Frau dort lebte und wie manche Bombengeschädigten in Deutschland damals lebten oder gar Vertriebene heute noch leben müssen.

Eines Tages – es mag Mai oder Juni 1944 gewesen sein – kam ein ganz anderer Kastner zu mir ins Büro. Der sonst so zielstrebige und eiskalt-glatte jüdische Politiker von Eigenschaften und Manieren, die jedem Diplomaten zur Ehre gereicht hätten, zeigte jetzt tiefste Resignation. Darin lag wahrscheinlich der Grund, daß er diesmal fast vertrauensselig wurde. Schwer bedrückt eröffnete er mir: „Obersturmbannführer, wir werden hier geopfert und bekommen keine Hilfe, weder von jüdischer noch von nichtjüdischer Seite; jetzt hat man mir auch noch meine Frau verschleppt. Es ist schwer, Jude zu sein." Ich forderte ihn auf, sich zu setzen, und bot ihm eine Zigarette an. Er verfügte immer über mehr Zigaretten als ich; es waren wohlduftende Zigaretten, die er in einer schönen silbernen Tabatiere aufbewahrte und mit einem kleinen silbernen Feuerzeug jeweils anzündete. Ich erklärte ihm, ich könne versichern, daß seiner Frau von keiner deutschen Stelle aus ein Leid geschehen werde, denn den möchte ich kennenlernen, der es wagen würde, mir einen meiner Verhandlungspartner auszuspannen. Es könnten sicher nur jüdische oder ungarische Stellen gewesen sein. Kastner versicherte mir, jüdische Stellen kämen nicht in Frage, also blieben nur die Ungarn übrig. So gut ich konnte, tröstete ich ihn und versprach, mich sofort im Anschluß an unsere Besprechung mit den beiden Staatssekretären Baky und Endre ins Benehmen zu setzen, um seine Frau irgendwo aufzustöbern. Dann sagte ich zu Kastner: „Sie sagten, es sei schwer, Jude zu sein, und daß Sie von allen, von der jüdischen wie nichtjüdischen Seite, verlassen sind. Ich wiederhole Ihnen: Wäre ich nicht Deutscher und Nationalsozialist, sondern Jude, ich wäre einer der fanatischsten Zionisten. Aber sehen Sie, kein Ziel wird ohne Opfer erreicht. Auch wir Nationalsozialisten haben unsere Blutopfer bringen müssen, bis wir an die Macht kamen." Kastner erklärte mir, es sei für die Juden eine besondere Tragik, daß ausgerechnet ich mit meinen organisatorischen Fähigkeiten nach Ungarn geschickt wurde, denn ich würde ihnen hier das für das Judentum besonders wertvolle östliche Menschenmaterial entziehen, das sie für EREZ ISRAEL am dringendsten benötigten. Dann fügte er hinzu: „Das amerikanische Judentum hilft uns nicht, und in Palästina sind es nur verhältnismäßig wenig Mutige, die sich entgegen der Mandatsmacht durch Förderung einer kräftigen illegalen Einwanderung eine Verstärkung der jüdischen Position erkämpfen." Ich sagte ihm dann, mir scheine es, als ob Wallstreet das europäische Judentum bewußt opfere, um damit seine politischen und wirtschaftlichen Ziele zu erreichen. Kastner schloß einen Augenblick seine Augen und sah müde und abgespannt aus, um mir kurze Zeit darauf zu sagen: „Helfen Sie mir! Geben Sie mir meine Frau wieder!"

Diese Unterredung bestätigte mir, daß Dr. Kastner verzweifelt war über den Kampf, den er einsam und verlassen in Ungarn zu führen hatte.

Außer an diesem Tage und unter dem Druck dieses persönlichen Ereignisses hat er sich privat nie so geäußert; er war ein eiskalter Rechner, der mir bar aller Gefühle erschien. Vielleicht hätte er nie so mit mir sprechen dürfen; er spielte mir ja damit im Hinblick auf unsere Verhandlungen einen gewissen Trumpf gratis und franko zu, weil ich jetzt Einblick in sein Innenleben bekam, das er bisher vor mir verborgen hatte. Hier zeigte er sich weich, und das hätte ich ausnützen können. Aber ich brauchte es nicht zu tun, und außerdem vertrug ich es, wenn die jüdischen Funktionäre mir manchmal die Wahrheit so formulierten, daß sie sich eigentlich straffällig gemacht hätten; ich sagte mir, in der Hitze der Verhandlungsgefechte darf man nicht alles auf die Goldwaage legen; es kommt nur darauf an, daß jede Seite ihr Ziel erreicht. So sah ich mich auch nicht veranlaßt, Kastners augenblickliche Weichheit auszunützen. Diese meine Praxis erkannten die jüdischen politischen Funktionäre natürlich bald; daher sprachen sie mit mir in voller Offenheit über ihre Sorgen und Nöte. Einem kleinen Kriminalbeamten gegenüber hätten sie dies nicht getan, weil sie berechtigterweise kein Verständnis dafür voraussetzen konnten und einen ungeduldigen mittleren Beamten von geringem Horizont sogar damit gereizt hätten.

Ich gab Krumey den Befehl, die Suche nach Frau Kastner über den Oberstleutnant Ferenczy in die Wege zu leiten und auch beim Chef der ungarischen Geheimen Staatspolizei – ich glaube, er hieß Peter (158) – vorstellig zu werden. Mit letzterem kamen wir sehr gut aus, bis die ungarische Geheime Staatspolizei durch eigene Informationskanäle davon Wind bekam, daß wir hinter dem Rücken der ungarischen Behörden Juden ins Ausland abwandern ließen und daß teilweise – seit der Ankunft des Standartenführers Kurt Becher, auf den ich noch zu sprechen komme – materielle Güter für die Abwanderungen eingetauscht wurden. Es war ganz logisch, daß die Ungarn darüber empört waren und unsere Zusammenarbeit außerordentlich darunter litt. Zeitweilig spitzte sich die Lage so zu, daß wir uns gegenseitig nicht mehr aufsuchten oder eine Weile nicht mehr an irgendwelchen Besprechungen teilnahmen. Mir blieb es dann vorbehalten, den ganzen Komplex mit dem Höheren Polizeiführer in Ungarn, General Winkelmann, und dem Reichsbevollmächtigten Veesenmayer, dem ich mehrmals Bericht erstatten mußte, durchzusprechen. Eine endgültige Lösung der Gegensätze erzielte ich jedoch erst mit den Staatssekretären Baky und Endre, wobei vor allem letzterer es mir sehr leicht machte, die Sache wieder einzurenken. Danach wurde das Verhältnis zur ungarischen Geheimen Staatspolizei wieder tragbar, aber nie mehr so kameradschaftlich wie früher. Mit dem Vorrücken der Roten Armee wurden die Verhältnisse in Ungarn allmählich chaotisch, wodurch die von Kastner und mir vereinbarten illegalen Transporte von Palästina-Einwanderern sowieso aufhörten.

Als nun die ungarische Geheime Staatspolizei von Kastners Abmachungen mit uns erfuhr, bemächtigte sie sich der Frau Kastner, um sie auszuhorchen. Über Endre verlangte ich ihre Freilassung, denn ich wünschte nicht, daß die Ehefrau meines jüdischen Verhandlungspartners irgendwie behelligt oder belästigt werde, weil darunter das Leitungsvermögen meines Partners leiden würde. Um so mehr konnte ich bei Endre auf eine schnelle Lösung dringen, als zwischen uns eine herzliche, persönliche Freundschaft bestand. Als äußeres Zeichen dafür hatte ich Endres mit Genehmigung des Höheren SS- und Polizeiführers meine eigene Maschinenpistole geschenkt; ich war mehrfach auf dem Landgut seiner Eltern in Kiskunfölinháza, etwa 150 km südlich von Budapest, zu Gast gewesen, auch nachdem Endre in Budapest die Gräfin Croy geehelicht hatte. Als Staatssekretär konnte er die entsprechenden Befehle an die ungarische Polizei geben, mit der Weisung, dem Innenministerium den derzeitigen Aufenthalt von Frau Kastner mitzuteilen. So geschah es dann auch. Ich weiß heute nicht mehr, wohin die ungarische Gendarmerie oder Staatspolizei Frau Kastner gebracht hatte; auf meine ungeduldigen Vorstellungen hin sagte mir Endre mit seiner magyarischen Betonung der deutschen Sprache: „Schau – ich kann Dir die Frau Kastner im Moment noch nicht geben; sie muß noch einige Tage auskuriert werden, denn sie hat die Bastonnade bekommen." Tatsächlich kam Dr. Kastner mit seiner Frau nach einigen Tagen zu mir und bedankte sich ohne jegliche Überschwenglichkeit, die ihm auch gar nicht lag, dafür, daß ich ihm seine Frau wiedergeben habe; er wisse nun Bescheid, daß keine deutsche Stelle irgend etwas damit zu tun hatte, sondern daß es ein rein ungarisches Vorgehen gewesen sei, ausgelöst durch seine gewissermaßen geschäftlichen Transaktionen mit den Deutschen, um die jüdische illegale Auswanderung über Rumänien zu ermöglichen.

Ob es bei diesem oder dem vorherigen Besuch war, weiß ich heute nicht mehr, aber ich erinnere mich an folgendes: Als Kastner mir sagte, die Juden in Ungarn würden wie Lämmer geopfert, statt von jüdischer oder projüdischer Seite Hilfe zu erhalten, erklärte ich ihm, ich würde lieber meinen

Religionsstudien nachgehen, als hier Juden deportieren zu lassen, aber ich habe nun einmal diesen Befehl erhalten. Wir lebten nicht im tiefsten Frieden, und vorläufig glaubte ich noch an unseren Sieg. Kastner antwortete mir, er sei sicher, daß Deutschland den Krieg gewinnen werde. Da war mir klar, daß er mich anlog genauso wie ich ihn, denn in jener Zeit glaubte ich beileibe nicht mehr an einen Sieg unserer Waffen. Aber Kastner verlor nie seine Hauptaufgabe aus den Augen; sogar als er mir das Verschwinden seiner Frau mitteilte, benützte er die Gelegenheit, um mir zu sagen: „Obersturmbannführer, ich habe da siebenhundert Leute; geben Sie sie mir bitte frei!" Ich antwortete ihm wie so oft: „Einverstanden, Kastner, lassen Sie sie über Rumänien abhauen und regeln Sie die Einzelheiten mit Sturmbannführer Krumey!" So wanderten noch zu diesem Zeitpunkt etliche Transporte illegal aus Ungarn aus. Ich will mich nicht genau festlegen, aber es können insgesamt 18 000, vielleicht sogar 20 000 Juden gewesen sein. Diese Transporte wurden von uns nicht kontrolliert; sie waren Kastners eigene Sache, es kam nur darauf an, für wie viele Juden er Transportmittel und Geld auftrieb, um sie nach Palästina zu bringen. Dies war Kastners Hauptaufgabe, alles andere daneben ein Spiel, für das er seine Emissäre im Ausland ansetzte, um die Forderungen finanzieller und materieller Art, die z. B. Standartenführer Becher ihm laut Weisung des Reichsführers stellte, erfüllen zu können.

Wie diese illegale Auswanderung vor sich ging, weiß ich in etwa, weil ich sie nicht nur in Budapest, sondern überall in Ungarn zugelassen habe. Nur in Ungarn wagte ich es, gestützt auf eine gewisse Selbständigkeit, im Rahmen des Sonderkommandos das Verbot des Reichsführers gegen die Auswanderung zu umgehen. Im allgemeinen lief die illegale Auswanderung wie folgt: Die jüdischen Funktionäre erfaßten ein Kontingent ausgesuchter Juden, die an einem von der jüdischen Führung gewählten Ort konzentriert wurden. Bisweilen stellten wir in Ungarn sogar die Bewachung mit SS-Angehörigen, damit sich nicht im letzten Augenblick irgendeine dritte Stelle dazwischenschalten konnte. Die jüdische politische Organisation bereitete von langer Hand die finanziellen wie die Transportmöglichkeiten vor. Am Stichtag wurden die Übergangsstellen der Grenzpolizei von mir benachrichtigt und angewiesen, diese Transporte frei und ungehindert passieren zu lassen. Damit entschwanden sie aus unserem Machtbereich; danach mußten sie versuchen, sich weiter durchzuschleusen. Natürlich wurden von den jüdischen Organisationen z. B. in Rumänien die nötigen Vorkehrungen getroffen, damit diese Auswandererkontingente der Öffentlichkeit verborgen blieben. Von langer Hand war ferner das Chartern der Dampfer vorbereitet, die in den fraglichen Aufnahmehäfen vor Anker lagen oder erwartet wurden; dann mußten die Hafenbehörden – sicherlich nicht ohne große Bestechungsgelder – eingeschaltet werden, bis schließlich die Einschiffung erfolgen konnte. Unter den rumänischen Hafenstädten wurde vorzugsweise Konstanza am Schwarzen Meer benutzt. An diesen Auswanderungsgruppen war alles illegal; manchmal besaßen sie überhaupt keine Papiere. Rumänien durchfuhren sie bei Nacht und Nebel, und soweit sich rumänische Stellen zur Mitarbeit bereit erklärten, kostete dies zweifelsohne sehr viel Geld. Im Mittelmeer gab es alle möglichen kleineren Schiffe, die immer fuhren, wenn nur entsprechend gezahlt wurde. Die deutschen Kriegsschiffe waren davon unterrichtet, daß diese Transporte von uns genehmigt waren. Wenn diese Auswanderungsschiffe allerdings mit Italienern oder Einheiten der anderen Nationalitäten zusammenstießen, war dies ausgesprochenes Pech.

Es ist mir bekannt, daß einige Transporte von den englischen Mandatsbehörden aufgebracht wurden. Nachdem diese Auswanderer jedoch für kürzere oder längere Zeit in Gewahrsam genommen worden waren, bekamen sie schließlich die Zulassung für Palästina. In welches Land hätte die Mandatsbehörde sie auch schicken können? In Palästina unterhielten die zionistischen Organisationen einen sogenannten Warn- und gleichzeitig einen Empfangs- und Verteilungsdienst. Der Warndienst hatte darüber im Bilde zu sein, wo die Überwachungstätigkeit der englischen Mandatsbehörde an der Küste Lücken zeigte, um die Schiffe mit Einwanderern an diesen Stellen an Land zu bringen. Einmal gelandet, mußte derselbe Dienst die Ankömmlinge über das Territorium verteilen.

Kastner beklagte sich, wie erwähnt, bitter über die zu geringe Anzahl mutiger Juden in Palästina, wodurch die illegale Einwanderung beschränkt würde. Schon damals und auch heute noch bin ich davon überzeugt, daß sich sehr wahrscheinlich innerhalb der englischen Mandatsbehörde Leute fanden, um die illegale Einwanderung aus ideellen oder materiellen Gründen nach Kräften zu unterstützen und zu fördern.

In der Angelegenheit der illegalen Auswanderung fühlte ich mich wie ein „gebranntes Kind", denn noch vor Kriegsausbruch hatte Dr. Löwenherz in seinem großen Bemühen, möglichst vielen Juden die Auswanderung zu ermöglichen, durch Vermittlung eines Reisebüros in Deutschland einen Dampfer gechartert, der dann ausgerechnet von einem deutschen Hafen mit sechshundert oder achthundert Juden an Bord losfuhr. Dieses Geisterschiff ließ mich in der Nacht nicht mehr schlafen; dieser Kahn kreuzte auf dem Weltmeer; kein Land der Erde erklärte sich bereit, die Menschenfracht dieses Dampfers aufzunehmen. Er kreuzte Wochen und Wochen auf hoher See und wurde überall abgewiesen. Es war der meist gescheiterte Versuch einer illegalen Einwanderung, der mir schon damals bestätigte, daß zwar fast alle Regierungen der Erde gegen die nationalsozialistischen Judenmaßnahmen wetterten und unser Vorhaben propagandistisch gegen uns ausschlachteten, aber trotzdem in gar keiner Weise dazu bereit waren, auch nur den kleinen Finger halb zu krümmen, um diese von ihnen so tränenreich bejammerte Not etwas zu lindern.

Für diesen ersten Versuch eines illegalen Transportes hatte ich zwar die Genehmigung meines Vorgesetzten, des Inspekteurs der Sipo und des SD, Dr. Stahlecker, eingeholt, aber immerhin war ich der Sachbearbeiter, und von mir wurde der Erfolg erwartet. Das Geisterschiff brachte mir eine Reihe Vorwürfe ein und ließ mich selber davor zurückscheuen, illegale Auswanderungstransporte leichtzunehmen.

Die von Kastner mit meiner Genehmigung organisierten illegalen Transporte können, wie gesagt, rund 20 000 Leute umfaßt haben. Die Zahlen können aber auch viel höher gewesen sein, denn ich kann mir gut vorstellen, daß sich Kastner nicht genau an die jeweiligen Zahlen-Abmachungen hielt, zumal ich ihn nie kontrollieren ließ und nie eine exakte Kontigentzahl genannt wurde: Es handelte sich immer um „etwa 700", „etwa 2000", so daß er sicherlich immer, soweit es ihm technisch überhaupt möglich war, nach oben aufrundete. Ich schätze also auf 20 000 Personen, falls Kastner sich an die abgemachten Zahlen hielt. Hätte mich der Haß geleitet, wäre ich vielleicht kleinlich gewesen. Aber ich wollte eine politische Lösung – und nachdem der Reichsführer sein ursprüngliches Auswanderungsverbot selber aufgelockert hatte, brauchte ich nicht päpstlicher als der Papst zu sein.

Diese Transporte waren Geschäft und Gegengeschäft in Erwartung des Hauptgeschäftes von einer Million Juden gegen zehntausend Lastkraftwagen.

Kastners Gegenleistung für diese illegale Auswanderung nach Palästina bestand – um es zu wiederholen – darin, daß er Frieden und Ordnung innerhalb des ungarischen Judentums und den planmäßigen Ablauf der Evakuierungen garantierte sowie die mit Standartenführer Becher ausgehandelten materiellen Bedingungen erfüllte. Da Kastner selbst dauernd Verbindung mit dem neutralen Ausland und mit Palästina hatte, um die Transportvorbereitungen durchzuführen und Devisen aus dem Ausland zu besorgen, dazu über eine Anzahl Emissäre verfügte, die sich mit meiner Genehmigung frei aus Ungarn entfernen konnten – alles ohne Wissen der ungarischen Behörden –, ist es verständlich, daß Kastner sich über alles, was sich außerhalb der ungarischen Grenze zutrug, genau informierte und über eine Art Kuriersystem engste Verbindung mit allen möglichen Leuten unterhielt. Es ist gut möglich, daß dieses Kurier- und Informationsnetz auch für reichsfeindliche Aktionen verwendet wurde, etwa für Militärspionage.

Aber was konnte ein einzelner Jude in Ungarn viel an Spionage betreiben, als halb Ungarn bereits von den Sowjets besetzt war, viele Ungarn selber Spionage trieben und hohe Offiziere zum Feind übergelaufen waren?

Nach dem Führerattentat vom 20. Juli 1944 war es ja klar, daß der Feind seine Nachrichten aus erster Quelle, aus der Bendlerstraße, bezog. Nie machte auch nur eine Stelle, etwa der Befehlshaber der Sicherheitspolizei in Budapest, der Höhere SS- und Polizeiführer oder gar der Reichsführer, auch nur die geringste Andeutung in dieser Richtung. Damals brauchten wir in punkto Auswanderung keine Vorsicht mehr walten zu lassen, im Gegenteil, alles geschah ja auf Weisung des Reichsführers. Ich hätte es nie gewagt, gewissermaßen befehlswidrig eigene Touren zu reiten; ich habe mich strikt an den Befehl gehalten und alles stets in Aktenvermerken festgehalten, schon um das Gesicht vor meinen eigenen Untergebenen zu wahren, von denen ich klare Ausführung meiner Befehle verlangte. Hätte ich nicht auch selbst die Befehle stur ausgeführt, die ich von meinen Vorgesetzten bekam, wäre ich ein schlechter SS-Führer gewesen. Ich bilde mir ein, ein guter gewesen zu sein.

Genauso verhielt sich Kastner seinen Vorgesetzten gegenüber. Wenn ich heute gefragt werde, ob Kastner für sein „Handeln" mit mir, durch das er wertvolle jüdische Menschen gegen – laut seinen Ansichten – wertloses jüdisches Menschenmaterial einhandelte, irgendwelche Weisungen oder die Zustimmung vom obersten Chef der Zionisten, Chaim Waizmann, bekam, kann ich nicht mit Ja oder Nein antworten. Mir scheint es selbstverständlich, daß Kastner bei seinen Vorgesetzten anfragte, weil ich mich ja auf meinem Sektor ebenso verhielt. Von jüdischer Seite sind bedeutende Sendungen aus dem Ausland an deutsche Stellen erfolgt, und deshalb muß Kastner natürlich mit den Absendern, also seinen jüdischen Vorgesetzten, verhandelt haben. Als diese Juden ihre Lieferungen sandten, erklärten sie sich dadurch automatisch mit Kastners Vorhaben und Aktionen einverstanden. Hätte Kastner dieses wichtige Zusammenspiel etwa auf eigene Faust unternommen oder gar entgegen den Weisungen und Wünschen beteiligter jüdischer Weltorganisationen, die ja später an die Spitze der israelitischen Regierung traten, so hätten diese Persönlichkeiten ihm ja niemals ein so würdiges Begräbnis zuteil werden lassen, wie es der Fall war. Und hätte man sich nie offiziell für diesen Mann ausgesprochen, nie wäre er an so hoher Stelle in den Dienst des Staates gestellt worden. Alle Abmachungen zwischen Kastner und mir wurden von seinen jüdischen Vorgesetzten gebilligt. Und wenn er die „alten Juden" gegen die jungen gewissermaßen tauschte, so war das nicht in erster Linie ein persönlicher Wunsch von Kastner, sondern er mußte dazu auf jeden Fall die Genehmigung haben. Wie hätte er sonst die materiellen Gegenwerte an die deutschen Behörden aushändigen können?

Ich kann nicht sagen, um welche Summen an Devisen es sich dabei handelte, denn es interessierte mich nicht. Ich weiß nur, daß es namhafte Beträge waren, und einmal erlebte ich, daß Kastner und ein Begleitmann mit einem Handkoffer kamen, der einem Dezernenten des Befehlshabers der Sipo übergeben wurde; ich glaube, dieser bearbeitete in seinem Dezernat „Spionage und Gegenspionage" und brauchte offenbar für seine Zwecke Devisen. Da sah ich zufällig den Inhalt des Koffers: lauter gebündelte Dollars. Ich sagte schon wiederholt, daß Kastner der Mapai-Partei angehörte und später, wie ich glaube, in Israel Abgeordneter dieser Partei wurde, der auch Ben Gurion, Golda Meir und viele andere offizielle Persönlichkeiten angehören – lauter Leute, die zweifelsohne Kastners Tätigkeit in Budapest bis in Einzelheiten hinein genauestens kannten.

Mit Chaim Weizmann muß Kastner eine unmittelbare Verbindung gehabt haben, denn ich erinnere mich, daß ich ihn auf Befehl des Reichsführers oder meines unmittelbaren Vorgesetzten, Gruppenführer Müller, anregte, seinen Chef Dr. Chaim Weizmann unter Gewährung freien Geleits als Gast der Reichsregierung nach Berlin kommen zu lassen.

Denselben Vorschlag hatte ich früher Dr. Löwenherz unterbreitet. Ich selbst versprach mir von einem solchen Besuch sehr viel für die Lösung der jüdischen Frage. Hätten wir schon vor dem Krieg genauso wie während des Krieges diese Möglichkeit gehabt, so hätten wir in direkter Verhandlung mit dem obersten Führer des Zionismus zweifelsohne vieles günstig regeln können. Kastner beantwortete meine damalige Anregung müde und resigniert: „Er wird nicht kommen – er wird nicht kommen." „Warum nicht?" – „Weil er nicht kommen kann." – „Was heißt hier: nicht kommen kann?" – „Das weiß ich nicht, aber er wird nicht kommen, weil er nicht kommen kann." Ich weiß noch immer nicht, wie Kastner das gemeint hat, ob es Weizmann unmöglich war, als Chef der weltumspannenden jüdischen Organisationen während des Krieges nach Deutschland zu reisen, zumal er ja dem deutschen Volk den Krieg erklärt hatte, oder aber, daß er nicht kommen konnte, weil er daran irgendwie gehindert wurde. Ungewöhnlich war es schon, den Führer eines Volkes, das den Deutschen den Krieg erklärt hatte, mit freiem Geleit nach Berlin einzuladen. Das konnte wohl nur eine Idee des Reichsführers sein, der in diesen Zeiten alle möglichen Versuche unternahm, um gewisse Probleme zu lösen.

Auf Anhieb kann ich nicht mehr genau sagen, in welchem Monat der Reichsführer mir befahl, mit Standartenführer Kurt Becher Verbindung aufzunehmen, es muß wohl ziemlich bald nach meiner Ankunft in Budapest gewesen sein. Becher hatte sich mit einem kleinen Kommando der Waffen-SS in Budapest niedergelassen, um unter direktem Befehl des Reichsführers zu versuchen, bestimmte wirtschaftliche Vorteile als Gegenleistung für eine gewisse Auflockerung in den Judenbestimmungen zu erringen. In Ungarn befanden wir uns in einem Land mit autonomer Regierung und konnten von dieser nicht fordern, was in anderen Ländern möglich war, wo die deutschen Behörden freie Hand hatten. Standartenführer Becher hatte vom Reichsführer verschiedene Einzelaufträge erhalten, die heute meinem Gedächtnis entfallen sind; wahrscheinlich kannte ich sie schon damals nicht genau, weil sie mich nicht betrafen, denn ich war bei der Geschichte nicht federführend.

Wenn Becher in einer gewissen Nachkriegsliteratur dargestellt wird, als ob er sich als „Pferdeeinkäufer" tarnte, so ist das eine nette Geschichte für den Autor eines Buches, wie auch für manche Leser das Bild von SS-Männern, die sich in alle möglichen Verwandlungskünste stürzen, interessant sein mag. In Wirklichkeit aber kam Becher – selber ein Pferdenarr – nach Ungarn, um zunächst nur Gestütsangelegenheiten für die SS-Kavallerie unter Dach und Fach zu bringen. Weil Becher nun einmal Kaufmann war, geriet er in kaufmännische Verhandlungen und hatte durch die Gestütsangelegenheiten direkten Zugang zum Reichsführer. Es ist keineswegs so, daß dieser Becher beauftragte, über mich zu berichten oder ähnliches. Lange bevor ich Becher kannte, mußte ich dem Reichsführer Bericht erstatten. Dann kam Becher zu mir, und ich ging mit ihm zusammen zum Reichsführer. Da sprachen wir zu dritt, nicht etwa Becher und dann Eichmann, sondern beide zusammen. Geradezu lächerlich ist die Vorstellung, daß Becher bei meinen Verhandlungen mit den Juden als „Pferdekaufmann" „hereingeschoben" wurde: Bei staatspolizeilichen Verhandlungen konnte und durfte Becher nie zugegen sein, denn er hatte ja mit der Polizei nichts zu tun; seine Anwesenheit hätte einen Eingriff in die staatspolizeiliche Zuständigkeit bedeutet. Ein ebensolcher Unsinn ist die Behauptung, Becher habe Joel Brand auf seiner Mission begleitet.

Becher gehörte zur SS-Division „Florian Gezer" und verhandelte direkt mit Kastner, der prominentester Jude war; alle übrigen gehörten zur „zweiten Garnitur". Sehr klar erinnere ich mich, daß Standartenführer Becher – natürlich im Auftrage des Reichsführers – mit Weiß (159), dem Chef des großen Metallkonzerns in Ungarn, verhandelte. Weiß war etwas Ähnliches wie der ungarische „Krupp" und schloß mit Becher eine Art Gentlemen-Agreement. Demzufolge konnte dieser Großindustrielle mit einem Sonderflugzeug und 30 oder 40 Verwandten in das neutrale Ausland fliegen und außerdem Millionenbeträge an Devisen mitnehmen. Irgendwie bekam ich diesbezüglich schriftliche Anweisungen und konnte sie meinen Akten einverleihen, so daß meinerseits keine Bedenken mehr im Wege standen. Ich hatte lediglich die Unterschrift unter die Abschluß-Vereinbarungen zu setzen, damit die Angelegenheit zum Reichsführer kam und ich meine Akten „Weiß und Konsorten" schließen konnte. Die Fabriken und Besitzungen von Weiß gingen in die Verwaltung der SS über; Becher war dabei Vermittler.

Ganz geheuer war Becher mir anfangs nicht; ich teilte meine Bedenken Gruppenführer Müller mit, der mich genauestens über Becher ausfragte und mir zu verstehen gab, daß er ihn in Schutzhaft zu nehmen dachte; ich wollte sehr freundlich zu ihm sein und ihn bitten, mit mir zusammen zu ihm, Gruppenführer Müller, zu kommen, um diesen Tauschhandelkomplex besprechen zu können. Anläßlich dieser Besprechung würde Müller ihn dann in ein KZ überweisen. Um der Wahrheit die Ehre zu geben, muß ich sagen, daß ich Müllers Befehl weder besonders betonte noch als dringlich darstellte, sondern mehr nebenbei erwähnte, denn ich mochte Becher um jene Zeit gut leiden und war froh, daß er nicht auf Müllers Aufforderung einging.

Einige Zeit später setzte mich ein Vorfall sehr in Erstaunen. Becher hatte eine Art Ordonnanz, einen Rottenführer, der Inhaber des Hotels Carlton in Preßburg war. Als ich mich einmal zugleich mit Dr. Kastner und einem seiner Unterhändler in Bechers Dienststelle traf, wurden von seiner Ordonnanz belegte Brötchen und Schnäpschen serviert. Ohne nähere Veranlassung steigerte Becher sich in eine künstliche Wut und brüllte Dr. Kastner an: „Wenn Sie mir bis zum soundsovielten nicht (irgendeine Dollarsumme) besorgen, werde ich meinem Kameraden Eichmann sagen, daß er zehntausend Juden zu vergasen hat!" Da erkannte ich Becher als Schauspieler, denn er wußte ganz genau, daß weder Eichmann noch die Sipo jemand vergasten. Er wußte ganz genau, daß eine Einzelperson gar nicht darüber entscheiden konnte. Und er wußte weiter, daß dies eine geheime Reichssache war und das Wort überhaupt nicht ausgesprochen werden durfte. Übrigens spielte er diese Theaterszene zu einer Zeit, als schon der Kuhhandel – eine Million Juden gegen zehntausend Lastwagen – im Gange war und deswegen in Auschwitz auf Befehl des Reichsführers die Vernichtungsmaßnahmen eingestellt waren. Nach dem Krieg fand ich sowohl das Theaterspiel Bechers wie den kriminalistischen Instinkt meines unmittelbaren Vorgesetzten, Gruppenführer Müller, bestätigt, als ich las, daß Becher mit Kastner zusammen nach 1945 durch Deutschland fuhr und von jeglicher diskriminierender Maßnahme ausgenommen war, weil ihm „zuzuschreiben sei, daß einige tausend Juden vor der Vergasung geschützt werden konnten".

Es mag Herbst 1944 gewesen sein, als ich mit Becher zusammen zum Reichsführer befohlen wurde. Zuerst fuhren wir getrennt, dann gemeinsam.

Da zeigte mir Becher unter dem Siegel der Verschwiegenheit eine kostbare Goldkette in einem schönen Etui und bemerkte dazu, diese von Juden eingehandelt zu haben. Er müsse sie dem Reichsführer übergeben, denn sie sei „für eine kleine Frau bestimmt, mit der der Reichsführer ein Kind hat". Als Himmler in meiner Anwesenheit Becher außerordentlich nett empfing, schloß ich daraus, jeglicher Querschuß gegen Becher würde von vornherein zum Scheitern verurteilt sein, da er das persönliche Vertrauen des Reichsführers besaß. Daher schwieg ich, tat meinen Dienst und versuchte mit Becher auszukommen, so gut ich konnte. So erklärt es sich, daß auch Müller gegen diesen Mann nichts ausrichten konnte und Becher es sich ungestraft erlauben durfte, in einer künstlichen Zornesaufwallung mit der „Vergasung" von zehntausend Juden zu drohen.

Wer der Vater der Tauschhandelsidee „Eine Million Juden gegen zehntausend Lastkraftwagen" war, vermag ich nicht mehr einwandfrei festzustellen; es kann der Reichsführer, Gruppenführer Müller, Becher, Kastner, Brand oder ich selber gewesen sein. Fest steht jedoch, daß ich einen solchen Vorschlag nur mit Genehmigung meiner Vorgesetzten machen konnte und gemacht habe. Fest steht auch, daß Himmler unbedingt die 8. und die 22. SS-Division motorisieren wollte und diese LKWs dafür benötigte. 10000 LKWs mit Anhänger, winterfest, gegen eine Million Juden, das leuchtete mir ein; denn hier ging es um Schonung der deutschen Blutssubstanz. Mit Dollars oder Devisen habe ich mich nie eingelassen, denn Geld bedeutete für mich nichts. Aber um winterfeste LKWs für die Ostfront lohnte es sich zu kämpfen und sich mit vollem persönlichen Einsatz „hineinzukniehen".

Wenn mir gesagt wird, es stehe einwandfrei fest, daß Joel Brand am 15. Mai 1944 mit diesem Vorschlag ins neutrale Ausland geflogen ist, dann könnte dies bedeuten, daß ich selber diesen Handel geboren habe, wenn es mir heute auch erstaunlich klingt, daß eine so grundsätzliche Initiative von mir stammt. Stimmt jedoch die obige Zeitangabe, dann war ich noch gar nicht beim Reichsführer gewesen und müßte Brand dieses Angebot aus eigenem Ermessen gemacht haben. Aber auch heute, dreizehn oder vierzehn Jahre nach dem Geschehen, scheint mir nicht alles ganz glaubhaft. Bin ich der Vater dieses Handels, dann stehe ich dazu, wie ich ausdrücklich erklären möchte. Es ist auch möglich, daß ich zwar auf diese Idee gekommen bin, sie aber dann bei einer Dienstreise nach Berlin erst meinem unmittelbaren Vorgesetzten, Gruppenführer Müller, vortrug und dann die Genehmigung dazu erhielt. Auch kann der Reichsführer schon einige Wochen vorher gewußt haben, daß ein solcher Handel geplant war. So mag er mir bei meiner Meldung in seiner

Feldkommandostelle gewissermaßen bestätigend gesagt haben: „... und vor allem motorisieren Sie mir die 8. und die 22. Division!" Wie dem auch sei, sicher ist, daß der Vorschlag gemacht wurde. Jüdisches Menschenmaterial gegen totes Inventar zu tauschen, das war ein Anreiz für sie – und übrigens fanden ähnliche Angebote der Juden und an die Juden nicht zum erstenmal in Ungarn statt, sondern wurden schon zuvor im Protektorat, in Österreich und im Altreich gemacht. Darüber kann ich Einzelheiten am laufenden Band berichten: Geld und Ware ziehen sich wie ein roter Faden durch die ganze Judenangelegenheit. Das fängt schon mit der Besorgung von Vorzeigegeldern aus dem Ausland an, denn nur damit konnten die Juden auswandern. Die Aufnahmeländer, nicht wir Deutsche verlangten „Geld gegen Blut", um Juden überhaupt bei sich aufzunehmen. Es war eine ungeheure Arbeit, die vielen Millionen Dollar aufzutreiben, um die vielen Hunderttausende von Juden ins Ausland abwandern zu lassen. Jeder „Kopf" kostete rund 250 Dollar, das ergibt bei einer Million Juden 250 Millionen Dollar. Dieses Geld mußten die Juden vorzeigen können; nicht der einzelne Jude bekam es in die Hand, sondern der Reiseleiter. Dann ging der Handel weiter, denn die Aufnahmeländer verlangten neben der Abgabe der „Vorzeigegelder" auch noch den Nachweis einer Berufsausbildung auf handwerklichem oder landwirtschaftlichem Gebiet. Das war meistens auch ein Geschäft für das Aufnahmeland. Mich verpflichtete dieser Umstand dazu, Umschulungsstätten auf dem handwerklichen und landwirtschaftlichen Sektor zu schaffen. Bei Herzl hatte ich lesen können, wie sehr ihm diese Umschulung am Herzen lag; ich kopierte sie und setzte sie flugs in die Tat um. Die zionistischen Organisationen bemühten sich, besonders für die Ostjuden eine Anzahl kleiner Umschulungsstätten am Leben zu erhalten. Auf dieser Basis trieb ich nun alles an, um im Großverfahren jüdische Schlosser, Schreiner, Gärtner, Landwirte, Müller, Papierarbeiter usw. auszubilden. So bekamen die Aufnahmeländer ausgebildete Arbeiter, die nicht umsonst angenommen wurden, weder aus karitativen Gründen noch aus Mitleid, sondern zur Arbeitsleistung auf Sektoren, die im Lande selbst nur mangelhaft funktionierten. Die Einwanderer mußten nachweisen, was sie konnten; das Vorzeigegeld sollte dazu dienen, daß sie in den ersten Monaten den Aufnahmeländern nicht zur Last fielen. Das war der Handel „Blut gegen Ware" – lange Jahre vor dem Krieg. Diese Tauschhandelbemühungen liefen während des ganzen Krieges weiter; ich werde noch viele Einzelheiten darüber im Laufe dieser Erklärungen abgeben können. Aus diesem Grunde war die Geschichte der 10 000 LKWs nichts Außergewöhnliches und wurde auch von mir nie so empfunden.

Ich unterbreitete diesen Vorschlag den jüdischen Funktionären, zunächst

Kastner; es mag sein, daß Brand ihn begleitete. Daß ich Brand allein empfangen habe, möchte ich bezweifeln, denn ich tat in Ungarn nichts ohne Kastner. Fest steht nur, daß ich Brand als einen nachgeordneten Mitarbeiter von Rudolf Kastner betrachtete und, nachdem die Sache perfekt war, Krumey beauftragte, Brand mit dem Dienstwagen nach Wien zu bringen, ihm dort über die Staatspolizeileitstelle Wien die nötigen Dokumente zu beschaffen und dann mit einer Kuriermaschine nach Istanbul zu verfrachten. Es mag sein, daß Himmler die Zahl der LKWs festlegte und ich die von einer Million Juden, denn ich war Idealist und den Juden gegenüber großzügig nach dem Motto: ‚Wenn schon – denn schon.' – Dies scheint mir eher der Fall zu sein, und ich führe hier als Kronzeugen einmal den Standartenführer Becher an und zweitens meinen damaligen ständigen Vertreter, Sturmbannführer Krumey, dem ich zweifellos diese Dinge mitgeteilt habe. Es ist klar, daß ich aus Ungarn allein nie eine Million Juden hätte gewinnen können, denn es war gar keine Million da. Andererseits war mir bekannt, daß im KZ Auschwitz – ich weiß nicht, in welchen KZs noch, denn ich habe sie ja nicht gesehen – sehr viele Juden als Rüstungsarbeiter beschäftigt waren. So konnte ich ohne weiteres annehmen, insgesamt eine Million Juden herausziehen zu können. Es ist tragisch, daß das internationale Judentum es nicht vermocht hat, für diese eine Million Juden Aufnahmemöglichkeiten zu schaffen. Vielleicht wollte das internationale Judentum es gar nicht? Vielleicht war der Preis von einer Million Juden gerade recht, um das Mitleidsgefühl in der Welt hochzupeitschen und mit dessen Hilfe die politischen Intentionen des Judentums, die Gründung des Staates Israel in der von Balfour deklarierten Heimstätte, zu erzielen und andererseits Wallstreet wirtschaftlich so zuzusetzen, daß es allein aus pekuniären Gründen lohnend war, eine Million Juden glattweg abzuschreiben und über diese Menschen hinweg materielle Ziele zu erlangen?

Von dem Augenblick an, in dem diese LKW-Angelegenheit rollte, befahl der Reichsführer selbstverständlich einen neuen Vernichtungsstop. Wäre der Handel gut gegangen, hätte ich eine Million Juden in perfekten Konditionen stellen müssen, und zwar nicht eine wahllos zusammengewürfelte Million, sondern – wie Dr. Kastner es ja wiederholt forderte und ich ihm auch zusicherte – eine Million „wertvoller" Juden, weil Kastner ja alle alten und assimilatorischen Juden ablehnte.

Der jüdische Sozialist Dr. Kastner kann mir möglicherweise einen anderen Mann für diese Reise nach Wien und Istanbul vorgeschlagen haben, aber wahrscheinlich sollte er auch Sozialist sein. Brand war ein jüdischer Idealist wie sein Meister Kastner, vielleicht sogar eine Nuance schärfer, aber primitiverer Natur. Kastner war der intellektuell Höherstehende, der Meister, und Brand war sein erster Geselle, so möchte ich es einmal formulieren. Kastner hoffte genauso wie ich auf die Verwirklichung dieses Projektes und auf die Unterbringungsmöglichkeit für eine Million Juden. Weder Kastner noch ich noch irgend jemand sonst konnten annehmen, daß das internationale Judentum oder die zionistischen Organisationen nicht soviel Einsatz aufbringen würden, um es zu verwirklichen. Niemand konnte glauben, daß die Mission Brands negativ verlaufen würde. Zweifelsohne hörte Kastner viel früher als ich von diesem Fiasko, denn ich war ja auf Kastners Mitteilungen angewiesen. Wochenlang hielt er damit hinter dem Berg; ich hätte es an seiner Stelle auch getan, um zu retten, was zu retten war. Damals allerdings mag Kastner zum erstenmal der Gedanke gekommen sein, daß auch er unter Umständen eines Tages genauso geopfert würde wie eine nicht bestimmte Zahl von Juden, wenn es sich um die letzten politischen und wirtschaftlichen Ziele der jüdischen Zentralinstanzen handelte. Damals mag Kastner sich Gedanken über sein künftiges Schicksal gemacht haben. Er ist dann nach dem Krieg selbstverständlich in sein geliebtes Erez Israel ausgewandert. Er wurde auch Abgeordneter; er schrieb sofort ein Buch und erhob sogleich Selbstanklage gegen sich, als er hörte, was im eigenen Lager über ihn geraunt wurde. Ich hätte dasselbe getan. Und schließlich wurde er noch vor dem ordentlichen richterlichen Urteil auf der Straße von Leuten abgeknallt, die noch fanatischer waren als er.

Wie vorher erwähnt, konnte ich den Ungarnauftrag mit großem Erfolg durchführen, weil ich mit der uneingeschränkten Mitarbeit der beiden Staatssekretäre Endre und Baky rechnen konnte. Ich erwähnte auch schon, daß Endre lange vor unserm Einmarsch ein ausgesprochenes Kampfbuch gegen das Judentum herausgegeben hatte. Schon lange vor unserer Zeit gärte es im ungarischen Volk gegen die Juden, die sich im Wirtslande breitmachten. Die Pfeilkreuzlerbewegung bestand lange vor unserm Einmarsch, und wenn Leute wie Endre und Baky sich mit dieser Bewegung identifizierten, aus deren Reihen sie hervorgegangen waren, so liegt der Schluß sehr nahe, daß sie auch schon lange vorher versuchten, sich „des jüdischen Geschwürs" zu entledigen. Endre z. B. gehörte in der Zeit des Schreckensregimes Béla Kuns zu jenen besonders ausgesuchten Offizierskompanien des Admirals Horthy, die bis zum letzten Mann aus Offiziersfreiwilligen rekrutiert waren und mit größtem Elan an ihre Aufgabe herangingen; stolz wies Endre auf seine Tapferkeitsauszeichnungen hin genauso wie Peter, der Chef der ungarischen Gestapo. Der bolschewistische Terror von Béla Kun war den antijüdischen Strömungen im ungarischen Volke ein selbstverständlicher Ansporn. Bis zu meiner Anwesenheit in Ungarn hatte ich keine Ahnung davon, daß es Magyarenkreise gab, die nach Aktionen gegen das Judentum förmlich lechzten; denn niemals war ein Ungar im Verband meines Kommandos mitmarschiert. Endre erzählte mir, daß unter Béla Kun 18 oder 19 von 20 kommunistischen Funktionären Juden waren. Es habe nur vereinzelte ungarische Verräter dabei gegeben, im großen und ganzen jedoch seien es Juden und nochmals Juden gewesen; deswegen sei er dem Schicksal dankbar, daß er seiner heißgeliebten Heimat den Dienst erweisen könnte, sie von den Juden zu befreien. Was in Ungarn gegen die Juden unternommen wurde, geschah nicht unter dem Einfluß der Deutschen, sondern aus Vergeltung für das zugefügte Leid. Schon als ich Endre das erstemal im Gästeraum seines Komitatshauses in Budapest traf, trat mir das ungarische Nationalbewußtsein in ausgesprochener Betonung entgegen; es irritierte mich förmlich, wie mir Endre in überschwenglichen Worten die Dankbarkeit der ungarischen Regierung kundtat, daß sie nun endlich die Juden des Landes loswerden und sie dem Deutschen Reich ausliefern könne. Er bat mich, alles zu tun, um dieses Ziel so schnell wie möglich zu erreichen; dabei versicherte er, es sei die Aufgabe der ungarischen Regierung, alles in die Wege zu leiten, was vom gesetzgeberischen und exekutiven Standpunkt aus dazu nötig sei. Je schneller – je lieber, nur bitte er um Ungarns willen, sämtliche Juden zu evakuieren. Ich konnte ihm dies versprechen, denn so lautete ja mein von Berlin erhaltener Befehl.

Es imponierte mir sehr, daß Endre, wie ich hörte, nach Kriegsschluß nicht nach Österreich flüchtete. Er wurde auf ungarischem Gebiet gefaßt und dann zum Tode durch den Strang verurteilt.

Gerade in Ungarn war es sehr schwierig, das Judentum genau zu erfassen, weil dort die Zahl der assimilatorisch eingestellten Juden unverhältnismäßig groß war. In Ungarn gab es eine breite Adelsschicht, vorzugsweise Offiziere der ehemaligen k. u. k.-Armee, darunter Söhne verarmter Familien, die bei ihrer Heirat als Leutnant oder Oberleutnant nach den damaligen Armeeprinzipien eine Kaution zu stellen hatten; so heirateten sie reiche Frauen, die die Kaution stellen konnten, und vergoldeten damit ihren Adelsschild; ein Großteil dieser Frauen war jüdischer Herkunft. Selbstverständlich stellten sich diese Jüdinnen assimilatorisch ein und nicht nur sie, sondern ihre ganze Sippschaft, die nun mit dem Sproß einer Adelsfamilie oder Offiziersdynastie verbunden war. Darum konnte man auch kaum feststellen, wie hoch die Zahl der Juden in Ungarn genau war; ich möchte sie in Bausch und Bogen auf 500 000–600 000 schätzen.

Als ich damals zu Amt IV kommandiert wurde, zur Gestapo, bestand meine erste Tätigkeit darin, die Erlaubnis zum Wiederaufbau der beiden jüdischen Nationalfonds zu erwirken, die vor meinem Amtsantritt verboten worden waren. Es handelte sich um den jüdischen Nationalfonds und den jüdischen Aufbau-Fonds, die ich dann arbeiten ließ, um den auswandernden Juden eine finanzielle Grundlage zu verschaffen. Es ist verständlich, daß die auch in Ungarn nicht mehr oder kaum arbeitenden jüdischen Fonds

Morgenröte witterten, als ich dorthin kam. Sie fingen von sich aus zu arbeiten an; denn sie fühlten sich von vornherein meiner Duldung und Unterstützung gewiß. Die einzelnen Leiter oder Sekretäre dieser Fonds kannte ich nicht und empfing sie wissentlich nie persönlich. Meine jüdischen Mitarbeiter in Budapest bekamen Schutzausweise von mir, die sie den deutschen und ungarischen Behörden vorzuzeigen hatten, um allen Belästigungen und Hemmnissen entgehen zu können, was sich gegenüber der ungarischen Gestapo und der Gendarmerie in den einzelnen Komitaten und auch angesichts des Durcheinanders bei unserem deutschen Behördenapparat als sehr nützlich erwies und den Erfolg meines Vorgehens sicherte.

Nachdem ich in Ungarn zum erstenmal persönlich durchführen mußte, was meine „Berater" oder Beauftragten in dem von uns besetzten oder beeinflußten Ausland laut Befehl schon seit Jahren taten, hatte ich allen Grund dazu, nicht nur zur Erweiterung meiner Erfahrung und Praxis, sondern auch aus persönlichen Gründen ein Exempel zu statuieren. Ich wollte beweisen, wie eine Arbeit geleistet werden kann, wenn man mit ganzem Einsatz dahintersteht, im Gegensatz zu dem „Zeitlupentempo", das da zu beobachten war, wo man irgendwie ein wenig sabotieren wollte.

Es war außerdem denkbar, daß nach Ungarn noch andere Länder Europas in ähnlicher Form an die Reihe gekommen wären. Wenn nun mein Chef, Gruppenführer Müller, sagte: „Wir werden den Meister selber schicken...", dann wollte ich mich auch wie ein Meister verhalten, beim Grundsätzlichen anpacken und das ungarische Judentum trotz mancherlei Widerstand in Blitzesschnelle nach dem Reich befördern.

Erfassung und Einwaggonierung erfolgten – wie erwähnt – durch die ungarische Gendarmerie. Obwohl jetzt behauptet wird, daß die ersten Züge schon im April rollten, kann ich dem keinen Glauben schenken. Ich bin vielmehr der Überzeugung, daß von Ost nach West Zone um Zone bearbeitet wurde und die ersten Verladungen frühestens Mitte Mai erfolgten. Ich drängte darauf, daß – wie immer – Juden mit ausländischer Staatsangehörigkeit streng ausgenommen und nicht von der Deportation erfaßt wurden. Selbstverständlich wußte der Reichsbeauftragte Veesenmayer davon im einzelnen nichts, sondern ich meldete die Lage dem Höheren SS- und Polizeiführer in Ungarn, der seinerseits Veesenmayer informierte. In jeder Zone stellte ich der ungarischen Gendarmerie einen Berater zur Verfügung; zusammen mit einem Verbindungsmann der deutschen Gesandtschaft wurden Juden mit feindlicher oder neutraler Staatsangehörigkeit in ostungarischen Lagern, und zwar in Sonderunterkünften untergebracht. Wenn man außerdem jetzt darauf hinweist, daß laut Unterlagen am 4. Mai 1944 in Wien eine Fahrplankonferenz mit Vertretern der Reichsbahn, der Sipo und der ungarischen Gendarmerie stattfand, so bedeutet dies nicht mehr und nicht weniger, als daß diese Fahrplankonferenz selbst drei oder vier Tage dauerte und dann noch mindestens zehn oder vierzehn Tage vergingen, bevor die Züge zur Verfügung gestellt werden konnten, so daß man vor Mitte Mai keineswegs mit den Transporten beginnen konnte. Vielleicht gab Endre der ungarischen Gendarmerie über seinen Kollegen Baky die nötigen Befehle, die Deportierungen, unter welchen Verhältnissen auch immer, so schnell wie möglich durchzuführen. Wenn Endre schon mir gegenüber seine Ungeduld über das Tempo äußerte, das ich als rasant betrachtete, so ist das weiter nicht verwunderlich. Vielleicht wollten gerade diese ungarischen Stellen unbedingt verhindern, daß die ganze Angelegenheit durch irgendeine Intervention vereitelt werden könnte. Mag sein, daß sie deshalb in großer Eile möglichst viele Juden evakuieren wollten.

Tatsache ist, daß Erfassung und Einwaggonierung der ungarischen Juden zu manchen Beschwerden geführt haben. Wisliceny meldete mir, die Juden in einzelnen Komitaten würden „wie Vieh" eingetrieben und einwaggoniert. Über die ungarischen Exekutivorgane waren ausdrücklich Instruktionen bezüglich Erfassung und Transport ergangen, aber auf ungarischem Boden hatten wir nur sehr beschränkte Möglichkeiten zum Eingreifen und grundsätzlich nur über die ungarischen Organe hinweg; erst bei Erreichung des Reichsgebietes hatte der beigegebene Leutnant meines Transportkommandos Befehlsbefugnis und konnte daher den Stationsvorstand anweisen, den Zug so lange aufzuhalten, bis z. B. eine Frischwasserversorgung durchgeführt sowie die Unratkübel entleert und gereinigt waren. Wo wir Hoheitsbefugnisse hatten, wurden meine Richtlinien zur Durchführung der Evakuierung eingehalten, natürlich abgesehen von einzelnen Ausnahmefällen, die es überall gibt. Die Verladung seitens der ungarischen Gendarmerie habe ich mir nie angesehen, weil es eine nachgeordnete Angelegenheit war, zu der ich keine Zeit hatte; zudem konnte die ungarische Gendarmerie dies als Einmischung in ihre Zuständigkeit betrachten. Sie hatte die Transporte zu verladen und für soundsoviel Tage mit Proviant zu versehen, wie es mit den Staatssekretären durchgesprochen war. Ich hatte etwa 300 Mann Ordnungspolizei zu meiner Verfügung und ordnete auf Grund der Richtlinien an, daß jeder Transportzug von einem Leutnant oder Oberfeldwebel mit 30 Mann zu begleiten sei. Das war alles, was ich damit zu tun hatte. Aber die beiden Staatssekretäre Endre und Baky waren ebenfalls Menschen und nahmen die schon lange vor der ungarischen Episode bestehenden Richtlinien für die Deportationen vollinhaltlich zur Kenntnis. Ihr Grundsatz war, alle vermeidbaren Härten zu vermeiden; vielleicht wurden sie nach der ungarischen Mentalität etwas abgeändert, vielleicht aber hundertprozentig übernommen; ich durfte mich nicht darum kümmern, weil dies einen Eingriff in die ungarischen Hoheitsrechte dargestellt hätte. In jedem Komitat hatte ich einen meiner Hauptleute, die aus anderen Ländern genug Praxis hatten, wie Wisliceny, Burger, Brunner und andere. Sie gingen der ungarischen Gendarmerie örtlich an die Hand. Tauchten irgendwelche Unklarheiten auf, so konnte die Gendarmerie die Meinung meiner Leute akzeptieren oder sich an ihre vorgesetzte Dienststelle, d. h. an Endre oder Baky wenden. In einzelnen Fällen waren meine Männer regelrecht schockiert; das galt z. B. für Wisliceny, der mir sagte, daß solche Methoden in seiner früheren Deportationspraxis nicht vorgekommen seien. Es kann sein, daß Wislicenys angeborene Güte ihm den Ausdruck „wie Vieh eingetrieben" für Einzelfälle eingab. Weil ich mündlich nie etwas ausmachte, hielt ich auch diese Einwände zur Unterrichtung des Staatssekretärs Endre und zu meinen Akten schriftlich fest. Eine Rücksprache mit dem Staatssekretär war mehrmals erforderlich, wobei ich grundsätzlich darauf hinwies, daß nicht der Einzeljude „bestraft", sondern eine „politische Lösung des Judenproblems" gefunden werden sollte. Ich weiß, Endre seinerseits machte wie ich selbst den Major Ferenczy, Verbindungsoffizier zur ungarischen Gendarmerie, wiederholt darauf aufmerksam, daß die „Richtlinien" einzuhalten seien; trotzdem kamen immer wieder vereinzelt **unzureichende Unratkübel** in die Waggons, oder es gab **zuwenig Trinkwasser**; auch war der **Proviant zuweilen schlecht**, oder er wurde gestohlen; **oder er fehlte, und die Waggons waren überlastet**. Die ungarische Gendarmerie bekam wohl von ihren Vorgesetzten den summarischen Befehl, alles irgendwie zu verladen, damit die Lager so schnell wie möglich leer werden sollten; nach 240 km sei die Grenze erreicht, dann könnten die Deutschen zusehen, wie sie fertig würden.

Aus Auschwitz erreichten mich ständig Proteste von Höß oder Liebehenschel; ich mußte auch selbst hinfahren und hörte dann von den Ärzten, daß manche Transporte aus Ungarn in desolatem Zustand ankämen. Selbstverständlich konnte es nicht in unserem Interesse liegen, statt arbeitsfähigen Menschenmaterials Revierbedürftige zu übernehmen und damit die aufgeregten Proteste des WVHA hervorzurufen. Wir mußten außerdem die erwähnte Tauschaktion der 10 000 LKW's im Auge behalten, für die ich eine Million gesunder, zeugungsfähiger Juden zur Auwanderung versprochen hatte.

Pohl selbst beschwerte sich einmal in Berlin bei mir; ich konnte ihm nur antworten, nicht wir, sondern die ungarische Gendarmerie sei verantwortlich für Erfassung und Transport, ich sei im übrigen bei Staatssekretär Endre deswegen vorstellig geworden und habe meine Berater in den einzelnen Komitaten dahingehend instruiert, daß das Begleitkommando hinfort die Abfahrt der Transporte von der vorgeschriebenen Ausstattung abhängig machen solle. Wie in Polen und anderen Ländern wurden bei der Erfassung, die die ungarische Polizei vornahm, die jüdischen Ältestenräte eingeschaltet; sicherlich haben die Beamten, um sich diese Arbeit zu erleichtern, alle möglichen Zusicherungen gegeben; ob diese eingehalten wurden, weiß ich nicht, da auch dies außerhalb meiner Zuständigkeit lag. Endre war sehr aktiv, selten hinter dem Schreibtisch zu finden und viel unterwegs, auch im Reich, wo er vieles eingehend studierte, um es dann, auf ungarische Verhältnisse zugeschnitten, in seinem Lande auch einzuführen, so auch die Einschaltung des Ältestenrates bei der Erfassung der Juden.

Wenn ich jetzt höre, daß der ungarische Reichsverweser kräftigst gegen die Deportationen der ungarischen Juden protestiert haben soll, so kann ich dazu nur sagen, daß ich nichts davon bemerkt habe. Ich weiß heute nicht mehr, ob Endre und Baky schon Staatssekretäre waren, als die ersten Transporte aus Ungarn abrollten. Jedenfalls besaßen sie schon die entsprechenden Vollmachten zur Durchführung der Deportation. Was Horthy befahl, hatte mich nicht zu interessieren, sondern allein die von Baky und Endre erwünschte forcierte Evakuierung der ungarischen Juden. Mit Horthy hatte sich der Reichsbevollmächtigte Dr. Veesenmayer auseinanderzusetzen. Mit letzterem kam ich nur gelegentlich, vielleicht im ganzen achtmal zusammen, wenn es sich um grundsätzliche Fragen handelte, während ich bei dem Höheren SS- und Polizeiführer Winkelmann fast täglich ein- und ausging. Wären wirklich von der höchsten ungarischen Seite Schwierigkeiten ausgegangen, so hätte Dr. Veesenmayer mir sicher einen Stop-Befehl gegeben. Geradezu das Gegenteil war der Fall; denn die beiden ungarischen Staatssekretäre ersuchten nie um eine hinhaltende Taktik, sondern um das schnellstmögliche Vorgehen. Denkbar ist allerdings, daß Horthy sich als Reichsverweser sichern wollte; es wäre ein leichtes gewesen, die Deportationsmaßnahmen aufzuheben, weil es Horthys eigene ungarische Gendarmerie war, die mit einigen tausend Mann in den einzelnen Komitaten Erfassung und Einwaggonierung der Juden vornahm. Eine Intervention Horthys ist mir nur in Einzelfällen erinnerlich, so wie es z. B. auch Göring gemacht hat.

Es ist für mich undenkbar, daß die Staatssekretäre Endre und Baky als hohe Beamte gegen die Instruktionen ihrer eigenen Regierung vorgegangen sind. Mein Sonderkommando wiederum unterstand dem Höheren SS- und Polizeiführer, General Winkelmann, dieser seinerseits dem Reichsbevollmächtigten Dr. Veesenmayer, so daß auf diesem Wege alle wichtigen Entscheidungen der höchsten ungarischen Staatsstelle bekannt wurden: von einem generellen Einspruch Horthys hätte selbstverständlich jeder erfahren! Der Befehlshaber der Sipo und des SD war mir untergeordnet, soweit es meinen Sektor betraf; ich konnte ihm diesbezügliche Weisung geben, vorausgesetzt, daß diese von meinem Amtschef abgezeichnet waren. In

Ungarn arbeitete ich einmal als Referent im RSHA, der sich gewissermaßen die Einzelbefehle selbst gab, anderseits als Referent der Sipo und des SD in Ungarn, wodurch ich als Führer des Sonderkommandos dem Befehlshaber der Sipo und des SD in Ungarn, wodurch ich als Führer des Sonderkommandos dem Befehlshaber der Sipo und des SD unterstellt war. Es war etwa, natürlich in kleinem Maßstab, die Lage Heydrichs auf höherer Ebene, der sich als stellvertretender Reichsprotektor in Böhmen und Mähren für die Sicherheitspolizei seine Befehle selbst gab.

Aus meiner Dienststellung ist klar ersichtlich, daß Endre und Baky niemals Befehle von mir angenommen hätten, ebensowenig Major Ferenczy, vom Scheitel bis zur Sohle ein ausgezeichneter Offizier, der mich als gleichrangigen Kameraden, aber niemals als höherstehend behandelte. Es war also vollkommen ausgeschlossen, daß ich gegen Anordnungen Horthys auch nur das Geringste hätte unternehmen können; schon in Veesenmayer hätte ich einen Bremsklotz am Bein gehabt. Bevor ich überhaupt mit einem der Staatssekretäre über irgendeine Maßnahme verhandelte, holte ich beim Höheren SS- und Polizeiführer stets eine Unbedenklichkeitsbescheinigung ein – und dieser selbst erbat eine solche bei seinem Vorgesetzten, dem Reichsbevollmächtigten Veesenmayer. Erhielt ich die „Bescheinigung", die auch als mündliche Zusage gegeben werden konnte, dann wußte ich, daß aus dieser oder jener Aktion dem Reich kein außenpolitischer Schaden entstehen würde. Hätte sich Reichsverweser von Horthy entschieden gegen irgendeine Maßnahme gestellt, dann hätten selbstverständlich weder Winkelmann noch Veesenmayer diese genehmigt. Natürlich ist es gut möglich, daß Horthy oder der Ministerpräsident Interventionen durchführen wollten, aber diese nicht generell, sondern nur, und dies erst später, in Einzelfällen auch wirklich unternahmen. Wenn mir jetzt gesagt wird, aus der Literatur gehe hervor, daß Ministerpräsident Sztojay oder gar der Reichsverweser vor mir „Angst" gehabt hätten, muß ich dazu bemerken, daß meine Dienststelle nicht über die eines Referenten hinausging, so daß ich nie in der Lage war, etwa Gruppenführer Müller umzustimmen, ja nicht einmal meinen an sich sehr gutherzigen Freund Kaltenbrunner. Das Gegenteilige zu behaupten, muß als jüdische Erfindung bezeichnet werden.

Ich kann nur feststellen, daß die ungarische Regierung dankbar war, durch uns die Juden „loszuwerden". Eines Tages gab der ungarische Ministerpräsident Sztojay dem Höheren SS- und Polizeiführer Winkelmann oder vielleicht dem Reichsbevollmächtigten Veesenmayer ein Essen, zu dem ich keine direkte Einladung erhielt, sondern gewissermaßen von General Winkelmann mitgenommen wurde; vor wie nach dem Essen sprach ich mit dem Ministerpräsidenten. Ich entsinne mich sehr genau, daß er mir für meine Bemühungen die Erkenntlichkeit Ungarns aussprach. Wie das so üblich ist, versammelte der Gastgeber alle möglichen Vertreter seiner Regierung um sich, es war ein öffentliches Essen wie im Frieden mit Lakaien auf den Treppen. Obwohl der Innenminister sehr wahrscheinlich bei diesem Essen anwesend war, kann ich heute mit dem besten Gewissen nicht sagen, wie er geheißen und wie er ausgesehen hat. Er war inaktiv, es blieb ihm auch kaum etwas anderes übrig, wenn er mit dem schlagkräftigen Vorgehen von Baky und dem forschen Draufgängertum von Endre einverstanden war. Es ist möglich, daß ich in Begleitung von Baky oder Endre ein- oder zweimal beim ungarischen Innenminister war, aber dabei handelte es sich bestimmt nur um Höflichkeitsbesuche, wobei keine dienstlichen Angelegenheiten besprochen wurden. Wenn Innenminister Weiner behauptet haben soll, sich sei immer „unverschämter aufgetreten", dann muß ich dazu sagen, daß ich diesen Weiner nie dienstlich gesehen habe, und ich kann ruhig hinzufügen, auch nicht privat; denn sonst würde ich mich daran erinnern. – Ich wurde bei diesem Essen zwischen dem ungarischen Kriegsminister und der Gattin eines der anwesenden Herren eingereiht. Dieses Essen kennzeichnete die Atmosphäre der Zusammenarbeit mit den ungarischen Behörden. Wenn mir also jetzt gesagt wird, aus der Nachkriegsliteratur gehe hervor, daß damals Kreise der ungarischen Gendarmerie oder des Heeres gegen meine Aufgabe scharf Stellung genommen hätten, dann frage ich mich unter Berufung auf die jahrhundertealte berühmte ungarische Bravour: Warum haben sie mich nicht einfach umgelegt? Ich tat nichts zu meinem persönlichen Schutz; meine Nachtruhe im Budapester Quartier wurde nur von etwa acht Polizisten „bewacht". – Die ganze, zum Teil „heroische" Nachkriegsliteratur läßt bei mir sowieso die Frage aufkommen, warum eigentlich nie ein Attentat gegen mein Leben durchgeführt wurde. Nach meiner Meinung hatte ich unter den Juden um jene Zeit keine Feinde; denn ich betonte schon, daß ich mit „offenem Visier" mit ihnen kämpfte; sie wußten, woran sie bei mir waren. Die Juden, mit denen ich zu tun hatte, dachten an kein Attentat, weil sie etwas von mir wollten, genau wie ich von ihnen. Drohbriefe habe ich in großer Zahl bekommen, so daß ich auch in Prag eine besondere Wache vor dem Haus bekam. Die Drohbriefe besagten, daß ich umgelegt werden müsse, meine Tage gezählt seien, wenn ich nicht sofort verschwinde usw. Ich habe mich um Drohbriefe jedoch niemals gekümmert.

Trotz aller Interventionen, von denen ich erst jetzt erfahre, rollten die Deportationen regelmäßig weiter. Damit hatte ich den Befehl des Reichsführers erfüllt; alles andere interessierte mich nicht. Weiter muß ich feststellen, daß ich in Ungarn nie einen Zug habe zurückführen lassen: Ich habe ein einziges Mal in meinem Leben einen Zug zurückgeführt; das war im Fall Dänemark. Natürlich ist es leicht möglich, daß unter der Hand einige Dutzende oder gar Hunderte Menschen zurückgeführt wurden, aber das ist ohne grundsätzliche Bedeutung.

Es ist möglich, daß im Juni 1944 täglich ein bis zwei Züge abgeschickt wurden; ebenfalls mag es stimmen, daß am 8. Juli der letzte offizielle Deportationszug Ungarn verließ. Es ist aber höchst unwahrscheinlich, daß ich von Mitte Mai bis zum 8. Juli, in 53 Tagen 434 000 ungarische Juden evakuierte. Die Zahl war gewiß hoch, aber unmöglich höher als 300 000. Zum größten Teil kamen sie nach Auschwitz, aber auch nach dem Burgenland und Straßhof. Hiervon ist nur ein ganz kleiner Teil der physischen Vernichtung zugeführt worden, soweit er nicht arbeitsfähig war. Sämtliche übrigen Deportierten wurden für das Zehntausend-Lastkraftwagen-Tauschgeschäft bereitgehalten. Obwohl ich für die Juden aus dem Generalgouvernement nicht zuständig war, stelle ich fest, daß es den Juden aus Ungarn im Vergleich zu jenen wie auch zu den Juden anderer Länder noch am besten ergangen ist.

Des öfteren setzte ich meine Hebel zur Deportation aus Budapest an. Mein Auftrag in Ungarn war es, eine Blitzaktion durchzuführen. Nur dadurch konnte ich verhindern, daß in Ost-Ungarn – im Rücken der Front – Partisanenkämpfe mit jüdischer Unterstützung entstehen konnten. Deshalb fing ich ja auch dort mit der Evakuierung an. Im Westen wäre ein Erfolg viel bequemer und zahlenmäßig größer gewesen. In West-Ungarn oder im Südwesten standen unsere SS-Divisionen, und gegen Budapest hätte ich das Überraschungsmoment voll ausnützen können. West-Ungarn kannte ich zudem noch aus Friedenszeiten sehr gut, aber mein Befehl band mich: ich sollte jede Partisanenbildung verhindern; wie ich das machte, war mir überlassen. Jeder andere hätte sicher im Westen angefangen, und deshalb war auch das Judentum nicht darauf gefaßt gewesen, daß ich im Osten anfing. Vom Osten her alles durchzukämmen, war für mich am schwierigsten, nicht nur weil ich meine Leute in völlig unbekannte Gegenden senden mußte, sondern auch weil ich Endre und Baky bitten mußte, die ungarische Gendarmerie erst in diesen weiten, zerstreuten, unwegsamen Gebieten zur Entfaltung zu bringen.

Im Budapester Ghetto hätte natürlich etwas Ähnliches wie in Warschau geschehen können, doch unterstand dieses Ghetto den Pfeilkreuzlern, deren Mentalität grundverschieden war von der der deutschen Aufsichtsorgane im Warschauer Ghetto: die Pfeilkreuzler hatten noch etwas vom revolutionären Draufgängertum, wie wir es nach 1939 allmählich verloren oder abgeschliffen haben. Deswegen brauchten wir uns über das Budapester Ghetto nicht so große Sorgen zu machen; denn die Pfeilkreuzler hätten sicher mit eiserner Konsequenz durchgegriffen, zumal auch für sie der Warschauer Aufstand ein Mahnzeichen war. – Die Staatssekretäre Endre und Baky fürchteten nichts mehr, als daß Ungarn nach dem Vorbild Warschaus zu einem Tummelplatz von wilden Aufständen werden könnte. Nur so ist auch das Durchgreifen der ungarischen Gendarmerie als Ordnungsfaktor im Lande zu erklären – dieses Fanal bedeutete nicht nur für die deutschen Sicherheitsbehörden, sondern auch für die Ungarn einen Ansporn, die Deportationen schnellstens durchzuführen. Sonst wäre manches langsamer vor sich gegangen und allmählich abgeklungen, zumal es für die Reichsregierung eine ungeheure Anstrengung bedeutete, das rollende Material zur Verfügung zu stellen.

Um aus der Hauptstadt zu deportieren, mußte ich viele verwaltungstechnische Schritte mit ins Kalkül ziehen. Obwohl Endre entschlossen war, das Budapester Getto aufzulösen, waren die Schwierigkeiten groß; ich bekam vielleicht keine Transportzüge zum bestimmten Termin, weil sie fehlten, anderweitig notwendiger waren oder die Strecke zerstört war.

Als die erste V-1 nach London abgeschossen wurde, zeigte mir Staatssekretär Endre eine ungarische Morgenzeitung mit der Meldung, daß die Vergeltung begonnen habe, und schwelgte in den Worten: „Der Sieg ist unser." Mit verstärkter Vehemenz glaubten Endre und Baky an den Endsieg, und ich hütete mich, ihre Begeisterung zu dämpfen. Aber ich hätte ein Übermensch sein müssen, um durchführen zu können, was die ungarischen Staatssekretäre von mir wünschten und forderten. Gemäß dem erhaltenen Befehl mußte ich nun nach der Entjudung der frontnahen Gebiete in Ost-Ungarn selbstverständlich auch West-Ungarn durchkämmen lassen. Ich kann mich nicht darauf besinnen, daß 12 000 Häuser mit einem gelben Stern gekennzeichnet werden sollten, aber das ist im Zuge der Dinge durchaus möglich gewesen. Durch irgendwelche Manöver wurden die Juden aus dem Budapester Ghetto bis zum 45. Lebensjahr zum Arbeitsdienst eingezogen. Dagegen war mein Protest fällig; Staatssekretär Baky war förmlich außer sich wegen der jüdischen Arbeitsdienstler, so daß ich ihn zur Vernunft bringen mußte. Baky kämpfte dann wochenlang intensiv gegen Horthy; ich glaube, bald danach wurde dieser gestürzt und diese Arbeitsdiensteinrichtung aufgehoben. Mag sein, daß die innerpolitische Entwicklung durch das Manöver zum Schutze der Juden aus dem Budapester Ghetto, sie für einen sog. Arbeitsdienst zu verpflichten, beschleunigt wurde; denn Endre und Baky hatten ein sehr gewichtiges Wort im ungarischen Innenministerium zu sprechen. Nach Horthys Fall wurde nicht von den deutschen Dienststellen, sondern von den ungarischen Pfeilkreuzlern das Ghetto in Budapest erweitert. Bei der Durchkämmung der östlichen Gebiete Ungarns konnte sich ein gewisser Prozentsatz Juden dem Zugriff der Gendarmerie entziehen und in der jüdischen Gemeinschaft von Budapest untertauchen.

Auch dies wieder mit einigen Ausnahmen. Ursprünglich hatte die Budapester jüdische Gemeinschaft aus etwa 150 000 Mitgliedern bestanden; sie stieg jetzt sehr schnell auf 200 000. Der fehlende Prozentsatz der Juden in den Ost-Komitaten stand daher sehr genau fest, weil dort der Jude vorwiegend orthodox oder zionistisch eingestellt war, im Gegensatz zu den westlichen Komitaten und der Landeshauptstadt, wo die assimilatorisch eingestellten Juden überwogen. Deshalb nannte ich in meinen Abschlußberichten die Zahl von rund 200 000, die ich von ungarischer Seite bekam; denn ich hatte keine Möglichkeit, eine Zählung durchzuführen. Wenn mir jetzt gesagt wird, daß slowakische und polnische Juden sich damals zum Budapester Ghetto durchschlugen, kann ich das nicht glauben. Es mag für einzelne Ausnahmen zutreffen, aber slowakische und polnische Juden hätten ja viel leichter in die östlichen Komitate Ungarns flüchten können, um dort mit den vormarschierenden Sowjets mitzugehen. Diese Juden konnten ja gar nicht wissen, wann wir mit der Evakuierung von Budapest beginnen würden, und es wäre für sie viel sicherer gewesen, aus dem deutsch-slowakisch besetzten Teil in den von Partisanen verseuchten östlichen, später von den Sowjets eroberten Teil Ungarns zu entkommen.

Während dieser ganzen Zeit lief die Mission Brands bezüglich des Austausches von einer Million Juden gegen 10 000 LKWs weiter. In Budapest war inzwischen jede Stelle bemüht, von den Juden alles nur Mögliche herauszuholen; ich kann mir vorstellen, daß diese Stellen als letzte Drohung immer sagten: „Jetzt kommt der ‚böse Eichmann'..." Wirkliche Kenner der Situation wie Dr. Kastner wußten besser Bescheid. Er wie ich verhandelten mit vielen deutschen und nichtdeutschen Dienststellen. Wenn Kastner ein Kontingent illegaler Auswanderer ins Ausland bringen wollte, stand es ihm frei zu verhandeln, mit wem er wollte; über die Grenze konnte er sie jedoch nur bringen, wenn er die endgültige Zusage von mir bekam. Umgekehrt konnte ich verhandeln, mit wem immer ich wollte: Jeder hat mir alle möglichen Versprechen gegeben, genau wie auch Kastner zweifellos Zusagen gemacht wurden; aber die letzte Garantie, daß wirklich Ruhe in den einzelnen Komitaten und in Budapest herrschte, daß kein „ungarisches Warschau" entstehen konnte, diese Garantie hat mir Kastner geboten. Man hat mir heute unzählige Namen vorgelegt, sie sind jedoch alle aus meinem Gedächtnis entschwunden, denn es waren Leute, die nicht an Prinzipiellem beteiligt waren oder dies für ihren Sektor in der Form von Devisen oder Nachrichten ausgenutzt haben; daneben kann es natürlich auch persönliche Rückversicherungsüberlegungen gegeben haben.

Ich muß wiederholen: Die Aktion in Ungarn kann erst Ende Mai 1944 richtig angelaufen sein, das ist das Ergebnis meines mühsamen Rechnens.

Wenn behauptet wird, daß in einem Zug mehr als 3000 Juden transportiert wurden, so stimmt das weder für Ungarn noch für irgendein anderes Land, denn es gab keinen Zug mit mehr als 3000 Juden, sondern sehr oft mit viel weniger Personen. Wenn die ungarische Gendarmerie die Ziffer von „615 378" deportierten Juden angegeben hat, so sind das die üblichen Übertreibungen, um möglichst hohe „Erfolgsziffern" zu melden. Es mögen um die 300 000 gewesen sein, die in Ungarn deportiert wurden, und keiner soll behaupten, sie seien „alle vergast"; denn davon haben Unzählige überlebt: Ich habe nach dem Krieg mit meinen eigenen Augen gesehen, wie überall und in großer Zahl ungarische Juden vorhanden waren. Wo kamen die denn her?

Für mich war Kastner der wichtigste Mann und Joel Brand einer seiner Mitarbeiter. Wenn mir jetzt berichtet wird, daß Brand in seinem Buch das Gegenteil behauptet, dann habe ich dazu folgendes zu sagen: Kastner und Brand waren eng befreundet. Als Brand erlebte, daß sein Freund Kastner in der öffentlichen Meinung des neuen Staates Israel am Pranger stand, daß er förmlich um sein Leben kämpfen mußte und der von Kastner gegen sich selbst beantragte Prozeß offenbar nicht das erwartete Ergebnis zeigte, hielt er den Zeitpunkt zum Eingreifen für gekommen. Brand konnte nachweisen, daß er in der fraglichen Zeit im Ausland tätig war und im wahrsten Sinne des Wortes mit jüdischen und nichtjüdischen Stellen, mit dem englischen Minister für den Nahen Osten und mit allen möglichen wirtschaftlichen und politischen Größen um eine Million Juden gerungen hat. Brand konnte also vor dem Judentum Palästinas ein Alibi des positiven Einsatzes nachweisen und es wagen, seinen Freund Kastner, der sich mit der Gestapo eingelassen hatte, in Schutz zu nehmen, indem er den Spieß umdrehte und sich zum Vorgesetzten Kastners machte. Dadurch standen Kastner redlicherweise ungeahnte Ausfluchtmöglichkeiten offen.

Es ist für mich heute – nach vierzehn Jahren – manchmal außerordentlich schwer, mich an Einzelheiten zu entsinnen, zumal ich gar keinen Sekundanten zur Hand habe, der mir auch nur in etwa Hilfestellung leisten könnte. Ich hatte damals Krumey und Wisliceny als Vorauskommando nach Ungarn geschickt; Wisliceny, der geschicktere Verhandlungspartner, hatte die Aufgabe, für mich Leute auszusuchen, unter denen ich dann eine Auswahl treffen und das Gerippe der jüdisch-politischen Funktionäre aufbauen konnte. Natürlich ist es wahrscheinlich, daß schon vor Kastner dieser oder jener andere vor meinen Augen aufkreuzte und ich mit ihm verhandelte. In den ersten Tagen nach dem 20. März 1944 war das Ganze im Aufbau begriffen, und ich will nicht behaupten, daß ich von Anfang an Kastner mit den Standard-Aktivitäten betraute. Möglich ist, daß mir noch vorher ein Jude namens Brand vorgeführt wurde; aus manchen Dingen, die mir hier aus seinem Buch vorgelesen wurden, geht hervor, daß Brand jedenfalls des öfteren bei mir gewesen sein muß. In meiner Vorstellung sehe ich ihn jedoch immer als durch Kastner instruiert und komme auch trotz des Anhörens einer gegenteiligen Meinung nicht von dieser Vorstellung los. Nur eines wäre denkbar und könnte die Lage erklären: Als ich zu zu Beginn mit Brand Besprechungen führte, kann er mir Kastner offeriert haben, gewissermaßen als Ersatz für die Zeit seiner Abwesenheit. Nachdem ich dann wöchentlich viele Verhandlungen mit Kastner hatte, kannte ich keinen anderen Verhandlungspartner mehr als ihn, über den auch sämtliche Angelegenheiten mit Brand liefen. Global unterstellte ich das ungarische Judentum Dr. Rudolf Kastner, der für mich seinerseits zum typischen Vertreter des ungarischen Judentums wurde und mir in Ungarn soviel bedeutete wie der damalige Chef der zionistischen Weltorganisation, Chaim Weizmann.

Kastner hatte Mitarbeiter, die sämtliche Sparten des jüdischen Lebens in Ungarn bearbeiteten; um kleinere Angelegenheiten kümmerte ich mich nicht selbst und hatte es demnach verhältnismäßig einfach; durch jahrelange Praxis wußte ich ja schließlich, wen ich mir angeln konnte. Es interessierte mich nicht, welche Querverbindungen meine Leute offiziell benutzten; sie hatten mein Vertrauen und meine Vollmachten und mißbrauchten diese in all den vielen Jahren nie. Ich vertraute ihnen restlos und fuhr immer gut dabei. Um so unglaubwürdiger ist mir alles, was ich nach 1945 über diese Leute erfahren mußte; in wiederholten Fällen konnte ich das Gegenteil ihrer durch Nötigung und Druck erpreßten Erklärungen als Wahrheit feststellen.

Genauso war es mit Kastner: Ich hatte keine Zeit, mich mit seinen Mitarbeitern abzugeben, zumal ich in Ungarn zum erstenmal in meinem Leben auch ein gewisses äußeres Auftreten zur Schau tragen mußte. In der Zentralinstanz hatte ich das nie nötig gehabt, um mein Prestige zu wahren; denn dort hatte ich nicht meine Person, sondern die Exekutive des Großdeutschen Reiches zu vertreten. In Ungarn brauchte ich mich um irgendwelche untergeordneten Mitarbeiter nicht zu kümmern, denn dazu hatte ich Kastner. Seine Hilfskräfte wurden bei Krumey geführt. Ich selbst hatte nur mit dem von mir anerkannten und damit autorisierten Chef des ungarischen Judentums zu tun.

Zwischen Kastner und mir bestand ein gegenseitiges Vertrauensverhältnis. Wen er nun alles einsetzte, um seine Absichten durchzuführen, entzog sich, ehrlich gesagt, meiner Kenntnis und interessierte mich auch gar nicht. Daher weiß ich heute viele Namen aus der damaligen Zeit in Ungarn nicht, habe sie wahrscheinlich auch nie gekannt. Vielleicht kennt sie Krumey, der sich ja mit den Einzelheiten mehr herumschlagen mußte als ich. Mir kam es nur darauf an, das mir befohlene Ziel zu erreichen: die Befreiung Ungarns von den Juden und das Tauschgeschäft einer Million Juden gegen zehntausend winterfeste Lastkraftwagen. Wie das Ziel erreicht wurde, war mir im einzelnen gleichgültig, ebenso wie der Umstand, ob ein Jude mehr oder weniger die grüne Grenze passierte, ob mit oder ohne Genehmigung meiner Dienststelle.

Kastner verfügte über alle nur denkbaren Kanäle und hatte seine Vertrauensleute überall; er konnte gar nicht genügend Verbindungen haben, um die von mir gestellten Aufgaben irgendwie durchzuführen, so z. B. auch jenen Tauschhandel, der sowohl dem Judentum als dem Deutschen Reich dienen sollte. – Um einmal ein nachrichtendienstliches Wort zu gebrauchen: Je krümmere Wege Kastner wählte, um sein Ziel zu erreichen, um so mehr war ich bereit, ihn zu unterstützen; denn sein Ziel fiel bis zu einem gewissen Punkt mit meinem Ziel zusammen. Das befohlene Endziel und meine Dienststellung geboten mir, Kastner zu helfen; denn wir kämpften ja nicht mit Messer, Pistole, Karabiner oder Blausäure, sondern mit geistigen Waffen. Darin liegt ein Unterschied, der festzuhalten ist; denn die physische Vernichtung ist eine plumpe Aktionsart, mit der das RSHA, also Gestapo und SD, nie zu tun hatte. Wir hatten vielmehr den Kampf auf weltanschaulich-geistigem Gebiet als Mittel einzusetzen.

Kastner hatte diese Grundeinstellung sofort begriffen, wie aus unseren wiederholten langen Erörterungen über die Zukunft des Judentums hervorgeht.

Es gibt noch einen anderen Grund, warum ich mich dagegen sträube, Joel Brand als den damaligen obersten Chef des ungarischen Judentums anzuerkennen: Ich weiß, daß ich nie mit einem Juden namens Brand, sondern von Anfang bis zum Ende mit einem Juden Dr. Reszö Kastner federführend verhandelte. Wenn mir jetzt Brands Behauptung entgegengehalten wird, er sei der Chef des Ganzen gewesen und erst nach seiner Abreise sei Kastner gewissermaßen als sein Ersatzmann aufgetreten, so kann ich nur sagen, daß ich einen solchen Mann niemals ins Ausland geschickt hätte. Ich hätte mich als der blutigste Anfänger im Geheimdienst gezeigt; denn es widerspricht jeglichem Reglement, sich des einflußreichsten Mannes zu entledigen. Für diese Auslandsmission wäre ohne Zweifel Kastner der geschicktere „Briefträger" gewesen als Brand, aber er war der Chef, den ich natürlich um jene Zeit dafür nie freigegeben hätte. Mit „Briefträger" meine ich keineswegs einen simplen Geist; denn Brand war zweifellos ein mitten im jüdischen Leben stehender, idealistisch veranlagter und selbstverständlich fähiger Kopf; sonst hätte Kastner ihn nicht als seinen Stellvertreter mit dieser äußerst delikaten Mission betraut. Ich schätzte Joel Brand als einen Menschen, der sich, aus einer verhältnismäßig primitiven geistigen Umgebung stammend, frühzeitig mit den idealistischen Bestrebungen des Judentums vertraut machte und zu einer Art Fanatiker wurde. Ich will es anders ausdrücken: Brand hatte etwa das Benehmen eines Eisenbahnschaffners im Vergleich zum „Generaldirektor" Kastner. Aus Zeitungskritiken über Brands Buch geht hervor, daß er sogar den Vorzimmerdamen in den verschiedenen jüdischen Zentralinstanzen auf die Nerven fiel und ob seiner zähen Beschuldigungen wegen der mißlungenen Mission als Querulant abgetan wurde. Daraufhin ging Brand tief verstimmt und mit sich und der Welt unzufrieden von Israel fort und diktierte – offenbar einem Weißberg – seine Geschichte.

Wenn mir jetzt gesagt wird, in diesem Buch äußere Brand Furcht vor der Rache des SS-Obersturmführers Eichmann gegen seine Familie, so muß ich hierauf folgendes antworten: Während meiner ganzen Dienstzeit ist es in keinem einzigen Falle vorgekommen, daß ich mich in irgendeiner Form an Ehefrauen, Kindern oder sonstigen Familienangehörigen meiner Verhandlungspartner „gerächt" habe. Das wäre unter meiner Würde gewesen. Brands Familienverhältnisse waren mir unbekannt, ich bin seiner Frau nie begegnet. Im übrigen habe ich mich in intensivster Weise eingesetzt, um Frau Kastner aus den Händen der ungarischen Gendarmerie zu befreien, wie ich an anderer Stelle beschreibe. Über Kastner war ich genau unterrichtet; er kam oft auch mit seiner Frau zu den Verhandlungen. Sie war eine kleine, kluge, aufgeschlossene Frau, die manchmal sogar allein mit mir verhandelte. Heute (Mitte der 50er Jahre; d. Herausg.) lebt sie – soweit ich weiß – in Palästina.

Gegen die zurückgebliebene Familie von Joel Brand wurde keine einzige Maßnahme getroffen; sie war nicht bewacht und hätte ohne mein Wissen illegal über Rumänien auswandern können. Wozu auch Bewachung oder gar „Rache"? Wir waren gleichberechtigte Gesprächspartner und Idealisten – wir verstanden uns, nur waren wir politische Gegner und versuchten auszuhandeln: Kaufleute handeln aus, und Politiker handeln auch aus, und ich war hier als politischer Offizier. Schon lange Jahre war ich nicht mehr Angehöriger der Waffen-SS, sondern Polizei-Offizier, also ein politischer Führer der SS im Geheimdienst des Großdeutschen Reiches und hatte mich danach zu verhalten; ich hatte die Partner, die ich mir aussuchte, entsprechend zu behandeln; denn sonst hätte keiner der beiden Teile den erhofften Vorteil gehabt.

Weiter ist zu verneinen, daß Brand oder Kastner je gezwungenermaßen an „Saufgelagen mit Deutschen" teilnahmen. Hätte ich das in Erfahrung gebracht – und ich hätte es gewußt, wenn es sich um meine Mitarbeiter gehandelt hätte –, so hätte ich sie genauso an den Pranger gestellt wie in anderen Fällen. Schließlich wurde uns Deutschen von Chaim Weizmann der Krieg erklärt, und deshalb hätte ich es nie dulden dürfen, daß meine Leute mit Juden Gelage feierten. Ob in anderen Dienststellen oder bei Standartenführer Becher solche Gelage stattfanden, entzieht sich meiner Kenntnis.

Übrigens bleibt festzustellen, daß ich nicht auf die Frage antworten kann, ob der Tauschhandel eine Million Juden gegen zehntausend Lastkraftwagen schon ab Mai 1944 für den Reichsführer ein Mittel darstellte, mit den Alliierten ins Gespräch zu kommen, vielleicht beeinflußt durch Schellenberg. Wenn wir heute die Geschichte jener Kriegsphase betrachten, könnte man diese Angelegenheit so verstehen, daß Himmler durch einen Wink mit dem Zaunpfahl dem Engländer klarmachen wollte: Wir haben gar kein Interesse daran, gegen euch, die West-Alliierten, zu kämpfen, denn diese 10 000 LKWs werden nur gegen den Osten eingesetzt. Daß es dem Reichsführer in Wahrheit weniger um die 10 000 LKWs ging als um die psychologische Auswertung dieses Angebotes, wäre möglich, doch habe ich keine Beweise dafür.

Im Nürnberger Tribunal soll Obergruppenführer Berger die Idee des Tauschhandels für sich beansprucht haben. Diese ganze Geschichte des Tauschgeschäfts gleicht sowieso einer Krippe, an die jeder sich heranzudrängen sucht, um nach 1945 gewissermassen ein moralisches Alibi oder sogar dem Judentum erwiesene Dienste nachweisen zu können. Sicher ist nur, daß Himmler den Befehl gab, dieses Geschäft zu versuchen, und gleichzeitig Pohl den Befehl erteilte, in Auschwitz die physische Vernichtung einzustellen.

Wenn heute behauptet wird, ich habe dieses Tauschgeschäft als einen widerlichen Handel empfunden und mich nur dafür eingesetzt, weil ich den Befehl bekommen habe, aber ich sei nie „mit dem Herzen dabeigewesen", so soll das wohl bedeuten, daß ich die Juden lieber umgebracht hätte. Nun, „mit meinem Herzen" bin ich nie beim Gegner gewesen; ich hätte natürlich jeden Reichsgegner lieber tot als lebendig gesehen; denn „nur ein toter Reichsgegner ist gut". Übrigens habe ich jeden Befehl stets ausgeführt, den ich bekommen habe, und darauf bin ich auch heute noch stolz; denn damit habe ich meinen Eid erfüllt. In der Judenfrage jedoch befürwortete ich immer eine unblutige Lösung. Warum sollte mir dieser Handel widerlich sein? Ich hatte überdies noch einen persönlichen Grund, das Zustandekommen des Tauschhandels dringend zu wünschen: mein bester Freund in jenen Kriegszeiten war Zehender, Kommandeur der 22. SS-Kavallerie-Division. Ich wußte, wie er sich zerriß, um seine paar Quadratkilometer zu verteidigen. Wir hatten uns schon als kleine Führer kennengelernt, und wo ich nur konnte, half ich ihm, wenn er mit seiner Division so stiefmütterlich behandelt wurde, wahrscheinlich, weil eben nichts mehr da war. Als ich dann den Befehl des Reichsführers bekam: „Motorisieren Sie mir die 8. und die 22. Division durch ein Tauschgeschäft von einer Million Juden gegen 10 000

LKWs", da sah ich plötzlich eine Möglichkeit vor mir, 5000 von jenen zehntausend Lastkraftwagen meinem Freund für seine Division zu verschaffen. Mein „Herz" habe ich nicht gefragt und hatte es auch gar nicht zu fragen; nach Deutschland hatte ich zu fragen – das war mein Herz. Auch mein Vorgesetzter, Gruppenführer Müller, hatte die gleiche Einstellung gegenüber diesem Handel wie ich: Wenn wir eine Anzahl Reichsfeinde gegen militärische Vorteile eintauschen können, ist jeder Handel die Durchführung wert. Ich bin davon überzeugt, wir hätten auch zwei Millionen Juden gegen 10 000 LKWs hergegeben. Dann hätte ich herausgehandelt, was herauszuhandeln gewesen wäre – die erforderliche Anzahl an Juden war ja da, wenn auch heute das Gegenteil behauptet wird. Es ist unvorstellbar, was für Vorteile beide Seiten, Jude wie Nichtjude, aus diesem Handel gezogen hätten. Auch Kaltenbrunner sah die Sache vom gleichen Standpunkt an, denn bei uns galt: Recht ist, was dem Volke nützt. Kaltenbrunner war ebenfalls Befehlsempfänger und führte erhaltene Befehle genau durch, nur eben in einem höheren Bereich; Müller war Befehlsempfänger und führte erhaltene Befehle auf einem mittleren Niveau durch; ich habe den Befehlen an untergeordneter Stelle gehorcht.

So war es rein dienstlich bei uns wie überall auf der Welt. Wenn wir jedesmal erst nach Recht oder Unrecht gefragt hätten, dann hätten wir ebensogut eine Schlafmütze überstülpen können. Leider geschah das an anderer Stelle, und deshalb haben wir den Krieg verloren.

Der Name Bandi Gross ruft in meinem Gedächtnis einen Mann hervor, der mit Kastner und Brand viel zu tun hatte; diesen Juden setzte Kastner genauso ein wie Brand. Ich glaube, daß Gross auch einmal auf meiner Dienststelle war. Allerdings vermag ich nicht zu sagen, ob er Brand als Aufpasser mitgegeben wurde. Es ist möglich, daß mein ständiger Vertreter oder einer meiner anderen Leute diesen Gross zur Nachrichtenbeschaffung eingesetzt hat. Ich war Dienststellenleiter und Kommandochef und kümmerte mich nicht um Einzelheiten, die meine Leute veranlaßten. Mit Nachrichtenvermittlung aus derartigen Quellen hatte ich nur zu tun, wenn es sich um grundsätzliche Entscheidungen handelte, die mir vorbehalten waren. Eine solche Entscheidung konnte ich natürlich auch nur dann treffen, wenn sie den Rahmen meiner Zuständigkeiten nicht sprengte; sonst mußte ich mir auch erst zur Deckung von meinen eigenen Vorgesetzten eine entsprechende Weisung einholen. Da ich mit Kleinigkeiten nichts zu tun hatte, kann ich jetzt nicht mehr sagen, ob die eine oder andere Nebenfigur irgendeine Rolle mitgespielt hat, weil jeder meiner Leute in seinem Sachgebiet für seine Hilfskräfte selbst verantwortlich war.

Mir wurde aus Brands Buch jene Stelle ausführlich vorgelesen, wo Gross zu Brand sagt: „Joel, Du bist blind wie ein Kind, glaubst Du wirklich,

Eichmann will eine Million Juden freigeben, um Dollars oder LKWs zu bekommen? Die Nazis wissen, daß sie den Krieg verloren haben, und Himmler will mit den Alliierten ins Gespräch kommen. – Ich hatte die Aufgabe, hier mit Engländern und Amerikanern Verbindung aufzunehmen für einen Separatfrieden; deine ganze Judensache war nur eine Nebenfrage, ein Abfallprodukt meiner hiesigen Mission, für uns aber das Wichtigste." Gross schimpfte wüst auf die zionistischen Führer; Brand fügt dann hinzu, daß er nach den Erfahrungen eines Jahrzehnts viele Dinge in einem anderen Licht sehe. Aus meiner Kenntnis kann ich dazu nur feststellen: Leute, die im Geheimdienst verwandt werden – ob bezahlt oder unbezahlt, ist sekundär – neigen zur Überschätzung ihrer eigenen Person, die bezahlten Agenten noch stärker als die unbezahlten; das ist eine alte Weisheit. Sie haben gar keine Ahnung von dem nüchternen, strohtrockenen Tagesablauf in der Geheimdienstzentrale. Es sind vielfach Abenteurer, die ihre Tätigkeit mit ideellen Motiven zu verbrämen suchen, aber auch rücksichtslose Kerle, die ihre Aufgabe nur der Bezahlung wegen übernehmen. Dahin dürfte Gross gehören. Brand würde jetzt, nachdem zehn Jahre ins Land gegangen sind, manche Dinge anders sehen, zumal er ja genug gelesen hat, u. a. auch über die Bemühungen des Reichsführers, mit den Alliierten ins Gespräch zu kommen. Wenn aber Brand im Mai 1944 abgeflogen ist, war das noch vor der Zeit, als der Reichsführer Innenminister war, vor der Zeit, als das Attentat auf den Führer stattfand. Damals hat Himmler noch nicht daran gedacht, eine „Extratour" in die Wege zu leiten, um mit dem Gegner zu paktieren. Das sind Dinge, die nur ein recht mittelmäßiges Gehirn wie das von Brand oder Gross sich nachträglich als Zeilenfüller aus den Fingern gesogen oder aus anderen Schwarten zusammengetragen hat.

Bevor Brand seine Mission im Ausland antrat, soll ich ihm gesagt haben: „Herr Brand, machen Sie schnell, kommen Sie zurück, sonst gehen hier Ihre Leute kaputt." Solche Redewendungen und Ausdrücke gehören nicht zu meinem Verhandlungsstil. Nicht ein einziges Wort davon kann aus meinem Munde stammen. Wenn Brand über eine Pistole auf meinem Schreibtisch spricht, so ist dazu zu sagen, daß ich die Waffe nie von mir gelassen habe. Ein altes Sprichwort wurde uns eingehämmert: „Der Germane ist ehrlos, der den Speer weiter als Armesgriff bewahrt." In unserem Dienst steht neben dem Ehrbegriff der Verteidigungs- und Selbsterhaltungstrieb. Ich habe mein Koppel nur abgelegt, wenn ich hinter dem Schreibtisch saß; statt in meiner Pistolentasche war meine Waffe dann griffbereit in einem Ständer unter der Schreibtischplatte aufbewahrt. Hing ich mein Koppel hinter dem Sessel auf, dann hatte ich in einem eingebauten Gestell eine zweite oder dritte Pistole links oder rechts griffbereit; in Berlin lag die Pistole in der rechten Schublade des Schreibtisches. Übrigens gibt Brand also offenbar eine Indizbestätigung, daß er und seine Konsorten noch 1944 meinem Ehrenwort vertrauten. Wenn ich einen Juden ins Ausland gehen ließ und ihm sagte, seine Familie stehe unter meinem Schutz, so meinte ich damit keineswegs, sie seien Geiseln. Um jene Zeit wurden die Juden generell von der ungarischen Polizei aufgegriffen und deportiert; „unter meinem Schutz", das bedeutete, daß die Angehörigen eines Mannes, der für jüdische Belange ins Ausland geschickt worden war, während seiner Abwesenheit unantastbar blieben. Die Juden wußten, daß sie sich darauf verlassen konnten; nicht einer ist enttäuscht worden. Wenn aber angeblich die Frau Brand verhaftet wurde, so war das ein Einzelfall aus der Zuständigkeit der ungarischen Gestapo, der nichts mit der generellen Erfassung zu tun hatte. Ungarn war ein souveräner Staat; davon, was die ungarische Gestapo unternahm, mußte die deutsche Gestapo durchaus nicht informiert sein.

Krumey hatte von mir den Befehl, die Einzelheiten von Brands Mission zu regeln. Brand wurde reichlich mit Devisen ausgestattet und in Begleitung von Krumey in einem Dienstkraftwagen nach Wien gebracht; dort besichtigte er die Stadt und logierte in einem sehr ordentlichen Hotel. Er bekam die nötigen Papiere und einen Platz in einer deutschen Kuriermaschine nach Konstantinopel, wo er Verbindung mit jüdischen und englischen Kreisen aufnahm. Dann reiste er in die verschiedensten Länder, wurde von den Engländern in Haft gehalten und untersucht, ob er kein deutscher Spion sei, und kam schließlich vor den englischen Minister für den Nahen Osten. Dieser fragte ihn, wie mir damals mitgeteilt wurde: „Mr. Brand, wie stellen Sie sich das überhaupt vor? Wo soll ich mit einer Million Juden hin?" An und für sich war das eine sehr beleidigende Frage. Brand, der ein erfahrener Unterhändler war, antwortete bei dieser oder einer anderen Besprechung mit den Engländern, daß „ ... die Engländer sagten, sie hätten keinen ausreichenden Schiffsraum, um eine Million Juden zu transportieren. Wenn aber die Deutschen in der schweren Lage ihrer Abwehrkämpfe bereit sind, eine Million Juden mit der Eisenbahn außerhalb Ungarns zu transportieren, so müßten doch wohl das gewaltige Britische Weltreich und seine Verbündeten in der Lage sein, die Schiffe für den Transport von einer Million Juden aufzubringen." Ich will nicht vorgreifen. Warum auch diese Dinge weiter erzählen, die viel gründlicher in Brands Buch geschildert werden?

Es war ein Befehl des Reichsführers, nach der Abreise Brands die Deportationen trotz der angebahnten Verhandlungen weiterzuführen, allerdings mit dem Zusatz – der den Juden nicht mitgeteilt wurde –, daß der Reichsführer dem Hauptamtschef Pohl die Weisung erteilte, mit der physischen Vernichtung aufzuhören und die Deportierten dem Arbeitseinsatz zuzuführen. – Kastner gab mir laufend Bericht über Brands Mission, seine Schwierigkeiten, seine Verhaftung als deutscher Spion. Als nun Wochen und Wochen vergingen, machte ich Kastner immer heftigere Vorhaltungen und verlangte Aufklärung. Darauf antwortete mir Kastner entweder, Brand sei zur Zeit da und dort inhaftiert oder er sei in Verhandlungen in Palästina, und schwirre in der halben Welt herum. Er versicherte alles unter Ehrenwort. Kastner gab mir des öfteren sein Ehrenwort. Er war Idealist und hoffte selber auf einen glücklichen Ausgang der Brand-Mission. Ich verwies sicher gelegentlich darauf, daß Brands Familie bis zu seiner Rückkehr hierbleiben müsse, wie es vereinbart sei, doch bedeutete das keineswegs auch nur die geringsten Repressalien. So wurde ich immer in Atem gehalten durch die Aussicht auf Kastners glaubwürdige Berichte, die ich erwarten konnte.

Am 1. Juli 1944 war die Durchkämmung von Ost-Ungarn beendet; im Anschluß daran wurden aus West-Ungarn etwa 300 000 Juden evakuiert. Wenn mir jetzt über ein „Interims-Abkommen zwischen Juden und Deutschen vorgehalten wird, so kann ich dazu nur sagen, daß die Gestapo damit nichts zu tun hatte. Möglicherweise handelt es sich um ein Abkommen, das Standartenführer Becher, aber nicht ich, mit den Juden getroffen hat, zweifellos nach Genehmigung des Reichsführers.

Zu den verschiedenartigen Versuchen einzelner Dienststellen, aus den Juden in Budapest Geld oder sonstige materielle Vorteile herauszuziehen, kann ich grundsätzlich nur feststellen: Zahlreiche Angehörige der Dienststellen in Budapest bemühten sich darum, möglichst viele Juden vor Auschwitz zu retten. Abwehrleute, Sipo-Beamte oder Angehörige irgendwelcher anderer Instanzen, die nach 1945 einen Nachweis dafür erbringen konnten, buchten in der Regel viele Pluspunkte für ihre polizeiliche Beurteilung und erleichterten so ihr Leben. Es steht fest, daß ich mit Standartenführer Becher zusammen in dieser Budapester Angelegenheit zweimal zum Reichsführer befohlen wurde; dort wurde dieser Handel ausgemacht. Einzelheiten erledigten meine Stellvertreter, aber nur Einzelheiten; denn Wisliceny war nicht bevollmächtigt, über grundsätzliche Dinge zu verhandeln, auch nicht einmal Einzelheiten federführend zu erledigen. Das tat mein ständiger Vertreter in Budapest. Wenn jetzt behauptet wird, ich habe Kastner Mitte Juni 1944 zugesagt, gegen eine Bezahlung von fünf Millionen Schweizer Franken als Vorleistung auf die Brand-Mission 30 000 alte Juden nach Österreich zu bringen, aber ausdrücklich davon „vitalere und zeugungsfähigere Juden aus den Karpaten oder Siebenbürgen" auszunehmen, so kann ich das nur als Unsinn bezeichnen. Ich habe Ungarn von Osten nach Westen durchgekämmt und habe mich überhaupt nicht im einzelnen darum gekümmert, woher und wohin die ungarischen Juden kamen, die ja für den Tauschhandel bestimmt waren. Alles, woran Brand sich entweder nicht genau entsinnen will oder kann, legt er mir in den Mund, während er es in Wirklichkeit von irgendwelchen Leuten des Nachrichtendienstes beim Befehlshaber der Sipo oder von irgendeinem ungarischen Gestapo-Mann gehört hat.

Dies alles soll ich, der Vertreter der deutschen Gestapo, gesagt haben. Kastner gegenüber habe ich immer nur von hunderttausend Juden gesprochen, die sofort zur Verfügung stehen würden, wenn Brand durch ein Telegramm den positiven Verlauf der Verhandlungen melden könne. Von einem sonstigen Kontingent war überhaupt nicht die Rede, weder von 30 000 noch von weiteren Juden. Natürlich ist es möglich, daß die Leute, die den Juden Devisen abschwindeln wollten, unverantwortliche Zusagen gemacht und mit dem „bösen Eichmann" gedroht haben.

Anfang Juni 1944 soll sich die Affäre einer Gruppe von Juden aus dem Ghetto Klausenburg abgespielt haben, die nach Palästina auswandern wollten. Wenn mir jetzt aus dem Buch von Brand diese Schilderung vorgelesen wird, wie Eichmann, von Tobsucht befallen, auf den Tisch haut und Wisliceny im Beisein meiner Mitarbeiter erzählt, daß Major Ferencz irgendeine von mir erdachte Geschichte über eine „zionistische Verschwörung" glatt „geschluckt" habe, so kann ich das alles nur als plumpe Lüge abtun! Mir ist kein einziger Fall, auch nicht in Ungarn, bekannt, ebensowenig weiß ich davon, daß eine „zionistische Verschwörung" als opportun erschienen wäre.

Es würde mich daher außerordentlich wundern, wenn ein Mann wie Kastner tatsächlich behauptet hat, daß ich den Ungarn eine „phantasievolle Geschichte" über eine „zionistische Verschwörung" aufgetischt habe. Denn um jene Zeit bildete ich mir ein, mindestens ein ebensoguter Kenner der zionistischen Belange zu sein wie Kastner selber. Es gibt an sich nur eine Möglichkeit der Erklärung: irgendeine Devisengeschichte wurde über Becher lanciert, und ich mußte die Angelegenheit gegenüber den Magyaren abschirmen. Becher kam mit den beiden Staatssekretären nicht in Berührung, aber mich hätten sie belangt. Es wäre mir sehr unangenehm gewesen, wenn andere gedacht hätten, daß ich „falsch spiele". Gerade Endre gegenüber werde ich offen gesagt haben: „Du, Laczy, schau, bei dieser Angelegenheit kann das Reich Devisen einstreichen, die für den Etat oder sonst etwas Wichtiges verwandt werden; der Reichsführer wird den Zweck schon kennen. Das Geld kommt Ungarn indirekt ebenso zugute. Du wirst doch wohl nichts dagegen haben?" Natürlich hatte Endre nichts dagegen, aber Peter hatte etwas dagegen; denn als enragierter ungarischer Nationalist wollte er „das Geschäft" nur für Ungarn machen. In diesem Sinne ist es möglich, daß ich den Becherschen „Dreh" irgendwie vor den Ungarn begründete. Aber selbstverständlich werde ich dabei Endre reinen Wein eingeschenkt haben; dies möchte ich schon deshalb ganz klar herausstellen, damit keiner der national denkenden Ungarn, die ich sehr schätze, auf den

Gedanken verfallen könnte, daß ich mit den Juden „Geschäfte" zugunsten des Deutschen Reiches und auf Kosten der Magyaren gemacht hätte. Das war nie der Fall!

Um auf Klausenburg zurückzukommen: Diese Stadt liegt ja in Rumänien, und es wäre heller Wahnsinn gewesen, rumänische Juden in Ungarn für eine illegale Auswanderung nach Palästina gewissermaßen „auf Eis zu legen"! Wie sollten Juden aus Rumänien nach Ungarn gebracht werden, wo es immer genau umgekehrt gemacht wurde?!

Noch bevor Endre zum Staatssekretär ernannt wurde, beschlossen wir, gemeinsam ein paar Tage nach dem Osten Ungarns zu fahren. Er stellte ein Fahrzeug zur Verfügung, den Chauffeur und den uniformierten Diener. Wenn ich mich richtig entsinne, fuhr auch seine Braut mit. Auch Wisliceny bat, sich anschließen zu dürfen. Es war eine reine Privatfahrt, die mir den ungarischen Osten landschaftlich näherbringen sollte. Wenn es irgendwie zeitlich reichte, wollten wir sogar in den Karpaten auf Bärenjagd gehen. Mir diente diese Fahrt dazu, den Kontakt mit Endre zu vertiefen, und so war es für mich gewissermaßen doch eine Dienstfahrt. – Die Karpaten boten ein herrliches Bild; in einem riesigen Wald stand ein wunderschönes Hotel, das der Regierung gehörte. Dort übernachteten wir, nachdem wir ein ostungarisches Nationalessen genossen hatten.

Daß bei dieser Fahrt irgendwelche „Konzentrationsstellen in Ziegeleien" besucht wurden, muß ich, was meine Person betrifft, verneinen. Und wenn derartige „Kenner der Materie" erwähnen, „... Eichmann habe Endre überzeugt, die ostungarischen Juden, für die im Landesinneren kein Platz sei, lieber nach Deutschland zu schaffen...", so ist das lediglich wieder einmal eine Aussage, die den Autoren gut in den Kram paßt. – Es handelte sich um einen Ausflug, nichts sonst, und Endre machte sich ein paar Tage frei, um einige Gespanschaften aufzusuchen. Ob wir zufällig an irgendeiner Ziegelei vorbeifuhren und vielleicht dort zusammensaßen, weiß ich wirklich nicht mehr, aber Deportations-Angelegenheiten wurden bestimmt nicht besprochen; denn sie waren schon vorher festgelegt. Beim ersten Abendessen mit Endre in Budapest hatte ich schon erwähnt, daß das Programm zur Verhinderung jedweder Partisanentätigkeit hinter der Front die Durchkämmung des ungarischen Territoriums von Ost nach West und die Deportation nach dem Reichsgebiet vorsah. Wenn nun sogenannte Autoren so nebenbei erwähnen, ich habe dem Judenrat gegenüber gesagt, „Endre möchte die Juden am liebsten mit Paprika fressen", so müßte ich ein ausgesprochener Tölpel gewesen sein, um eine derartige Äußerung zu tun, noch dazu über meinen Freund Endre! Es kann wohl kaum diesem ganzen Unsinn der „Autoren" Glauben geschenkt werden; sie sagen alle Unrichtiges.

Ich entsinne mich wohl noch einer Gruppe von 700, nicht aber 600 Juden, die Kastner mit meiner Zustimmung illegal nach Palästina bringen wollte; diese 700 Juden wurden in Budapest unter Bewachung von Angehörigen der Division „Florian Geyer" gestellt, um sie vor jeglichem Zugriff zu schützen; sie waren von Kastner in Listen erfaßt und sollten ganz bestimmt nicht über Deutschland abtransportiert werden. Illegale Transporte gingen nie über Deutschland, sondern sämtlich über Rumänien nach Palästina. Woher Kastner diese siebenhundert Juden nahm, war mir unwichtig. Er deklarierte sie als „700 junge Leute", und ich genehmigte ihre Auswanderung. Ich habe solche Transporte nie kontrolliert. Warum sollte ich in diesem Falle derart gefeilscht haben? Ich war immer für kurze Verhandlungen mit den jüdischen Funktionären: je nach der Wichtigkeit der Sache handelte es sich um fünf Minuten oder eine halbe Stunde, vielleicht auch gelegentlich etwas mehr, aber nie zwei Stunden. Wenn Kastner mich anging – er tat das häufig –, um irgendein Kontingent von auswandernden Juden genehmigt zu bekommen, schüttelte ich die Erlaubnis sozusagen aus dem Ärmel; die Einzelheiten waren mit Krumey durchzusprechen. Die ganze Geschichte von Joel Brand ist eine Mischung von Dichtung und Wahrheit; denn tatsächlich ist mir auch heute noch folgender Satz erinnerlich: „... dann müßte ich ja das Lager überwachen..." Die Bewachung erfolgte dann tatsächlich auf die beschriebene Weise. Mir scheint, daß der Autor hier versucht, ein spannendes Moment in seine Zeilen zu zaubern und zudem die Raffiniertheit der jüdischen Unterhändler wie einen Fettfleck an die Oberfläche des Wassers zu spülen. In Wahrheit haben sich alle diese Verhandlungen viel nüchterner und viel kürzer abgespielt. Nie hätte Dr. Kastner die ihm in den Mund gelegten Äußerungen getan, nicht aus Furcht, sondern weil sein persönlicher Anstand ihm das verboten hätte. Wie ist es außerdem möglich zu glauben, Wisliceny habe mich je während einer Verhandlung in Anwesenheit von Juden mit Vornamen zu nennen gewagt?

Wie ich jetzt höre, scheint Kastner vorgeworfen zu werden, daß er auf diesen Transport zuviel Energie verwandt und auch sämtlichen Verwandten und Freunden Unterschlupf gegeben hat. Das war mir damals nicht bekannt; im übrigen konnte er befördern, wen er wollte. In den verschiedenen illegalen Transporten können auch einflußreiche oder für das Reich gefährliche Juden gesteckt haben. Aber inwieweit agile und gefährliche Juden in der relativ kurzen Zeit uns wirklich hätten gefährlich werden können und ob wir die 10 000 LKWs bei einer langwierigen Kontrolle der Auswanderungskontingente dann erst verspätet bekommen hätten, das abzuwägen, war Aufgabe des Reichsführers. Der wirklich einflußreiche oder gefährliche Jude verfügte über genügend Verbindungen und Beziehungen; er ging im allgemeinen Chaos, das in Ungarn herrschte, sowieso über die grüne Grenze, oft mit Hilfe judenfreundlicher Ungarn, die sich ein Vergnügen daraus machten, den Deutschen eins auswischen zu können, oder anderer, die für Geld und gute Worte alles machten. Ungarn war während der ganzen Kriegsjahre nach allen Seiten zuwenig abgesperrt, als daß ein agiler Jude nicht die Möglichkeit gehabt hätte, über die grüne Grenze zu entkommen. Wieso sollte ich ausgerechnet diese siebenhundert Leute, die mir Kastner nannte, – wie üblich bei Kastners Statistik waren es in Wirklichkeit bestimmt über tausend, die so nach Palästina abwanderten – kontrollieren und aussortieren lassen und mir damit Scherereien mit der ungarischen Gendarmerie machen? Man stelle sich einmal vor, die Mission Brand wäre erfolgreich gewesen, d. h. es wäre eine Million Juden oder zunächst auch nur der „Vorschuß" von 100 000 zum Abtransport gelangt. Wie hätte ich sie alle auf ihre „Gefährlichkeit" untersuchen lassen können? Was interessierte mich ein Transport von 700 oder 7000 Juden in Vergleich zum Umfang meiner Aufgabe – mein Auftrag, Ungarn von Osten nach Westen zu durchkämmen, erforderte keine große Kraftanstrengung, weil Dr. Endre drängte, die von der ungarischen Gendarmerie erfaßten Juden schnellstens abtransportieren zu lassen; es waren mehr, als Pohl in den KZs aufnehmen konnte. Meine Obliegenheit beschränkte sich also darauf, die Juden zu übernehmen; nur dafür war ich verantwortlich. Was vorher geschah und was nachher geschah, entzog sich vollkommen meinem Einfluß; dafür besaß ich keinerlei dienstliche Befugnisse.

Es mag um diese Zeit, Juni 1944, gewesen sein, als Dr. Kastner mich darum bat, „die Vernichtungsmaschine in Auschwitz" abzustellen. Da ich einerseits wußte, daß er durch seinen Informationsapparat genau im Bilde war, und andererseits der schon beschriebene Zwischenfall mit Becher zweifellos in seinem Gedächtnis haftengeblieben war, hielt ich es für richtig, ihn über mein Aufgabengebiet und das Aufgabengebiet des WVHA, dem die KZs unterstanden, vollständig aufzuklären. In Gegenwart meiner Sekretärin sagte ich ihm, daß ich mit Vernichtungsmaßnahmen gar nichts zu tun habe. Weder das Reichssicherheitshauptamt noch das Dezernat IV B 4 im besonderen habe mit der Vernichtung zu tun. Ich sagte ihm: „Kastner, Sie wissen ebensogut wie ich, daß weder ich noch der Chef der Sipo für die ‚Vernichtungsmaschine in Auschwitz' zuständig sind. Sie wissen ebensogut wie ich, daß dies eine Sache des SS-Wirtschafts- und Verwaltungshauptamtes ist, das nur dem Reichsführer-SS untersteht.

Wenn die zehntausend Lastkraftwagen mit Anhänger hier sind, dann wird die ‚Vernichtungsmaschine in Auschwitz' abgestellt. Aber nicht, weil ich es will, sondern weil der Reichsführer es so angeordnet hat." – Natürlich brauchten die Juden nicht zu wissen, daß der Reichsführer den diesbezüglichen Befehl längst gegeben hatte, nämlich als das Tauschgeschäft anlief, das zeitlich auch mit der Affäre „Konzern Weiß" zusammenfiel.

Wenn Brand aber schreibt, ich habe zu Kastner geäußert: „Wenn Brand in drei Tagen nicht zurückkehrt, dann lasse ich die Mühlen in Auschwitz wieder laufen", so muß ich dem entgegenhalten, daß allein schon das Wort „Mühle" mir in solchem Zusammenhang überhaupt nicht geläufig ist. Was ich Kastner gesagt habe, erklärte ich soeben: es war eine generelle Aufklärung über die Zuständigkeit meines Amtes IV B 4. – Auch frage ich mich, ob man mich für einen derartigen Trottel hält, daß ich von einem Mann, den ich nach wochenlangen Verhandlungen hinausschickte, erwarten könnte, er würde vom fernen Konstantinopel innerhalb von drei Tagen zurück sein können?

Meine offene Aussprache mit Kastner über die Amtszuständigkeiten kann mir als Preisgabe einer geheimen Reichssache ausgelegt werden. Ich muß das zugeben, doch war ich gewöhnt, mit meinen jüdischen Verhandlungspartnern vom Range Kastners mit offenem Visier zu sprechen. Dazu kam, daß um jene Zeit das gesamte Ausland bereits in Broschüren, in Leit- und sonstigen Artikeln über die KZs geschrieben und geschmiert hat.

Abschließend ist festzustellen: Hätte Brands Mission Erfolg gehabt, dann wäre der Reichsführer sofort bereit gewesen, dem Ausland eine Million Juden zu überstellen. Wer weiß, wie nachher alles verlaufen wäre, wenn die Unterredungen, die meine Vertreter und ich dieserhalb mit den jüdischen Funktionären hatten, zu einem positiven Ergebnis geführt hätten. Ich bin sicher, daß der Reichsführer danach die gesamte jüdische Angelegenheit ganz anders gehandhabt hätte, ähnlich wie bis zum Auswanderungsverbot alle in KZs einsitzenden Juden sofort freikamen, wenn sie aus irgendeinem Land eine Einwanderungserlaubnis vorlegen konnten.

Den Transport von einer Million Juden hätte ich trotz der Kriegslage durchführen können: auf Grund der 10 000 LKWs für die Truppe hätte ich aus dem Reichsverkehrsministerium die notwendigen Züge „herausgepreßt" und die Juden sang- und klanglos teils direkt von Ungarn an die nahe rumänische Grenze bringen, teils von den KZs aus dem Reichsgebiet nach Frankreich leiten lassen. Wären sie nicht bis Spanien gekommen, so doch nach Frankreich, wo sie das internationale Judentum hätte übernehmen können.

Aus dem Buch von Joel Brand erfahre ich jetzt von einer Unterhaltung zwischen dem englischen Bevollmächtigten für den Mittleren Osten und dem Emissär Brand in Kairo etwa zur selben Zeit, als Kastner und ich in Budapest um den Ausgang der Brand-Mission bangten. Der Engländer fragte Brand, was nun geschehen würde, wenn er mit einer Zusage nach Budapest zurückkehre. Da antwortete Brand: „Das ist viel einfacher, als Sie glauben, Sir, **ein einziger Befehl Eichmanns genügt, um die Deportationen einzustellen**; darauf wird er uns den Auftrag geben,

Listen für den Transport einer Million Juden zusammenzustellen. Vielleicht wird der erste Transport nach Spanien nur mit 20 000 Menschen abgehen, aber diesen 20 000 wird das Leben gerettet." Daraufhin fragte der englische High Commissioner: „Aber wird Eichmann sie freigeben, ohne die Garantie zu haben, daß wir die Ware liefern?", worauf Brand antwortete: „Eichmann wird den Vorschuß geben, wenn die „Jewish Agency" das Angebot annimmt. Ob ihr Engländer dann das Wort der Jews' Agency' einlöst, ob ihr den Deutschen Lastwagen, Lebensmittel oder gar nichts liefert, das interessiert mich nicht mehr, wenn nur diese ersten vielleicht nur 20 000 Menschen gerettet werden." – Brand erklärte später angeblich, daß die tragische Verzögerung, für die ausschließlich jüdische Stellen verantwortlich seien, einige hunderttausend Menschen das Leben gekostet hat. Nun, sie sind wohl nach Auschwitz transportiert worden, aber weitaus die meisten sind dort am Leben geblieben; Brand wird wissen, warum er über diese „Hunderttausende" spricht. Ich weiß nur, daß ich auch ohne die Übergabe eines einzigen LKW 100 000 Juden als Beweis eines glaubwürdigen Geschäftsgebarens an die rumänische oder spanische Grenze geschickt hätte, wenn uns nur die geringste Nachricht erreicht hätte, daß Brands Mission einige Aussicht auf Erfolg habe. Diese Nachricht kam nicht. Brand wird wissen, warum sie nicht kam! Wie in all den Jahren zuvor, so gab es auch bei dieser Gelegenheit keine Stelle der Erde, die bereit gewesen wäre, die Juden aufzunehmen. Weder diese eine Million noch diese hunderttausend!

Kastner ist tot und kann nicht mehr sprechen; ob seine Ehefrau heute noch bereit ist, die Wahrheit auszusagen, oder ob sie unter bestimmten Einflüssen steht und ihre Aussagen opportunistisch gestalten würde, ist mir unbekannt. Brand aber wird langsam als Kronzeuge immer wichtiger, sogar für die israelische Regierung, die ihn bisher ad absurdum führen wollte. Denn es ist meiner Aufmerksamkeit nicht entgangen, daß die Bemühungen Brands im englischen Lager auf Verständnis für den „Tauschhandel" stießen. Obwohl der schlaue Brand den englischen Minister für den Nahen Osten auf die deutschen Transportschwierigkeiten hinwies, um so die Bereitstellung von englischem Schiffsraum zu erreichen, und der englische Staatsminister schließlich behauptete, nicht zu wissen, wo er eine Million Juden unterbringen solle, genügt allein die Tatsache, daß sich die Verbündeten der Sowjetunion während des Krieges mit Brand als Abgesandtem von deutscher Seite auf Verhandlungen einließen.

Nach 1945 soll Zeitungskritiken zufolge diese Angelegenheit Stalins Mißtrauen gegenüber den Alliierten noch vergrößert haben. Den Zeitungen zufolge soll der schwedische Diplomat Wallenberg deshalb bis heute verschollen sein, weil Stalin seinem Zorn freien Lauf ließ und alles, was aus

Ungarn kam und mit jüdischen Belangen zu tun hatte, von vornherein mit scheelen Augen ansah und beurteilte. Ob Wallenberg in der ersten Zorneswallung Stalins getötet wurde oder vielleicht heute noch als Wrack eines Menschen in irgendeinem Sowjet-KZ sein Leben fristet, weiß man nicht. Wallenberg stand im engsten Kontakt mit Kastner; denn unter des letzteren Ägide konnte Wallenberg erst recht tätig werden. Einerseits genoß er die Unterstützung der Juden, andererseits die der Gestapo und konnte so namhafte Kontingente von Juden in Budapest auf exterritorialen Boden verbringen. Heute wirft die äußerste Linke in Israel den damaligen jüdischen Funktionären in Ungarn vor, sie hätten Wallenberg nur solche Juden zugespielt, die nach ihrer gesellschaftlichen und materiellen Stellung ausgesucht wurden, während der arme, vermögenslose Jude weder durch die eigenen politischen Funktionäre noch durch Wallenberg berücksichtigt wurde. Die Empörung darüber ging damals sogar soweit, daß sich im Budapester Ghetto Verschwörungsorganisationen auftaten, wenn sie auch bis zum Einmarsch der Sowjets nichts erreichen konnten. Wallenberg hatte verschiedene Häuser als „exterritorial" erklären lassen, an denen er Tafeln mit dem schwedischen Wappen anbringen ließ; nach dem Einmarsch der Sowjets gingen bestimmte jüdische Elemente gerade gegen diese Häuser vor.

Kastner stand mir dafür gut, daß Brand zurückkehrte. Obwohl er nicht zurückkehrte, hielt sich die deutsche Gestapo niemals an seiner Familie schadlos, wenn auch Brand behauptet, daß seine Furcht ihn bei seinen Verhandlungen behindert habe.

Durch eine Fügung des Schicksals wurde Brand zu einer gewissen Bedeutung emporgehoben; nun mag er bestrebt sein, für seinen Teil aus dieser Tätigkeit einen Unsterblichkeitsnimbus herzuleiten, weil er als Nazispion in englischer Gefangenschaft gehalten wurde und somit den „Märtyrer" für Israel spielen will. Im Vergleich mit ihm sind jedoch Dr. Kastner oder auch seine Frau in Wahrheit leidtragende und opferbereite Idealisten gewesen.

Die Wichtigkeit dieser Angelegenheit und das tragische Geschick vieler Menschen verpflichtet mich, deutlich dazu Stellung zu nehmen: Zur Einstellung der Deportationen mit sofortiger Wirkung hatte ich die Vollmacht des Reichsführers. **Es muß also ganz klar unterschieden werden zwischen Deportation und physischer Vernichtung.** – Obwohl die Mission Brand zur Verwirklichung des Tauschgeschäftes „1 000 000 Juden gegen 10 000 LKWs" im Gang war, mußten die Deportationen weiterlaufen: Diese Juden wurden aber in Lagern zusammengefaßt, um jederzeit für den Transport auf Abruf bereit zu sein. Wäre Brand zurückgekommen mit der Nachricht, daß die „Sache" perfekt sei und fünf- oder zehntausend LKWs rollen werden, so hätte ich ohne weiteres als Vorschuß 100 000 Juden an irgendeine neutrale Grenze transportieren lassen; denn dazu hatte ich Vollmacht. Ich hätte aber auch 10 000, 15 000 oder 20 000 Juden über Rumänien nach Palästina oder auch über Frankreich nach Spanien anrollen lassen. Das wäre sehr schnell gegangen. Verzögerungen wären höchstens bei der Übernahme durch die Juden selber eingetreten; von mir aus wäre der Abtransport von 20 000 Juden in zwei Tagen erledigt gewesen, aber dann wären mindestens zwei, drei oder auch vier Wochen vergangen, bevor das internationale Judentum die nötigen Aufnahmeeinrichtungen geschaffen hätte, damit ein zweiter Transport von 30 000 oder 40 000 Juden rollen konnte. Das erste Kontingent hätte um ein Vielfaches länger gedauert als das vierte, fünfte oder sechste, weil die Organisation später schon reibungslos gelaufen wäre. Ich hatte die Vollmacht, den Juden in diesem Falle mein Ehrenwort zu verpfänden, und sie hatten das Recht, daran zu glauben. Es war für uns natürlich wichtig, mit einem Schlag zwei SS-Divisionen zu motorisieren. Da lohnte es sich das erstemal, mein Ehrenwort zu verpfänden.

Wie aus Brands eigenem Bericht hervorgeht, war es ihm gleichgültig, ob aus dem Geschäft etwas wurde – die Schuld für das Mißlingen läge dann eben beim Engländer. Für Brand war die Hauptsache, daß ihm die Jewish Agency ein Zertifikat in die Hand gab, auf Grund dessen er mir nachweisen konnte, daß der Handel perfekt sei. Daraufhin hätte ich selbstverständlich 20 000, 30 000 bis 100 000 Juden abrollen lassen; denn so war es ausgemacht, und dafür hatte ich Genehmigung. Spätestens nach vierzehn Tagen oder drei Wochen hätte sich dann vielleicht herausgestellt, daß die Engländer die Lastkraftwagen nicht herausrücken, und dann hätte ich – wie wahrscheinlich auch der Reichsführer – gesagt: „Nach mir die Sintflut."

Den 20. Juli 1944 erlebte ich in Ungarn und hörte in Budapest von dem Attentat auf den Führer. Wir trafen in Budapest keinerlei Sicherungsmaßnahmen; denn wir hatten das Glück, über gute, einflußreiche Freunde innerhalb der ungarischen Regierung zu verfügen, so daß uns von dieser Seite keinerlei Gefahr drohte. Auf deutsche militärische Stellen brauchten wir ebensowenig zu achten; denn im Gegensatz zu anderen Ländern, wo, wie ich später hörte, Angehörige militärischer Dienststellen verhaftet wurden, hatten wir in Ungarn einen sehr guten Kontakt zu ihnen, so daß nichts Derartiges geschah. Mich persönlich überraschte der Umstand, daß ein Attentat überhaupt organisiert und durchgeführt werden konnte; denn ich glaubte die Abwehr in besten Händen zu wissen, nämlich in denen des Sachbearbeiters der „Nationalen Opposition" in Amt IV, Sturmbannführer Huppenkothen.

Wenn die „Fachliteratur" der Nachkriegszeit angibt, daß ich mit dem Titel „BDS Ungarn" (Befehlshaber der Sicherheitspolizei) ausgestattet wurde, wenn dazu noch behauptet wird, das stehe in den Personalakten, so ist das ausgesprochener Unsinn. Der Befehlshaber der Sicherheitspolizei in Ungarn war der schon öfters erwähnte SS-Standartenführer Dr. Geschke, ein langjähriger Duzfreund von mir. Er war früher Leiter der Staatspolizei-Leitstelle Dresden und war von dort über Mauthausen nach Ungarn abkommandiert. In meinen Personalakten kann noch nicht einmal irrtümlicherweise ein derartiger „Titel" stehen.

Eines Tages, es mag im Spätsommer oder Frühherbst 1944 gewesen sein, sagte mir mein Freund, der Befehlshaber der Sipo in Ungarn, Dr. Geschke: „Heute mittag um 2 Uhr meldest Du Dich bei mir zum Empfang eines Befehles." Obwohl wir keinen strengdienstlichen Ton miteinander hatten und eine gute Kameradschaft zwischen uns bestand, war ich doch dienstlich so superkorrekt, daß ich mich vorschriftsmäßig umgeschnallt und mit Helm, wie ich es bei der Truppe gelernt habe, im Vorzimmer des Adjutanten aufbaute und mich melden ließ. Ich wurde sofort vorgelassen, grüßte und meldete: „Obersturmbannführer Eichmann meldet sich zur Entgegennahme des Befehles." Der Befehl stammte vom Reichsführer und besagte, daß ich mich mit meinem Kommando – irgend jemand hat es „Sonderkommando Eichmann" genannt – in den ungarisch-rumänischen Grenzraum von Arad und Neu-Arad zu begeben und dort 10 000 Volksdeutsche dem Zugriff der Sowjets zu entziehen habe. Wenn behauptet wird: „Eichmann verschwand am 23. Aug. im Zustand tiefster Depression aus Budapest, er wandte sich wahrscheinlich nach Rumänien...", so war genau das Gegenteil der Fall. Auf mich wirkte es geradezu erlösend, endlich einmal aus diesem ganzen Wirrwarr in Budapest herauszukommen und Volksdeutschen helfen zu können. Dieser Auftrag bereitete mir eine außerordentliche Freude und keineswegs „tiefe Depression".

Von meinem Freund Zehender, Kommandeur der 22. SS-Kavallerie-Division, hatte ich zehn oder zwölf Granatwerfer von 8 cm bekommen, eine Einheit der Waffen-SS in Stärke etwa einer halben Kompanie oder sogar etwas mehr, dazu verfügte ich über meine eigenen Angehörigen der Sipo. Auf meinem Marschweg lag ein Gut der Familie Endre, das auf Grund der nahen Front schon verlassen war. Ich ließ mir dort vom Verwalter einen Liter Milch geben und bezahlte ihn – korrekt ist korrekt. Nachher lachte mich Endre deshalb aus; denn das ganze Gut habe mir doch zur Verfügung gestanden! – Ich kam dann zu einem zweiten Hof, der der Kontrolle des Standartenführers unterstand. Früher war er wohl ein Gestüt gewesen; denn Becher hatte dort als Pferdesachverständigen einen Hauptsturmführer, der sich durch einen Diener mit weißen Handschuhen das Mittagessen servieren ließ. Ich quartierte meine Leute dort ein und verbat es mir, das Mittagessen während des Krieges von einem Diener mit weißen Zwirnhandschuhen serviert zu bekommen. Der Diener zog also seine Handschuhe aus und servierte mit bloßen Händen. – Neu-Arad und Arad befanden sich in den Händen der Roten Armee; ungarische Honved-Divisionen sollten einen Angriff starten. Bis diese sich dazu entschlossen, ließ ich meine Leute Übungen mit den Granatwerfern und sonstigen Waffen machen. Arad ist eine alte ungarische Komitatshauptstadt, nach dem letzten Krieg durch Friedensvertrag zu Rumänien gekommen. Von Neu-Arad ist es durch einen kleinen Fluß getrennt. Um jene Zeit war Neu-Arad rumänisches Hoheitsgebiet, einige hundert Meter von der ungarischen Grenze weg. Als die ungarischen Honved-Divisionen nun endlich den Angriff ohne jegliche deutsche Unterstützung starteten, warfen sie die Sowjets etliche Kilometer weit zurück, so daß der Raum frei wurde. An einem Sonntagvormittag fuhr ich durch Arad. Es fand gerade eine Befreiungsfeier auf dem großen Platz statt, weil dieses Gebiet einige Stunden oder einen Tag zuvor wieder den Ungarn in die Hände gefallen war. In Neu-Arad befand sich ein deutsches Wehrmachts-Lazarett in sowjetischer Hand; die Russen transportierten laufend Landser und Rotes-Kreuz-Personal ab. Hier wollte ich einen Vorstoß machen, um das Lazarett zu befreien und aufzunehmen. Da ich den ursprünglichen Befehl zur Evakuierung der 10 000 Volksdeutschen nicht durchführen konnte, weil dieser Raum noch in sowjetischer Hand war, entschloß ich mich auf eigene Faust, mich zunächst der Lazrarett-Insassen anzunehmen. Wir fuhren in Richtung Neu-Arad und nahmen unterwegs eine deutsche Rot-Kreuz-Schwester auf, die ihrer Freude über die Rettung des Lazaretts nicht genug Ausdruck geben konnte. Noch in der vergangenen Nacht hatten die Rotarmisten halbwegs transportable Verwundete abtransportiert; ich besprach mit dem Oberstabsarzt des Lazaretts, daß die gesamte Belegschaft sofort in Richtung Budapest in Marsch zu setzen sei; ich verfügte über die nötigen Transportmittel. Der Oberstabsarzt ließ alle Instrumente verpacken und die etwa zwei- dreihundert Verwundeten antreten; alle, die bisher kaum kriechen konnten, waren plötzlich imstande zu gehen; der Oberstabsarzt sagte, sogar die Schwerstverwundeten brauchten jetzt keine Medizin mehr; die Befreiung sei die beste Medizin. Weil ich eigenmächtig gehandelte hatte, bekam ich nachher von meinem Vorgesetzten, Obergruppenführer Müller, einen Verweis, vom Reichsführer dagegen das Eiserne Kreuz zweiter Klasse.

Wir fuhren dann wieder zurück nach dem Gut, wo ich weiterhin auf den ungarischen Angriff wartete. Inzwischen hatte mich der ungarische Oberkommandierende des Abschnitts, ein Feldmarschall, dessen Name mir entfallen ist, durch seinen Adjudanten zu sich befohlen. Ich wich diesem Befehl jedoch aus; denn der Feldmarschall ließ mir durch seinen Adjutanten schon den Grund dafür erklären: Der Abzug der Volksdeutschen aus einem für Ungarn so lebenswichtigen Raum würde den Widerstand der Ungarn einschließlich seiner eigenen Truppen erlahmen lassen. Ich hätte dem Feldmarschall darauf nichts anderes geantworten können, als daß der Befehl des Reichsführers lautete: 10 000 Volksdeutsche dem sowjetischen Zugriff zu entziehen. Als der ungarische Angriff erfolgreich war, wurden die Volksdeutschen evakuiert. Meine Mitarbeiter waren in dieser Hinsicht geschult und konnten mit größter Beschleunigung alle verladen und in Richtung Budapest in Marsch setzen, mit Ausnahme jener Volksdeutschen, die sich hartnäckig weigerten, ihren Besitz oder ihr Land zu verlassen. Wenige Tage nach Abschluß dieser Aktion hatte die Rote Armee mit einem energischen Gegenangriff das ganze Gebiet wieder besetzt; doch dem größten Teil der Volksdeutschen hatten wir das Leben gerettet.

Unter den Evakuierten gab es natürlich welche, die damals Zeter und Mordio schrien, aber später stifteten sie wahrscheinlich in ihren Kirchen der Jungfrau Maria eine Dankkerze dafür, daß ich hart blieb und sie aus diesem Raum abzog. Heute werden sie wahrscheinlich zum Teil mit Bundesunterstützung und mit Pensionen auf Grund nachgewiesener Besitztümer wieder anständig leben. Jahre später, nach dem Krieg, traf ich einmal jemanden aus diesem Kreis der Volksdeutschen, der mir sagte, wie dankbar sie dem Manne seien, der sie damals mit Gewalt aus dem Raum von Neu-Arad herausgeholt habe. Ich gab mich nicht zu erkennen, aber mit innerer Freude und Genugtuung stellte ich fest, daß die Aufgabe, mit der ich damals an die ungarisch-rumänische Grenze gesandt wurde, erfolgreich gelöst war.

Während dieser Monate fuhr ich mehrmals über Budapest nach Berlin. Meine Budapester Dienststelle wurde während meiner Abwesenheit von Krumey geführt. In Berlin blieb ich acht bis vierzehn Tage und fuhr dann wieder zu meinem Kommando zurück, das auf dem Gut geblieben war und dort exerzierte.

Von ungarischer Seite bestand man darauf, nach dem Sturz des Reichsverwesers von Horthy die Deportationen wieder aufzunehmen. Andererseits hatten aber die alliierten Bomber das Eisenbahnnetz praktisch zerschlagen. Da kam irgend jemand auf den Gedanken: Wenn die Alliierten die Bahnhöfe und Eisenbahnlinien zerschlagen, dann sollen ihre Verbündeten, die Juden, eben marschieren. Wir stellten mit den Ungarn zusammen das Programm auf, täglich so viele Juden marschieren zu lassen, wie wir sonst verladen hätten. Die ungarische Gendarmerie erfaßte die Juden und begleitete sie auf ungarischem Hoheitsgebiet; an der Grenze wurden sie von der deutschen Polizei übernommen. Die Ungeduld des Staatssekretärs Endre, dem die Deportierungen der Juden sowieso viel zu langsam gingen, gebar die Idee dieser Fußmärsche. Trotz des Drängens der ungarischen Regierung in allen Angelegenheiten der Juden mußte auch diese Maßnahme erst die Billigung der deutschen Dienststellen finden; ein solcher Fußmarsch würde die Weltöffentlichkeit aufhorchen lassen. Zweifellos habe ich diese Sache meinem unmittelbaren Vorgesetzten in Form eines schriftlichen Vermerks mit der Bitte um Kenntnisnahme und Weisung vorgelegt. Anders ist es nicht denkbar.

Während der gesamten Zeit meiner Ungarnkommandierung fuhr ich etwa alle vier, höchstens alle sechs Wochen zur Berichterstattung nach Berlin; zu diesem Zweck stand mir ein 3,4 Mercedes zur Verfügung, der auch für Nachtschnellfahrten eingerichtet war. Zur Entgegennahme grundsätzlicher Befehle wurde ich mehrmals während dieser Zeit mittels Fernschreiber zu Müller nach Berlin befohlen. Mein unmittelbarer und direkter Vorgesetzter, Amtschef IV des RSHA, SS-Gruppenführer Heinrich Müller, war ein ebenso vorsichtiger und pedantischer Bürokrat wie ich, der es nie unterließ, den korrekten Dienstweg zur Erlangung einer Weisung zu gehen. Das nannte man „Abdecken"; ich erinnere deswegen daran, weil ich im Rahmen der vielen Fragen, die mir jetzt gestellt wurden, auch einmal zu hören bekam, daß ich mich stets „abdeckte"; irgendein Autor hat das Wort verwendet. Ich will es näher erklären: Es war kein „Abdecken" nach außen hin, etwa zum Gegner oder zu neutralen Dienststellen, sondern vor den eigenen Vorgesetzten, vor möglichem Zwist innerhalb der Zentralinstanzen des Reiches. Zwist bedeutete Ärger mit anderen deutschen und nichtdeutschen Zentralinstanzen, woraus für das Reich Unannehmlichkeiten entstehen konnten. Daher auch stets die Bitte um Kenntnisnahme, Entscheidungs- und Weisungserteilung. Ich kann zu behaupten wagen, daß der stets vorsichtige Müller und sogar sein unmittelbarer Vorgesetzter, der oft ängstliche und manchmal sogar unentschlossene Kaltenbrunner oft nicht selber entschieden, sondern die Entscheidung des Reichsführers erbaten.

Eine Entscheidung von höchster Stelle für den Fußmarsch der 10 000 oder 15 000 Juden lag vor. Das ist daraus zu ersehen, daß keine Instanz in der Lage war, diesen Marsch zu hindern oder gar aufzuhalten. Da von ungarischer wie von deutscher Seite höchsten Orts die Entscheidung gefallen war, erklärt es sich, daß sogar der Höhere SS- und Polizeiführer in Ungarn, General Winkelmann, nichts daran ändern konnte. Bei der ganzen Angelegenheit ging es weniger um die 10 000–18 000 Juden, obwohl Endre stets mit größter Ungeduld hinter mir her war und mir nicht einmal Nachtruhe gönnte, in freundlicher Form natürlich; denn er war einer der besten Freunde, die ich je gehabt habe; es ging im wesentlichen darum, unseren damaligen Gegnern zu sagen: Es nützt euch nichts, wenn ihr die Eisenbahnknotenpunkte auf unserm Wege zur Ostfront zerbombt oder zerstört, denn die Unannehmlichkeiten haben eure eigenen Verbündeten, die Juden, auszustehen – sie sind ja eure Verbündeten, weil ihr Generalsprecher uns den Krieg erklärt hat. Laßt also ab von diesen Dingen, die euch nichts nützen! – Soviel ich mich erinnern kann, brauchte die ungarische Gendarmerie tatsächlich nie wieder einen solchen Fußmarsch zu organisieren; offenbar hat dieses Exempel geholfen. Heute kann ich nicht mehr mit absoluter Bestimmtheit angeben, ob die Juden für den Fußmarsch von der ungarischen Gendarmerie in den Komitaten erfaßt wurden oder aus dem Budapester Ghetto kamen. Ich glaube mich allerdings entsinnen zu können, daß aus dem Ghetto gar nicht abtransportiert wurde, natürlich mit Ausnahme jener Kontingente, die sich Kastner für Erez Israel in opportun erscheinenden Jahrgängen abzweigte, wobei es sich selbstverständlich nicht um alle Juden der betreffenden Jahrgänge handelt; denn diese hätte er nicht einmal unterbringen können. Beschwören kann ich allerdings nicht, ob nicht doch irgendeine ungarische Stelle ohne Wissen der deutschen Dienststellen Juden aus dem Ghetto herausholte.

Bei dem Fußmarsch war einer meiner Mitarbeiter dem jeweiligen ungarischen Gendarmerieoffizier zugeteilt. Nach einer Art Generalstabsplan waren die Märsche pro Tag auf bestimmte Kilometerstrecken berechnet, die sich aber mit zunehmenden Marschtagen ständig verringerten. Es wurden entsprechende Verpflegungs- und Trinkwasserdepots auf der Autostrecke Budapest-Wien eingerichtet. Wenn mir jetzt gesagt wird, daß bei diesem Fußmarsch viele Juden als Leichen am Wege liegengeblieben sind, so hätte ich das damals bestimmt erfahren. Ich habe nichts davon gehört! Daß der eine oder andere bei einem solchen Marsch ausgefallen ist, ist erklärlich. Denn bei welchem Marsch fällt niemand aus?

Obwohl ich nicht glaube, mit dem Schweden Wallenberg persönlich gesprochen zu haben, erinnere ich mich dieses Namens. Da ich Krumey frei schalten und walten ließ und mich um nichts kümmerte, ist es möglich, daß er mit Wallenberg über Marschverpflegung und dergleichen für den Fußmarsch verhandelt hat. An und für sich war die Marschverpflegung und Ausrüstung nicht Aufgabe meiner Dienststelle, sondern sie wurde von der Operationsabteilung der ungarischen Gendarmerie bestimmt und beschafft. Wenn diese Wallenberg freie Hand ließen, war er eben der Verantwortliche; hatten die Ungarn aber dazu einen Beschaffungsoffizier, so war es dessen Aufgabe.

Die Juden wurden dringend erwartet als willkommene, zusätzliche Arbeitskräfte für die schwer schaffende niederösterreichische Bevölkerung, mit der zusammen sie, Schaufel an Schaufel, Panzergräben als Verteidigungsmaßnahme gegen die zu erwartende Offensive der zweiten ukrainischen Front ausheben sollten. An der Grenze angekommen, wurden sie vom niederösterreichischen Gauleiter in Empfang genommen, zweifellos laut Verteidigungsbefehl.

Wenn heute von jüdischer Seite behauptet wird, am 25. November 1944 habe Standartenführer Becher auf Betreiben von Kastner wegen dieses Fußmarsches den Reichsführer bewegen können, den Befehl zur Einstellung der physischen Vernichtung zu erteilen, die Gaskammern zu sprengen und die Kommandanten der Konzentrationslager dafür persönlich verantwortlich zu machen, daß auch Kranke und Gebrechliche respektiert werden sollen, so kann ich darauf nur sagen: Der Autor sagt die Unwahrheit. Ich war mit Becher zwei- oder dreimal beim Reichsführer, und schon beim erstenmal erwähnte Himmler, daß die physische Vernichtung eingestellt werde. Der Fußmarsch war das letzte, was wir unternahmen; denn schon im Oktober war der sowjetische Beschuß der ungarischen Hauptstadt sehr stark. Um diese Zeit hämmerte der Russe mit Ausnahme weniger Wochen auf die Vorstädte. Da hörten auch die Evakuierungen auf. Hätte der Reichsführer-SS nicht schon vorher seinen erwähnten Befehl gegeben, so wären alle ungarischen Juden deportiert worden; so aber war die Sache der 10 000 LKWs Grund genug für jenen Befehl. Außerdem leben heute noch zahlreiche ungarische Juden, die angeblich der Vernichtung zugeführt wurden. Dafür haben wir den Beweis, daß mein Datum für jenen Befehl mit dem Abmarsch Brands ungefähr übereinstimmt; dazwischen liegen Mai, Juni, Juli, August, September, Oktober; das sind sechs Monate; in diesen sechs Monaten wurde teils evakuiert, teils mehrere Wochen überhaupt nichts unternommen. Brand schreibt ja angeblich selber, daß ich monatelang „verschwunden" war. – Es ist jüdische „Kunst der Wahrheitsfindung", durch eine ganz einfache Datumsumstellung den Stop-Befehl des Reichsführers auf das allerletzte mögliche Datum, nämlich nach dem Fußmarsch, zu verlegen, um auf eine enorm hohe Zahl evakuierter Juden zu kommen.

Wo hätten wir denn eine Million Juden für das Tauschgeschäft hernehmen sollen? Wir hätten natürlich weit über eine Million gehabt, aber Kastner waren ja biologisch wertvolle Menschen versprochen, und so brauchten wir diese zur sofortigen Verfügung und auf Abruf zum Transport bereit in Budapest; hinzu kam eine gewisse „Risiko-Zahl".

Da mir jetzt erneut aus bestimmten Veröffentlichungen vorgelesen wird, daß allein 14 000 Frauen am Fußmarsch teilnehmen mußten, die Leichen haufenweise die Straßen säumten und anderer Unsinn, fühle ich mich verpflichtet, nochmals die ganze Geschichte des Fußmarsches ergänzend zusammenzufassen. Es wird hier wahrhaftig zuviel dummes Zeug gesprochen von Leuten, die sich aus irgendwelchen opportunistischen Gründen interessant machen wollen oder wollten und nach 1945 persönliche Vorteile für sich herauszuholen suchten.

Als die Luftflotte der Alliierten den Bahnhof Györ und viele andere auf dieser Strecke durch Bombenangriffe zerstört hatte, war kein Transport mehr möglich – weder für Zivilpersonen noch von Soldaten und Kriegsmaterial oder Evakuierten. Mithin konnten auch die von der ungarischen Exekutive zum Abtransport überstellten Juden nicht befördert werden. Es wurde von ungarischer und deutscher Seite höchsten Orts angeordnet, daß rund 10 000, wohl ganz vorwiegend in den östlichen Komitaten erfaßte Juden, möglicherweise dabei auch ein kleiner Prozentsatz aus dem Budapester Ghetto, in Fußmärschen zur niederösterreichischen Grenze gebracht werden sollten; in Niederösterreich waren sie zum Arbeitsdienst-Einsatz beim Ausheben von Panzergräben bestimmt. Der Befehl kam vom Chef der Sipo und des SD an meine Dienststelle, also auf dem üblichen Dienstwege; es ist selbstverständlich, daß ich **niemals** eine solche Order auf eigene Verantwortung hätte erteilen können! Wer den Gedanken des Fußmarsches zuerst geäußert hat, weiß ich nicht mehr; **sollte ich es gewesen sein, so ist das möglich.** Wir mußten damals eine Lösung finden; denn ich war dem Reichsführer dafür verantwortlich, daß Ungarn – zuerst unmittelbar hinter der kämpfenden Front gelegen, später selbst Kampfgebiet – auf keinen Fall ein „Partisanen-Großraum" wurde, soweit es sich um die jüdische Partisanengefahr handelte. Offenbar hatte Himmler aus den schrecklichen Ereignissen in Warschau gelernt und die Furchtbarkeit des zu allem entschlossenen Gegners erkannt.

Ich habe also befehlsgemäß dieses Kontingent Juden in Marsch gesetzt; von Budapest bis zur Grenze mögen es etwa 180 km sein. Der Marschplan war zuvor mit dem Befehlshaber der ungarischen Gendarmerie eingehend besprochen; die Einzelheiten wurden dem zuständigen Sachbearbeiter der Ungarn, Major Ferenczy, übertragen; die Tagesmärsche waren in anfangs größere, später immer mehr verringerte Kilometer-Leistungen eingeteilt. Ich glaube, wir berechneten, daß in 10–12 Tagen die Spitze der Kolonne die ungarisch-burgenländische Grenze erreichen sollte. Bei den jeweiligen Übernachtungsstationen richtete die ungarische Gendarmerie Verpflegungsdepots ein. In sanitärer und hygienischer Hinsicht war für das mögliche gesorgt. Natürlich lebten wir in Kriegszeiten und hatten keine großen Ansprüche auf einen gehobenen Lebensstandard zu stellen. Trotz der Notlage, noch verschärft durch das Verkehrschaos und die Zerschlagung der wichtigsten Verkehrsmöglichkeiten, geschah alles nur Mögliche, um diesen Zug der Zehntausend nach der burgenländischen Grenze zu schicken. **Ich fuhr einmal persönlich die Strecke ab und kann versichern, daß ich auf der ganzen Strecke zwei Leichen gesehen habe, die von alten Juden.**

Sind etwa nach 1945 keine Späne gefallen, als unvergleichbar größere Kontingente Deutscher aus dem Osten „abtransportiert" wurden? Sind etwa für diese Deutschen fürsorglicher-

weise nach Absolvierung der Tagesleistung irgendwelche Verpflegungsdepots, sanitäre und hygienische Einrichtungen angelegt worden? Wer hat das getan? Deutsche Gründlichkeit hat das für den Fußmarsch der Juden Ende 1944 angeordnet, so daß die ungarische Gendarmerie es laut dem vereinbarten Plan ausführte.

Es sind heute vierzehn Jahre her, da werde ich zum erstenmal nach der genauen Zahl jenes Kontingentes gefragt. Ich kann mich natürlich nicht festlegen auf 10 000, es können auch 15 000 gewesen sein; jedenfalls aber kann ich verbindlich feststellen, daß es keinesfalls über 20 000, wahrscheinlich unter 15 000 waren. Als diese Kontingente an der Grenze ankamen, wurden sie nicht, wie ursprünglich mit dem WVHA und dem Fahrplanamt vereinbart, dort einwaggoniert, sondern von den örtlichen Kreis- und Ortsgruppenleitern übernommen, um deutschen Frauen, Kindern und Greisen zu helfen, mit dem Spaten Panzergräben auszuheben; für die Verpflegung kam der Gauleiter von Niederösterreich auf.

So und nicht anders lief diese Begebenheit. Sie ist allerdings von den „Glücksritter"-Autoren der Nachkriegszeit mit einer Menge anderer Dinge gekoppelt worden, weil es ihnen irgendwie opportun erschien. Vielleicht rechneten sie damit, daß alle Beteiligten tot seien oder etwa Überlebende ihr Dasein kümmerlich fristen müßten und es vorzögen zu schweigen. Heute ist der Zeitpunkt gekommen, wo ich darüber sprechen kann.

Da habe ich z. B. im November 1944 das Budapester Ghetto zum Abtransport bringen wollen – mindestens 200 000 Personen, wie ich immer wieder den Falschmeldungen von niedrigeren Zahlen, z. B. 70 000, gegenüber betont habe. Dieses Ghetto stand auf Grund der Warschauer Erfahrung unter strengster Kontrolle und konnte als Widerstandsnest überhaupt nicht gefährlich werden. Gewiß hätten die „Pfeilkreuzler", voran Staatssekretär Dr. Endre, lieber heute als morgen das Verschwinden des Budapester Ghettos gesehen, doch hätte der Reichsführer niemals einen Befehl zu einer so sinnlosen Maßnahme erteilt. Zur angegebenen Zeit war an eine Evakuierung solcher Massen überhaupt nicht mehr zu denken; ebensowenig konnten sie noch für irgendwelche „Tauschgeschäfte" in Erwägung gezogen werden, da selbst jüdische Kreise erkennen mußten, daß die katastrophale Transportlage in Ungarn so etwas verbot. – Alle Behauptungen über derartige Bemühungen, z. T. sogar im Ausland, sind daher aus der Luft gegriffen und sollen nur dazu dienen, sich geheimnistuerisch große Lorbeeren zu verschaffen. – Und 200 000 oder auch nur 100 000 Personen auf einen Fußmarsch zu schicken, wäre heller Wahnsinn gewesen; denn sie wären ja unterwegs alle umgekommen. Man möge jemand fragen, der schon einmal mit Menschenmassen unter widrigsten Umständen praktische Erfahrungen gemacht hat, z. B. meinen sowjetrussischen Kollegen, den

General Serow, der mir in dieser Angelegenheit rein fachlich recht geben müßte, oder die Deportationsfachleute eines Tito oder die Fachleute, die im Raum der Tschechoslowakei nach 1945 arbeiteten: sie werden alle dasselbe bestätigen.

Wenn man mir jetzt sagt, daß während dieses siebentägigen Marsches 1200 Menschen, darunter auch achtzigjährige Frauen, umgekommen seien, so hätte diese Ziffer etwa 10 % aller Beteiligten ausgemacht. Der Treck, den ich auf erhaltenen Befehl durchführen ließ, hat an natürlichen Ausfällen den Bruchteil eines Prozents aufgewiesen. Der Fußmarsch war bis in Einzelheiten vorbereitet und kostete mich mehr Arbeit, als wenn ich fünfhundert Transportzüge nach Auschwitz hätte organisieren müssen. – Ungarn lag in jener Phase des Krieges stark im Blickpunkt des Auslandes. Wir mußten beweisen, daß wir trotz der Zerstörungen der Eisenbahnverkehrswege unser planmäßiges Vorhaben durchzuführen entschlossen waren, in einer Form, die der von den Alliierten geschaffenen Lage angemessen war. Der Höhere SS- und Polizeiführer oder auch der Reichsbevollmächtigte Veesenmayer teilte mir mit, daß diese Strecken bombardiert wurden, um den Judentransport zu unterbinden. Letzterer war ein außerordentlich ängstlicher Herr, wenn es sich um Angelegenheiten handelte, die uns irgendwie schaden konnten. Veesenmayer schlich auf dreifachen Gummisohlen einher und sah ein Unheil schon voraus, bevor überhaupt irgendwelche Maßnahmen in die Wege geleitet waren.

Der Befehl lautete, nur marschfähige Personen auszuwählen; als marschfähig galt für uns das Alter von 16–50, unter Umständen auch bis zu 60 Jahren, denn je nach Rüstigkeit kann ein Vierzigjähriger nicht marschieren, aber wohl ein Sechzigjähriger. Was die ungarische Gendarmerie unter marschfähig verstand, hatte die deutschen Stellen nicht zu interessieren. In den Komitaten hatte ich meine Berater, die der ungarischen Gendarmerie zur Verfügung standen; diese gaben den Befehl des Reichsführers bis ins einzelne weiter; das bedeutete, daß im ungarischen Raum wie überall vermeidbare Härten zu vermeiden seien. Ich entsinne mich genau, daß ich für den Fußmarsch ausdrücklich nur marschfähige Personen verlangt habe, daß weiterhin der Höhere SS- und Polizeichef in Ungarn, General Winkelmann, die Strecke persönlich abfuhr wie übrigens auch der ungarische Staatssekretär Dr. Endre und bestimmt noch viele andere, auch Höß und möglicherweise SS-Obergruppenführer Jüttner. Verschiedene Herren vom WVHA sahen sich den Treck an, weil ursprünglich geplant war, diesen Treck auf deutschem Boden normal zu verladen und dem WVHA zur Verfügung zu stellen. Aber wenn ich jetzt höre, Obergruppenführer Jüttner habe in Nürnberg erklärt, daß er Kolonnen jüdischer Frauen, bis zu sechzig Jahren alt, auf der Straße habe liegen sehen und der Höhere SS- und Polizeiführer

Winkelmann ihm gesagt habe, er sei machtlos und Eichmann allein verantwortlich, dann will ich dazu feststellen: Wenn ein Bericht Jüttners wirklich existiert und keine Lüge ist, kann ich nur sagen, daß ich kein Wort davon verstehe: Was dort gesagt wird, spricht jeder Wahrheit Hohn. Es hätte meinem Vorgesetzten, Gruppenführer Müller, den Atem verschlagen, wenn dieser Fußmarsch ein Fiasko gewesen wäre. Nicht einmal von dem sehr empfindlichen Chef des Sicherheitsdienstes, Dr. Kaltenbrunner, habe ich je auch nur den leisesten Vorwurf gehört. General der Polizei Winkelmann, an sich eine sensible Natur, hat mir ebensowenig auch nur die geringste Vorstellung gemacht; und keiner von ihnen würde sich so lächerlich machen zu behaupten, daß er durch den Obersturmbannführer Eichmann etwa „unter Druck" gesetzt worden sei. Nach Dienstgrad und Dienststellung hatte ich vor diesen Leuten meine Hacken zusammenzureißen. Wenn man mich zu einem „Caligula" stempeln will, dann ist eben der Zeitpunkt vor Kriegsende am ungünstigsten gewählt; alle diese Herrschaften schlagen sich mit der eigenen Faust ins Gesicht, wenn sie heute behaupten wollen, daß sie sich vor 1945 von einem Obersturmbannführer, von einem Sonderkommandochef Eichmann, von einem Dezernenten im geringsten hätten tyrannisieren lassen. Was für ein Unsinn, daß sie mir gegenüber „machtlos" gewesen seien! – Ich hatte ja nie in meinem Leben eine schriftliche Sondervollmacht des Reichsführers oder des Chefs der Sipo, ich hatte überhaupt nichts Besonderes. – Im bescheidenen Amtsbereich meines Dienstgrades habe ich allerdings immer hundertprozentig gearbeitet, vor allen Dingen durchdacht und mit dem Verlangen präziser Ausführung. Ich habe meinen Dienst exakt und korrekt durchgeführt, so daß Gruppenführer Müller mir einmal sagte: „Hätten wir 50 Eichmänner gehabt, dann hätten wir den Krieg automatisch gewinnen müssen!" Das hat sich nicht etwa auf Substanzverluste des Gegners bezogen, weil ich ja damit überhaupt nichts zu tun hatte, sondern auf hartes Durchsetzungsvermögen und auf bedingungslose Treue in der Ausführung erhaltener Befehle. Und darum kann ich so gar nicht verstehen, daß es deutsche Offiziere gegeben hat, die an erhaltenen Befehlen herumdeutelten und sie auslegten, wie es ihnen gerade in den Kram paßte. Damit mußten wir den Krieg verlieren, und so versteht sich auch, daß ich schon seit der Siegesparade von Bock auf den Champs Elysées pessimistisch eingestellt war. – Eines ist sicher: der Reichsführer hat mich wegen des Fußmarsches nie zur Verantwortung gezogen, ebensowenig der Chef der Sipo oder mein unmittelbarer Vorgesetzter, General der Polizei Winkelmann. Reichsbevollmächtigter Dr. Veesenmayer sowie Dr. Endre haben mir zu der guten Durchführung gratuliert. Ich weiß mich wohl zu erinnern, daß ich wegen allerhand Querschießereien mit sonorer Stimme, die ich mir zuweilen zulegen konnte, in akzentuierter Form die Beweise dafür gab, daß diese oder jene Behauptung falsch war. Dann kam es mir nicht darauf an, ob der betreffende etwa Gruppenführer oder Obergruppenführer war. Trotz aller sonstigen Disziplin und Unterordnung konnte ich Unrecht mit der Kraft meiner Überzeugung und meines Rechtsstandpunktes anprangern. Aber nie hätten sich diese Leute, die höhere Dienstgrade und Dienststellen repräsentierten, einen solchen Ton gefallen lassen, wenn ich ihnen nicht mit polizeilicher Genauigkeit hätte nachweisen können, daß ihre Informationen – meistens vom Hörensagen – falsch und unrichtig waren. Ich könnte fast noch heute in dieselbe Wut geraten, wenn ich daran zurückdenke.

Ich frage: Warum hat man denn gegen diesen kleinen Obersturmbannführer und kleinen Dezernenten im RSHA kein Verfahren eingeleitet? Es konnte einem ja wegen irgendwelcher Kleinigkeiten um jene Zeit von hohen und höchsten Dienstgraden leicht ein Verfahren angehängt werden; für den Höheren SS- und Polizeiführer Winkelmann und sogar für den Befehlshaber der Sipo und des SD, Standartenführer Geschke, wäre es sehr einfach gewesen. Warum wurde mir statt dessen gratuliert?

Ob Kranke aus diesem Fußmarsch nach Budapest zurückgeschafft wurden, weiß ich nicht; das ist durchaus möglich. Ich habe von dem Vorkommando der ungarischen Gendarmerie verlangt, die tägliche Marschleistung festzusetzen und jeweils Übernachtungsmöglichkeiten zu beschaffen. Das bedeutete natürlich nicht, daß Pullman-Matratzen geliefert wurden; denn schließlich kampierten die Ostfrontkämpfer bereits jahrelang, ohne einen warmen Schluck im Magen zu haben. Genausowenig bedeutet der „sofortige Arbeitseinsatz" dieser Leute beim Panzergrabenbau, daß der Mann aus diesem Fußtransport, der um 10 Uhr ankam, um 10.15 Uhr bereits die Schaufel in die Hand nahm. Bei ihrer Ankunft wurden sie erst einmal aufgeteilt. Dann sorgte die Gauleitung für Essen, und erst dann wurde das Arbeitsgerät gefaßt. So verging eine große Spanne Zeit, bis die erste Schaufel Erde ausgehoben wurde – jedenfalls viel mehr Zeit, als hunderttausend Ost- und Westfrontkämpfer hatten, um zwischen Ankunft und sofortigem Kampfeinsatz nach Luft zu schnappen, und jedenfalls viel mehr Zeit, als den mit dem Bajonett zusammengetriebenen deutschen Frauen, Kindern und Greisen in eben besetzten Dörfern und Städten vor dem Arbeitseinsatz verblieb. Es ist der reinste Unsinn, wenn jetzt behauptet wird, ich habe Wisliceny auf Grund der Rückführung einer großen Anzahl von Kranken nach Budapest mit Standgericht gedroht. Erstens war nicht die deutsche Sipo für den Transport verantwortlich, sondern die ungarische Gendarmerie, und zweitens habe ich nie in meinem Leben irgendeinem Menschen mit Standgericht oder Kriegsgericht oder überhaupt mit irgendeinem Verfahren gedroht; schon gar nicht meinen engsten Vertrauten, die ich auch heute noch als Freunde ansprechen möchte. – Zweimal habe ich ein Verfahren beantragt, wie ich bereits erwähnte: gegen einen Obersturmführer, der im Keller sechs Juden geschlagen hatte, und gegen meinen Fahrer, der auf der Dienststelle einen Klosettdeckel gestohlen hatte.

Wenn behauptet wird, ich habe am 23. November 1944 erklärt, ich würde damit aufhören, „die Inhaber gefälschter Schutzpässe unter ständigem Druck zu halten, wenn sich 20 000 Juden freiwillig zur Arbeit melden wollten", so erinnere ich mich zwar nicht daran, aber denkbar ist das. Dabei handelte es sich jedoch keineswegs um Deportationen, sondern um Verteidigungsarbeiten gegen die herandrängende Rote Armee. Darum ist es auch unsinnig zu behaupten, daß Wisliceny während dieses Marsches zum Arbeitseinsatz eine große Anzahl kranker Juden nach Budapest habe zurückschaffen lassen. Was sollten kranke Juden beim Panzergrabenschaufeln? – Wisliceny wurde ebensowenig im Januar 1945 „strafweise in eine andere Abteilung der Gestapo versetzt". Wisliceny stand immer in Gnaden, bis zum Ende. Wäre er verheiratet gewesen, so wäre er auch zum Sturmbannführer befördert worden. Ich habe ihm das auch in Budapest in freundschaftlicher Form gesagt: „Dieter, ich habe Dich mehrmals zum Sturmbannführer eingegeben; es tut mir leid, Du kannst nicht befördert werden... Du bist doch hier in Budapest verlobt, und einmal mußt Du sowieso heiraten..."

Von Telegrammen Bechers aus der Schweiz weiß ich gar nichts – ich habe nie eins empfangen. Als alten Reiseonkel hätte es mich geradezu gereizt, wieder einmal in die Schweiz zu fahren, das hätte ich ja ohne weiteres tun und dienstlich untermauern können.

Wer etwa behaupten will, der Fußmarsch sei ein Verbrechen gegen die Menschlichkeit gewesen, so kann ich nur entgegenhalten, daß wir uns dabei durch die Beispiele leiten ließen, die uns der Gegner gab. Dazu zählten auch die Juden, denn durch den Mund ihres obersten Sprechers, Dr. Chaim Weizmann, hatten sie uns ja den Krieg erklärt. Die Beispiele des Gegners bestimmten die Härte unserer Maßnahmen – um jene Zeit hörten wir davon, wie Leichen von deutschen Frauen und Mädchen aufgefunden wurden, zwischen deren Schenkeln nur noch die Böden von Weinflaschen hervorragten. Um jene Zeit wurde nicht mehr geflunkert! Um jene Zeit waren wir nicht mehr zartbesaitet; wir arbeiteten nicht mehr mit Glacé-Handschuhen. Um jene Zeit wurde angeordnet, ausgerechnet und durchgeführt. Das möchte ich in diesem Zusammenhang festgestellt haben.

Ich wiederhole, daß Endre bis zu unserem Abmarsch aus Ungarn im Amt geblieben ist; ich habe ihn häufig in seinem Ministerium besucht, auch in den Monaten Juli und August 1944. Im Sommer – wohl im Hochsommer – heiratete er, daran erinnere ich mich. Ich besuchte ihn verschiedentlich allein und auch mit Winkelmann zusammen, und da feierten wir einmal ein ländliches Fest. Ich besuchte Endre auch in der Zeit, als ich auf dem Becherschen Pferdegut auf den Einsatz im rumänisch-ungarischen Grenzgebiet zur Aussiedlung der Volksdeutschen wartete, nämlich bei Gelegenheit meiner Reise nach Berlin, die über Budapest führte. Als ich das Eiserne Kreuz bekam für die Befreiung des Wehrmachtslazaretts in Neu-Arad, war ich auch mit Endre zusammen. Endre mietete dann anschließend eine Wohnung in meiner Nähe. Damals griffen die sowjetischen Bomber Budapest an, da war ich wiederholt bei Endre, weil er sich über die militärische Lage informieren wollte. Im Ministerium hatte Endre ein Spind mit zwei oder drei Anzügen stehen, wie ich in dieser Zeit, Sommer 1944, feststellte, und da war von einer „Abdankung" nicht die Rede.

Im September/Oktober mußte ich meine Behausung, die, glaub ich, in der Utnovstraße lag, zugunsten eines hohen Wehrmachtsoffiziers räumen. Stattdessen bekam ich eine Art Sommerwohnung, die jemandem aus dem Manfred-Weiß-Konzern gehörte, bedeutend kleiner, aber das war mir gleich. – In diesem Hause beraumte ich noch eine Zusammenkunft an, zu der General Winkelmann und die sich noch immer in Amt und Würde befindenden Staatssekretäre Dr. Endre und Baky geladen waren, ferner ein Baron, Vertreter der BMW-Werke, Krumey, vielleicht auch Wisliceny, Dr. Geschke, der persönliche Sekretär von Dr. Endre und Peter von der Ungarischen Geheimen Staatspolizei. Ich hatte jedoch keine Hausdame und bat deshalb eine Adlige, diese Funktion auszuüben. Sie war Besitzerin eines großen Walzwerkes, das die Wehrmacht sprengen sollte, weil es im Schußfeld der Artillerie lag; aus diesem Grunde nahm sie meine Einladung damals nicht an. Das muß alles im Jahre 1944 gewesen sein. Ich hatte in Budapest keine Konkubine, wie es immer so „schön" dargestellt wird; wohl ging ich mal zum Abendessen mit einer netten Bekanntschaft aus, mit der ich aber nie in intimen Beziehungen stand. Auf der Suche nach einer Hausdame für den erwähnten Abend bekam ich diese in Person der charmanten Braut des Vertreters des Deutschen Nachrichtendienstes.

Ich erzähle dies alles so ausführlich, weil es gerade in die Zeit fällt, als – der Nachkriegsliteratur zufolge – Baky und Endre auf ein „Nebengeleis" abgeschoben worden sein sollen. Wohl erzählte mir Endre, daß er gelegentlich Schwierigkeiten mit seinen eigenen Landsleuten habe, aber weil ich mich nie um interne ungarische Angelegenheiten kümmerte, erinnere ich mich daran ebensowenig wie an die angebliche „Entwaffnung" der ungarischen Gendarmerie. – Es stimmt, daß Endre einmal eine 14tägige Reise nach Deutschland machte, aber normalerweise trafen wir uns fast jeden Abend, mit Baky einmal in der Woche. So weiß ich noch, daß ein Sohn von Endres die Goldene Tapferkeitsmedaille bekam; hätte Endre wirklich

Schwierigkeiten gehabt, so hätte er damit bei mir nicht hinterm Berg gehalten.

Wenn ich jetzt die ganzen Zusammenhänge von der gegnerischen Sicht aus erfahre, so ist es wohl möglich, daß zwischen den letzten Großdeportationen Anfang Juli und der Regierungsübernahme durch Szalasi eine Art Interregnum von vielleicht eineinhalb Monaten herrschte. Ob Baky und Endre in dieser Zeit nur pro forma Staatssekretäre blieben, weiß ich nicht. Möglich ist es, daß der Reichsführer mich in einer politisch etwas schwierigen Zeit nicht in der Stadt Budapest wissen wollte und mir deshalb den Neu-Arad-Auftrag gab, wofür ich eigentlich gar nicht zuständig war. Dieses Spiel – wenn es tatsächlich gespielt wurde – glaube ich erst heute überschauen zu können. Es mag sein, daß Winkelmann in diesem Sinne mit dem Reichsführer sprach; dieser kann Müller dementsprechend informiert haben, aber sonst wohl niemand anders.

Es mag Mittsommer 1944 gewesen sein, als der jüdische Ältestenrat von Budapest zu mir kam – mit langen Gesichtern; denn einige seiner Mitglieder waren über die grüne Grenze nach Rumänien geflüchtet. In gedrückter Stimmung berichteten sie mir das und erwarteten offenbar zumindest eine Kollektivstrafe. Da sagte ich ihnen: „Meine Herren, wer „getürmt" ist, ist „getürmt"... da kann man nix machen... Auf einen mehr oder weniger kommt es wohl gar nicht an... Wenn sie Glück haben und über die Grenze kommen, sollen sie nur weitermarschieren"; und damit war die Sache für mich erledigt. Wahrscheinlich waren meine Gesprächspartner verblüfft über diese Entscheidung; derartige Entscheidungen hatten zur Folge, daß der Gegner nie wußte, woran er im Augenblick bei mir war, und sich nie allzu sicher fühlen konnte. Kastner, Löwenherz, Eppstein u. a. wußten freilich immer Bescheid; denn wenn sie mit mir in Hunderten von Verhandlungen gesprochen hatten, kannten sie mich natürlich.

Etwas später mußte ich aus dienstlichen Gründen den Chef der ungarischen Gendarmerie aufsuchen; ich weiß nicht mehr, ob ich dorthin gebeten wurde oder über Oberstleutnant Ferenczy als eine Art Verbindungsoffizier um ein Gespräch nachgesucht hatte. Zwischen Ferenczy sowie seinem Adjudanten, Hauptmann der Gendarmerie Nagy, einem primitiven, aber treuen Diener seines Oberstleutnants, und mir bestanden recht herzliche Beziehungen. Mit dem BDS Dr. Gerschke war ich einmal auf Ferenczys Weingut eingeladen, wo uns auf ungarische Art ein kleiner Imbiß verabreicht wurde, bestehend aus Fleisch- und Speckstücken, dazwischen Zwiebeln, die auf Ruten gespießt waren. Der Wein stammte aus dem Weingarten des Oberstleutnants; Nagy bediente uns. Darum war es mir ein leichtes, durch Ferenczys Vermittlung bei dem Chef der ungarischen Gendarmerie vorgelassen zu werden. Ich entsinne mich noch an sein Dienstzimmer, nüchtern in der Ausstattung, in einem Stil gehalten, der 30 oder 40 Jahre zurücklag. Die Gendarmerie in Ungarn war ein Elitekorps genau wie in der ehemaligen Tschechoslowakei. Als ich eintrat, stand der Chef auf, fiel mir in echt magyarischer Begeisterung um den Hals und teilte mir in überschwenglicher Form mit, daß nach dem siegreichen Kriege sicher einmal die Zeit kommen werde, wo man mir auf einem öffentlichen Platz in Budapest ein Denkmal errichten würde. Nun, ich kannte die Magyaren, habe auch selbst Verwandte in Ungarn; in ihrer Begeisterung sind sie unbezähmbar. Aber trotzdem wunderte es mich sehr zu hören, daß er einige Tage später zu den Sowjets überlief und feindliche Flugblätter sein Konterfei auf der einen Seite zeigten und auf der anderen die Aufforderung zur Übergabe und zum Widerstand gegen die deutsche „Okkupationsmacht". So etwas gab es auch.

Dagegen machte es auf mich tiefen Eindruck, als ich vom Schicksal des Vaters meines guten Freundes Endre hörte: Es mag um dieselbe Zeit – September/Oktober 1944 – gewesen sein, da drängte der Russe bereits gegen die Gegend vor, wo das väterliche Gut lag. Der alte Magnat wurde aufgefordert, zu fliehen und sich in Sicherheit zu bringen, aber er lehnte ab; er ging noch einmal auf seine Felder und schoß sich dann eine Kugel ins Herz, weil er sich, wie er sagte, nicht vor der „jüdischen Tyrannei des Ostens" beuge, sondern lieber auf seinem eigenen Boden sterben wolle. Sein Sohn lehnte es ab, sich selbst zu töten wie sein Vater; denn er war ein frommer Katholik. Er ließ sich gefangennehmen statt auf deutsches Gebiet zu flüchten, weil er die ungarische Erde nicht verlassen wollte. Diese überzeugten magyarischen Patrioten starben lieber auf magyarischem Boden. Er wurde gehängt.

Die Lage in Budapest wurde immer chaotischer, der Druck der Sowjets täglich stärker. Eines Tages ging meinem Freund Zehender, Chef der 22. SS-Kavallerie-Division, die Munition aus. Er lag am östlichen Rand der Stadt, sein Divisionsgefechtsstand befand sich in unmittelbarer Nähe der Straßenbahn-Endstation; seine Versorgungsdepots mehrere Kilometer westlich, darunter auch seine Munitionsdepots. Er wußte, daß der Russe sich zu einem Angriff auf seine Division vorbereitete, konnte aber nicht eingreifen, weil er nichts mehr zu verschießen hatte, obwohl er alles, was er auftreiben konnte – und das waren hundert Rohre – innerhalb seiner Division zusammengezogen hatte. Angesichts seiner Verzweiflung machte ich ihm den Vorschlag, mit einigen tausend Juden eine lebende Kette von seinen Munitionsdepots zur Straßenbahn zu bilden, um Granate nach Granate weiterzureichen, in die Straßenbahnwagen zu verladen und so zur östlichen Endstation zu transportieren, wo ein Kommando der Division sie abholen könne. – Ich glaube, er besprach dies auch mit Kastner. Meine

Mitarbeiter wurden eingeschaltet, und es bildete sich eine fünf- oder sechsfache Kette von Juden; in erstaunlich kurzer Zeit fuhr eine beladene Straßenbahn nach der andern quer durch Budapest zu Zehender. Voller Freude sagte er zu mir, nun könne er „100 Rohre rotzen lassen" und brauche nicht mehr an Munition zu sparen.

Aus der gegnerischen Nachkriegsliteratur habe ich erfahren, daß die „Einsatzgruppe Eichmann" in irgendwelchen Ziegeleien im August 1944 90 000 Juden aufnehmen sollte und diplomatische Proteste dies verhinderten. Ich kann dazu nur wiederholt sagen, daß das gesamte Schrifttum, das seit den unseligen Tagen von 1945 bis heute erschienen ist, ein Sammelsurium von Dichtung und Wahrheit darstellt. Eine „Einsatzgruppe Eichmann" hat es nie gegeben, es wurde nur von einem „Sonderkommando Eichmann" gesprochen; zur Aufnahme irgendwelcher Juden in irgendwelchen Ziegeleien kann ich nur wiederholen, daß in Ungarn nicht deutsche Polizeistellen federführend waren, sondern die ungarische Exekutive. Die ungarische Gendarmerie, Verbände der Pfeilkreuzler, konnten im Raum Ungarn irgend etwas „unternehmen", ohne daß ich eingreifen konnte. Wenn ich informiert wurde, geschah das nachträglich, aber die ungarische Regierung war nicht gehalten, dem Höheren SS- und Polizeiführer oder gar mir alles mitzuteilen, was sie an polizeilichen Maßnahmen vorhatte. Es ging mich nichts an, ob und welche Judenlager die Pfeilkreuzler, die ungarische Gendarmerie oder die ungarische Polizei in den einzelnen Komitaten erstellte, belegen ließ oder auflöste. Mein Sonderkommando hatte auftragsgemäß – ich kann das nicht oft genug wiederholen – den ungarischen Raum von jenen Elementen zu befreien, die nach Meinung meiner Vorgesetzten durch ihr weiteres Verbleiben Ungarn und vor allem Ost-Ungarn zu einem Partisanengebiet erster Ordnung unmittelbar hinter der Front machen konnten, wobei es darauf ankam, diesen Personenkreis von der ungarischen Regierung selbst zur Evakuierung überstellt zu bekommen. So lautete mein Befehl. Ich hätte mit meinen paar Männern niemals auch nur eine einzige Erfassungsaktion durchführen können.

Meine Aktivität bestand vor allem in Büroarbeit. Darüber hinaus bekam ich vom Reichsverkehrsministerium die Züge zum Transport und teilte ihnen jeweils etwa 30 Mann Ordnungspolizei als Bewachung zu. Welche örtlichen Vorkehrungen oder Maßnahmen die ungarischen Stellen bis zur Verladung trafen, hatte mich nicht zu interessieren; ich wurde auch in keiner Weise daran beteiligt; denn es handelte sich um ein souveränes Land.

Ich hatte einen recht herzlichen persönlichen Kontakt zu dem Befehlshaber der Sipo und des SD in Budapest, Dr. Geschke, aber davon hatte niemand, auch keine ungarische Stelle die geringste Ahnung. Weil mein Sonderkommando relativ groß war, beanspruchte es ein eigenes geräumiges

Gebäude, während die unmittelbaren Referenten des Befehlshabers der Sipo und des SD mit fünf oder sechs Mann Personal natürlich innerhalb des Gebäudes des BDS in irgendwelchen Zimmern untergebracht wurden.

Frei heraus erkläre ich, daß ich ab Oktober 1944 in Budapest die Kontrolle verloren habe. Das geschah in dem Augenblick, als nicht mehr evakuiert werden konnte und damit meine Zuständigkeit für alles erlosch, was damit zusammenhing; denn ich hatte ja in Ungarn für andere Maßnahmen nicht die geringste Zuständigkeit. Erfaßt und verladen wurde nicht mehr, ebensowenig konnte noch transportiert werden, weil kein Fahrplan mehr existierte; die Züge liefen unregelmäßig, der Russe schoß nach Budapest hinein, rückte auch einmal bis nach Csepel vor und wurde auf kurze Zeit wieder zurückgeworfen, zog aber dann den Ring um Budapest immer enger. Ich weiß noch, daß Standartenführer Becher damals sehr viel wertvolles Material, Silbersachen und derartiges, aus Ungarn wegführte; wohin, weiß ich nicht. Becher riß in diesen letzten Monaten meine Zuständigkeit immer mehr an sich – er war von Anfang an bestrebt gewesen, mir die Judenangelegenheiten irgendwie aus der Hand zu nehmen. Vollkommen gelang es ihm nicht; denn er konnte ja keine staatspolizeilichen Anweisungen geben; keine Dienststelle hätte von ihm eine Anordnung entgegengenommen. Der kleine Beamte darf für seinen Zuständigkeitsbereich nur Weisungen annehmen, wenn ihm klar ist, sie kommen von seinem dienstlichen Vorgesetzten, aber niemals von einer außenstehenden Person. Becher mischte sich überall ein; z. B. führte er Verhandlungen mit den Juden, so daß ich öfters bei Gruppenführer Müller diesbezüglich anfragte, ob Becher dazu berechtigt sei. Er war dazu berechtigt. Die Schuld hatte hier Himmler selber. Er war in seinen Entscheidungen etwas unstet; es konnte einem zustoßen, daß man vormittags eine bestimmte Entscheidung vernahm, die jedoch am selben Nachmittag oder ein paar Tage später einem anderen gegenüber, der in der gleichen Sache vorsprach, abgeändert oder ins Gegenteil verkehrt wurde. Himmler entschied auch häufig in Einzelfällen persönlich und stieß so irgendeine generelle Anordnung, die er selbst erteilt hatte, glattweg um. Es war ungeheuer schwer, sich in den verschiedenen Entscheidungen des Reichsführers zurechtzufinden; ein geschickter Mann wie Becher verstand es, mal dieses und mal jenes Zugeständnis zu erhalten. Allein schon die Tatsache, daß Himmler mit Becher in jüdischen Angelegenheiten verhandelte, bedeutete eine weitere Dezentralisierung der Bearbeitung des Judenproblems in Ungarn. Ich hatte keinerlei Kontrolle, worüber Becher mit Kastner und anderen Funktionären verhandelte. Umgekehrt hatte auch Becher keine Kontrolle über meine Verhandlungen; denn ich war durchaus nicht angewiesen, etwa alle meine Maßnahmen und Besprechungen Becher zur Kenntnis zu bringen. So fand ein gegenseitiges

Abtasten statt; ich stand jedoch zu Becher in einem recht guten Verhältnis – keiner machte dem anderen das Leben sauer. Ich hatte an sich nichts gegen Becher einzuwenden, ärgerte mich jedoch einmal maßlos über ihn, und zwar bei dem bereits erwähnten „Theater" vor Kastner und dessen Mitarbeitern, weil Becher damals in seinem gespielten Wutausbruch staatspolizeiliche Belange antastete und der Gestapo Maßnahmen unterstellte, die keineswegs unter die Zuständigkeit dieses Amtes fielen, und dies im Beisein des Gegners.

Wenn ich jetzt höre, Kastner habe am 1. September 1944 von mir die Genehmigung zu einer Reise in die Schweiz erhalten, so ist das durchaus möglich; ich erinnere mich jedoch nicht daran und ebensowenig, daß ein Hauptsturmführer ihn begleitet haben soll. Kastner hatte nicht nur selbst Erlaubnis, ins Ausland zu fahren, wenn es ihm für seine Bemühungen um die jüdische Auswanderung opportun erschien, sondern er konnte auch Brand und andere Mitarbeiter hinausschicken. Dies geschah in so zahlreichen Fällen, daß ich mich im einzelnen an diese oder jene Gelegenheit nicht erinnere. Ob Kastner mit Becher nach Portugal gefahren ist, um sich dort mit jüdischen Delegierten zu treffen, weiß ich nicht mehr; kaum dürfte jedoch dafür meine Zustimmung nachgesucht worden sein, da diese den Rahmen meiner Befugnisse überschritten hätte. Becher kann die Genehmigung vom Reichsführer direkt erhalten haben; aber in diesem Falle hätte ich zumindest etwas davon gehört, zumal irgendeine wichtige Entscheidung für die ungarischen Juden sich hätte ergeben können. Ich wiederhole, daß ich selbst mich nur um alles Grundsätzliche kümmerte, mein ständiger Vertreter Krumey dagegen um die Einzelheiten. Gelegentlich nahm ich wohl auch von diesen Kenntnis, wenn ich sie selbst abgezeichnet hatte. Die Hauptaufgabe meiner Abordnung nach Ungarn bestand darin, die Erfassung der Juden dieses Landes seitens ihrer eigenen Regierung zu erreichen und Zentralinstanzen anzuregen. Dies erforderte ein gerütteltes Maß an vorbereitender Arbeit, wie z. B. zahlreiche Konferenzen, so daß von Anfang an alle Einzelheiten, soweit sie überhaupt in die Zuständigkeit von IV B 4 fielen, bei Krumey lagen.

Gut erinnere ich mich selbstverständlich an die „Devisenbeschaffung"; wie ich schon berichtete, kam Kastner in meine Dienststelle eines Tages in Begleitung von ein oder zwei Juden mit schweren Koffern voller Devisen für das Nachrichtendezernat beim Befehlshaber der Sipo und des SD. Damals wunderte ich mich, daß plötzlich alle möglichen Dienststellen in dieses „Geschäft" eingeschaltet waren; auch die Abwehr der Wehrmacht hatte vielleicht mit Kastner Besprechungen, vielleicht sogar auch mit Wisliceny, um über diese Leute weiterzukommen. Es konnte natürlich nicht ausbleiben, daß die ungarische Geheime Staatspolizei, deren Dienststelle nur wenige Schritte von der meinigen entfernt lag, die mysteriös scheinenden Vorgänge aufklärte und ihr Leiter, zweifellos mit Wissen seiner Vorgesetzten, ebenfalls beteiligt wurde; ich erfuhr von Kastner, daß er auch der ungarischen Gestapo Devisen vermittelte. Fortan bestand in diesen Angelegenheiten zwischen dem deutschen und dem ungarischen Geheimdienst keine Rivalität mehr.

Ob in Ungarn Ausreisegenehmigungen für slowakische Juden verkauft wurden, deren Erlös für Familienunterstützung von Waffen-SS-Angehörigen bestimmt war, weiß ich nicht; sollte es sich um einen Auftrag Bechers gehandelt haben, kann ich sowieso nicht unterrichtet gewesen sein, wie ich bereits erklärt habe, wenn ich auch generell weiß, daß er viele wirtschaftliche oder finanzielle Vereinbarungen traf, auch eine Zeitlang gewissermaßen Treuhänder der Czepel-Werke des Weiß-Konzerns war, wo er für die SS, aber bestimmt nicht auf eigene Faust Waren abzweigte.

Ich hatte damit nichts zu tun; mir genügte es zu wissen, daß Becher in höherem Auftrage auch mit Juden zu verhandeln hatte. Natürlich war ich im Bilde darüber, daß Kastner von vielen Seiten „angezapft" wurde. Anfangs meldete er mir alles, wohl aus Furcht, er sei sowieso überwacht. In Wirklichkeit habe ich Kastner nicht eine einzige Stunde überwachen lassen. Bei den verschiedenen Bemühungen, seine Beziehungen und seine Vermittlung auszunützen, ließ ich ihm freie Hand, warnte ihn aber vor „krummen Touren" und verwies ihn auf die Hauptaufgabe, für das Unterkommen ungarischer Juden zu sorgen. Kastner war im übrigen viel zu vorsichtig, um sich zu exponieren; andererseits hörte ich weder damals in Ungarn noch später je davon, daß sich irgendeiner unserer Leute persönlich an Kastner oder anderen Juden bereichert hätte; so etwas wäre mir zu Ohren gekommen, da die verschiedenen Stellen vielfältig ineinander verschachtelt waren, so daß irgendwer irgendwann bestimmt geplaudert hätte. Möglicherweise dichtete man mir auch damals schon viel weitergehende Vollmachten an, als ich sie je besessen hatte; so fühlte man sich kontrolliert und blieb daher korrekt. – Auch die militärische Abwehr zapfte wahrscheinlich diese Devisenquelle an. Mit der deutschen Abwehrstelle in Budapest hatte ich nichts zu tun; nur ist mir durch die in der gegnerischen Nachkriegsliteratur enthaltenen Schilderungen zwielichtiger Abwehrangelegenheiten in Budapest eine kleine Begebenheit wieder in Erinnerung gekommen. In Budapest lag eine kleine deutsche Räumflotille der Marine. Auf unerklärliche Weise hörte irgend jemand von der Abwehr davon, daß ich mich mit der Absicht trage, bei Gelegenheit mit meinem Schwimmwagen die Donau zu überqueren. Jedenfalls bot mir der Führer dieser Flotille an, ein oder zwei Sicherungsboote zu stellen. Nachdem ich auf diese Art festgestellt hatte, daß bereits ein gewisser Personenkreis über mein Vorhaben Bescheid wußte, gab ich es auf und beschränkte mich darauf, den Wagen auf einem kleinen Teich auszuprobieren.

Um weiterhin zu „Berichten" aus der Nachkriegsliteratur Stellung zu nehmen:

Es ist falsch, daß Endre und Baky Ende 1944 aus dem Regierungsdienst entlassen wurden. Endre war bestimmt bis zum 24. Dezember 1944 Staatssekretär; gerüchteweise hörte ich sogar, daß er später Außenminister geworden sein soll.

An den jüdischen Gemeindepräsidenten, Hofrat Stern, erinnere ich mich schwach; er war wohl in Ungarn, was Dr. Löwenherz in Wien war; ich hatte auch ein paarmal mit ihm zu tun, aber das muß von geringer Bedeutung gewesen sein.

Nicht im geringsten erinnere ich mich daran, daß im Dezember 1944 das besondere Lager in der Kolumbusgasse, in das Kastner seine Auswanderer steckte, Schauplatz einer jüdischen Schießerei gegen die ungarischen Pfeilkreuzler gewesen sein soll und daß dort Waffen gefunden wurden.

In Ungarn gab es bis zum 24. Dezember 1944 um drei Uhr nachmittags, als ich die Stadt verließ, keine Untergrundbewegung. Es hätte kein Jude gewagt, auch nur ein Messer, geschweige denn eine Feuerwaffe zu erheben. Der Reichsführer hatte persönlich angeordnet, daß mein Kommando nach Ungarn in Marsch zu setzen sei, damit dort einem Unheil wie in Warschau vorgebeugt werde.

Einige Tage vor dem Heiligen Abend erhielt die gesamte deutsche Polizei Befehl, sich nach Ödenburg abzusetzen. Nur eine Einheit der Gestapo unter Führung eines Sturmbannführers und Regierungsrates solle auf Anordnung des Reichsführers in Budapest bleiben. Ich wollte noch ein paar Stunden mit meinem Freund Zehender von der 22. SS-Kavallerie-Division verbringen, statt in Ödenburg untätig auf weitere Befehle aus Berlin zu warten. In Budapest wurde ein verzweifelter Widerstand organisiert. Einheiten der ungarischen Ordnungspolizei, der Gendarmerie, der Honved-Truppen, die 8. und 22. SS-Kavallerie-Division und der Gestapo-Major mit seiner Einheit, sie alle ließen sich einschließen. Als Symbol ordnete Himmler das Verbleiben der SS- und Polizeieinheiten in der Festung Budapest an. Sie sind alle gefallen, auch mein Freund und Kamerad Zehender; als Divisionskommandeur mit der Maschinenpistole kämpfend, wurde er in der Nähe der Burg tödlich getroffen.

Später erfuhr ich von der Besorgnis der Polizei, weil ich eine Zeitlang als verschollen galt. Mit meinem Fahrer blieb ich bis drei Uhr nachmittags am Heiligen Abend 1944 in Budapest und fuhr dann als letzter Angehöriger der deutschen Polizei weg. Tagelang schon hatte ein ununterbrochener Treck aus Budapest in Richtung Wien die Straße bis auf den letzten Quadratmeter verstopft. Jetzt lag sie ausgestorben da. Wider Erwarten brach die Rote Armee nicht von Osten her nach Budapest ein, sondern über den Schwabenberg. Die Straße in Richtung Ödenburg lag unter Dauerbeschuß. Es war eine sehr schöne Vollmondnacht am Heiligen Abend 1944. Alles war verschneit. Auf der ausgestorbenen Straße stand in der Mitte ein Wagen und sperrte sie. Ich ging hin und wollte gerade den Kerl anschnauzen, weil er die Straße versperrte. Ich machte die Tür auf – da fiel mir ein Honved-Soldat tot und schwer entgegen. Ich war erschüttert. Mein Fahrer war vielleicht hundert Schritt weg, ich war allein mit dem Toten und setzte ihn wieder in die Kabine zurück. Er war schon steif gefroren. Ich knallte die Tür zu. Das Götzwort machte mir Mut. Dann sagte ich zu meinem Fahrer: „Da sitzt irgendein stocksteifer Kerl drin, wir müssen quer über das Feld fahren."

Ich wies schon darauf hin, daß die ungarische Gendarmerie sich teilweise nicht an unsere Deportationsvorschriften hielt, die verlangten, alle vermeidbaren Härten zu vermeiden. Wegen einiger in sehr schlechtem Zustand eintreffender Ungarntransporte gab es weitere heftige Proteste des Lagerkommandanten, zu denen ich, wie erwähnt, Stellung nahm: ich klärte, daß Erfassung und Transportzusammenstellung unter die Zuständigkeit der autonomen ungarischen Regierung falle, ich aber bei Staatssekretär Endre vorstellig werden würde, wie es natürlich auch geschah; das von mir jeweils beorderte Transportbegleitpersonal wurde instruiert, auf die Erfüllung der hygienischen und sanitären Vorschriften zu achten, wofür jedoch die Ungarn zuständig waren, wie ich nochmals betonen möchte.

Ins Ghetto von Budapest waren anfangs rund 130 000 Bewohner von den Pfeilkreuzlern eingewiesen, deren Zahl jedoch laufend anstieg, um etwa 200 000 zu erreichen, weil ein starker Zustrom aus den Komitaten einsetzte, um im Ghetto der Hauptstadt dem Zugriff der Gendarmerie zu entgehen. – Von hier wurde, wie berichtet, kaum evakuiert; die ungarische Exekutive scheint allerdings gelegentlich ohne unser Wissen Leute herausgeholt zu haben, um Transporte aufzufüllen. Im übrigen suchte Kastner hier einen Großteil seiner illegalen Auswanderer aus, die dann in ein Sonderlager kamen; außerdem mußte ja ein gewisses Kontingent auch hier für das oft erwähnte Tauschgeschäft auf Abruf bereitstehen.

Wenn Brand in seinem Buch behauptet, nur etwa ein Viertel aller ungarischen Juden habe den Krieg überstanden, so ist diese Ziffer weitaus zu niedrig angegeben: wir können ja heute feststellen, wieviel angeblich „vergaste Juden" noch vorhanden sind; es wird ja oft genug sarkastisch geäußert: „Da geht auch noch ein Vergaster!" Ich selbst habe nach dem Krieg Bier und Angorawolle hauptsächlich an „vergaste Juden" verkauft. Ohne es beweisen zu können, möchte ich eher annehmen, daß – sehr hoch gerechnet! – etwa ein Viertel der genannten 500 000 Juden umgekommen sein könnte, drei Viertel jedoch noch heute leben.

Wenn man 500 000 als Basis nimmt und noch dazu annimmt, sie seien alle evakuiert worden, dann wären 125 000 ein Viertel dieser Zahl; es ist aber vollkommen unmöglich, daß zwischen frühestens Mitte Mai 1944 und dem 8. Juli, dem Tag, den die gegnerischen Quellen als Abfahrtstermin des letzten Transportzuges aus Ungarn angeben, also in etwas mehr als 50 Tagen 434 000 Personen (nach denselben Quellen!) transportiert werden konnten. Es müßten dann pro Tag einschließlich Samstag und Sonntag 10 000 und mehr Personen transportiert worden sein. Zudem überlebte die ganz große Mehrzahl.

Es war Vorschrift, daß 25 bis 30 Mann Begleitpersonal jeden Deportationszug begleiteten. Ich hatte rund 250 Mann zur Verfügung. Wenn die Ziffern aus gegnerischer Quelle stimmen würden, hätte ich tausend Mann zur Verfügung haben müssen – ein heller Wahnsinn! Sogar der Befehlshaber der Ordnungspolizei in Ungarn wäre glücklich gewesen, wenn er tausend Mann für eine solche Aufgabe zur Verfügung gehabt hätte. Auch wäre eine große Zug-Reserve nötig gewesen; denn während die ersten Personen rollten, hätten ja bereits weitere verladen werden müssen. – Von Ungarn bis Auschwitz brauchten sie zwei Tage; also zwei Tage hin und etwa zwei Tage zurück – es war mein dauernder Kampf, überhaupt Züge zu bekommen, dazu noch in den kriegsentscheidenden Tagen des Frühsommers 1944, wo allein die Invasion und die Sowjet-Offensive eine derartige Zahl freier Züge völlig unmöglich machte, selbst wenn man rechnet, daß jeder Zug mit der Höchstzahl von 3000 Menschen gefahren wäre. Es ist also mehr als unsinnig, was die Nachkriegsliteratur über ungarische Evakuierungszahlen zusammenschreibt.

Auch heute noch ließe sich in den Akten des Reichsverkehrsministeriums sehr leicht feststellen, daß nach Auschwitz als Zielbahnhof höchstens 250 000 bis 300 000 Juden abtransportiert wurden.

Die Durchführung der Transporte hat sich nach meiner Erinnerung nicht über sieben Wochen, sondern über etwa vier Monate erstreckt, und das war in Anbetracht der damals bestehenden Schwierigkeiten schon eine erstaunlich kurze Zeit für die fraglichen Menschenmassen. Aber auch in dieser Zeitspanne war es unmöglich, die angeblichen 450 000 oder auch 434 000 Personen zu befördern, da oft keine Züge vorhanden waren.

Sobald die Transporte den Zielbahnhof Auschwitz erreichten, waren sie außerhalb meiner Zuständigkeit; die deutsche Begleitmannschaft der Ordnungspolizei packte ihre Sachen und fuhr mit dem nächsten Zug zu ihrem Standort nach Budapest zurück.

Wenn ich 300 000 als Evakuierungszahl schätze, dann ist das schon sehr hoch gegriffen und bedeutet eine absolute Höchstzahl, die unter gar keinen Umständen überstiegen werden konnte. Es ließe sich gut feststellen, wer davon 1945 bei Kriegsende noch lebte, aber wer würde diese Liste anlegen?

Wenn ich nun eine runde Zahl für die einer Endlösung zugeführten ungarischen Juden angeben sollte, wobei „Endlösung" sich selbstverständlich ebenso auf illegale Transporte, illegale genehmigte Auswanderung, nicht verhinderte Flucht und Ghettobestand bezieht, so würde ich schätzen, daß dies eine halbe Million sein könnte. Es war für einen agilen Menschen ohne größeren Anhang – ob Jude oder Nichtjude – durchaus nicht schwierig, über die ungarisch-rumänische Grenze zu fliehen, wie es bei anderen Grenzen ja auch der Fall ist; wir hinderten dies nicht; denn wer außerhalb unseres Bereiches war, war „endgelöst".

Außer den 200 000 Ghetto-Juden in Budapest kann man noch rund 100 000 in den Komitaten verstreut und versteckt lebende Juden einrechnen, die nicht evakuiert wurden.

Heute schätze ich, daß die letzten Transporte im September 1944 nach Auschwitz abgingen, aber schon lange vorher und beginnend mit dem Befehl des Reichsführers, daß eine Million Juden gegen 10 000 LKWs auszutauschen seien, unterband Himmler die physische Vernichtung, weil die Häftlinge erstens zur Arbeit eingesetzt werden und zweitens auf Abruf bereitstehen sollten für den Fall, daß Brands Mission zum Erfolg führte.

Wenn Brand tatsächlich am 15. Mai 1944 abgeflogen ist und es feststeht, daß am 5. Mai die erste Fahrplanbesprechung für die Evakuierung stattgefunden hat, kann der erste Transport nicht vor Mitte Mai abgegangen sein; dann wurde etwa in der zweiten Hälfte des Monats Mai der Befehl des Reichsführers zum Stop der physischen Vernichtung durchgegeben. Und diesen Befehl hat Himmler bis zum Kriegsende nicht widerrufen.

Nach dem Ende meiner Deportationen

Veränderte Lage in Berlin –
Eichmanns jüdische Mitarbeiter im KZ erschossen

Als ich von Ungarn nach Berlin zurückkam, fand ich einschneidende, unangenehme Neuigkeiten mit Bezug auf meine jüdischen Funktionäre vor. Dazu sollte ich etwas weiter ausgreifen. Von 1938 bis 1945 hatte ich als ständigen Vertreter einen außerordentlich verläßlichen Kameraden, einen Mann von bienenartigem Fleiß, der in stundenlanger Kleinarbeit Hunderte von Akten durchlas und täglich fünfzig bis sechzig Schreiben diktierte. Während der Kampfzeit hatte er es schwer gehabt; sein ganzer Körper zeigte die Merkmale verschiedener Schlägereien. Er war hart und verbat sich jede persönliche Annäherung der Juden, die er sich immer „drei Schritt vom Leibe" hielt wie übrigens auch seine eigenen Leute. Seine Anordnungen kamen im Kasernenhofton, kurz, klar und hart, obwohl er niemals laut sprach. Er vertrug kaum Widersprüche.

1938 kam er in Wien als Hauptsturmführer zu mir und wurde später nur ein einzigesmal befördert, zum Sturmbannführer; eine Weigerung zu heiraten verhinderte die weitere Beförderung. In einer SS-Führerschule erwarb er einen rotumrandeten Pfeil, der auf den Ärmel zu stecken war, dessen genaue Bedeutung ich nicht kenne. Obwohl er Hauptsturmführer und ich um diese Zeit noch Obersturmführer war, wurde er mir bereits 1938 als ständiger Vertreter zugeteilt und blieb es auf Anordnung des Chefs der Sipo und des SD auch später in Berlin. Wir konnten unsere ständigen Vertreter nicht selbst wählen, sondern bekamen sie zugeteilt. Bei seinem Besuch in der „Zentrale für jüdische Auswanderung" in Wien hatte Heydrich nicht nur mich, sondern auch ihn gesprochen und geprüft.

Es gab keinen genaueren Sachbearbeiter als ihn, und deshalb wurde er sogar von den alten, mit den Akten „verheirateten" Polizeibeamten anerkannt. Wenn ein Regierungsamtmann mit achtzehn bis zwanzig Dienstjahren in seiner Zentralinstanz einen polizeifremden Kollegen anerkennt, dann will das allerhand heißen. Er hatte die ganzen Jahre unter meiner „Fuchtel" als der seines unmittelbaren Vorgesetzten gearbeitet.

Meine Abkommandierung nach Ungarn hatte zur Folge, daß er nun etliche Monate selbständig war. Er benutzte meine Abwesenheit, um verschiedene meiner engsten jüdischen Mitarbeiter auszuschalten, als ersten den Kommerzienrat S t o r f e r. Davon hörte ich schon im Herbst 1944 bei einem kurzen Aufenthalt in Auschwitz. Der Lagerkommandant Höß erzählte mir, daß ein Häftling namens Storfer öfters vorstellig geworden sei mit Berufung darauf, ein enger Mitarbeiter von mir zu sein; er wünsche, daß ich sofort benachrichtigt werde; denn ich sei bestimmt mit seiner heutigen Lage nicht einverstanden.

Ich ließ ihn sofort kommen. Storfer kam freudestrahlend an, und ich fragte ihn: „Ja, mein Lieber, was machen Sie denn hier?" Da erklärte er mir: „Obersturmbannführer, ich habe einen Blödsinn gemacht; ich wollte flüchten, weil Sie nicht mehr da waren und ich Angst bekommen habe. Dabei wurde ich erwischt. Aber Sie wissen doch, ich habe nie etwas Schlechtes getan und stets meine Arbeit verrichtet." Ich erklärte Höß, daß Storfer immer ordentlich gewesen sei und gut mit mir zusammengearbeitet habe, ohne je andere Juden zu verraten. Es war sehr schwer, aus einem KZ wieder herauszukommen, seitdem der Befehl des Reichsführers Gültigkeit hatte, wonach ein Inhaftierter nicht entlassen werden durfte. So bat ich Höß, ihm nur leichte Arbeit und anständiges Essen zu geben, und versprach, mich beim Chef der Sipo und des SD in Wien, Dr. Ebner, einzusetzen, um ihn freizubekommen. Storfer beklagte sich noch, daß er in einem Raum mit ein paar hundert Menschen zusammen sei und nachts an Herzbeklemmungen leide. Er bat darum, allein schlafen zu dürfen. Auch das veranlaßte Höß; denn er war keineswegs der „brutale KZ-Kommandant mit Bulldoggen-Gesicht", sondern hatte menschliches Verständnis für menschliche Nöte. Natürlich war er an Befehle gebunden; hätte ich durch des Schicksals Zufall seinen Posten ausfüllen müssen, dann hätte ich die erhaltenen Befehle auch ausgeführt. Höß ließ Storfer nur leichte Reinigungsarbeiten mit dem Besen tun und ihn in irgendeiner Ecke allein schlafen. Damals dachte ich mir, daß ihm nun nicht mehr viel zustoßen werde; das Hofkehren könne ihm nichts schaden, weil er anständiges Essen bekam. Höß machte mir diese Zusage in Anwesenheit seiner Begleitung; sie sah auch, wie ich Storfer die Hand gab, freundlich mit ihm sprach und ihm mit einem Schlag auf die Schulter Mut zusprach.

Dr. Eppstein war der sich prägnant ausdrückende, fast preußische Jurist, der der „Reichsvereinigung" vorstand. In Theresienstadt mit seiner sehr milden Aufsichtsleitung brauchte ich eine harte jüdische Hand, einen Mann, der imstande war, eine Massenorganisation zu führen und auch mir gegenüber Charakter zu zeigen. Die „Reichsvereinigung der Juden" war fast bedeutungslos geworden; deshalb sandte ich Eppstein nach Theresienstadt, um dort neben dem Rabbiner Dr. Baeck, dem österreichischen General Sommer, Murmelstein und anderen die Leitung zu übernehmen. Als ich von Ungarn aus durch Prag kam, hörte ich, daß Eppstein auf Veranlassung meines ständigen Vertreters nach Auschwitz überstellt worden war.

Es mögen irgendwelche Komplexe gewesen sein, die meinen ständigen

Vertreter dazu veranlaßten, gerade während meiner einzigen längeren Abwesenheit von der Dienststelle sich als geschäftsführender Vertreter mit den entsprechenden Vollmachten, und ohne mich zu fragen, derjenigen Personen zu entledigen, mit denen ich alle die Jahre zusammengearbeitet hatte. Ich traue es meinem auch heute noch sehr verehrten Vorgesetzten, Gruppenführer Müller, durchaus zu, daß auch er mir gern diesen „Streich" spielte, weil ihm meine Art, mit den Juden zu verhandeln und umzugehen, nicht angenehm war. Mein ständiger Vertreter konnte natürlich derartige Angelegenheiten nicht allein von sich aus entscheiden, sondern leitete sie über Gruppenführer Müller.

Wäre ich in Berlin gewesen, dann hätte ich in Rücksprache mit Müller die ganze Angelegenheit rückgängig gemacht. Als ich erfuhr, **daß nicht nur Dr. Eppstein, sondern auch Storfer, Weiman und Edelstein aus Prag in Auschwitz erschossen worden waren**, hielt ich mit meiner Empörung weder gegenüber meinem ständigen Vertreter noch vor Gruppenführer Müller zurück. Mir wurde als „Begründung" angegeben, daß jetzt – d. h. Anfang 1945 – die Lage meinem dauernden Pessimismus entspreche und diese jüdischen Funktionäre, mit denen ich so lange zusammengearbeitet hatte, „zuviel wüßten" und deswegen sterben mußten. Meine Antwort darauf war: „Es gibt Hunderte andere Juden, die genau dasselbe wissen; denn alles liegt ja in Aktenvermerken in den jüdischen Kultusgemeinden fest, in der ‚Reichsvereinigung', überall! Der gesamte Mitarbeiterstab dieser Leute wisse genausogut Bescheid wie sie selber." Außerdem betonte ich, daß dem Gegner gegebene Versprechen nicht gebrochen werden dürften; ich habe meine Versprechen gegenüber den Juden immer eingehalten: diesen Leuten nun hatte ich versprochen, daß sie in Freiheit bleiben und auswandern würden, wie ich auch Dr. Rothenberg die Auswanderung nach Palästina versprach und durchführte oder der Bitte von Dr. Löwenherz nachkam, zu seiner Familie nach England gehen zu können. Jetzt war es zu spät, und es war für mich ein großer Verdruß. Mit Dr. Eppstein hatte ich von 1935 bis 1943, rund acht Jahre, zusammengearbeitet und mit Storfer von 1938 bis 1944, das sind sechs Jahre. All das geschah im Sommer 1944, als ich in Ungarn war. Natürlich war es eine andere Zeit als 1941/42; denn der Russe drang Ende 1944 schon auf Wien vor, manches lockerte sich angesichts der drohenden Lage; nur so kann ich mir erklären, daß mein ständiger Vertreter seine „Besorgnis" wegen meiner jüdischen Mitarbeiter, „die zuviel wußten", entsprechend „servieren" und damit einen Teil von ihnen durch einen Akt ausschalten konnte, den ich als willkürlich betrachtete. Mein Referat kannte keine Willkür, und deshalb fühlte ich mich offen brüskiert. Zweifellos fanden zu jener Zeit in verschiedenen KZs Hinrichtungen statt, aber mein ständiger Vertreter konnte natürlich keinen

KZ eine Anweisung in diesem Sinne geben, und auch ich als Referent hätte es nicht tun können; Gruppenführer Müller unterzeichnete dazu einen Erlaß, der an das WVHA gerichtet wurde.

Die Kapitulation wirft ihre Schatten voraus

Zu dieser Zeit traf auf meiner Dienststelle ein Schreiben des Personalhauptamtes oder auch des Führungshauptamtes ein, keinesfalls jedoch des RSHA, das an alle SS-Führer mit einer Anlage von 6 oder 8 Bogen im Großformat mit etwa 60 vorgedruckten Fragen hinausgeschickt wurde. Das Schreiben besagte, daß der angesprochene Offizier sicherlich erstaunt sei, zu dieser ernsten Kriegszeit in einer solchen Angelegenheit angegangen zu werden, wo doch laut Befehl der Reichsführung nur kriegswichtige Arbeiten zu erledigen und alles andere bis nach Kriegsende zurückzustellen sei. Weiter hieß es, der Reichsführer habe sich von der ungeheuren Wichtigkeit dieser Fragebogen überzeugt, und aus Gründen, die einzeln aufgeführt wurden, mir heute aber nicht mehr erinnerlich sind, sei es unumgänglich wichtig, diese Fragen genau zu beantworten und sie zu einem angegebenen Zeitpunkt auf dem Dienstweg zurückzuschicken. – Mit mir werden wohl viele andere SS-Führer in einer ersten Aufwallung des Zornes diesen Brief in eine Schreibtischecke gefeuert haben; aber wir waren so gewöhnt, Befehl als Befehl zu nehmen, daß ich nach einigen Tagen dann doch diesen Kram hervorholte und mich an die Ausfüllung machte; denn auf dem Fragebogen war alles aufgeführt: Geburt – Stand der Eltern – Kinderzahl – Beförderungsdaten – Verleihung des Totenkopf-Ringes des Reichsführers – des Dolches – des Degens – Arbeitsverwendung – Kommandierungen – Auslandsreisen, kurz und gut alles. Schon damals dachte ich über diese merkwürdige Angelegenheit nach, aber schließlich kam sie ja vom eigenen Verband. Als ich später hörte, daß die Feindseite über das Leben jedes einzelnen SS-Führers bestens unterrichtet war, kamen mir Bedenken, und ich sagte mir, daß die betreffende Dienststelle zweifelsohne dem Feind einen Dienst geleistet habe. Das Gegenteil wird wohl kaum beweisbar sein. Es bleibt keine andere Erklärung übrig; denn wir mußten wichtigere Dinge laut Befehl als nichtkriegswichtig zurückstellen, um Papier- und Personalverschwendung sowie unnötige Inanspruchnahme eines jeden SS-Führers zu vermeiden. Dieser Fragebogen, dessen Beantwortung viele Stunden kostete, war nur so möglich, daß ein hoher Dienstgrad dem Reichsführer die Angelegenheit plausibel machte, vielleicht durch einen Hinweis, daß Akten der SS-Führer durch Bombenangriff verloren seien oder ähnliches. So ließ sich der Reichsführer „einlullen". Beim besten Willen kann ich es mir nicht anders vorstellen, und ich spreche offen meine persönliche Annahme aus: Als ich hörte, daß die Akten dem Feind so wohlbehalten in die Hände gerieten, dachte ich, es müsse einmal nachgeforscht werden, ob nicht auch die Tätowierung der Blutgruppe auf dem Arm der SS-Männer von langer Hand vorbereitet und „suggeriert" wurde.

Einige Monate vor Kriegsschluß traf es mich wie ein Schlag, daß mein persönlicher Freund Ebner, Sipo-Offizier aus Wien, zum Tode verurteilt worden sei. Er war ein unglaublich gutmütiger, weichherziger Mensch, dem alle Härte in der Seele zuwider war und der persönlich unter jeder energischen Maßnahme litt, die er anordnen mußte. Ich besuchte ihn einmal auf der Durchreise in Wien; bei dieser Gelegenheit erzählte er mir, daß der bei uns recht beliebte Schauspieler Hans Moser sich gern mit seiner Frau, die Jüdin war, treffen wollte; er lebte von ihr getrennt, sie hatte eine Wäscherei in Budapest. Als ich um die Erlaubnis dafür einkam, waren Kaltenbrunner und Müller gern bereit, Mosers Bitte zu erfüllen. Die Eheleute trafen sich an der Grenze, und nachher wollte Moser mit Tränen in den Augen mir unbedingt persönlich danken. Selbstverständlich nahm ich die Frau in Budapest von jeder Aktion aus. Ebners Einstellung zum Krieg kannte ich, sie glich der meinigen; dadurch hatten wir uns gewissermaßen gesucht und gefunden. Während ich meine Gedanken nur zu meinen Vorgesetzten, meinen gleichgestellten Kameraden oder unmittelbaren Unterstellten äußerte, und zwar nicht als Kritik, sondern aus Sorge um das Reich, fielen von Ebner wohl in seinem netten Freundeskreis, z. T. vor Personen, die nicht der Sipo angehörten, sehr freimütige Worte. Dort wurde eine Art an sich harmloser „Salonpolitik" gemacht, und von dort wurde vermutlich Ebners Einstellung verraten; es wurde ihm der Prozeß gemacht, und er wurde zum Tode verurteilt. Als ich das hörte, lief ich voller Entsetzen zu Gruppenführer Müller und machte ihm klar, daß mir die Nachricht vollkommen unfaßbar sei, und mit der Behauptung, er sei mein bester Freund, bat ich um Erlaubnis, ihn zu besuchen. Müller verweigerte sie mir. Ich trat energisch für Ebner ein und brauchte auch gar nicht zu übertreiben; denn er war in jeder Hinsicht ein rühmenswerter Mensch, aber es war ein unverzeihlicher Fehler seiner Vorgesetzten gewesen, ihm, dem Polizeibeamten, die Bekämpfung weltanschaulicher Gegner zu übertragen. Es war für mich unfaßbar, daß er auf Grund von Worten, die von der Sorge um das Reich getragen waren und im kleinsten Kreis fielen, so hart bestraft wurde. Nicht nur ich, auch Dr. Mildner und Huber setzten sich sehr energisch für Ebner ein, und Müller tröstete mich, daß es sicher nicht ganz so schlimm würde. Ebner wurde dann nicht hingerichtet; er soll angeblich heute frei leben, mit Recht.

Die Aufträge, die z. B. Standartenführer Becher in den letzten Kriegsmonaten vom Reichsführer bekam, kenne ich im einzelnen nicht. Sollte er tatsächlich den Befehl über sämtliche KZs erhalten haben, so brauchte ich davon auch nichts zu wissen; denn ich hatte mit den KZs nichts zu tun. Nun war ich selber Ohren- und Augenzeuge gewesen, wie Becher beim Reichsführer eine sehr leichte Sprache führte und jedenfalls auf diesen einwirken konnte, wie das ja auch verständlich ist bei einem Mann, der in die persönlichsten Dinge des Reichsführers eingeweiht war. – Wenn aber behauptet wird, daß Becher u. a. für die kampflose Übergabe des Lagers Theresienstadt an die Russen gesorgt hätte, so kann ich dazu nur feststellen, daß in Theresienstadt nie ein Kampf hätte stattfinden können.

Es ist durchaus möglich, daß Gruppenführer Müller mit den zuständigen Stellen die Maßnahmen besprochen hat, die wirksam werden sollten, falls die Alliierten in der Nähe eines KZs auftauchten. Aber auf der anderen Seite weiß ich aus eigener Erfahrung, daß um jene Zeit die Straßen verstopft waren von Häftlingen, die aus den vom Feinde bedrohten KZs in andere überführt wurden. Auf meinen Fahrten sah ich unterwegs einige dieser Riesentrecks, die – Häftlinge wie Wachmannschaft – müde dahinschlichen. Von einer Anordnung, KZs in die Luft zu sprengen, oder gar von mit Gefangenen beladenen Donaukähnen, die absaufen sollten, habe ich erst hier zum erstenmal gehört. Wäre ich dafür auch nur am Rande verantwortlich gewesen, dann hätte mir Müller derartige Angelegenheiten mitteilen müssen. Weder bestätigen oder verneinen kann ich, daß Becher gegen den Willen militärischer Befehlsstellen den Engländern das Lager Bergen-Belsen übergab. Es wäre menschlich verständlich, aber nicht jeder ist eben so veranlagt, sich zum Schluß noch eine „Lebensversicherungspolice" kaufen und dafür der Feindseite Unterstützung zu gewähren. Zur „Feindseite" gehörten die Juden – das habe ich öfters wiederholt, das war unser selbstverständlicher Grundsatz, seit Chaim Weizmann dem deutschen Volk den Krieg erklärt hatte.

Wenn es stimmt, daß Becher zum Schluß auf Befehl des Reichsführers das gesamte KZ-Wesen unterstellt bekam, dann werden selbstverständlich die KZ-Kommandanturen seinen Weisungen Folge geleistet und den entsprechenden Vermerk zu ihren Akten genommen haben.

Es war in der allerletzten Zeit meines Aufenthaltes in Berlin, im Frühjahr 1945. Da sagte Gruppenführer Müller zu mir: „Ja, wenn wir fünfzig ‚Eichmänner' gehabt hätten, dann hätten wir den Krieg gewinnen müssen." Ich war stolz. Mein Dezernat war eines der wenigen nicht ausgebombten; denn ich hatte meine Mitarbeiter auf die Spur jeder Brandbombe gehetzt und natürlich auch selbst an dieser Jagd teilgenommen, um den Schaden immer sofort zu beheben. Meine Dienststelle in Berlin war noch intakt, aber später zog die Stapoleitung dort ein und verdrängte mich. An jenem Tag war ein Dezernent da, der Hunderte von Briefbogen mit diversen gedruckten Briefköpfen hatte. Jeder der Herren vom Amt IV konnte nun Zeugnisse ausgestellt bekommen, die besagten, wo er in den letzten Jahren gearbeitet und welche Dienstaufträge er ausgeführt habe, auch sonstige Erklärungen und Zeugnisse, mit denen er sich tarnen konnte.

Wir waren in Amt IV vielleicht 30 Dezernenten, und das ganze Volk drängelte sich nun an den „Onkel" heran, der alle Wünsche notierte. In dem verhältnismäßig kleinen Raum musizierte ich gerade mit meinen Untergebenen: mein Assessor spielte Klavier, ich selber die zweite Geige, mein Unteroffizier die erste Geige; denn er konnte viel besser spielen als ich. Obwohl das Zimmer nicht groß war, blieb rückwärts noch soviel Platz, daß Gruppenführer Müller mit mir abgesondert stand; da fragte er mich: „Na, Eichmann, welche Wünsche haben Sie denn?" Seitdem ich aus Ungarn zurück war, trug ich nicht mehr die Walter-, sondern die Steyr-Armeepistole. Zwei hatte ich mir besorgt, eine jeweils im Brotbeutel oder Gepäck und die andere an meinem Gürtel, denn sie hatte dieselbe Munition wie meine Maschinenpistole 9 Millimeter, und so war es einfacher. Meine Antwort an Müller war: „Gruppenführer, diese ‚Zeugnisse' brauche ich nicht; denn sehen Sie" – und dabei wies ich auf meine „Steyr" – „das ist mein Zeugnis; wenn ich nicht mehr aus noch ein weiß, dann ist dies meine letzte Medizin; alles andere brauche ich nicht." Das ist die Wahrheit – von sämtlichen Dezernenten des Gestapo-Amtes Berlin war ich der einzige, dem diese falschen Zeugnisse nichts galten, und Müller wird sich gedacht haben: „Also war er doch ein Richtiger, und ich hab' mich in ihm nicht getäuscht." Deshalb war ich vor mir stolz.

Am 17. April 1945 gab es einen schweren Bombenangriff auf Brixlegg in Tirol. Weil ich eigentlich dabei hätte umkommen können, erinnere ich mich des Datums; darum weiß ich genau, daß ich kurz zuvor meine letzte Meldung beim Reichsführer gemacht hatte. Wir waren allein; der Reichsführer beurteilte die Lage aus mir unverständlichen Gründen optimistisch. Er sagte: „Wir werden einen besseren Frieden bekommen als den Hubertusburger, wir werden Federn lassen müssen, aber dieser Frieden wird besser werden." Er erzählte mir, daß er mit Bernadotte verhandelte und mindestens hundert der prominentesten Juden in unserem Bereich in völliger Sicherheit wissen solle; ich nehme an, daß er diese hundert prominenten Juden mit „auszuspielen" gedachte. Andererseits kann ich mir nicht vorstellen, daß nur hundert Juden in einer so schweren politischen Auseinandersetzung und „Aushandlung" wirklich eine große Rolle spielen und gar das Zünglein an der Waage bedeuten konnten. Etwas Ähnliches muß es aber gewesen sein, denn der Reichsführer hatte ja auch die riesigen, weiß gestrichenen schwedischen Lastzüge, die in kilometerlangen Kolonnen durch Deutschland fuhren, hereinkommen lassen und abertausende Juden an Bernadotte freigegeben. Er erwähnte keine einzelnen Namen unter diesen hundert prominenten Juden; wir hatten ja in Theresienstadt eine große Zahl, auch in verschiedenen KZs, wo sie begünstigt untergebracht waren. Ich glaube, unter diesen waren auch Léon Blum (169), ein österreichischer General sowie eine ganze Menge Leute, die entweder Minister gewesen waren oder eine sonstige hohe Funktion innegehabt hatten, deren Name zum Teil Weltgeltung besaß und deren Mehrzahl von europäischer Bedeutung war. Der Name Bernadotte war mir nicht neu; er war schon im Herbst 1944 bei meiner letzten Meldung in Berlin zusammen mit Standartenführer Becher genannt worden; Himmler hatte die ganze Angelegenheit offensichtlich von langer Hand vorbereitet. Dann bemerkte der Reichsführer nochmals: „Ich war nie so optimistisch, noch nie. Wir werden einen besseren Frieden als den Hubertusburger haben, und eines sage ich Ihnen, Eichmann, wenn ich es wieder zu tun habe, dann werde ich die KZs nach englischem Muster aufziehen. Da habe ich einen Fehler gemacht, ich muß sie nach englischem Muster aufziehen..." Ich konnte mir nichts darunter vorstellen, denn ich habe nie ein KZ geführt. Ich dachte damals an die Buren-KZs der Engländer, aber vielleicht dachte der Reichsführer auch an die ganze englische Polizeiordnung.

Meine spätere Begegnung mit Kaltenbrunner in Alt-Aussee und seinen Ausspruch: „Es wird dem Reichsführer sehr angenehm sein zu wissen, wenn er jetzt mit Eisenhower verhandelt, daß Eichmann in den Bergen ist, und unsere Gegner wissen genau, Eichmann mit seinen Leuten wird sich nicht ergeben", erkläre ich mir jetzt so, daß der Reichsführer bei meiner letzten Meldung nicht nur die Geschichte von den hundert prominenten Juden besprechen wollte, sondern sich vor allem zuguterletzt meiner nochmals vergewissern, mich noch einmal hart machen wollte. Natürlich war ich nur ein Rädchen im Spiel gewesen, in einem Spiel, das der Reichsführer zu spielen glaubte; denn ich habe ja später feststellen müssen, daß er wirklich „spielte", weswegen ihn der Führer ja auch degradierte und zum Schluß als vogelfrei erklärte. Dann ernannte der Führer irgendeinen anderen, ich glaube, den Breslauer Gauleiter Hanke, zum Chef der SS. – Diese meine letzte Meldung erfolgte im alten Ziethen-Schloß nordöstlich von Berlin.

Zur Unterbringung jener hundert prominenten Juden fuhr ich nach Tirol. In Linz traf ich SS-Oberführer Dr. Piffrader (171), Inspekteur der Sipo und des SD in Ungarn und in Oberdonau; Gauleiter Hofer (171 a) empfing mich nicht; so trat ich „massiv" auf; denn es ging um einen Reichsführerbefehl. Am Brenner suchte ich mir zwei sichere Aufenthaltsorte aus und kam dann nach Salzburg zurück, wo ich bei der Staatspolizei meinen Stellvertreter aus Berlin traf. Er meldete mir, daß er während meiner Abwesenheit von Müller Befehl bekommen habe, sich mit den „Gründungsakten" nach

Salzburg zu begeben und sie dort irgendwo in den Bergen zu deponieren. Die Gründungsakten sind u. a. die Akten des vormaligen Ministerpräsidenten Hermann Göring aus der Zeit, als zum erstenmal eine Geheime Staatspolizei errichtet wurde. Ich fuhr weiter nach Linz und hörte, daß Dr. Piffrader einem furchtbaren Bombenangriff zum Opfer gefallen war. – In Prag suchte ich dann den Staatssekretär beim Reichsprotektor, Gruppenführer K. H. Frank (172), auf, der mir sagte, daß ich nicht weiterkommen könne, in Berlin gebe es nichts mehr, Müller sei weg und auch Kaltenbrunner, der Russe sei irgendwo durchgestoßen. Frank stellte dann eine telefonische Verbindung mit Kaltenbrunner her ...

Textlücke (wegen unleserlichem Originalmanuskript)

mein Marschbefehl lautete nach Berlin. Telefonisch erhielt ich den Befehl, nach Alt-Aussee zu kommen. Ich fuhr dorthin – es war Ende April oder Anfang Mai – und suchte den Chef der Sipo und des SD auf. Sturmbannführer Gscheitler, Adjutant Kaltenbrunners, war ein langjähriger vertrauter Kamerad von mir. Er empfing mich herzlich und meldete mich anschließend bei Kaltenbrunner. Ich wurde in ein Zimmer geführt, wo Kaltenbrunner hinter einem großen Tisch saß. Nicht die Ordonanz, sondern Gscheitler brachte uns einen Cognac, worauf er uns verließ. Kaltenbrunner hatte die Feldbluse eines Obergruppenführers an, fast keilförmige Skihosen und wunderbare Skistiefel. Obwohl ich in Untergangsstimmung war wie „in den letzten Tagen von Pompeji", bemerkte ich all diese Einzelheiten. Kaltenbrunner hatte nach dem Essen einen Cognac genommen, aber ich wußte, daß er lieber Bier trank. Als er noch Höherer SS- und Polizeiführer in Wien war, kam ich einmal zu ihm und sah, wie er am Abend seine oberösterreichische Suppe aß und dazu ein Bier trank. – Er legte Patience, und als erstes fragte ich ihn: „Na, Gruppenführer, ist's gut ausgegangen?" „Nein, schlecht", war seine Antwort. Das war mir eigentlich nichts Neues, es mußte ja alles schlecht ausgehen. Zum Fenster leuchtete der weiße Schnee vom Lohser-Abhang herein. Trotz meiner düsteren Stimmung schmeckte mir der Cognac ausgezeichnet: Kaltenbrunner fragte mich: „Ja, was machst jetzt?" – Ich antwortete: „I geh' in die Berg'..." Darauf erzählte er mir von der geplanten Unterredung zwischen dem Reichsführer und Eisenhower (173), die ich oben schon erwähnte. Außerdem gab er mir den Auftrag, dem rumänischen Regierungschef Horia Sima (174) und seinen Leuten Schutz zu bieten und sie mitzunehmen. Damit war der dienstliche Teil erledigt. Ich verabschiedete mich von Kaltenbrunner formell, ohne jegliche persönliche Note auch seinerseits. Er blieb hinter dem Tisch sitzen, aber seine Miene verriet mir sein Wohlwollen.

Gscheitler begleitete mich hinaus, und ich begab mich in das große Hotel im Ort, wo meine Leute waren. Jahre später noch sprach der Inhaber dieses Hotels von dem „Hund Eichmann", der sein Hotel beschlagnahmte und seine „Horden" einziehen ließ, die angeblich alles verwüsteten und großen materiellen Schaden verursachten. Das ist einer armen Kreatur entsprungen, einem Nutznießer, der durch irgendeine erhoffte Entschädigung sein Schäflein ins Trockene bringen wollte.

Nachdem der Oberstabsarzt des benachbarten Lazaretts in Alt-Aussee mich flehentlich darum gebeten hatte, den Ort mit meiner Kampftruppe zu räumen, damit er Alt-Aussee als „offene Stadt" erklären könne, erkundigte ich mich, wie viele und welcher Art Verwundete sich in der Gemarkung Alt-Aussee aufhielten. Dann gab ich der Bitte des Oberstabsarztes statt; noch bevor das Gros meiner Kampftruppe unser Hotel geräumt hatte, sah ich, wie Rot-Kreuz-Schwestern Zimmer für Zimmer und Boden für Boden reinigten: das Hotel wurde als Lazarett-Station eingerichtet. Außer den bekannten Leuten von meiner Dienststelle setzte sich meine Kampfgruppe aus Waffen-SS-Angehörigen und nachher sogar HJ-Jungen zusammen.

In Alt-Aussee war auch ein wüster Haufen von Amt VI – Schellenberg – stationiert. Ich glaube, sie haben selber das Stift Kremsmünster angezündet und vorher einige Lastkraftwagen sonderlicher Art herausgeholt, deren Ladung aus Tropenuniformen und allen möglichen sonstigen Uniformen bestand, aber nichts, nichts von Winter- und Skiausrüstungen enthielt. Dafür hatten sie in „rauhen Mengen" Daunenschlafsäcke und eiserne Rationen an Schokolade, Hartwürsten und ähnlichen guten Dingen, die wir schon lange nicht mehr gesehen hatten; sie besaßen auch eine Kasse, ein eisernes Kästchen, etwa 30 x 20 cm und 10–15 cm hoch, das mit Dollars, Pfunden und Geldnoten gefüllt war. Dieses ganze Zeug hatte ich nun auf Befehl von Kaltenbrunner samt den Mannschaften zu übernehmen; außerdem mußte ich, ebenfalls auf Befehl von Kaltenbrunner, im Höllengebirge den Widerstand organisieren. Auf der Blaa-Alm wollte ich einen Stützpunkt einrichten, auf einem Sattel, der auf der einen Seite Ischl im Tal unter sich hatte, auf der anderen Alt-Aussee. Von Alt-Aussee her dauerte dieser Marsch bergwärts etwa 1½–2 Stunden. Genau kann ich es nicht sagen, weil damals plötzlich starker Schneefall einsetzte. In Alt-Aussee forderte ich 150 HJ-Jungen an – es war niemand anders mehr da –, uns den Schnee, teilweise 1–2 Meter hoch, wegzuschaufeln, damit ich mit meinem Wagenpark wenigstens bis zur Blaa-Alm durchkam.

Bei Horia Sima meldete ich mich und teilte ihm mit, daß ich vom Chef der Sipo und des SD Befehl habe, ihn zu übernehmen und mit seinem Stab in die Berge zu bringen. Horia Sima war sichtlich erfreut darüber und noch mehr sein Kabinettchef und die übrigen sieben oder acht Minister und

Generäle. Aus den Beständen von Amt VI ließ ich ihnen Zahlmeister-Uniformen verpassen; mit Ausnahme von H. Sima, der in Zivil blieb, fuhren sie so mit uns heraus. Zum Teil zogen schon Soldaten, bewaffnete und unbewaffnete, nach Hause, von Bad Ischl her, wo bereits der Amerikaner saß; auf dem Marktplatz tanzten Mädchen mit den „Eroberern". Wir ärgerten uns fürchterlich. Das muß in den ersten Maitagen gewesen sein; am 3. oder 4. Mai gab es starken Schneefall, einen Rückfall in den Winter. Natürlich lag oben auf der Blaa-Alm noch tiefer Schnee, aber die Wiesen unten bei Alt-Aussee waren schon schneefrei, und der Almbach sprudelte. Von dem Schneefall wurde nun alles wieder verweht, und die Straße mußte freigeschaufelt werden. Wir kamen auf der Blaa-Alm an; im einzigen Wirtshaus beschlagnahmte ich ein Zimmer und ließ dort eine Waffenkammer einrichten sowie die „Uniformsammlung" von Amt VI unterbringen. Vor dem Wirt wurde ich gewarnt, er sei ein verräterischer „Schwarzer", und es sei am besten, ihn „umzulegen". Es war die Zeit, wo jeder jeden umlegen wollte. – Als ich mir nun das „Würstchen" von einem Wirt ansah, dachte ich mir: ‚Den brauchst du nicht umzulegen – der tut sowieso nichts.' Zu den bunt zusammengewürfelten Sachen aus Kremsmünster-Lager gehörte auch ein Faß Rotwein; ich stellte es auf der Straße auf, und jeder Landser, der von Ischl aus durch die Berge heimwärts zog, konnte hier ein Gläschen Rotwein trinken und weiterziehen. Länger als fünf Minuten war der Aufenthalt nicht gestattet. So wurde das Faß leer und meine eigenen Leute wurden nicht besoffen. Die Schatulle mit den Dollar- und Pfundnoten sowie den Goldmünzen übergab ich Regierungsrat Hunsche mit der Weisung zur Erstellung eines genauen Inhaltsverzeichnisses; denn als Regierungsrat war er mir auch noch in diesen Tagen die beste Gewähr dafür, daß diese Dinge ordentlich verwaltet wurden. Ich selber kampierte im Gasthof. Horia Sima und seine Leute ließ ich in der Nähe meines Quartiers unterbringen. Sein Kriegsminister bat um Bewaffnung. Diesem Wunsch entsprach ich, und nun zogen sich die Rumänen alle wieder feldmäßige Uniformen an, soweit der Vorrat langte. Der Kriegsminister oder ein anderer General kam in die „Waffenkammer", ein Viertel des Gasthauszimmers, mit, wo er sich zu meiner großen Verwunderung eine FN aussuchte und mit listigem Kennerblick etwas feststellte, was mir entgangen war, weil ich die „Waffenkammer" noch gar nicht gründlich angesehen hatte und auch kein Waffenexperte bin: es war ein Schalldämpfer, den er im Handumdrehen auf seine Pistole montierte! Das Ding sah nun aus wie ein halber Flammenwerfer; ich sagte ihm, Schalldämpfer seien an sich verboten, aber er antwortete mir: „. . . doch es dämpft den Schall." Diese Rumänen hatten noch Draufgängertum, und ich fühlte mich ihnen sehr verbunden.

Zu meiner Ausrüstung gehörte auch noch ein kompletter Funkwagen. –

Am ersten Tage, als die Sonne aufging, meldete sich ein Hauptsturmführer von Amt VI mit einem Befehl des Obergruppenführers Kaltenbrunner, demzufolge er eiserne Rationen abzuholen habe. Ich antwortete ihm, daß ich die eisernen Rationen selber brauche. Da wurde er anmaßend, und Obersturmführer Burger fragte mich: „Soll ich ihn umlegen?" Aber ich winkte ab und ließ ihn einen halben Koffer voll Dörrwürste und Schokolade fassen. Wie ich mir erst später zusammenreimte, riß er mit diesen Sachen natürlich irgendwohin aus, vielleicht nach der Schweiz. Ein rothaariger SS-Oberscharführer kam etwa drei- oder viermal hintereinander zu mir, immer mit einem Zettel mit der Unterschrift Kaltenbrunners, die ich kannte und die mir echt vorkam, und der Anweisung, dem Überbringer seien... Stangen „Napoléons d'or" auszuhändigen. Eine Stange enthielt 50 Stück; ich hatte keinen Grund, die Echtheit oder Unechtheit der Unterschrift Kaltenbrunners nachzuprüfen, denn für uns in den Bergen bedeutete Geld und Gold gar nichts, dagegen Brot und eiserne Rationen alles. Ich ließ daher von Regierungsrat Hunsche die Geldröllchen anstandslos gegen Quittung auszahlen und die Anforderungen, von Kaltenbrunner unterschrieben, durch Hunsche zu den Akten legen; vielleicht tat er die Quittungen aber auch in die Kassette. Obersturmführer Burger teilte mir mit, daß er einen kostbaren Fund in den LKWs von Kremsmünster gemacht habe, nämlich einige Schlafsäcke der Luftwaffe aus Daunenfedern; sie seien alle schon vergeben, aber einen habe er noch für mich retten können. Später hat dieser Schlafsack mir in der Gefangenschaft noch gute Dienste geleistet.

Am nächsten Morgen hörte ich heftiges Geschrei und sah durchs Fenster, wie Burger einen Zivilisten rechts und links mit Ohrfeigen traktierte. Durch eine Ordonnanz befahl ich Burger zu mir; er meldete mir, daß dies ein Lehrer aus irgendeiner Talortschaft sei, der die Fettbestände in einem LKW plündern wollte, weshalb er ihm handgreiflich Bescheid erteilt habe. Ich antwortete Burger, daß ein Offizier nicht schlage. Wer plündre, werde vor ein Kriegsgericht gestellt und erschossen, aber nicht geschlagen. Der Lehrer wurde natürlich nicht erschossen. Den Funkwagen ließ ich in eine Waldschneise fahren. Horia Sima bat mich darum, stets mit der Außenwelt Kontakt zu behalten, und da bot der Funkwagen die Möglichkeit der schnellen Information über alle möglichen Wellenlängen; vor allem unter den Rumänen gab es verschiedene hochbegabte Leute für diese Arbeit. Kaum hatte ich den Befehl zur Unterbringung des Funkwagens gegeben, als eine heftige Detonation erfolgte; es wurde mir gemeldet, der Funkwagen sei durch eine geballte Ladung in die Luft gesprengt worden. Ich ließ mir den Dummkopf, einen Untersturmführer, kommen, der dafür verantwortlich war: einsperren konnte ich den Kerl nicht, weil ich kein Gefängnis hatte; zum Erschießen reichte die Tat nicht, und wegjagen konnte ich ihn auch nicht; denn er hätte uns verraten können. Daher habe ich ihn nur angeschrien und hinausgeworfen. Ich dachte mir: „Welchen Sauhaufen hast du hier versammelt?" Männer von der Waffen-SS und vielleicht gerade solche, die eben aus dem Lazarett entlassen und noch einmal irgendwelchen Einheiten zur Verfügung gestellt wurden, die die Sipo irgendwo aufgabelte, dann diesen völlig subordinationswidrigen Haufen von Amt VI, einige Frauenzimmer, meine eigenen Leute, 150 Mann HJ und dazu noch die Rumänen... Und mit diesem Haufen sollte ich nun im Toten Gebirge Krieg führen. Waffen hatte ich, sogar die allermodernsten; ich hatte nie vorher ein Sturmgewehr gesehen, nun hatte ich sie in rauhen Mengen, Munition, Panzerfäuste, alles in großen Mengen.

Etwas höher als die Blaa-Alm lag die Rettenbach-Alm. Mein bester Skiläufer war Burger, den ich mit einem Mann als Begleiter hinaufschickte, um dort Schneeverhältnisse und Unterkunftsmöglichkeiten zu kontrollieren. Dann gab ich Befehl, die Blaa-Alm mit dem Nahziel Rettenbach-Alm zu räumen. Alle Waffen, die wir nicht brauchten, ließ ich zerschlagen und unbrauchbar machen; sie wurden dann in dem neben der Rettenbach-Alm laufenden Fluß versenkt. Daran mußten sich meine Offiziere genauso beteiligen wie die Soldaten und ich selber. Nicht ein Gewehr durfte gebrauchsfähig in den Fluß geworfen werden. Diese Arbeit dauerte einen ganzen Vormittag. Nachdem ich mich vergewissert hatte, daß kein einziges Exemplar der Waffen, die wir nicht zur Rettenbach-Alm schleppen konnten, übriggeblieben war, verließ ich als letzter die Blaa-Alm und kletterte zur Rettenbach-Alm. Hier hatte ich durch ein Vorauskommando der rumänischen Exil-Regierung einige Sennschuppen angewiesen, wo auch das Restkommando unterkommen konnte. Nach der Sprengung des Funkwagens hatte ich den Großteil der Leute entlassen, weil ich sah, daß die Disziplin sehr gelitten hatte. Außerdem schickte Ernst Kaltenbrunner eine Ordonnanz zu mir auf die Blaa-Alm mit einem handgeschriebenen Befehl auf einem Briefbogen, der als Briefkopf „Chef der Sipo und des SD" trug. Dieses Schreiben lautete: „Der Reichsführer befiehlt, daß auf Engländer und Amerikaner nicht geschossen werden darf." Ich mußte gegenzeichnen, und damit rauschte die Ordonnanz zu Tal.

Den genauen Ablauf dieser letzten Tage kann ich beim besten Willen nicht mehr zusammenhängend wiedergeben; denn ich lebte damals in einer Art Schockzustand. Als dann wirklich alles zusammenbrach, fehlte mir auch die Lust zum Leben. Schier alles war mir in diesen Tagen gleichgültig, auch wenn ich an die Wand gestellt worden wäre. Viele haben das damals ebenso erlebt: sie hatten gekämpft, gearbeitet, gesorgt und gebangt für das Reich – und nun brach es zusammen; da war kein Lebenswille mehr da.

Nach der Kapitulation – Zusammen mit Horia Sima

So wußten wir nichts von Himmlers Absetzung, nur davon, daß er in Norddeutschland war; er stand sicherlich irgendwie durch Funk in Verbindung mit Kaltenbrunner; denn am Loser-Hang befand sich eine Funkanlage unter der Leitung eines Sturmbannführers von Amt VI; von dort holte ich mir in den letzten Tagen die Lageberichte. Hunsche wollte noch einmal nach Alt-Aussee, um seine Familie zu besuchen, was ich ihm genehmigte. Als er zurückkam, berichtete er mir, daß während seiner Abwesenheit dort die amerikanischen Panzer hereingerollt wären. Rückwärts über den Garten, über Feld und Flur war er zur Blaa-Alm zurückgekommen.

Ich glaube nicht, daß der Befehl „Auf Engländer und Amerikaner darf nicht geschossen werden" einer Privatinitiative von Kaltenbrunner entsprach; denn in diesem Falle hätte er nicht geschrieben „Auf Befehl des Reichsführers". Kaltenbrunner hätte dann auch nicht geäußert: „Es ist gut, daß Eichmann in den Bergen sitzt; denn Himmler will mit Eisenhower verhandeln." Heute erscheint dies alles als kindisch, sich mit einem so lächerlichen Haufen ins Gebirge zu begeben, um dort als Berggeist mit ein paar Hutzelmännchen Krieg spielen zu wollen. Wäre jedoch die Führung konsequent geblieben, hätten wir eine Widerstandslinie aufbauen können, und wenn oben mehrere „Partisanen-Chefs" gewesen wären, dann wäre es auch zu einem „Partisanen-Krieg" gekommen, der den Feind mindestens einige Wochen gehindert und ihm Schwierigkeiten bereitet hätte, da wir einfach den Übergang hätten sperren können. Wenn einer jene Berge kennt, ist nichts einfacher, als mit ein paar Mann die Straße von Bad Ischl nach Aussee zu sperren. Wir hätten uns mehr und mehr zurückgezogen; am Anfang hätte der Angreifer große Verluste gehabt; denn alle Vorteile befinden sich natürlich auf der Seite des Bergkundigen; wir hätten ja nicht angegriffen, sondern nur beobachtet, ohne selbst beobachtet werden zu können. Natürlich nimmt dieser „Krieg" dann doch ein Ende, schon aus Gründen der Verpflegung; denn um jene Zeit war da oben alles tief verschneit, und wenn der Feind ein Gebirgsjäger-Bataillon heraufgeschickt hätte, wäre er doch sehr bald Herr der Lage gewesen. Aber ein paar Monate lang hätten wir noch durchhalten können. Heute erscheint dies alles natürlich wie eine Verrücktheit; vielleicht erkannte der Reichsführer dies und gab deshalb den Befehl, nicht auf Engländer und Amerikaner zu schießen.

Daß der erwähnte rothaarige Oberscharführer die Goldstangen mit gefälschten Zetteln abholte, glaube ich auch heute noch. Kaltenbrunner konnte mir ja nicht zuerst den ganzen „Ramsch" übergeben, um mich durch Einzelanordnungen fast gleichzeitig wieder zu behindern, denn er konnte ja nicht wissen, welche Order ich bezüglich der Kassette erlassen hatte. Bei jedem anderen Vorgesetzten hätte ich diese Überlegung nicht angestellt, aber bei Kaltenbrunner mußte ich wohl annehmen, daß er mir weitgehend freie Hand ließ. Die eisernen Rationen hatten nur dazu gedient, diese Herren von Amt VI über die „trockene Zeit" hinwegzubringen; dann gingen sie in die Schweiz, wo die Goldmünzen ihnen ein besseres Brot boten. Wie ich später hörte, sind diese Leute von Amt VI alle in die Schweiz abgehauen, mit Gold und Geld und Tod und Teufel.

Irgendwo in seinem Buch behauptet der Jude Joel Brand, ich habe ihm in Budapest einmal gesagt, daß ich für meine Familie vorgesorgt habe. Ich verzeihe diese „dichterische Freiheit" zwar, aber eine derartige Behauptung habe ich nie ausgesprochen. Leider habe ich für meine Familie überhaupt nicht „vorgesorgt", nicht einmal, als ich nach Alt-Aussee kam. In den Nachkriegsjahren, als ich nichts von mir hören ließ, wußte ich nicht, wie meine Frau sich mit dem CIC herumschlagen mußte. Hätte ich das geahnt und nicht in jenen Tagen in Alt-Aussee in Weltuntergangsstimmung wie in einem Schock gelebt, dann hätte ich genauso für meine Familie „vorgesorgt" wie einige Herren des Amtes VI. Und beim Henker, ich hätte es noch besser tun können, denn anstatt meine Familie mittellos zu hinterlassen, hätte ich sie in Devisen und Gold einwickeln lassen können. Das hätte ich nicht einmal selbst zu tun brauchen: ein Kastner, Brand, Löwenherz, und wie sie alle heißen, hätten mir mit größter Dankbarkeit Devisen und Gold in jedes Land gebracht, das ich ihnen genannt hätte. Wenn ich ihnen dafür eine besondere Vergünstigung versprochen hätte, so hätte ich meine Familie in das fernste und neutralste Land der Welt schicken lassen können. Aber ich habe es nicht getan; in Alt-Aussee habe ich meiner Frau als letztes Geschenk eine Aktentasche voll Graupen und einen halben Sack Mehl gegeben. Und Giftkapseln, für jedes Kind und für meine Frau eine, und zu ihr habe ich gesagt: „Wenn die Russen kommen, dann müßt ihr hineinbeißen; wenn die Amerikaner oder die Engländer kommen, dann nicht." Das mag Ende April oder Anfang Mai 1945 gewesen sein. Das war meine einzige „Vorsorge". Heute bedaure ich es einerseits; denn ich hätte es meiner Frau und meinen Kindern leichter machen können, aber andererseits sage ich mir – und das ist auch ihre Meinung –: ‚Gottseidank wurde ich nicht zum Mörder der Meinen!'

Auf der Blaa-Alm entließ ich also, wie erwähnt, die ganze Mannschaft, soweit es sich um ordentliche Leute handelte, jedem ließ ich durch Hunsche und gegen Unterschrift 5000,– Reichsmark auszahlen; denn in der Kassette befanden sich auch Reichsmark. Eine SS-Helferin flehte mich an, ich möchte sie doch wenigstens mit hinaufnehmen, sie wisse nicht wohin und habe niemand. Aber ich war um jene Zeit hart, und statt einer Antwort sagte ich zu Regierungsrat Hunsche nur: „Fünftausend Mark auszahlen und ab – der nächste." Ich war damals kurz angebunden, so daß jeder, der hörte, daß ich ihn nicht mehr brauchte, gern verschwand.

Auf der Blaa-Alm blieb keine einzige Waffe zurück, nur große Bestände, die nicht angriffswichtig waren und uns also nicht schaden konnten. Die Uniform-Sammlung z. B. blieb da und die Stoffballen, das Leinen und die Hemden, die das Amt VI merkwürdigerweise heraufgeschickt hatte, so daß ich mir wie ein alter Händler vorkam und mir dachte „Das sind also kriegsentscheidende Arbeiten von Amt VI gewesen." Hamsterei für die eigene Wirtschaft war es, vielleicht z. T. für die V-Leute bestimmt; das letztere ließ ich noch gelten.

Auf der Rettenbach-Alm suchte ich zuerst die rumänische Exil-Regierung auf, weil sie unter meinen Schutz gestellt war. Die Rumänen dankten mir für die Versorgung; ich sah darauf, daß sie den Verhältnissen entsprechend gut untergebracht wurden, ein Dach über dem Kopf hatten, nicht hungerten und auch ihre Bergausrüstung gut war.

Auch Oberscharführer Slavick war bei mir. In Budapest war er mein Hausdrachen, zuständig für die Sicherheit des Hauses, in dem mich der Höhere Polizeiführer einquartiert hatte. Auf der Rettenbach-Alm entpuppte er sich als Koch. Slavick war von Beruf Fleischhauer, ewig munter, optimistisch und vollgefressen, weil er immer an der Quelle saß. Hier hatte er für mich in einer Sennhütte einen Holzverschlag ausfindig gemacht, wo er Heu und auch etwas Stroh hinbringen ließ. Als Großstadtkind ahnte er nicht, was für ein Unheil er anrichtete; auf das Stroh hatte er pfefferminzhaltiges Heu gelegt. Weil ich hundemüde war, legte ich mich ohne Kontrolle hin mit der Folge, daß ich am nächsten Morgen mit wahnsinnigen Kopfschmerzen aufwachte.

Den Rumänen und meinen eigenen Leuten gab ich den Befehl des Reichsführers durch, nicht auf Engländer oder Amerikaner zu schießen; die Antwort darauf war meistens das Götz-Zitat. Um uns herum schlichen bereits bewaffnete „Heimatschützler" mit der rot-weiß-roten Binde, alles „Anti-Piefkes" und lauter Leute, die sich wahrscheinlich 1938 heiser geschrien hatten mit „Heil Hitler"-Rufen, die aber dann später „nie dabeigewesen" sein wollten. Daraufhin bildete ich einen Sperrkreis und ließ Warntafeln anbringen, auch auf den sogenannten Jagdstreifen, die im Hochgebirge jedem Förster, jedem Arbeiter, jedem Forstgehilfen zur freien Benutzung stehen. Die Warntafeln besagten, daß bei Annäherung ohne Warnung oder Anruf geschossen werde. Außer meinem dicken Slavick hatte ich unter meinen Österreichern viele Scharfschützen, von denen ich „Nester" anlegen ließ. Ob sie in Aktion traten, weiß ich nicht; denn damals knallte es an allen Ecken und Enden. Mir wurde keine Meldung überbracht, aber auch nicht über etwaige gegenseitige Aktionen, so daß entweder die Warnschilder respektiert wurden oder meine Schützennester gut arbeiteten.

Mit Horia Sima kam ich überein, mangels Nachrichtenübermittlung und wegen der latenten Gefahr, durch die gegnerischen Gruppen überrollt zu werden, unser Lager höher zu verlegen. Vorher schickte ich meinen Fahrer Polanski nach Alt-Aussee und ließ Hunsche wissen, daß er ihm das nötige Geld zu geben habe; Polanski schärfte ich ein, bei einem Bäcker den gesamten Brotvorrat aufzukaufen, im Guten oder im Bösen, aber auf alle Fälle gegen Bezahlung; denn wir hatten nur Zwieback und Keks. Nach einigen Stunden kam Polanski mit einigen hundert Leib frischen Brotes zurück. Im Hochgebirge brauchte ich keinen Wagen, so schickte ich Polanski, der jahrelang mein treuer Fahrer gewesen war, auf seine Bitte hin mit einem LKW nach Bad Ischl. Hoffentlich hat er Glück gehabt!

Am nächsten Tag verlegten wir unseren Standort einige hundert Meter höher, mit Ausnahme von Horia Sima beteiligten wir uns alle daran, die Lebensmittel, Decken und ähnliches an einem Seil heraufzubringen, das mit 45 Grad Steigung nach oben führte. Wir verbrachten diese Nacht unter freiem Himmel auf dem verharschten Schnee; natürlich wurden wir immer wieder wach.

Am anderen Tag sagte Burger zu mir: „Obersturmbannführer, wir haben die Lage besprochen, auf Engländer und Amerikaner dürfen wir nicht schießen, der Russe kommt hier nicht her. Sie werden als Kriegsverbrecher gesucht, wir nicht*. Wenn Sie sich also absetzen und einen anderen Kommandanten bestimmen würden, dann würden Sie Ihren Kameraden einen großen Dienst erweisen."

Ich überlegte mir, daß meine Kampfaufgabe erfüllt war, und sagte dann: „Leute, ich lasse Euch nun hier auf der Rettenbach-Alm allein ... Der Krieg ist aus, schießen dürft Ihr nicht ... Seht zu, wie Ihr durchkommt ..." – Mein langjähriger Vorzimmer-Bulle Jänisch meldete sich sofort und bat, mit mir gehen zu dürfen. Wir tranken alle noch einen Schnaps miteinander. Horia Sima und seine Minister zogen nun auch Zivil an; wir versprachen einander, uns irgendwo im westlichen Deutschland wiederzusehen, und zwar als Pseudo-Patienten im Vorzimmer irgendeines Arztes. Sima schenkte mir noch einen goldenen Füllfederhalter zum Abschied. So trennten wir uns.

---

* Reitlinger „Die Endlösung", Ausgabe Colloquium Verlag 1956, Seite 187: „... und die Kommandanten von Theresienstadt wurden aus dem Stab Eichmanns entnommen. Die drei einander folgenden Kommandanten, Siegfried Seidel, Anton Burger und Karl Rahm, standen in den Jahren 1946/47 zusammen mit dem stellvertretenden Kommandanten Wilhelm Schmidt vor Gericht und wurden hingerichtet. Mit Ausnahme von Seidel, dessen Prozeß in Wien stattfand, wurden sie vom Gericht in Leitmeritz verurteilt."

In US-Gefangenschaft

Als Jänisch und ich, es war, wie ich glaube, in der ersten Maihälfte 1945, von einer amerikanischen Patrouille aufgegriffen wurden, kamen wir in ein kleines amerikanisches Gefangenenlager. Dort gab ich mich als Luftwaffen-Obergefreiter Bart aus. Das war der Name eines Kaufmannes aus Berlin-Britz, wo ich in den dreißiger Jahren immer eingekauft hatte. Nachdem ich die psychologische Einstellung des amerikanischen CIC studiert hatte, machte ich aus dem Luftwaffen-Obergefreiten einen SS-Oberscharführer Bart und sah schließlich ein, daß es besser wäre, mir einen Offiziersdienstgrad zuzulegen. So wurde ich zum Untersturmführer Otto Eckmann und legte mein Geburtsdatum um ein Jahr vor, auf den 19. März 1905 in Breslau. Diese Zahl konnte ich mir leicht merken, auch die Unterschrift war flüssig, so daß ich kaum durch eine momentane Zerstreutheit bei einer nötigen Unterschriftsleistung irgendeinem Fiasko zum Opfer gefallen wäre.

Nach Durchgang durch einige Lager wurden wir dem großen Sammellager Weiden in der Oberpfalz zugeführt. Mein Obersturmführer Jänisch wurde mit mir eingegliedert; er besaß die Kühnheit, seinen richtigen Dienstgrad und seinen richtigen Namen anzugeben. Um jene Zeit war es sehr opportun, „tiefzustapeln", aber Jänisch war nicht dazu zu bringen und gab sogar den Sicherheitsdienst als Einheit an. In Weiden wurden nach einiger Zeit sogenannte Arbeitskompagnien von den Amerikanern angefordert. Ich meldete mich dazu, und da ich mich als Untersturmführer ausgab, wurde ich als Zugführer dem Lager Ober-Dachstetten im Fränkischen zugeteilt, während Jänisch mit seiner Einheit in ein Arbeitslager bei Deggendorf an der Donau kam. Dies muß etwa im August 1945 gewesen sein; ich blieb dort bis Anfang Januar 1946.

Öfters kamen Judenkommissionen in die Lager, um ihre „Freunde" zu „besuchen"; wir mußten alle antreten, und dann sahen sie nach, ob sie bekannte Gesichter entdeckten. Ringsumher standen Amerikaner, um die Operation zu schützen. Allmählich wurden uns Kriegsgefangenen diese Kommissionen lästig, und als wieder einmal Autos am Stacheldraht vorfuhren und einige Juden ausstiegen, brüllte einer – ich glaube, es war ein Obersturmführer, ein Kerl wie ein Spind – ihnen zu: „Haut ab, ihr Hunde!" Alle lachten und schrien. Die Amerikaner taten gar nichts dagegen. Mir war das um jene Zeit nicht gerade angenehm, aber im Grunde genommen war mir alles irgendwie „wurscht". Nur hatte ich mir fest vorgenommen, daß ich, wenn es für mich schlecht ausgehen würde, nicht ohne „Ordonnanz" in die Ewigkeit fahren würde.

Einmal sollten wir als Gefangene sogar einen Film über die Judenvernichtung sehen, doch da revoltierten wir und brauchten ihn dann nicht zu sehen. Um diese Zeit bat ich Jänisch, mir irgendein Gift zu besorgen, denn leichtsinnigerweise hatte ich meine Kapsel über den Donnerbalken geworfen. Die ewigen Verhöre durch den CIC wurden mir zu dumm; ich dachte: „Es ist alles gleich, ich werde mir warmes Wasser besorgen und eine Rasierklinge." Da sagte Jänisch zu mir: „Na, das hättest Du schon gestern abend machen können, dann hätten wir jetzt mehr Ruhe." Das leuchtete mir ein; dann kam wieder ein Verhör, und dann nahm ich die Rasierklinge und rasierte mich damit. – Als ich danach im Lager Oberdachstetten war und den CIC schon überstanden hatte, sollten wir Polen zu unserer Bewachung bekommen. Und wieder sagte ich zu mir: ‚Hier kommst du nicht weg – oder du müßtest ein paar Amerikaner umlegen, und das hat auch keinen Zweck.' Im Lager gab es einen Drogisten irgendwo aus dem Warthegau, einen Unterscharführer. Ihm sagte ich – er wußte Bescheid über mich –: „Weißt Du, hier kommt man nicht raus; ich habe noch etwas Morphium bei mir, etwa vier bis fünf Deka. Das reicht doch wohl? Ich suche mir irgendeinen roten Fetzen zusammen, mache mir eine Hakenkreuzfahne und fresse das Morphium." Aber ich war ein vorsichtiger Mensch und wollte wissen, wie das Zeug wirkt; ich hatte mit Morphium noch nie zu tun gehabt. Da ich ein Laie auf dem Gebiet war, auch keine Spritze besaß, wollte ich also das Zeug einnehmen; ich dachte mir: ‚Wenn du also so daliegst, mußt du ja verrecken', aber der Drogist sagte mir: „Weißt Du, mit 300 Gramm hast Du eigentlich genug, die brauchst Du gar nicht zu fressen, es genügt schon viel weniger, aber vielleicht mußt Du Dich dann übergeben; dann erbrichst Du das Zeug, und es hat nichts genützt." Dann meinte er noch, man habe nur Scherereien damit; auch das leuchtete mir ein, und so sagte ich mir, es müsse eben weitergehen so oder so. Später floh ich; denn umbringen konnte ich mich ja nicht.

Mir war um jene Zeit alles gleichgültig. Als ich nach Ansbach zu den Verhören geschleppt wurde, vormittags verhört wurde und nachmittags verhört wurde und dann in eine Zelle gesperrt und wieder herausgeholt wurde, wunderte ich mich; es war halt mein Schicksal. Aber der „Sergeant" wollte seine Arbeitskompanie zusammenhaben und raufte mit dem CIC herum, damit sie ihm diesen Kerl – mich – wieder zurückbringen. Dann lag ich wieder einmal in einem Zelt mit noch zwei, drei Kameraden zusammen. Es war ein Arzt dabei, der uns sagte: „Ich bin da, weil ich noch 14 Tage zu leben habe." Dem amerikanischen Arzt nannte er seine Krankheit; ich erkundigte mich bei ihm, wie man von da wohl abhauen könnte. Aber wir wurden wieder verladen; ich dachte schon, es gehe wieder zum Verhör, wir waren jedoch auf dem Weg nach Oberdachstetten zurück.

Ich hatte Schluß machen wollen, aber es ging nicht. Was sollte ich also noch?

In der Zwischenzeit wurden wir noch ein paarmal nach Ansbach zu Verhören geführt, die für mich keine weiteren Schwierigkeiten ergaben. Als ich mir jedoch so ungefähr ausrechnen konnte, wie und zu welcher Zeit überhaupt irgendein Verdacht gegen mich vorliegen könnte und ich dementsprechend zur weiteren „Bearbeitung" nach Ansbach oder Oberdachstetten hätte zurückgerufen werden können, beschloß ich, mich selbst zu entlassen. – Wir waren in unserem Lager neun oder elf Offiziere, und deshalb konnte ich selbstverständlich nicht auf eigene Faust „türmen", sondern bat den Lagerleiter um eine Offiziersbesprechung. Bis zu diesem Moment, es war etwa Dezember 1945, hatte ich mich ihm gegenüber nicht deklariert. Als ich nun anfing meine Fluchtvorbereitungen zu treffen, machte ich ihm meinen Namen, Dienstgrad und Dienststellung bekannt. Darauf sagte er mir: „Mein lieber Kamerad Eckmann, das weiß ich bereits seit langem; denn das hat mir Ihr Obersturmführer Jänisch unter dem Siegel der Verschwiegenheit mitgeteilt, aber nachdem Sie sich mir gegenüber nicht äußerten, habe ich es bei mir behalten." Ich schilderte dem Lagerältesten die Notwendigkeit, mich abzusetzen, und bat ihn, eine Besprechung anzuberaumen, damit ich die Genehmigung meiner Offizierskameraden, soweit er es für notwendig hielt, für diese Flucht bekomme. Es war ein ungeschriebener Ehrenkodex, daß ein Offizier sich nur dann absetzen kann, wenn sämtliche Offizierskameraden oder der verantwortliche deutsche Lageroffizier dazu die Genehmigung erteilten, weil ja unter Umständen für die zurückgebliebenen Kameraden Repressalien zu befürchten waren. Die Offiziersbesprechung fand statt, und ohne mich den einzelnen Kameraden zu deklarieren, schilderte ich zwei Offizieren die Notwendigkeit meines Absetzens, weil ich wegen politischer Betätigung verfolgt werden würde. Es wurde damals nicht viel gefragt; ich könnte mir nie vorstellen, daß in irgendeinem SS-Lager einem Führer, der sich absetzen mußte, die Zustimmung dazu verweigert worden wäre. Zwei Offiziere, mit denen ich mich persönlich eng angefreundet hatte, sagte ich, ich wollte versuchen, mich zum Groß-Mufti durchzuschlagen, der sich zur Zeit in Ägypten aufhalte. Dies war ein sehr vager Plan, aber ich brauchte ja ein Ziel.

In einer Nacht führte ich dann meine Flucht planmäßig durch; ich verließ das Lager mit den von mir fertiggestellten Papieren auf den Namen Otto Henninger.

Meine Jahre in Deutschland nach der Flucht

Fast fünf Jahre habe ich mich insgesamt nach dem Krieg in Westdeutschland aufgehalten und mit eigenen Augen viel gesehen, u. a. auch, daß es überall ungarische Juden gab. Denn nachdem ich mich selber entlassen hatte, war ich ständig auf der Achse. So bin ich nach Hamburg gefahren, von dort ins Rheinland und vom Rheinland in die Lüneburger Heide. – In der Lüneburger Heide wohnte ich in der Nähe von Bergen-Belsen. Überall roch es nach Knoblauch. Ich habe dort mit den Juden Holz und Eier gehandelt und mir gesagt: „Donnerwetter, die sollen wir alle umgebracht haben?"

Es muß entweder im Sommer 1946 oder im Sommer 1947 gewesen sein, als ich am Rande der Lüneburger Heide in den Besitz eines ganzen Stapels alter Zeitungen gelangte, deren Artikel sich unter anderem auch mit mir befaßten, unter Titeln wie: „Massenmörder Eichmann", „Wo steckt der Massenmörder?" u. ä. m. Ich wurde stutzig, als ich las, daß der „berüchtigte Massenmörder Eichmann sich zuletzt unter dem Namen des Leutnants Eckmann im Lager Oberdachstetten aufhielt"; außerdem stimmte das Datum meiner Flucht aus dem Lager, und es wurde hinzugefügt, daß „er sich auf verborgenen, nur ihm bekannten Pfaden zum Groß-Mufti durchzuschlagen bestrebt war". Da sagte ich mir, daß ich offenbar rechtzeitig geflüchtet war. Natürlich überlegte ich, woher der CIC wohl den Namen „Eckmann" bekommen haben könnte. Es gab nur zwei Möglichkeiten: der niedersächsische Dickschädel Jänisch, der seinen wahren Namen und seine Dienstverwendung in den Fragebogen angab, war durch die ganzen Jahre sehr gut und brauchbar für seine verwaltungstechnischen Aufgaben gewesen; rein menschlich gesehen, war er ein wenig widerstandsfähiger Geist, und wenn der CIC ihn „richtig" ins Verhör genommen hatte, war die Aufdeckung des Namens Eckmann weiter nicht verwunderlich. Unwahrscheinlich erscheint mir, daß der CIC nach meiner Flucht den Lagerältesten ins Verhör nahm und dieser sich möglicherweise sagte: „Der Mann ist jetzt längst hinter allen sieben Bergen verschwunden, und wenn der CIC in einigen Wochen das Gegenteil von meinen jetzigen Behauptungen beweist, hat mein Lager davon nur Widerwärtigkeiten zu erwarten, also sage ich die Wahrheit."

Jeder Polizist hat seine eigene Methode, wie er sich zu erkundigen pflegt. So weiß ich, daß ich in den ersten Jahren nach 1945 von der Polizei gesucht wurde – selbstverständlich von der alliierten Polizei, aber später auch von der Polizei meines Heimatlandes. Wenn es stimmt, was die Zeitungen berichten, wurde Wisliceny das Leben versprochen unter der Bedingung, mich tot oder lebendig herbeizuschaffen. – Jahrelang habe ich einen Ausschnitt aus der extrem linken „Oberösterreichischen Zeitung" aufgehoben, worin zu lesen stand, daß ein jüdischer Offizier, dessen Namen ich leider vergessen habe, der heute aber im israelischen Heer einen hohen Dienstgrad bekleiden soll, erklärt habe, mit einem jüdischen Kommando nach Alt-Aussee gefahren zu sein, wo sie Eichmann gestellt hätten, der umgeben war von mehreren sehr scharfen Wachhunden. Nachdem sie Eichmann mit Knüppeln niedergeschlagen und damit besinnungslos gemacht hätten, verluden sie ihn auf einen Jeep und führten ihn auf eine Waldschneise. Unterdessen sei er aus seiner Ohnmacht erwacht und wurde dann gefragt: „Sind Sie der Obersturmbannführer Eichmann?" Daraufhin habe Eichmann gesagt: „Ja... was wollt Ihr von mir?" Die Juden hätten Eichmann dann niedergeschlagen; der Offizier fügte hinzu: „Eichmann starb bemerkenswert anständig." Dieser jüdischen Suche nach mir fiel also mindestens ein unschuldiger Mensch zum Opfer.

Ich weiß auch, daß eine gesuchte Person, die nach fünf Jahren nicht gefunden worden ist, von der Fahndungsliste gestrichen wird; heute werde ich längst nicht mehr gesucht.

Im waldreichen Heidegebiet des Kreises Celle arbeitete ich mehrere Jahre als Holzfäller und Geflügelzüchter. Die Arbeit war hart, aber es herrschte ein gutes kameradschaftliches Verhältnis; durch eifriges Sparen gelang es mir im Laufe der Jahre, die nötigen Gelder für eine Überseereise zusammenzubekommen; schließlich setzte ich mich im Jahre 1950 vom alten Kontinent ab und reiste über Italien nach Südamerika. – Seit meiner Ankunft verließ ich dieses eine, ebenso große wie großartige südamerikanische Land nicht mehr und nahm nur innerhalb seiner Grenzen einen gelegentlichen Stellungswechsel vor.

Für einen Prozeß gegen mich „in absentia" reichte es eben nicht; ich habe ja sozusagen mein halbes Leben als Polizeimann zugebracht und weiß daher, wie diffiziler Natur die Anklagepunkte sind und daß die Akten nur noch zentnerweise gewogen werden können, so daß eine Verurteilung „in absentia" nicht ohne weiteres durchführbar ist, zumal die Gegenseite sich aus einem Prozeß gegen mich große materielle Vorteile verspricht.

Wie ich meinen eigenen Fall sehe – Ein Vergleich

Ich bin es langsam müde, wie ein anonymer Wanderer zwischen den Welten zu leben. Kein Mensch vermag der Stimme seines Herzens zu entfliehen – mir raunte sie stets zu, den Frieden zu suchen. Auch den Frieden mit meinen ehemaligen Gegnern möchte ich finden; vielleicht gehört dies zum deutschen Charakter. Ich wäre der letzte, der nicht bereit wäre, mich den deutschen Gerichten zu stellen, hätte ich nicht zu bedenken, daß das politische Interesse an der Judenfrage doch noch allzu groß ist, um die Materie einem klaren, sachlichen Ausgang zuzuführen. Die Bemühungen um eine gerechte Urteilsfindung bei einem deutschen Gericht will ich nicht anzweifeln, aber ich bin mir nicht im klaren über den rechtlichen Status eines einstigen Befehlsempfängers, der auf Grund seines Diensteides erhaltene Befehle und Weisungen durchzuführen hatte.

Nach ernsthafter Prüfung muß ich mich selber für nichtschuldig erklären, und unter Umständen **kann ich reinen Gewissens vor gerichtlicher Beurteilung bestehen**. Dies möge mir verziehen und nicht als Anwandlung von Hochmut angesehen werden, unter dem ich ohnehin nicht zu leiden habe. Ich bin vor meinem Gewissen nichts anderes als ein getreuer, korrekter, fleißiger, besoldeter Angehöriger der SS und des Reichssicherheitshauptamtes gewesen, nur von idealen Regungen für mein Vaterland beseelt. Ein „innerer Schweinehund" war ich nie. Trotz gewissenhafter Selbstprüfung muß ich feststellen, daß weder ich noch die mir direkt unterstellten Angehörigen des Dezernates IV B 4 Mörder waren.

Bislang hörte ich noch nicht, daß meine „Deportationskollegen" in der nichtdeutschen Welt wegen Beihilfe zur Tötung belangt wurden oder sich selbst dessen bezichtigten. Dabei deportierten sie nicht nur Deutsche, sondern auch zahllose Angehörige anderer Völker, zu einem sehr hohen Prozentsatz mit Todesfolgen. Die Zahl der Deportierten geht weit in die Millionen, zum Teil noch während des Krieges, zum größten Teil sogar nach dem Krieg. In der Nachkriegsliteratur gibt es dafür eine stattliche Anzahl von Beweisen. Keiner meiner Kollegen „von der anderen Seite" wurde bis heute wegen dieser allfälligen Verbrechen belangt, weder unter dem Titel „Verbrechen gegen die Menschlichkeit" noch „Beihilfe zum Mord". Wahrscheinlich ist ihre subjektive Einstellung zu jenen Geschehnissen in etwa die gleiche wie die meine. Gleiches Recht und gleiche Last für alle, das müßte Grundsatz sein.

Um haargenau bei der Wahrheit zu bleiben, könnte ich der Beihilfe zur Tötung während des Krieges bezichtigt werden, weil ich die erhaltenen Evakuierungs- und Deportationsbefehle weitergab, deren Einhaltung und Befolgung überwachte und ein Teil dieser Deportierten getötet wurde, wenn auch von einer ganz anderen Einheit und von einem ganz anderen Hauptamt. Dieser Umstand ist weitestgehend bekannt; ich gerate daher nicht in den Verdacht, etwas zu sagen, was diese Einheit oder dieses Hauptamt erneut belasten könnte. Ob jemand von den Deportierten getötet wurde und, falls ja, wer oder wie viele, wußte ich nicht, denn dies oblag nicht meinem Aufgabenkreis.* Wenn ich mit mir selber hart und rücksichtslos zu Gericht gehe, könnte ich mich der Beihilfe zur Tötung von Gegnern während des Krieges bezichtigen. Nur ist mir noch nicht klar, ob ich dazu vor meinen direkt Untergebenen und in Anbetracht der allgemeinen Lage das Recht habe, gerade weil keiner meiner „Kollegen von der anderen Seite" belangt wurde. Es ist verständlich, daß ich als ehemaliger kleiner Befehlsempfänger nicht päpstlicher als der Papst sein kann. Ich darf hoffen, richtig verstanden zu werden, und erkläre dies, ohne daß ich auch nur den geringsten Eindruck einer zynischen Einstellung beim Leser dieser Zeilen aufkommen lassen möchte.

Meine subjektive Einstellung zu den hier beschriebenen Dingen war mein Glaube an den von der Führung des Großdeutschen Reiches verkündeten „Volksnotstand". Dazu gehört mein zunehmender Glaube an die Notwendigkeit eines totalen Krieges vor dem Dilemma „Sieg in diesem totalen Krieg oder Untergang des deutschen Volkes". Dieser Glaube wurde durch Kaufmans und Morgenthaus Erklärungen noch stärker begründet und bestätigt. Aus dieser Einstellung heraus tat ich reinen Gewissens und gläubigen Herzens meine mir befohlene Pflicht. Ich denke, solches ist für alle Patrioten gleicherweise verpflichtend. Je mehr und je intensiver ich die Dinge aus meinem Zuständigkeitsbereich betrachte, um so deutlicher wird meine Überzeugung, daß ich mich in Wahrheit auch nach der heutigen Gesetzgebung keines Verbrechens schuldig gemacht habe. Vom Standpunkt der Staats- und Vaterlandsmoral aus brauche ich mich nicht als der „Beihilfe zur Tötung" während des Krieges schuldig zu erklären. Das gilt für mich nicht anders als für die „Kollegen der anderen Seite". Sie wie ich haben Befehle ausgeführt. Des Menschen Tun und Denken wird bestimmt vom Geist der Zeit, in der er lebt. Mein Tun und Denken wurde bestimmt von der Lage meines Volkes, wie sie sich aus dem Schmachvertrag von Versailles ergab. Mein Denken und Tun wurde bestimmt von dem Diensteid, der mich band.

Als ich nach dem Tode des Herrn Reichspräsidenten von Hindenburg in einem Bataillon aktiven SS Dienst tat, wurden wir nach München verladen; dort leistete ich den neuen Eid auf den Führer und Reichskanzler Adolf Hitler. Der Eid war selbstverständlich freiwillig. Als ich im Herbst 1934 von der Truppe zum SDHA versetzt wurde, leistete ich einen zweiten Eid, den Diensteid auf den SD. Als ich vom SD 1940 zur Gestapo kommandiert wurde, leistete ich erneut einen Diensteid, der wie damals beim SD auf Geheimhaltung und strikte Befolgung der Befehle meiner Vorgesetzten lautete. Als mir Heydrich 1941 mitteilte, daß ein Führerbefehl die physische Vernichtung der Juden angeordnet habe, war dies für die damalige

---

* Die immer wieder gleiche Aussage zu dem stets gleichen Thema wurde, obwohl längst bekannt, belassen, da sie von psychologischer Bedeutung sein kann. D. Herausg.

Zeit ein Gesetz; denn Führerbefehle hatten Gesetzkraft – das galt für alle deutschen Volksgenossen. Ich war als Beamter tätig; Machtvollkommenheit gibt es in der Behörde nicht, sondern dort hat jeder Beamte, ob klein oder groß, vom Kriminalassistenten bis zum Chef der Sipo, Weisungen und Befehle gemäß bestehenden Gesetzen, Verordnungen und Erlassen auszuführen; eine Alternative gab und gibt es in der Behörde nicht. In einem Behördenapparat kann niemand tun und lassen, was er will, sondern jeder handelt gemäß Befehl. Er erhält seine Weisungen aufgrund einschlägiger Befehle. Was der Fahneneid bedeutet und was er auferlegt, ist bekannt, im großen und ganzen unabhängig von der Nationalität. **Weil sie unter Fahneneid standen, haben Soldaten und Offiziere der gegnerischen Luftwaffe deutsche Frauen, Kinder und Greise getötet und ihre Heimstätten in Schutt und Asche gelegt, haben ohne vorherige Warnung Atombomben geworfen.** Sie alle handelten auf Befehl, taten ihre Pflicht, gehorchten. Die einzelnen Luftflottenchefs zur Verantwortung zu ziehen, wäre ebenso absurd. Nach dem Krieg wurden Millionen von deutschen Zivilisten im Osten vernichtet und Hunderttausende in den Sudetenländern gewaltsam beseitigt. Kommende kriegerische Auseinandersetzungen werden zweifellos noch viel totalitärer sein – und auch dann wird sich kein Staatsmann vorstellen können, mit Befehlsverweigerern oder Verrätern zusammenzuarbeiten. Gegenüber solchen Individuen muß der verantwortliche Staatslenker die volle Schärfe des Gesetzes anwenden. Gerade das zionistische Judentum und die sonstigen politischen Strömungen im jüdischen Volk innerhalb seines neuen Staates werden sich, umgeben von offenen und latenten Gefahren, diesen Gedankengängen am allerwenigsten verschließen können. Ein vaterländischer Charakter muß die „Bestrafung" wegen Gehorsams bei der Durchführung erteilter Befehle als unsittlich ablehnen.

Kein Russe, kein Israelit, kein Engländer, kein Amerikaner und kein Franzose wurde auch nur in einem einzigen Falle bestraft, wenn er in amtlicher Stellung oder in Erfüllung seines Fahneneides erhaltene Befehle, wie „verbrecherisch" diese an sich auch sein mochten, zur Ausführung brachte. **Warum soll Galgenholz oder Zuchthaus nur für Deutsche gelten?** Gewiß: alles Töten und Verwunden ist schmerzlich. Trotzdem ist in schicksalsschwerer Zeit der Befehlsverweigerer, gleich welcher Nationalität, in meinen Augen wie in den Augen vieler Deutscher und Nichtdeutscher kein getreuer Staatsbürger, da er seinen Fahneneid oder Beamteneid nicht erfüllt hat.

Mich banden also gleich zwei Eide: der Fahneneid auf Adolf Hitler und der Eid auf den Reichsführer, abgenommen im Auftrag des Chefs des RSHA durch seinen Amtschef IV. War zuerst Pflichterfüllung das oberste

Gesetz und meine geistige Grundeinstellung, so banden mich später diese beiden Eide restlos. Der Eid ist die höchste Verpflichtung, die ein Mensch einzugehen vermag; alle hatten ihm zu gehorchen, bei Freund und Feind. Die Führung des Deutschen Reiches verlangte von ihren im Eide stehenden Bürgern die Vernichtung der Feinde. Die Führungen bei unseren Gegnern verlangte von ihren im Eide stehenden Bürgern die Vernichtung der Feinde. Um ihr Ziel zu erreichen, setzte jede der beiden Gruppen herkömmliche und nicht herkömmliche Mittel ein. Die einen töteten direkt, lösten die Hebel an ihren Mordmaschinen in der Luft wie auf der See und auf der Erde und gaben dem Tod freie Bahn; die anderen trugen in irgendeiner Form dazu bei: bei Freund und Feind das gleiche Bild, zu Wasser, zu Lande und in der Luft. Und alle band ein Eid.*

Und die Moral? Die Moral von Auschwitz und Nagasaki, von Nächten voller Phosphorbrände im Deutschen Reich und den von Leichenbergen umsäumten Flüchtlingstrecks deutscher Menschen sogar nach dem Kriege? Gibt es hier zweierlei Arten von „Moral": eine religiöse, eine Kriegsmoral, eine Moral des „right or wrong – my country", eine Moral des Selbsterhaltungstriebes und eine Moral, wie sie das Alte Testament grausam genug beschreibt? Konnte ein „Zahnrädchen" im Getriebe der eigenen oder der feindlichen Mordmaschine während des Krieges aus dem ausbrechen, was ihm auferlegt war? Denken durfte der Befehlsempfänger, was er wollte, äußern durfte er sich nicht, es sei denn, er hätte Selbstmordanwandlungen verspürt. Die sokratische Weisheit unterwirft sich dem Gesetz des Staates, und zwar bedingungslos, so lehrten es uns die Humanisten. Das Gesetz verhängte gegen den Philosophen die Todesstrafe. Sokrates hätte sich ihr entziehen können, doch das Gesetz erlaubte es ihm nicht; er trank den Giftbecher. Der absolute Gehorsam des Individuums gegenüber der Staatsführung wird heute wieder allgemein als nachahmenswert empfohlen. Die Kirchenlehren sehen vor, dem Staat zu geben, was des Staates ist, und Gott, was Gottes ist. Es bestehen ganze Bibliotheken über das Thema, wie das Einzelwesen sich dem Staate und seinen Gesetzen unter- und einzuordnen hat. Mit Juristerei und politischem Opportunismus mag natürlich genausooft der Versuch gemacht werden, gerade das Gegenteil nachzuweisen. Wer aber kann es mit seiner inneren Moral in Übereinstimmung bringen, während eines Krieges zwischen beiden Postulaten mit sich selber zu feilschen? Wer unter dem Fahneneid steht, darf nicht wählen; denn der Eid bindet ihn an eine ganz bestimmte, ihm eindeutig gestellte Forderung. Wer

---

* Eichmann scheint sich nicht darüber klar zu sein, daß kein Eid an Gottwidriges oder Unsittliches binden kann. D. Herausg.

die Kraft zum Selbstmord besitzt, kann zweifellos einen Standpunkt einnehmen, der dem seiner Staatsführung diametral entgegengesetzt ist. In diesem Fall hält die „Moral" der Jurisprudenz einen wahren Paragraphenwald bereit. Dabei kann es sich je nach Größenordnung und „Erfolg", der ja nichts mit Moral zu tun hat, um Landesverrat oder um Hochverrat zur „Rettung aus großer Not" handeln. Widerspruch gegen den Befehl hat in der Weltgeschichte ganz unterschiedlich ins Unglück oder in ein sogenanntes Glück geführt. Das Dilemma hieß: Tod oder siegreicher Widerstand.

Meine Haltung war in den Jahren des Zweiten Weltkrieges wenig kompliziert; ich fand die Parallele für mich einfach in der Natur. Der Fahneneid verbot mir ja nicht das eigenwillige Denken, sogar dann nicht, wenn das Resultat meines Denkens und Suchens negativ ausgefallen wäre, wenn ich Willen und Zielsetzung der Regierung mißbilligt hätte, der ich unterstand. Je mehr ich in das Geschehen der Natur hineinhorchte, desto weniger Unrecht fand ich in den Forderungen der Regierungen. Das Ergebnis meines Suchens war, daß ich weder in den Forderungen m e i n e r Regierung noch in den Zielsetzungen der g e g n e r i s c h e n Regierungen Unrecht fand. Jeder hatte tatsächlich von seinem Standpunkt aus recht. Was nach mir Legionen von Suchenden erkannten, fand auch ich bestätigt: Das stets dagewesene, untröstlicherweise stets gleiche Schicksal alles organisch Lebenden und sein Gesetz des Selbsterhaltungstriebes, der stärker ist als jede sogenannte sittliche Forderung. Die Ameisen in ihren „Staaten", die Termiten in den Tropen, die Bienenvölker im weiten Rund um unsere Erde, sie lehren uns die Unterordnung unter das grausame Gesetz mit bezwingender Logik. Von den Bazillen unter dem Mikroskop bis zur Sonne unseres Systems ist alles von einem einzigen Gesetz beherrscht. Das Gesetz ordnet und verlangt Einordnung; nur das Kranke oder Entartete bildet eine Ausnahme. Zu gehorchen habe ich, damit eine größere Gemeinschaft leben kann und ich in ihr. Aus diesen Gedanken heraus entstand meine Subordination; deshalb gehorchte ich. Vor der eisigen Kälte der Gesetzmäßigkeit muß persönliche Herzenswärme kapitulieren. So habe ich nach bestem Wissen und Gewissen die Befehle meiner Vorgesetzten getreu meinem Eide ausgeführt. Und ohne jede Gebärde des Pilatus stelle ich fest: Ich bin vor dem Gesetz und vor meinem Gewissen nicht schuldig, genausowenig wie der mir während des Krieges unterstellte Personenkreis. Wir alle waren kleine „Zahnrädchen" im Getriebe des großen Räderwerks des menschenmordenden Moloch. Mit einer einzigen geschilderten Ausnahme haben auch die mir unmittelbar unterstellten Männer ebensowenig wie ich jemals irgendeinen Menschen getötet oder seinen Tod veranlaßt. Dies verlangten meine Vorgesetzten auch nicht von uns. Um der Wahrheit die volle Ehre zu geben, erkläre ich jedoch: Hätten meine Vorgesetzten auf dem Wege eines Befehles oder

Erlasses von mir die Tötung von Reichsfeinden verlangt, so hätte ich diesem Befehl, meines Eides eingedenk, ohne Verzug nachkommen müssen. Wäre dies je der Fall gewesen, würde ich einer Schuldfrage erst dann nähertreten, wenn auch die Todeshelfer der ehemaligen Feindseite oder der Länder, die seit dem Kriegsende bis zum heutigen Tage Kriege vorbereiteten, führten und töteten oder Tötungen anordneten, sich der Frage, ob hier Moral vorliegt, unterwerfen würden.

Wer war denn Todeshelfer? Das ist ein weites Feld. Ein Beispiel: Der Krieg des Deutschen Reiches gegen Polen. Er wäre nicht notwendig gewesen, wenn ihn die Wirtschaftsneider des deutschen Volkes nicht unbedingt hätten haben wollen, weil sie das für sie gefährliche „Experiment des erfolgreichen Nationalsozialismus" und seine Auswirkungen fürchteten. Bereits die neueste Geschichtsforschung ergibt die absolute Vermeidbarkeit dieses Krieges. Polen wollte sicherlich den Krieg nicht und Deutschland auch nicht. Der Fluch von Versailles lastete auf Europa, aber hätte der große General Pilsudski noch gelebt, es wäre nie zu einem Waffengang zwischen den beiden Nationen gekommen. Nicht umsonst standen während der Besatzung deutsche Soldaten ununterbrochen Ehrenwache vor der letzten Ruhestätte dieses großen Polen.

Im Jahre 1940 folgte ich einer Einladung des Amtschefs V im RSHA, des Chefs der Reichskriminalpolizei, SS-Gruppenführer und Generalleutnant der Polizei, Reichskriminalpolizei-Direktor Nebe, der später aufgrund seiner Verwicklung in die Ereignisse des 20. Juli 1944 den Tod fand. Höchstpersönlich zeigte er damals mir und vielen meiner Mitarbeiter eine Ausstellung der Opfer des „Bromberger Blut-Sonntags": Säuberlich präpariert, mit vollständigen kriminalpolizeilichen Tatbeständen einschließlich der Zeugenvernehmungen und Fotografien der Tatorte wurden die corpora delicti gezeigt. Die Schädel der in Bromberg lebenden und in dieser ihrer Heimatstadt ermordeten Deutschen zeigten eindeutige Ein- und Ausschüsse oder mit scharfkantigen Gegenständen oder offenbar gewöhnlichen Knüppeln zertrümmerte Schädel. Weiter waren dabei Tatortaufnahmen zusammengeschlagener Deutscher, die in einen Teich geworfen waren, wo sie jämmerlich ertranken. Andere wieder waren in einer Bromberger Straße ermordet oder in einem Lokal. In meinem Blickfeld lag ein kleiner Schädel, der etwas Weibliches ausstrahlte; er war von einem Dum-dum-Geschoß durchlöchert mit einem relativ kleinen Einschuß und einem Ausschuß so groß wie ein Handteller, der die eine Seite des Schädels vollkommen zerfetzt hatte. Daneben lag das Bild dieser Frau, inmitten ihrer Kinder stehend, ein Familienbild aus glücklicheren Zeiten; noch heute sehe ich dieses Bild vor mir. Diese „Ausstellung" des Bromberger Blutsonntags gab mir erstmals das Recht, gegenüber den Feinden des Reiches hart und mitleidslos zu sein. Dies war alles lange Zeit, bevor mir mein Chef sagte, daß der Führer die physische Vernichtung befohlen habe. Schon um jene Zeit wurde dadurch in manchem Deutschen der Rachegedanke wach, die Wut und die helle Empörung gegenüber allen jenen, die sich an deutschem Blut vergangen hatten. Die Kinder auf dem Bild waren meine Kinder, die junge Mutter war ein Stück Zukunft meines Volkes.

Nebe war ein eiskalter Kriminalist und schilderte mir und meinen Untergebenen die Ereignisse dementsprechend. Ich, der ich das alles sah, war impulsiv, Nebe war kalt. Ich wollte, ich wäre je so gefühls- und empfindungskalt in polizeilichen Dingen gewesen wie Nebe, dann hätte ich heute ein leichteres Innenleben. Vielleicht hatte Heydrich diesen Besuch der „Ausstellung" in seiner jesuitisch vorausschauenden Art so arrangiert, wobei für mich das Wort „jesuitisch" keinesfalls eine Herabminderung bedeutet, sondern Ausdruck meiner Hochachtung vor der jesuitischen Wesensart ist. Ich fasse zusammen: Die Morde des Bromberger Blutsonntags rissen den Feinden unseres Reiches die heuchlerische Maske vom Gesicht und zeigten ihren abgrundtiefen Haß.

Versuch einer historischen Abrechnung

Wer hatte diese Morde angeordnet? Wer ausgeführt? Lagen Befehle, Weisungen, Erlasse, Verordnungen vor? Wurden die Schuldigen damals von der polnischen Regierung oder von einem internationalen Gerichtshof bestraft? Versailles war eine Pause im Kriege, hier in Bromberg sah ich den Anfang der zweiten Etappe. Wer hatte den Krieg vorbereitet und herbeigeführt? Etwa Deutschland? Hatte Adolf Hitler nicht wiederholt gewarnt? Er hatte gesagt: Wenn es dem internationalen Judentum gelingen sollte, einen Krieg gegen Deutschland zu entfachen, so würde das Judentum diesmal selber die Rechnung zahlen. Mit Erfolg wurde verhindert, daß ein deutsch-polnischer Ausgleich den Krieg vermied. Als Sprecher der in der weiten Welt zerstreuten Juden erklärte der in London lebende Führer der zionistischen Weltorganisation und spätere erste Präsident des Staates Israel, Dr. Chaim Weizman, dem deutschen Volk im Namen des Judentums den Krieg. Die Antwort des Führers und Reichskanzlers ließ nicht lange auf sich warten: Wie immer der Krieg auch ausgehen möge, eines stehe fest: Verlierer sei auf jeden Fall das Judentum. Heute wissen wir, daß er irrte. Die Statistiken über den jüdischen Bevölkerungsstand beweisen es. Außerdem gründeten die Juden ihren eigenen Staat, es entstand Israel. Der Tribut an Blut, den der ehemalige jüdische Gegner Deutschlands während des Krieges zu leisten hatte, ist im Vergleich zur Zahl der Juden in der Welt nicht größer, oft sogar geringer als der Blutstribut anderer Nationen.

Aber noch weitere Fragen drängen sich dem objektiven Beobachter auf: Wer tötete während des Krieges Millionen deutscher Frauen, Greise und Kinder in Hamburg, in Berlin, in Dresden und in den übrigen Städten Deutschlands in Nord und Süd, Ost und West? Wer jagte mit Flugzeugen Menschen, die auf dem Felde arbeiteten, auf der Straße mit ihrem Rad fuhren? Wer zerschmetterte sie mit Sprengbomben, wer verbrannte sie mit Schwefel, und wer dörrte sie mumiengleich zu Schrumpfmenschen? Wer ordnete dies an, wer führte es aus, zweifellos befehlsgemäß? Wer leistete Beihilfe dazu? Sind die Schuldigen damals oder heute von ihren Regierungen oder von internationalen Gerichtshöfen bestraft worden? War das etwa nicht nötig, weil die Opfer nur Deutsche waren? Sieben Millionen Deutsche seien während des Krieges getötet worden, so sagt ein Kenner der Materie, Churchill, in seinen Memoiren. Und auf einer internationalen Konferenz meinte er, daß dadurch genügend Raum geschaffen wurde, um mindestens dieselbe Anzahl aus ihren Wohnstätten vertriebener Deutsche zu „transferieren". Die Deutschen brauchten nur aus den Ostgebieten vertrieben zu werden, und schon war alles wieder im Gleichgewicht. Diese Vertreibung kostete das deutsche Volk Millionen, hauptsächlich Greise, Frauen und Kinder. Sowjet-Behörden führten sie aus, die polnischen Behörden waren ihre Helfershelfer, ebenso die tschechischen, die ungarischen, die jugoslawischen und rumänischen Behörden der Nachkriegszeit. Befehle und Weisungen lagen zweifelsohne vor: sie wurden ja in einer einzigen großen Konferenz* festgelegt. Stalin dachte sogar daran, als „Extraleistung" 50000 deutsche Offiziere zu erschießen.

Wer hat den Millionenmord an deutschem Blut ausgeführt? Sind die Schuldigen bestraft worden? Nichts geschah: Die Opfer waren nur Deutsche; da gab es keine Mörder. Da gab es offensichtlich auch niemand, der „Beihilfe zum Mord" leistete. Zum größten Teil lagen eindeutige Befehle und Erlasse seitens der zuständigen Dienststellen vor, und damit ging alles in Ordnung. Schließlich war man auf eine Fahne vereidigt und mußte gehorchen. Aber warum sollte dies bei den Deutschen nicht gelten? Hätten wir psalmodierend und Hosianna singend unseren Feinden entgegentreten sollen? Was geschah mit Kroaten, Slowaken, Kosaken und allen anderen? Welche Verbrechen gegen die Menschlichkeit und Massenmorde wurden durchgeführt in Nord- und Süd-Korea, in Indochina, in Marokko, in Alge-

---

* Eichmann meint hier die Jalta-Konferenz zwischen Roosevelt, Stalin und Churchill, wo die Deportation der Deutschen und Volksdeutschen aus den verschiedenen osteuropäischen Staaten beschlossen wurde. D. Herausg.

rien, im Roten und Nationalen China, auf Zypern, im Rahmen der Mau-Mau-Bekämpfung in Afrika? Warum eigentlich mußten nur deutsche Generalfeldmarschälle und deutsche Minister am Galgen zu Nürnberg baumeln? Warum nur deutsche Offiziere, Unteroffiziere, Männer, Beamte und Angestellte an das Galgenholz oder vor die Gewehrläufe? Warum wurden die Verbündeten Deutschlands erhängt oder erschossen, Japaner, Kroaten, Slowaken, Ungarn? Warum tötete und verfolgt man noch immer all jene, die da an ein Europa mit dem Reich als Zentrum glaubten? Ich denke an die Freiwilligen aus Flandern, aus Wallonien, aus Frankreich, aus den Niederlanden, aus Dänemark, aus Norwegen, aus Schweden, aus Rumänien, die Kosaken, und an alle, woher diese Idealisten sonst noch hergekommen sein mögen und in ihren Divisionen und Dienststellen ihrem Eid getreu einer Idee dienten, der Idee des geeinten Europa?

Die Nachkriegsgesetze von Nürnberg galten nur für Deutsche und ihre Verbündeten. Nachdem der Deutsche zum Schweigen gebracht und damit der „einzige Friedensstörer der Erde" ausgeschaltet war, sollte es keine Kriegsvorbereitung, keine Kriege und Völkermorde, keine Verbrechen gegen die Menschlichkeit mehr geben. Dafür sollte Nürnberg mit seinen Gesetzen sorgen. Man zähle nach, wie viele Kriege seit dem ersten Galgen von Nürnberg gewütet haben! Der Deutsche war an keinem dieser Ereignisse beteiligt. So frage ich mich: Wo bleiben denn jetzt die Galgen für Kriegsverbrechen und Verbrechen gegen die Menschlichkeit? Gibt es die etwa nicht mehr? Gilt Nürnberg wirklich nur für Deutsche? Oder hat man in der Eile des Geschehens und in der Rage vergessen, daß im Jahre 1945 zu Nürnberg neues internationales Recht geschaffen wurde? Oder sollten die Galgen von Nürnberg und die Paragraphen, die sie begründeten, etwa ein Unrecht gewesen sein? Sowie ich beherrscht werde vom Willen, Klarheit zu finden, ob und inwieweit ich Beihelfer zu dem in der Tat verdammenswerten Kriegsgeschehen gewesen bin, wird mein Suchen nach Schuld und Sühne jäh unterbrochen: denn soeben rollten israelische Panzer und Panzerwagen feuernd und brennend durch den Sinai, warfen israelische Flugstaffeln Bomben auf friedliche ägyptische Dörfer und Städte, scheuchten israelische Bajonette ägyptische Familien aus ihrem Friedensschlaf auf. Zum zweitenmal seit 1945! Und Englands und Frankreichs Kriegskolosse traten auf Nord-Ägypten an; eine ganze Armada gab dem friedlichen Delta des großen Stromes im Lande der Pharaonen ihren feurigen Segen. Wer sind hier die Aggressoren, wer die Kriegsverbrecher, wer die Beihelfer zum Mord? Werden die Schuldigen von ihren Regierungen bestraft? Die Opfer sind Ägypter, Araber, Mohammedaner. Es steht außer Zweifel, daß Israel Hauptaggressor und Hauptkriegsverbrecher an arabischen Völkern ist. Wer zieht es zur Verantwortung? Oder muß das ägyptische Volk dafür büßen, daß es die Frechheit besitzt, auf seinem angestammten Boden zu leben? Glaubt das deutsche Volk wirklich, daß nach der Kriegserklärung durch Chaim Weizman das in aller Welt lebende Judentum mit verschränkten Armen abseits vom Kriegsgeschehen gestanden ist? Den Geschichtsforschern wird es immer klarer werden, warum der amerikanische Gesandte in London, Kennedy, am 3. September 1939 in sein Tagebuch eintrug: „Die Juden haben endlich ihren Krieg." Außerdem sind z. T. schon heute Einzelheiten bekannt, warum seit dem Mittelalter dauernde Zerwürfnisse zwischen den Juden und ihren Gastvölkern entstanden.

Mich als „schuldig" im Sinne der Beihilfe zu erklären, besteht keinerlei Notwendigkeit, solange die „andere Seite" nicht dieselbe Bereitschaft zeigt. Ich weiß nicht, ob ich im Abendland Recht bekomme. Vielleicht liegt der wahre Grund für die Lage in dem Umstand, daß die christliche Bibel, der ein großer Teil abendländischen Denkens verhaftet ist, ausdrücklich feststellt, alles Heil komme von den Juden. Möglich ist auch, daß es aus politischen Gründen jetzt noch nicht für opportun gehalten würde, mich und meinesgleichen von damals anders als schuldig zu sprechen. Einen solchen Spruch werde ich niemals anerkennen; denn er ist bar jeder Parallele. Er würde eine völkerrechtliche Unmöglichkeit darstellen; dagegen verwahre ich mich als Mensch, der unter dem Dienst- und Fahneneid stand und seinem schwer kämpfenden Vaterland zu dienen hatte. Im Gegensatz zu vielen ehemaligen Kameraden will, kann und muß ich sprechen und schreie in die Welt hinein: Wir Deutschen taten nur unsere Pflicht und sind nicht schuldig. Euch, 360 Millionen Mohammedaner, mit denen mich vieles verkettet und die Ihr im Koran und den Schriften Eurer Väter mehr Wahrheit findet, Euch rufe ich auf, über mich zu richten; denn Ihr Kinder Allahs kennt den Juden länger und besser als das Abendland. Eure Rechtsgelehrten mögen zu Gericht sitzen und den Wahrspruch über mich fällen!"

Ich war zunehmend überzeugt von der unbedingten Notwendigkeit eines totalen Krieges. Das Dilemma, uns von der Führung des Reiches stets vor Augen gestellt, hieß: „Sieg in diesem totalen Krieg oder vollkommener Untergang des deutschen Volkes." Der Kaufman-Plan, der Morgenthau-Plan, die alliierte Forderung nach bedingungsloser Kapitulation bestätigten wörtlich das zwingende Dilemma. Wahrscheinlich ist die subjektive Einstellung meiner „Kollegen von der anderen Seite" zu den Dingen und zu ihren Aufgaben in etwa die gleiche wie meine. Unsere „Verbrechen" fanden in einem totalen Krieg statt, der Millionen Opfer unter der Zivilbevölkerung forderte, der ein Kampf auf Leben und Tod war, vom Gegner unerbittlich geführt. Die „Verbrechen" meiner Kollegen fanden vielfach erst nach dem Kriege statt und können insoweit nicht mit den harten Gesetzen des Krieges erklärt werden.

Eichmann spricht sich frei

Ich habe in diesen meinen Erklärungen nichts beschönigt, nichts verringert, ich habe die mir zukommende Verantwortlichkeit zur Gänze bejaht. Ich habe die volle Wahrheit gesagt, auch dann, wenn sie mich selber belastet, auch da, wo es leicht war, eine Ausflucht zu suchen oder eine Lüge anzubringen. Gerade weil ich mich niemals davor scheute, mich zu belasten, ist es kein leeres Gerede, wenn ich heute ganz klar feststelle: W ä r e i c h z u m B e a u f t r a g t e n f ü r d i e E n d l ö s u n g d e r J u d e n f r a g e e t w a a l s R e i c h s k o m m i s s a r b e s t a l l t w o r d e n , d a n n w ä r e s i c h e r k a u m e i n e i n z i g e r T r o p f e n j ü d i s c h e n B l u t e s g e f l o s s e n , d a n n h ä t t e k a u m e i n J u d e e i n g e w a l t s a m e s E n d e g e f u n d e n , d a n n w ä r e e s z u e i n e r j e n e r u m f a s s e n d e n „ p o l i t i s c h e n " L ö s u n g e n g e k o m m e n , i n d i e i c h m i c h z u j e n e r Z e i t m i t w a h r e m F e u e r e i f e r h i n e i n s t ü r z t e u n d d i e i c h z u r V e r w i r k l i c h u n g z u b r i n g e n s u c h t e t r o t z m e i n e r m a n g e l n d e n V o l l m a c h t e n u n d i m m e r w i e d e r b e h i n d e r t d u r c h a l l e m ö g l i c h e n S t e l l e n u n d W i d e r w ä r t i g k e i t e n . (Sperrungen von Eichmann. D. Herausg.)

Nachwort

Adolf Eichmann schreibt, wenn er wirklich Beauftragter für die Endlösung der Judenfrage geworden wäre, dann hätte er für jene umfassende politische Lösung gesorgt, in der kein Tropfen jüdischen Blutes geflossen wäre. Jeder Mensch, der ein Tagebuch führt, schreibt subjektiv.

Tatsache ist aber, daß man in einem gewissen Umfang von einer Allianz gegen das Judentum sprechen kann, denen Deutsche, Russen, Ukrainer, Letten, Polen, Rumänen, Ungarn, Franzosen und Engländer angehörten.

Seit 1917 wurde der Zionismus in Ländern zwischen Afrika und der Türkei mit großem Mißtrauen betrachtet. Man kann beinahe das Wort „feindselig" benützen.

1905 erschienen zum ersten Male die „Protokolle der Weisen von Zion". Sie beschrieben die Juden als Volk, das sich zur Aufgabe gemacht habe, alle nichtjüdischen Kulturen zu zerstören und die Völker zu versklaven.

1921 wurden „die Protokolle" von Philip Graves als Fälschung entlarvt. Ihre Anfertigung in allen ihren Einzelheiten ist seit dem Prozeß in der Schweiz 1934–1935 klargestellt.

Die Problematik „Erez Israel" zeigt sich in englisch-jüdischen Beziehungen. Nicht umsonst bildeten sich englandfeindliche jüdische Organisationen. Von dem jüdischen Revisionisten Jabotinski wurde die „Irgun Zwai Leumi" (die nationale militärische Organisation) aufgestellt. Die „Sternisten", nach Abraham Stern genannt, griffen zu den radikalsten Mitteln. Von ihnen wurde jeglicher Kompromiß als Verrat betrachtet. Zwischen den deutschen Nationalsozialisten und den Engländern wurde kein Unterschied gemacht. Abraham Stern nannten seine Anhänger „Jair" oder „Lichtbringer". Er wurde im Februar 1942 bei einer Polizeirazzia getötet.

In der Ideenwelt des „Lichtbringers" lebt der heutige Ministerpräsident Israels, Menachem Begin, der 1951 in London ein Buch unter dem Titel „The Revolt" herausbrachte. In ihm heißt es: „Wir sagten den Arabern, daß wir keinen Wunsch haben, sie zu bekämpfen..., daß uns daran gelegen ist, sie als friedliche Bürger des zukünftigen Staates zu sehen... Wir haben sie warnend darauf hingewiesen, daß es die offizielle Politik der Engländer war, sie gegen uns aufzuhetzen, so daß wir uns gegenseitig bekämpften... Wenn sie (= die Araber) es dauernd täten und die Hand gegen die Juden erhöben, würden wir keine Wahl haben und müßten unverzüglich mit aller Strenge gegen sie vorgehen."

Im Sommer 1942 war Menachem Begin nach Palästina gekommen.

Die Konferenz in Evian 1938 zeigt auf, daß kaum ein Land die Juden aufnehmen wollte. Im April 1942 verweigerte man jüdischen und nichtjüdi-

schen Personen aus den „Achsenländern" die Einreise nach Kuba, Mexiko, Argentinien, Bolivien, Chile, Paraguay und Panama. Nur Ecuador und die Dominikanische Republik bildeten eine Ausnahme.
1941 führten die USA verschärfte Visavorschriften ein.
Vom 9.–11. Mai 1942 tagten im Biltmore Hotel in New York 600 amerikanische Juden und 67 auswärtige Juden ohne Ergebnis. Jose Jéhouda stellt in der Zeitschrift „Revue Juive de Genève" fest, die sieben Jahre vor dem Zweiten Weltkrieg seien die Jahre der Entscheidung der Juden gewesen.
Die Geschichte der antisemitischen Strömungen ist lang.
Bahnbrecher des ungarischen Antisemitismus ist Viktor Istóczy. 1872 ist er Reichstagsabgeordneter, 1878 stellt er den Antrag, die Regierung möge die Türkei zur Aufgabe Palästinas zwingen und die Juden dort ansiedeln. Pater Béla Bangha SJ. verfaßte den Aufsatz „Katholizismus und Judentum" in ungarischer und deutscher Sprache. Pater Banghas These: „Die vulkanhaft hervorbrechenden Judenverfolgungen der Jahrhunderte weisen sämtlich – nach lange schweigend hingenommenen Herausforderungen – diesen Charakter letzthinnigen Abrechnenwollens auf. Leider wollten es die Juden zu keiner Zeit recht verstehen. Sie zeigen sich auch hierin wiederum als die eigentlichen Wegbereiter des Antisemitismus."
Am 1. Juli 1941 liest ein Abgeordneter der christlichen Vereinigung, Josef Köci-Horvath, eine Deklaration vor, die katholische Priesterschaft und die ersten Fahnenträger der christlichen Politik hätten bereits vor Jahrzehnten für die Eindämmung der geistigen und materiellen Überwucherung des Judentums... Stellung genommen. Am 20. April 1942 erklärt der ungarische Ministerpräsident Kàllay: „Es gibt keine andere Lösung als die Aussiedlung der 800 000 Juden aus Ungarn."
In Frankreich gehörten seit den Tagen Drummonds Adelige und Kleriker der tragenden antisemitischen Schicht an. Edmond Picard sagt: „Die arische Welt muß sich heute, 1941, ernstlich fragen: waren die Perserkriege, die punischen Kriege, die Kreuzzüge, die Türkenkriege – alle diese Weltkriege gegen die Semiten – umsonst...? Die Taufe bietet keine echte Lösung: Jude bleibt Jude. Nur eines hilft, die Juden müssen von allen Ämtern ausgeschlossen und von der arischen Gesellschaft vollständig separiert werden.
Im Jahre 1922 erklärt in England Hilaire Belloc:
„Judentum und Bolschewismus sind identisch."
In einem in der „Britains Publishing Society" herausgegebenen Buch des Luftwaffenoffiziers Wing Commander Leonard Young unter dem Titel „Deadlier than the H-Bomb" heißt es: „der Jude ist gefährlicher als die Atombombe."
Die „Civiltà Cattolica" macht das „irregeleitete Volk der Juden" für die französische, russische und ungarische Revolution verantwortlich.

Diese Zusammenhänge gilt es zu sehen. Mit dem Hinweis des schottischen Katholiken Malcolm Hay möchte ich schließen: Mitverantwortlich für die furchtbaren Ereignisse der nahen Vergangenheit ist eine tausendjährige Tradition.

ANHANG

Vorgesetzte und Mitarbeiter in meinem Urteil

Der Chef der Sipo und des SD, Obergruppenführer R. Heydrich

Obergruppenführer Heydrich war immer ziemlich kurz angebunden, etwas nervös, nicht ohne persönliche Eitelkeit, ein ausgezeichneter Kamerad derjenigen unter seinen Mitarbeitern, die gewissermaßen zur Stärkung seiner Position beitrugen. Kontakt hatte ich zu ihm, als ich ab 1935 im SDHA tätig war und fast jede Woche einen Vortrag über weltanschauliche Gegner in der SD-Schule Bernau halten mußte. Diese Vorträge fanden vor den „Schülern" des SD statt, bisweilen auch vor Generalstabsoffizieren, Kreisleitern, Gauhauptstellenleitern oder vor den Schülern der Kriegsschulen. Aber ein näherer persönlicher Kontakt zu Heydrich entstand erst, als ich 1940 nach Berlin ins Dezernat IV B 4 im Amt IV berufen wurde. Im Jahre 1939 besuchte er die „Zentralstelle für jüdische Auswanderung" in Wien und sprach seine Anerkennung über die von mir aufgezogene Organisation aus, die er dann scherzhaft als ein „Ministerpräsidium im Kleinen" bezeichnete. – In Berlin hatte ich natürlich sehr viel Kontakt zu ihm; ich mußte ihm über mein Sachgebiet Vorträge halten sowie Ausarbeitungen fertigen, die Heydrich als Präsident der „INTERPOL" brauchte. Ich sagte schon, daß es ihm nicht an persönlicher Eitelkeit fehlte; das ging sogar so weit, daß er sich entgegen dem Befehl seines unmittelbaren Vorgesetzten, des Reichsführers, in seiner Eigenschaft als Major der Wehrmacht eine Uniform der Luftwaffe besorgte, eine Jagdmaschine bestieg und zwei oder drei Spitfires über der Nordsee abschoß. Ich weiß heute noch, wie ich eines Tages wegen irgendeiner Angelegenheit zu ihm befohlen wurde und er mich als Major der Luftwaffe mit dem EK 1 empfing. Ich gratulierte ihm, und da machte er den ersten Witz, seitdem ich ihn kannte, indem er mich als „gleichrangig" bezeichnete, weil ich zu jener Zeit Sturmbannführer – also auch Major – war. Heydrich kam aus der Marine; ich glaube, er war Leutnant zur See gewesen. Schon in der Marine war er als Nachrichten-Offizier eingesetzt; er behielt diese Richtung bei und verschrieb sich dem Nachrichtendienst. Aus diesen kleinen Anfängen brachte er es zum Chef der Sicherheitspolizei und des Sicherheitsdienstes.

Ich erinnere mich, wie mir Heydrich nach seiner Bestallung durch den Reichsmarschall Göring als „Beauftragter für die Endlösung der Judenfrage" den Befehl gab, verschiedene Herren der Zentralinstanzen zu einer Besprechung einzuladen, wo die Dinge von einer generellen Basis aus beleuchtet werden sollten und Heydrich seine Position bekräftigen wollte. Für die diesbezüglichen Einladungsschreiben gab er mir Stichworte; außerdem sollte ich für ihn eine Rede ausarbeiten. Wie immer in solchen Fällen muß so eine Rede zwei- oder dreimal ausgefeilt werden. – Für die Einladungsschreiben nahm ich immer denselben Text, die dienstliche Anrede mußte ich mir besorgen: sie waren entweder rein dienstlich und herzlich. Ich rauschte dann mit meiner Unterschriftsmappe zu ihm, und er kritzelte seinen „Heydrich" darunter. Einige Leute lehnten aus irgendwelchen dienstlichen Gründen ab und schickten ihre Vertreter.

Ich weiß noch, wie im Anschluß an die „Wannsee-Konferenz"* Heydrich, Müller und ich gemütlich an einem Kamin zusammensaßen. Da sah ich zum ersten Male Heydrich rauchen; er nahm sogar einen Kognak. Erstmals seit vielen Jahren sah ich Heydrich Alkohol trinken. Jahre vorher hatte ich einmal gesehen, daß Heydrich auf irgendeinem Kameradschaftsfest des SDHA trank und uns bereits in animierter Stimmung den mir bisher unbekannten „Pappenheimer" vormachte: man sang ein Lied und trank einen, dann stieg man auf den Stuhl und trank einen, dann auf den Tisch und auf dieselbe Art wieder herunter – ein norddeutscher Studentenbrauch.

1940 erfolgte Heydrichs Bestallung zum Stellvertretenden Reichsprotektor. Als ich zu ihm befohlen war und im Beisein seines Staatssekretärs Frank verschiedene Fragen erörtert wurden, zeigte er sich glücklich wie ein Kind und sagte: „Es ist doch großartig, nach diesen Aufgaben im Negativen nun eine positive Aufgabe zu erfüllen." Das wiederholte er, als ich aus irgendeinem Grunde nach Prag befohlen und zum Mittagessen mit Heydrich, seinem Adjutanten, dem Befehlshaber der Sipo und des SD für Frankreich, Obergruppenführer Thomas (175), eingeladen wurde. Da brachte er seine Zufriedenheit auf die gleiche Weise zum Ausdruck.

Ich glaube, daß Heydrich diese Stelle bekommen hat, weil er für seine Person „intrigierte" und der Reichsführer dann beim Führer diese Bestallung herausschlug. In der obersten Führung wird man sich bestimmt schon Gedanken über die UdSSR gemacht und gewußt haben, daß die Tschechen auch Slawen sind. Ferner mag der Gedanke gewaltet haben, daß der gute alte Herr von Neurath zweifellos ein guter Diplomat war, aber in Zeiten von größter Härte nicht in der Lage sein würde, sich restlos durchzusetzen. Man hat vielleicht argumentiert: Wenn jetzt der große Orlog mit dem Hauptträger des Slawentums ausbricht, werden die anderen Völker, die sich als Kinder der Mutter Slavia betrachten, unter Umständen aufsässig werden. Da brauchen wir im slawischen Protektoratsbereich eine starke Hand, um solche Absichten von vornherein zum Scheitern zu bringen. Wenn also der Chef der Sipo und des SD, ein so „gewaltiger" Amtsträger, für diesen Raum bestallt ist, wird der etwa aufkommende Übermut beim slawischen Teil der Protektoratsbewohner von vornherein erstickt, und wir werden Ruhe behalten. Wenn ein Mann von der Art Neuraths bliebe, würden wir diese Ruhe unter Umständen nur mit der Waffe in der Hand halten können. Das ist sicher der entscheidende Grund gewesen, mit dem sich Heydrich beim Reichsführer durchsetzen und ihm seine Bewerbung schmackhaft machen konnte, um sie so dem Führer vorzutragen und auf diese Art und Weise gleichzeitig Heydrichs kleiner Eitelkeit zu frönen. Unmittelbar nach seiner Ernennung verbrachte er mehr Zeit in Prag als in Berlin, und die Akten, die ihm zur Unterschriftsleistung vorgelegt werden mußten, wurden manchmal verzögert behandelt, weil sie von Kurieren nach Prag und wieder nach Berlin zu bringen waren. Dann wiederum amtierte Heydrich tagelang in Berlin, und die Protektoratsangelegenheiten wurden dort erledigt.

Die Verbindung zwischen seiner Stellung als Stellvertretender Reichsprotektor und zugleich als Chef der Sipo und des SD kam ihm sehr zugute; denn was er einem Stellvertretenden Reichsprotektor normalerweise nicht hätte genehmigen können, konnte er sich selbst als Chef der Sipo und des SD gewähren. Heydrich überspielte von Neurath sehr bald, und dieser zog sich dann allmählich zurück. Im Protektorat löste Heydrich seine Aufgabe mit größtem formalem Geschick, deshalb mußte er ja sterben. Denn es war bekannt, daß er sich vor allem in Arbeiterkreisen einer zunehmenden Popularität erfreute. Um den tschechischen Nationalismus und den Wider-

* Vgl. Anhang.

stand der Tschechen immer weiter zu steigern, wäre ein „Bluthund" notwendig gewesen. Nachdem sich jedoch in Heydrichs Person das Gegenteil herausgestellt hatte und damit die Gefahr entstand, daß sich das tschechische Volk seine Haltung zum Reich überlegen werde, wurde es für den tschechischen Nationalismus höchste Zeit, hier einen Riegel vorzuschieben, indem Heydrich, der die Dinge im Protektorat so geschickt leitete, einfach ermordet wurde.

Heydrich war kühl, typisch norddeutsch, seine friesische Frau hochblond. M. E. ist es Lüge, daß Heydrich jüdischer Abstammung war. Wenn ich die Geschichte von einem angeblichen Grabstein der Großmutter Heydrichs mit dem Namen „Sarah Heydrich" höre, woraus geschlossen wird, daß Heydrich zumindestens Halbjude gewesen sein müsse, so ist dazu zu sagen, daß früher in allen Ländern, in denen fromme Protestanten lebten, mit Vorliebe biblische Vornamen gewählt wurden; daher bedeutet dieser Name „Sarah" gar nichts. Es war ein typischer geistiger Irrlauf von Streicher und Konsorten, in irgendeinem Vornamen dieser Art schon den Juden zu wittern. Man schloß damals in Deutschland von Vornamen wie Sarah oder Isaak auf jüdische Abstammung; da liegt es in der Natur der Dinge, einen Grabstein mit dem Namen „Sarah" verschwinden zu lassen. Ich betone aber ausdrücklich, daß ich die Geschichte nicht kenne und nichts über ihren Wahrheitsgehalt angeben kann. Ist sie wahr, so würde es mich nicht wundern, daß Heydrich irgendeinem seiner Getreuen den Auftrag gegeben hat, den Grabstein wegzunehmen und einen anderen setzen zu lassen. Aber mir kommt die Geschichte der „jüdischen Abstammung Heydrichs" als sehr unwahrscheinlich vor.

Auf Weisung meines Amtschefs hatte ich die Abstammung verschiedener Personen zu prüfen. Darunter war auch die „Diätköchin" des Führers. Ich glaube nicht, daß Müller aus eigener Zuständigkeit eine derartige Untersuchung aufgerollt hätte, zu der doch umfangreiche Erörterungen notwendig waren. Trotz dieser „umfangreichen Erörterungen" mußte die Angelegenheit äußerst delikat behandelt werden. Meine Untersuchungen ergaben, daß diese „Diätköchin" Eva Braun (176), Hitlers spätere Frau, im Sinne der Nürnberger Gesetze als „zweiunddreißigstel-Jüdin" anzusprechen war. – Diese Akte wurde von Müller in Verwahrung genommen und als „Geheime Reichssache" behandelt. – Wenn nun ein Mann wie Heydrich gezwungen wurde, vor einer beschränkten Öffentlichkeit entweder die erwähnte Vornamengeschichte oder die Abstammungsgeschichte von Eva Braun zu berichten, ist es wohl verständlich, daß er sich selber sagte: ‚Ich habe diese Geschichte vor meinem Gewissen zu verantworten und auch verantwortet; das, was die Leute sagen, stimmt nicht; aber um allen Möglichkeiten entgegenzutreten, werde ich nun viele aus meiner Umgebung prüfen lassen'; so kann ich ihn durchaus die Weisung bekommen haben, die Abstammung der „Diätköchin" von Hitler zu untersuchen. Als sich herausstellte, daß Eva Braun $^1/_{32}$ jüdischen Blutes hatte, wird Heydrich sich wohl gefreut und gedacht haben: ‚Jetzt soll noch einmal jemand kommen...! Meine Großmutter hieß wohl Sarah, aber sie war katholisch, mein Urgroßvater war katholisch; sie haben biblische Vornamen erhalten, denn diese Vornamen waren weithin üblich.' Ich beziehe mich nicht auf das typisch nordische Erscheinungsbild Heydrichs, weil das Erscheinungsbild als solches nie ausschlaggebend ist, aber wenn Heydrichs Abstammung irgendwelche jüdischen Spuren aufgezeigt hätte, so wäre dies genau so durchgesickert wie die gewisse jüdische Versippung der „Diätköchin" des Führers. Und in so einem Fall hätte Müller mir bestimmt einen ähnlichen Erhebungsauftrag bezüglich Heydrichs Herkunft gegeben, oder Heydrich selber hätte diesen Auftrag erteilt.

Lina Heydrich war eine echte Friesin; ein anderer Typ als die mir sonst bekannten nordischen Frauen. Sie nahm an allen Kameradschaftsabenden teil; sie war eine gute

Hausfrau, eine gute Mutter ihrer Kinder und eine gute Ehefrau. Wenn ich jetzt von einer angeblichen Psychoanalyse des Dr. Höttl (177) höre, demzufolge Lina Heydrich zu einem „vom Ehrgeiz gepeitschten Weib" aus den Erzählungen der Edda gemacht werden soll, dann erlaube ich mir auch einmal wie Höttl, als „halbintellektueller Ostmärker" – und zu diesem Kreis zähle ich mich – den Psychoanalytiker zu spielen: Ein scheinbar kümmerlicher Intellektueller hat in einer üblen Stunde mit einer üblen Feder gegen einen von ihm gehaßten „Piefke" geschrieben. Das ist es und nicht mehr. Schon in meinen Amtszeiten trieb es mir das Blut in den Kopf, wenn sich ein Ostmärker auf meiner Dienststelle mit einem Norddeutschen deshalb in der Wolle hatte, weil sie verschiedener landschaftlicher Herkunft waren. Und genau diesem Komplex ist Höttl verfallen, wenn er so etwas schreibt.

Ein ebensolcher Unsinn ist es zu behaupten, daß eine Ahnenforschung im Falle Himmlers von Heydrich veranlaßt wurde und ihr Ergebnis an „subalternen" Stellen „aufbewahrt" gewesen sei. „Ein jüdischer Viehhändler Himmler in München" ist schon möglich, aber eine solche Akte hätte nie und nimmer in einem „subalternen" Panzerschrank gelegen, sondern wäre selbstverständlich bis an die höchste Stelle gekommen, nämlich an das RSHA, und zwar an die für die GESTAPO-Leit München zuständige Instanz, Amt IV, und hier wieder an den zuständigen Dezernenten, nämlich IV B 4. Eine so wichtige Sache wurde nie auf einer subalternen Dienststelle aufbewahrt. Es hat auch kein Adjutant mit derartigen Dingen etwas zu tun gehabt. Er ist kein Sachbearbeiter und in seinem Besitz befinden sich keinerlei Akten und Unterlagen. Außerdem hätte eine Stapo-Leit in München so schnell wie möglich versucht, eine derartige Akte nach oben „loszuwerden". Ich verstehe nicht, was Höttl mit derartigen Behauptungen bezweckt und warum er seine ehemaligen Vorgesetzten so in den Dreck zieht; er hat doch jahrelang mit ihnen gelebt, sein Gehalt bezogen und hätte ja weggehen können, wenn er das gewollt hätte. Kein Mensch hat ihn gezwungen, dabei zu bleiben, aber es ist nun einmal so: ein Ostmärker und versucht auf diese Art und Weise, gegen die Norddeutschen zu hetzen; ich kenne diese Leute zu gut.

Der Reichsmarschall war ursprünglich Chef der GESTAPO und damit nicht nur Vorgesetzter von Heydrich, sondern auch von Himmler. Heydrich akzeptierte Göring als seinen Vorgesetzten, weil der Reichsmarschall als „Beauftragter des Vier-Jahres-Planes" über große Vollmachten verfügte. Im Auftrage Heydrichs habe ich ein gutes Dutzend Briefe an Göring verfaßt; Heydrich gab mir die Stichworte und unterschrieb den Brief. Er wählte stets die Anrede „Herr Reichsmarschall" und nie „Mein lieber sowieso", wie er es sonst gern tat. An Goebbels schrieb er „Herr Reichsminister"; in seiner relativen Eitelkeit vergab Heydrich sich nichts und überlegte immer sehr gut, wie er jemanden am besten anreden konnte. Er war ein eiskalter Egozentriker; niemand war penibler im Stil als er; ab und zu korrigierte er auch den Text. An Keitel z. B. schrieb er: „Mein lieber Keitel", auch „Mein lieber Funk" an diesen; wenn er „Mein lieber..." schrieb, war dies der Ausdruck eines gemeinsamen Willens; war jemand ihm „fremd", schrieb er distanziert wie an Goebbels. Vielleicht mag diese Zurückhaltung im letzten Fall dadurch zu erklären sein, daß beide eiskalte Menschen waren und keiner den anderen auf mehr als drei Schritt an sich herankommen ließ. So war Heydrich mit allen Menschen, nur nicht ganz so mit seinen tagtäglichen Mitarbeitern; ich glaube, Goebbels ähnelte ihm darin.

Als ich die befohlene Fahrt nach Bialystok und Minsk gemacht hatte, schrieb ich ein kleines Büchlein von etwa hundert Schreibmaschinenseiten. Es trug den Titel: „Die Endlösung der Judenfrage". Ich ging damit zu Heydrich, bekannte mich als Verfasser des Manuskripts und schlug ihm vor, dieses Büchlein, das ich während der

Dienstzeit erarbeitet hatte, durch ihn als Chef der Sipo und des SD herauszugeben. Er fühlte sich sehr geschmeichelt, daß ich dieses Manuskript gewissermaßen für ihn ausgearbeitet hatte und gab mir sofort sein prinzipielles Einverständnis. Dann hatte ich mit dem Chef eines Verlages, mit einem „nordischen" Namen, Nordland-Verlag o. ä., eine Unterredung; er ließ zu Schulungszwecken sofort 50 000 Stück in Druck nehmen. Ich hatte schon den Probedruck in den Händen und gab das Ganze mit einem Vermerk an Heydrich durch, denn er mußte es noch unterschreiben, weil es unter seinem Namen herausgehen sollte. Er stellte es mit der Begründung zurück, daß er im Augenblick Bedenken habe und es sich noch überlegen wolle. Dann kamen die Mißerfolge im Osten, und mein Elaborat verschwand aus dem Blickfeld. – Die Tatsache, daß ich diese Broschüre schrieb, besagt an sich, daß wir aus unserer Arbeit der Sipo und des SD gar kein Hehl machten; sonst hätte Heydrich nicht prinzipiell sein Einverständnis gegeben. Das Manuskript enthielt eine Aufstellung einzelner Evakuierungstransporte, neben den allgemeinen und grundsätzlichen Dingen ein ganzes Kapitel Statistik. Ich hatte das Manuskript noch lange Zeit in meinem Schreibtisch und vernichtete es erst, als der Befehl erging, sämtliche Akten zu vernichten. Das war in den letzten Januartagen 1945. In den Zentralinstanzen bekamen alle diesen Befehl, doch manche richteten sich anscheinend nicht mehr danach, denn nur so war manches auffindbar.

Mich als ein „initiativloses, willenloses Ausführungsorgan Heydrichs" anzusehen, will ich zumindest, was „initiativlos und willenlos" betrifft, nicht akzeptieren; da sträubt sich irgendwie mein Inneres dagegen. Aber „Werkzeug Heydrichs" war ich selbstverständlich, ich war ja sein Untergebener. Auf der einen Seite bezog ich meine Befehle und Weisungen von ihm, und auf der anderen Seite stand ich im Fahneneid und in der Dienstverpflichtung und hatte deswegen zu gehorchen; „willenlos" ist in diesem Sinne der soldatische Mensch nicht. Ich mußte gehorchen; in dem Maße, in dem ich gehorchen lernte, konnte ich auch meinen Untergebenen befehlen und von ihnen genau denselben Gehorsam verlangen, wie ich ihn pflichtschuldigst meinem Vorgesetzten entgegenbrachte. Wenn man das nun „Kadaver-Gehorsam" nennt, so soll man es ruhig tun, denn durch „Kadaver-Gehorsam" wurde Preußen groß.

SS-Obergruppenführer E. Kaltenbrunner

Kaltenbrunner war Heydrichs Nachfolger, allerdings ein sehr schwacher Nachfolger; das soll aber dem Menschen Kaltenbrunner nicht die nötige Achtung versagen. Während Heydrich nachtragend war, kannte Kaltenbrunner so etwas überhaupt nicht. Polizeiliche Vorbildung hatte Kaltenbrunner nicht gehabt, nur eine Zeitlang als Jurist praktiziert. Er hatte einen gutmütigen Charakter; sein Interesse galt auch viel weniger den Einzelheiten des Polizei-Apparates; daher konnten Müller und Nebe praktisch tun, was sie wollten.

Kaltenbrunners Ziel war es, mit Hilfe des In- und Auslandsnachrichtendienstes in die große Politik einzugreifen. Daher auch seine Bevorzugung von Amt VI. Eine besondere gefühlsmäßige Bindung an Adolf Hitler charakterisierte Kaltenbrunner außerdem. – Mit ihm verbanden mich weit herzlichere Gefühle, und es bestand zu ihm viel mehr innere Verbindung als etwa zu dem kühlen norddeutschen Heydrich, obwohl ich letzteren sehr schätzte und er mich wohl auch. Aber mit Kaltenbrunner war ich gewissermaßen aufgewachsen; wir kannten uns schon als Kinder. – Als Göring damals nach Linz kam und uns dort besuchte, war Kaltenbrunner immer noch SS-Mann.

Als Chef der österreichischen SS hatte Kaltenbrunner den Kampf gegen Dollfuß und Schuscsnigg zu führen, als ich schon längst in Berlin im SDHA saß; nachdem er vom Reichsführer zu Heydrichs Nachfolger bestellt war und sein Führerkorps begrüßt hatte, kam er zu mir mit den Worten: „Na, Eichmann, wie geht's Dir? Alles in Ordnung?" Sachlich ist nur zu sagen, daß in der Folgezeit mein unmittelbarer Vorgesetzter Müller bei Kaltenbrunner durchsetzen konnte, was er wollte; das war die Folge von Müllers Massivität. Kaltenbrunner begünstigte nur einen einzigen Amtschef, und das war Schellenberg. Zu Schellenberg hatte Müller keinen sonderlichen Konnex; er hielt auch nicht sonderlich viel von ihm.

SS-Gruppenführer Müller – Eine Sphinx

Für Gruppenführer Müller, Chef des Amtes IV der Geheimen Staatspolizei, stimmt nur eine Bezeichnung: „Sphinx" (!d. Verf.). Solange ich in Berlin war, mußte ich wöchentlich zwei- bis dreimal zum Vortrag zu ihm kommen. Ebenfalls jede Woche hatten wir eine oder auch manchmal zwei sogenannte Referentenbesprechungen unter Vorsitz von Müller. An diesen Besprechungen nahmen sämtliche Referenten aus Amt IV teil; Gruppenführer Müller brachte dort von sich aus allgemein interessierende Angelegenheiten vor. Es nahmen 20–30 Referenten an diesen Sitzungen teil; des öfteren trugen einzelne Referenten Dinge vor, die der betreffende manchmal mit seinem Chef noch nicht hatte besprechen können. Auf diese Weise hörten wir natürlich sehr viel, zumal allgemein interessierende Vorträge irgendeines Dezernenten, die für jeden von Bedeutung waren.

Während einer längeren Periode trafen wir Dezernenten uns jeden Donnerstagabend in Müllers Privatwohnung, wo bei einem kleinen Kognak und beim Schachspiel die persönlichen und dienstlichen Nöte vom Herzen geredet wurden. Trotzdem muß ich betonen, daß ich über Müller nur herzlich wenig aussagen kann. Natürlich weiß ich einiges, so z. B. daß er aus mittleren Beamtenverhältnissen stammt, aus der bayrischen politischen Polizei kam . . . und ein großer Schweiger war. Er hatte etwas von Moltke, sein Mund war immer verschlossen und zeigte höchstens ein kleines Verziehen der Lippen zu einem Lächeln der Anerkennung oder des spöttischen Zweifels, je nach Sachlage. Müller lebte bescheiden, war ein überaus vorsichtiger Mann und als Vorgesetzter stets ordentlich, korrekt und wohlwollend. Seine Schwäche war es, alles, was auch immer geschah, in Aktenvermerken festzulegen und der Registratur einzuverleiben. Er war ein Bürokrat; durch ihn wurde ich zwangsläufig auch einer, und fühlte mich unter seiner Leitung außerordentlich wohl. Weltanschaulich schien er mir hundertprozentig auf unsere Idee ausgerichtet zu sein. Gegenüber seinen Mitarbeitern war es seine Stärke, daß er seine Leute so lange zu behalten wußte, bis sie pensionsreif und nicht mehr dienstfähig waren. Als alter Kriminalist sagte er sich: Je länger einer im Dienst ist, ein um so besserer Fachmann wird er auf seinem Gebiet. Obwohl ich sein Dezernent war, störte es mich absolut nicht, daß die jüdische Presse den Namen Eichmann zu einem Symbol machte, mit den üblichen Beiwörtern versehen, so daß die Judenfrage in den Gebieten, in denen eine deutsche Wehrmachtsformation einmarschierte, unrettbar verknüpft wurde mit dem Namen Eichmann. Daher kam es, daß alle, sogar meine Mitarbeiter mit dem

Begriff „Dienststelle Eichmann" operierten, obwohl es eine Dienststelle dieses Namens gar nicht gab. Gruppenführer Müller (178) war Kriminalist, nur Kriminalist oder Polizist, alles andere kam erst nachher. Jedenfalls habe ich nie einen anderen Eindruck von ihm bekommen; in meinen Augen besaß er eine idealistische Natur. Zu diesem Mann hatte ich einen gewissen inneren Kontakt; ich konnte mit ihm sprechen wie nicht einmal mit gleichrangigen Kameraden.

Als irgendwie Fragen meiner Beförderung oder Gehaltsbezüge akut wurden, sagte ich zu Müller: „Gruppenführer, schauen Sie, ich arbeite hier nicht des Lohnes wegen, sondern aus idealistischen Motiven. Ich habe auch keinerlei ehrgeizige Bestrebungen, sondern wünsche meine Aufgabe zu erfüllen und mitzuhelfen, das zu schaffen, was wir wollen: eine sichere Zukunft des Reiches und damit unserer Kinder." Zum erstenmal höre ich jetzt, daß Müller erst 1939 in die NSDAP aufgenommen worden sei, und zwar nur deshalb, weil der Reichsführer Druck ausgeübt hat. Ich war davon überzeugt, daß er schon früh zur Partei gestoßen ist. Allerdings habe ich mir die Frage seines Eintritts in die Partei nie gestellt; ich hatte auch gar keine Veranlassung dazu, in diesem Zusammenhang interessante Hintergründe auszuleuchten. Jedenfalls konnte ich es mir gar nicht anders vorstellen, als daß Gruppenführer Müller alter Parteigenosse war, – und als solcher gab er sich auch.

Nur zwei Reichskriminaldirektoren hatten sich von der Pieke an heraufgearbeitet, und in meinen Augen gab es keine besseren und gründlicheren Kriminalisten als Müller und Nebe (179). Die beiden waren Freunde und Arbeitskameraden. Als nun Nebe in die Verschwörung vom 20. Juli gegen Hitler verwickelt war, wollte Müller ihn durchaus persönlich zur Strecke bringen und deckte den vorgetäuschten Selbstmord Nebes am Wannsee auf. Zu dieser Zeit war ich in Ungarn; ich hörte die Geschichte, als ich später nach Berlin zurückkam. Davon ist mir noch heute vieles in Erinnerung, so auch, daß Müller mir besonders beeindruckt von dem Umstand erschien, daß sein langjähriger Freund, der Reichskriminalpolizeidirektor Nebe, in seinen Augen mit zum Verräter wurde. Wer Müller kannte, verstand, warum er sich nun auch persönlich die allergrößte Mühe gab, diesen Mann zu stellen. Am Wannseestrand wurden an irgendeiner Stelle die Aktenmappe und sonstige Dinge von Nebe aufgefunden; für einen normalen Kriminalisten mußte alles auf Selbstmord deuten. Müller aber hatte irgendeinen Haken bei der Sache gefunden; er wußte, daß hier ein Selbstmord vorgetäuscht war. Hier ging es schließlich um zwei Spitzenfachleute, von denen keiner dem anderen etwas vormachen konnte. Wo und wie ihn Müller schließlich zur Strecke brachte, weiß ich heute nicht mehr; Nebe wurde jedenfalls lebend ergriffen, und es wurde ihm der Prozeß gemacht. Vielleicht hat Müller bei der Freundschaft zwischen Nebe und dem Verschwörer, dem Polizeipräsidenten von Berlin, angesetzt. Bei uns war diese ganze Angelegenheit ein wichtiges Gesprächsthema; es war auch bekannt, daß Nebe nicht direkt an der Verschwörung beteiligt war, ich glaube sogar, daß er nicht einmal etwas Definitives gekannt hat. Aber er wußte von den Verschwörerkreisen; seine Aufgabe wäre es gewesen, diese Tatsache zu melden.

Müller hatte ein phänomenales Gedächtnis und war bekannt als der beste deutsche Fachkenner des sowjetischen Polizeiwesens. In seiner nächsten Nähe arbeitete ein jüngerer Mann, der, wenn ich mich richtig entsinne, irgendein Funkspiel mit Rußland und daher die T.U.-Bogen zur Verfügung hatte. Letztere nannten wir „Braunbogen", da es braunes Papier im Din-Format mit blauen Lettern war; in Rotschrift war oben angeführt „Geheime Reichssache" und gleichzeitig das zu erwartende Strafausmaß, falls hiermit Mißbrauch getrieben wurde. Diese T.U.-Bogen wurden zusammengestellt und zirkulierten innerhalb des Amtes IV unter den Referenten in einer Mappe. Die Geschäftsstelle des Amtes IV zeichnete am Rande die Referatsbezeichnungen für die einzelnen zur Debatte stehenden Angelegenheiten auf. Vorn auf der Weisemappe waren hintereinander die Referate genannt, die den Braunbogen zu bekommen hatten; nur die Referenten selbst oder ihre ständigen Vertreter erhielten sie in die Hand. So wanderte die Mappe auf dem Geschäftswege über die Geheimregistratur von einem Dezernat ins andere. Falls irgendein Dezernat glaubte, etwas übernehmen zu müssen aufgrund dieser Telefonüberwachungsbogen, war es ihm anheimgestellt, die Sache dienstlich zu bearbeiten. Die Tatsache der Telefonüberwachung wurde offiziell geheimgehalten, weil sie an und für sich einen Eingriff in die Belange des Privatmenschen bedeutete und andererseits eine Fundgrube für Nachrichten usw. sein konnte; im übrigen war die Tatsache der Telefonüberwachung wohl jedem bekannt. Im Forschungsamt saßen eine Anzahl Beamte genau wie auf den Briefüberprüfungsstellen. Bestimmte Nummern wurden überwacht, die Gespräche mitgeschrieben. Es wurde behauptet, daß ein Knacks im Telefon die Überwachung andeutete, aber ein Fachmann erklärte mir einmal, daß das nicht stimme. Wenn der jüngere Mann, der damals diese Telefonüberwachungsdienste leitete, im Auftrage des Gruppenführers Müller auch Funkspiele mit der UdSSR aufrechterhielt und andererseits jetzt gewisse Hinweise vorhanden sind, daß der Reichskriminaldirektor Müller in sowjetischen Diensten stand, so kann ich dazu aus meiner früheren Kenntnis dieses ausgesprochenen Fachmannes nur bestätigen, daß diese Möglichkeit dem Verhalten Müllers entsprechen konnte. Wenn ich außerdem in jüngster Zeit durch Freunde vernehmen konnte, daß z. B. in der Sowjetzone verschiedene SD-Angehörige, die schon längst totgesagt waren, zu relativ hohen Fachstellen gekommen sind, so kann ich auf Anhieb keinesfalls die Frage verneinen, ob Müller vielleicht im Dienst der UdSSR steht. Ob er schon Ende 1944 zu den Sowjets Verbindung hielt, weiß ich nicht.

Nach den ersten heftigen Luftangriffen auf Berlin machte ich einen Entwurf für einen Luftschutzkeller, der Gruppenführer Müller, seiner Frau und seinen zwei Kindern Zuflucht geben konnte. Irgendwo besorgte ich mir den Zement, dann ließ ich den Keller bauen, der natürlich klein war, so daß diese vier Personen eng beieinanderstehen mußten. Der Zement war gerade gut gehärtet, als wieder ein fürchterlicher Luftangriff auf Berlin geflogen wurde und ein Volltreffer Müllers Haus traf. Im Luftschutzbunker überlebte die Familie den Angriff ohne Schaden.

Müller war tatsächlich eine Sphinx; das wird mir klar, wenn ich daran denke, wie ich eine Zeitlang jeden Donnerstag Schach mit ihm spielte. Ich verlor regelmäßig und habe – so glaube ich – kein einziges Mal gewonnen. Müller hatte eine bestimmte Taktik; es bereitete ihm ein diabolisches Vergnügen, mich am Anfang der Partie so herangehen zu lassen, daß ich siegessicher wurde und blind hineingaloppierte, dann setzte er mich plötzlich matt. Als ich noch jünger war, spielte ich sehr gern und sehr viel Schach, aber später vielleicht nur noch einmal im Jahr oder auch auf einmal gleich 30 Partien; ich war Gelegenheits-Schachspieler. Ob Müller passionierter Schachspieler war, weiß ich nicht, aber jedenfalls war er klug, und das bedeutet, daß er über Konzentrations- und Planungsvermögen verfügte; im Spiel gibt sich der Schachspieler in der Regel so, wie er im Leben ist.

Soweit ich Müller kenne, ist er nie seinem Instinkt, sondern nur dem Verstand gefolgt; obwohl er wie eine Spinne im Netz hinter seinem Schreibtisch in der Prinz-Albert-Straße saß, verstand er es, über alles in unserem gesamten Einflußraum genau informiert zu sein. Im Grunde ging es ihn gar nichts an, was etwa im KZ geschah, was hier und da passierte, wenn dies nicht von staatspolizeilichem Interesse war. Müller interessierte jedoch alles. Sein „Parteienverkehr" im Laufe eines Arbeitstages war enorm: höhere SS- und Polizeiführer, aber auch niedrigere Dienstgrade, Beamte von

Zentralinstanzen, alle waren für ihn stets eine willkommene Nachrichtenquelle; so schickte er auch mich und viele andere gelegentlich zur Informationssuche aus in Angelegenheiten, die außerhalb des staatspolizeilichen Gebietes lagen. Er war infolgedessen über alles informiert, sprach keine Verdächtigungen aus, er unterstellte nichts, er setzte nichts voraus, er vermutete nichts; aber Müller war im Bilde. In meinen Augen und in denen zahlreicher Arbeitskameraden der Gestapo, zum allergrößten Teil Berufskriminalisten, war Müller der Kriminalist, den wir vom beruflichen Standpunkt aus bewundern mußten. Müller war nicht etwa als Referendar oder Assessor zur Polizei gestoßen, sondern hatte es vom Kriminalassistenten aufwärts bis zum Reichskriminaldirektor gebracht, von denen es nur zwei im Großdeutschen Reich gab. Der Aufstieg war nur möglich auf Grund seiner Qualitäten. Der Fall ähnelt insofern dem Adolf Hitlers. Wie man heute über ihn sagen kann, was man will, und selbst wenn man auf der ganzen Linie Unrecht hätte, eines ist unbestreitbar: er hat es verstanden, sich vom Gefreiten des deutschen Heeres aus dem Ersten Weltkrieg zum Führer eines Achtzig-Millionen-Volkes emporzuarbeiten. Dies allein sagt mir, daß ich mich einem solchen Manne unterzuordnen habe; gleichgültig, was an ihm sein mag, er war irgendwie so eminent tüchtig, daß er diese Position erreichte und vom Volk anerkannt wurde.

Einmal schickte mich Müller zusammen mit Sturmbannführer Huppenkothen zu Canaris und sagte vorher zu mir in väterlicher Weise: „Kamerad Eichmann, Canaris ist ein Fuchs, geben Sie Obacht, lassen Sie sich nicht fangen!" Vorsichtshalber steckte ich meine entsicherte Pistole in die Tasche. Der Anlaß zu diesem Besuch war irgendeine Beschwerde der Kanzlei des Stellvertreters des Führers, weil die Abwehr nach ihrer Meinung in zu großem Maße Juden ins Ausland zu bringen wünschte, um sie dort für Spionagezwecke einzusetzen. Nun schien es mir, daß entweder die Juden von uns zu Unrecht bekämpft wurden, weil sie in Wahrheit unserem Vaterland im Spionagedienst mehr nützten als schadeten, oder aber die Juden sie benützt wurden von Leuten, die ideologisch unsere Gegner waren und die Juden auf diese Art und Weise in Sicherheit bringen wollten. Es mag 1942 oder 1943 gewesen sein, jedenfalls zu einer Zeit, als nicht mehr Schellenberg, sondern Huppenkothen Müllers Vertreter war, weil er ihm in der Dienststellung folgte; während in der Truppe der Dienstgrad zählte, kam es im Beamtenverhältnis auf die Dienststellung an. Mit einem Offizier im Vorzimmer von Canaris wurde ein Termin vereinbart; wir wurden von einem Marineoffizier höflichst empfangen, und schon ging die Tür auf: Canaris erschien in Admiralsuniform, gab uns kameradschaftlich die Hand und bat uns zu sich in sein Dienstzimmer. Huppenkothen war ein ruhiger, verhältnismäßig wortkarger Mensch, auf seinem Sachgebiet jedoch sehr beschlagen, und seine Fragen waren exakt. Auch ich trug Canaris die erwähnten Bedenken vor, daß seine Dienststelle sich in zunehmendem Maße der in Deutschland oder den besetzten Gebieten befindlichen Juden als Vertrauensmänner der Nachrichtenübermittlung im Ausland bediene. Canaris äußerte Verwunderung darüber und versprach, die Angelegenheit zu überprüfen; denn, wie er sagte, stehe er selbstverständlich nicht auf dem Standpunkt, daß der Jude der richtige Mann sei, um dem nationalsozialistischen Deutschland die wichtigsten Nachrichten zu übermitteln, auf denen wir unter Umständen weittragende Entschlüsse aufzubauen hätten. Wie es bei solchen Besprechungen üblich ist, ging das Ganze wie das Hornberger Schießen aus: es wurde nichts an den Tatsachen geändert, sondern die Abwehrstellen beantragten weiterhin bei den örtlichen Staatspolizei-Leitstellen die Freigabe von Juden, die weiterhin ins Ausland gingen. Das dauerte ohne Unterbrechung an, bis der 20. Juli 1944 kam. Canaris kannte meine Aufgabe genau und war in seinem Gespräch mir gegenüber gar nicht zurückhaltend; es erstaunte mich, daß ein Admiral, noch dazu in dieser Dienststellung, so kameradschaftlich sein konnte, nicht nur mir, sondern auch Huppenkothen gegenüber. Generell lehnte Canaris natürlich die jüdischen V-Männer ab, ohne auf spezielle Fälle einzugehen.

Neulich las ich in irgendeiner Zeitung das Wort „Fuchs" anläßlich eines Filmes über Canaris und wunderte mich, woher die Filmleute gerade diese Bezeichnung genommen haben, die mein Chef Müller auch verwandte. In diesem Zusammenhang machte mich das „Fuchs" stutzig, und ich möchte gern wissen, wie die Filmleute dazu kommen, wer steckt dahinter, wie laufen die Kanäle?, „Fuchs" sagte mir mein unmittelbarer Vorgesetzter über Canaris, und „Fuchs" lese ich nach dreizehn Jahren in einer Zeitung, die über einen Film schreibt. Zufall?

Keine Sphinx: Schellenberg

Der einzige Amtschef, den Kaltenbrunner sehr zum Leidwesen Müllers favorisierte, war Schellenberg; bei irgendeiner Abwesenheit von Müller war dieser stellvertretender Amtschef. Als Referenten hatten wir drei- oder viermal in der Woche Rücksprache mit unseren Amtschefs und mußten dabei grundsätzliche Angelegenheiten erstmalig zur Sprache bringen; denn nicht immer konnten wir ohne weiteres auf einschlägige Verordnungen oder Erlasse zurückgreifen, sondern mußten klären, ob vielleicht noch eine andere Verfügung heranzuziehen sei. Ich kam eines Tages zu Schellenberg mit der Bitte um Rücksprache in irgendeiner Angelegenheit, die er auf eine solche Weise entschied, daß sie Müllers Standpunkt zuwiderlief. Deshalb ließ ich die Sache auf sich beruhen und griff sie erst wieder auf, als mein Chef Müller zurück war. Es war mir sowieso ein Rätsel, warum Kaltenbrunner Schellenberg statt des Abteilungsleiters Huppenkothen zum Vertreter Müllers ernannte. Huppenkothen war Polizist, während Schellenberg vom Polizeiwesen mit all seinen Erlassen und Verordnungen keine Ahnung hatte, sondern ein rein politischer Nachrichtenmann war, der mit Geld oder sonstigen Werten irgendwelche Agenten zu dingen hatte, um bestimmte Vorkommnisse im Ausland zu erfahren und durchzugeben. Schellenberg konnten wir in unserer sachlichen Beamtenarbeit nie für voll nehmen; zweifellos war unsere Intervention bei Müller und dessen Intervention bei Kaltenbrunner der Grund dafür, daß der spätere Vertreter des Amtschefs ein Fachmann war.

Als stellvertretender Amtschef traf Schellenberg dauernd Fehlentscheidungen; wenn man jemanden, der gegen die Gesetze verstößt, mit den Augen eines Nachrichtenmannes sieht, ist es vielleicht nicht wichtig, was dieser getan hat; man zahlt ihm noch 100 £ dazu und setzt ihn als Agenten ein. Das mag im Nachrichtenwesen möglich sein, aber niemals im Exekutive innerhalb des Reichsgebietes. Natürlich vermag ich nicht zu sagen, ob Schellenberg bewußt oder nur aus Unkenntnis heraus so deutlich bewies, daß er in polizei-verwaltungstechnischen Angelegenheiten nicht „für fünf Kreuzer" Verstand hatte. Sicher ist nur, daß er seit seiner Vertretung von uns nicht mehr für voll genommen wurde, wie tüchtig er auch zur Sammlung von Nachrichten aus dem Ausland gewesen sein mag.

Gegenüber Schellenbergs Amt VI waren wir im Dezernat IV B 4 sowieso kritisch eingestellt. Es verging ja keine Woche, in der das Amt VI nicht vorstellig wurde, um mindestens einen Juden von sämtlichen Maßnahmen freizustellen, die die Reichsregierung gegen die Juden beschlossen hatte, weil sie als V(vertrauens)-Männer eingesetzt werden sollten. Anfangs glaubten wir das, aber später kamen uns Bedenken; ich trug sie auch Müller vor, der diese Bedenken sichtlich teilte. Die zuständigen Dezernenten von Amt VI wurden dann vorsichtiger. Während ich mit meinem inneren Gleichgewicht durchaus nicht in Konflikt kam, wenn ich etwa zionistische Juden auswandern ließ, deren Streben nach dem eigenen Staat ich gut verstand, weil es meinem Ziele einer politischen Lösung der Judenfrage entsprach, war mir die „persönliche Abschirmung" zuwider, die gewisse Angehörige des Amtes VI suchten, indem sie sich eine „Rente" schufen für den Fall, daß der Krieg nicht gut ausgehen sollte. Als ständiger Pessimist habe ich immer geahnt, wie der Krieg enden würde, und es auch öfters gesagt, aber trotzdem habe ich nie eine „Sicherungsmaßnahme" für mich getroffen.

Amt VI war um die Zeit des Westfeldzuges noch einwandfrei, aber später trug man dort auf beiden Schultern Wasser, denn zu Müllers und meinem eigenen Verdruß versuchten sie stets, in so großer Zahl Juden freistellen zu lassen, daß der Nachweis klar schien: Diese Juden „brachten" nichts als höchstens Geld. Je mehr sich der Krieg dem Ende zuneigte, desto mehr Juden verlangte das Amt Schellenberg. Es waren ja bis zum Kriegsschluß immer noch genug Juden da, die im Reich durch Interventionen des „Beauftragten des Vierjahres-Planes" oder sonstige Interventionen freigestellt und kaum zu erfassen waren. Außerdem nahm das Amt Schellenberg Juden aus Frankreich, Holland, Belgien, Luxemburg, kurz, woher es sie nur bekam. Selbst der simpelste Angestellte in meinem Dezernat durchschaute diese Manöver und legte sie als eine allfällige „Rückversicherung" aus. Die Zahl der so vom Amt Schellenberg „organisierten" Juden kann 400 oder auch 500 ausgemacht haben. Was uns am meisten ärgerte, war der Umstand, daß sie diese Juden hinter unserm Rücken ins Ausland schickten und uns erst nachträglich Bescheid gaben. Technisch war das leicht möglich; denn sie gaben den Juden Reisepässe und ließen sie dann von einem Beamten des Amtes VI bis zur Grenze bringen. Das konnten sie nicht nur aus dem Reichsgebiet, sondern auch von Frankreich und Holland oder von den anderen besetzten Gebieten aus tun; von dort aus kamen dann die Juden ins neutrale Ausland. Ich sagte immer: „Traut jedem in Amt IV, aber paßt auf vor den Leuten von Amt VI! Denn da haben sich zu viele Opportunisten und Glücksritter in zunehmendem Maße um die teilweise wirklich anständigen Dezernenten geschart und diese überspielt."

Eine wirkliche Zusammenarbeit zwischen Amt IV und Amt VI bestand nie. Dafür gibt es einen allgemeinen Grund: jeder Amtsangehörige hatte Scheuklappen, die nur einen gewissen Blickwinkel freiließen: die Aufgabe. Wir sahen nicht einmal das Nebendezernat, dessen Aufgabengebiet mich nicht interessierte, da ich nicht zuständig war. Sollte ich aber „am Rande" angesprochen werden, so hatte der jeweilige Dezernent, bevor ein solches Schriftstück vom Abzeichnen an den Amtschef kam, die Mitzeichnung eines möglichen anderen Dezernenten vermerkt, z. B. „IV B 4 zur Begutachtung"; dann zeichnete ich, wenn ich einverstanden war, mit ab; war ich es nicht, dann mußte das Aktenstück an das Dezernat zurückgehen und entsprechend umgearbeitet werden, so daß die Interessen beider Dezernate gewährleistet waren. Selbstverständlich gab es Punkte, die sowohl Amt VI wie Amt IV betrafen; in diesen Fällen mußte der Dezernent des Amtes IV bei einer Vorlage an eine gewisse Stelle auch die Interessen des Amtes VI berücksichtigen, indem der zuständige Dezernent mitzeichnete. Das Amt IV und Amt VI hätten viel besser zusammenarbeiten können, aber irgendwie kam es wohl durch Schellenberg nicht dazu. Wir wurden aus der Geheimniskrämerei des Amtes VI nicht schlau und zogen uns dann auch wie eine Schnecke ins Haus zurück, obwohl dies im Gegensatz stand zu der überlieferten Offenheit unter Beamten innerhalb derselben Institution. Dadurch haben wir uns vielleicht so beeinflussen lassen, daß wir den Leuten von Amt VI Negatives unterstellten, obwohl sie Positives wollten, es aber nicht durchführen konnten, weil sie die anderen Sparten nicht beteiligt hatten und diese nun wieder von vornherein dagegen schossen.

Obersturmbannführer Dörner

habe ich mehr oder weniger oberflächlich gekannt. In den Anfangsjahren des SDHA hatten wir als Stabsführer einen Obersturmbannführer Vollheim, der Oberleutnant zur See gewesen und von Heydrich in das SDHA mitgebracht worden war. Ihm waren wir unterstellt in der Zeit, als ich Dörner kennenlernte, der dann später auch Stabsführer wurde und zum Amt Schellenberg kam. Er kam mehrmals zu mir, als ich Referent IV B 4 war; dabei sagte er mir, daß er viele Millionen Pfund und auch Dollar zur Verfügung stellen könnte; denn sie würden auf Befehl des Reichsführers gefälscht, wozu man die besten Geldfälscher aus den deutschen Zuchthäusern konzentriert habe, unter ihnen auch einige Juden. Diese Leute bekämen alle Vergünstigungen und Freiheiten, lebten in Saus und Braus und hätten sich in der großen Fälscherwerkstatt zu Großmeistern entwickelt. Ich weiß nicht mehr genau, ob und welcher Vorgesetzte mir nahelegte, ich solle mir Gedanken darüber machen, wieweit ich Juden einsetzen könnte, die mit sehr vielen Pfund- und Dollarnoten ausgestattet und ins Ausland geschickt würden, um die feindliche Währung in Unordnung zu bringen. Diese jüdischen Auslandsfahrer sollten alle reich werden, aber die Pfunde und Dollars an den Mann bringen. Dörner fragte mich, welchen Betrag ich „absetzen" könnte; er wollte sich ein Konzept machen, wieviel Falschgeld herzustellen sei. Ich ging mit mir selber zu Rate, besprach die Sache mit meinem ständigen Vertreter, und wir überlegten uns, wieviel wir den Juden geben könnten. Es war außerdem klar, daß nur Juden in Frage kommen konnten, die sehr verläßlich waren und das Geld nicht etwa den Feinden ablieferten. Von solchen Juden hatten wir ja genug. Heute weiß ich nicht mehr, welchen Betrag ich Dörner angegeben habe, aber er war sehr hoch; Dörner zog sehr zufrieden ab. Er wird bestimmt auch noch andere Leute angegangen sein und so eine anständige Summe zusammenbekommen haben. Er sagte mir auch noch, daß sie die kleineren Noten mit Flugzeugen über England abwerfen würden und sich davon einen großen Erfolg versprächen. Dörner zeigte mir einige Muster, und da ich die Pfundnote von meiner Reise nach dem Orient kannte, schien mir das Muster sehr ordentlich; ich sicherte Dörner zu, daß ich von meiner Seite alles tun werde, was möglich sei; denn mit einer solchen Operation könnten wir den Feind empfindlich schädigen. Die Fälscher führten wahrhaftig im KZ ein Leben in Gloria; zum Teil waren sie enorm reich und wurden dann zu Kriegsende alle in Freiheit gesetzt, wie es ihnen versprochen war. Wie ich den Reichsführer kenne, hat er diese Gangster tatsächlich in Freiheit gesetzt, weil er es ihnen versprochen hatte. Was nachher aus dieser Fälschungssache geworden ist, weiß ich nicht; ich bekam jedenfalls nicht ein einziges Pfund in die Hand. Später, als ich zum Schluß in Alt-Aussee eine Schatulle mit Dollars und Pfunden bekam, ließ ich einem Bürgermeister, der sich meiner Leute sehr nett angenommen hatte, Pfunde und Dollars für kommende Notzeiten durch Regierungsrat Hunsche aushändigen. Aber später hörte ich dann, daß die Ein-Pfund-Noten aus der Schatulle gefälscht waren. Damals dachte ich mir: Diese Armleuchter... Wenn sie uns doch wenigstens gerade in dieser Zeit echte Noten gegeben hätten!

Globocnik – Frage- oder Ausrufungszeichen?

Ob Globocniks Aktion im Generalgouvernement „Aktion Reinhard" hieß, weiß ich nicht. Ende 1943 wurde er aus Polen versetzt und zum Höheren SS- und Polizeiführer im italienischen Raum befördert. Seine Aufgaben im Generalgouvernement waren wohl im großen und ganzen erledigt, was aber nicht bedeutete, daß es dort nichts mehr „zu erledigen" gab. Man wurde versetzt und kommandiert, wie es die Notwendigkeit ergab, so z. B. wurde ich von Wien nach Prag versetzt, obwohl ich in Wien meine Aufgabe noch längst nicht abgeschlossen hatte; dann wurde ich nach Berlin versetzt und ließ in Prag wiederum etwas erst Begonnenes zurück. Das mir jetzt gezeigte Schreiben von Globocnik, worin er über eine Aktion in seinem Stab als SS- und Polizeiführer im Distrikt Lublin berichtet, jedoch unter dem Briefkopf einer neuen Funktion als SS- und Höherer Polizeiführer in der Operationszone der Adria, ist an sich etwas ungewöhnlich. Aber es mag sein, daß Globocnik am bürokratischen Ablauf gar nicht interessiert war, sondern die Fertigung des Schreibens einem Mitarbeiter überließ, der in der Wahl des Briefkopfes nicht korrekt war.

Ob Globocnik das Generalgouvernement sehr eilig verlassen hat, ist mir nicht in Erinnerung, denn ich hatte ihn ja sehr lange nicht mehr gesehen. Meines Erachtens wird der Grund für ihn der gewesen sein, daß an der Adria ein Mann mit der Arbeits- und Tatkraft eines Globocnik gebraucht wurde, so daß er zum Höheren SS- und Polizeiführer avancierte. Wenn Globocnik schreibt: Mit dem 19. Oktober 1943 habe ich, Globocnik, die „Aktion Reinhard" abgeschlossen und alle Lager aufgelöst, dann muß das richtig verstanden werden; denn Globocnik war nie ein Bürokrat. Wenn er schreibt: Die Aktion ist abgeschlossen, sämtliche Lager sind aufgelöst, dann konnte man daraus folgern, daß sämtliche Juden liquidiert waren. Aber Globocnik schreibt weiter: Ich habe diese Arbeitslager an SS-Obergruppenführer Pohl übergeben; Pohl war der zuständige Mann für die KZs und mußte also diese Lager von Globocnik übernehmen. Aber ein Lager ohne Insassen interessiert selbstverständlich den Chef der KZs nicht. Man könnte die Echtheit des vorgelegten Schreibens beanstanden; es hat gewissermaßen keinen Anfang und kein Ende, ist nicht dienstlich und auch nicht privat; vielleicht ist es gar gefälscht, jedenfalls aber unklar. Wo Globocnik sein „Vernichtungslager" hatte, weiß ich nicht.

Höss, Kommandant des KZ Auschwitz

Obersturmbannführer Höss und seine Einstellung* zu der an sich schwer lastenden Stellung eines Kommandanten des KZs Auschwitz habe ich während des Krieges kennengelernt. Es mag verwegen klingen und gar „belastend", das heute zu sagen, aber es entspricht meiner Einstellung zu dieser ganzen Niederschrift zu betonen, daß Höss mir ein guter Kamerad war trotz all seiner „Aussagen" gegen mich in Nürnberg. Im Maße unserer zunehmenden dienstlichen Beziehungen, er als Dezernent für das WVHA und ich als Dezernent für das Gestapo-Amt, ging er immer mehr aus seiner Verschlossenheit heraus. So erzählte er mir, daß er in der Weimarer Republik wegen

* Siehe Anhang

nationaler Betätigung zu 10 oder 12 Jahren Zuchthaus verurteilt wurde; ich glaube, wegen irgendeiner Feme-Geschichte. Während des 1. Weltkrieges war er Soldat und erwarb sich das EK I. Mit der Machtergreifung erhielt er seine Freiheit wieder. Nach verschiedenen SS-Verwendungen kam er zu der Kommandantur des KZ Auschwitz.

Höss führte ein vorbildliches Familienleben und war die Bescheidenheit in Person, pünktlich, genau. Was seine peniblen, bürokratischen Handlungen anbetraf, war er sein eigener Registrator. Vielleicht war sein Horizont zum Schluß zu klein, um den Riesen-KZ-Bereich Auschwitz mit seinen gewaltigen Rüstungswerken zu übersehen, aber er verfügte über einen großen Stab. Als Mensch litt Höss unter seiner Arbeit insoweit, als dazu die physische Vernichtung von Gegnern gehörte. Das habe ich aus seinem eigenen Mund gehört; denn wie zu seinem eigenen Trost berichtete er mir einmal, als wir in seiner Wohnung saßen, daß vor wenigen Tagen der Reichsführer Auschwitz besucht und die physische Vernichtung von der Vergasung bis zur Verbrennung angesehen habe; dann habe der Reichsführer in Anwesenheit von Höss zu seinen Männern gesagt: „Das sind Schlachten, die unsere kommenden Generationen nicht mehr zu schlagen haben..." Dieses Reichsführerwort habe nicht nur seinen Männern, sondern auch ihm selber eine gewisse innere Beruhigung gegeben, weil ihre an sich schwer belastende Aufgabe für die Zukunft notwendig sei und von unserer Generation durchgeführt werden müsse. Schon damals entnahm ich aus den Worten von Höss, daß er keine Bulldogge, auch kein unkomplizierter, brutaler KZ-Kommandant war, sondern ein Mensch, der mit sich selber ins Gericht zu gehen pflegte und gewöhnt war, sich selbst Rechenschaft über seine Taten abzulegen. Wenn ich heute diesen Ausspruch des Reichsführers noch so genau wiederholen kann, so liegt das nicht zuletzt daran, daß gerade dieser Satz auch für unsere dienstlichen Aufgaben – wie grundverschieden sie auch von der Aufgabe eines Höss waren – volle Gültigkeit hatte. Wir waren ja Gefolgschaftsmitglieder unseres Reichsführers und hatten uns durch Fahneneid und Diensteid verpflichtet, uns den Befehlen unserer Vorgesetzten zu fügen und sie zum Wohle und zum Nutzen unseres deutschen Volkes auszuführen. Höss imponierte mir selber schon rein äußerlich, weil er sich so wohltuend vom Erscheinungsbild mancher SS-Salon-Offiziere abhob, wenn er in seiner saloppen Feldbluse daherkam. Wenn ich ihn besuchte, bestiegen wir sein Kfz 15, fuhren zu irgendeinem Bereich inner- oder außerhalb des Lagers, wo Höss mir seine Neubauten zeigte oder seine Verwaltung, wo er Häftlinge schier aller Nationen beschäftigte.

Innerhalb des KZ-Bereiches hatte er sein Haus, eine geräumige Wohnung von etwa fünf oder sechs Zimmern, wo er mit seiner Frau und drei oder vier kleinen Kindern lebte. Das Mobiliar war in Naturholz, sauber und einfach ausgeführt; die ganze Wohnung wirkte heimisch. Er war gedrungen, klein und kräftig, außerordentlich ruhig und wortkarg, einer jener Leute, die ich zu den „Waterkantlern" rechnen möchte. Oft mußte man ihm die Worte aus dem Mund ziehen. Er hatte keine Leidenschaften, trank kaum und nur anstandshalber und rauchte auch nur aus Geselligkeit.

Ein „Peitschenhiebe austeilender" Höss ist blühender Unsinn. Höss kümmerte sich um Einzelfälle überhaupt nicht, weil er das gar nicht konnte: sein KZ umfaßte mehrere hunderttausend Häftlinge; er hatte in seiner Kommandozentrale ständig zu arbeiten und mußte sich sogar die Zeit, die er notwendig für Lagerinspektionen brauchte, förmlich aus seinem Tagesablauf herausschneiden. Außerdem lag Höss die angedichtete Brutalität nicht – und der Reichsführer hätte im selben Augenblick, da er so etwas erfuhr – einen peitschenden oder auch nur ohrfeigenden KZ-Kommandanten nicht nur ablösen, sondern auch bestrafen lassen. Das hätte auch Pohl getan. Als Höss irgendwann einmal auf etliche Monate abkommandiert war, wurde Obersturmbannführer Liebehenschel sein Nachfolger. Dieser kam aus dem Amt des KZ-Inspekteurs Gruppenführer Glücks. Er kannte das KZ-Leben nur aus den Akten und wurde nun in die rauhe Wirklichkeit versetzt. Ein- oder zweimal hatte ich dienstlich mit ihm zu tun. Ich erinnere mich, daß er sich in Auschwitz ungefähr wie ein „enfant terrible" benahm, aber zum Schluß alle Fünfe gerade sein und das Stabspersonal schalten und walten ließ, wie dieses es aus den Zeiten von Höss unter einer freilich strafferen Kommandoführung gewöhnt war.

Mir ist überhaupt kein Kommandant eines KZ bekannt, der auch nur ein einziges Mal zu einem Stock oder einer Peitsche gegriffen oder Ohrfeigen ausgeteilt hätte. Mir ist nur ein einziger Fall von einem KZ-Kommandanten bekannt, den der Reichsführer ablösen ließ; es war Sturmbannführer Koch vom KZ Buchenwald, der sich, glaube ich, irgendwie auf finanziellem Gebiet vergangen und irgendwelche finanziellen Vorteile herausgeschlagen hatte, Edelsteine oder Geld. In seiner vorgesetzten Dienststelle kam man darauf, es wurde ihm der Prozeß gemacht, und er wurde füsiliert. Damit will ich nur sagen, daß der Reichsführer und sein Hauptamtschef Pohl mit äußerster Strenge darauf bedacht waren, daß das ins Rampenlicht der Öffentlichkeit gestellte Personal der KZ-Lager absolut einwandfrei war; anderenfalls wurden diese Leute abgelöst und ihnen ohne Rücksicht auf allfällige Propaganda-Ausschlachtung der Prozeß gemacht. Die SS hatte ja eine ausgesprochen strenge eigene Gerichtsbarkeit, deren Strafrechtsbestimmungen weitaus schärfer waren als die des Strafgesetzbuches. Nach dieser Gerichtsbarkeit wurden alle SS-Angehörigen behandelt, befunden und beurteilt. Die „peitschenden SS-Offiziere" der gegnerischen Literatur sind eine bösartige Erfindung. Zweifelsohne hat sich hie und da mal jemand vergangen, aber dann wurde ihm der Prozeß gemacht, ob es nun ein Vorfall mit Juden oder Nichtjuden war. Das ist beweisbar; überall, wo so etwas passierte, wurde durchgegriffen. Der Gegner wurde nicht individuell behandelt, und es war auch keine willkürliche Haltung und Handlung ihm gegenüber erlaubt.

Um auf Höss zurückzukommen: er hat mich öfters durch das Lager geführt, aber ich kann nicht mit Genauigkeit sagen, wie oft ich dort war. Einmal zeigte er mir einen Graben, wo auf sehr starken Eisenrosten Leichen lagen; diese Leichen wurden mit irgendeinem Brennstoff übergossen und angezündet. Bei dieser Gelegenheit wiederholte mir Höss übrigens den erwähnten Ausspruch des Reichsführers. Zum erstenmal in meinem Leben sah ich derartiges, und Höss merkte mir mein Entsetzen an. Es machte einen solchen Eindruck auf mich, daß ich noch heute diesen Leichenberg vor mir sehe. Nachdem er mir das Reichsführerwort wiederholt hatte, antwortete ich ihm ungefähr sinngemäß: „Wenn ich mir hier diese Leichen ansehe, dann denke ich an die verkohlten Reste deutscher Menschen in Luftschutzbunkern oder zum Beispiel an das alte Berliner Ehepaar, dem die Eisentraversen über die Bäuche geschlagen waren, das Ehepaar, das mich bat, es zu erschießen. Das Haus selbst brannte so sehr, daß meine Männer mich und auch sich selber mit Kübeln Wasser übergossen, damit wir durch das Feuer hindurchgehen konnten. Ich sagte meinem Feldwebel, der hinter mir kam: „Na, Slawik, dann schieß ihnen mal eine Kugel durch den Kopf, damit sie erlöst werden"; er brachte es aber auch nicht fertig. Diese Überlegungen stellte ich dort in Auschwitz an; ich nenne nur diesen Einzelfall, obwohl ganze Bände mit ähnlichen Fällen der gegnerischen Unmenschlichkeit zu füllen sind. Diese Untaten des Gegners gaben mir die nötige Härte, um auch diesen Leichenhaufen sehen zu können, aber ich mußte eine Geste des Erschreckens gezeigt haben, denn sonst hätte Höss mir nicht in diesem Augenblick sekundiert.

In den Werkstätten von Auschwitz war ich nicht, aber ich erinnere mich einer großräumigen Werkanlage mit Blumen. Das ganze Lager war zum Teil stärker eingezäunt, zum Teil weniger stark, Wachtürme mit MGs ringsum; es war auch Bewachungspersonal da, das z. T. seinen Dienst mit Polizeihunden versah. Weibliche Insassen wurden durch weibliches Personal geführt.

Daß es in Auschwitz ein Bordell gab, habe ich nicht gehört, nur entnahm ich aus einem bestimmten Vorgang, daß eine solche Einrichtung in Buchenwald bestand, und zwar von dem Zeitpunkt an, als die KZ-Insassen zu Rüstungsarbeiten herangezogen wurden. Sie wurden für ihre Arbeit natürlich entlohnt und konnten dann dort freie Stunden verbringen, die sich wahrscheinlich auch im allgemeinen günstig auswirkten; das war ziemlich früh in der Zeit des totalen Krieges. Es ist durchaus möglich, daß ein Bordell auch in Auschwitz bestand; denn wenn das WVHA Befehle oder Anordnungen herausgab, hatten sie immer grundsätzliche Bedeutung und Gültigkeit für sämtliche KZs. Rüstungsarbeiten wurden fast überall in den KZs durchgeführt, sogar in Theresienstadt, wo eben die älteren Juden die leichtesten Arbeiten bekamen.

Der Budapester Fußmarsch hatte Höss anscheinend dazu veranlaßt, Beschwerde zu führen. Es ist möglich, daß er damit nicht einverstanden war, aber die Ungarn konnten in ihrem Land machen, was sie für richtig hielten. Wenn Dr. Endre irgendeinen Grund gehabt hätte, die marschierenden Juden von seiner Gendarmerie auf der Straße erschießen zu lassen, dann hätten wir ihn nicht einmal daran hindern können. Die ungarische Regierung war eine souveräne Regierung, und oft genug mußte ich von Dr. Endre hören, daß irgendeine Maßnahme nur schwer durchzuführen sei, weil „eifersüchtig über die Souveränität gewacht" werde.

Es ist schon möglich, daß Höss auch mir gegenüber gegen Durchführungs-Einzelheiten des Fußmarsches protestiert hat; denn er meckerte immer und grundsätzlich. In seinem Fall hätte ich es auch getan; denn es war ja ursprünglich nicht vorgesehen, daß die Juden beim Panzergrabenbau in Niederösterreich eingesetzt wurden. Also kann Höss darauf bedacht gewesen sein, daß der Transport in einsatzfähigem Zustand in Auschwitz eintreffe. Als Lagerleiter hat man immer etwas auszusetzen; man versucht auch, ausreichendes Material ins Lager zu bekommen; denn an Ausrüstungsgegenständen jeder Art will man stets einen Vorrat haben. So machte es Höss auch: er hatte nie genug Medikamente, nie genug Kleidungsstücke, nie genug andere Dinge, er mußte immer meckern, dazu war er verpflichtet. Dieser Protest gegen den Fußmarsch wie frühere gegen schlechten Zustand der Transporte sind ein deutlicher Beweis dafür, daß die Juden keineswegs alle und sofort zum Tode bestimmt waren, denn dann hätte dies alles Höss gleich sein können.

Höttls „fünf oder sechs Millionen"

Dr. Höttl (177) war, wie ich glaube, Sturmbannführer;* ich habe ihn im Jahre 1938 kennengelernt, als ich im März von Berlin nach Wien in Marsch gesetzt wurde, um dort meinen bescheidenen Dienst als Referent des Inspekteurs der Sipo und des SD zu erfüllen. Höttl war einer jener Menschen, zu denen man sich von Anfang an irgendwie hingezogen fühlte, eine passable äußere Erscheinung, dazu schien er offen und ehrlich zu sein, war nett in seinem Auftreten und besaß Geist, so daß man sich mit ihm wunderbar unterhalten konnte. Obwohl wir dienstlich kaum Verbindung hatten und weder er mir noch ich ihm unterstellt war, hatten wir eine Art engerer

* Siehe Anhang.

Freundschaft gefunden, ohne daß wir sie suchten. So ging ich manchmal Höttl gegenüber mehr aus mir heraus, als ich es nur dienstlich hätte tun müssen. Ich konnte mir das erlauben, weil Höttl ja gewissermaßen am selben Karren zog und wir eine gemeinsame Aufgabe hatten, den Einsatz für die Freiheit unseres Volkes. Höttl war Idealist, und noch in den Maitagen 1945 in Alt-Aussee glaubte ich ihn so ansprechen zu dürfen.

Daß er um jene Zeit bereits Hintergedanken hatte, konnte ich nicht ahnen; denn ich war schon längst in Gefangenschaft gewesen und hatte mich selber schon längst aus dieser Gefangenschaft entlassen, als ich durch Freunde von Höttls Äußerung hörte, daß ich ihm angeblich gesagt habe, fünf oder sechs Millionen Juden umgebracht zu haben. Dies ist derselbe Wahnsinn, den ich schon bezüglich der Äußerungen Wislicenys ankreiden mußte. Vielleicht hat Höttl Wislicenys „Aussagen" durch den Rundfunk, die Presse oder das erste gegnerische Schrifttum zur Kenntnis genommen und in dieselbe Kerbe hineingehauen. Oder er hatte ganz einfach die Zahl von 4½ bis 5 Millionen gehört, die alle ausgewanderten Juden, die Zahl der natürlichen Verminderung, die Zahl der liquidierten, die Zahl der „ghettoisierten" und die Zahl der deportierten Juden einschließt, unter dem Begriff „Endlösung" zusammengefaßt, der, wie ich wiederholen möchte, ein rein technischer Ausdruck war für alle genannten Lösungsarten.

Aber es ist empörend, wenn Höttl nun ein Buch verfaßte, das sich in den gemeinsten Äußerungen ergeht und alles, was uns einschließlich Höttl selbst bis dahin als edel, erstrebens- und lebenswert erschien, durch den Dreck zieht. Höttls Buch habe ich nicht gelesen, aber ich ließ es mir durch Freunde schildern; es scheint mir, Höttl hat sich selber die Maske vom Gesicht gerissen. In den letzten Kriegstagen in Alt-Aussee war Höttl mit den anderen Leuten des Amtes VI eifrigst beschäftigt, irgend etwas zu organisieren. Damals vermochte ich das Geheimnis nicht zu lüften, aber später hörte ich, daß es nichts anderes war als die Vorbereitung zur Flucht gewisser Leute in die neutrale Schweiz.

Heute habe ich über Höttl weder Schlechtes noch Gutes zu sagen; ich habe ihn so charakterisiert, wie ich ihn sah, aber noch heute ist mir der Komplex Höttl so geläufig und gegenwärtig, daß ich nur den geringsten Anstoß brauche, um mein Gedächtnis diesbezüglich aufzufrischen.

Meine Mitarbeiter und ich

Mit meinen Untergebenen hatte ich ein wirklich ausgezeichnetes Vertrauensverhältnis, und es wäre mir tiefst zuwider, wenn ich von einigen unter ihnen auf Grund gegnerischer Erklärungen etwa annehmen müßte, sie hätten mein Vertrauen mißbraucht. Ich hatte auch menschlich mit meinen Männern einen sehr guten Kontakt. Zu jeder freien Stunde musizierten wir; mein Oberscharführer Glaser spielte die erste Geige, ich die zweite, mein Assessor spielte Klavier, andere sangen die erste und zweite Stimme dazu. Außerdem spielte ich Schach mit meinen Leuten und beschäftigte mich auch sonst viel mit ihnen; denn ich war stets der Meinung, daß man mit seinen Mitarbeitern auf einer Basis der Ruhe gut vorankommt und durch den persönlichen Konnex schneller und besser zum Ziel gelangt. Darin besteht vielleicht ein gewisser Unterschied, wenn eine Dienststelle von einem Süddeutschen oder von einem Norddeutschen geführt wird. An einem Julfestabend, ich glaube im Jahre

1943, ließ ich meine sämtlichen Vertreter aus den europäischen Ländern zusammenkommen; jeder brachte etwas mit: Wisliceny slowakischen Schnaps, Richter rumänischen Schinken usw. Alles wurde gleichmäßig aufgeteilt, es wurde ein netter Abend. Ich sprach dabei kurz zu meinen Leuten und betonte, daß es leicht sei, in guten Tagen zur Fahne zu stehen, daß aber innere Kraft und wahrer Idealismus notwendig sind, um in schlechten Tagen den Fahnenschaft noch fester zu packen und gemäß den erteilten Befehlen die Fahne zum Sieg zu führen. Gruppenführer Müller schloß an meine Worte direkt an und bezeichnete mich dabei wiederholt als „Ihr Vorgesetzter, Ihr Referent" usw. Er saß zu meiner Rechten; ich fragte ihn, warum er seinerzeit ausgerechnet mich von Wien nach Berlin befohlen hatte. Er antwortete mir: „Ja, Kamerad Eichmann, ich wußte, was ich tat; denn mit Ihnen habe ich eine ganze Dienststelle gewonnen, deren Personal ich nicht mehr aufzustellen, sondern nur noch zu ergänzen brauche; denn daß Sie Ihre fähigsten Mitarbeiter mitbringen würden, war mir von vornherein klar, und damit beantworte ich Ihre Frage."

Wenn ich jetzt nachträglich alles als Ganzes betrachte, ist es mir klar, daß ich mit Leuten von besonderem Format vielleicht meinen „Judenstaat in Polen" hätte verwirklichen können; dann wäre auch das „Projekt Madagaskar" erledigt worden, und wir hätten die Auswanderung in größeren Ausmaßen vorgenommen; dann hätte es vielleicht nie zu einer Form der Endlösung zu kommen brauchen, die ich niemals wollte. Und zumindest, was Deutschland, Österreich und das Protektorat betrifft, wären alle Juden ausgewandert. Wenn heute die gegnerische Literatur einen Dannecker als eine „Null" bezeichnet, dann kann ich nur sagen, daß ich nehmen mußte, wer mir zugewiesen wurde.

Es gab eine Zeit, wo man für die Referate „Nationale Opposition" und „Sabotage" alles einsetzte und die besten Elemente abstellte, für die Bearbeitung der Judenfrage jedoch nicht. Ich habe z. T. mit Männern von geringem Format rechnen müssen, weil es keine anderen gab, hätte ich nur solche von größeren Fähigkeiten gehabt. Zunächst hatte ich sie tatsächlich, doch wurden sie mir bald vom Amt VI weggeschnappt, vielleicht hätte ich meine Projekte mit ihnen zu einer unblutigen Lösung führen können. Für meine bescheidenen Verhältnisse war es schon eine gute Leistung, daß innerhalb von weniger als einem Jahr in Wien 100 000 Juden zur Auswanderung gebracht wurden. Hätte ich über Mitarbeiter verfügt, die ich nicht erst anlernen mußte, Männer mit eigenem Horizont, dann hätte ich vielleicht 150 000 oder 200 000 in einem Jahr zur Auswanderung gebracht. Andererseits konnte ich z. B. nach Frankreich niemand abkommandieren, der zwar über große Geistesgaben verfügte, aber von der Materie keine Ahnung hatte. Ich mußte hier Menschen nehmen, die schon jahrelang auf dem jüdischen Sektor arbeiteten; da nützten mir sogar meine Regierungsräte nicht, denn sie waren reinste Befehlsempfänger.

Ein Praktiker war z. B. Obersturmführer Brunner. Er kam als SS-Mann zu mir und wurde schließlich Hauptsturmführer; durch Jahre war er mit der Arbeit in der Zentralstelle und dem Aktenwesen vertraut. Einen solchen Mann konnte ich einsetzen, er machte seinen Weg. Dannecker war schon lange Zeit vor Brunner im SDHA als Sachbearbeiter für assimilatorische Juden. Als er zu mir abkommandiert wurde, hielt ich ihn für den geeigneten Mann, da die Mehrzahl der Juden in Frankreich aus assimilatorischen Juden bestand. Ob es ihm nun an Format fehlte oder nicht, ich war jedenfalls nicht allgewaltig und mußte nehmen, wen ich bekam, und hinausschicken, wen ich zur Verfügung hatte. Trotzdem verbitte ich mir, daß meine Mitarbeiter als Nullen hingestellt werden. Verschiedene von ihnen waren Regierungsräte, und ein Mann wie Wisliceny war geistig bestimmt keine Null; er stand auf höherem intellektuellem Niveau als ich. Wenn der Befehlende selbst gehorcht und gewohnt ist, erhaltene Befehle pünktlich auszuführen, dann möchte ich den Untergebenen kennen, der anders handelte! Nur so erklärt es sich, daß mein Dezernat wirkungsvoll arbeitete. Wir hatten ja das Führerprinzip; danach ist es die Aufgabe eines jeden Offiziers, persönlich wie dienstlich korrekt zu leben und korrekt vorzugehen. Werden die Befehle nüchtern, klar, prägnant und kurz durchgegeben, kann bei Nachgeordneten gar nicht die Idee aufkommen, irgend etwas zu torpedieren. Natürlich habe ich meine Dienststelle mit eiserner Hand geführt, war aber trotzdem bei meinen Mitarbeitern beliebt, weil ich mit ihnen persönlichen Kontakt hatte; sofern sie aus Süddeutschland stammten, unterhielt ich mich mit ihnen in ihrer Mundart. An mir war nichts „zackig, preußisch"; wenn einer meiner Leute, vom Mann angefangen, etwa einen Widerspruch äußerte, habe ich diesen entgegengenommen, und war er begründet, dann war für mich damit die Sache in Ordnung; war er unbegründet, dann sagte ich: „Halten Sie den Mund!" Mit den meisten von ihnen duzte ich mich, weil ich schon jahrelang mit ihnen zusammenarbeitete; das konnte ich mir auch leisten, ohne deshalb dienstlich unkorrekt zu werden oder auf Disziplin zu verzichten.

Mein Verhältnis zu meinen Mitarbeitern in Ungarn, Krumey und Wisliceny, kann keineswegs mit „gespannt" bezeichnet werden. Mit beiden duzte ich mich und kannte, wie gesagt, Wisliceny praktisch seit 1934; er war 1936–37 mein Vorgesetzter gewesen. Als ich später das Dezernat in der Geheimen Staatspolizei übernahm, bat mich Wisliceny darum, zu mir versetzt zu werden; Gruppenführer Müller billigte diesen Vorschlag. Mit Wisliceny hat mich stets Freundschaft verbunden; es gab nie ein Wort der gegenseitigen Kritik oder auch nur das leiseste gegenseitige Mißtrauen. Deshalb war ich jetzt um so erstaunter, eine Frage über ein „gespanntes Verhältnis" überhaupt gestellt zu bekommen.

Krumey kannte ich schon einige Jahre, bevor er zu meinem ständigen Vertreter in Budapest bestellt wurde. Bis dahin war er Dienststellenleiter des Reichskommissars „für die Festigung deutschen Volkstums". Krumey war mir willkommen; denn als selbständig arbeitender Dienststellenleiter verfügte er über eine Erfahrung, die meine Leute wie Wisliceny, Burger, Brunner, Richter, und wie sie alle hießen, nicht besaßen; sie waren gewöhnt, genaue Befehle zu erhalten. So konnte Krumey die Arbeit richtig einteilen, z. B. laufende Sachen von den Sachbearbeitern behandeln lassen, sich selber dagegen nur schwierige Fälle vorbehalten. Selbstverständlich hatte er Dinge von grundsätzlicher Bedeutung mir vorzulegen und konnte nicht darüber entscheiden. Soweit ich es konnte, entschied ich sie sofort selber; andernfalls stellte ich sie so lange zurück, bis ich durch eine mündliche oder schriftliche Rücksprache mit Gruppenführer Müller die entsprechende Weisung erzielt hatte. Hätte sich Krumey oder Wisliceny nachweisbar meinen Maßnahmen widersetzt, dann wäre ich gezwungen gewesen, darüber Meldung zu machen, doch selbstverständlich erst nach einem Versuch, in freundschaftlicher Form die Sache zu bereinigen. Krumey war ein offener und ehrlicher Kamerad, dessen Gutherzigkeit fast an die eines Ebner heranreichte. Wisliceny zeigte im Gegensatz zu Krumey keinen Hang zur selbständigen Arbeit. Seine langjährige Tätigkeit als „Berater für die Judenfrage" nahm ihm viel von der Praxis des selbständigen Handelns; denn er hatte stets als Vorgesetzte mich als Dezernenten und ferner den betreffenden Gesandten, dem er zugeteilt war. Wenn ein Mensch jahrelang gewöhnt ist, für alles Befehle zu bekommen und diese dann in kleinste Details zu zerlegen, büßt er viel von seiner Selbständigkeit und einer gewissen dienstlichen Courage ein. Das galt für alle Beamten und Dezernenten des Amtes IV: ich konnte ja mein Dezernat nur ordnungsgemäß verwalten, weil ich meine Befehle einzeln und schriftlich in Form von polizeilichen Erlassen und Gesetzen bekam und danach zu verfahren hatte. Für Zweifelsfälle war der Dienstweg zu meinem Vorgesetzten Müller außerordentlich kurz.

Mit meinen Leuten habe ich gerne philosophiert; mit Wisliceny z. B. häufig über Religionswissenschaften; denn er war eigentlich zum Theologen bestimmt. Ich entsinne mich außerdem an das schon erwähnte Gespräch mit Wisliceny über den zwangsläufigen Verfall des Reiches nach dem Tode Adolf Hitlers. Es war im Jahre 1935 oder 1936; ich wies auf die Diadochen-Kämpfe hin und behauptete, nichts sei ewig, und für ein Jahrtausend könne der Mensch nichts bauen. Wisliceny bestritt das, was mich sehr wunderte, weil er als Humanist in der Geschichte der Antike mindestens ebensogut bewandert war wie ich. Mit Krumey habe ich mich weniger über solche Fragen unterhalten, sondern besprach mit ihm die aktuellen politischen Geschehnisse, genauso wie mit meinem ständigen Vertreter im Dezernat in Berlin. Ich entsinne mich noch, wie letzterer entsetzt war, als uns die Türkei den Krieg erklärte; vor einer großen Landkarte stehend, sagte ich ihm: „Wenn du es jetzt noch nicht gefressen hast, daß wir den Krieg verloren haben, und zwar mit Bomben und Granaten, dann haben die Hiebe, die du von der Landespolizei bekommen hast, nur zu einem kleinen Dachschaden geführt und sonst nichts genützt." Aber er blieb auf seinem Standpunkt, daß wir den Krieg gewinnen würden. Ich konnte es mir erlauben, durch all die Jahre so zu sprechen mit Untergebenen, Gleichrangigen und Vorgesetzten, weil sie auf der anderen Seite sahen, wie rücksichtslos ich meine Person trotzdem einsetzte und daß meine Besorgnisse nicht aus defätistischen oder Rückversicherungsüberlegungen stammten, sondern aus meiner echten Herzenssorge um das Reich; deshalb haben mich meine Vorgesetzten nie irgendwie hart angepackt, nur mit gelegentlichen gelinden Hinweisen. Natürlich habe ich derartige Äußerungen gegenüber Kreisen, wo sie nicht angebracht waren, stets unterlassen.

Verteidigungsargumente und Zahlen

In dem Buch „Das Dritte Reich und die Juden" von Leon Poliakov, Josef Wulf, Ausgabe 195, Verlags-G.m.b.H., Berlin-Grunewald, erschienen folgende Schreiben: auf Seite 32, 33, 34:
Lösegeld*

An das
REICHSWIRTSCHAFTSMINISTERIUM
z. Hd. d. Herrn Regierungsrat Meck,
    Berlin W 8   den 5. August 1941
    Behrenstraße 8.   Kl.

Unsere Vertretung in Holland, die Handelstrust N. V., Amsterdam, ist verschiedentlich von holländischer Seite aus ersucht worden, sich unter gewissen im deutschen Reichsinteresse liegenden Voraussetzungen für die Freilassung von nichtarischen Holländern, die zurzeit in der Ostmark interniert sind, einzusetzen. Wie uns die Handelstrust heute fernmündlich mitteilt, ist ihr im Augenblick folgender Fall im einzelnen bekannt geworden.
Herr Benjamin Soet, geboren am 2. März 1919, der zur Zeit im Lager Mauthausen/ Oberdonau, Block XIV, Stube a (Internierungs-Nr. 1361) untergebracht ist, möchte zu seinen Eltern nach Holland zurückkehren. Bekannte aus der Schweiz haben bei der Schweizerischen Bankgesellschaft Sfr. 20 000,– hinterlegt mit der Maßgabe, daß der Betrag der Dresdner Bank Berlin in dem Augenblick zur Verfügung steht, in dem Herr Benjamin Soet sich persönlich bei dem Schweizerischen Konsulat in Amsterdam zurückgemeldet hat. Die Schweizer Franken fallen dem Deutschen Reich zu. Die Auszahlung des Gegenwertes des Schweizer Franken-Betrages in Holland kann in holländischen Gulden erfolgen. Der Ordnung halber sei noch bemerkt, daß die Schweizerische Bankgesellschaft der Handelstrust die Hinterlegung des Schweizer Franken-Betrages inzwischen telegraphisch bestätigt hat.
Die Handelstrust hat den Holländern, welche ihr diesen Fall vorgetragen haben, zugesagt, einen diesbezüglichen Genehmigungsantrag über die Dresdner Bank Berlin stellen zu lassen. Wir bitten Sie höflichst, vorstehendes Ansuchen zu prüfen und uns Ihre Ansicht wissen zu lassen.

                                                            DRESDNER BANK
                                                               Heil Hitler

---

* Dokument NID-8928.

Lösegeld: der Preis wird höher*

Der Chef der Sicherheitspolizei und des S. D.

Berlin SW 11, den 24. November 1942

IV B 4a – 3135/42 gRs (1352)

An den
Reichsführer-SS
und Chef der Deutschen Polizei
z. Z. Feldkommandostelle

Betrifft: Devisenbeschaffung zur Freiwilligen-Werbung für die Waffen-SS in Ungarn / Gewährung von Familienunterstützung an die Angehörigen der Freiwilligen.
Bezug: Befehl vom 19. August 1942 zum Bericht vom 13. August 1942 – IV B 4a – 3135g (1352) – in gleicher Angelegenheit.

In Ausführung des vorbezeichneten Befehls habe ich die mit der Frage der Beschaffung von Pengös zur Freiwilligen-Werbung für die Waffen-SS in Ungarn /Gewährung von Familienunterstützung an die Angehörigen der Freiwilligen zusammenhängenden Fragen mit dem SS-Hauptamt durchsprechen lassen.
Nachdem es nach Lage der Verhältnisse zumindest für die nächste Zeit nicht durchführbar ist, aus dem in Ungarn zurückgebliebenen Vermögen von Juden deutscher Staatsangehörigkeit für den beabsichtigten Zweck Pengös flüssig zu machen, ist dagegen folgender Weg gangbar:
Seit April d. J. werden auf Grund der Vorstellungen des Reichswirtschaftsministeriums und der Reichsbank im Hinblick auf die angespannte Devisenlage des Reiches von Fall zu Fall Anträge von alten Juden um Genehmigung der Auswanderung, sofern sie für ihre Person 100 000 Sfr. (früher 50 000 Sfr.) unter Verzicht auf den Gegenwert zur Verfügung stellen und keine besonderen sicherheitspolizeilichen Bedenken vorliegen, genehmigt.
Ähnlich dem in den besetzten niederländischen Gebieten gehandhabten Verfahren ist nunmehr auch vermögenden Juden mit slowakischer Staatsangehörigkeit – und nötigenfalls auch deren nächsten Angehörigen – die Ausreise aus der Slowakei in das Reichsgebiet zu ermöglichen. Gegen Zahlung eines angemessenen Betrages in Pengös wäre diesen Juden die weitere Auswanderung zu gestatten.
In diesem Zusammenhang wird berichtet, daß von den in den besetzten niederländischen Gebieten bisher von Juden beantragten 115 Genehmigungen zur ausnahmsweisen Auswanderung 8 Genehmigungen erteilt wurden. Von diesen erbrachten 6 Fälle für insgesamt 28 Juden, die bereits ausgewandert sind, 1 290 000 Sfr. Zwei Genehmigungen für zusammen 8 Juden wurden gegen Lieferung größerer Mengen Ölsaat bzw. den Verkauf eines größeren industriellen Unternehmens erteilt.
In weiteren 28 Fällen ist die Prüfung bereits durchgeführt worden und kann nunmehr die Genehmigung zur Ausreise nach Eingang der Devisen erteilt werden. Dabei wird mit dem Aufkommen von 2 860 000 Sfr. gerechnet.
79 Anträge wurden mangels der erforderlichen sicherheitspolizeilichen oder finanziellen Voraussetzungen abgelehnt.

* Dokument NO-2408.

Unter den gegebenen Voraussetzungen spricht die Wahrscheinlichkeit dafür, die von SS-Gruppenführer Berger (90) zur Freiwilligenwerbung für die Waffen-SS in Ungarn / Gewährung von Familienunterstützung an die Angehörigen der Freiwilligen benötigten 30 Millionen Pengös unter Anwendung des bereits in den besetzten niederländischen Gebieten gehandhabten Verfahrens aus der Auswanderung von Juden slowakischer Staatsangehörigkeit zu schöpfen, ohne daß dabei irgendwelche Belange des Reiches gefährdet werden.
Hinsichtlich der finanztechnischen Einzelheiten wird der Chef des SS-Hauptamtes einen SS-Führer als Devisenfachmann zur Verfügung stellen.
Der Chef des SS-Wirtschafts-Verwaltungshauptamtes – SS-Obergruppenführer Pohl – wird beteiligt.
Ich bitte um Zustimmung.

In Vertretung
(Unterschrift unleserlich)

Eichmanns Kommentar zu den Dokumenten

Dazu ist zu sagen: ein Schreiben an den Reichsführer durfte ein Referent nicht unterschreiben; das wäre ein Verstoß gegen die Dienstordnung gewesen; ein Schreiben an den Reichsführer, das vom Chef der Sipo und des SD ausging, hat ausschließlich Heydrich oder Kaltenbrunner unterschrieben, in seiner Vertretung jedoch waren die Amtschefs befugt zu unterschreiben – sonst niemand; die Amtschefs nur in Vertretung des Chefs der Sipo und des SD.
Zum Brief selber muß ich sagen: der Kopf enthält das Aktenzeichen IV b 4a, d. h. ein Sachgebiet meiner Dienststelle IV B 4... Nach dem Inhalt gehört es in die juristische Sektion; der Verfasser kann um jene Zeit Suhr gewesen sein. Das Schreiben bezieht sich auf einen Befehl vom 19. August 1942, also hat mir irgend jemand einen Befehl gegeben, etwas zu erörtern. Einen Befehl kann mir nur mein Amtschef gegeben haben oder der Chef der Sipo und des SD, in beiden Fällen sicherlich persönlich, und zwar wurde mir der Befehl laut dieser Bezugsmeldung im August auf Grund eines Berichtes erteilt, den ich am 13. August 1942 an meine vorgesetzte Dienststelle gab. Dieser Bericht kam sicherlich von irgendeiner Dienststelle, d. h. von „außen" an mich heran. Nun wollte weder der Amtschef IV noch der Chef der Sipo und des SD in dieser Sache selber entscheiden und verlangte nun von mir, ich solle ein Schreiben an den Reichsführer fertigmachen und auf dem Dienstweg laufen lassen. Ich brauchte zur genauesten Erörterung des Sachverhaltes die Zeit vom 19. August bis zum 24. November. Das entnehme ich aus den Daten des Briefbezugs, verglichen mit dem Briefausgang. Wenn ich sage „ich", so übernehme ich das, weil ich Referent war, denn ich habe meine Sachbearbeiter gehabt.
Das Ergebnis dieser Erörterungen zeigt der Brief auf; das sind staatspolizeiliche Erörterungen, die trug ich nun dem Chef der Sipo und des SD und dieser seinem Vorgesetzten, dem Reichsführer, vor, nachdem hier Gruppenführer Berger Finanzmittel brauchte zur Unterstützung von Familienangehörigen der ungarischen Freiwilligen. Der letzte Satz zeigt, daß der Chef der Sipo und des SD sich auch nicht für zuständig hielt und um Zustimmung bat. Ob der Reichsführer dem nun zugestimmt oder es abgelehnt hat, geht hieraus nicht hervor; das ist offengeblieben."
Folgendes Frage- und Antwortspiel ist möglich:
Frage: „In einem andern Schreiben der Dresdner Bank an das Reichswirtschaftsministerium wird darauf hingewiesen, daß im Hinblick auf die angespannte Devisenlage

des Reiches jüdische Anträge zur Auswanderung gegen Bezahlung von 100 000 Schweizer Franken (früher 50 000) genehmigt werden können, wenn keine sicherheitspolizeilichen Bedenken vorliegen."

Eichmann: „Der Brief an den Reichsführer ist ein praktisches Schulbeispiel: ich habe die Sache bearbeitet; sie trägt meinen Referatskopf; ich habe nicht unterschrieben; ich habe es auch nicht selbst ausgebrütet, sondern ich habe die Erörterungen angestellt, was in diesem Komplex vorliegt, das habe ich gesammelt und aktenfertig gemacht. Daraus entstand die Arbeit des Referates IV B 4."

Frage: „Sie sollen aber dazu Stellung nehmen, daß für holländische Juden schon seit 1941 Auswanderungsgenehmigungen gegen Zahlung von bestimmten Devisensummen erteilt wurden."

Eichmann: „Ich sagte ja schon, daß alle möglichen Stellen aus den verschiedensten Motiven heraus versuchten, Waren gegen Blut und Blut gegen Ware zu tauschen."

Frage: „So etwas ist also durchaus möglich gewesen?"

Eichmann: „Ja, durchaus."

Frage: „Also möchte ich damit feststellen, daß kaum, nachdem der Reichsführer Befehl gegeben hat, keine Juden mehr auswandern zu lassen, Juden dennoch auf Grund einer Einwanderungsgenehmigung aus den KZs entlassen werden konnten; hier sind etwa 115 Fälle bekannt, in denen dieser Befehl gegen Lösegelder in Devisen unter Ausnützung der „angespannten Devisenlage" umgangen werden konnte."

Eichmann: „Das ist dauernd geschehen."

Frage: „Nun sagen Sie mir: wurden diese staatspolizeilichen Bedenken von Ihrem Referat oder von einem anderen vorgetragen?"

Eichmann: „Die staatspolizeilichen Bedenken konnte ich erheben; wenn ich sage „ich", so konnte ebensogut mein Sachbearbeiter das tun; ich mußte entweder die Bedenken verwerfen oder sie mir zu eigen machen, verantwortlich war ich dafür, wenn ich es unterschrieben habe und keinerlei Befehle, Weisungen, Gesetze oder Erlasse vorlagen. Dies kam aber meines Erachtens nie vor. Verantwortlich war ich aber auch, wenn ich es unterschrieb. Entweder erkannte ich dabei entsprechend der damaligen Rechtslage, oder ich irrte mich. Denn trotz Vorlage einschlägiger Bestimmungen konnte es ja in der Praxis hier und da durch Irrtum, Unachtsamkeit usw. zu Fehlentscheidungen kommen, jedenfalls theoretisch. Allerdings waren deswegen ja auch die vielen Durchgangsstellen da, die vor Unterschriftsleistung abzeichnen mußten. Oder die örtlichen Stellen der Sipo und des SD in Holland, Frankreich oder irgendwo konnten die staatspolizeilichen Bedenken erheben, wenn es sich um einen Juden in Holland oder Frankreich handelte. Es ließ sich am grünen Tisch nicht ermessen, ob Bedenken staatspolizeilicher Natur bestanden, weil der Einzelfall nicht durch meine Hände ging. Ich konnte von mir aus prüfen, ob grundsätzliche Befehle oder Erlasse entgegenstanden, nur insoweit hatte ich Einspruchsmöglichkeiten. Bestanden hier keine grundsätzlichen Bedenken, dann wurde die zuständige Stelle der Sipo und des SD angefragt, ob dortseits Bedenken bestünden, und war dies nicht der Fall, dann verfuhr man wie z. B. bei den genannten 28 Juden. Hatte ich irgendwelche Bedenken wegen des Vorliegens von Erlassen oder meine nachgeordneten Stellen Bedenken aus analogen Einzelfällen heraus, dann fielen Entscheidungen wie bei den 79 Anträgen, die aus sicherheitspolizeilichen Bedenken abgelehnt wurden."

Frage: „Welches konnten die sicherheitspolizeilichen Bedenken gewesen sein?"

Eichmann: „Unter diesen Bedenken könnte ich mir z. B. vorstellen, daß sich der Betreffende bereits vorher maßgeblich an der Hetze gegen das Dritte Reich beteiligt hatte und zu erwarten war, daß dies im Ausland weiterging. Das z. B. wären „staatspolizeiliche Bedenken" gewesen. Ein anderes Bedenken hätte vorgelegen, wenn der

Betreffende einmal auf Grund irgendwelcher Delikte längere Zeit im KZ gesessen und eine Wirtschaftsstrafe bekommen hatte, also im Sinne des Strafgesetzbuches vorbestraft war; denn es gab Verurteilungen, die uns bei der Sipo nicht interessierten; wenn wir als Sipo einen Vorteil sahen und die Sache reichswichtig genug erschien, um hier eine Ausnahme durchzulassen, ließen wir unsere Bedenken fallen und stellten anheim. Die Bedenken entstanden stets aus der Frage: Was wird der Mann, einmal ins Ausland gekommen, dort tun? Wird er sich aktiv gegen das Dritte Reich einsetzen, oder wird er sich nur in den Genuß seiner Vermögensmittel setzen? Wie wird er sich insgesamt verhalten...? Wenn es sich z. B. um einen Gewerkschaftsfunktionär handelte, der maßgeblich gegen den NS-Staat Stellung nahm, dann hätte man einem solchen Mann niemals eine Vergünstigung zubilligen können."

Frage: „Aber wenn so ein Mann z. B. bekannt war als ein eifriger Zionist?"

Eichmann: „Das war gar kein Hindernis."

Frage: „Wenn er aber als ein internationaler Großindustrieller oder Großkaufmann bekannt war?"

Eichmann: „Auch da gab es gar keine Bedenken; nehmen Sie als Beispiel den ungarischen ‚Krupp'..., gar keine Bedenken. Die Bedenken lagen allein auf dem politischen Sektor oder in bestimmten Bereichen; dann hätte etwa das Amt V grundsätzliche Bedenken und ein Veto eingelegt."

Frage: „Die in dem Schreiben der Dresdner Bank erwähnten Freilassungen von Juden gegen Bezahlung stammen also aus dem Sommer 1941, und es erscheint merkwürdig, wie sich so eine vollkommen „fremde" Stelle wie die Dresdner Bank in diese Angelegenheit mischt."

Eichmann: „Ja, es war so, es war wie ein Polyp. Nachdem der erste Fall bekannt war, haben nicht nur jüdische Stellen versucht, alles Mögliche für ihre sogenannten Schützlinge zu erreichen. Das war in persönlicher Hinsicht so. Solche Dinge wurden auch mit Fragen reichswichtiger Natur verbunden. Auch wenn der Jude selber sah, daß sich hier eine Möglichkeit auftat, ließ er seine sämtlichen Verbindungen springen, mit dem Ziel, staatspolizeilich anerkannter privilegierter Jude zu werden. Und durch einen ähnlichen Kanal wird die Sache zu der besagten Dresdner Bank gekommen sein. Das alles trotz des ausdrücklichen Befehles Himmlers, der mit Kriegsausbruch herauskam: daß die Auswanderung nunmehr gestoppt sei, kein Jude mehr auswandern dürfe und eine Entlassung aus den KZs während der Kriegszeit verboten sei."

D. Herausgeber: Siehe auch Fußnote 189!

Dazu ein Dokument

Vor dem Nürnberger Gericht gab Dr. Wilhelm Höttl folgende Erklärung ab:
„Ich, Wilhelm Höttl, sage hiermit unter Eid aus:

Mein Name ist Dr. Wilhelm Höttl, SS-Sturmbannführer (Major der SS). Meine Beschäftigung bis zum deutschen Zusammenbruch war die eines Referenten und stellvertretenden Gruppenleiters im Amt VI des Reichssicherheitshauptamtes.

Das Amt VI des RSHA war das sog. Auslandsamt des SD. Es beschäftigte sich mit dem Nachrichtendienst in allen Ländern der Erde. Es entspricht etwa dem englischen

Intelligence Service. Die Gruppe, der ich angehörte, beschäftigte sich mit dem Nachrichtendienst im Südosten Europas (Balkan).

Ende August 1944 unterhielt ich mich mit dem mir seit 1938 bekannten SS-Obersturmbannführer Adolf Eichmann. Die Unterhaltung fand in meiner Wohnung in Budapest statt.

Eichmann war zu diesem Zeitpunkte nach meinem Wissen Abteilungsleiter im Amte IV (Gestapo) des Reichssicherheitshauptamtes und darüber hinaus von Himmler beauftragt, in allen europäischen Ländern die Juden zu erfassen und nach Deutschland zu transportieren. Eichmann stand damals stark unter dem Eindruck des in diesen Tagen erfolgten Kriegsaustrittes Rumäniens. Deswegen war er auch zu mir gekommen, um sich über die militärische Lage zu informieren, die ich täglich vom Ungarischen Honved-(Kriegs-)Ministerium und dem Befehlshaber der Waffen-SS in Ungarn bekam. Er gab seiner Überzeugung Ausdruck, daß der Krieg nunmehr für Deutschland verloren sei und er damit für seine Person keine weitere Chance mehr habe. Er wisse, daß er von den Vereinigten Nationen als einer der Hauptkriegsverbrecher betrachtet werde, weil er Millionen von Judenleben auf dem Gewissen habe. Ich fragte ihn, wie viele das seien, worauf er antwortete, die Zahl sei zwar ein großes Reichsgeheimnis, doch werde er sie mir sagen, da ich auch als Historiker dafür Interesse haben müsse und er von seinem Kommando nach Rumänien wahrscheinlich doch nicht mehr zurückkommen werde. Er habe kurze Zeit vorher einen Bericht für Himmler gemacht, da dieser die genaue Zahl der getöteten Juden wissen wollte. Er sei auf Grund seiner Informationen dabei zu folgendem Ergebnis gekommen:

In den verschiedenen Vernichtungslagern seien etwa vier Millionen Juden getötet worden, während weitere zwei Millionen auf andere Weise den Tod fanden, wobei der Großteil davon durch die Einsatzkommandos der Sicherheitspolizei während des Feldzuges gegen Rußland durch Erschießen getötet wurde.

Himmler sei mit dem Bericht nicht zufrieden gewesen, da nach seiner Meinung die Zahl der getöteten Juden größer als 6 Millionen (187) sein müsse. Himmler hatte erklärt, daß er einen Mann von seinem statistischen Amt zu Eichmann schicken werde, damit dieser auf Grund des Materials von Eichmann einen neuen Bericht verfasse, der die genaue Zahl ausarbeiten solle.

Ich muß annehmen, daß diese Information Eichmanns mir gegenüber richtig war, da er von allen in Betracht kommenden Personen bestimmt die beste Übersicht über die Zahl der ermordeten Juden hatte. Erstens „lieferte" er sozusagen durch seine Sonderkommandos die Juden zu den Vernichtungsanstalten und kannte daher diese Zahl genau, und zweitens wußte er als Abteilungsleiter im Amte IV des RSHA, der auch für die Judenangelegenheiten zuständig war, bestimmt am besten die Zahl der auf andere Weise umgekommenen Juden.

Dazu kam, daß Eichmann zu diesem Augenblick durch die Ereignisse bestimmt in einer solchen seelischen Verfassung war, daß er gar nicht die Absicht hatte, mir etwas Unwahres zu sagen.

Ich selbst weiß die Einzelheiten dieses Gespräches deswegen so genau, weil es mich erklärlicherweise sehr bewegt hatte und ich auch bereits vor dem deutschen Zusammenbruch nähere Angaben darüber an eine amerikanische Stelle im neutralen Ausland machte, mit der ich zu diesem Zeitpunkt in Verbindung stand.

Ich schwöre, daß ich die obigen Angaben freiwillig und ohne Zwang gemacht habe und daß die obigen Angaben nach meinem besten Wissen und Gewissen der Wahrheit entsprechen.

Dr. Wilhelm Höttl."

* Dokument PS-2738

Meine Antwort zu Höttls Vernehmung

Fragen und Antworten zur Juden-Vernichtung

Frage: „Bei dem Kriegsaustritt Rumäniens im Aug. 44 – waren Sie da in Budapest? Dieser Kriegsaustritt soll Sie sehr beeindruckt haben?"
Eichmann: „Das ist mir so wenig gegenwärtig, daß ich mich dessen gar nicht entsinnen kann. Ich hatte offenbar soviel zu tun, daß mir dies gar nicht bewußt wurde; es war ja nicht meine Aufgabe. Ich werde es wohl zur Kenntnis genommen haben und zu meinen Leuten gesagt haben: ‚Es ist halt alles Schei...', und damit war die Sache für mich erledigt. Sonst kann ich mich an nichts erinnern. Ich kann mich aber noch ausgezeichnet erinnern, welche Freude ich damals hatte, als die Überschriften erschienen, daß die Vergeltung eingesetzt habe. Ich war an jenem Vormittag im ungarischen Innen-Ministerium bei Baky gewesen, und Endre saß hinter seinem Schreibtisch; er war dabei, die Morgenpost zu sortieren. Er war ein sehr lebendiger, impulsiver Mann, stand auf, umarmte mich, wedelte mit der ungarischen Morgenzeitung herum und sagte zu mir: ‚Die Vergeltung ist also da...' Daran kann ich mich genau entsinnen. Wie wenig Eindruck muß es mir also gemacht haben, als Rumänien aus dem Krieg austrat!"
Frage: „War nicht die Rede davon, daß Sie mit einem Kommando nach Rumänien ziehen würden?"
Eichmann: „Das stimmt, zur Befreiung und Aussiedlung von etwa zehntausend Volksdeutschen. Wenn man Neu-Arad als Rumänien bezeichnen will, dann selbstverständlich. Arad ist eine alte ungarische Komitatshauptstadt, und durch irgendeinen alten Friedensvertrag – nach dem letzten Krieg wohl – kam es zu Rumänien. Als ich an diesem Sonntagmorgen durchkam, feierte ja gerade dieses Arad die Rückkehr zur ungarischen Muttererde. Ob Neu-Arad früher zu Ungarn oder Rumänien gehört hat, das weiß ich nicht; denn Neu-Arad und Arad sind durch ein Flüßlein getrennt. Um jene Zeit war Neu-Arad rumänisches Hoheitsgebiet, auch noch nach dieser Morgenfeier, die ich miterlebte. Wenn man also das noch als Rumänien bezeichnen will, dann war ich in Rumänien gewesen, aber nur 500 m von der ungarischen Grenze weg. Natürlich kam ich dann auch in den Raum von Nikolsburg hinein – das ist auch rumänisches Gebiet –, aber nur 1–2 km von der Grenze weg. Dort standen rumänische Truppen, rumänische Grenzer und Wachen, die wir um jene Zeit zu beachten hatten."
Frage: „Sind irgendwelche Indizien vorhanden, daß Sie diesen Versuch, die Volksdeutschen herauszuholen, der Wirklichkeit entsprechend als halbes Himmelfahrtskommando angesehen haben?"
Eichmann: „Ich hatte den einzigen Verband, ein paar Dutzend Leute; sie gehörten zu einer ungarischen Heeresgruppe; als ich dort unten mit den Volksdeutschen anfing, hatte ich mir den Zorn der Magyaren zugezogen."
Frage: „Also war es ein halbes Himmelfahrtskommando?"
Antwort: „Ja, natürlich, aber nur ein halbes."
Frage: „Sie sollen gegenüber mehreren Leuten gesagt haben: ‚Na, wenn wir da mal wieder zurückkommen...'"
Eichmann: „Möglich."
Frage: „Also haben Sie das u. a. Höttl gegenüber zum Ausdruck gebracht?"
Eichmann: „Höttl? Der war doch gar nicht in Ungarn gewesen..."
Frage: „Doch, er war Ende August bei Ihnen gewesen; in seiner Wohnung in Buda-

pest sind Sie mit ihm zusammengewesen, und zwar hatten Sie da schon den Befehl für Neu-Arad und sprachen mit ihm darüber. Sie sagten Höttl angeblich, daß das ein halbes Himmelfahrtskommando sei und ob man von dort zurückkomme."
Eichmann: „Das ist möglich . . . ich mag es auch zu Krumey gesagt haben und zu all meinen Leuten."
Frage: „Sie haben einmal gesagt, daß Sie zu Höttl ein persönliches, menschliches und herzliches Verhältnis hatten und daß Sie ihm mit absoluter Aufrichtigkeit und ohne Zurückhaltung entgegentraten?"
Eichmann: „Ja, das stimmt."
Frage: „Nun sagt Höttl, daß Sie unter dem Eindruck, unter dem Vorerleben des Kommandos nach Rumänien und außerdem durch die klare Erfassung der Kriegslage – auch infolge des Kriegsaustrittes Rumäniens – recht skeptisch waren. Sie hätten ihm gegenüber geäußert, daß der Krieg nunmehr für Deutschland verloren sei und daß Sie ebenfalls von den Vereinten Nationen als einer der Hauptkriegsverbrecher betrachtet werden würden?"
Eichmann: „Das habe ich nie gesagt. Von den UN habe ich schon gar nicht gesprochen. Ich habe vielmehr in einem Pressespiegel – natürlich nur Feindpresse –, die uns und auch mir als Dezernent jeden Tag vorlag, einmal die Kriegsverbrecherliste gelesen; ich war die Nummer neun. Da habe ich mich noch ein bißchen belustigt über alles; aber das Wort „Hauptkriegsverbrecher" lernte ich erst beim Nürnberger Prozeß kennen."
Frage: „Die Alliierten werden Sie als Hauptkriegsverbrecher bezeichnet haben, weil Sie angeblich millionenweise die Juden transportiert und erfaßt haben und sie teilweise der physischen Vernichtung zugeführt wurden."
Eichmann: „Höttl sagt aber nicht ‚vergast'?"
Frage: „Nein . . ., er sagt, daß ein Teil davon vernichtet wurde. Höttl fragte, wieviel es denn gewesen seien, und daraufhin hätten Sie gesagt, daß die Zahl zwar ein großes Reichsgeheimnis sei, doch Sie würden es ihm sagen, weil er als Historiker Interesse daran haben könnte."
Eichmann: „Ich habe gar nicht gewußt, daß Höttl Historiker war; das höre ich heute zum ersten Mal."
Frage: „Es heißt: Eichmann sagte weiter, daß er erst vor kurzem einen Bericht an Himmler angefertigt habe; denn dieser wollte die genaue Zahl der Getöteten erfahren."
Eichmann: „Ich habe diesen Bericht nicht gemacht. Der Reichsführer hat eine Statistik verlangt, aber nicht von mir, sondern von einem Regierungsrat, der einmal in dem Statistischen Reichsamt tätig war. Nein . . . einen anderen Bericht habe ich nie gemacht."
Frage: „Ja, man hat wohl einen Bericht gemacht, der aber nicht angenommen wurde, und so hat man dann, um es anders darzustellen, eine Statistik aufgestellt . . . denn Sie haben ja vorher, vor dieser Statistik schon einen Bericht machen müssen."
Eichmann: „Einen Gesamtbericht? Mit Zahlen? Nein . . . nie . . . Dieser Bericht, den jener Statistiker machte, war kein Bericht über die physisch vernichteten Juden, obwohl er sich das ganze Unterlagenmaterial vom WVHA besorgt hatte, sondern darin war alles aufgeführt: die Zahl der normal abgewanderten Juden; dann stellte er irgendwie durch Schätzungen – diese Leute sind ja Fachleute auf solchem Gebiet – zusammen, wie viele illegal abewandert sind; die Zahl der natürlichen Verminderung errechnete er durch Geburtenzugang und Abgang genau; er hatte sich eine auf den Kopf gestellte Pyramide angefertigt. All das war darin aufgezeichnet; und das hieß dann: Die Statistik über die Lösung der Judenfrage."

Frage: „Aber vordem entstanden doch auch in diesem Sinne irgendwelche schriftliche Arbeiten?"
Eichmann: „Nein, nie... denn die Vernichtungszahl kannte ich überhaupt nicht. Diese sah ich zum ersten Mal, als der Statistiker bei uns auf meiner Dienststelle arbeitete. Es wurde in dieser Statistik nicht einmal unterteilt, wieviel Juden damals noch in den KZs einsaßen und wieviel tatsächlich durch die KZs getötet wurden, sondern es wurde angeführt, was in die KZs eingeliefert worden war; das ging zum Teil durch meine Dienststelle, und er kontrollierte es mit den Aufnahmeziffern des KZ; das genügte ihm. Er machte keine genauen Angaben darüber, wie viele Juden Auschwitz getötet hatte und wie viele weiter am Leben waren. Sonst hätte der Statistiker doch alle Unterlagen von mir nehmen können und es nicht nötig gehabt, Dutzende von Stellen anzuschreiben."
Frage: „Sie haben da zum ersten Mal die Zahl der vernichteten Juden vernommen?"
Eichmann: „Die tatsächliche Zahl der getöteten Juden habe ich überhaupt nie gehört. Die weiß ich nicht."
Frage: „Und die Zahl der erfaßten Juden?"
Eichmann: „Die erfaßten Juden? Ihre Zahl konnte ich mir z. T. selbst errechnen, soweit ich sie transportierte; wen das Generalgouvernement transportierte, nahm ich aus den Abschlußberichten von Globocnic an den Reichsführer zur Kenntnis. Mir ist noch eine Zahl in Erinnerung. Ich weiß nicht, ob es zweieinhalb oder drei Millionen im Generalgouvernement waren; etwa so viele Juden gab es im Generalgouvernement. Hierzu gehörten auch die sowjetischen Gebiete; denn die Juden flohen dorthin, wo sie dazu Gelegenheit hatten, und fanden freie Aufnahme bei den Sowjets, wenn sie diesen eine Uhr gaben.

Kurzum, die Zahl der vernichteten und getöteten Juden kannte ich gar nicht, die kannte nur das WVHA. Heute natürlich kenne ich die Zahl in etwa; denn das, was die Alliierten festgestellt und übernommen haben, ist bekannt. Zieht man von dieser Zahl den Rest ab, dann ergibt sich die Zahl der Juden, die im Krieg das Leben verloren haben. Davon muß man die Auswanderungsziffer und die Zahl der natürlichen Verminderung abziehen, dann bleibt eine Restsumme übrig... Es war allerdings nicht meine Aufgabe, das festzustellen; ich wurde auch nie erwähnt, nie genannt.

Ein weiterer Beweis: Im Preußenhaus hatte Kaltenbrunner zu einer Dienstbesprechung aufgerufen; die Tagung fand dort statt – zwischen der Zeit von Mussolinis Befreiung und März 1944; es könnte aber auch sein, daß ich zu diesem Zweck von Ungarn nach Berlin befohlen wurde; das weiß ich nicht mehr. Jedenfalls rief Kaltenbrunner zu dieser Tagung ins Preußenhaus, Leipziger Straße, weil im Stapo-Amt kein Platz war; es war zum Teil ausgebombt. Da waren sämtliche Stapo-Leiter, Stapo-Leit-Leiter, Inspekteure, Befehlshaber der Sipo und des SD; ob Einsatzgruppenchefs und Einsatzkommandochefs dabei waren, weiß ich nicht; jedenfalls war es eine Versammlung von rund 300 Personen, vielleicht sogar 400. Die SD-Oberabschnittsführer waren auch dabei; ich war unter den Referenten, die einen Vortrag halten mußten, und ich hielt ihn über das Ergebnis der weltanschaulichen Gegnerbekämpfung.

Ich fragte Müller, ob ich eine Zahlen-Übersicht zu geben habe... ich hatte mir einige Zahlen notiert und wußte nicht, wie ich es formulieren sollte; es waren ja Leute, vor denen ich nichts zu verbergen hatte. Ich konnte die Zahl der wirklich getöteten Juden nicht feststellen; ich hatte sie nie. Müller forderte mich auf, über diese Dinge gar nicht zu sprechen, sondern darüber hinwegzugehen und zu sagen, daß der Führer an Himmler einen Befehl gegeben habe, wonach der Reichsführer das

WVHA mit der endgültigen Lösung der Judenfrage beauftragt habe. Abschließend erklärte ich, es sei zu hoffen, daß die jahrtausendealte Geißel des Menschentums damit ein für allemal Ruhe geben werde. Als ich damals noch in Amt und Würden war, mußte ich mich auf einen Spezialvortrag vor Leuten vorbereiten, denen ich an sich kein X für ein U vormachen konnte. Ich sage das, weil ich damals die genaue Zahl nicht kannte. Zweifelsohne mag auch das WVHA sie in der Eile nicht gekannt haben. Bekannt war, das war je nach Lage frisiert, oft nach oben, wie das bei Erfolgsziffern subalterner Dienststellen üblich war. Nicht immer war es Lüge, manchmal war nur ein Vorschuß genommen auf kommende ‚Lorbeeren'. Die wurden dann mitverarbeitet. Auf diesem Gebiet wurde nie tiefgestapelt. Das war so auch bei der Wehrmacht, der Partei oder Arbeitsfront usw."

Frage: „Nun sollen Sie infolge der Kommandierung nach Neu-Arad und dem Kriegsaustritt Rumäniens auf die Frage von Höttl, ob Sie eine genaue Zahl der getöteten Juden kennen, gesagt haben: ‚Eine genaue Zahl kann ich nicht geben, aber auf Grund meiner Information komme ich zu folgendem Ergebnis: in den verschiedenen Vernichtungslagern sind etwa 4 000 000 Juden getötet worden, während weitere 2 000 000 auf andere Art den Tod fanden, der Großteil von ihnen von den Einsatzkommandos der Sipo während des Feldzuges gegen Rußland.'"

Eichmann: „Zwei Millionen? Das ist doch voller Unsinn. Waren denn zwei Millionen Juden in den besetzten sowjetischen Gebieten? Die sind doch geflohen! Wohnhaft in den russischen besetzten Gebieten waren etwa fünf Millionen Juden, bevor wir hinkamen."

Frage: „Aber es sind doch im ganzen europäischen Rußland fünf Millionen Juden geschätzt worden."

Eichmann: „Das höre ich zum erstenmal..."

Frage: „Aber wir hatten ja den Großteil des europäischen Rußland besetzt, den wichtigsten Teil."

Eichmann: „Das können nie und nimmer zwei Millionen Juden gewesen sein."

Frage: „Himmler sei damals mit dem Bericht nicht zufrieden gewesen, da nach seiner Meinung die Zahl der getöteten Juden größer gewesen sein mußte als sechs Millionen. Himmler hatte erklärt, daß er einen Mann von seinem statistischen Amt zu Eichmann schicken werde, damit dieser dann auf Grund des Materials von Eichmann einen neuen Bericht verfassen solle, in dem die genaue Zahl der Juden ausgerechnet wird."

Eichmann: „Das ist Unsinn! Der Reichsführer soll gesagt haben: es sind mehr als sechs Millionen, und der von Himmler geschickte Statistiker spricht über 4–5 Millionen ‚behandelter', das heißt konzentrierter, ausgewanderter, vernichteter, natürlich verstorbener, ghettoisierter usw. Juden.

Das ist eine Mischung von Dichtung und Wahrheit. Hier ist alles falsch, bewußt oder unbewußt. Ich habe nie einen solchen Bericht erstellt. Eines Tages wurde ich zu Gruppenführer Müller befohlen, der zu mir sagte, ein Regierungsrat werde zu mir kommen, um den Stand der Lösung der Judenfrage statistisch aufzunehmen. Er kam, hatte Zugang zu allen Akten und verfügte über alle Erleichterungen. Es war ein ziemlich mürrischer Mann, der seine Ergebnisse zusammentrug, teils bei mir, teils anderswo; es dauerte ungefähr 14 Tage. Er holte sich von überall her, was er brauchte; denn ich hatte ja nicht Unterlagen aus allen Ländern. Meine Einzelangaben interessierten ihn nicht. Er suchte die Gesamtübersicht. Oft schrieb er selbst an den Befehlshaber in Paris; er selbst schrieb an die einzelnen Kommandanten der KZs; ihm genügten die gesammelten Materialien von Liebehenschel im WVHA oder von Brigadeführer Glücks nicht, nein, er wandte sich auch an die einzelnen KZs. Und so hatte er mir das gesamte Material gegeben; da war aber gar keine Rede von der Zahl der Toten, sondern von der Zahl der in die KZs Verbrachten. Allerdings war die Rede davon, wie viele Juden die Einsatzgruppenchefs in eigener Zuständigkeit getötet hatten; selbstverständlich war auch die Rede davon, wieviele Juden Globocnik im Generalgouvernement ums Leben gebracht hatte. Woher der Reigerungsrat das bekam, weiß ich nicht. So hatte ich dann das Zahlenmaterial und erhielt den Befehl, einen Bericht zusammenzustellen, und zwar auf der einzigen in der Sipo vorhandenen Führerschreibmaschine mit übergroßen Lettern; es sollte also ein Führerbericht werden. Der Bericht wurde immer wieder umgeworfen, aber nicht wegen der Zahlen. Ich mußte den Bericht stilistisch umarbeiten, sonst nichts. Vorher aber erhielt ich nie den Befehl, einen Generalbericht zu machen; dies war nun der Generalbericht, und ich bedaure nur, daß davon keine Abschrift vorhanden ist. Denn ich dachte damals: na, gelöst ist die Judenfrage damit nicht. Ich entsinne mich dessen ganz genau; denn ich hatte damals zum erstenmal einen solchen Bericht, noch dazu auf einer solchen Maschine gemacht, die ich bis dahin weder gekannt noch gesehen hatte. So etwas bleibt im Gedächtnis. Einen Bericht für den Führer zu entwerfen, das war eine Aufgabe, und das Begleitschreiben trug mein Aktenzeichen. Hier bringt Höttl die Dinge bewußt oder unbewußt durcheinander. Zum Teil sagt er die Wahrheit, zum anderen das Gegenteil. So ist das, was er sagt, unrichtig."

Frage: „Nun sagt Höttl weiter: ‚Ich muß annehmen, daß diese Informationen Eichmanns mir gegenüber richtig waren, da er von allen in Betracht kommenden Personen bestimmt die beste Übersicht über die Zahl der ermordeten Juden hatte'."

Eichmann: „Aber über die Zahl der ermordeten Juden hatte ich nicht die beste Übersicht. Die hatte das WVHA, die hatte Liebehenschel oder Glücks oder sonstwer. Ich hatte ja mit den KZs nichts anderes zu tun, als das WVHA zu fragen: Wie viele wollen Sie haben, und wohin können Sie sie nehmen? Das teilte mir Liebeshenschel mit, wenn nicht ein oder zweimal eine Besprechung unter dem Vorsitz von Pohl stattfand, an der ungefähr ein Dutzend Dienststellenleiter teilnahmen."

Frage: „Als Begründung sagt Höttl, daß Sie die beste Übersicht hatten, und irgendwie wollte er Sie doch in Schutz nehmen. Darauf verweisen seine Worte: ‚lieferte Eichmann durch seine Sonderkommandos die Juden an die Vernichtungsanstalten und kannte daher diese Zahl ganz genau', und zweitens: ‚wußte er als Abteilungsleiter des Amtes IV des RSHA, das auch für die Judenangelegenheiten zuständig war, am besten wohl die Zahl der auf andere Art und Weise umgekommenen Juden'."

Eichmann: „Da liegt der große Irrtum; natürlich habe ich es gewußt, wenn Globocnik eines Tages meldete, daß das Generalgouvernement judenfrei ist. Das wurde ganz schlicht gemeldet. Natürlich wußte ich ungefähr die Zahl der Juden im Generalgouvernement, und wenn es judenfrei gemeldet wurde, dann lebte eben kein Jude mehr darin in Freiheit. Ich hatte damit nichts zu tun.

Von den besetzten Ostgebieten hatte ich auch keine Ahnung; ich hätte nicht einmal einen Bericht darüber fertigstellen können, weil ich die Zahlen nicht hatte. Ich schätze, daß es den Einsatzgruppenchefs genauso erging, weil die einzelnen Gruppenchefs – wenn sie zu solch einem Bericht aufgerufen wurden – vermutlich frei über den Daumen peilten und Zahlen einsetzten. Ich glaube nicht, daß diese die Juden gezählt haben. Sie haben über den Daumen gepeilt, natürlich immer mit recht hohen Zahlen."

Frage: „Im Nürnberger Prozeß hat ja Ohlendorf von über 90 000 Getöteten gesprochen."

Eichmann: „Und ich las bei einem Autor der Gegenseite, diese Zahl komme ihm sehr hoch vor."

Frage: „Die von Ohlendorf angegebene Zahl? Die der von den Einsatzkommandos vernichteten Juden?"
Eichmann: „Nein. Ich spreche vom gleichen Buch, das auch die Zahl von Höss zu hoch nennt."
Frage: „Höttl erklärt weiter, daß Eichmann durch die Ereignisse in einer solchen seelischen Verfassung war, daß er gar nicht die Absicht hatte, mir etwas Unwahres zu sagen."
Eichmann: „In dieser Zeit war ich in keiner deprimierten seelischen Verfassung... Pessimist war ich die ganzen Jahre über."
Frage: „Also hat dieses Gespräch gar nicht stattgefunden?"
Eichmann: „Ich sagte schon, ich kann mich nicht erinnern, in der Wohnung von Höttl in Ungarn gewesen zu sein; ich kann mich genausowenig daran erinnern, daß mich der rumänische Kriegsaustritt sonderlich beeindruckt hat."
Frage: „Wenn Sie die Kriegserklärung der Türkei, die doch immerhin weiter zurücklag, schon so beeindruckt hatte..."
Eichmann: „Beeindruckt, gut, ich war in Berlin gewesen und sagte zu meinem ständigen Vertreter vor der Weltkarte: ‚Glaubt ihr immer noch nicht, daß wir den Krieg verloren haben?'"
Frage: „Aber können Sie sich nicht erinnern, daß Sie mit Höttl gesprochen haben?"
Eichmann: „Ich kann mich dessen in der Tat nicht entsinnen. Sonst würde ich es gerne zugeben. Es stimmt, daß ich mit Höttl sehr oft gesprochen habe, wohl auch über Judenangelegenheiten; in ganz ungenauen Zahlen, von denen auch die Rede gewesen sein mag, vielleicht von 3–4 Millionen *können* wir gesprochen haben. Doch solche Pauschalzahlen enthielten alles mögliche, u. a. Auswanderung, natürliche Verminderung, Abfahrt in die KZs; alles war hier drin. Doch nicht alle diese Juden wurden getötet; genauso unwahr ist es, daß ich gesagt haben soll: ‚Ich springe freudig in die Grube, weil ich fünf Millionen Juden getötet habe'. Ich wäre ja bei meinen Leuten als größenwahnsinniger Narr erschienen."
Frage: „Zu welcher Zeit haben Sie diesem Statistiker in Ihrer Dienststelle ein Zimmer einrichten müssen? War es in Berlin?"
Eichmann: „In Berlin, in der Kurfürstenstraße. Er hatte nur einen Schreibtisch in irgendeinem Zimmer. Dieser Bericht wurde zum Jahresende gegeben, und zum Jahresende 1944 war ich in Budapest... Andererseits, Ende 1943 kann es nicht gewesen sein. Möglich, daß ich mich irre und er vielleicht Ende 1944 angefangen hat und Anfang 1945 fertiggeworden ist... Ich habe es irgendwo gelesen, daß dieser Mann ausgesagt und auch das genaue Datum genannt hat. Es könnte Ende 1944 oder Anfang 1945 gewesen sein. Doch auch das Jahresende 1942 ist nicht auszuschließen. Aber nein, 1944 traf ich Höttl in Ungarn. Es muß also doch vorher gewesen sein, wohl Ende 1943."
Frage: „Wann sind Sie aus Ihrer Dienststelle in der Kurfürstenstraße ausgezogen?"
Eichmann: „Wohl im März 1945, als ich die Straßensperren gebaut hatte. Da bekam ich Befehl, meinen ganzen Laden zu verbrennen und ihn der Gestapo-Leitstelle Berlin zu übergeben. Und gerade an dem Tag, an dem diese eine ganze Anzahl von Lastwagen eiserner Verpflegung in meinem Tiefkeller ablud, bekam ich Befehl, zum Reichsführer zu gehen. Da war die Sache mit den prominenten Juden. Auch wenn alles dagegen spricht, wenn Höttl es so sagt und wenn man die Statistiken nachsieht und wenn es gar nicht 1944 gewesen sein kann, dann muß ich feststellen: Es kann sich dann nur um einen Teil der Wahrheit gehandelt haben, denn dann fiel ja das ganze Jahr 1944 weg, u. a. Ungarn mit einer von der gegnerischen Seite angegebenen Zahl von einer halben Million."

Frage: „Was war denn 1941 noch?"
Eichmann: „Gut, wenn man es so zusammenleppern will, kommt man auf 750 000. Und wieviel wird hier genannt?"
Frage: „4 000 000 und 2 000 000 auf sonstige Art und Weise."
Eichmann: „Also 6 000 000? Und das wäre Ende 1943 gewesen? 4 000 000 getötet und 2 000 000 auf andere Art und Weise ums Leben gekommen?"
Frage: „Höttl sagt nicht, daß das in dem Bericht des Statistikers gestanden habe. Haben Sie ihm das zur Information gesagt? Sie waren doch informiert?"
Eichmann: „Ich weiß sehr wohl, was möglich ist und was nicht, obgleich ich mich nicht entsinnen kann, mit Höttl je über diese Frage gesprochen zu haben. Unmöglich jedenfalls ist es, daß ich Höttl diese Zahlen genannt habe, weil das 1943 noch nicht einmal zur Debatte stehen konnte. Auch später wußte ich nicht, wie viele Juden getötet worden sind. Ich weiß es heute noch nicht. Als ich meinen Vortrag im Preußenhaus hielt, sagte mir Müller auf meine Frage hin, ob ich Zahlen nennen soll: ,Besser, man sagt gar nichts, wenn man nicht alles exakt und stichfest weiß'."
Frage: „Können Sie mir erklären, was ein Referent und ein stellvertretender Gruppenleiter in einem Amt des RSHA sein kann?"
Eichmann: „Das Amt IV leitete ein Amtschef. Wenn dieser nicht anwesend war, hatte er einen Vertreter; er hatte aber keinen ständigen Vertreter. Das Amt IV zerfiel in zwei Gruppen; die eine Gruppe leitete Huppenkothen, die andere Gruppe stand unter Dr. Piffrader (171), SS-Oberführer, der dann später in Linz durch eine Luftmine umkam. Das waren also zwei Gruppenleiter, die aber den Referenten keine sachlichen Weisungen zu erteilen hatten. Sie hatten nur die Aufgabe einer lockeren Zusammenfassung. Nur wenn der Amtschef IV weg war, mußte eine Angelegenheit auf dem Dienstwege auch vom Gruppenleiter mitabgezeichnet werden."
Frage: „Höttl erklärt: ,Wegen des Kriegsaustritts Rumäniens war Eichmann zu mir gekommen, um sich über die militärische Lage zu informieren, die ich täglich vom ungarischen Honved-Ministerium und dem Befehlshaber der Waffen-SS in Ungarn bekam.'"
Eichmann: „Bei Winkelmann holte ich mir täglich die militärische Lage. Ich kann mich nicht entsinnen, sie anderweitig eingeholt zu haben. Um mich einmal ganz genau über eine eventuelle Kilometerlage zu erkundigen, habe ich mich auf den Divisionsgefechtsstand meines Freundes Zehender begeben. Freilich habe ich von ihm nur sein Bild bekommen. Wenn ich aber mit Höttl zusammen war, werde ich zweifellos auch mit ihm über die militärische Lage gesprochen haben; aber die militärische Lage bei Höttl eingeholt, das habe ich ganz bestimmt nicht."
Frage: „Nun werden Sie verstehen, daß es sehr schwierig ist, Ihr Vertrauensverhältnis zu Höttl mit diesen seinen Aussagen seinerseits zu verbinden. Hat diese Aussage Höttls also eine bestimmte Absicht, ist sie unter Druck zustandegekommen? Kann man seine Erklärung trotz Ihres Vertrauensverhältnisses ad absurdum führen?"
Eichmann: „Ich weiß, daß gute Bekannte von Höttl negativ über ihn geurteilt haben. Aber Höttl will mir wohl gar nicht schaden; er ist ja nicht gehässig. Zu ihm hatte ich ein herzliches Verhältnis. Aber irgendwelche Gründe muß Höttl nach dem Zusammenbruch gehabt haben, um sich bei den Amerikanern lieb Kind zu machen. Wie aber konnte man das 1945? – Man mußte sich von Anbeginn auf die andere Seite stellen, damit einem möglichst die Freiheit verblieb. In ihr traf man sich mit den CIC Beamten; es waren ja wirklich Fachleute mit Erfahrung darunter, hier begegnete sich also Fachmann mit Fachmann. Natürlich hatte der CIC ein Interesse, einen möglichst aufregenden und durchschlagenden Bericht an seine Vorgesetzten zu geben; denn so etwas fördert ja die eigene Dienststelle, die eigene Dienststellung.

Wenn Höttl über ein namhaftes Entrée beim gegnerischen Nachrichtendienst verfügen wollte, mußte er Material liefern. Wenn er also mit kümmerlichen Zahlen aufwarten wollte, hätte er gar nichts erreicht. Nun er aber mit Millionen um sich werfen konnte... wurde man aufmerksam; da wurde Höttl die wichtige Person. Ich selber will Höttl in keiner Form angreifen. Auch dann nicht, wenn er mir selbst geschadet hätte. Ich könnte das nur bedauern, so wie ich es bei Wisliceny bedauere, wo ich trotzdem nie Gleiches mit Gleichem vergelten werde."*

Zum „Wannsee-Protokoll"

In folgendem spricht Adolf Eichmann von dem Wannsee-Protokoll. Fest steht, daß bis jetzt das Original nicht gefunden worden oder unbekannt geblieben ist. Gegen die Echtheit des Protokolls sprechen nachstehend Gesichtspunkte, die Otto Bräutigam anführt:
In seinem Buch „So hat es sich zugetragen", das im Holzner-Verlag in Würzburg 1968 herausgekommen ist, schreibt Otto Bräutigam vom ehemaligen Ministerium für die besetzten Ostgebiete: „An dem Tage, an dem ich den Vortrag vor Admiral Canaris gehalten hatte, hatte eine Sitzung unter dem Vorsitz des Chefs des Reichssicherheitshauptamtes (RSHA), Heydrich, in einer nahe dem Wannsee gelegenen Villa stattgefunden, die als die ‚Wannseekonferenz' eine traurige Berühmtheit erlangt hat. Zu dieser Konferenz war auch der Ostminister eingeladen worden, der seinen ‚Ständigen Vertreter', Gauleiter Meyer, entsandt hatte. Wie wir später hörten – Meyer hatte keine Niederschrift angefertigt –, hatte Heydrich den Plan erörtert, eine ‚Endlösung der Judenfrage' in Angriff zu nehmen. Die Juden sollten harter Arbeit zugeführt werden, die ihre Reihen bereits erheblich lichten werde. Hinsichtlich der nichtarbeitsfähigen Juden soll er sich nicht klar ausgedrückt und später das Protokoll gefälscht haben. Jedenfalls wurde nicht bekannt, daß auf der Konferenz die physische Vernichtung aller Juden unseres Machtbereiches beschlossen worden sei. Tatsächlich ist ja auch die Zahl der Juden, die die Schrecken des Dritten Reiches überlebt haben, nicht gering gewesen. Am größten war sie wohl in den besetzten Gebieten der Sowjetunion, wo keine Massenvernichtungsanstalten wie Gaskammern errichtet wurden und wo auch keine Verschickungen nach den polnischen Schreckenskammern stattgefunden haben."
Das sog. „Protokoll" ist nur als nachträgliche Niederschrift zu verstehen. Sie wurde Tage nach der Besprechung gefertigt. Wir haben genug Beispiele, wie und unter welchen Umständen solche Notizen gemacht wurden. So wurde eine Urkunde im Rademacher-Prozeß unter Einwirkung einer Flasche Beaujolais geschrieben. Im Lemberg-Verfahren habe ich darauf hingewiesen, daß folgende Niederschriftstellen zu schwerwiegenden Zweifeln Anlaß geben:
„Unter entsprechender Leitung sollen nun im Zuge der Endlösung die Juden in

---

* Hier findet man den soundsovielten Beweis für die fast blinde „Loyalität" Eichmanns gegenüber Freunden oder Untergebenen, obwohl sie wie Höttl und Wisliceny in Nürnberg Eichmann persönlich aufs schwerste belastet haben. Im Zusammenhang damit muß ich feststellen, daß Eichmann sich systematisch weigerte, andere zu belasten, sondern sich auf die Umschreibung der eigenen Verantwortlichkeit beschränkte. (D. Herausg.)

geeigneter Weise im Osten zum Arbeitseinsatz kommen. In großen Arbeitskolonnen, unter Trennung der Geschlechter werden die arbeitsfähigen Juden straßenbauend in diese Gebiete geführt, wobei zweifellos ein Großteil durch natürliche Verminderung ausfallen wird. Der allfällig endlich verbleibende Restbestand wird, da es sich bei diesem zweifellos um den widerstandsfähigsten Teil handelt, entsprechend behandelt werden müssen, da dieser, eine natürliche Auslese darstellend, bei Freilassung als Keimzelle eines neuen jüdischen Aufbaus anzusprechen ist. Siehe die Erfahrung der Geschichte!"

Zu dieser nachträglich angefertigten Niederschrift paßt nicht das Telegramm Himmlers vom 26. Jan. 42 an Glücks (Wirtschafts- und Verwaltungs-Hauptamt, Inspekteur der Konzentrationslager), das so lautet: „Richten Sie sich darauf ein, in den nächsten vier Wochen 100 000 männliche Juden und bis zu 50 000 Jüdinnen in die KL aufzunehmen! Große wirtschaftliche Aufgaben werden in den nächsten Wochen an die Konzentrationslager herantreten."

Es ist zu bedenken, daß Himmler und Heydrich logisch denkende Menschen waren. Es ist unreal, einen Gegensatz zwischen den beiden zu konstruieren. Die zitierte Stelle aus dem „Wannsee-Protokoll" entspricht nicht den wirklich gemachten Ausführungen. Zudem muß beachtet werden, daß Auschwitz auch eine „Drehscheibe" für arbeitsfähige Juden gewesen ist. Wir finden Juden in einer Reihe von Arbeitsstätten der Rüstungsindustrie im Deutschen Reich, die von Auschwitz aus in diese Betriebe kamen.

Zur Wannsee-Konferenz, Frage und Antwort

Frage: „Wannseeprotokoll: Das erste ist ein Brief vom Reichsmarschall des Großdeutschen Reiches an den Chef der Sicherheitspolizei und des SD, SS-Gruppenführer Heydrich, in Berlin.

‚In Ergänzung der Ihnen bereits mit Erlaß vom 24. Januar 1939 übertragenen Aufgabe, die Judenfrage in Form der Auswanderung oder Evakuierung einer den Zeitverhältnissen entsprechend möglichst günstigen Lösung zuzuführen, beauftrage ich Sie hiermit, alle erforderlichen Vorbereitungen in organisatorischer, sachlicher und materieller Hinsicht zu treffen für eine Gesamtlösung der Judenfrage im deutschen Einflußgebiet in Europa.

Sofern hierbei die Zuständigkeiten anderer Zentralinstanzen berührt werden, sind diese zu beteiligen. Ich beauftrage Sie weiter, mir in Bälde einen Gesamtentwurf über die organisatorischen, sachlichen und materiellen Vorausmaßnahmen zur Durchführung der angestrebten Endlösung der Judenfrage vorzulegen.

Kennen Sie dieses Schreiben?"
Eichmann: „Den Bericht habe ich abdiktiert bekommen. Steht nicht mein Aktenzeichen dabei?"
Frage: „Nein. Sind das Ihre Worte?"
Eichmann: „Ja, es sind meine Worte. Ob etwas hineingefälscht wurde, weiß ich natürlich nicht."
Frage: „Aber es ist ein Brief von Göring an Heydrich?"
Eichmann: „Das stimmt. Der Brief ist bei uns entworfen worden und wurde von Göring nur unterschrieben; er wurde unterschriftsfertig vorgelegt."
Frage: „Nahmen an der Besprechung, die am 20. Januar 1942 in Berlin Am Großen Wannsee Nr. 56-58 über die Endlösung der Judenfrage stattfand, ein Jahr vor Stalingrad folgende Personen teil:

Gauleiter Dr. Meyer und Reichsamtsleiter Dr. Leibbrandt aus dem Reichsministerium für die besetzten Ostgebiete?"
Eichmann: „Weiß ich nicht."
Frage: „Staatssekretär Dr. Stuckart aus dem Reichsministerium des Innern?"
Eichmann: „Ja."
Frage: „Staatssekretär Neumann, Beauftragter für den Vierjahresplan?"
Eichmann: „Ja."
Frage: „Staatssekretär Dr. Freisler aus dem Reichsjustizministerium?"
Eichmann: „Ja."

Die Eichmann vorgelesenen Stellen aus dem Wannsee-Protokoll wurden aus dem Buch: „Das Dritte Reich und die Juden" von Poliakov und Wulf, Seite 116 und ff. entnommen.

Frage: „Staatssekretär Dr. Bühler aus dem Amt des Generalgouverneurs?"
Eichmann: „Weiß ich nicht."
Frage: „Unterstaatssekretär Luther aus dem Auswärtigen Amt?"
Eichmann: „Ja."
Frage: „SS-Oberführer Klopfer aus der Partei-Kanzlei?"
Eichmann: „Ich kann mich nicht entsinnen."
Frage: „Ministerialdirektor Kritzinger aus der Reichskanzlei?"
Eichmann: „Auch da kann ich mich nicht mehr entsinnen."
Frage: „SS-Gruppenführer Hofmann aus dem Rasse- und Siedlungshauptamt?"
Eichmann: „Kann mich nicht entsinnen."
Frage: „SS-Gruppenführer Müller aus dem Reichssicherheitshauptamt?"
Eichmann: „Ja... Die Einladungsschreiben habe ich selbst entworfen und abgeschrieben. Eine ganze Unterschriftsmappe habe ich damals Heydrich gebracht, und er hat sie alle unterschrieben. Ich habe vor einem Schreibtisch gesessen und habe nur gewartet, bis er sein Heydrich daruntergemalt hatte. Diese Briefe habe ich alle abdiktiert bekommen. Die Einladungsschreiben – das weiß ich ganz genau – trugen alle das Referatszeichen IV B 4."
Frage: „SS-Obersturmbannführer Eichmann – waren Sie da schon Obersturmbannführer?"
Eichmann: „Ja, ich sagte es ja schon, daß ich wohl fünf Jahre Obersturmbannführer war."
Frage: „SS-Oberführer Dr. Schöngarth, Befehlshaber der Sicherheitspolizei und des SD im Generalgouvernement?"
Eichmann: „Nein."
Frage: „SS-Sturmbannführer Dr. Lange, Kommandeur der Sicherheitspolizei und des SD für den Generalbezirk Lettland, als Vertreter des Befehlshabers der Sicherheitspolizei und des SD für das Reichskommissariat Ostland?"
Eichmann: „Weiß ich nicht."
Frage: „II. Chef der Sicherheitspolizei und des SD, SS-Obergruppenführer Heydrich, teilte eingangs seine Bestallung zum Beauftragten für die Vorbereitung der Endlösung der europäischen Judenfrage durch den Reichsmarschall mit und wies darauf hin, daß zu dieser Besprechung geladen wurde, um Klarheit in grundsätzlichen Fragen zu schaffen. Der Wunsch des Reichsmarschalls, ihm einen Entwurf über die organisatorischen, sachlichen und materiellen Belange im Hinblick auf die Endlösung der europäischen Judenfrage zu übersenden, erfordert die vorherige gemeinsame Behandlung aller an diesen Fragen unmittelbar beteiligten Zentralinstanzen im Hinblick auf die Parallelisierung der Linienführung.

Die Federführung bei der Bearbeitung der Endlösung der Judenfrage liege ohne Rücksicht auf geographische Grenzen zentral beim Reichsführer SS und Chef der Deutschen Polizei (Chef der Sicherheitspolizei und des SD).

Der Chef der Sicherheitspolizei und des SD gab sodann einen kurzen Überblick über den bisher geführten Kampf gegen diese Gegner. Die wesentlichsten Momente bilden

    a) die Zurückdrängung der Juden aus den einzelnen Lebensgebieten des deutschen Volkes,

    b) die Zurückdrängung der Juden aus dem Lebensraum des deutschen Volkes.

Im Vollzug dieser Bestrebungen wurde als einzige vorläufige Lösungsmöglichkeit die Beschleunigung der Auswanderung der Juden aus dem Reichsgebiet verstärkt und planmäßig in Angriff genommen.

Auf Anordnung des Reichsmarschalls wurde im Januar 1939 eine Reichszentrale für jüdische Auswanderung errichtet, mit deren Leitung der Chef der Sicherheitspolizei und des SD betraut wurde."

Eichmann: „Ja..."

Frage: „Sie hatte insbesondere die Aufgabe,

    a) alle Maßnahmen zur Vorbereitung einer verstärkten Auswanderung der Juden zu treffen,

    b) den Auswanderungsstrom zu lenken,

    c) die Durchführung der Auswanderung im Einzelfall zu beschleunigen.

Das Aufgabenziel war, auf legale Weise den deutschen Lebensraum von Juden zu säubern.

Über die Nachteile, die eine solche Auswanderungsforcierung mit sich brachte, waren sich alle Stellen im klaren. Sie mußten jedoch angesichts des Fehlens anderer Lösungsmöglichkeiten vorerst in Kauf genommen werden.

Die Auswanderungsarbeiten waren in der Folgezeit nicht nur ein deutsches Problem, sondern auch ein Problem, mit dem sich die Behörden der Ziel- bzw. Einwandererländer zu befassen hatten. Die finanziellen Schwierigkeiten, wie Erhöhung der Vorzeige- und Landungsgelder seitens der verschiedenen ausländischen Regierungen, fehlende Schiffsplätze, laufend verschärfte Einwanderungsbeschränkungen oder -sperren erschwerten die Auswanderungsbestrebungen außerordentlich. Trotz dieser Schwierigkeiten wurden seit der Machtübernahme bis zum Stichtag 31. Oktober 1941 insgesamt rund 537 000 Juden zur Auswanderung gebracht. Davon

vom 30. Januar 1933 ab aus dem Altreich rund 360 000

vom 15. März 1938 ab aus der Ostmark rund 147 000

vom 15. März 1939 ab aus dem Protektorat Böhmen und Mähren rund 30 000."

Eichmann: „Nein, das stimmt nicht; das ist verschrieben; 30 000 kann nie sein."

Frage: „Aus der Ostmark auch nicht mehr als 147 000? Aus dem Reich nicht mehr als 360 000?"

Eichmann: „Wie viele aus dem Reich, kann ich Ihnen nicht sagen, 147 000 aus der Ostmark, das kann eigentlich auch nicht stimmen. Ich habe beim Vorlesen nicht so genau hingehört. Es sind ja meine Worte, deswegen muß ich Ihnen sagen, die Zahl im Protektorat stimmt keinesfalls; da wurde ich jetzt hellhörig... und die Zahl der Ostmark, da habe ich Ihnen doch eine Zahl genannt von 204 000–205 000; das hat die Kultusgemeinde in Wien selbst aufgezeichnet. Und mit dem Altreich... nun ja, die Zahl kenne ich nicht; aber die erwähnte Zahl möchte ich auf Grund der anderen Fehler ablehnen."

Frage: „Die Finanzierung der Auswanderung erfolgte durch die Juden bzw. jüdisch-politischen Organisationen selbst. Um den Verbleib der verproletarisierten Juden zu vermeiden, wurde nach dem Grundsatz verfahren, daß die vermögenden Juden die Abwanderung der vermögenslosen Juden zu finanzieren haben; hier wurde, je nach Vermögen gestaffelt, eine entsprechende Umlage bzw. Auswandererabgabe vorgeschrieben, die zur Bestreitung der finanziellen Obliegenheiten im Zuge der Abwanderung vermögensloser Juden verwandt wurde.

Neben dem Reichsmark-Aufkommen sind Devisen für Vorzeige- und Landungsgelder erforderlich gewesen. Um den deutschen Devisenschatz zu schonen, wurden die jüdischen Finanzinstitutionen des Auslandes durch die jüdischen Organisationen des Inlandes gehalten, für die Beitreibung entsprechender Devisenaufkommen Sorge zu tragen. Hier wurden durch diese ausländischen Juden im Schenkungswege bis zum 30. Oktober 1941 insgesamt rund 9 500 000 Dollar zur Verfügung gestellt. Ist das richtig?"

Eichmann: „Ja, diese Zahl habe ich von den jüdischen Zentralinstanzen bekommen."

Frage: „Inzwischen hat der Reichsführer-SS und der Chef der Deutschen Polizei im Hinblick auf die Gefahren einer Auswanderung im Kriege und im Hinblick auf die Möglichkeiten des Ostens die Auswanderung von Juden verboten. An Stelle der Auswanderung ist nunmehr als weitere Lösungsmöglichkeit nach entsprechender vorheriger Genehmigung durch den Führer die Evakuierung der Juden nach dem Osten getreten. Diese Aktionen sind jedoch lediglich als Ausweichmöglichkeiten anzusprechen, doch werden hier bereits jene praktischen Erfahrungen gesammelt, die im Hinblick auf die kommende Endlösung der Judenfrage von Bedeutung sind.

Im Zuge dieser Endlösung der europäischen Judenfrage kommen rund elf Millionen Juden in Betracht, die sich wie folgt auf die einzelnen Länder verteilen:

Land	Zahl
A. Altreich	131 800
Ostmark	43 700
Ostgebiete	420 000
Generalgouvernement	2 284 000
Bialystok	400 000
Protektorat Böhmen und Mähren	74 200
Estland – judenfrei	
Lettland	3 500
Litauen	34 000
Belgien	43 000
Dänemark	5 600
Frankreich, besetztes Gebiet	165 000
unbesetztes Gebiet	700 000
Griechenland	69 600
Niederlande	160 800
Norwegen	1 300
B. Bulgarien	48 000
England	330 000
Finnland	2 300
Irland	4 000
Italien einschl. Sardinien	58 000
Albanien	200
Kroatien	40 000

Portugal	3 000
Rumänien einschl. Bessarabien	342 000
Schweden	8 000
Schweiz	18 000
Serbien	10 000
Slowakei	88 000
Spanien	6 000
Türkei (europ. Teil)	55 500
Ungarn	742 800
UdSSR	5 000 000
Ukraine	2 994 684
Weißrußland ausschl. Bialystok	446 484
zusammen: über	11 000 000

Also noch elf Millionen ausschließlich der Ausgewanderten? Altreich: 131 800; Ostmark: 43 700; d. h. also, in der ganzen Ostmark waren nur 190 000 Juden anwesend? Ostgebiete: 420 000; Generalgouvernement 2 284 000. Was heißt Ostgebiete? Bialystok: 400 000..."

Eichmann: „Bialystok hätte ich gesondert genannt – unmöglich – ich kann keine Stadt nennen."

Frage: „Protektorat Böhmen und Mähren: 74 200... Estland judenfrei... Lettland: 3500... Litauen: 34 000... Belgien: 43 000... Dänemark: 5600... Frankreich (besetztes Gebiet): 165 000... (unbesetztes Gebiet): 700 000... Griechenland: 69 600... Niederlande: 160 800... Norwegen: 1300...

B) Die Länder, die nicht unter deutschem Einfluß standen: Bulgarien: 48 000... England: 330 000... Finnland: 2300... Irland: 4000... Italien (einschl. Sardinien): 58 000... Albanien: 200... Kroatien: 40 000... Portugal: 3000... Rumänien (einschließlich Bessarabien): 342 000... Schweden: 8000... Schweiz: 18 000... Serbien..."

Eichmann: „Nein, nein, nein, diese Aufstellung ist hineingeschwindelt worden. Slowakei: 88 000... Spanien: 6000... Türkei (europäischer Teil): 57 500... Ungarn: 742 800! UdSSR: 5 000 000... Ukraine: 2 994 684... Weißrußland (ausschließlich Bialystok): 446 484! Zusammen über 11 Millionen... Nun, die Absicht ist ganz klar; wenn soviel Juden da waren, und es sind jetzt nur noch soviel weniger, dann sind die anderen getötet worden. – Das ist hineingeschwindelt worden. So wahr ich hier stehe!"

Frage: „Bei den angegebenen Judenzahlen der verschiedenen ausländischen Staaten handelt es sich jedoch nur um Glaubensjuden, da die Begriffsbestimmungen der Juden nach rassischen Grundsätzen teilweise dort noch fehlen. Die Behandlung des Problems in den einzelnen Ländern wird im Hinblick auf die allgemeine Haltung und Auffassung auf gewisse Schwierigkeiten stoßen, besonders in Ungarn und Rumänien. So kann sich z. B. heute noch in Rumänien der Jude gegen Geld entsprechende Dokumente, die ihm eine fremde Staatsangehörigkeit amtlich bescheinigen, beschaffen."

Eichmann: „Das alles hätte Heydrich in seiner grundsätzlichen Art erzählt? Dann wäre er ein Waschweib gewesen und ich ein Dummkopf; mich hätte Heydrich zum Teufel gejagt, wenn ich es gewagt hätte, ihm einen solchen Vortrag vorzulegen, wo er hier die leitenden Persönlichkeiten zu einer grundsätzlichen Besprechung gebeten hatte."

Frage: „Also, dieser Absatz ist hineingeschmuggelt?"
Eichmann: „Ja... aber selbstverständlich."
Frage: „Der Einfluß der Juden auf alle Gebiete in der UdSSR ist bekannt. Im europäischen Gebiet leben etwa 5 Millionen, im asiatischen kaum knapp ½ Million Juden.
Die berufsständische Aufgliederung der im europäischen Gebiet der UdSSR ansässigen Juden war etwa folgende:

in der Landwirtschaft	9,1 %
als städtische Arbeiter	14,8 %
im Handel	20,0 %
als Staatsarbeiter angestellt	23,4 %
in den privaten Berufen – Heilkunde, Presse, Theater usw.	32,7 %."

Eichmann: „Das kommt mir gar nicht bekannt vor."
Frage: „Unter entsprechender Leitung sollen im Zuge der Endlösung die Juden in geeigneter Weise im Osten zum Arbeitseinsatz kommen."
Eichmann: „ Das könnte stimmen."
Frage: „In großen Arbeitskolonnen, unter Trennung der Geschlechter, werden die arbeitsfähigen Juden straßenbauend in diese Gebiete geführt, wobei zweifellos ein Großteil durch natürliche Verminderung ausfallen wird. Der allfällig endlich verbleibende Restbestand wird, da es sich bei diesen zweifellos um den widerstandsfähigsten Teil handelt, entsprechend behandelt werden müssen, da dieser, eine natürliche Auslese darstellend, bei Freilassung als Keimzelle eines neuen jüdischen Aufbaues anzusprechen ist. (Siehe die Erfahrung der Geschichte.)"
Eichmann: „Unmöglich."
Frage: „Im Zuge der praktischen Durchführung der Endlösung wird Europa von Westen nach Osten durchgekämmt. Das Reichsgebiet einschließlich Protektorat Böhmen und Mähren wird, allein schon aus Gründen der Wohnungsfrage und sonstiger sozialpolitischen Notwendigkeiten, vorweggenommen werden müssen.
Die evakuierten Juden werden zunächst Zug um Zug in sogenannte Durchgangsghettos verbracht, um von dort aus weiter nach dem Osten transportiert zu werden.
Wichtige Voraussetzung, so führte SS-Obergruppenführer Heydrich weiter aus, für die Durchführung der Evakuierung überhaupt ist die genaue Festlegung des in Betracht kommenden Personenkreises.
Es ist beabsichtigt, Juden im Alter von über 65 Jahren nicht zu evakuieren, sondern sie einem Altersghetto – vorgesehen ist Theresienstadt – zu überstellen. Neben diesen Altersklassen – von den am 31. Oktober 1941 im Altreich und der Ostmark befindlichen etwa 280 000 Juden sind etwa 30 % über 65 Jahre alt – finden in den jüdischen Altersghettos weiterhin die schwerkriegsbeschädigten Juden und Juden mit Kriegsauszeichnungen (EK I) Aufnahme. Mit dieser zweckmäßigen Lösung werden mit einem Schlage die vielen Interventionen ausgeschaltet.
Der Beginn der einzelnen größeren Evakuierungsaktionen wird weitgehend von der militärischen Entwicklung abhängig sein. Bezüglich der Behandlung der Endlösung in den von uns besetzten und beeinflußten europäischen Gebieten wurde vorgeschlagen, daß die in Betracht kommenden Sachbearbeiter des Auswärtigen Amtes sich mit den zuständigen Referenten der Sicherheitspolizei und des SD besprechen."
Eichmann: „Ja, das kann sein."
Frage: „In der Slowakei und Kroatien ist die Angelegenheit nicht mehr allzu schwer, da die wesentlichsten Kernfragen in dieser Hinsicht dort bereits einer Lösung zugeführt wurden. In Rumänien hat die Regierung inzwischen ebenfalls einen Judenbe-

auftragten eingesetzt. Zur Regelung der Frage in Ungarn ist erforderlich, in Zeitkürze einen Berater für Judenfragen der ungarischen Regierung aufzuoktroyieren."
Eichmann: „Das ist möglich."
Frage: „Hinsichtlich der Aufnahme der Vorbereitungen zur Regelung des Problems in Italien hält SS-Obergruppenführer Heydrich eine Verbindung mit Polizei-Chef in diesen Belangen für angebracht. Unterstaatssekretär Luther teilte hierzu mit, daß bei tiefgehender Behandlung dieses Problems in einigen Ländern, so in den nordischen Ländern, Schwierigkeiten auftauchen werden und es sich daher empfiehlt, diese Länder vorerst noch zurückzustellen. In Anbetracht der hier in Frage kommenden geringen Judenzahlen bildet diese Zurückstellung ohnedies keine wesentliche Einschränkung. Dafür sieht das Auswärtige Amt für den Südosten und Westen Europas keine großen Schwierigkeiten."
Eichmann: „Sachlich nicht zu beanstanden. Es ist nur stilistisch nicht ganz in Ordnung. Es fehlt das Beamtendeutsch; es besteht ein Unterschied ... es kann auch an dem Protokollaufnehmer liegen, daß er gerade mal geschlafen hat ..."
Frage: „SS-Gruppenführer Hofmann beabsichtigt, einen Sachbearbeiter des Rasse- und Siedlungshauptamtes zur allgemeinen Orientierung dann nach Ungarn mitsenden zu wollen, wenn seitens des Chefs der Sicherheitspolizei und des SD die Angelegenheit dort in Angriff genommen wird. Es wurde festgelegt, diesen Sachbearbeiter des Rasse- und Siedlungshauptamtes, der nicht aktiv werden soll, vorübergehend offiziell als Gehilfen zum Polizei-Attaché abzustellen.
Im Zuge der Endlösungsvorhaben sollen die Nürnberger Gesetze gewissermaßen die Grundlage bilden, wobei Voraussetzung für die restlose Bereinigung des Problems auch die Lösung der Mischehen- und Mischlingsfragen ist.
Chef der Sicherheitspolizei und des SD erörtert im Hinblick auf ein Schreiben des Chefs der Reichskanzlei zunächst theoretisch die nachstehenden Punkte:
1. Behandlung der Mischlinge 1. Grades.
Mischlinge 1. Grades sind im Hinblick auf die Endlösung der Judenfrage den Juden gleichgestellt.
Von dieser Behandlung werden ausgenommen:
a) Mischlinge 1. Grades verheiratet mit Deutschblütigen, aus deren Ehe Kinder (Mischlinge 2. Grades) hervorgegangen sind. Diese Mischlinge 2. Grades sind im wesentlichen den Deutschen gleichgestellt.
b) Mischlinge 1. Grades, für die von den höchsten Instanzen der Partei und des Staates bisher auf irgendwelchen Gebieten (Lebens) Ausnahmegenehmigungen erteilt worden sind. Jeder Einzelfall muß überprüft werden, wobei nicht ausgeschlossen wird, daß die Entscheidung nochmals zuungunsten des Mischlings ausfällt.
Voraussetzungen einer Ausnahmebewilligung müssen stets grundsätzliche Verdienste des in Frage stehenden Mischlings selbst sein. (Nicht Verdienste des deutschblütigen Elternteiles oder Eheteiles.)
Der von der Evakuierung auszunehmende Mischling 1. Grades wird, um jede Nachkommenschaft zu verhindern und das Mischlingsproblem endgültig zu bereinigen, sterilisiert. Die Sterilisation erfolgt freiwillig. Sie ist aber Voraussetzung für das Verbleiben im Reich. Der sterilisierte „Mischling" ist in der Folgezeit von allen einengenden Bestimmungen, denen er bislang unterworfen ist, befreit.
2. Behandlung der Mischlinge 2. Grades.
Die Mischlinge 2. Grades werden grundsätzlich den Deutschblütigen zugeschlagen, mit Ausnahme folgender Fälle, in denen die Mischlinge 2. Grades den Juden gleichgestellt werden:

a) Herkunft des Mischlings 2. Grades aus einer Bastard-Ehe (beide Teile Mischlinge).
b) Rassisch besonders ungünstiges Erscheinungsbild des Mischlings 2. Grades, das ihn schon äußerlich zu den Juden rechnet.
c) Besonders schlechte polizeiliche und politische Beurteilung des Mischlings 2. Grades, die erkennen läßt, daß er sich wie ein Jude fühlt und benimmt.
Auch in diesen Fällen sollen aber dann Ausnahmen nicht gemacht werden, wenn der Mischling 2. Grades deutschblütig verheiratet ist.
3. Ehen zwischen Volljuden und Deutschblütigen.
Von Einzelfall zu Einzelfall muß hier entschieden werden, ob der jüdische Teil evakuiert wird oder ob er unter Berücksichtigung der Auswirkungen einer solchen Maßnahme auf die deutschblütigen Verwandten dieser Mischehe einem Altersghetto überstellt wird.
4. Ehen zwischen Mischlingen 1. Grades und Deutschblütigen.
   a) ohne Kinder:
   Sind aus der Ehe keine Kinder hervorgegangen, wird der Mischling 1. Grades evakuiert bzw. einem Altersghetto überstellt. (Gleiche Behandlung wie bei Ehen zwischen Volljuden und Deutschblütigen. Punkt 3.)
   b) Mit Kindern:
   Sind Kinder aus der Ehe hervorgegangen (Mischlinge 2. Grades), werden sie, wenn sie den Juden gleichgestellt werden, zusammen mit dem Mischling 1. Grades evakuiert bzw. einem Ghetto überstellt. Soweit diese Kinder Deutschblütigen gleichgestellt werden (Regelfälle), sind sie von der Evakuierung auszunehmen und damit auch der Mischling 1. Grades.
5. Ehen zwischen Mischlingen 1. Grades und Mischlingen 2. Grades oder Juden. Bei diesen Ehen (einschließlich der Kinder) werden alle Teile wie Juden behandelt und daher evakuiert bzw. einem Altersghetto überstellt.
6. Ehen zwischen Mischlingen 1. Grades und Mischlingen 2. Grades. Beide Eheteile werden ohne Rücksicht darauf, ob Kinder vorhanden sind oder nicht, evakuiert bzw. einem Altersghetto überstellt, da etwaige Kinder rassenmäßig in der Regel einen stärkeren jüdischen Bluteinschlag ausweisen als die jüdischen Mischlinge 2. Grades.

SS-Gruppenführer Hofmann steht auf dem Standpunkt, daß von der Sterilisierung weitgehend Gebrauch gemacht werden muß, zumal der Mischling, vor die Wahl gestellt, ob er evakuiert oder sterilisiert werden soll, sich lieber der Sterilisation unterziehen würde.

Staatssekretär Dr. Stuckart stellt fest, daß die praktische Durchführung der eben mitgeteilten Lösungsmöglichkeiten zur Bereinigung der Mischehen-Mischlingsfragen in dieser Form eine unendliche Verwaltungsarbeit mit sich bringen würde. Um zum anderen auf alle Fälle auch den biologischen Tatsachen Rechnung zu tragen, schlug Staatssekretär Dr. Stuckart vor, zur Zwangssterilisierung zu schreiten."
Eichmann: „Das ist interessant."
Frage: „Erinnern Sie sich daran?"
Eichmann: „Ich weiß es nicht. Das ist zuviel verlangt, es war doch 1942; das ist lange her. Dem Text nach kann es stimmen, natürlich."
Frage: „Staatssekretär Dr. Bühler stellte fest, daß das Generalgouvernement es begrüßen würde, wenn mit der Endlösung dieser Frage im Generalgouvernement begonnen würde, weil einmal hier das Transportproblem keine übergeordnete Rolle spielt und arbeitseinsatzmäßige Gründe den Verlauf dieser Aktion nicht behindern würden."

Eichmann: „Ja, daran kann ich mich entsinnen."
Frage: „Weiter sagt Staatssekretär Dr. Bühler: ‚Juden müßten so schnell wie möglich aus dem Gebiet des Generalgouvernements entfernt werden, weil gerade hier der Jude als Seuchenträger eine eminente Gefahr bedeutet und er zum anderen durch fortgesetzten Schleichhandel die wirtschaftliche Struktur des Landes dauernd in Unordnung bringt. Von den in Frage kommenden etwa 2½ Millionen Juden sei überdies die Mehrzahl der Fälle arbeitsunfähig.'"
Eichmann: „Das ist natürlich übertrieben. Gerade im Generalgouvernement ist das Gegenteil der Fall gewesen. Gerade das Generalgouvernement hat die Fülle der kleinen Handwerker gestellt."
Frage: „Abschließend wurden die verschiedenen Arten der Lösungsmöglichkeiten besprochen, wobei sowohl seitens des Gauleiters Dr. Meyer als auch seitens des Staatssekretärs Dr. Bühler der Standpunkt vertreten wurde, gewisse vorbereitende Arbeiten im Zuge der Endlösung gleich in den betreffenden Gebieten selbst durchzuführen, wobei jedoch eine Beunruhigung der Bevölkerung vermieden werden müsse. Was soll das heißen?"
Eichmann: „Vielleicht Liquidierung. Aber das haben sie doch schon seit 1941 in den besetzten Ostgebieten gemacht; aber diesen Satz muß man anstreichen; den kann ich nicht akzeptieren.

Also ist zusammenfassend zu sagen, daß der Textteil dieses Berichtes absolut authentisch ist, daß nur dort, wo es um wesentliche Dinge geht, nämlich um die Zahlen und die Andeutungen über irgendwelche Gewaltlösungen des Problems, Falsches hineingeschmuggelt ist... Man sieht hier aber deutlich, wie sich alle jene Stellen nicht genug tun konnten, damals so scharfe Vorschläge wie möglich zu machen und nachher (nach 1945) von nichts mehr wissen zu wollen. Da hatten es andere getan. Als Sie mir am Anfang sagten ‚Wannseeprotokoll', erwiderte ich, daß ich mich so gut wie an nichts entsinne; aber als ich dann bestimmte Worte hörte, da wußte ich Bescheid."

Auseinandersetzung Eichmanns mit Höss und Pohl

Des öfteren stellte ich bereits fest, daß mein Dezernat IV B 4 mit der physischen Vernichtung von Juden nichts zu tun hatte, sondern dies ausschließlich Aufgabe des WVHA unter Obergruppenführer Pohl war, während Glücks – innerhalb des Amtes Pohl – die Aufsicht über die KZs führte.

Wenn behauptet wird, daß Glücks dem Obengruppenführer Heydrich unterstand, so kommt mir das sehr unwahrscheinlich vor: er trug nicht einmal die SS-Runen. Meiner Meinung nach unterstand er Pohl, und Pohl als Hauptamtschef unterstand genau wie Heydrich als Hauptamtschef dem Reichsführer SS. Bindend kann ich mich jedoch zu diesen Verhältnissen nicht äußern; denn ich hatte damit nichts zu tun.

Wenn behauptet wird, Höss habe erklärt, schon im Juni 1941 zu Himmler befohlen worden zu sein, und dieser habe ihm eröffnet, Auschwitz – damals noch ein kleines Lager – sei als Zentrum für die physische Vernichtung bestimmt, so kann ich – immer unter der Voraussetzung, daß dies alles keine Lüge ist – nur feststellen: dies ist ein weiterer Beweis dafür, daß verschiedene Personen viel früher über den betreffenden Führerbefehl unterrichtet wurden als ich, der ich beim Reichsverkehrsministerium die Transportmittel zu beantragen hatte.

Wenn behauptet wird, ich hätte Höss im Juli 1941 „Aufträge" gegeben und diese seien in einem „Dokument" enthalten gewesen, so ist dies nur annehmbar, wenn damit gemeint ist, daß ich gemäß Befehl des Reichsführers Höss in Kenntnis zu setzen hatte, es würden z. B. in den nächsten drei Monaten 50 Transportzüge zusammengestellt und gemäß Weisung von Pohl sei Auschwitz als Endbahnhof festgesetzt. Dann mußte ich natürlich von Höss in Erfahrung bringen, in welchen Abständen er diese Transporte annehmen konnte. „Aufträge" gab ich Höss keineswegs. Aber ich will nicht ableugnen, zwei- oder dreimal Besprechungen in dem eben beschriebenen Sinne mit ihm geführt zu haben.

Wenn IV B 4 den Befehl bekam, innerhalb einer gewissen Zeit irgendeine Stadt judenfrei zu melden, dann mußte ich das rollende Material stellen und die „Richtlinien" herausgeben. Zuerst wandte ich mich an das WVHA und ließ mir dort die Endstationen nennen; dann mußte ich die möglichen Intervalle der einzelnen Transporte wissen; denn für jede Stockung im Fahrplan wurde ich verantwortlich gemacht. In einem solchen Falle habe ich Höss meinen Auftrag mitgeteilt, einschließlich der WVHA-Weisung über Auschwitz als Endbahnhof und der geschätzten Zahl der Erfaßten und Verladenen in der vorgeschriebenen Zeit. Über die Aufnahmefähigkeit habe ich bei Höss Information erbeten, um mit dem Reichsverkehrsministerium den Fahrplan festlegen zu können.

Nur solche Besprechungen dienstlicher Art fanden zwischen Höss und mir statt; in irgendwelche Angelegenheiten des KZ-Bereichs, geschweige denn in irgend etwas, das Bezug hatte auf den Vernichtungsbefehl, habe ich mich nie eingeschaltet, mit der einzigen Ausnahme meiner geschilderten Intervention zugunsten des Juden Storfer, und das war eigentlich mehr eine Privatangelegenheit.

Reitlinger* stellt die Behauptung auf: „Höss, der immer äußerst unbestimmt in seinen Aussagen war, behauptete, er habe die Anweisungen für die Massenvergasung direkt vom Reichssicherheitshauptamt erhalten. Nach einigem Drängen gab er zu, daß sie eher von Eichmann aus der Judenabteilung der Gestapo als von Müller oder Kaltenbrunner unterschrieben waren, die die Befehle für die Hinrichtungen in Auschwitz unterzeichnet hatten." Dazu muß ich bemerken: Ich kann versichern, nie wird ein solches Schreiben oder ein solcher Befehl gefunden werden können, weil sie nie existiert haben. Ich nehme sogar als sicher an, daß ein derartiges Schreiben ebensowenig mit Müllers oder gar Heydrichs Unterschrift existiert; denn keiner von beiden hätte jemals eine direkte Anweisung zur Vernichtung geben können, ohne eine grobe Kompetenz-Überschreitung zu begehen, die sich Pohl natürlich verboten hätte. Die Anweisung für Vergasungen muß von Pohl gekommen sein; das ist verwaltungstechnisch anders gar nicht denkbar. Der jüdische Autor spricht ja selber über „äußerst unbestimmte Aussagen" von Höss; Höss kann um diese Zeit gar nicht mehr zurechnungsfähig gewesen sein, schon weil er angibt, 2½ Millionen in Auschwitz vernichtet zu haben, eine Zahl, die ich, als Kenner der wirklichen Zahl zu sein, glattweg als astronomisch übertrieben ablehne.

Wenn Pohl tatsächlich vom Nürnberger Gerichtshof von der direkten Teilhaberschaft an der Vergasung freigesprochen wurde und somit „die ganze Schuld an Glücks, Müller und Eichmann, die alle drei verschwunden sind, haftenblieb"*, so muß ich dazu sagen, daß ich diesen Freispruch einfach nicht verstehe. Was will man damit bezwecken? Der jüdische Autor Poliakov stellt mich ja als einen Bürokraten hin, der „seinen Rahmen nicht sprengen konnte", „dessen Tragik es war, nicht höherzukommen", aber der jüdische Autor Reitlinger, der in vielem weit ungenauer ist als

---

* Reitlinger: „Die Endlösung", Seite 122.
* Reitlinger: „Die Endlösung ", Seite 124.

Poliakov, stellt mich als einen „Allgewaltigen", „einen Herrn über Leben und Tod" dar. Was wurde damit bezweckt, den Chef des Hauptamtes, dem die Konzentrationslager unterstanden, dessen Offiziere die Auswahl zwischen jenen vornahmen, die vernichtet, und denen, die zur Arbeit eingesetzt wurden, was wurde damit bezweckt, frage ich, den Chef des Hauptamtes, dem die Vernichtung unterstand, freizusprechen und die Sicherheitspolizei, die gar nichts damit zu tun hatte, zu belasten?

Schon früher betonte ich, daß der Reichsführer ganz bewußt seine Polizei eingedenk des Beiwortes „dein Freund und Helfer" aus der Vernichtungsaktion heraushielt; es wäre für ihn ein leichtes gewesen, auch diese Maßnahmen in der Polizei straff zu organisieren. So verstehe ich einfach nicht, welchem Zweck diese Darstellung der angezogenen Autoren bzw. der Freispruch des Nürnberger Gerichts dienen soll.

Wenn Höss in Nürnberg aussagte, daß jeder Transport von mir angekündigt wurde, dann stimmt das, wie eben dargestellt. Es war eine stereotype Formel, die folgendermaßen lautete: „Betrifft Transport aus X ... Am ... werden gemäß Fahrplan ... drei weitere Transporte aus ... zur Sonderbehandlung eintreffen". So war es vorgeschrieben. Die „Sonderbehandlung" ging IV B 4 nichts an, sondern war der Exekutive und den Befehlen, die sie erhielt, überlassen. Es ist durchaus möglich, daß Höss in Nürnberg versuchte, mir die Schuld aufzubürden, indem er behauptete, den Befehl „von Eichmann" erhalten zu haben.

Die Fernschreiben der Transportankündigung gingen auch noch schriftlich ab; der Text war ebenfalls vorgeschrieben und keineswegs von mir ausgedacht: nicht die Sicherheitspolizei stellte fest, daß die Juden „zur Sonderbehandlung" kamen, sondern der Führerbefehl, der besagte, daß alle Juden zur Sonderbehandlung den KZs zu überstellen seien. Wir haben sie lediglich erfaßt und transportiert, in Ungarn n u r transportiert, alles übrige lag außerhalb unserer Zuständigkeit, wie schon dutzendfach gesagt. Die Lager hatten zweifellos ihre besonderen Befehle, wie zu verfahren war. Das ist die genaue Wahrheit; was mit juristischer Tüftelei daraus abgeleitet und daran gefälscht werden kann, interessiert mich nicht. Die Sicherheitspolizei war weder Anordner noch Durchführer der Vernichtung.

Es mag sein, daß die Verteidigung von Pohl sich die Zusammenhänge in dieser Weise zurechtgelegt hat, genau wie im Falle von Weizsäckers, der auch alles auf mich abgeschoben hatte, obwohl sogar die Juden feststellten, daß die Initiative zu bestimmten Maßnahmen nur vom Auswärtigen Amt ausgegangen sein konnte. Nie hat die Sicherheitspolizei „Sonderbehandlung" anordnen oder gar den Konzentrationslagern Anweisungen geben können, nach welchen Prinzipien die „Sonderbehandlung" durchzuführen sei! Dieses Wort „Sonderbehandlung" war eine stereotype Formel genau wie „Haftüberprüfungstermin alle Vierteljahre", wenn Juden wegen Rassenschande oder ähnlichem ins KZ eingeliefert wurden. Es brauchten keine Vorlagen über diese Haftüberprüfungstermine von der KZ-Kommandantur an das WVHA gemacht werden. Die „Sonderbehandlung" stand im Ermessen der KZs und des WVHA; darauf beruhte ja die Arbeitseinteilung für die den Lagern angegliederten Fabriken. Auch das hatte nichts mit der Sicherheitspolizei zu tun. Das Wort „Sonderbehandlung" wurde nicht nur vom RSHA benutzt, sondern war ein allgemeiner Begriff, der von allen verwandt wurde. Ich bin sogar davon überzeugt, daß das Reichsverkehrsministerium diesen Ausdruck verwandte. Jedenfalls oblag es nicht meinem Dezernat, derartige Anweisungen zu erteilen; infolgedessen konnte ich nicht wissen, welche deportierten Juden zum Arbeitseinsatz oder zur Vernichtung und ob sie überhaupt zu letzterer bestimmt waren.

Es empört mich, daß versucht wird, m i c h für die Massenvernichtung haftbar zu machen. Man ist dabei vor keinem Mittel zurückgeschreckt, hat auch meinem früheren Vorgesetzten und späteren Untergebenen Dieter Wisliceny, dem Auschwitzer Kommandanten Höss und vielen anderen die Absicht in die Feder diktiert, mich als Schuldigen zu belasten. Dieser Versuch ist jedoch eine Vorgeschichte, mit der ich mich an dieser Stelle näher befassen möchte.

Auswanderung, jüdische Opfer, Autoren und ich

Durch meine Bemühungen um die forcierte Auswanderung, wie sie in den „Zentralstellen" Wien, Prag, Berlin zum Ausdruck kamen, hatte ich in zahllosen Verhandlungen mit den jeweiligen jüdischen Funktionären zu tun, so daß schon im tiefsten Frieden die Kenntnis dieser meiner Bemühungen ins Ausland gelangte: ich nannte bereits früher das „Pariser Tageblatt", das einen Leitartikel mit der Überschrift „Der Zar der Juden" schrieb und sich darin mit meiner Arbeit befaßte. Dieser Artikel war gleichzeitig ein Signal für die übrige Presse, die ja zu 80 % von jüdischer Seite finanziert wurde, sich von diesem Augenblick an mit meiner Person zu beschäftigen. Mir wurden hinfort in der internationalen Presse – schon damals, vor dem Kriege – Dinge unterstellt, für die ich keineswegs zuständig war; manchmal haben wir darüber gelacht; doch bisweilen fühlte ich mich verpflichtet, mich bei meinem Vorgesetzten zu entschuldigen, damit ja nicht der Eindruck entstehe, daß ich die Grenzen meiner Zuständigkeit gesprengt habe. Als ich ins Protektorat abkommandiert wurde und die „Zentralstelle für jüdische Auswanderung" in Prag schuf, schrieb wieder irgendeine ausländische Gazette über mich. Bis Kriegsausbruch war die Zahl solcher Artikel so groß, daß der ehemalige Lehrer Wurm beim „Stürmer" eine Sammlung davon anlegte und sie mir zum Geschenk machte. Es waren Dutzende und Aberdutzende von ausländischen Pressestimmen. Ich habe sie damals gelesen, meinem ständigen Vertreter gezeigt, dann in meinem Schreibtisch verschlossen und kurz vor Kriegsende vernichtet.

Wenn ich mich also im Reichsgebiet in eine solche Spezialsache „hineinkniete", wie es die Auswanderung war, dabei auch von den jüdischen Experten als der Fachmann anerkannt wurde, so hat man mir in der Folge in zunehmendem Maße alles Mögliche und Unmögliche unterstellt. Den Juden und damit dem Ausland blieb es natürlich nicht verborgen, daß ich z. B. in Wien im Rahmen der „Zentrale" als kleiner Dezernent ohne hohen Rang viele Hürden nehmen konnte, wie etwa die „Vereinnahmung" polizeiferner Stellen, beispielsweise von Beamten der Reichsbank mit dem Zwecke der Devisenregelung. Wie ich früher bereits berichtete, schilderten mir Dr. Rothenberg und Dr. Löwenherz den Jammer auswanderungswilliger Juden, die oft, wenn sie nach vielen Mühen alle ihre Dokumente hatten, durch neue, inzwischen erlassene Bestimmungen nicht zur Auswanderung gelangten. Mancher landete infolgedessen doch im KZ. Diese Klagen bewogen mich dazu, innerhalb der „Zentrale" eine Möglichkeit zu schaffen, daß in wenigen Stunden die gesamte Auswanderungsdokumentation erledigt werden konnte. Und das gelang mir dann auch.

Dieser Vorgang brachte mir Heydrichs Bemerkung ein, ich sei nun als sein Untergebener ein „kleiner Ministerpräsident". Tatsächlich lag darin eine gewisse Wahrheit; denn ich hatte Weisungsbefugnis über den Devisenfachmann der Reichsbank, ja, ich konnte sozusagen den Dollarkurs „bestimmen". Ich wurde nun mit einem Schlag der „bekannte Eichmann". Bis zum Reichsführer hinauf wie auch in den anderen Ministerien reagierte man teilweise mit Haß, teilweise mit Bewunderung: das alles gab mir einen ungeheuren Aufschwung in meiner Arbeit. Ich war schier überall zugleich, was mir bei den eigenen Leuten viel Respekt, bei den Juden und damit auch im Ausland aber jenen Ruf und Namen gab, der als Mär an mir haften bleiben sollte.

Als der Krieg ausbrach und damit meine Aufgabe als „Auswanderungsspezialist" ihr Ende fand, wurde ich von meinem Vorgesetzten nach allen möglichen Orten Europas geschickt, um in den einzelnen Ländern entweder eine gesetzgeberische Arbeit bezüglich der Judenfrage anzuregen, oder mit dem Zweck, das Geschehen in den betreffenden Gebieten zu inspizieren und kontrollieren. Meine Feststellungen mußte ich meinem unmittelbaren Vorgesetzten, Gruppenführer Müller, melden, damit er über alle Geschehnisse eine unbeeinflußte und berufene Orientierung erhielt. Das hat mich natürlich beim Judentum der betreffenden Länder Europas wie des unbeteiligten Auslandes weitestgehend bekannt gemacht, so daß man mich dort im Unvermögen, sich irgendwie in unsere Verhältnisse hineinzudenken, tatsächlich als „Zaren der Juden" betrachtete.

Als es dann zum letzten Ausweg der physischen Vernichtung kam, wurde mir aus purer Gewohnheit auch diese angehängt, wiederum in völliger Unkenntnis unseres Verwaltungsapparates und der Zuständigkeiten der einzelnen Dienststellen.

Es kam der erste Nürnberger Prozeß, die Rache und Vergeltung der Sieger. Kleinere Opfer aus meinem Bereich waren in ihren Händen, und diese Opfer mußten nun entsprechend bearbeitet werden, weil meine Vorgesetzten sich entweder das Leben nahmen, gefallen, verschollen oder gehängt waren. In der Eile des Gefechtes quetschte man zweifellos Dr. Kaltenbrunner nicht genug aus.

Die jüdischen Führer konnten sich nur noch einem verhältnismäßig kleinen Dezernenten in Amt IV, dem Oberstleutnant Eichmann, verschreiben, der allerdings den Vorzug hatte, durch die Kleinarbeit im Rahmen einer ordentlichen politischen Lösung der Judenfrage bekanntgeworden zu sein. Damit stand eine „Figur" für das Forum der Weltöffentlichkeit zur Verfügung. Nun galt es, diesem Manne alles in die Schuhe zu schieben, was man in der eiligen CIC-Folterung bei andern vergessen hatte. Sonstige Leute waren zu früh weggestorben, oder das „Gesetz" befahl, andere, berufenere Leute früher aufzuhängen, als man sie hätte aufhängen dürfen. Beginnend mit Presseartikeln mit Überschriften wie „Massenmörder Eichmann", „Großinquisitor des Judentums" bis zu angeblich wissenschaftlichen Ergüssen rankte sich eine Legende um meine Person, deren Erfinder sich nicht genug tun konnten, mich mit Haß und zu gleicher Zeit höchsten Dienstgraden bis zum General auszuzeichnen; denn sonst hätte ich als verhältnismäßig kleiner Dienstgrad zu blaß im internationalen Rampenlicht gestanden. Hauptziel war die Erlangung wirtschaftlicher Vorteile; sie wurden erzielt durch erpreßte Aussagen, die man als „Akten-Beweise" in der Hand hatte. Nun kam es darauf an, wirkliche Kenner des Sachverhalts mundtot zu machen. Der erste Haupt- und Kronzeuge, Dieter Wisliceny, mit seinem Ausspruch über „5 000 000 Opfer" wurde mit großer Geste an die neuen slowakischen Behörden ausgeliefert, die ihn in Preßburg verdächtig eilig an den Galgen brachten. Mich selbst vergaß das Judentum nicht: ich las 4–5 Jahre nach dem Krieg in einer österreichischen Zeitung, daß sich ein Offizier mit einem heute hohen Dienstgrad im israelischen Heer samt seinen Leuten nach Alt-Aussee begeben habe. Obwohl ich von Hunden bewacht worden sei, hätten sie mich mit Knüppeln niedergeschlagen, mit einem Jeep in eine Waldschneise geschleppt, und als ich zu Bewußtsein gelangte, hätten sie mich nach meinem Namen gefragt. Daraufhin hätte ich ohne weiteres bejaht, daß ich Adolf Eichmann bin, worauf sie mich zu Tode schlugen. Der Offizier bestätigte noch, daß ich mit bemerkenswerter Anständigkeit gestorben sei.

Andere Leute aus meinem Bereich, wie mein Hauptsturmführer Brunner, wurden entweder erhängt oder erschossen, irgendwo im Osten, sofort nach dem Nürnberger

Tribunal. Über das Schicksal von Richter und Dannecker weiß ich nicht Bescheid. Krumey stieß erst in der Ungarn-Zeit zu mir und war dort mein ständiger Vertreter. Meine engsten Vertrauten sind verschollen. Sonstige Zeugen gegen die jüdische These gibt es nicht. Um meine „zentrale Bedeutung", meinen künstlichen Ruf als „Zar der Juden" zu erhärten, griff man auf den unzuverlässigen Höttl zurück . . . und auf Wisliceny. Von Rechts wegen hätte man sich mehr anstrengen müssen, mich umzubringen oder mich zu fassen. Aber sie brachten es nicht fertig. Ich war immer eine kleine Nuance schlauer als der mich jeweilig vernehmende CIC-Offizier, fast in allen Fällen ein Jude.

So kann ich jetzt Zeugnis ablegen über all die Geschehnisse. Über die Materie läßt sich nicht streiten, weil man die Einzelheiten entweder kennt oder nicht. Wer Zweifel hat, mag Vergleiche an Hand der Schriftstücke anstellen; denn Akten sind ja stoßweise vorhanden, und im Notfall könnte ich auch eine Fotografie als Obersturmbannführer aus jener Zeit geben.

Daß ich nie über den Rang eines Obersturmbannführers, eines Oberstleutnants, hinausgekommen bin, ist zu gleicher Zeit ein Beweis dafür, daß ich tatsächlich nur einer von vielen Dezernenten gewesen bin. Wieso ich nach 1941 nicht mehr befördert wurde, kann ich nur annähernd erklären. Nachdem die Versuche einer politischen Lösung des Judenproblems fehlgeschlagen waren und ich mit den Deportationen beauftragt wurde, sagte ich einmal zu Gruppenführer Müller: „Die Arbeit, die ich jetzt verrichten muß, ist so wenig erbaulich und miserabel, daß ich mir sage, ich würde nicht mit großem Stolz darauf zurückblicken können, wenn ich gerade zu dieser Zeit befördert würde". Mag sein, daß Müller sich diesen Ausspruch gemerkt hat. Außerdem konnte er mich gar nicht ohne weiteres befördern: im Amt IV entsprach die Planstelle eines Referenten der eines Regierungsrates oder Oberregierungsrates und die Planstelle eines Abteilungsleiters der eines Oberregierungsrates bzw. Ministerialrates; man konnte natürlich nicht über den angemessenen militärischen Rang hinaus befördern; wer Dezernent war, war nach der Planstelle Oberregierungsrat. Er konnte eine Obersturmbannführer-Stelle innehaben, aber nicht Standartenführer werden. Nur bei Beförderung zum Ministerialrat wurde er Standartenführer. Erst Ende 1944 wurde ich Abteilungsleiter, doch das wirkte sich nicht mehr aus: als Abteilungsleiter hätte ich natürlich zum Standartenführer vorrücken können, und in den letzten Kriegstagen erhielt ich von allen Seiten Glückwünsche. Ich habe aber nie etwas Näheres erfahren, weil mir das im März oder April 1945 völlig gleich war. Müller bot mir einmal an, ins Beamtenverhältnis überzugehen; da erklärte ich ihm, daß es ja gleich sei, ob ich meine Arbeit als Beamter oder als SS-Führer mache; ich sei Idealist und arbeite nicht aus materiellen Erwägungen heraus. Und ich fügte hinzu: „Wenn der Krieg zu Ende ist, dann werden Sie mir bestimmt eine Position als Polizeipräsident verschaffen, am liebsten in Linz oder in Graz, und damit möchte ich mein Leben beenden." Da verzogen sich Müllers Lippen wieder zu einem leichten Lächeln.

Über meinen Dienstgrad mache ich mir erst jetzt Gedanken, weil ich erfahre, daß die Gegenseite versucht, eine „Vertuschung" zu konstruieren. Hätte ich die entsprechende höhere Planstelle besessen, dann wäre ich auch befördert worden. Ich habe nicht mehr leisten können, als die Befugnisse eines Dezernenten im Amt IV zuließen; so konnte ich auch im Dienstrang nicht vorrücken. Das tut der Gegenseite natürlich leid; es wäre ihr lieber, wenn sie mit einem höheren Dienstgrad aufwarten könnte. In diesbezüglichen Zeitungsveröffentlichungen habe ich gelesen, daß ich Gruppenführer war; die Zeitungen in Österreich schrieben nur von „General Eichmann".

Wenn es sich herausstellt, daß die gegnerische Propaganda sich ausgerechnet auf diesen bescheidenen Dienstgrad eingeschossen hat, der Jahre hindurch in Konferenzen und Besprechungen mit jüdischen Funktionären sich nur um Auswanderung oder um die Schaffung und Belegung von Theresienstadt bemühte statt etwa um die physische Vernichtung, dann gibt es nur zwei Möglichkeiten: entweder resignieren die jüdischen Führer – oder sie revoltieren, und der alttestamentarische Haß, vor dem man mich warnt, kommt zum Ausbruch.

Trotz dieser Warnung muß ich heute und hier die Wahrheit sagen, um einer geschichtlichen Lüge entgegenzutreten, der bisher noch niemand entgegenzutreten gewagt hat. Ich will weiter rücksichtslos der Wahrheit dienen.

Natürlich bestätige ich, daß ich als zuständiger Beauftragter die europäischen Juden mit den schon erwähnten Ausnahmen transportiert habe. Hätte ich das nicht getan, dann wären sie z. T. nicht der Vernichtung zugeführt worden. Ich hatte den Befehl zu deportieren. Ich wollte weder Deportierung noch Vernichtung; ich wollte Auswanderung. Das Ausland konnte sich nicht genugtun, die deutschen Maßnahmen anzuprangern, aber hätte es die Grenzen wenigstens hier und da geöffnet, um die Juden aufzunehmen, dann wäre nicht ein halber Deportationszug von mir organisiert worden, dann hätte ich keine einzige Fahrplankonferenz beim Reichsverkehrsministerium zu beantragen brauchen, dann hätte sich kein einziges KZ bemühen müssen, zwischen arbeitseinsatzfähigen und -unfähigen Juden zu trennen. Das Ausland hat dies jedoch nicht getan, und das ist nach Versailles die zweite große Schuld des Auslandes. Zum Schluß haben wir dem Ausland nochmals eine Chance gegeben, als der Reichsführer anbot: „Nehmt uns die Juden ab! Umsonst bekommt ihr sie nicht mehr. Jetzt gebt uns dafür Ware!" Zum dritten Mal hat das Ausland das Angebot abgelehnt; daher mußten die Züge rollen.

Ich nehme, wie oft genug gesagt, die Verantwortung einer Befehlsausführung auf mich, soweit es sich um die polizeieigenen Maßnahmen der Erfassung in jenen Ländern handelt, wo die Sipo tätig war, also z. B. nicht in Ungarn; die Erfassung war ja die Grundlage der Deportation, zu der die Züge bereitgestellt wurden. Ich nehme auch die Verantwortung auf mich, befehlsgemäß in jenen Ländern, in denen meine „Berater" eingesetzt waren, die betreffenden Regierungen dahingehend beeinflußt zu haben, die Juden dem Deutschen Reich zu überstellen, die von ihrer landeseigenen Polizei erfaßt und zur Deportation gemeldet wurden.

Selbstverständlich stehe ich dafür ein, während der Kriegsjahre nicht geschlafen, sondern die erhaltenen Befehle ausgeführt zu haben. Ich habe mich stets durchzusetzen gewußt, und daher stand ich auch am Beginn der „höheren Laufbahn" im Polizeidienst. Aber die jüdischen Nachkriegsautoren unterstellen mir Dinge, für die ich nicht im geringsten zuständig war. Sie bauen mein Dezernat zu einer allgewaltigen Dienststelle auf. Natürlich müssen sie einer solchen Schilderung sich befleißigen, um der sog. „Erklärung" über den Tod von „sechs Millionen Juden" Glaubwürdigkeit zu verleihen. Wenn mein Aufgabenbereich auf die pure Wirklichkeit beschränkt wird, dann würde es sehr viele Kreise geben, die sich zweierlei sagen: 1. „Eichmann kann vieles nicht gewußt haben", 2. „Eichmann kann ja gar nicht sechs Millionen Juden getötet haben; das ist schon gar nicht möglich, wenn man sich die Zeit ausrechnet". Also dichten mir die Autoren einen Dienstapparat und Befugnisse an, die ganz ungeheuer sind; ich habe darüber nie verfügt.

Wiederholt las ich in der Nachkriegszeit darüber, daß mein Hauptsturmführer Wisliceny als Kronzeuge für die Judenfrage im ersten Nürnberger Prozeß gegen mich ausgesagt hat. Abgesehen von der Ungeheuerlichkeit, daß in einem authentischen Satz das Wort „Reichsfeinde" schlichtweg durch „Juden" ersetzt wurde, habe Wisliceny bezeugt, ich habe ihm einen schriftlichen Befehl des Reichsführers vorgezeigt, aus dem hervorgegangen sei, daß der Führer die physische Vernichtung angeordnet hat.

Im ersten Nürnberger Prozeß wurde auch das Märchen meiner angeblichen Erklärung über die „5 000 000 vernichteter Juden" in Umlauf gesetzt und durch die „Erklärung" von Höttl „vervollständigt". Ich selbst sammelte damals meine Kenntnisse über die Nürnberger Vorgänge nur aus den kümmerlichen Zeitungsberichten, die mir zugänglich waren; es stand fest, daß alle diese Leute sich auf mich bezogen, um sich selbst damit herauszureden, weil ich eben nicht da war. Da sich allmählich ein jeder in dieser Weise auf mich herausredete, bildete sich natürlich eine Legende, die im Laufe der Jahre dann dauernd in Zeitungen und Büchern aufgegriffen und weiter aufgebauscht wurde. Eine Richtigstellung durch meine Vorgesetzten war nicht möglich; diese sind leider alle tot oder verschollen; sie wurden gehängt oder haben sich selbst das Leben genommen; verschollen ist mein unmittelbarer Vorgesetzter, Amtschef IV, Gruppenführer Müller.

Wislicenys „Bericht" enthält vielleicht ein Viertel Wahrheit in technischen Fragen; im übrigen ist ein ganzes Lügengebäude auf der Basis der „6 000 000 vernichteter Juden" errichtet, deren angebliche Bestätigung durch mich laut Wisliceny behauptet wird. Ich weiß nicht, wie dieser „Bericht" zustandegekommen ist, unter welchem Druck, mit welcher „Methode". Doch halte ich Wisliceny für viel zu gescheit, um mein wirkliches Verhältnis zum Reichsführer wie zum Chef der Sipo und des SD nicht in seinem normalen und gesunden Maß darzustellen, hätte er frei aussagen können.

Um zu dem Zentralpunkt des „Berichtes" Stellung zu nehmen: Die Zahl von 5 000 000 oder gar 6 000 000 getöteten Juden ist völlig absurd; sie steht in keinem Verhältnis zu derjenigen, die für die physische Vernichtung in etwa errechenbar war; sie ist zweitens technisch unmöglich, und meine Untergebenen hätten mich für größenwahnsinnig gehalten, hätte ich selbst sie je genannt, weil sie vermutlich weit genauer als ich wußten, wie viele Juden im Dezernat IV B 4 fixiert worden sind; allein schon mein Transportoffizier, Hauptsturmführer Novak, der die Züge dauernd mit der Reichsbahn aushandeln mußte, hätte mir ins Gesicht gelacht. Es war leicht feststellbar, welche Zahl zur Auswanderung gebracht und welche transportiert worden war; mit Konzentrierung dagegen – mit der einzigen Ausnahme von Theresienstadt als Versuch der Schaffung eines Ghettos, als die politische Lösung der Judenfrage durch den Kriegsbeginn scheiterte – hatte mein Dezernat nichts zu tun.

Ich glaube, daß die Zahl des Statistikers Korherr – viereinhalb bis fünf Millionen behandelter Juden – im großen und ganzen zutrifft, aber sie umfaßt ausgewanderte wie in den Ghettos konzentrierte, zum Arbeitseinsatz wie zur physischen Vernichtung gelangte Juden.

Weiterhin muß ich Stellung nehmen zu der absichtlichen Verdrehung eines Satzes, den ich gegen Kriegsende, als alles schon verloren war, in Berlin in meiner Dienststelle in der Kurfürstenstraße zu den Herren meines Dezernates sagte. Ich verabschiedete mich von ihnen in folgender Form:

„Wenn es schon sein muß, werde ich gern und freudig in die Grube springen in dem Bewußtsein, daß mit mir auch 5 000 000 Reichsfeinde hineingesprungen sind!"

Ich verwendete das Wort „Reichsfeinde", nicht „Juden", auch nicht „Menschen". Ich hatte gar keine Veranlassung, von Juden zu sprechen: In diesen Tagen haßte ich alles, was dem deutschen Volke an den Kragen wollte – sie alle waren „Reichsfeinde", etwa soviel wie „Teufel" für einen Geistlichen. Ich erinnere mich noch, diesen Satz sehr hart gesprochen zu haben, denn damals empfand ich etwa so: Wenn ich schon ins Gras zu beißen habe, dann bin ich wenigstens nicht allein. Dies brachte ich mit meinen Worten zum Ausdruck – und damit trat ich von der Bühne ab.

Es ist vollkommen unsinnig, mir das Wort „Juden" in diesem Zusammenhang zu unterschieben; sie interessierten mich rein im Rahmen meines Auftrages der Deportation, aber ihre Vernichtung ging weder mein Dezernat noch mich persönlich an; wir kannten auch nicht annähernd den Prozentsatz der Getöteten unter den Deportierten.

Es war immer möglich, daß sie zum Arbeitseinsatz, z. B. in den Heinkelwerken, kamen. Ich hegte keinen Haß gegen die Juden, wovon später noch die Rede sein wird.

Schließlich will ich Stellung nehmen zu der Behauptung, ich hätte Wisliceny einen schriftlichen Befehl des Reichsführers vorgezeigt, der auf den Führerbefehl zur physischen Vernichtung Bezug nahm. **Es ist lächerlich zu glauben, daß der Führer einen schriftlichen Befehl zur Vernichtung sämtlicher Juden herausgegeben hat.** Ich habe übrigens nie mit dem Führer über Judenfragen gesprochen, bin auch nie zu ihm befohlen worden: Dazu leitete ich eine viel zu unbedeutende Dienststelle.

Zu Wislicenys Nürnberger Prozeßaussage, ich sei verantwortlich für „drei Phasen der Judenbehandlung: Auswanderung, Konzentrierung und Vernichtung", habe ich schon Stellung genommen. Die Auswanderung führte ich im Reichsgebiet durch, ebenfalls die polizeiliche Erfassung im Rahmen der Sipo-Zuständigkeit, für die Bereitstellung der Transportzüge war mein Dezernat verantwortlich – aber mit Konzentrierung in den Lagern oder gar mit physischer Vernichtung hatte ich und mein Dezernat nie zu tun. Im Generalgouvernement und den Ostgebieten hatte IV B 4 nie nirgendeine Zuständigkeit.

Wenn Kastner behauptet, er habe von Wisliceny erfahren, daß ich diesem bei einer Begegnung in meinem Amt im März 1942 die **Pläne für Gaskammern** gezeigt habe, so ist dazu zu sagen:

Wisliceny gehörte wie verschiedene andere Offiziere meines Dezernates zu meinen engsten Vertrauten. Mit diesem Personenkreis besprach ich alles. Jahrelang arbeitete ich mit ihnen zusammen, z. T. kannte ich sie schon seit 1934 vom Militärdienst her, ein Teil von ihnen war mir bereits seit 1938 unmittelbar untergeben. Vor diesem Personenkreis habe ich immer offen gesprochen, ganz gleich, ob es sich um eine geheime Reichssache oder um laufende Angelegenheiten handelte. Vor ihnen hatte ich keine Geheimnisse.

Diese Abschweifung war notwendig, um zu verstehen, daß ich aus diesem Erlebnis selbstverständlich gegenüber all meinen engsten Vertrauten kein Hehl gemacht habe. Wenn Wisliceny ausgesagt hat, daß ich ihm „**Pläne über Vergasungskammern**" gezeigt habe, dann stimmt das natürlich nicht, denn ich hatte nie in meinem Leben einen solchen Plan in den Händen, und außerdem haben Sipo, das Referat des Amtes IV und meine unmittelbaren Untergebenen nie etwas damit zu tun gehabt. Der Wirklichkeit mag es entsprechen, daß ich Wisliceny und anderen engsten Vertrauten gleich nach meiner Rückkehr erzählte, was ich gesehen und soeben geschildert habe; alle Anwesenden waren durch ihren Diensteid gebunden. Weil ich mit diesen meinen engsten Vertrauten am laufenden Bande „geheime Reichssachen" zu besprechen hatte, waren sie als Träger von Reichsgeheimnissen im Sinne des Gesetzes zu Stillschweigen verpflichtet.

Es ist allgemein bekannt, daß diese Beamten noch einmal außerordentlich auf Geheimhaltung verpflichtet wurden; gerade dem angeführten Personenkreis waren auch die geheimsten Dinge wie die Telefonüberwachungsbogen zugänglich. Deshalb ist es von mir durchaus nicht als Lapsus zu bezeichnen, wenn ich diese Vertrauten auch in alle übrigen geheimen Reichsangelegenheiten einweihte.

Auch die Aussage von Höss in Nürnberg, daß er in Auschwitz 2½ Millionen Juden vernichtet habe, scheint mir genauso wie die Aussage meines Hauptsturmführers Wisliceny unter Druck zustande gekommen zu sein. Höss kannte ich als einen sehr ordentlichen Kameraden, einen guten Familienvater, Träger des EK aus dem ersten Weltkrieg, der wegen seiner nationalsozialistischen Überzeugung mehrere Jahre vor der Machtübernahme im Zuchthaus saß.

Höss sagte mir einmal, der Reichsführer habe sich die ganze Vernichtungsaktion angesehen und erklärt, dies seien „Schlachten, die unsere kommenden Generationen nicht mehr zu schlagen hätten" – und an diesem Wort richtete er sich auf, um seine schwere Aufgabe erfüllen zu können.

Die Zahl von 2½ Millionen in Auschwitz liquidierter Juden hielt ich immer für höchst unglaubwürdig, weil allein schon die Kapazität des Lagers dagegen spricht. Außerdem habe ich nie so viele Juden nach Auschwitz geleitet. Zwar deportierte ja nicht ich allein, sondern auch andere Kommandostellen der Sipo, aber selbst wenn alles zusammengerechnet wird, kann eine Zahl von 2½ Millionen nie nach Auschwitz gekommen und schon gar nicht vernichtet worden sein. Nach 1945 schossen die sogenannten „Auschwitzer" wie die Pilze nach dem Regen hervor, und noch heute erfreuen sich Hunderttausende von ihnen bester Gesundheit, weil sie eben zur Arbeit eingesetzt waren. Für die Aussage von Höss habe ich eine wahrscheinliche und eine unwahrscheinliche Erklärung. Die erstere lautet „Aussage unter Druck", die zweite ist die, daß Höss, wie es damals üblich war, die Zahl nach oben frisierte. Dagegen spricht jedoch die ganze saubere Haltung von Höss, wie ich sie kannte. Wahrscheinlich widerrief er deswegen selbst später seine Nürnberger Erklärung. Vielleicht mag es Höss in Nürnberg opportun erschienen sein, diese Aussage zu machen; zudem steht eins fest: nach einem vollständigen Zusammenbruch, wie wir ihn erlebten, mag ein Mann versucht sein, eine Märtyrerrolle auf sich zu nehmen, um so sein Leid und seine Verzweiflung physisch und psychisch besser ertragen zu können. Dann nimmt man wohl auch Dinge auf sich, die vielleicht andere getan haben. Etwas Ähnliches muß auch bei der Aussage von Ohlendorf der Fall gewesen sein, der in Nürnberg bezeugte, daß er mit seinen Einsatzkommandos im Osten 90 000 Juden liquidiert habe. Ohlendorf war kein Schwätzer, sondern der sehr ruhig und ordentlich arbeitende Amtschef III im Reichssicherheitshauptamt. Genaueres über die Tätigkeit der Einsatzgruppen im Osten vermag ich nicht zu sagen, weil ich mit dieser Materie dienstlich nie zu tun hatte. Aber vielleicht trifft auch hier in etwa dasselbe wie bei Höss zu: Unsere damalige Bereitschaft, möglichst viel Verantwortung zu übernehmen, um damit andere zu entlasten.

Ich hatte damals das Glück, immer gerade ein bißchen schlauer zu sein als der mich vernehmende CIC-Offizier, aber hätte man mich in jenen Tagen erkannt, so hätte ich wahrscheinlich sehr viel auf mich genommen, was gar nicht auf mein Konto kam. Dies wäre in der Voraussicht geschehen, daß mein Leben unter der Rachejustiz der unmittelbaren Nachkriegszeit sowieso verwirkt war; das wäre nicht so furchtbar gewesen, weil ich es für Deutschland hingegeben hätte. Außerdem wäre ich dadurch wahrscheinlich als ein willkommener Sündenbock mit den Gefühlen des Hasses und der Rache des Gegners beladen worden und hätte damit seinen Unmut und seine Sucht nach weiteren Opfern lähmen können, so daß andere Kameraden relative Sicherheit erreicht hätten. Diese meine Erklärung für die Aussage von Höss (80) und auch von Ohlendorf paßt haargenau auf den Charakter der beiden Männer.

Den politischen jüdischen Funktionären habe ich des öfteren erklärt, daß ich persönlich gar keinen Haß gegen Juden hege; und persönlich habe ich nie eine schlechte Erfahrung in meiner Zusammenarbeit mit Juden gemacht.
  Als ich zum politischen Offizier wurde, war ich gehalten, die mir erteilten Befehle zu erfüllen. Ich gehöre zu den Menschen, die Befehle rückhaltlos gemäß dem Fahnen- oder Diensteid ausführen. Aber ich gehöre auch zu denen, die sich Gedanken machen. Eine Aufgabe konnte ich entweder stur durchführen – dann freute sie mich nicht –, oder ich vermochte Sinn und Notwendigkeit meiner Arbeit einzusehen; dann verrichtete ich sie gern. So war es anfangs mit dem Judenproblem gewesen: Als ich damals den Befehl nach Berlin bekam, war ich keineswegs darauf vorbereitet, gegen den jüdischen Gast des deutschen Wirtsvolkes vorzugehen, machte mir jedoch Gedanken über das Problem, studierte es, und als ich die Notwendigkeit einer Lösung erkannte, arbeitete ich an ihr mit jener Zähigkeit, die man von mir als altem Nationalsozialisten erwarten konnte und die auch meine Vorgesetzten zweifellos von mir erwarteten, denn sie haben sicherlich auf Grund ihrer Erfahrung in mir den geeigneten Mann gesehen.
  Heute, im Jahre 1957, erkläre ich, sei es auch zu meinem eigenen Nachteil: Ich hätte gemäß meinem Fahneneid den Befehl nur strikt auszuführen brauchen, im übrigen aber „Scheuklappen" tragen können. Dies aber war mir zu billig; diese Ausrede hätte ich vor mir selbst nicht verantworten können. Nachdem ich die ersten Befehle nur strikt ausgeführt hatte, bemühte ich mich ernsthaft, tiefer in die Materie einzudringen. Das Schicksal hatte mir einen geistigen Horizont mitgegeben, der mich offenbar dazu befähigte, als politischer Offizier mit dem vollen Einsatz meiner Person zu arbeiten, und zwar an der politischen Lösung des Judenproblems. Ich war dabei keineswegs nur Befehlsempfänger, sondern machte mir Gedanken über alle damit zusammenhängenden Fragen.
  Erst als alle Versuche einer unblutigen politischen Lösung fehlgeschlagen waren und der Vernichtungsbefehl erteilt war, wurde ich zum sturen Befehlsempfänger „mit Scheuklappen".
  Gerade weil ich gegenüber dem jüdischen Gegner keinen Haß empfand, konnte ich ihn restlos respektieren; ich hielt ihm gegenüber immer meine Versprechen, auch wenn es mir manchmal sauer war. Darum empört es mich, daß meine ehemaligen Verhandlungspartner erklärt haben sollen, ich habe irgendeinen von mir stammenden Befehl telegrafisch zurückgezogen. Nie habe ich einen einzigen Befehl, der erteilt war, zurückgezogen, und schon gar nicht telegrafisch.
  Es ist für mich unfaßbar, daß einem mir hier vorgelegten Dokument zufolge am 29. September 1944 – als wir uns also darüber im klaren waren, daß wir in einem erbarmungslosen Kampf um die Existenz unseres Volkes standen – SS-Obergruppenführer Pohl und sein WVHA mit Genehmigung des Reichsführers SS an verdiente Soldaten Uhren verlieh. Wenn mir dann noch gesagt wird, diese Uhren stammten aus jüdischem Besitz, dann widersteht so etwas vollkommen der Mentalität des Reichsführers wie auch der ganzen SS-Ehrenauffassung. Daher unterstelle ich, daß es sich auf keinen Fall um Uhren von Juden handelte; ich höre zum erstenmal von so etwas. Sollten diese Uhren, die „den Würdigsten und Meistverdienten der Division im Namen des Reichsführers" übergeben wurden, tatsächlich aus jüdischem Besitz stammen, dann kann ich dazu nur sagen: „Pfui Teufel!"
  Durch derartige Dinge wird mir klar, daß im WVHA offenbar zu diesem Zeitpunkt eine Sammlung „schräger Vögel" an der Arbeit war ... Und da heißt es irgendwo, das WVHA habe vom Amt IV „Befehle" bekommen! Wir haben ihnen lediglich die Zahlen der Transporte gemeldet, alles andere liegt ausschließlich innerhalb der

Verantwortung des WVHA. Hie und da sickert diese Klarstellung auch in der jüdischen Nachkriegsliteratur durch, und zwar deshalb, weil das gesamte Unterlagenmaterial des WVHA erhalten oder übergeben wurde.

Daß dem Winterhilfswerk angeblich Kleidungsstücke zur Verfügung gestellt wurden, die z. T. noch den Judenstern trugen, sei ein weiterer Beweis dafür, daß im Generalgouvernement und im Osten jeder schaltete und waltete, wie er wollte.

Irgendwelchen Juden „vor der Exekution die Goldzähne auszubrechen", ist selbstverständlich widerlich, und ich frage mich, wer so etwas angeordnet haben kann; mir als SS-Mann ist das unvorstellbar. Ich habe keine Erklärung für diese widerlichen Dinge – auch nicht durch den größten Gold- und Devisenmangel.

Bei allen Aktionen habe ich nichts mehr verachtet als unnötige Härte: Es gab keinen Satz der „Richtlinien", den ich mit größerer Genugtuung zur Kenntnis brachte als die Weisung, daß „unnötige Härten zu vermeiden seien". Bei den Verladungen, besonders da, wo wir die Erfassung und Bereitstellung zum Abtransport nicht selbst vornahmen, wie z. B. in Ungarn, mögen Härten hie und da aufgetreten sein. In der Schilderung meiner Ungarnzeit erwähnte ich bereits, daß ich mich persönlich für jede mögliche Linderung von Unzulänglichkeiten, die den „Richtlinien" zuwiderliefen, einsetzte; im übrigen erlaubte es meine Zeit keineswegs, auch nur bei einer einzigen Verladung zugegen zu sein, wie es die Angehörigen meines Stabes bestätigen könnten.

Bei meinen Untergebenen achtete ich streng darauf, daß keine Zügellosigkeiten vorkamen: In Prag hatte ich einen Offizier namens Tröstl, der aus irgendeinem Grunde einige Juden schlug; ich griff sofort ein, wie bereits an anderer Stelle erwähnt; es wurde Tröstl der Prozeß gemacht mit der Folge, daß er aus der SS ausscheiden mußte. Er fiel später an der Front.

Ich sah einmal irgendwo im Osten, wie ein Soldat mit einem Gummiknüppel einem Juden auf den Kopf schlug. Ich kam gerade um die Ecke, sah es und stellte den Mann zur Rede. Nachher meldete ich ihn seinem Kommandanten und verlangte Bestrafung. Obwohl ich die Sache nicht weiter verfolgen konnte, wird die Bestrafung erfolgt sein. Ein andermal sah ich während einer Dienstreise auf einem Bahnhof im Osten, wie ein SS-Mann einem orthodoxen Juden den Bart anzündete. Auch hier meldete ich ihn seinem Kommandanten, verlangte Bestrafung und gab die Angelegenheit auf dem Dienstweg weiter. Himmler duldete keinen Sadismus. Daß ich selbst lange vor dem Kriege mich nicht scheute, in Uniform und im Beisein meiner Offiziere Dr. Löwenherz um Entschuldigung zu bitten für eine Ohrfeige, die ich ihm wegen unwahrer Angaben verabreicht hatte, erwähnte ich bereits. Wir durften keinen persönlichen Haß gegen den Gegner zeigen; das Ganze war ein Politikum. Erhaltene Befehle, die sich auf Grund weltanschaulicher Erkenntnisse ergaben, wurden durchgeführt; der Einzelperson stand es hingegen nicht zu, irgendwie einer anderen Einzelperson gegenüber als „Rächer" oder „Richter" aufzutreten. Außerdem ist es ehrlos, als Uniformträger und Offizier etwa einen Häftling körperlich anzugreifen – immer und nicht nur Juden gegenüber.

Für solche Fälle, die es natürlich gibt, genügt keineswegs die Erklärung, daß „Gewalt mit Gewalt vergolten" wird, auch nicht der Hinweis auf die Brutalisierung von Kriegshandlungen, wie z. B. die Bombenmassaker. Nein, in Deutschland zumindest waren Provokateure am Werk, die das deutsche Volk und seine Führung für alle Zeiten brandmarken wollten oder sollten.

Die bekannten Scheußlichkeiten waren Auswüchse, für die ihre Urheber und erst recht die Provokateure zu erschießen waren. Aber solche Auswüchse haben mit der Heiligkeit eines weltanschaulichen Kampfes nichts, gar nichts zu tun. Wir alle hatten nicht nur zu kämpfen für unser Achtzig-Millionen-Volk, sondern gleichzeitig für alle Ungeborenen. Wir kämpften nicht von vornherein mit den härtesten Mitteln: Wir warnten unsere Gegner jahrelang dringendst; sie wollten nicht hören; so wurde der Kampf zwangsläufig härter und härter. Es ging um Sein oder Nichtsein, denn über uns stand die tödliche Bedrohung des Kaufman- und des Morgenthau-Planes; wir kämpften um die nackte Existenz. Da durfte keiner kapitulieren.

Diese dramatische Zuspitzung auf Sein oder Nichtsein mag aus der Perspektive des heutigen Deutschland unverständlich erscheinen, da ja das besiegte Deutschland im Westen über einen größeren Wohlstand verfügt als das kämpfende und anfangs siegreiche, aber es geht dem heutigen Rumpfdeutschland nicht deshalb so gut, weil etwa die westliche Welt, die uns zuerst vernichten wollte, uns plötzlich schonen will, sondern weil die USA mit ihren Verbündeten auf das deutsche Volk nicht verzichten können. Nur darum hat die westliche Welt den Kaufman- wie den Morgenthauplan verworfen, weil sie in einer kommenden Großauseinandersetzung Blut braucht, Blut und nochmals Blut, und soviel eigenes wie möglich sparen will.

Wäre ich Staatsanwalt oder Verteidiger: Wessen Verantwortung würde ich heute prüfen?

Wenn ich heute einen Prozeß über den in dieser Schrift enthaltenen Fragenkomplex zu führen und die Aufgabe eines Anklagevertreters zu übernehmen hätte, würde ich für das Globalgeschehen Adolf Hitler und den Reichsführer SS vorladen, für die polizeiliche Durchführung den Chef der Sipo und des SD und für alles, was nach der polizeilichen Erfassung geschah, den Chef des WVHA, Pohl. Für das RSHA würde ich noch den Amtschef IV vorladen lassen sowie sämtliche Einsatzgruppenchefs im Osten und den Höheren SS- und Polizeiführer im Generalgouvernement; aus dem Amt IV B 4 den Referenten Eichmann und den Schutzhaft-Referenten. Für den legislativen Teil würde ich den Amtschef II und die in Frage kommenden Abteilungsleiter zitieren, weiter sämtliche SS- und Polizeiführer des Generalgouvernements, die Befehlshaber der Sipo und des SD aus den besetzten oder beeinflußten Gebieten und die „Judenberater". Aus dem WVHA würde ich außer dem Amtschef noch den Inspektor für das KZ-Wesen und den Amtschef, dem die Verwaltungsarbeiten oblagen, sowie alle KZ-Kommandanten und die Referenten vorladen, die das Bindeglied zwischen dem KZ-Kommandanten und dem Inspekteur des KZ-Wesens darstellten, des weiteren den Chef der Ordnungspolizei und mit ihm den zuständigen Operationsoffizier, der die Bereitstellung der Transportbegleitkommandos für die Deportationszüge vorzunehmen hatte, ferner Gauleiter und Sachbearbeiter, soweit sie mit der Entjudung ihrer Gaue zu tun hatten, schließlich den Reichsaußenminister, den zuständigen Staatssekretär, Abteilungsleiter und Referenten, diese letztere Gruppe zur Klärung der Verhandlungen mit den verschiedenen Staaten über deren Entjudung, auch den Reichswirtschaftsminister mit den zuständigen Abteilungsleitern und den Staatssekretär für die Entjudung der Wirtschaft und zur Klärung der Verwertung des an die Reichsbank oder sonstige Stellen abgegebenen jüdischen Eigentums. Der Chef der Kanzlei des Führers, erst Rudolf Hess und dann Bormann mit dem ständigen Verbindungsführer der Kanzlei zu Amt IV und den übrigen Zentralinstanzen müßten mir als Anklagevertreter zur Verfügung stehen, denn ohne sie konnte die Gestapo sich nicht immer durchsetzen, wenn grundsätzliche Bedenken auf der Tagesordnung standen, die die Lösung der Judenfrage auf irgendeinem Gebiet bis zur U.K.-Stellung der Juden für die Rüstung betrafen. Sogar den Rüstungsminister würde ich vorladen. Er hätte sich zu verantworten, warum, wieviel, unter welchen Bedingungen er Juden in der Rüstung beschäftigte. Den Reichsminister für Volksaufklärung und Propaganda würde ich ferner vorladen, um zu klären, welche Rolle er im Hinblick auf die Beeinflussung der öffentlichen Meinung spielte. Auch den Reichsinnenminister, seinen Staatssekretär Stuckart, die zuständigen Abteilungsleiter und Dezernenten würde ich zitieren, um die allgemeine Handhabung der Gesetze zu erläutern. Weil über diese Gesetze, wenn auch nur formell, von den Reichstagsabgeordneten abgestimmt wurde, würde ich auch diese vorladen. Das wäre meine „erste Garnitur" als Anklagevertreter.

Ich würde einen Monster-Prozeß anberaumen. Daß dies in der Judenfrage unterblieb, war ein enormer Fehler. Ob es ein Fehler zum Vorteil der Gegenseite oder zu unserem Vorteil war, das mag die Geschichte bestimmen.

Wäre es meine Aufgabe, in einem solchen Prozeß die Verteidigung zu führen, so würde ich eine bestimmte Anzahl Entlastungszeugen zitieren, und zwar als Hauptentlastungszeugen die Geschichte. Deshalb würde ich vor Gericht eine Person laden, die auf dem Gebiet der Geschichtskenntnis eine Autorität ist. Weiter würde ich einen Sachkenner vor Gericht laden, der die unheilvollen Auswirkungen des Versailler Vertrages auf Denken und Tun eines jeden national empfindenden Deutschen beschreiben könnte: Denn ohne Versailles sind Männer wie Hitler, Himmler, Goebbels und alle anderen, darunter auch ich, also insgesamt einige Millionen, nicht denkbar. 1933 erreichten die Folgen des Schandvertrags von Versailles ihren Gipfel. Wir waren zu 7 000 000 Arbeitslosen verurteilt; sie mußten auf einem Standard erhalten werden, der zum Sterben gerade zu hoch war und zum Leben zuwenig bot. Versailles trieb 1933 das Dilemma auf die Spitze: Werden 80 000 000 Deutsche Kommunisten oder Nationalsozialisten? Eine andere Lösung ließ Versailles nicht zu. Deshalb ist Versailles der Hauptentlastungszeuge für jenen gesamten Personenkreis, den ich als Ankläger vorladen ließe. Im Jahre 1957 ist es noch sehr schwer, bestimmte Personen als Entlastungszeugen zu finden. Zwölf Jahre Umerziehungs-Propaganda und Besatzungsdiktatur haben Leute, die als Entlastungszeugen in Frage kämen, soweit sie nicht verstorben oder ums Leben gebracht worden sind, derartig kopfscheu gemacht, daß sie von gar nichts mehr wissen und sich an gar nichts erinnern wollen. Sehr viele wären noch 1945 und 1946 zu einer klaren Aussage bereit gewesen, auch unter dem Druck der Besatzungsmächte, denn jeder Druck löst eine Gegenreaktion aus. Heute aber gibt es das nicht mehr. Denn das gute Leben und die „demokratische Umerziehung" haben Früchte getragen, so daß ich heute als Verteidiger nicht wüßte, welche Entlastungszeugen wirklich zur Sache stehen würden. 1945 hätte ich als Verteidiger alle meine Mitarbeiter zur Verfügung gehabt; heute bin ich mir dessen nicht mehr so sicher; ein Teil von ihnen wird gar nicht als Entlastungszeuge in Frage kommen, weil sie sich ihre Versorgung vor Augen halten. Ein anderer Teil wieder hat in der Zwischenzeit vielleicht ein so hartes Leben führen müssen, daß sie die Vergangenheit verfluchen und die „Dummheit", Nationalsozialist gewesen zu sein.

Wenn ein Jude wie Dr. Löwenherz heute noch lebte, würde ich in meiner Eigenschaft als Verteidiger diesen als Entlastungszeugen laden, genauso Dr. Kastner. Ich glaube heute im Jahre 1957 mit Juden als Entlastungszeugen besser zu fahren als mit eigenen Leuten aus jener Zeit, so traurig es klingen mag. Natürlich müßte ich an sich alle meine Vorgesetzten als Entlastungszeugen nennen, aber wenn der Prozeß heute stattfände, müßte ich auf sie verzichten, da sie nicht mehr leben. Es ist ja mein Schicksal, allein geblieben zu sein.

Die Juden, die ich der Verteidigung als Entlastungszeugen zu nennen hätte, müßte ich natürlich als Anklagevertreter beschuldigen und anklagen. Männer wie Dr. Löwenherz, Dr. Eppstein, Dr. Rothenberg, die beiden Führer der Orthodoxie in Prag, Dr. Leo Baeck, den gesamten Ältestenrat in Theresienstadt, sie alle würde ich anklagen, obwohl sie nur ihre Pflicht taten, auch dem Judentum gegenüber. Aber als Anklagevertreter würde ich sie beschuldigen, mit der Gestapo kollaboriert zu haben. Sie holten wohl für das Judentum das Höchstmögliche heraus, machten es mir aber auf der anderen Seite verhältnismäßig leicht. Hätte ich diesen jüdischen Einsatzapparat nicht gehabt, d. h. die Organisationen mit den jüdischen Angestellten und Beamten in Wien, Berlin, Prag, Ungarn, so hätte ich das Hundertfache an Personal gebraucht. Und meine Leute hätten Jahre gebraucht, um mit der Materie vertraut zu werden. Nichts wäre erfolgt, weder die Auswanderung noch die Deportation.

Damit habe ich meinen Standpunkt für den imaginären Fall eines Prozesses sowohl als Anklagevertreter wie als Verteidiger umrissen. Freilich ist es blasse Theorie, an ein Gremium von Juden und auch Nichtjuden zu denken, das jede Minute meiner Dienstzeit als Referent IV B 4, als Leiter des „Eichmann-Kommandos" in Ungarn, als Leiter der „Zentrale für jüdische Auswanderung", als Sachbearbeiter und später als Referent in Amt VII genau durcharbeiten, sachlich bleiben und objektiv urteilen würde. Ein solches Gremium müßte mich freisprechen, selbst wenn es zusammentreten sollte, um mich zu verurteilen. Denn während meiner Amtsführung gab es in meinem Dezernat, in meiner Dienststelle keine Willkür.

Fragen und Aussagen zur Problematik des Judentums heute
Zionistische und assimilatorische Juden

Es dürfte von historischem Interesse sein, das Verhältnis zwischen zionistischen und assimilatorisch eingestellten Juden nach der Machtübernahme 1933 näher zu schildern. Der assimilatorisch eingestellte Jude in Deutschland war dies entweder aus Überzeugung, oder er machte sich aus Vorsicht und z. T. gar aus Angst mit assimilatorischen Gedankengängen vertraut. Diese Juden wollten in ihrem Wirtsvolk aufgehen und waren bestrebt, nach außen hin nicht mehr als Juden in Erscheinung zu treten, damit sie eben Ruhe hatten. Selbstverständlich ließen die jüdische Orthodoxie und der Zionismus diese Juden als „Abtrünnige" fallen. Solange der assimilatorische Jude in der jüdischen religiösen Gemeinschaft blieb, traf er sich noch mit den anderen zu unpolitischen Gemeinschaftsabenden, wie z. B. in Berlin, wo in den jüdischen Vereinshäusern Feste gefeiert wurden und sich sowohl die Gruppen der assimilatorisch eingestellten wie die orthodoxen und zionistischen Juden bei Vorträgen oder sonstigen Anlässen trafen. An der rein politischen jüdischen Arbeit nahm der assimilatorische Jude nicht teil. Er war auch polizeilich schwer zu erfassen, denn ein großer Teil der assimilatorisch eingestellten Juden war sowieso zum Protestantismus oder Katholizismus übergetreten. Die Zahl derartig assimilierter Juden bildete jedoch eine Minderheit.

Bei der Machtübernahme gab es im Altreich etwa 500 000 Glaubensjuden. Selbstverständlich kommen wir auf eine viel größere Zahl, wenn alle Personen, die im

Sinne der Nürnberger Gesetze als Juden anzusprechen waren, erfaßt werden. In diesem Fall dürfte die Ziffer wohl eine dreiviertel Million leicht überschreiten.*

Der Anteil der zionistisch orientierten Glaubensjuden war in Deutschland vor 1933 nicht groß, denn der in Deutschland lebende Jude verspürte absolut kein Verlangen, sich von seinem Wirtsvolk irgendwie zu „entfernen" und dachte deshalb gar nicht daran, seine Zeit jüdisch-zionistischen Kreisen zu opfern und für die zionistische Idee mitzuarbeiten und mitzukämpfen. Er konnte kaum dafür Interesse aufbringen, weil er ja mit seinem deutschen Wirtsvolk verhaftet war. An anderer Stelle wies ich schon darauf hin, daß die in Deutschland aus polnischen oder sowjetischen Gebieten zuwandernden Juden entweder sehr stark von der Orthodoxie oder vom Zionismus beeinflußt waren. Diese idealistische Tendenz der emigrierten Ostjuden ließ aber bald nach, und zwar im Maße ihres wirtschaftlichen Aufstieges in Deutschland. Erreichten sie eines Tages einen gewissen Wohlstand, dann wollten sie überhaupt nichts mehr mit irgendwelchen idealistischen Dingen zu tun haben. Wohl zahlte man noch seinen Beitrag etwa für den „jüdischen Nationalfond", aber darüber hinaus war man für eine kämpferische Idee oder gar zum Einsatz dafür nicht mehr zu haben. Aus diesem Grunde war der Kreis der Zionisten und zumal der der Neuzionisten sehr klein. Als jedoch nach 1933 das Judentum durch die deutsche Reichsregierung in zunehmendem Maße zur Auswanderung angehalten und eine geradezu forcierte Auswanderung verlangt wurde, schlossen sich weite Kreise dieser halben Million von Glaubensjuden mangels irgendeiner Möglichkeit zur Auswanderung oder irgendeiner internationalen Verbindung selbstverständlich jenen Stellen an, die auf dem Gebiet der Auswanderung mit Zielrichtung „Erez Israel" weitaus über die größten Erfahrungen verfügten. Andererseits war ein Teil dieser Juden bereits verarmt und versprach sich von dieser Organisation auch eine finanzielle Hilfe für die Auswanderung.

Die deutsche Reichsregierung förderte die zionistischen Vereinigungen geradezu, und darin liegt ein weiterer Grund für das regelrechte Aufblühen des Zionismus, in dessen Schoß sich der Jude relativ geborgen fühlte. Der Jude wußte ganz genau, daß die Reichsregierung die assimilatorisch eingestellten Juden als erste aufs Korn nahm, gerade weil diese sich tarnten und im deutschen Volk aufgehen wollten. Eben dies aber sollte vermieden werden, denn das war ja der Sinn der Nürnberger Gesetzgebung. Der Jude, der sich offen zum Judentum bekannte, indem er Mitglied der zionistischen Kampforganisation war, brauchte keine großen Schwierigkeiten zu erwarten. Er wollte ja auswandern und entsprach damit dem Willen der Regierung.

Die jüdische Orthodoxie stand zum weitaus größeren Teil selbstverständlich der zionistischen Organisation sympathisch gegenüber, aber es gab auch andere Elemente, die die zionistische Weltorganisation als solche nicht voll und ganz anerkannten. Die Zionisten wiesen nämlich in ihren Reihen alle Parteifarben auf, wie der heutige Staat Israel sie gleichfalls kennt. Schattierungen von der äußersten Rechten bis zur

---

* Hier irrt Eichmann offensichtlich. Bruno Blau, „Ein Kämpfer für das Recht", behauptet in seinem Buch „Das Ausnahmerecht für die Juden in Deutschland 1933–1945", Verlag Allgemeine Wochenzeitung der Juden in Deutschland, Düsseldorf, 1954, Seite 9: „Am 16. Juni 1933 lebten im Deutschen Reich (ohne Saargebiet) 499 682 Glaubensjuden..." S. 10: „Am 17. Mai 1939 betrug die Zahl der Glaubensjuden im Altreich 213 930. Juden; im Sinne der Nürnberger Gesetze, nämlich Personen, welche von mindestens der Rasse nach jüdischen Großeltern abstammten, gab es am 17. Mai 1939 233 646 Juden." (D. Hrsg.)

radikalen Linken waren auch damals innerhalb der einzelnen Landesverbände der zionistischen Organisation vertreten, also sowohl der extrem nationalistisch eingestellte Jude wie auch der überzeugte Kommunist. Die jüdische Orthodoxie wollte von gewissen politischen Schattierungen sehr häufig nichts wissen und wünschte gar keine Parteipolitik, weil sie ausschließlich ihrer Verheißung nachging: „Das Land ist dem auserwählten Volk zugesprochen worden", wie die Orthodoxie es 2000 Jahre lang gelehrt hatte. Sie war sehr erfreut, plötzlich zionistische Helfer zu finden, aber es ergaben sich selbstverständlich Reibereien zwischen den beiden Richtungen. Sie durften aber dem globalen Ziel „Erez Israel" nicht schaden. Böhm in seinem Buch „Der Judenstaat" klärt auf: Die jüdische Orthodoxie unterstützte Herzls Bemühungen an sich restlos, aber sie wetterte und tobte, als sie eines Tages erfuhr, daß Herzl Madagaskar als Übergangslösung anstrebte, weil er nun einmal Palästina nicht bekommen konnte, und daß er sogar an einen Judenstaat in Argentinien dachte. Eine derartige „Lösung" war für die jüdische Orthodoxie vollkommen unannehmbar und wurde daher von ihr rundweg abgelehnt. Die Orthodoxie arbeitete mit sämtlichen Scheuklappen auf ein einziges Ziel hin: „Erez Israel."

Während die zionistische Weltorganisation unter der Führung von Chaim Waizman stand, wurde die Neuzionistische Organisation von Wladimir Jabotinsky (194) geleitet. Waizman beschränkte sich vorerst auf Palästina und zog die Legalität vor, Jabotinsky dagegen verlangte auf Anhieb nicht nur Palästina, sondern auch Transjordanien, und zwar ohne jedwede Rücksicht auf Legalität. Der kluge, nüchtern denkende Dr. Waizman ging von dem Prinzip aus „Lieber den Spatzen in der Hand als die Taube auf dem Dach"; Jabotinsky aber war ein Heißsporn. Waizman schien mir in seinen politischen Bemühungen der Geschicktere, während Jabotinsky sich bald mit der englischen Regierung überwarf und den Boden Palästinas nicht mehr betreten durfte, weil er nicht nur die dortige englische Mandatsmacht, sondern auch das „arabische Spiel" der Engländer störte und belastete.

Damals konnte man London als die Zentrale des Zionismus und New York als die Zentrale des assimilierten Judentums ansehen, natürlich mit gewissen Einschränkungen. London war das geistige Ausstrahlungszentrum des zionistischen Gedankens, bis nach der Gründung des Staates Israel Tel Aviv zum Mittelpunkt wurde, solange Israel die Stadt Jerusalem nicht vollständig besitzt. Daß New York einen Zentralisationspunkt der assimilatorisch eingestellten amerikanischen Juden darstellt, mag stimmen, aber eine zentrale Leitung der assimilatorischen Juden in der Welt möchte ich verneinen, denn sie würde im Gegensatz zur Einstellung des assimilierten Juden stehen, der ja „untertauchen" will, der gerade das Gegenteil einer Konzentration anstrebt. Natürlich ist in den USA eine gewisse „lockere Zentralisierung" vorhanden, die sich durch die Massierung der gewaltigen jüdischen Hilfsfonds in New York von selbst ergibt. Von hier aus laufen diese Verbindungen in aller Herren Länder; geht es assimilatorisch eingestellten Juden aus irgendeinem Grunde materiell schlecht, dann wurden und werden sie von New York aus immer wieder erhalten und unterstützt. Allerdings stellt die Epoche des Dritten Reiches eine wesentliche Ausnahme in dieser Beziehung dar, eine Ausnahme, die sich nur im Rahmen des diabolischen Planes erklären läßt, über den ich an einer anderen Stelle spreche. Das ging sogar so weit, daß Dr. Kastner sich einmal sehr klar zu mir äußerte: ‚Obersturmbannführer, an den assimilatorisch eingestellten Juden bin ich völlig desinteressiert, die können Sie ruhig abfahren, aber lassen Sie mir meine jungen zionistischen Juden.'"

Für den assimilatorisch eingestellten Juden ist die reine Glaubensfrage ohne Bedeutung, denn er ist liberal; in Deutschland z. B. bemüht er sich, manchmal deutscher zu denken als ein Deutscher. Die Rabbiner innerhalb des Zionismus als die geistigen

Führer par excellence anzusehen, ist ein völliger Irrtum. Innerhalb des Zionismus bestehen vollkommen unreligiöse Gruppen, z. B. die äußerste Linke, die Kommunisten. Selbstverständlich hat der Rabbiner einen großen Einfluß auf jene Teile des Zionismus, die sich zur Religion bekennen, aber er hat kaum Einfluß auf gewisse äußerst rechtsstehende Kreise wie auf die äußerste Linke. Der Einfluß des Rabbiners besteht vor allem bei der Orthodoxie, die den Mittelblock und damit den Hauptteil darstellt, wie dies auch in jedem anderen Volke der Fall ist. Die extreme Rechte und die extreme Linke sind auch in der zionistischen Vereinigung, in den Landesvereinigungen wie in den internationalen Organisationen und auch in Palästina selbst numerisch von relativ geringer Bedeutung. In Israel bemüht sich das Rabbinat um eine Vorrangstellung.

Einheit des Judentums in der Welt?

Auf die Frage, ob Männer wie Goldman und Ben Gurion sich immer einig waren oder sind, ist eine Antwort schwierig, weil nach meiner Meinung in keiner jüdischen Gruppe heftiger gekämpft wurde als in der Zionistischen Weltvereinigung. Hier herrschte ständig Streit; er herrscht wahrscheinlich auch heute noch. Aus der amerikanischen Zeitschrift „Time" lese ich soeben einen Artikel, der anläßlich einer Auseinandersetzung zwischen Nahum Goldman und Ben Gurion entstanden ist. Es wird hier auf die Uneinigkeit im Judentum hingewiesen und klar gemacht, daß die Juden der Vereinigten Staaten den neuen Staat Israel zwar jährlich mit wohl 100 Millionen Dollar unterstützen, aber andererseits sogar eifrige Zionisten in den USA nicht sehr geneigt sind, nach Israel auszuwandern. Daher wolle Ben Gurion derartigen Zionisten auch keine entscheidende Stimme in israelischen Angelegenheiten zubilligen. Goldman meine, daß schließlich alle Juden nach Israel emigrieren sollten, aber er befürwortet eine langsamere Politik und sei der Meinung, daß die Juden aus den Vereinigten Staaten in Israel mehr Anerkennung verdienen. Daraufhin soll Ben Gurion gesagt haben, der Unterschied zwischen Goldman und ihm sei darin zu suchen, daß Goldman ein Zionist sei und er nicht, denn wenn ein Jude in Amerika leben, seine Kinder in der amerikanischen Kultur erziehen könne und sich trotzdem Zionist nenne, dann wolle er, Ben Gurion, von einem derartigen Zionismus nichts wissen. Diese Feststellungen liefern einen erneuten Beweis dafür, daß ich damals recht hatte, Streichers Vorgehen zu bekämpfen. Streicher behauptete, es gebe eine universelle, straff geleitete, einheitlich ausgerichtete Führung des gesamten internationalen Judentums, die „Weisen von Zion", nach deren Direktiven die Juden in der ganzen Welt, scheinbar uneinig, in Wirklichkeit aber einen festen Block bildend, auf ihr Ziel losmarschierten. Nichts davon ist wahr: Ich habe in meinem politischen Studium festgestellt, daß bei den Juden dieselben Streitereien und Uneinigkeiten herrschen wie bei jedem anderen Volk, Spaltungen, die von der äußersten Linken bis zur äußersten Rechten gehen. Natürlich verfügt auch das Judentum über politische Führer, die bestrebt sind, das Ganze wie einen Block zusammenzuschweißen, weil sonst das Judentum verfallen würde. Das ist die große Sorge Goldmans.

Zu den im erwähnten Artikel aufgezeigten Divergenzen im Programm der beiden jüdischen Führer ist festzustellen: Generell verfolgt Ben Gurion nichts anderes als auch der Reichsführer; die jüdischen „Pioniere" verbeißen sich in den Boden und haben griffbereit neben dem Pflug das Gewehr; sie sind die israelitische Übersetzung unserer Idee der „Wehrbauern". Die nationalsozialistische Erbhofgesetzgebung vertrat ähnliche Normen wie der „Jüdische Aufbaubund", z. B. die Unveräußerlichkeit des Bauernlandes. Die organisierte Jugend zeigt ein ähnliches Bild wie unsere nationalsozialistische Jugend und ist ebenfalls die Jugend eines Volkes im Notstand. Daher sagte ich öfters zu den mir näher bekannten jüdischen Vertretern: „Wäre ich Jude, dann wäre ich der engagierteste Zionist, den Sie sich vorstellen können." Schon als Sachbearbeiter der zionistischen Weltorganisation im SDHA erkannte ich die Parallele zwischen den Zielsetzungen der SS mit ihrem Blut- und Bodengedanken und dem Zionismus; in dieser Zielsetzung sind SS und Zionismus Geschwister.

Rezepte für den Judenstaat

Ben Gurion als Bannerträger für den Staat Israel, Nachfolger eines Mannes wie Chaim Waizman, erkannte die schreckliche Uneinigkeit in seinem Volk und trat vor einigen Jahren aus Protest zurück, weil er die verschiedenen Strömungen nicht unter seinen Willen zwingen konnte. Erst kürzlich erschien Ben Gurion wieder, als die Lage in Israel gefährlich wurde. Er erkennt nun, daß nur die feste Bindung an den Boden Israel künftig für das Judentum sichern kann. Und weil es ringsumher von Feinden umgeben ist, muß Ben Gurion unleugbar die härtesten Methoden anwenden, die nur anwendbar sind. Ben Gurion hat recht. Es ist ihm durchaus nicht damit gedient, wenn er einige amerikanische Plutokraten ins Land bekommt, die in einem wunderschönen Haus wohnen, vielleicht ein paar Dutzend Arbeitnehmer beschäftigen und im übrigen ein Drohnenleben führen. Wie in einem Bienenstock muß Ben Gurion die Drohnen ausschalten, die nach Israel kommen und nicht arbeiten wollen.

Eine „Drohne" in Palästina bedeutet nur eine Last; sie sollte lieber fernbleiben und lediglich Geld schicken. Wenn ein reicher Amerikaner nach Israel kommt, dann muß er mitarbeiten, sein Geld für Israel einsetzen und das Gemeinschaftsleben erlernen. Deshalb betonten Dr. Eppstein, der Leiter der Reichsvereinigung der Juden in Deutschland, und Dr. Löwenherz, daß das Judentum in Theresienstadt Gelegenheit habe, sich auf das künftige Zusammenleben in Palästina vorzubereiten.

Ben Gurion kommt es nach 2000jähriger Zerstreuung auf die Verwurzelung des jüdischen Volkes im israelischen Boden an, auch auf die Erziehung dazu, Bauern und Soldaten zur selben Zeit zu sein. Genauso kam es Himmler darauf an, in diesem Sinne seine Regimenter und später Divisionen zu bilden. Nachdem es den Juden gelungen war, sich mit alliierter Hilfe im allgemeinen Nachkriegswirrwarr ihres jetzigen Landes zu bemächtigen, konnte Ben Gurion in so kurzer Zeit nicht anders handeln, wollte er dem arabischen Drängen standhalten.

Ben Gurion ist ein Feuerkopf, bekannt dafür, daß er für seinen Teil rücksichtslos durchsetzt, was er für richtig hält. Ihm gegenüber steht ein mächtiger jüdischer Führer wie Nahum Goldman, dessen Standpunkt es ist, daß Geld und nochmals Geld nach Israel hineingepumpt werden muß. Seiner Meinung nach nützt alle Arbeit nichts, wenn der neue Staat nicht mit Geld untermauert werden kann. Dazu kommt etwas, das Ben Gurion nicht direkt sagen will und Goldman nur indirekt andeutet: Es besteht dort das immer abgeleugnete Ziel, die „Meisterschaft" zu erreichen. Durch sämtliche Kongresse der Zionisten und des Weltjudentums zieht sich dieser Gedanke wie ein roter Faden. Die jüdische Wallstreet, die jüdischen Kapitalzentren überall, die jüdische Automobil-Industrie, das jüdische Erdöl, die jüdische UNO, sie alle sind ebenso viele Andeutungen dafür. Und da erklärt Ben Gurion: „Was nützt uns ein nicht im zionistischen Programm verankertes Weltjudentum?" Goldman bekommt ja für Israel nur noch relativ wenig Zuwendungen in den einzelnen Staaten als Pflichtabgabe derjenigen Juden, die sich Zionisten nennen. Erez Israel muß Bankrott aussagen, wenn es nur mit dieser Unterstützung rechnen kann. Vorher war dies nicht der Fall, als noch kein riesiger Beamtenstand versorgt zu werden brauchte, auch keine starke Wehrmacht nötig war, die ein moderner Staat braucht. Also muß Ben Gurion zusehen, daß er die nötigen Fonds bekommt, denn auch die Wiedergutmachung der Bundesrepublik Deutschland hört eines Tages auf. Das Geld wird außerdem zu einem Großteil für Waffen im Hinblick auf die arabischen Drohungen „verbuttert". Was nützt also das Judentum in der Diaspora, das Bestreben der Führer des Jüdischen Weltkongresses, die Maschen des Netzes um die nichtjüdische Weltbevölkerung immer enger zu ziehen, was nützt das alles in diesen schwierigen Zeiten? Man hat doch am Beispiel Deutschlands gesehen, daß der Jude mit deutscher Staatsangehörigkeit als heimatlos behandelt werden kann, wenn die augenblickliche Not oder der Zwang der Umstände dies dem Wirtsvolk ratsam erscheinen läßt.

Heute ist Erez Israel eine Tatsache; es kann alle Juden mit der israelischen Staatsangehörigkeit versorgen. In jedem Gastland sind sie dann ausländische Staatsbürger. Allein die Tatsache, daß die Juden nicht mehr abqualifiziert werden können, ist in den Augen des Weltjudentums natürlich ein enormer Gewinn. Um diesen Vorteil beizubehalten, muß Ben Gurion in Palästina dafür sorgen, daß Israel nicht verlorengeht; das ist das Primäre, und dadurch hat Ben Gurion nach meiner Meinung eine stärkere Position als Nahum Goldman. Es ist Aufgabe des letzteren, dafür zu sorgen, daß zwischen Weltjudentum und Israel nicht nur der Konnex bestehenbleibt, sondern eine immer engere Bindung entsteht. Der Einfluß der assimilatorisch eingestellten Juden soll immer mehr verschwinden, denn jetzt kann ja dem jüdischen Nachwuchs beigebracht werden: Ihr habt ein Vaterland, ihr seid eine eigene Nation, ihr seid Brüder der Juden in Israel, und nur vorübergehend habt ihr eine andere Staatsangehörigkeit, die ihr morgen wechseln könnt, um euch dann unter den Schutz der jüdischen Wehrmacht zu begeben. Bis zur Gründung des Staates Israel konnten die Juden dies nicht sagen, aber jetzt liegt darin ein starkes Argument für Goldman und die Führer der zionistischen Bewegung. Abgesehen davon, daß Palästina nicht Aufnahmefähigkeit für alle Juden besitzt, nimmt die israelische Regierung viel lieber die Armen auf, die Ostjuden, die das Arbeiten von früh bis spät gewöhnt sind. Der Westjude ist sowieso im allgemeinen schon von assimilatorischen Gedankengängen angesteckt und wird nie so bescheiden und arbeitsam sein wie der Ostjude. Das war auch Kastners Jammer, der Ostjuden bevorzugte, weil ihm mit den Westjuden nicht gedient war, „um den Staat aufzubauen".

Natürlich glaube ich nicht, daß zwischen Ben Gurion und Goldman im Allergrundsätzlichsten Divergenzen bestehen, denn sie ziehen beide am selben Strang. Zwischen beiden bestehen Gegensätze, wie es solche bei uns z. B. zwischen Ribbentrop und Goebbels auch gegeben hat. Goldman und Ben Gurion kämpften jahrzehntelang den gleichen Kampf; allein dieser Umstand macht eine prinzipielle Divergenz unmöglich. Beide spielen natürlich eine große Rolle in der Leitung des Jüdischen Weltkongresses, und in diesem sind ja sämtliche parteipolitischen Schattierungen vertreten. Aber wenn es sich um die großen wesentlichen Ziele handelt, besteht eine völlige Einigkeit zwischen Ben Gurion und Nahum Goldman.

Sephardim und Aschkenasim –
Ost- und Westjuden

In einem der Leithefte, die ich während meiner Dienstzeit im SDHA schrieb, habe ich die Geschichte des jüdischen Volkes nach der Zerstörung Jerusalems und der Vertreibung der Juden durch die Römer geschildert. Ein Teil der Juden bewegte sich über das nordafrikanische Küstengebiet nach Spanien und Portugal und wurde dort schließlich aus beiden Staaten vertrieben, aus Spanien 1492 durch Isabella die Katholische und Ferdinand von Aragonien. Von dort ging ein Teil der Juden nach Westeuropa und kam auch bis nach Deutschland; ein anderer Teil zog später über England bis nach Amerika. Diese Emigration wird auch „Ost-West-Wanderung" genannt. Ein dritter Teil der Juden wanderte über die Turkländer aus und setzte sich im heutigen europäischen Rußland, in Polen, in den baltischen Staaten und überhaupt in Osteuropa fest. Er kam zu einem großen Teil über die Krim, zu einem andern im 15. Jh. aus Deutschland. In den Ost-Gebieten übten die Juden hauptsächlich handwerkliche Berufe aus und besaßen einen ungeheueren Kinderreichtum. Sie mußten mit der Unbill der Natur und der Feindschaft ihrer Wirtsvölker rechnen, blieben daher in ihrer eigenen Kulturgemeinschaft und klammerten sich an die Überlieferungen ihrer geistigen und geistlichen Führer. Die Orthodoxie war bei diesen Ostjuden tief verwurzelt und blieb erhalten. Dort wurden die Talmud- und Thora-Schulen gegründet, dort lernten die jüdischen Kinder verschiedene Sprachen, nicht nur die des augenblicklichen Wirtsvolkes, Russisch oder Polnisch, sondern auch Englisch, Französisch und Deutsch –, hauptsächlich Deutsch, denn Deutschland war das erste Land, das sie aufnahm. Daraus entstand das Jiddische, das kein Hebräisch und doch kein volles Deutsch ist, sondern eine Mischung aus beiden Sprachen mit slawischen Einschlägen. Die Westjuden dagegen, die Sephardim, kamen in Länder, die kulturell weitaus höher standen als Osteuropa, z. B. nach Frankreich, wo sie eine verfeinerte Lebensart kennenlernten, sich schneller assimilierten und wenig Verlangen mehr nach religiöser Betätigung spürten, vielmehr im Wirtsvolk aufzugehen versuchten. Diese Westjuden sind an sich der Prototyp des assimilatorischen Juden. Wenn einem vornehmen sephardischen Juden gesagt wird, er sei Jude, so erklärt er, ein „Spanier" oder von „spanischer Abkunft" zu sein. Spinoza ist dabei eine seltene Ausnahme, die zum Überdruß zitiert wird.

Dann gibt es noch die Aschkenasim, jene Juden, unter denen sich Typen befinden, die man im ersten Augenblick gar nicht als Juden erkennt, die man für Abkömmlinge germanischer Edelinge halten möchte, denn blaue Augen, rotes bis blondes Haar und Sommersprossen finden sich bei vielen; sie haben sich schon frühzeitig mit der bodenständigen Bevölkerung vermengt.

Ferner existieren noch zum Judentum bekehrte Reste der türkischen Chazaren, ursprünglich keine Juden, sondern eine weithin orientalische Bevölkerung, die sich zum jüdischen Glauben in der oder jener Form bekehrt hat und heute nach so langer Zeit weithin zu den Juden zählt. Logischerweise sind diese an sich keine Juden, sofern sie sich nicht mit jüdischem Blut gemischt haben, aber nach den Nürnberger Gesetzen gelten sie als solche; im Grunde ein Widerspruch, da diese Gesetzgebung

---

* Eichman weiß nicht, daß die Ostjuden zumeist Aschkenasim sind. Diese rassisch von den Ostjuden zu sondern, gehört zur Rassen-Indoktrination einzelner NS-Verfasser. (D. Herausg.)

eigentlich zum „Schutz des deutschen Blutes" entstand und deshalb nach dem Blutserbe ausgerichtet war.*

Die Existenz Israels dürfte eine starke Rückwirkung auf das assimilatorische Judentum haben. In diesem Zusammenhang erinnere ich mich daran, daß der schon oft genannte Kommerzienrat Storfer von der jüdischen Kultusgemeinde in Wien eines Tages mit einem Buch zu mir kam, das sein Armeechef, ein österreichischer Feldmarschall, herausgegeben hatte. Er zeigte mir eine Fotografie: Storfer in der Uniform eines Majors der k. u. k. Österreichisch-Ungarischen Armee, natürlich Major der Versorgungstruppe, aber immerhin dekoriert und schneidig. Dabei sagte er zu mir: „Herr Obersturmbannführer, ich bin West-Jude, bin assimilatorisch eingestellt. Ich will nichts wissen von den dreckigen Ostjuden." Tatsächlich wurde Storfer lange Zeit von dem zionistisch eingestellten Löwenherz abgelehnt, aber er verschanzte sich hinter dem berühmten Chirurgen Dr. Neuman. Im Laufe der Zeit haben Löwenherz und seine Leute Storfer zweifellos „bekehrt"; er arbeitete sehr ordentlich und fleißig für das Judentum. Ähnliche „Bekehrungen" zu einem jüdischen und gar zionistischen Standpunkt gab und vor allem gibt es am laufenden Bande.

Chaim Waizman schreibt in seinem Buch über die Gründung Israels eigentlich in der übelsten Form über das Westjudentum; er sieht auch das deutsche Judentum nicht für vollwertig an, sondern nur das Ostjudentum. Die deutschen Juden waren ja zum großen Teil bestrebt, ihr Judentum zu vergessen und sich als Deutsche zu erklären. Eben dies war für uns die große Gefahr, und deshalb war es immer mein Standpunkt, die Zionisten zu bevorzugen und die Orthodoxie keineswegs zu verbieten. Der assimilatorisch eingestellte Jude schadete uns und bedeutete eine Gefahr, die wir beseitigen mußten. Und gerade diese assimilatorisch eingestellten Juden wurden auch von der Orthodoxie und vom Zionismus abgelehnt, so scharf wie von uns.

Orthodoxie und Zionismus haben in unserer Zeit den Fortbestand des Judentums gesichert. Was wäre mit den Juden geschehen, wenn sie eine Lauheit wie etwa der Indio in Südamerika an den Tag gelegt hätten! Was ist heute der Indianer, der einmal den ganzen Erdteil sein eigen nannte und seine großen Kulturbereiche hatte? Ein paar Spanier und später andere haben ihn zurückgedrängt und unterjocht; heute ist der Indio im südamerikanischen Raum absorbiert, lebt genau wie der Italiener oder der Spanier in Südamerika und besitzt keine Eigenbedeutung mehr. Der Jude wäre bestimmt zur Bedeutungslosigkeit verurteilt worden, wäre es ihm nicht gelungen, besonders im Osten geistige Zentren zu bewahren. Hätte die Orthodoxie nicht durch die Jahrhunderte hindurch zuerst Ghettoisierung gepredigt, dann hätte sich das Judentum schon früh in den Wirtsvölkern verloren. Wie sich die Schwaben im Südraum an der „Militärgrenze", die unter Maria Theresia geschaffen wurde, in eigenen Dörfern zusammenschlossen, weswegen die Kinder noch gestern fast unverfälscht das Schwäbische ihrer ursprünglichen Heimat sprachen, so preßte das Ostjudentum seine Kinder in die Talmud-Thora-Schulen hinein, wo die Weisheit des Judentums gelehrt wurde. Während unsere Kinder mit Puppen spielten, wurden die Gehirne jener jüdischen Kinder seit frühester Jugend geübt. Als die jüdischen

---

* Eichmann irrt hier. Die nicht-mosaischen Nachkömmlinge von Chazaren-Proselyten galten, obwohl sie einer jüdischen Sekte angehörten, im NS-Regime als Nichtjuden. Sie wohnten als sog. Karaim meist im damaligen Reichskommissariat Ostland und blieben durch Einwirkung des Reichsministeriums für die besetzten Ostgebiete völlig unbehelligt. Natürlich sind sie nicht durchweg turko-tatarischer Herkunft. D. Herausg.

Niederlassungen im Osten allzu zahlreich wurden, wanderten viele Juden nach dem Westen; hier wurden sie Ärzte, Rechtsanwälte und Gelehrte, waren Kaufleute, bestimmt nicht die schlechtesten, gerade weil sie seit frühester Kindheit geistig ausgebildet wurden. Zwangen die Umstände einmal einen Ostjuden, nach dem Westen auszuwandern, dann zog er immer wieder andere Glieder seiner Sippe nach. Dr. Löwenherz war in Lemberg geboren, kam nach Wien, wurde zum Dr. jur. promoviert, war dann hoher Beamter der Israelitischen Kultusgemeinde, später Amtsdirektor. Im Laufe seiner Karriere von über dreißig Jahren ließ er bestimmt noch andere Verwandte nachkommen. Beschäftigten sich diese Ostjuden mit jüdisch-politischer Arbeit, dann blieben sie dem Zionismus erhalten, andere jedoch assimilierten sich, sehr zum Kummer der politischen Führung der Juden, für die es ein fürchterlicher Gedanke war, Blut durch die Assimilation zu verlieren; zuviel Blut hatten sie um jene Zeit nicht, wenn sie ihren Bestand erhalten wollten. Nun hatte ihnen der Nationalsozialismus den Kampf angesagt, und es galt, sich dafür zu wappnen oder zu versuchen, diesen Kampf für die eigenen jüdischen Ziele auszunützen, indem der „dumme deutsche Michel" benutzt wurde, durch momentanes Leid der Juden deren Bestand zu retten. Denn durch sein Leid seit 1933 errang das Judentum das Mitleid der gesamten Welt und konnte sich dadurch unerhörte politische und materielle Vorteile sichern. Die kluge geistige Führung der Orthodoxie konnte 2000 Jahre hindurch stets Vorteile über das Christentum buchen –, die gleiche schlaue Führung erlangte dann schließlich über das momentane Leid des eigenen Volkes ihren Staat Israel.

Eine Art Schlußwort

Nach der „Reichskristallnacht" vom 8. zum 9. Nov. 1938 betonte Hermann Göring in einer Rede, deren Inhalt ich erst durch die Nachkriegsliteratur erfuhr, das Judenproblem sei „in der Hauptsache ein wirtschaftliches Problem". In dieser Sitzung nahm Göring kein Blatt vor den Mund, denn was er sagte, war für den inneren Gebrauch bestimmt. Es widerspricht jeder logischen und psychologischen Interpretation der Auffassung und der damaligen Äußerungen des zweitmächtigsten Mannes im Reich, daß wenige Jahre später das Judenproblem nur durch Vernichtung zu lösen war. Schon hierin sehe ich einen Indizienbeweis dafür, daß irgendein undurchsichtiges Manöver stattgefunden hat. Politik ist die Kunst, das Allerbeste für das eigene Volk herauszuholen; diese Definition hat nichts mit dem Nationalsozialismus an sich zu tun, sondern galt und gilt für jedes Land in gleicher Weise.

Für das Leben der Massen ist die Wirtschaft in der Tat der wichtigste aller Faktoren. Es bedeutet eine außerordentliche Beruhigung zu wissen, daß man in der nächsten Woche, im nächsten Monat keine Existenzsorgen haben wird, weil man Arbeit hat oder die Scheune gefüllt ist, weil man für sich und die Seinen hat vorsorgen können. Ob das eine marxistische oder nationalsozialistische Anschauung ist, interessiert mich nicht: Es ist primitivste Erkenntnis. Wenn ich immer sagte: „Ich sehe die Judenfrage als eine Frage, die politisch gelöst werden muß", so kann sich der einzelne unter „politisch" dies oder jenes vorstellen. Wenn ich über eine „politische Lösung" spreche, denke ich dabei in erster Linie an den Wirtschaftsfaktor als bestimmendes Element.

Einen Gegner schalte ich aus, weil ich etwas zu essen haben will, weil er mir ein Stück von meinem Lebensraum wegnimmt, weil er der kommenden Generation

Schwierigkeiten bereitet. In unserem 20. Jahrhundert geht es weniger um ideelle Dinge als um Lebensraum, damit wir mehr Korn anbauen, mehr Brot backen können, denn wir müssen Vorsorge für die Zukunft treffen, sonst leiden bereits unsere Kinder Hunger. Erst vom Materiellen kommen wir zum Ideellen. Wir kämpfen heute nicht zuerst um Symbole; das Primäre ist das Leben, und im Leben ist das Primäre die Fortpflanzung, der Selbsterhaltungstrieb, die Volkserhaltung. In der völkischen Selbsterhaltung liegt die Größe des Nationalsozialismus; darin übertrifft er die rein materielle Interpretation des Marxismus. Selbsterhaltung heißt auch, seine eigene Art zu bewahren. Die Juden sind deshalb so stark, weil sie in 2000 Jahren die Rassenlehre nicht nur predigten, sondern auch praktizierten und Blutsvermischung oft von sich wiesen. Der Selbsterhaltungstrieb und der Fortpflanzungstrieb zeigen ihre primäre Kraft. Der Mensch hat diesen Trieben zu gehorchen und so auch die Völker. Sie haben sich zu erhalten – und das kann den Kampf mit einem Gegner bedeuten. Die Gründe, auf denen der Kampf des deutschen Volkes gegen die jüdische Bedrohung beruht, billige ich ebenso jedem Gegner zu; schon damals auch den Juden. Daher war es kein anderer als ich, der die zionistischen Institutionen wiederherstellte. Sonst hätte ich den Juden nur neutrale Kultusgemeinden erlaubt. Statt dessen habe ich ihnen ihre orthodoxen und zionistischen Einrichtungen wieder aufgebaut, die z. B. in Wien nach dem Anschluß vollkommen zerschlagen waren.

Assimilatorische Organisationen habe ich den Juden natürlich nicht gestattet. Streicher z. B. hätte die zionistischen Organisationen niemals wieder ins Leben gerufen, denn er haßte. Ich haßte die Juden nicht; ich erstrebte mit Genehmigung meiner Vorgesetzten die politische Lösung. Ich billige also dem Gegner alle Argumente, alle Mittel und Waffen zu, die ich mir für Deutschland und deutsche Interessen gleichfalls wünschte, nur billigte ich sie dem Gegner nicht auf deutschem Boden zu.

Während meiner kurzen Tätigkeit als Referent konnte ich nicht alle Gefahren erkennen, die unserm eigenen Volk drohten. Aber die Wirtschaft ist tatsächlich das A und O, Wirtschaft heißt, daß mein Volk leben können muß; die Wirtschaft hat dem Leben des Volkes zu dienen und nichts anderem. Da sprach nun nach der Reichskristallnacht in einer Sitzung der „Beauftragte des Vierjahres-Planes", nicht der Feldmarschall und nicht der Reichsjägermeister, sondern der Wirtschaftsbeauftragte, der um jene Zeit wirklich einen klaren Kopf gehabt hat. Göring hatte in dieser seiner wirtschaftlichen Funktion alle Macht an sich gerissen und sich jedermann untertan gemacht, weil die Wirtschaft den Vorrang hatte und der Ausgangspunkt allen Kriegsmühens die Ausschaltung des Gegners aus der Wirtschaft des deutschen Volkes sein mußte. Hier konnte uns der Gegner am ehesten verwunden.

Es stimmt, Kultur und Kunst hatte der Jude zuvor weitgehend in der Hand und konnte so den Geist des Volkes „verjuden". Aber über Kultur und Kunst hinweg hat er selbstverständlich immer nur auf das Kernstück der Existenz, die Wirtschaft, gezielt. Die ideellen Werte waren ihm lediglich Hilfsmittel, deren er sich auf Grund mehrtausendjähriger Erziehung und seines Geistestrainings leicht bedienen konnte. Auch seine Begabung für den Handel hatte er aus dem Ablauf der Geschichte heraus entwickelt und damit auf diesem Gebiet der Wirtschaft einen Vorsprung erzielt. Die Juden, die in der Vorzeit ein Nomaden- und später auch ein Soldatenvolk gewesen waren, kamen in die babylonische Gefangenschaft; hier hatten sie alle Freiheiten, nur durften sie keine Handwerker, keine Soldaten und keine Beamten sein. So blieb ihnen nur der Handel übrig, den die babylonischen Könige den Juden gestatteten, und so bildeten sie sich damals zu einem Händlervolk aus. Bald stellte der Jude fest, wie er bei verhältnismäßig geringer physischer Anstrengung innerhalb kürzester Zeit nicht nur zu einem bequemen Leben kommen, sondern sogar das Herrenvolk, unter dem er in der Verbannung lebte, seinen Zwecken nutzbar machen konnte. Die Propheten wehrten sich dagegen und bekämpften das Wohlleben der Juden schon während der Exilzeit. Ein Mahner wie Jesaja schrieb immer wieder das Warnzeichen an die Wand und forderte zur Besinnung auf. Er war ein hervorragender, kluger Volksführer, der die Juden unablässig auf ihr Volkstum und ihre Mission hinwies. Auch in der Diaspora standen die „Jesajas" auf; sie hießen Jabocky und Waizman, Herzl und Ginsburg; ohne solche Führer wäre das Judentum verloren gewesen. So ist es erklärlich, daß sich der Jude innerhalb seiner Wirtsvölker stets auf die Wirtschaft warf.

Kunst in jeder Form ist etwas Schönes, aber davon werde ich nicht satt. Wenn ich nichts zu essen habe, interessiert mich der beste Film nicht. Das Leben ist primär; deshalb setzte der Jude bei der Wirtschaft an; die kulturellen Dinge, die ein Volk bilden, bedeuteten für ihn nur die Möglichkeit zu einem noch festeren Griff. Wenn der Jude im deutschen Kleinhandel einen Marktanteil hatte, der in gar keiner Weise im Verhältnis zu seinem Bevölkerungsanteil stand, wenn er sich im deutschen Großhandel festgesetzt hatte und eine Industrie nach der anderen beherrschte, dann wurde er gefährlich, denn da konnte er nicht nur die Geschichte seines Wirtslandes lenken und leiten, sondern z. B. auch bestimmen, wieviel Arbeitslose das Siebzig-Millionen-Volk in zwei Jahren haben würde.

Ich vertrete hier einen „linken" Standpunkt. Viele in der SS standen auf dem äußersten linken Flügel des Nationalsozialismus. Unser Meister war Goebbels. Es gab auch bei uns in der SS Rechtsstehende mit weißen Handschuhen. Aber wir Alten kamen aus den Reihen der Kerle, die um die Idee in Saalschlachten gekämpft hatten, wir kamen aus der Not des Volkes und des einzelnen; deshalb standen wir auf dem linken Flügel, und deshalb vereinnahmte uns Goebbels. Er war u n s e r Prophet Jesaja.*

---

* Ob die SS innerhalb der NSDAP „linke" Ansichten enthielt und betonte, ist zudem sehr die Frage. D. Herausg.

DOKUMENTE

Zahlen zur Judenpolitik des Dritten Reiches
Reitlingers Schätzungen

Statistische Zusammenfassung der Endlösung

Schätzungen über den zahlenmäßigen Umfang der Ausrottungen

	Mindest-zahl	Höchst-zahl	Schätzungen des Anglo-Amerikan. Komitees, April 1946
Deutschland (Grenzen von 1937)	160 000	180 000	195 000
Österreich	58 000	60 000	53 000
Tschechoslowakei (Grenzen von 1937)	233 000	243 000	255 000
Dänemark	(weniger als 100)		1500 (meist Flüchtlinge in Schweden)
Frankreich	60 000	65 000	140 000
Belgien	25 000	28 000	57 000
Holland	104 000	104 000	120 000
Luxemburg	3 000	3 000	3 000
Norwegen	700	700	1 000
Italien	8 500	9 500	20 000
Jugoslawien	55 000	58 000	64 000
Griechenland	57 000	60 000	64 000
Bulgarien (Vorkriegsgrenzen)	–	–	5 000
Rumänien (Vorkriegsgrenzen)	200 000*	220 000*	530 000
Ungarn (Grenzen vor Erstem Wiener Schiedsspruch)	180 000	200 000	200 000
Polen (Vorkriegsgrenzen)	2 350 000*	2 600 000*	3 271 000
Sowjetunion (Vorkriegsgrenzen plus baltische Staaten)	700 000*	750 000*	1 050 000
			6 029 500
		Abzüglich DPs	308 000
	4 194 200*	4 851 200*	5 721 500

* Verläßliche Zahlenangaben liegen in diesem Fall nicht vor. Es handelt sich also nur um annähernde Schätzungen.

Korherr-Bericht

Aus dem Bericht „Die Endlösung der Europäischen Judenfrage" vom 23. März 1943 („Korherrbericht")

Statistischer Bericht

Inhalt:

I. Vorbemerkung
II. Die Judenbilanz in Deutschland
III. Jüdische Volksschwäche
IV. Die Auswanderung der Juden aus Deutschland
V. Die Evakuierung der Juden
VI. Die Juden in den Ghettos
VII. Die Juden in den Konzentrationslagern
VIII. Juden in Justizvollzugsanstalten
IX. Der Arbeitseinsatz der Juden
X. Europäische Judenbilanz

Unter Ziff. V des Berichts ist ausgeführt:
„V. Die Evakuierung der Juden
Die Evakuierung der Juden löste, wenigstens im Reichsgebiet, die Auswanderung der Juden ab. Sie wurde seit dem Verbot der jüdischen Auswanderung ab Herbst 1941 in großem Stile vorbereitet und im Jahre 1942 im gesamten Reichsgebiet weitgehend durchgeführt. In der Bilanz des Judentums erscheint sie als ‚Abwanderung'.
Bis 1. 1. 1943 wanderten nach den Zusammenstellungen des Reichssicherheitshauptamtes ab:

aus dem Altreich mit Sudetenland	100 516 Juden
aus der Ostmark	47 555 Juden
aus dem Protektorat	69 677 Juden
Zusammen	217 748 Juden

In diesen Zahlen sind auch die ins Altersghetto Theresienstadt evakuierten Juden enthalten.
Die gesamten Evakuierungen* ergaben im Reichsgebiet einschl. Ostgebieten und darüber hinaus im deutschen Macht- und Einflußbereich in Europa von Oktober 1939 oder später bis zum 31. 12. 1942 folgende Zahlen:

1. Evakuierung von Juden aus Baden und der Pfalz nach Frankreich	6 504 Juden
2. Evakuierung von Juden aus dem Reichsgebiet einschl. Protektorat und Bezirk Bialystok nach Osten	170 642 Juden
3. Evakuierung von Juden aus dem Reichsgebiet und dem Protektorat nach Theresienstadt	87 193 Juden

* Unter diesem Begriff sind sowohl Deportierungen als auch Tötungen zu verstehen.

4. Transportierung von Juden
   aus den Ostprovinzen
   nach dem russischen Osten: .... 1 499 692 Juden
   Es wurden durchgeschleust durch die Lager im Generalgouvernement .... 1 274 166 Juden
   durch die Lager im Warthegau .... 145 301 Juden
5. Evakuierung von Juden aus anderen Ländern, nämlich:
   Frankreich (soweit vor dem 10. 11. 1942 besetzt) .... 41 911 Juden
   Niederlande .... 38 571 Juden
   Belgien .... 16 886 Juden
   Norwegen .... 532 Juden
   Slowakei .... 56 691 Juden
   Kroatien .... 4 927 Juden

   Evakuierungen insgesamt
   (einschl. Theresienstadt und einschl. Sonderbehandlung) ... 1 873 549 Juden
   ohne Theresienstadt .... 1 786 356 Juden
6. Dazu kommt noch nach Angaben des Reichssicherheitshauptamtes die Evakuierung von .... 633 300 Juden
   in den russischen Gebieten einschl. der früheren baltischen
   Länder seit Beginn des Ostfeldzuges.

In den obigen Zahlen sind nicht enthalten die Insassen der Ghettos und der Konzentrationslager.
Die Evakuierungen aus der Slowakei und aus Kroatien wurden von diesen Staaten selbst in Angriff genommen."

In Ziff. X des Berichts wird zusammenfassend u. a. bemerkt:
„X. Europäische Judenbilanz:
...
Die Gesamtzahl der Juden auf der Erde schätzt man um das Jahr 1937 im allgemeinen auf rund 17 Millionen, wovon über 10 Millionen auf Europa entfallen. Sie häufen bzw. häuften sich in Europa vor allem in den von Deutschland besetzten früheren polnisch-russischen Gebieten zwischen Ostsee und Finnischem Meerbusen und dem Schwarzen und Asowschen Meer, daneben in den Handelsmittelpunkten und im Rheingebiet Mittel- und Westeuropas und an den Küsten des Mittelmeeres.
Von 1937 bis Anfang 1943 dürfte die Zahl der Juden in Europa teils durch Auswanderung, teils durch den Sterbeüberschuß der Juden in Mittel- und Westeuropa, teils durch die Evakuierungen vor allem in den völkisch stärkeren Ostgebieten, die hier als Abgang gerechnet werden, um schätzungsweise 4 Millionen zurückgegangen sein.
Dabei darf nicht übersehen werden, daß von den Todesfällen der sowjetrussischen Juden in den besetzten Ostgebieten nur ein Teil erfaßt wurde, während diejenigen im übrigen europäischen Rußland und an der Front überhaupt nicht enthalten sind. Dazu kommen die uns unbekannten Wanderungsströme der Juden innerhalb Rußlands in den asiatischen Bereich hinüber. Auch der Wanderungsstrom der Juden aus den europäischen Ländern außerhalb des deutschen Einflusses ist eine weitgehend unbekannte Größe. Insgesamt dürfte das europäische Judentum seit 1933, also im ersten Jahrzehnt der nationalsozialistischen deutschen Machtentfaltung, bald die Hälfte seines Bestandes verloren haben."

Aus Heinrich Himmler: „Einige Gedanken über die Behandlung der Fremdvölkischen im Osten":

„...
Bei der Behandlung der Fremdvölkischen im Osten müssen wir darauf sehen, so viel wie möglich einzelne Völkerschaften anzuerkennen und zu pflegen, also neben den Polen und Juden die Ukrainer, die Weißrussen, die Goralen, die Lemken und die Kaschuben. Wenn sonst noch irgendwo Volkssplitter zu finden sind, auch diese.

Ich will damit sagen, daß wir nicht nur das größte Interesse daran haben, die Bevölkerung im Osten nicht zu einen, sondern im Gegenteil in möglichst viele Teile und Splitter zu zergliedern.

Aber auch innerhalb der Völkerschaften selbst haben wir nicht das Interesse, diese zu Einheit und Größe zu führen, ihnen vielleicht allmählich Nationalbewußtsein und nationale Kultur beizubringen, sondern sie in unzählige kleine Splitter und Partikel aufzulösen.

Die Angehörigen aller dieser Völkerschaften, insbesondere der kleinen, wollen wir selbstverständlich in den Stellen von Polizeibeamten und Bürgermeistern verwenden.

Spitzen in solchen Völkerschaften dürfen nur die Bürgermeister und die örtlichen Polizeibehörden sein; bei den Goralen die einzelnen, sich ohnedies schon befehdenden Häuptlinge und Sippenältesten. Eine Zusammenfassung nach oben darf es nicht geben, denn nur dadurch, daß wir diesen ganzen Völkerbrei des Generalgouvernements von 15 Millionen und die 8 Millionen der Ostprovinzen auflösen, wird es uns möglich sein, die rassische Siebung durchzuführen, die das Fundament in unseren Erwägungen sein muß, die rassisch Wertvollen aus diesem Brei herauszufischen, nach Deutschland zu tun, um sie dort zu assimilieren.

Schon in ganz wenigen Jahren – ich stelle mir vor, in 4 bis 6 Jahren – muß beispielsweise der Begriff der Kaschuben unbekannt sein, da es dann ein kaschubisches Volk nicht mehr gibt (das trifft besonders auch für die Westpreußen zu). Den Begriff Juden hoffe ich durch die Möglichkeit einer großen Auswanderung sämtlicher Juden nach Afrika oder sonst in eine Kolonie völlig ausgelöscht zu sehen. Es muß in einer etwas längeren Zeit auch möglich sein, in unserem Gebiet die Volksbegriffe der Ukrainer, Goralen und Lemken verschwinden zu lassen. Dasselbe, was für diese Splittervölker gesagt ist, gilt in dem entsprechend größeren Rahmen für die Polen.

Eine grundsätzliche Frage bei der Lösung aller dieser Probleme ist die Schulfrage und damit die Frage der Sichtung und Siebung der Jugend. Für die nichtdeutsche Bevölkerung des Ostens darf es keine höhere Schule geben als die vierklassige Volksschule. Das Ziel dieser Volksschule hat lediglich zu sein:

Einfaches Rechnen bis höchstens 500, Schreiben des Namens, eine Lehre, daß es ein göttliches Gebot ist, den Deutschen gehorsam zu sein, und ehrlich, fleißig und brav zu sein. Lesen halte ich nicht für erforderlich.

Außer dieser Schule darf es im Osten überhaupt keine Schulen geben. Eltern, die ihren Kindern von vornherein eine bessere Schulbildung sowohl in der Volksschule als später auch an einer höheren Schule vermitteln wollen, müssen dazu einen Antrag bei den Höheren SS- und Polizeiführern stellen. Der Antrag wird in erster Linie danach entschieden, ob das Kind rassisch tadellos und unseren Bedingungen entsprechend ist. Erkennen wir ein solches Kind als unser Blut an, so wird den Eltern eröffnet, daß das Kind auf eine Schule nach Deutschland kommt und für Dauer in Deutschland bleibt.

So grausam und tragisch jeder einzelne Fall sein mag, so ist diese Methode, wenn man die bolschewistische Methode der physischen Ausrottung eines Volkes aus innerer Überzeugung als ungermanisch und unmöglich ablehnt, doch die mildeste und beste.

Die Eltern dieser Kinder guten Blutes werden vor die Wahl gestellt, entweder das Kind herzugeben – sie werden dann wahrscheinlich keine weiteren Kinder mehr erzeugen, so daß die Gefahr, daß dieses Untermenschenvolk des Ostens durch solche Menschen guten Blutes eine für uns gefährliche, da ebenbürtige Führerschicht erhält, erlischt –, oder die Eltern verpflichten sich, nach Deutschland zu gehen und dort loyale Staatsbürger zu werden. Eine starke Handhabe, die man ihnen gegenüber hat, ist die Liebe zu ihrem Kind, dessen Zukunft und dessen Ausbildung von der Loyalität der Eltern abhängt.

...

Die Bevölkerung des Generalgouvernements setzt sich dann zwangsläufig nach einer konsequenten Durchführung dieser Maßnahmen im Laufe der nächsten 10 Jahre aus einer verbleibenden minderwertigen Bevölkerung, die noch durch abgeschobene Bevölkerung der Ostprovinzen sowie all der Teile des Deutschen Reiches, die dieselbe rassische und menschliche Art haben (Teile z. B. der Sorben und Wenden), zusammen.

Diese Bevölkerung wird als führerloses Arbeitsvolk zur Verfügung stehen und Deutschland jährlich Wanderarbeiter und Arbeiter für besondere Arbeitsvorkommen (Straßen, Steinbrüche, Bauten), stellen: sie wird selbst dabei mehr zu essen und zu leben haben als unter der polnischen Herrschaft und bei eigener Kulturlosigkeit unter der strengen, konsequenten und gerechten Leitung des deutschen Volkes berufen sein, an dessen ewigen Kulturtaten und Bauwerken mitzuarbeiten, und diese, was die Menge der groben Arbeit anlangt, vielleicht erst ermöglichen.

..."

Aufzeichnung Unterstaatssekretär Luther vom 21. Aug. 42 über das RSHA:

"...
Der Madagaskar-Plan wurde vom Reichssicherheitshauptamt begeistert aufgenommen, das nach Ansicht des Auswärtigen Amtes die Dienststelle ist, die erfahrungsmäßig und technisch allein in der Lage ist, eine Judenevakuierung im Großen durchzuführen und die Überwachung der Evakuierten zu gewährleisten. Die zuständige Dienststelle des Reichssicherheitshauptamtes arbeitete darauf einen bis ins einzelne gehenden Plan für die Evakuierung der Juden nach Madagaskar und ihrer Ansiedlung dort aus, der vom Reichsführer-SS gebilligt wurde. Gruppenführer Heydrich hat diesen Plan unmittelbar dem Herrn RAM im August 1940 zugeleitet (vgl. D III 2171).

..."

Niederschrift Heydrichs vom 4. Okt. 41 über Besprechung mit Vertretern des Ostministeriums:

„...
VII. Regelung der Judenfrage.
Zur Judenfrage wurde besprochen, inwieweit das Ostministerium und seine nachgeordneten Dienststellen noch eigene Referenten und Sachbearbeiter für Judenfragen haben müßten. SS-O'Gruf. Heydrich vertrat hierzu den Standpunkt, daß man, ähnlich wie in der Siedlungs- und Volkstumsfrage, vielleicht die Bearbeitung in Personalunion durchführen könne. Es bestehe auf jeden Fall die Gefahr, daß vor allem von seiten der Wirtschaft in zahlreichen Fällen Juden als unentbehrliche Arbeitskräfte reklamiert würden und daß sich niemand bemühe, an Stelle der Juden andere Arbeitskräfte zu bekommen. Dies würde aber den Plan einer totalen Aussiedlung der Juden aus den von uns besetzten Gebieten zunichte machen.

Die Vertreter des Ostministeriums zeigten jedoch wenig Neigung, in dieser Frage nachzugeben, so daß schließlich, da die Durchführung der Behandlung der Juden sowieso in Händen der Sicherheitspolizei liegt, von einer weiteren Diskussion dieses Problems abgesehen wurde."

Vorbesprechung vom 4. Jan. 40 über die Juden- und Polenevakuierung unter Adolf Eichmann – Auszug aus der Niederschrift

„...
In mehreren Fällen wurde das vom Generalgouvernement zugesagte Kontingent an zu Evakuierenden überschritten und dadurch die Unterbringung drüben weitestgehend erschwert. Die Leute mußten bis zu acht Tagen in verschlossenen Eisenbahnwagen sitzen, ohne ihre Notdurf verrichten zu können. Außerdem sind bei einem Transport während der großen Kälte 100 Erfrierungen vorgekommen.
3. Auf Anordnung des Reichsführers SS ist die Evakuierung sämtlicher Juden aus den ehemals polnisch besetzten Gebieten vordringlich durchzuführen.
Von den Sachbearbeitern der Inspekteure Nordost, Südost und Warthegau wurden folgende Zahlen für die sofortige Judenevakuierung angegeben:
Nordost   =   30 000
Südost   =   120 000–125 000
Warthegau =   200 000
(Lodsch)
Der Warthegau will außerdem sofort 80 000 Polen evakuieren, um für die Volksdeutschen aus Galizien und Wolhynien Raum zu schaffen. Der Warthegau hat bisher bereits 87 000 Polen evakuiert.
Der Gau Danzig benannte für die sofortige Evakuierung im Januar 10 000 Polen und Juden.
...
6. Die zu Evakuierenden werden in die Gebiete (Distrikte) Krakau, Warschau, Lublin und Radom abgeschoben.
..."

Sitzung der Höheren SS-, SD- und Sipoführer
sowie der Abteilungsleiter des RSHA in Gegenwart
von Reichsminister Seyß-Inquart unter Vorsitz
von Reinhard Heydrich am 30. Jan. 1940
Anwesend: Dr. Best, Heinrich Müller, Otto Ohlendorf,
Streckenbach, Krüger, Koppe, Redieß,
Hildebrandt, Greifelt, Creutz, Globocnik

1. SS-Gruppenführer Heydrich gibt bekannt, daß die heutige Sitzung auf Anordnung des Reichsführers SS einberufen wurde, um bei der Durchführung der vom Führer verfügten Umsiedlungsaufgaben eine einheitliche Linie mit allen beteiligten Stellen herzustellen. Die bisher erfolgten Räumungen umfaßten rund 87 000 Polen und Juden aus dem Warthegau, um für die dort anzusiedelnden Baltendeutschen Raum zu schaffen. Daneben erfolgte eine nicht gesteuerte, sogenannte illegale Auswanderung.
..."
„...
3. Nach den beiden Massenbewegungen a) von 40 000 Polen und Juden im Interesse der Baltendeutschen und b) von etwa 120 000 Polen im Interesse der Wolhyniendeutschen,
soll als letzte Massenbewegung die Abschiebung von sämtlichen Juden der neuen Ostgaue und 30 000 Zigeunern aus dem Reichsgebiet in das Generalgouvernement erfolgen.
..."
„...
SS-Gruppenführer Heydrich bemerkt zu den von Reichsminister Seyß-Inquart erwähnten Transportschwierigkeiten, daß darauf insofern Bedacht genommen wurde, als sämtliche Transportbewegungen im Reichsverkehrsministerium zentral bearbeitet werden, so daß also ein unnützer Einsatz von rollendem Material vermieden wird.
..."

Schreiben des SS-Obergruppenführers
Erich von dem Bach-Zelewski, des damaligen
Höheren SS- und Polizeiführers Schlesien,
an SS-Gruppenführer Karl Wolff vom 13. Sept. 1940

...
Liebes Wölffchen!
Da Du gestern so sehr mit anderen Besprechungen überlastet warst, wollte ich nach der Besprechung beim Reichsführer Dich nicht auch noch stören. Damit im Getriebe Eurer Arbeit die einzelnen Entscheidungen, die der Reichsführer getroffen hat, nicht verlorengehen, möchte ich kurz zusammenfassend die Dinge Dir noch einmal vortragen:

Wegen der Weigerung des Generalgouverneurs Frank sind wir in Ost-Oberschlesien die Juden seinerzeit nicht losgeworden. Das Kohlenrevier Dombrowa-Bendzin-Sosnowitz ist heute noch von Juden überschwemmt, die zwar mit Armbinden gekennzeichnet, sonst aber gar nicht zur Arbeit erfaßt sind. Der Reichsführer hat gestern angeordnet, daß nun in einer energischen Form die Juden und auch die polnischen Arbeitslosen in geschlossenen Lagern zusammengefaßt in Steinbrüchen und bei Chausseearbeiten eingesetzt werden.

Zur Durchführung dieser Arbeit hat der Reichsführer auf meinen Vorschlag den jetzigen Polizeipräsidenten, SS-Oberführer Schmelt, bestimmt, der „Beauftragter für den Arbeitseinsatz der Fremdvölkischen in Ost-Oberschlesien" werden soll. Da der Beginn dieser Aufgabe eilt, bitte ich Dich, bei einer Besprechung mit SS-Gruppenführer Heydrich die sofortige Beauftragung von Schmelt erwirken zu wollen.

Es ist bei dieser Beauftragung notwendig, daß Schmelt im weitesten Umfange Vollmachten erhält.

..."

Aus einer Arbeitssitzung von Vertretern der Regierung des Generalgouvernements und der Polizei am 18. Juni 42

„...
Auf die Frage von Staatssekretär Dr. Bühler, ob eine Aussicht auf eine schnellere Verminderung der Ghettobevölkerung bestehe, erwidert Staatssekretär Krüger (der Höhere SS- und Polizeiführer Ost), daß man darüber wohl im Laufe des August einen Überblick haben werde. Das Problem der Judenaussiedlung dränge zu einer Entscheidung... Der Erfolg einer möglichst günstigen Ernteerfassung habe die Beseitigung des Schleichhandels und diese wiederum die Ausschaltung der Juden zur Voraussetzung. Für die Durchführung einer solchen Aktion sei die Gestellung von ausreichenden Transportzügen notwendig. Trotzdem für die nächsten 14 Tage eine restlose Zugsperre verordnet sei, habe er in Verhandlungen mit Präsident Gerteis (Vermerk: Nach der Aussage des erwähnten Zeugen Albert Zahn, der damalige Präsident der Gedob Krakau!) erreicht, daß für den Abtransport von Juden ab und zu Züge bereitgestellt würden. Nach Ablauf der Sperrfrist müsse die Judenaktion verstärkt durchgeführt werden...

Stellvertretender Amtschef Oswald äußert sich über die derzeitige Lage im Distrikt Radom.

... In der Judenumsiedlung sei der Distrikt Radom etwas ins Hintertreffen geraten. Im Distrikt habe man im Laufe des letzten Jahres jüdische Wohnbezirke gebildet, in die man nun die 15 000 Juden aus Radom umsiedeln wollte. Der Verteilungsplan sei bereits aufgestellt gewesen, als die Umsiedlung nach dem Distrikt Lublin akut geworden sei. Diese Aussiedlung der Juden hänge jetzt nur noch von dem Transportproblem ab, und hier sei erklärt worden, daß der Distrikt noch 6 bis 8 Wochen warten müsse...

Staatssekretär Krüger weist darauf hin, daß von seiten der Polizei die Judenaktion bis in alle Einzelheiten vorbereitet sei und daß ihre Durchführung nur eine Frage des Transportes sei. In Radom und Tschenstochau müßten jüdische Arbeiter für die Rüstungsindustrien zurückgehalten werden. Natürlich müsse man die unmittelbaren

Familienangehörigen dieser Arbeiter zurücklassen, alles andere aber würde ausgesiedelt...
Von den früher in Tarnow lebenden 32 000 Juden ständen 8000 jetzt in Arbeit. Leider müsse man diese Arbeit jetzt abstoppen, da die Ostbahn keine Transportmittel mehr stellen könnte.
..."

Geheimbericht des Heeres-Feldpolizei-Chefs im Oberkommando des Heeres

Gen. St. d. H./Gen. SFB Nr. 2365/42

„Eine große Gefahr für die Befriedung der Gebiete bildet das Auftreten von Zigeunerbanden, deren Angehörige sich bettelnd im Lande herumtreiben und den Partisanen weitgehend Zubringerdienste leisten. Würde nur ein Teil der Verdächtigen und der Partisanenbegünstigung überführten Zigeuner bestraft, so würde der verbleibende Teil von ihnen sich noch mehr als bisher den Partisanen zur Verfügung stellen. Es ist deshalb notwendig, derartige Banden rücksichtslos auszurotten.
Unter diesem Gesichtspunkt sind z. B. auch die Einsatzbefehle beim Partisanen-Unternehmen „Sumpffieber" im November 42 (Find B Zst. UdSSR III/4–7) und „Hamburg" (Find B Zst. UdSSR VII/27 2/4 ff.) vom 7. 12. 42 – Tgb. Nr. 2/42 zu sehen."
„Sumpffieber", Nov. 42: „... die bandenverdächtigen und bandenfreundlichen Bewohner festzustellen und die Juden und Zigeuner zu vernichten."
„Hamburg", Dez. 1942: „Als Feind ist anzusehen jeder Bandit, Jude, Zigeuner, Bandenverdächtige... Jedes Entweichen von Banditen, Juden, Zigeunern, Bandenverdächtigen über den Njemen bzw. die Szcara ist zu verhindern."
Derartige Weisungen sind mit dem geltenden Völkerrecht nicht zu vereinbaren. Darüber besteht kein Zweifel. Diese drei Zitate geben Aufschluß darüber, aus welchen Gründen solche Anweisungen gegeben worden sind. Dadurch wurden dieselben für die untergeordneten Dienstgrade verständlich.

Befehl Heinrich Himmlers vom 19. Juli 1942:

„Ich ordne an, daß die Umsiedlung der gesamten jüdischen Bevölkerung des Generalgouvernements bis 31. Dezember 1942 durchgeführt und beendet ist.
Mit dem 31. Dezember 1942 dürfen sich keinerlei Personen jüdischer Herkunft mehr im Generalgouvernement aufhalten. Es sei denn, daß sie sich in den Sammellagern Warschau, Krakau, Tschenstochau, Radom, Lublin aufhalten. Alle anderen Arbeitsvorkommen, die jüdische Arbeitskräfte beschäftigen, haben bis dorthin beendet zu sein, oder, falls ihre Beendigung nicht möglich ist, in eines der Sammellager verlegt zu sein.
Diese Maßnahmen sind zu der im Sinne der Neuordnung Europas notwendigen ethnischen Scheidung von Rassen und Völkern sowie im Interesse der Sicherheit und

Sauberkeit des Deutschen Reiches und seiner Interessengebiete erforderlich. Jede Durchbrechung dieser Regelung bedeutet eine Gefahr für die Ruhe und Ordnung des deutschen Gesamtinteressengebietes, einen Ansatzpunkt für die Widerstandsbewegung und einen moralischen und physischen Seuchenherd.
Aus all diesen Gründen ist die totale Bereinigung notwendig und daher durchzuführen. Voraussichtliche Terminüberschreitungen sind mir rechtzeitig zu melden, so daß ich früh genug für Abhilfe sorgen kann. Alle Gesuche anderer Dienststellen um Abänderung sowie Ausnahmegenehmigung sind mir persönlich vorzulegen."

Aus der Niederschrift des SS-Obergruppenführers Krüger über Besprechung mit Generalleutnant Schindler, Rüstungsinspektion im Generalgouvernement, vom 17. Juli 1942

„Ergebnis der Besprechung mit Herrn Generalleutnant Schindler, 17. Juli 1942, 9 Uhr 30.
1. Zurverfügungstellung von Baracken zum Aufbau der für die Rüstungsinspektion benötigten jüdischen Arbeitskräfte. Die Rüstungsinspektion wird über OKW und MiG die Freigabe sämtlicher entbehrlicher Barackenlager im Generalgouvernement beantragen. Ausgenommen sind die Barackenlager an den großen Durchgangsstraßen von West nach Ost.
2. Einsatz jüdischer Arbeitskräfte.
Die Vereinbarungen mit dem SS-Wirtschaftsverwaltungshauptamt und der Rüstungsinspektion sind ungültig. Der Höhere SS- und Polizeiführer Ost verpflichtet sich, den Aufbau und die Durchführung der jüdischen Zwangsarbeiterlager gemäß den Wünschen der Rüstungsinspektion vorzunehmen.
3. Die Zahl der benötigten Arbeitskräfte liegt fest. Wünsche der Rüstungsinspektion im Hinblick auf den Mehrbedarf von jüdischen Arbeitskräften werden von der Rüstungsinspektion beim Höheren SS- und Polizeiführer angefordert.
4. Die Rüstungsinspektion und der Höhere SS- und Polizeiführer Ost haben vereinbart, daß die Abgabe jüdischer Arbeitskräfte bis zu 100 unmittelbar mit den SS- und Polizeiführern geregelt werden kann.
5. Auflösung der jüdischen Ghettos in Vereinbarung mit der Rüstungsinspektion. Auflösung des Ghettos Tschenstochau. Bei letzterem Objekt wird das Ghetto aufgelöst, sobald das Barackenlager für 8000 jüdische Arbeitskräfte zur Verfügung gestellt wird.
..."

Bericht des Wehrkreisbefehlhabers im Generalgouvernement, General von Gienanth vom 18. Sept. 1942 an Ober-Kommando der Wehrmacht – Wehrmachtführungsstab

„I. Bis jetzt war für das Generalgouvernement angeordnet:
1. Polnische und ukrainische Arbeiter werden zwecks Freimachung für das Reich durch jüdische Arbeiter ersetzt; hierzu werden auch Judenlager zum Einsatz bei den Betrieben aufgestellt.
2. Zur Ausnützung der jüdischen Arbeitskraft für den Krieg werden rein jüdische Betriebe oder Teilbetriebe gebildet.

Die ohne Benachrichtigung der meisten Wehrmachtsdienststellen einsetzende Aussiedlung der Juden brachte starke Erschwerungen im Nachschub und Verzögerungen in der kriegswirtschaftlichen Sofortproduktion. Arbeiten der SS-Stufe, der Dringlichkeitsstufe „Winter", können nicht fristgerecht erledigt werden.

II. Ungelernte Arbeiter können zum Teil ersetzt werden, wenn der Generalbevollmächtigte für den Arbeitseinsatz auf die bis Ende d. J. durchzuführende Abgabe von 140 000 Polen an das Reich verzichtet und wenn die Erfassung der Polizei gelingt. Dies wird nach den bisherigen Erfahrungen bezweifelt.

Als angelernte Arbeiter können zu einem geringen Teil Schüler genommen werden, die zur Zeit in den Fachschulen der Regierung ausgebildet werden.

Facharbeiter müssen erst herangebildet werden. Die Schulung der – im wesentlichen der Landwirtschaft zu entnehmenden – Arbeitskräfte bedarf Monate bis zu einem Jahr und, bei einigen besonders hochqualifizierten Arbeitern und Handwerkern, noch darüber.

Ob die Lösung dieser besonders schwierigen Frage, von der die Erhaltung der Leistungsfähigkeit des Gen.-Gouv. für die Kriegswirtschaft in erster Linie abhängt, durch Abgaben von Facharbeitern aus dem Reich beschleunigt werden kann, entzieht sich meiner Beurteilung.

III. Nach den Unterlagen der Regierung – Hauptabteilung Arbeit – beträgt die Gesamtzahl der gewerblichen Arbeiter etwas mehr als eine Million, hiervon über 300 000 Juden. Unter diesen sind etwa 100 000 Facharbeiter.

In den einzelnen, für die Wehrmacht arbeitenden Betrieben schwankt die Zahl der Juden unter den Facharbeitern zwischen 25 und 100 %; sie beträgt 100 % bei den für die Winterbekleidung arbeitenden Textilbetrieben. In anderen Betrieben, z. B. in der wichtigen Fahrzeugfabrikation Type „Fuhrmann" und „Pleskau", sind die Schlüsselkräfte, die Stellmacher, hauptsächlich Juden. Sattler sind mit geringen Ausnahmen Juden.

Für die Uniform-Instandsetzung sind bei Privatfirmen zur Zeit insgesamt 22 700 Arbeiter tätig. Davon sind 22 000 (97 v. H.) Juden; darunter rund 16 500 Fachkräfte (Textil- und Lederwerker).

Ein rein jüdischer Betrieb mit 168 Arbeitern fertigt Geschirrbeschläge. Hiervon ist abhängig die gesamte Fertigung von Geschirren im Gen.-Gouv., in der Ukraine und z. T. im Reich.

IV. Sofortige Entfernung der Juden hätte zur Folge, daß das Kriegspotential des Reiches erheblich gedrückt und die Versorgung der Front sowie der Truppen im Gen.-Gouv. mindestens augenblicklich stocken würde.

1. In der Rüstungsindustrie würden ernste Fertigungsausfälle zwischen 25 bis 100 % eintreten.
2. Bei den Kfz.-Instandsetzungs-Werkstätten würde ein durchschnittlicher Leistungsabfall von etwa 25 % eintreten, d. h., es würden im Monat durchschnittlich 2500 Kfz. weniger instandgesetzt werden.
3. Zur Durchführung der Versorgung müßten Nachschubeinheiten eingesetzt werden.
  V. Wenn die kriegswichtigen Arbeiten nicht leiden sollen, können die Juden erst nach Ausbildung des Ersatzes, also Zug um Zug, freigegeben werden. Diese Aufgabe kann nur örtlich durchgeführt, muß aber von einer Stelle in Zusammenarbeit mit dem Höh.-SS- u. Pol.-Führer zentral gesteuert werden.
  Es wird gebeten, den Bezugserlaß in dieser Art durchführen zu dürfen. Dabei soll Richtlinie sein, die Juden so rasch als möglich auszuschalten, ohne die kriegswichtigen Arbeiten zu beeinträchtigen.
  VI. Wie nunmehr festgestellt, laufen im Gen.-Gouv. ohne Kenntnis der Rüstungsinspektion und des W. i. G. von den verschiedensten Wehrmachtsdienststellen des Reichs kriegswichtige Aufträge der höchsten Dringlichkeitsstufe, vor allem für den Winterbedarf. Die rechtzeitige Fertigstellung dieser Arbeiten ist durch die Aussiedlung der Juden unmöglich gemacht.
  Eine systematische Erfassung aller derartigen Betriebe benötigt einige Zeit.
  Es wird gebeten, die Aussiedlung der in den gewerblichen Betrieben tätigen Juden bis dahin auszusetzen."

Verfügung Heinrich Himmlers vom 2. Okt. 1942

„Zu dem Schreiben des Wehrkreisbefehlshabers im Generalgouvernement an das Oberkommando der Wehrmacht betreffend den Ersatz der jüdischen Arbeitskräfte durch Polen habe ich folgendes zu sagen:
1. Ich habe angeordnet, die ganzen sogenannten Rüstungsarbeiter, die lediglich in Schneider-, Pelz- und Schusterwerkstätten arbeiten, durch SS-Obergruppenführer Krüger und SS-Obergruppenführer Pohl an Ort und Stelle, d. h. also in Warschau, Lublin, in KL. zusammenzufassen. Die Wehrmacht soll ihre Bestellungen an uns geben, und wir garantieren ihr den Fortgang der Lieferungen für die von ihr gewünschten Bekleidungsstücke. Gegen alle diejenigen jedoch, die glauben, hier mit angeblichen Rüstungsinteressen entgegentreten zu müssen, die in Wirklichkeit lediglich die Juden und ihre Geschäfte unterstützen wollen, habe ich Anweisung gegeben, unnachsichtlich vorzugehen.
2. Die Juden, die sich in wirklichen Rüstungsbetrieben, also Waffenwerkstätten, Autowerkstätten usw. befinden, sind Zug um Zug herauszulösen. Als erste Stufe sind sie in den Betrieben in einzelnen Hallen zusammenzufassen. Als zweite Stufe dieser Entwicklung ist die Belegschaft dieser einzelnen Hallen im Austausch tunlichst in geschlossenen Betrieben zusammenzutun, so daß wir dann lediglich einige geschlossene Konzentrationslager-Betriebe im Generalgouvernement haben.
3. Es wird dann unser Bestreben sein, diese jüdischen Arbeitskräfte durch Polen zu ersetzen und die größere Anzahl dieser jüdischen KL-Betriebe in ein paar wenige jüdische KL-Großbetriebe tunlichst im Osten des Generalgouvernements zusammenzufassen. Jedoch auch dort sollen eines Tages dem Wunsch des Führers entsprechend die Juden verschwinden."

Heinrich Himmler an SS-Gruppenführer Heinrich Müller vom 5. 10. 1942:

„"...
Ich habe unter dem 24. 9. 1942 einen Bericht über die vorsorgliche Aufstellung einer Festnahmekartei in Dänemark erhalten.
1. Mit der Festnahme der Glaubensjuden sowie der kommunistischen und marxistischen Funktionäre bin ich einverstanden. Diese Maßnahme ist mit dem Auswärtigen Amt abzustimmen. Dem Auswärtigen Amt ist jedoch mitzuteilen, daß ich die Durchführung dieser Maßnahme für notwendig halte.
..."

Aus dem Geheimbericht Heinrich Himmlers an Reichsaußenminister von Ribbentrop vom 22. Okt. 1942:

„"...
der Judenfrage, über die ich dem Duce in folgendem Sinn Auskunft gab:
Die Juden würden aus ganz Deutschland, dem Generalgouvernement und allen von uns besetzten Ländern herausgenommen, da sie überall die Träger der Sabotage, Spionage und des Widerstands sowie der Bandenbildung seien. In Rußland hätten wir eine nicht unerhebliche Anzahl von Juden, und zwar Mann und Weib, erschießen müssen, da dort selbst die Frauen und halbwüchsigen Kinder Nachrichtenträger für die Partisanen gewesen wären. Der Duce betonte von sich aus, daß das die einzige mögliche Lösung wäre. Ich sagte dem Duce, daß wir die Juden, die politisch belastet wären, in Konzentrationslager verbrächten, daß wir andere Juden zum Straßenbau im Osten verwendeten, wobei allerdings die Sterblichkeit eine sehr hohe sei, da die Juden ja im Leben noch niemals gearbeitet hätten. Die ältesten Juden würden in Altersheimen in Berlin, München und Wien untergebracht. Die sonstigen alten Juden wären in dem Städtchen Theresienstadt als Altersghetto der deutschen Juden eingesetzt worden, bekämen dort ihre Pension und ihre Beträge weiter und könnten sich dort ihr Leben völlig nach eigenem Geschmack einrichten, allerdings stritten sie dort in lebhaftester Form miteinander. Einen anderen Teil der Juden hätten wir versucht im Osten durch Lücken in der Front zu den Russen herüberzutreiben, wobei allerdings die Russen des öfteren auf solche Judenhaufen geschossen hätten und sie offenkundig ebenfalls nicht gemocht hätten.
...
Während der Verabschiedung konnten sich noch SS-Obergruppenführer Wolff, SS-Obersturmbannführer Dr. Dollmann und SS-Hauptsturmführer Grothmann beim Duce melden."

Aus einem Zwischenbericht aus Frankreich vom 23. Nov. 42:

„Man weist darauf hin, daß sich zur Zeit in dem früher unbesetzten Frankreich mindestens 1,5 Millionen Todfeinde der Achse, nämlich
- 6–700 000 Juden
- 5–600 000 antifaschistische Italiener
- 3–400 000 Rotspanier
- rd. 20 000 Angelsachsen
- 80 000 Polen, Griechen usw.

aufhalten und frei bewegen können. Sie bedeuten zweifellos eine nicht unerhebliche Gefahr für die Versorgung und Sicherheit der deutsch-italienischen Mittelmeerarmee. Dazu komme noch ein vielfaches dieser Zahl an feindlichen Franzosen, die sich in erster Linie aus Kommunisten, Gaullisten und Klerikalen zusammensetzen."

Vermerk Heinrich Himmlers über Führerbesprechung vom 10. Dez. 42:

„...
Zu Punkt 3
Der Führer hat die Anweisung gegeben, daß die Juden und sonstigen Feinde in Frankreich verhaftet und abtransportiert werden. Dies soll jedoch erst erfolgen, wenn er mit Laval darüber gesprochen hat. Es handelt sich um 6–700 000 Juden.
Die 3–400 000 Rotspanier werden dem Arbeitsprozeß zugeführt. Die Gaullisten, Engländer und Amerikaner sind von uns zu verhaften."

Anweisung Heinrich Himmlers vom 12. Dez. 42 an das RSHA:

„Die 3–400 000 Rotspanier ebenso wie die 5–600 000 antifaschistischen Italiener im unbesetzten Frankreich sind tunlichst der Arbeitserfassung von Reichskommissar Sauckel zuzuführen. Die führenden, wirklich gefährlichen Köpfe aus diesen Reihen sind jedoch von uns festzunehmen und nach Deutschland in Konzentrationslager zu verbringen. Letztere Maßnahme der Festnahme soll erst erfolgen, wenn die Rücksprache zwischen Führer und Laval stattgefunden hat.
An Reichskommissar Sauckel habe ich den im Durchschlag beiliegenden Brief geschrieben."

Schreiben des Chefs des SS-Hauptamtes, SS-Obergruppenführer Gottlob Berger, vom 11. Dez. 1942 an Heinrich Himmler:

„Ich hatte heute Fürstenbesuch, immer gefährlich und unangenehm! Hoffentlich erfährt es nicht das Auswärtige Amt, denn sonst gibt es wieder einen Schreibebrief des Herrn Unterstaatssekretär Luther. Auf der anderen Seite halte ich es für unklug, einen Mann, der im ungarischen Volke zum mindesten verwurzelt ist, durch Ablehnung des Besuches vor den Kopf zu stoßen. Erzherzog Albrecht, der, soweit mir bekannt, auch mit dem Reichssicherheitshauptamt eng zusammenarbeitet, war heute bei mir. Er brachte folgendes vor.
1. Auf die freundschaftliche Note des Deutschen Reiches an Ungarn, doch in der Judenfrage etwas zu unternehmen, hätte die ungarische Regierung freundlich ablehnend geantwortet. Um etwas zu tun, seien dann aus 10 Jahrgängen heraus Juden zu einer Art Arbeitsdienst einberufen worden, allerdings so, daß ihre Familienangehörigen Familienunterstützung wie Soldaten und nach 4 Wochen die schon einmal beschlagnahmten Radiogeräte zurückbekommen hätten. Dieser Arbeitsdienst bestehe immer noch in loser Form. Es seien auch schon Volksdeutsche dorthin einberufen worden.
2. Im Kultusministerium sei eine Stelle errichtet worden mit der Aufgabe, die jüdische Intelligenz zu überwachen und dafür zu sorgen, daß nicht zuviel jüdische Akademiker in den Staatsdienst kommen und an den Universitäten ein numerus clausus geschaffen werden müsse. Die Dienststelle im Kultusministerium würde zum 31. 12. 1942 aufgelöst.
3. Reichsverweser Horthy, früher von dem Vertrauen des Volkes getragen, habe sich unter dem jüdischen Einfluß mehr und mehr vom Volke entfernt und alle seine Freunde, die irgendwie seit dem Jahre 1920 Judengegner waren, abgeschoben.
4. Die heutige Regierung sei in jeder Weise volksfremd. Das ungarische Volk lehne sie ab.
5. . . .
6. Der Ministerpräsident habe des öfteren darauf hingewiesen, daß man eben mit Deutschland so lange lavieren müsse, bis die große Entscheidung gefallen sei. Er gab als Zeitpunkt den März 1943 an. Diese Angabe ist vielleicht das Interessanteste am ganzen Bericht, da angenommen wird, daß der Ministerpräsident so einen bestimmten Zeitpunkt nur nennen kann, wenn er von den gegnerischen Operationen etwas weiß.
Albrecht schlägt vor, daß der Führer Horthy und den Ministerpräsidenten zu sich kommen läßt und beiden in einer bestimmten und klaren Form den Weg weist, den sie in Zukunft zu gehen haben, da andernfalls bei dem bestehenden Defaitismus und bei der ungeheuren Propaganda der Juden mit dem beginnenden Frühjahr eine ernste Lage in Ungarn entstehen könnte. Er führte noch an, daß beim Bekanntwerden der Landung der Amerikaner und Engländer in Nordafrika die Juden teilweise ihre Läden geschlossen, Festtagskleider angezogen und sich öffentlich auf den Straßen beglückwünscht hätten.
Er bitte, daß der Reichsführer-SS als die letzte Stelle sich an den Führer wende, nachdem das Auswärtige Amt ihn abgewiesen hätte. Er ist gerne bereit, Reichsführer-SS selber über die Lage in Ungarn zu berichten. Er bittet sehr darum, Reichsführer-SS selber einen Vortrag darüber halten zu dürfen.

Ich habe zugehört und nichts dazu gesagt. Habe darauf hingewiesen, daß Reichsführer-SS im Dezember und Januar unerhört überlastet und es meiner Überzeugung nach mit dem besten Willen nicht möglich sei, ihn zu empfangen.
Der Gesamteindruck auf mich war ein guter. Ich nehme aber an, daß Albrecht selbst sich als Nachfolger Horthys oder als Beauftragter des Deutschen Reiches in Ungarn für würdig hält.
Das Reichssicherheitshauptamt, Amt III und VI, erhalten einen Durchschlag dieser Meldung."

Anweisung Hitlers vom Dezember 1942 über die rücksichtslose Anwendung des Terrors zur Bekämpfung der Partisanenbewegung

Anlage zu OKH, Gen St d H, Op Abt (i)
Nr. 1615/42 g. Kdos. v. 24. 12. 42

Abschrift
Der Chef
des Oberkommandos der Wehrmacht
Nr. 004870/42 g. Kdos. WFSt/Op (h)

H. Qu., den 16. 12. 1942

Betr.: Bandenbekämpfung.

31 Ausfertigungen
2. Ausfertigung

Dem Führer liegen Meldungen vor, daß einzelne in der Bandenbekämpfung eingesetzte Angehörige der Wehrmacht wegen ihres Verhaltens im Kampf nachträglich zur Rechenschaft gezogen worden sind.
Der Führer hat hierzu befohlen:
1. Der Feind setzt im Bandenkampf fanatische, kommunistisch geschulte Kämpfer ein, die vor keiner Gewalttat zurückschrecken. Es geht hier mehr denn je um Sein oder Nichtsein. Mit soldatischer Ritterlichkeit oder mit den Vereinbarungen der Genfer Konvention hat dieser Kampf nichts mehr zu tun.
Wenn dieser Kampf gegen die Banden sowohl im Osten wie auf dem Balkan nicht mit den allerbrutalsten Mitteln geführt wird, so reichen in absehbarer Zeit die verfügbaren Kräfte nicht mehr aus, um dieser Pest Herr zu werden.
Die Truppe ist daher berechtigt und verpflichtet, in diesem Kampf ohne Einschränkung auch gegen Frauen und Kinder jedes Mittel anzuwenden, wenn es nur zum Erfolg führt.
Rücksichten, gleich welcher Art, sind ein Verbrechen gegen das deutsche Volk und den Soldaten an der Front, der die Folgen der Bandenanschläge zu tragen hat und keinerlei Verständnis für irgendwelche Schonung der Banden oder ihrer Mitläufer haben kann. Diese Grundsätze müssen auch die Anwendung der „Kampfanweisung für die Bandenbekämpfung im Osten" beherrschen.
2. Kein in der Bandenbekämpfung eingesetzter Deutscher darf wegen seines Verhaltens im Kampf gegen die Banden und ihre Mitläufer disziplinarisch oder kriegsgerichtlich zur Rechenschaft gezogen werden.
Die Befehlshaber der im Bandenkampf eingesetzten Truppen sind dafür verantwortlich, daß

sämtliche Offiziere der ihnen unterstellten Einheiten über diesen Befehl umgehend in der eindringlichsten Form belehrt werden,
ihre Rechtsberater von diesem Befehl sofort Kenntnis erhalten,
keine Urteile bestätigt werden, die diesem Befehl widersprechen.

gez. Keitel

F. d. R.
gez. Unterschrift
Hauptmann

Für die Richtigkeit der Abschrift:
(Unterschrift unleserlich)
Hauptmann i. G.

Bericht Oberst Freter – Rüstungsinspektion Warschau an Rüstungsinspekteur im Generalgouvernement, Generalleutnant Schindler, vom 9. Jan. 1943

„...
Am Sonnabend, dem 9. 1. 1943, 2.15 nachmittags, wurde ich fernmündlich vom Herrn Reichsführer SS und Chef der Polizei Himmler zu einer Besprechung in das Führerheim der SS in Warschau gerufen. An der Besprechung nahmen teil:
Der Herr Reichsführer,
ein General der Waffen-SS,
SS-Oberführer Dr. v. Sammern,
Oberst Freter.
Der Herr Reichsführer führte aus, er sei nach Warschau gekommen, um sich davon zu überzeugen, ob es der Wahrheit entspräche, daß einem direkt gegebenen Führerbefehl, bis Ende des Jahres 1942 das Ghetto in Warschau aufzulösen, tatsächlich nicht entsprochen sei, wie ihm gemeldet worden wäre. Er habe sich davon überzeugt, daß tatsächlich das Ghetto noch bestünde in einem Ausmaß von ca. 35 000 Juden, von denen der Hauptprozentsatz von ca. 20 000 Juden in Werken beschäftigt sei, die die Rüstungsdienststellen betreuten.
Ich habe Herrn Reichsführer darauf hingewiesen, daß alle Anordnungen über die Weiterbeschäftigung der Juden in Warschau im Einvernehmen zwischen dem SS-Obergruppenführer und General der Polizei, Staatssekretär Krüger, und der Rüstungsinspektion ergangen seien. Der Reichsführer erteilte daraufhin dem SS-Oberführer Dr. von Sammern den Befehl, bis zum 15. 2. 43 die Auflösung des Warschauer Ghettos und Überführung der Juden in das von der SS vorbereitete Konzentrationslager im Distrikt Lublin durchzuführen. Er bat mich, dem Herrn Rüstungsinspekteur diesen Befehl an die Polizeibehörde zur Kenntnis zu bringen und gleichzeitig darauf hinzuweisen, daß die Überführung im Einvernehmen mit Herrn Generalfeldmarschall Keitel erfolge, daß die bei Firmen liegenden Aufträge von der SS übernommen und abgewickelt würden, so daß für die Wehrmachtsteile zwar ein zeitlicher Lieferungsausfall während der Verlagerungszeit entstünde, der aber im Verlaufe der weiteren Wochen durch vermehrte Arbeit im Konzentrationslager wieder wettgemacht würde. Die SS habe der Wehrmacht gegenüber die Verpflichtung übernommen, die Lieferungszeit und Liefertermine einzuhalten. Der Reichsführer führte aus, daß

er aus Gründen der Sicherheit beabsichtige, sämtliche Juden überhaupt nur in 2 Lagern in Auschwitz und in Lublin zu vereinigen. Er hielte es auch nicht für günstig, neben diesen großen Lagern z. B. ein kleines Lager in Starachowice und ein Lager in Skarzysko-Kamienna zu unterhalten. Er würde seinen Dienststellen zur Erwägung anheimgeben, für beide Betriebe ein zentral gelegenes Judenlager anzulegen.
..."

Brief Heinrich Himmlers an SS-Gruppenführer Müller vom 11. 1. 1943

Persönlicher Stab Reichsführer-SS Feld-Kommandostelle
Schriftgutverwaltung 11. Januar 1943 RF/V.
Akt. Nr. Geh./55/8 Geheim
Fernschreiben

An
SS-Gruppenführer
Müller
Berlin

Die Sabotage- und Bandentätigkeit im Generalgouvernement nimmt in einem derartigen Umfang zu, daß wir uns Gedanken machen müssen, wie wir dem abhelfen können. Ich weiß, daß die Hauptursache die große Teuerung und die Erschwerung des Lebens im Generalgouvernement ist. Darüber hinaus aber ist selbstverständlich das Proletariat einer Riesenstadt wie Warschau mit 1,2 Millionen Menschen, unter denen nach meiner Schätzung ohnedies 800 000 arbeiten oder als Kinder arbeitenden Familien angehören, der Hauptträger für alle derartigen Bandenüberfälle sowie für den Schleichhandel. Genauso verhält es sich auf dem Lande mit dem Landproletariat, das 1–2 Hektar mit Familien von 5–8 Köpfen bewirtschaftet, damit es einigermaßen etwas zum Leben, vor allem aber die Grundlage für Schleichhandel und Bandentätigkeit hat.

Ich ordne daher an, daß nun laufend alle bandenverdächtigen proletarischen Elemente männlichen und weiblichen Geschlechts festgenommen und den KL. in Lublin, Auschwitz und im Reich zugeführt werden. Die Festnahme muß eine so große sein, daß im Generalgouvernement in den nicht durch die Arbeit erfaßten Kreisen eine fühlbare Verminderung und damit für die Bandenlage eine spürbare Erleichterung eintritt. Eine Überführung der Verhafteten in Aufenthaltslager oder Zwangsarbeitslager außer den von mir befohlenen KL. verbiete ich.

Die Aktion ist mit größter Beschleunigung durchzuführen. SS-Obergruppenführer Wolff habe ich gebeten, die Frage der Zuggestellung mit Staatssekretär Ganzenmüller zu besprechen. Bitten und Wünsche in dieser Richtung sind im Großen an SS-Obergruppenführer Wolff zu richten.

gez. H. Himmler

Heinrich Himmler an Staatssekretär im Reichsverkehrsministerium, Dr. Ganzenmüller vom 20. Jan. 1943:

„... Eine Voraussetzung für die Befriedung des Generalgouvernements, von Bialystok und von den russischen Gebieten ist der Abtransport der ganzen Bandenhelfer und Bandenverdächtigen. Dazu gehört auch in erster Linie der Abtransport der Juden. Ebenso gehört der Abtransport der Juden aus dem Westen dazu, da wir sonst in diesen Gebieten mit einer Erhöhung der Anschläge zu rechnen haben. ..."

Aus Schreiben Heinrich Himmlers vom 20. Jan. 1943 an Dr. Ganzenmüller:

„... Nun komme ich noch zu einer wichtigen Frage: Eine Voraussetzung für die Befriedung des Generalgouvernements, von Bialystok und von den russischen Gebieten ist der Abtransport der ganzen Bandenhelfer und Bandenverdächtigen. Dazu gehört auch in erster Linie der Abtransport der Juden. Ebenso gehört der Abtransport der Juden aus dem Westen dazu, da wir sonst in diesen Gebieten ebenfalls mit einer Erhöhung der Anschläge zu rechnen haben.

Hier brauche ich Ihre Hilfe und Ihre Unterstützung. Ich muß, weil ich die Dinge rasch erledigen will, mehr Transportzüge bekommen. Ich weiß sehr wohl, wie angespannt die Lage für die Bahn ist und welche Forderungen an Sie immer gestellt werden. Trotzdem muß ich an Sie die Bitte richten: Helfen Sie mir und verschaffen Sie mir mehr Züge. ..."

Mitteilung von Ribbentrops an Heinrich Himmler vom 23. Jan. 1943

Vom Auswärtigen Amt wird auf die italienische Regierung in dem Sinne eingewirkt, ihr Vorgehen gegen die Juden dem unsrigen anzupassen. Um in dieser Beziehung zu klaren Ergebnissen zu kommen, ist die Deutsche Botschaft in Rom vor kurzem beauftragt worden, der italienischen Regierung mitzuteilen, daß wir aus besonderem Entgegenkommen den Verbleib von Juden italienischer Staatsangehörigkeit in den zu unserem Machtbereich gehörenden Gebieten noch bis zum 31. März 1943 zulassen wollten. Nach diesem Zeitpunkt müßten wir uns aber aus Gründen militärischer und politischer Art gegenüber allen Juden, also auch gegenüber den Juden italienischer Staatsangehörigkeit, die sich in unserem Machtbereich befinden, freie Hand vorbehalten. Die italienische Regierung erhält auf diese Weise die Möglichkeit, diejenigen Juden italienischer Staatsangehörigkeit, an denen sie Interesse nimmt, zu sich zurückzuziehen. Wir haben der italienischen Regierung ferner mitteilen müssen, daß die italienischen Vermögensinteressen von uns grundsätzlich gewahrt werden sollen und daß ihre Sicherstellung zugunsten der italienischen Regierung durch besondere Vereinbarung erfolgen kann. Es bleibt nun zunächst der Erfolg dieses Schrittes abzuwarten.

Was die Juden schweizerischer Staatsangehörigkeit in Frankreich anbelangt, so ist der schweizerischen Regierung mitgeteilt worden, daß die Juden schweizerischer Staatsangehörigkeit vom 1. Februar 1943 an unseren Maßnahmen unterworfen werden würden, daß sie also Gelegenheit habe, diese Juden vor diesem Zeitpunkt zu sich zurückzunehmen. Die schweizerischen Behörden, die Listen der für Holland und Belgien in Frage kommenden Juden bereits überreicht haben, bereiten jetzt eine gleiche Liste für Frankreich vor. Bezüglich der Juden spanischer Staatsangehörigkeit sind bisher noch keine diplomatischen Schritte getan worden, doch ist dies in Bearbeitung.

..."

Heinrich Himmler antwortet Ribbentrop am 29. Jan. 1943

„Ich bestätige dankend den Empfang Deines Briefes vom 23. 1. 1943 und die beiliegende Notiz über Juden fremder Staatsangehörigkeit und die Behandlung polnischer Offiziere.

Was die Juden fremder Staatsangehörigkeit betrifft, so liegt mir über die von uns beabsichtigten Schritte hinaus daran, daß auch in dem von Italien besetzten Frankreich die Juden italienischer und sonstiger Staatsangehörigkeit entfernt werden. Die Juden sind in diesem Gebiete das Element des Widerstandes und die Urheber der für die italienischen Truppen besonders gefährlichen kommunistischen Propaganda. Außerdem ist das Verbleiben der Juden im italienischen Machtbereich für viele Kreise in Frankreich und in ganz Europa der Vorwand, in der Judenfrage leiser zu treten, weil darauf hingewiesen wird, daß nicht einmal unser Achsenpartner Italien in der Judenfrage mitginge.

..."

Aus „Stropp-Bericht" vom 16. Mai 1943

„...
Schon bald stellte es sich heraus, daß trotz dieser Zusammenballung der Juden nicht alle Gefahren gebannt waren. Die Sicherheitslage machte es erforderlich, die Juden aus der Stadt Warschau ganz herauszunehmen. Die erste große Aussiedlung fand in der Zeit vom 22. Juli bis 3. Oktober 1942 statt. Es wurden hierbei 310 322 Juden ausgesiedelt. Im Januar 1943 erfolgte abermals eine Umsiedlungsaktion, mit welcher insgesamt 6500 Juden erfaßt wurden.

..."

Folgen des Bandenkampfes im Osten

Reichsführer-SS
1.) Chef Bandenkampf-Verbände
2.) Höheren SS- und Polizeiführer Ukraine
3.) Höheren SS- und Polizeiführer Rußland-Mitte.

Feld-Kommandostelle,
den 10. 7. 1943

1. Der Führer hat entschieden, daß die bandenverseuchten Gebiete der Nordukraine und von Rußland-Mitte von jeder Bevölkerung zu räumen sind.
2. Die gesamte arbeitsfähige männliche Bevölkerung wird gemäß der noch abzumachenden Bestimmungen dem Reichskommissar für den Arbeitseinsatz zugewiesen, jedoch unter den Bedingungen von Kriegsgefangenen.
3. Die weibliche Bevölkerung wird dem Reichskommissar für den Arbeitseinsatz zur Arbeit im Reich zugewiesen.
4. Ein Teil der weiblichen Bevölkerung und alle elternlosen Kinder kommen in unsere Auffanglager.
5. Die bevölkerungsmäßig evakuierten Gebiete sind tunlichst nach noch zu treffender Abmachung mit dem Reichsernährungsminister und dem Minister für die besetzten Ostgebiete von dem Höheren SS- und Polizeiführer in Bewirtschaftung zu nehmen und dort zum Teil mit Kok-Sagys zu bebauen und, soweit es möglich ist, landwirtschaftlich auszunutzen. Die Kinderlager sind an den Rand dieser Gebiete zu legen, so daß die Kinder als Arbeitskräfte für den Kok-Sagys-Anbau und für die Landwirtschaft zur Verfügung stehen.

Die endgültigen Vorschläge sind mir baldigst einzureichen.

gez. H. Himmler

Kriminalität im Großdeutschen Reich 1942

Der Reichsminister der Justiz   Berlin W 8, 4. April 1944
                                                       Wilhelmstraße 65
                                                       Telefon: 11 00 44

An den
Präsidenten des Reichsgerichts und des Volksgerichtshofs
An die
Präsidenten der Oberlandesgerichte und die Reichsanwälte
An das
Reichsgericht und den Volksgerichtshof
und an die Generalstaatsanwälte bei den Oberlandesgerichten

Betrifft: Die Entwicklung der Kriminalität
Anlage: Je eine Abschrift des beiliegenden Berichts betreffend die Kriminalität im Großdeutschen Reich im Jahre 1942

Beiliegend übersende ich eine Abschrift des Berichts über die Kriminalität im Großdeutschen Reich.
Ich bitte um Kenntnisnahme und vertrauliche Behandlung.

                                                                                     Im Auftrage
                                                                                        Grau

Stempel:
Reichsministerium der Justiz
Ministerkanzlei
(handschriftlich:
An Unterstaatssekretär Dr. Klemm)

Anlage: Bericht des Statistischen Reichsamtes

Statistisches Reichsamt   Verschlußsache
                                           Nur für den Dienstgebrauch
                                           Veröffentlichung nicht zulässig

Die Kriminalität im Großdeutschen Reich im Jahre 1942

1. Gesamtergebnis
Seit 1. Januar 1942 umfaßt die Reichs-Kriminalstatistik räumlich das Gebiet des Großdeutschen Reiches mit Ausnahme der Gaue Alpenland und Donau, wo die Strafgesetze des Reiches als ausschließliche Grundlage der Reichskriminalstatistiken noch nicht vollständig eingeführt wurden.
Was Personen betrifft, so führt die Kriminalstatistik des Reiches gesondert auf:
a) Deutsche und Ausländer (Ausländer werden ab 1. Januar 1943 ebenfalls gesondert aufgeführt werden)
b) Protektoratsangehörige
c) Polen und Juden, die aufgrund der Polenstrafrechtsverordnung verurteilt wurden
d) Sonstige Rassejuden
                pp
Die folgende Zusammenstellung gibt besondere Einzelheiten betreffend die An-

zahl der Protektoratsangehörigen, Polen und Juden und von Rassejuden, die in Großdeutschland (ausgenommen die Gaue Alpenland und Donau) im Jahre 1942 zur Hauptverhandlung kamen

	Protekt.-Angehör.	Polen und Juden	Rassejuden
Hauptverhandlung	13 000	63 786	1 613
darunter Jugendliche	482	5 169	44
Bestraft wurden	12 117	61 836	1 508

... Aufgrund der von den Gerichten ausgesprochenen Urteile wurden im laufenden Berichtsjahr insgesamt 1138 Protektoratsangehörige, Polen und Juden sowie Rassejuden zum Tode verurteilt.

In diesen Zahlen sind 930 Polen und Juden enthalten, die unter der Polenstrafrechtsverordnung verurteilt wurden.

Die Gesamtzahl der zeitlichen Zuchthausstrafen gegen Protektoratsangehörige und Rassejuden beträgt 2237, diejenige der Gefängnisstrafen 7321.

Aufgrund der Polenstrafrechtsverordnung wurde Straflager zu harter Arbeit in 2017 Fällen und normales Straflager in 43 180 Fällen verhängt.

	Deutsche und Ausländer	Protektor.-Einwohner	Polen und Juden	Rassejuden
Anzahl der Todesurteile pp	1 061	186	930	22
Strenges Straflager			2 017	
Normales Straflager			43 180	

Dok. NG 787
Aus dem englischen Text rückübersetzt. Zitiert in „Trials of War Criminals", Band III, S. 676 ff. − („Grüne Serie")

Namensverzeichnis der Personen, Städte und Organisationen

in alphabetischer Ordnung
(Nummern-Angabe nur zum Vergleich mit bestimmten Textstellen)

20 Abdullah, Emir von Transjordanien, spielt eine Rolle bei dem palästinensisch-jordanischen Föderationsplan.
83 „Aktion Reinhard", von SS-Gruppenführer Globocnik geleitete Vernichtungsaktion gegen polnische Juden. Globocnik war SS- und Polizeiführer von Lublin, später in Triest. Starb am Weißensee in Kärnten 1945. Eichmann bezieht sich auf einen Rechenschaftsbericht, den Globocnik über seine Tätigkeit im Zusammenhang mit der „Aktion Reinhard" abgegeben hat.
128 Antonescu, Jon., rumänischer Staatschef, am 18. Sept. 1944 verhaftet, am 1. Juni 1946 aufgrund eines Urteils des Bukarester Volksgerichts in Fort Jilava getötet.
72 Auschwitz (poln. Oswiecim), Stadt in der Wojewodschaft Krakau, liegt an der Sola, war 1773 an Österreich gefallen. Im Zweiten Weltkrieg wurden außerhalb der Stadt Konzentrationslager und Rüstungsbetriebe eingerichtet. Bei der Übergabe an die Sowjets zählte das Lager 32 000 Juden.
40 Dr. Baeck, Leo, Großrabbiner, Vorsitzender der Reichsvereinigung der Deutschen Juden, wurde in das Lager Theresienstadt eingewiesen und daraus 1945 befreit.
152 Baki, László, 1. Staatssekretär im ungarischen Innenministerium; nach dem Zusammenbruch des Pfeilkreuzler-Regimes in Budapest zum Tode verurteilt und getötet.
47 Balfour-Declaration. Der Name bezieht sich auf James Earl of Balfour, 1902–05 englischer Premier-Minister, 1915 Erster Lord der Admiralität. 1916 Außenminister, gab am 2. Nov. 1917 eine nach ihm genannte Erklärung ab über die Einrichtung einer jüdischen Heimstätte in Palästina.
125 Becher, Kurt, SS-Standartenführer, Chef des Wirtschaftsstabes der Waffen-SS in Budapest.
130 Beleff, A., Judenkommissar der bulgarischen Regierung in Sofia.
90 Berger, Gottlob, SS-Obergruppenführer, Chef des Hauptamtes der SS, Staatssekretär und Vertreter des Reichsministers Rosenberg im Reichsministerium f. d. besetzten Ostgebiete. Vom amerikanischen Militärgerichtshof zu 25 Jahren Haft verurteilt. Strafe am 31. Jan. 1951 auf 10 Jahre herabgesetzt, 1952 aus der Strafanstalt Landsberg entlassen.
127 Bernadotte, Graf Folke, schwedischer Politiker, mit dem Heinrich Himmler am 19. Febr. 1945 Kontakte wegen eines Separatfriedens aufnahm.
137 Dr. Best, Karl Werner, Reichsbevollmächtigter in Kopenhagen. 1946 dort zum Tode verurteilt. Später wurde seine Strafe auf 5 Jahre herabgesetzt; am 29. Aug. 1951 wurde Dr. Best reigelassen. Derzeit schwebt ein Ermittlungsverfahren in der Bundesrepublik.
65 Blaskowitz, Johannes von, Generaloberst, Oberkommandierender Ost, war ein Gegner des Nisko-Planes. Bei ihm spielten die Fragen der Demar-

kationslinie eine große Rolle. Aus der Zeit vom 20. Okt. 1939 bis 3. Apr. 1940 liegen ein unvollkommener Briefwechsel sowie Protokolle unter dem Titel „Schutzbereiche, Reichsverteidigungsausschuß für Polen, Grenzen des Generalgouvernements" vor. Von Blaskowitz berichtet auch von einer großen Anzahl von Todesfällen anläßlich der Transporte von Juden in und aus dem Raum Nisko. Hinzuweisen ist auch auf eine Erwägung des Rasse- und Siedlungshauptamtes der SS, dort Zigeuner anzusiedeln (vgl. NO 3011 und 5322). Am 13. Apr. 40 wurde das Lager bei Nisko geräumt.

186 Blobel, Paul, SS-Standartenführer, Einsatzkommandoführer IVa, Leiter des Exhumierungs-Kommandos, 1948 im Ohlendorf-Prozeß zum Tode verurteilt, 1951 erhängt.

169 Blum, Leo, franz. (jüdischer) Politiker, Sozialistische Partei Frankreichs, französischer Ministerpräsident.

10 B'nai Brith, Blue Bries, ein 1848 in New York gegründeter jüdischer „Orden". Zielsetzung: „Juden zu vereinen zur Förderung der höchsten und ideellsten Güter der Menschheit." Der Orden schuf Kranken-, Waisenhäuser und andere Wohlfahrtseinrichtungen in vielen Ländern.

1a Bock, Fedor von, Generalfeldmarschall, im Feldzug gegen die Sowjetunion Oberbefehlshaber der Heeresgruppe Mitte (1941).

119 Bor-Komorowski, Oberbefehlshaber der polnischen Untergrund-Armee, Führer im Warschauer Polen-Aufstand, der am 1. Aug. 1944 begann. Kapitulation am 31. Aug. 1944.

General Bor erklärte gegenüber SS-Obergruppenführer von dem Bach-Zelewski, daß er den Kampf für die Dauer des Krieges einstelle und daß er sich lediglich als Kriegsgefangener betrachte. Aufgrund dieser Erklärung kam es nicht zu einem Empfang des Generals Bor bei Himmler.

53/103 Bormann, Martin, Reichsleiter der NSDAP, zunächst Sekretär des Führers und Reichskanzlers Adolf Hitler; nach dem Flug von Heß 1941 nach England trat er an dessen Stelle, ohne die Titel „Reichsminister" und „Stellvertreter des Führers" zu erhalten. Er war Chef der Parteikanzlei. Der Internationale Militärgerichtshof in Nürnberg verurteilte ihn am 30. Sept. 1946 in Abwesenheit zum Tode. Sein Schicksal ist ungewiß. Es liegen Zeugenaussagen vor, die berichten, daß er am 30. Apr. 1945 durch eine sowjetische Granate in Berlin fiel. Seine politische Rolle gilt nicht als völlig geklärt.

155 Brand, Joel, während der Verhandlungen Eichmann-Kastner nach Syrien abgereist, sollte nach 14 Tagen nach Ungarn zurückkehren, was nicht erfolgte. Joel Brand dürfte sich auf dem Landweg nach Syrien begeben haben.

176 Braun, Eva, spätere Ehefrau von Adolf Hitler, Trauung vor Hitlers Selbstmord, ging mit ihm in den Tod.

49, 115 Brunner, Anton Aloys, war in der Judenfrage in Wien, Berlin, Saloniki, Paris und Preßburg tätig. Er war SS-Sturmbannführer. Seine Arbeit in den erwähnten Städten bestand u. a. in der Teilnahme an Judendeportationen. In der österreichischen Hauptstadt wurde er von einem sog. Volksgericht zum Tode verurteilt und am 10. Mai 1946 getötet.

45 Bürckel, Josef, Gauleiter der Pfalz, später von Wien, zuletzt von Saarland-Lothringen, beging im September 1944 Selbstmord.

157 Caligula, Caius Caesar Germanicus, von 37–41 u. Z. Römischer Kaiser, ermordet durch einen Prätorianer-Tribun. Sein Charakterbild ist in der Überlieferung teilweise stark verzerrt. Bekannt ist der Begriff „Cäsarenwahnsinn" bei Caligula.

8	Canaris, Wilhelm, Admiral, Chef der deutschen Abwehr von 1935–44, wurde am 9. Apr. 1945 im Konzentrationslager Flossenbürg zum Tode verurteilt und dort hingerichtet.
36	Dannecker, Theodor, SS-Hauptsturmführer, Mitarbeiter Eichmanns im RSHA, Judenreferat Frankreich 1942, Bulgarien 1943, Italien 1944.
98	Darlan, François, Admiral, der erste Ministerpräsident der Vichy-Regierung, stand dem Madagaskar-Projekt positiv gegenüber.
18	Darré, Walter, Reichsernährungsminister von 1933–42.
	Eicke, Theodor, SS-Gruppenführer, Divisionskommandeur in der Waffen-SS, verwaltete vor seinem Kriegseinsatz die Konzentrationslager im Reich. Eicke fiel an der Ostfront.
	Er war alter Nationalsozialist. Vor der Machtübernahme Hitlers war er der Führer des Flüchtlingslagers der SA und SS in Bozen-Gries.
	Einsatzgruppe, Einsatzkommando: Ein aus Sicherungsgründen aufgestelltes Kommando der Sicherheitspolizei im rückwärtigen Heeresgebiet (Sicherung im weiten russischen Raum).
173	Eisenhower, Dwight, General, Präsident der USA.
19	El Husseini, Anim, Großmufti von Jerusalem.
81 und 150	Dr. Endre, Laszlo, Vizegespan von Budapest-Land, dann 2. Staatssekr. im ung. Innenminist., von Sowjet-Ungarn getötet.
91	Erez Israel = Land Israel (biblischer Name für Palästina).
153	Ferenczy, László, Oberstleutnant, Leiter der ungarischen Gendarmerie.
172	Frank, Karl Herrmann, SS-Gruppenführer. Deutscher Staatsminister im Protektorat, Stellv. Reichsprotektor von Böhmen und Mähren, im Mai 1946 in Prag zum Tode verurteilt, am 22. Mai 1946 erhängt.
61	Dr. Frank, Hans, Reichsminister, Generalgouverneur in Polen 1939–45, vom IMT in Nürnberg am 30. Sept. 1946 zum Tode verurteilt, am 16. Okt. 1946 in der Haftanstalt Nürnberg erhängt.
31	Dr. Frick, Wilhelm, Reichsminister des Inneren bis zur Ernennung Himmlers 1944. Vom IMT Nürnberg zum Tode verurteilt und am 16. Okt. 1946 dort erhängt.
142	Dr. Friene gehörte dem großdeutschen Flügel des Heimatschutzes an, Gegenspieler des Fürsten Starhemberg.
140	Fünten, aus den, sitzt noch heute als Häftling im Zuchthaus Breda ein, war tätig im Referat von Zoepf.
149	Dr. Geschke, Hans, Befehlshaber der Sicherheitspolizei in Budapest (für Ungarn).
27	Dr. Goebbels, Josef, Reichsleiter der NSDAP, Reichspropagandaminister von 1933–45, gab sich mit seiner Familie am 1. Mai 1945 im Bunker der Reichskanzlei in Berlin den Tod.
28	Göring, Hermann, Reichsmarschall, Träger des Pour le Mérite des Ersten Weltkrieges, Reichsmarschall, Reichsluftfahrtminister, Preußischer Ministerpräsident, Bevollmächtigter für den Vierjahresplan. Gab sich in sicherer Erwartung seiner Erhängung am 16. Okt. 1946 in seiner Zelle des Nürnberger Gefängnisses den Tod.
106	Göring-Erlaß v. 31. Juli 41.
84	Greiser, Arthur, Gauleiter von Wartheland und Litzmannstadt (Lodz).
160	Groß, Bandi, wird von jüdischer Seite als schillernd geschildert.
45b	Grynspan, Herschel, erschoß am 7. Nov. 1938 den Botschaftsrat Ernst

von Rath in Paris. Seine Absicht war, den deutschen Botschafter in Paris, Graf Johannes von Moltke, zu töten.
44 Günther, Hans, SS-Sturmbannführer, Mitarbeiter von Eichmann, vermutlich am 10. Mai 1945 in Prag getötet.
51 Günther, Rolf, SS-Sturmbannführer.
33 Haganah, hebr. „Schutz", bewaffnete Selbstschutzorganisation der Juden während der britischen Mandatsherrschaft in Palästina. Am Krieg um die Entstehung Palästinas mit allen Konsequenzen beteiligt.
25 Hagen, Herbert, SS-Sturmbannführer, während des Zweiten Weltkriegs zum Kommandeur der Sicherheitspolizei in Paris ernannt. Nach 1945 in Frankreich in absentia zum Tod verurteilt. In Köln 1980 wegen Teilnahme an den Judendeportationen in Frankreich zu 12 Jahren Haft verurteilt.
170 Hanke, Gauleiter von Niederschlesien in Breslau.
139 Dr. Harster, Wilhelm, SS-Oberführer, Befehlshaber der Sicherheitspolizei in den Niederlanden und in Italien, zusammen mit Zöpf vom Schwurgericht München verurteilt. Harster erhielt 15 Jahre, Zöpf 9 Jahre.
63 Henlein, Konrad, Führer der Sudetendeutschen Partei, nach dem Anschluß des Sudetenlandes dort Gauleiter in Reichenberg.
4 Herzl, Theodor, Begründer des Zionismus, geb. 2. Mai 1860 in Budapest, gest. 3. Juli 1904 in Edlach/Niederösterreich.
54 Heß, Rudolf, Stellvertreter des Führers, noch immer in der Vier-Mächte-Haftanstalt Berlin-Spandau, vom IMT Nürnberg zu lebenslänglicher Haft verurteilt. Heß steht unter amerikanischer, britischer, französischer und gleichzeitig unter sowjetischer Kontrolle.
7 und 15 Heydrich, Reinhard, Chef des Reichssicherheits-Hauptamtes, unterstand als Marineleutnant dem Admiral Canaris, mußte wegen einer Affäre aus der Reichskriegsmarine ausscheiden. Er war Chef der Sicherheitspolizei und des SD, Stellv. Reichsprotektor in Böhmen und Mähren. Am 5. Juni 42 starb er an den Folgen eines in englischem Auftrag von Tschechen gegen ihn verübten Attentats.
29 Himmler, Heinrich, Reichsführer SS, Chef der Deutschen Polizei, Reichsminister des Innern seit 1944, Bevollmächtigter für den Vierjahres-Plan. Verübte am 23. Mai 45 nach Festnahme durch einen britischen Posten Selbstmord.
30 Hitler, Adolf, geb. 20. Apr. 1889 in Braunau/Inn, Führer der NSDAP, seit dem 30. Jan. 1933 Reichskanzler, dann als Staatsoberhaupt Führer und Reichskanzler. Er gab sich am 30. April 1945 im Bunker der Reichskanzlei Berlin zusammen mit seiner Frau den Tod.
122 Hlinka-Garde, nach Msgr. Andrej Hlinka, dem Vorsitzenden der Kath. Volkspartei der Slowakei, verstorben am 16. Aug. 1938. Hlinka und die Führung der Slowakischen Volkspartei warfen dem Präsidenten der Tschechoslowakischen Republik, Masaryk, Betrug am slowakischen Volke vor (Selbstverwaltung).
Nachfolger von Hlinka war Dr. Tiso, Josef, Msgr., Präsident des slowakischen Staates von 1939–45, getötet in Preßburg am 18. Apr. 1947.
Gegen Ende des Zweiten Weltkrieges hatten die Sowjets Bevollmächtigte zu Dr. Tiso gesandt, um ihn zur Ausrufung einer slowakischen Volksrepublik zu bewegen. Für den Fall seines Einverständnisses wurde ihm die Beibehaltung seiner Funktion zugesichert. Tiso lehnte ab und verließ am 5. Apr. 1945 mit der gesamten Regierung die Slowakei. Aus US-Gewahrsam

wurde er nach Preßburg ausgeliefert. Am 2. Dez. 1946 begann sein Prozeß, der am 15. Apr. 1946 mit einem Todesurteil endete.
Der Prager Erzbischof Dr. Beran unterrichtete Papst Pius XII., daß der Präsident der wiedererstandenen Tschechoslowakischen Republik, Dr. Eduard Benesch, Tiso begnadigen werde.
Benesch gab dem Internuntius dieselbe Zusicherung.
Vor seiner Tötung legte Dr. Josef Tiso im Gefängnis des Landgerichts Preßburg am 18. Apr. 1947, 3 Uhr, nachstehendes Vermächtnis nieder:
„Im Sinne dieses Opfers, das ich darbringe, rufe ich die slowakische Nation zur Einheit und Eintracht auf, die Treue zur gewaltigen Idee ‚für Gott und die Nation' immer unter allen Umständen zu bewahren; das ist nicht nur der eindeutige Sinn der slowakischen Geschichte, sondern auch Gottes Gebot, das er als Naturgesetz geschaffen und der Nation und jedem ihrer Angehörigen eingeimpft hat.
Diesem Gesetz habe ich mein ganzes Leben lang gedient, und daher betrachte ich mich als Märtyrer in erster Linie dieses göttlichen Gesetzes. In zweiter Linie fühle ich mich als Märtyrer der Verteidigung des Christentums gegen den Bolschewismus."

171a Hofer, Gauleiter von Tirol in Innsbruck.
124 Horthy, Miklos, von Nagybania, Reichsverweser von Ungarn ab 1. März 1920. 1944 nahmen die Deutschen ihn fest, weil er Ungarn vom Bündnis mit den Achsenmächten entfernen wollte. Horthy kam in ein Lager.
Während der Räterepublik betraute ihn die gegenrevolutionäre Regierung mit der Bildung einer National-Armee, an deren Spitze er am 16. Nov. 1920 in Budapest einrückte. Gegenspieler Horthys war damals der in Siebenbürgen geborene Bela Kun, ein Mann jüdischer Herkunft, der am 21. März 1919 in Budapest die „Diktatur des Proletariats" ausrief.
80 Höß, Rudolf Franz, letzter Dienstrang SS-Standartenführer. Kommandant des KZ-Lagers Auschwitz bis Nov. 1943, danach Stellvertreter von Richard Glücks als Inspekteur der KZs.
Am 29. März 47 in Warschau zum Tode verurteilt, in Auschwitz erhängt.
177 Dr. Höttl, Wilhelm, SS-Sturmbannführer, tätig im Auslandsnachrichtendienst des RSHA.
58 Hunsche, Otto, SS-Hauptsturmführer, Nachfolger von Regierungsrat Suhr. Nach 1945 von einem deutschen Schwurgericht zu einer Zeitstrafe verurteilt.
Huppenkothen, Walter, geb. 1907, tätig bei verschiedenen Dienststellen, Ankläger gegen Canaris, 1955 zu 7 Jahren Zuchthaus verurteilt.
194 Jabotinsky, Wladimir, Führer der Revisionisten, die die jüdische Kampf-Organisation „Irgun Zvai Leumi" gründeten.
1 Jackson, Robert H., Hauptankläger im IMT-Verfahren von Nürnberg gegen Göring u. a., Richter im Obersten Bundesgericht der USA.
164 Jüttner, Hans, SS-Obergruppenführer, Chef des Führungs-Hauptamts der SS.
6 Kaltenbrunner, Ernst, Leiter des Reichssicherheits-Hauptamtes, Nachfolger Heydrichs, der am 5. Juni 42 in Prag an den Folgen eines Attentats starb. Vor 1933 war Kaltenbrunner Rechtsanwalt in Österreich. Er wurde am 16. Okt. 46 in Nürnberg gehängt, nachdem das IMT ihn zum Tode verurteilt hatte.

100	Dr. Kastner, Rezsö (Rudolf), Journalist und Jurist, Leiter der illegalen jüdischen Hilfs- und Rettungskommission in Budapest, fiel am 4. März 1957 in einer internen jüdischen Auseinandersetzung einem Attentat zum Opfer. 1958 wurde er vom höchsten israelitischen Gericht rehabilitiert.
113	Killinger, Manfred, SA-Obergruppenführer, von 1941–44 Gesandter in Bukarest, gab sich am 3. Sept. 44 in der rumänischen Hauptstadt den Tod.
166	Klages, SS-Hauptsturmführer RSHA VI, tätig in Budapest.
89	Knochen, Helmuth, SS-Standartenführer, Befehlshaber der Sicherheitspolizei in Paris, am 9. Okt. 44 dort zum Tod verurteilt; von de Gaulle begnadigt und aus der Haftanstalt entlassen.
187	Dr. Korherr, Leiter des Statistischen Amtes der SS.
132	Koretz, Vorsitzender des Judenrates in Saloniki seit Oktober 1942, Rabbiner, der wohl früher Rabbiner in Berlin-Charlottenburg war. Angeblich ist er im Konzentrationslager Belsen umgekommen.
62	Krüger, Friedrich, SS-Obergruppenführer, von 1939–43 Höherer SS- und Polizeiführer in Polen (Krakau), nahm sich am 9. Mai 1945 in Liebau/Schlesien das Leben.
65	Krumey, Hermann, SS-Sturmbannführer im RSHA, Stellvertreter Eichmanns in Ungarn, vom Schwurgericht in Frankfurt zu einer Zeitstrafe verurteilt.
143	Lages, Wilhelm, Kommandeur der Sicherheitspolizei in Amsterdam. 1949 von einem Sondergericht in Den Haag zum Tode verurteilt; 1952 zu lebenslänglicher Haft begnadigt.
38	Dr. Lange, Friedrich, SS-Sturmbannführer, Kommandeur der Sicherheitspolizei für den Generalbezirk Lettland im Zweiten Weltkrieg.
93	Laval, Pierre, bekannter französischer Politiker. Während der deutschen Besetzung Frankreichs war er vom April 42 bis Sept. 1944 französischer Ministerpräsident in Vichy. Er wurde im Frèsne-Gefängnis von Paris am 15. Okt. 45 getötet.
129	Lecca, Radu, „Judenbeauftragter" der rumänischen Regierung, getötet im Fort Jilava aufgrund eines Urteils des rumän. Volksgerichtshofs am 1. 6. 46.
46	Ley, Robert, Reichsorganisationsleiter der NSDAP, Leiter der Deutschen Arbeitsfront, nahm sich in Nürnberg 1945 das Leben.
86	Liebehenschel, Arthur, SS-Obersturmbannführer, Abteilungsleiter im Wirtschafts-Verwaltungs-Hauptamt der SS beim Inspekteur der Konzentrationslager, von 1943–44 Kommandant des KZ Auschwitz. Aufgrund des Urteils des poln. Volksgerichtshofs in Krakau vom 22. Nov. 47 getötet.
185	Dr. Linden, Herbert, Ministerialrat im Reichsinnenministerium (Gesundheitswesen), nahm sich das Leben.
39	Lischka, Kurt, während des Zweiten Weltkrieges Kommandeur der Sicherheitspolizei in Paris, in Frankreich in absentia zum Tode verurteilt, in Köln 1980 zu 10 Jahren Haft.
184	Lohse, Hinrich, Reichskommissar im Ostland, von einem Schwurgericht in Bielefeld zu 10 Jahren verurteilt.
112	Ludin, Hans Erhard, Deutscher Gesandter in der Slowakei, im Juli 1948 zum Tode verurteilt, erhängt.
111	Luther, Martin, Unterstaatssekretär im Auswärtigen Amt vom Mai 1940 – April 1943, Chef der Abteilung Deutschland im Reichsaußenministerium, von April 43 an im KZ Sachsenhausen, aus dem er bei Kriegsende entlassen wurde. Er starb nach der Kapitulation in einem Berliner Krankenhaus.

121	Mach, Alexander, Innenminister der Slowakei von 1939–45, 1947 in Preßburg zu 30 Jahren Gefängnis verurteilt.
156	Mapai, Kurzform für Mifleget Poalai Erez Israel, d. h. Arbeiterpartei Palästinas bzw. Israels, ihrem Wesen nach sozialdemokratisch; vor der Gründung des Staates Israel führte sie die Jewish Agency. Ihr gehörten Ben Gurion und Golda Meir an.
182	Maurer, Gerhard, SS-Oberführer im Wirtschaftsverwaltungs-Hauptamt der SS, Abt.-Leiter.
136	Dr. Mildner, Josef, SS-Standartenführer, Chef der Geheimen Staatspolizei in Oberschlesien, später Befehlshaber der Sicherheitspolizei in Dänemark (Kopenhagen).
180	Dr. Morgen, Konrad, SS-Sturmbannführer, leitete die Untersuchung gegen SS-Standartenführer Koch, den Kommandanten des KZ Buchenwald, heute Rechtsanwalt.
167	Moyne, Lord, Colonial Secretary, im Sommer 1942 ersetzt durch Oliver Stanley, 1942 stellv. Staatsminister in Kairo, am 16. Nov. 1944 von der Stern-Gruppe ermordet. Ein ägyptisches Kriegsgericht verurteilte die Mörder zum Tode. Das Urteil wurde vollstreckt.
32	Mussolini, Benito, Duce des Partito Nazionale Fascista, Ministerpräsident von Italien 1922 bis 1945 (Unterbrechung 1944), zuletzt Regierungschef der Reppublica Sociale Italiana, 1945 von kommunistischen Partisanen mit seiner Freundin Clara Petacci ermordet.
66	Mutschmann, Martin, Gauleiter von Sachsen.
178	Müller, Heinrich, SS-Obergruppenführer, Leiter der Abt. IV des Reichssicherheits-Hauptamtes, somit Vorgesetzter Eichmanns.
12 und 179	Nebe, Arthur, als Reichskriminaldirektor Leiter des Reichskriminalamtes, alter Nationalsozialist, bis Oktober 1941 Führer der Einsatzgruppe B im rückwärtigen Heeresgebiet der Heeresgruppe Mitte, als Mitglied des Kreises 20. Juli 44 vom Volksgerichtshof zum Tode verurteilt und dann getötet.
50	Nisko, Ortschaft westlich der San in Galizien, hart an der deutsch-sowjetischen Demarkationslinie von 1939. Liegt in der Wojewodschaft Kielce und in deren Kreis Radom. Diese Kreisstadt ist Mittelpunkt des nördlichen Vorlandes der Lysa Góra, Verwaltungszentrum der staatlichen Forsten und des Bergbaus. Radom hatte vor 1933 schon 78 000 Einwohner.
85	Nowak, Franz, Hauptsturmführer, Fahrplanreferent Eichmanns, im Januar 1946 in Wien verhaftet.
13	Oberg, Karl, SS-Obergruppenführer, Höherer SS- und Polizeiführer von Paris, nach 1945 zum Tode verurteilt, von General de Gaulle begnadigt, Regimentskamerad von General Heinrich von Stülpnagel, der 1942–44 Militärbefehlshaber in Frankreich war. Oberg trug dazu bei, daß die Niederschlagung des Putsches vom 20. Juli 44 für die Beteiligten in Paris weitgehend ohne Folgen blieb. Oberg machte bei Heinrich von Stülpnagel, begleitet nur von seinem Fahrer, nach dem 20. Juli 44 seinen Abschiedsbesuch im Lazarett Verden. Stülpnagel wurde vom Volksgerichtshof in Berlin zum Tode verurteilt und getötet.
3	Ohlendorf, Otto, Ministerialdirektor im Reichswirtschaftsministerium, Leiter des Amtes III im Reichssicherheits-Hauptamt (SD Inland), vom Juli 41–April 42 Chef der Einsatzgruppe D. Im April 1948 vom US-Militärgerichtshof Nürnberg zum Tode verurteilt. Am 8. Juni 1951 in der Haftanstalt Landsberg/Lech erhängt.

14	idem, Otto, vgl. Fußnote 3!
103	idem, Ohlendorf, vertrat die Auffassung, daß der Hauptinitiator der Vernichtungsmaßnahmen gegen die Juden Martin Bormann war. Diese Ansicht hat an Wahrscheinlichkeit gewonnen.
126	Pavelić, Andre, 1941–45 Poglavnik, d. h. Führer, somit Staatsoberhaupt des Staates Kroatien. Nach dem Zusammenbruch der Achsenmächte emigrierte er nach Argentinien.
158	Peter, Chef der Politischen Polizei in Budapest, Chef der ungarischen Geheimpolizei.
171	Pifrader, SS-Oberführer, Leiter einer Einsatzgruppe im Baltikum, später tätig im Reichssicherheits-Hauptamt.
43	Pohl, Oswald, SS-Obergruppenführer, Leiter des SS-Wirtschaftsverwaltungs-Hauptamts (WVHA), vom US-Militärgerichtshof in Nürnberg am 3. Nov. 46 zum Tod verurteilt. Am 8. Juni 51 im Gefängnis Landsberg/Lech gehängt.
94	idem, vgl. 39!
76	Rademacher, Franz, Legationsrat I. Klasse, leitete das Referat D 3 von Mai 40 bis Apr. 45. Er arbeitete mit Eichmann zusammen. Das Schwurgericht Bamberg verurteilte ihn am 2. Mai 68 zu 5 Jahren Haft; am gleichen Tag wurde er bedingt aus der Haft entlassen. Der Bundesgerichtshof hob das Urteil auf. Wegen Verhandlungsunfähigkeit Rademachers kam es zu keiner neuen Verhandlung. Rademacher starb somit in Freiheit.
135	idem, Reitlingers Behauptung ist unbeweisbar. Reitlinger bezeichnete den Genannten zu Unrecht als „Spitzel".
42	Dr. Dr. Rasch, Otto, SS-Brigadeführer, Führer der Einsatzgruppe C während des deutsch-sowjetischen Krieges, im Einsatzgruppenprozeß in Nürnberg als verhandlungsunfähig erklärt.
141	Rauter, Hans Albin, SS-Gruppenführer, Höherer SS- und Polizeiführer in den Niederlanden, am 3. Apr. 1948 in Den Haag von einem Sondergericht zum Tod verurteilt (Fliegerfall). Im Nov. 1948 getötet.
116	Richter, Gustav, SS-Hauptsturmführer von 41–44, Judenreferent in Bukarest.
9	Röhm, Ernst, Stabschef der SA und Reichsminister, auf Befehl Adolf Hitlers am 30. Juni 1934 in der Haftanstalt Stadelheim in München ohne Urteil erschossen. Mit ihm starben zahlreiche SA-Führer.
48	Dr. Schacht, Hjalmar, Reichsbankpräsident, Reichsminister von 1933 bis zum 20. Jan. 1939, vom IMT in Nürnberg am 30. Sept. 46 freigesprochen.
34	Schellenberg, Walter, SS-Gruppenführer, Leiter des Amtes IV im Reichssicherheits-Hauptamt, trat die Nachfolge von Canaris als Chef der deutschen Abwehr an. Im Apr. 1949 durch den US-Militärgerichtshof zu 6 Jahren Haft verurteilt, im Dez. 1950 begnadigt, im Sommer 1952 verstorben.
101	Schwarz, Albert, SS-Hauptsturmführer, Arbeitseinsatzführer im KZ Auschwitz.
16	Schwarz, Franz-Xaver, Reichsleiter der NSDAP, Reichsschatzmeister der NSDAP, Dienststelle in München.
163	Serow, Sowjet-General, MWD, für Deportationen verantwortlich.
174	Sima, Horia, Führer der Eisernen Garde in Rumänien.
26	Dr. Six, Franz, SS-Oberführer, zeitweilig Leiter des Amtes VII des RSHA, Führer des SS-Vorkommandos „Moskau". Vom US-Militärgericht im Ver-

fahren gegen Ohlendorf und andere zu 20 Jahren Haft verurteilt. Strafe im Januar 51 auf 10 Jahre herabgesetzt. Dr. Six wurde am 30. Sept. 52 aus der Haft in der Strafanstalt Landsberg/Lech freigelassen. Verstorben in Eppan/Südtirol.

145 Sommer, Karl, SS-Hauptsturmführer, stellv. Leiter des Amtes für Zuteilung von Arbeitskräften an die Konzentrationslager. Am 3. Nov. 1947 in Nürnberg zum Tode verurteilt, am 31. Jan. 1951 zu lebenslänglichem Zuchthaus begnadigt.

22 Speer, Albert, Dipl.-Ing., Nachfolger des am 7. Febr. 1942 abgestürzten Reichsministers Dr. Todt, am 9. Febr. 1942 zum Reichsminister für Bewaffnung und Munition, ebenso zum Generalinspekteur für das deutsche Straßenwesen sowie für Wasser und Energie ernannt. Vom IMT Nürnberg zu 20 Jahren Haft verurteilt. Nach deren Verbüßung aus der Strafanstalt Berlin-Spandau entlassen.

41 Dr. Stahlecker, Franz, SS-Brigadeführer, Befehlshaber der Sicherheitspolizei und des SD in Wien und Prag, Führer der Einsatzgruppe A im Baltikum während des deutsch-sowjetischen Krieges. Im März 1942 von Partisanen in Krasnogvardejsk getötet.

142 Starhemberg, Ernst-Rüdiger, Fürst von, nahm 1923 am Hitler-Putsch teil, wurde 1930 Bundesführer des Österreichischen Heimatschutzes. In der Regierungszeit von Dollfuß war er stellv. Leiter der Vaterländischen Front, zeitweilig Innenminister und Vizekanzler. Starhemberg ist aus Österreich emigriert.

60 Streckenbach, Bruno, SS-Gruppenführer, Befehlshaber der Sicherheitspolizei, später Leiter der Personalabteilung des Reichssicherheits-Hauptamtes, aus dem er 1942 ausschied. Er diente später in der Waffen-SS und stieg dort bis zum Divisionskommandeur auf. In sowjetischer Gefangenschaft wurde er zu 25 Jahren Haft verurteilt. Nach Rückkehr aus der UdSSR lief ein Ermittlungsverfahren der Staatsanwaltschaft Hamburg. Dort ist er inzwischen verstorben.

11 Streicher, Julius, Gauleiter von Mittelfranken, Herausgeber der Wochenschrift „Der Stürmer". Unter dem Vorwurf der Bereicherung bei der Arisierung fiel er bei Adolf Hitler in Ungnade. Der IMT Nürnberg verurteilte den radikalen Antisemiten zum Tode. Dort wurde er am 16. Okt. 1946 in der Haftanstalt erhängt.

32 Dr. Stuckart, Wilhelm, SS-Obergruppenführer, Staatssekretär im Reichsministerium des Innern. Im April 1949 durch den US-Militärgerichtshof zu einer durch die Untersuchungshaft verbüßten Haftstrafe verurteilt, sofort freigelassen, 1952 in Hannover verstorben.

57 Suhr, Regierungsrat und SS-Sturmbannführer, juristischer Sachbearbeiter IV des Reichssicherheits-Hauptamts.

134 Terboven, Josef, zuerst Gauleiter in Essen, dann Reichskommissar in Norwegen. Nahm sich im Mai 1945 das Leben.

75 Thadden, Eberhard von, Legationsrat, war seit Mai 43 Judenreferent in der Deutschland-Abteilung des Auswärtigen Amtes. Er wurde vom Schwurgericht Frankfurt zu 8 Jahren Zuchthaus verurteilt.

69 Theresienstadt, liegt im Bezirk Leitmeritz/Nordböhmen an der Eger nahe ihrer Mündung in die Elbe. Von 1780–1892 Festung. In den dreißiger Jahren hatte Theresienstadt über 7000 Einwohner. Es wurde im Krieg zum Judenghetto, das auch dem IRK vorgezeigt wurde.

71	Theresienstadt erhielt nach jüdischer Darstellung die ersten Transporte am 20., 23. und 26. Jan. 1943. Daß Theresienstadt überfüllt war, geht aus jüdischen Quellen hervor. Es drohte die Gefahr einer Fleckfieber-Epidemie. Im August 1943 besuchte eine Delegation des Dänischen Roten Kreuzes unter Dr. Juel Henigsen Theresienstadt. Der dänische Botschafter überbrachte eine Botschaft des dänischen Königs an den Rabbiner Friediger.
147 und 175	Dr. Thomas, Max, SS-Gruppenführer, von Juli 1940 bis September 1941 Höherer SS- und Polizeiführer in Paris, dann als Höherer SS- und Polizeiführer nach Kiew/Ukraine versetzt.
118	Tiso, Josef, Msgr., 1939–45 Präsident der Slowakischen Republik, am 18. Apr. 47 in Preßburg nach Todesurteil getötet. Siehe auch unter Stichwort „Hlinka-Garde"!
195	Tito, Josip (eigentlich Josip Broz), Partisanenführer in Jugoslawien, Staatschef Jugoslawiens, 1980 verstorben.
123	Dr. Tuka, Vojtech, Ministerpräsident der Slowakei von 1939–1945, im Aug. 1946 in Preßburg getötet.
114	Veesenmayer, Edmund, während des Zweiten Weltkrieges als Reichsbevollmächtigter in Budapest tätig. Im Nürnberger Wilhemstraßen-Prozeß zu 20 Jahren verurteilt. 1952 aus dem Gefängnis in Landsberg/Lech entlassen.
55	Dr. Weizmann, Chaim, der erste Staatspräsident Israels. Er rief auf dem 25. Zionistenkongreß (Genf, August 1939) zum Kampf gegen das nationalsozialistische Deutschland auf. Eine Woche nach der britischen Kriegserklärung bot Dr. Weizmann der britischen Regierung eine Kampftruppe von 20 000 Mann an und wies darauf hin, er könne eine Streitmacht von 100 000 Mann aufstellen, deren Bewaffnung allerdings Großbritannien übernehmen müsse. Diese Erklärung wurde am 8. Sept. 1939 im „Jewish Chronicle" publiziert. Am 4. Juli 44 sprach Lord Strabogli im englischen Oberhaus von der großen Bedeutung des jüdischen Kampfbeitrages.
108	vgl. Nr. 55!
161	Wallenberg, Raoul, schwedischer Diplomat, in Ungarn von den Sowjets wegen angeblicher Spionage festgenommen. Heute ist strittig, ob Wallenberg verstorben ist oder in der UdSSR lebt.
133	Weizsäcker, Ernst, Freiherr von, Staatssekretär im Reichsaußenministerium bis April 1943, dann Gesandter beim Hl. Stuhl. Im April 1949 vom US-Militärgerichtshof in Nürnberg zu 7 Jahren Gefängnis verurteilt. Die Strafe wurde auf 5 Jahre herabgesetzt. Am 6. Aug. 1951 verstarb Weizsäcker in Lindau.
159	Weiss, jüd. Industrieller in Ungarn, Martin-Weiss-Konzern in Budapest.
105	Dr. Wetzel, Ministerialrat im Reichsministerium f. d. besetzten Ostgebiete, Reichshauptstellenleiter im Rassenpolitischen Amt der NSDAP. Eichmann bezieht sich auf Dokument NO 365. Dabei handelt es sich um einen Brief Dr. Wetzels vom 25. Okt. 41 an Reichskommissar Hinrich Lohse, Riga, in dem es heißt: „... teile ich mit, daß sich Herr Oberdienstleiter Brack bereit erklärt hat, bei der Herstellung der erforderlichen Unterkünfte sowie der Vergasungsapparate mitzuwirken... Ich darf darauf hinweisen, daß Sturmbannführer Eichmann, der Sachbearbeiter im RSHA, einverstanden ist. Nach Mitteilung von Eichmann sollen in Riga und Minsk Lager für Juden geschaffen werden, in die evtl. auch Juden aus dem Altreich kommen... Es werden zur Zeit aus dem Altreich Juden evakuiert, die nach

	Litzmannstadt (Lodz), aber auch aus anderen Lagern kommen sollen, um dann später im Osten, soweit arbeitsfähig, in Arbeitseinsatz zu kommen. Nach Sachlage bestehen keine Bedenken, wenn diejenigen Juden, die nicht arbeitsfähig sind, mit den Brack'schen Hilfsmitteln beseitigt werden..."
151 und 188	Winkelmann, Otto, SS-Obergruppenführer, Höherer SS- und Polizeiführer in Budapest.
109	Wirth, Christian, Kriminalkommissar, SS-Sturmbannführer. 1942/43 unter Globocnik maßgeblich an Juden-Aktionen beteiligt, ging mit Globocnik nach Triest, im Mai 1944 von Partisanen erschossen.
23	Wisliceny, Dieter, Mitarbeiter von Eichmann, Berater in Judenfragen während des Zweiten Weltkrieges in der Slowakei. 1948 in Preßburg zum Tod verurteilt und erhängt.
34	Siehe Nr. 23!
66	Wolff, Karl, SS-Oberstgruppenführer, Verbindungsmann Himmlers zum Führerhauptquartier, Adjutant Himmlers, ab 1943 höchster SS- und Polizeiführer in Italien, vom Schwurgericht München zu 15 Jahren verurteilt, gesundheitshalber aus der Haft entlassen.
131	Wulf, A.: Die Behauptung über die Existenz eines SS-Sturmbannführers Wulf in der Dienststelle Eichmann geht auf Gerald Reitlinger zurück.
21	Zionistische Exekutive. Ihr Sitz war nach dem Ersten Weltkrieg London, später Jerusalem. Es bestand dann eine Zweigstelle in New York.
110/138	Zoepf, Wilhelm, SS-Sturmbannführer, Referatsleiter bei dem Befehlshaber der Sicherheitspolizei in den Niederlanden. Von einem deutschen Schwurgericht in München zu einer Zeitstrafe verurteilt.

Verzeichnis der Fußnoten

(außer Personen-, Städte- und z. T. Organisations-Namen)

nach Nummern

Nr. 5 Eichmann spielt auf die zeitweise bürgerkriegsähnlichen Zustände am Ende der Weimarer Republik an, als sich vor allem SA, SS, Stahlhelm, Reichsbanner und Roter Frontkämpferbund (KPD) immer mehr Straßen- und Saalschlachten lieferten. Das hatte in der Weimarer Republik schon bald nach ihrer Entstehung begonnen. Die Initiative kam dabei zuerst vor allem von der Linken. Sie verlagerte sich auch zur Rechten, als diese erstarkt war.

Nr. 24 In einer eidesstattlichen Erklärung von Moritz Fleischmann, abgegeben in London am 8. Juni 1960, die sich auf das Jahr 1938 in Wien bezieht, heißt es:

„Als Eichmann sich unsere Namen geben ließ und unsern Zusammenhang mit jüdischem Wirken, fiel ihm sofort der Name Adolf Böhm auf. Er fragte ihn, ob er der Autor der „Geschichte des Zionismus" sei, deren erster Band einige Monate vorher erschienen war. Als Adolf Böhm dies bejahte, sagte Eichmann, daß er dieses Werk mit besonderem Interesse studiert habe. Besonderes Interesse, meinte er, erweckte bei ihm ein spezieller Abschnitt, so auf einer gewissen Seite, und er begann ‚auswendig' die ganze Seite zu zitieren ...

Er sagte weiter, daß er noch keine Zeit gefunden habe, den zweiten Band, der vor ungefähr drei Wochen erschienen war, zu studieren, doch werde er dies so bald als möglich tun."

Von Adolf Böhm stammen die Bücher „Die zionistische Bewegung bis zum Ende des Weltkrieges".

„Die zionistische Bewegung 1918–1925".

Von Dr. Schwarz-Bostumisch erschien bei dem Fritsch-Verlag Leipzig während der NS-Zeit die Arbeit „Jüdischer Imperialismus – 3000 Jahre hebräische Schleichwege zur Erlangung der Weltherrschaft".

Die „Protokolle der Weisen von Zion" wurde im Mystikerkreis in St. Petersburg erarbeitet.

Nr. 52 Eichmann spielt auf die polnische Verordnung vom 6. Okt. 38 an, durch die Pässe jener Staatsbürger, die außerhalb Polens lebten, für ungültig erklärt wurden, wenn sie nicht mit einem nur in Polen nach Vorlage entsprechender Dokumente erhältlichen Stempel versehen wurden. Als Frist dafür setzte die polnische Regierung Ende Oktober 38.

Bei Nichterfüllung der Vorschrift, die sich auf Juden bezog, waren diese als staatenlos zu erklären. Der deutsche Botschafter in Warschau, von Moltke, forderte im Namen der Reichsregierung, die Frist zu verlängern. In Deutschland wurden durch diese polnische Maßnahme 17 000 Juden staatenlos, die dann im Zusammenhang mit einer Abschiebung in Schwierigkeiten gerieten.

Nr. 50 Der Fall hat sich ereignet. Eichmanns Schilderung enthält verschiedene unvollkommene Angaben, um den Namen des noch lebenden Betroffenen zu verschweigen.

Nr. 56 Im Reichsgesetzblatt I, S. 1579–81 und S. 1676 des Jahres 1938 wurden verkündet: Die Verordnungen zur Ausschaltung der deutschen Juden aus dem deutschen Wirtschaftsleben, über die Zahlung einer Kontribution („Sühneleistung"von 1 Milliarde Reichsmark, ferner über die Wiedergutmachung des durch die Ausschreitungen am 9. Nov. 1938 angerichteten Schadens.
Nr. 69 Juden wurden in den Glimmer-Werken beschäftigt.
Nr. 76b vgl. Anhang I!
Nr. 77 Vereinbarung zwischen dem Reichsführer SS und der Deutschen Polizei, Heinrich Himmler, und dem Reichsminister Dr. Thierack vom 18. Sept. 1942 (Ausgleich zu milder Strafurteile durch polizeiliche Sonderbehandlung, Auslieferung asozialer Elemente – darunter grundsätzlich Juden, Zigeuner, Russen und Ukrainer – aus dem Strafvollzug an Himmler zur „Vernichtung durch Arbeit". Auf Vorschlag des Reichsleiters Bormann wurde zwischen Himmler und Thierack abgesprochen, des Führers Zeit mit diesen Dingen nicht mehr zu beschweren.(! D. Herausgeber.) Siehe auch Ilse Staff, „Justiz im Dritten Reich", 1964.
Nr. 78 Häufig in der Praxis gehandhabt.
Nr. 79 Vgl. Vorbemerkung!
Nr. 87 Ist unrichtig. Meldungen der Einsatzkommandos liegen vor.
Nr. 88 Vgl. Stichwort „Huppenkothen" im Namensverzeichnis!
Nr. 92 Madagaskar-Plan. Ihm widmen Verfasser und Herausgeber ein eigenes Kapitel. Siehe Anhang!
Nr. 95 Veröffentlicht unmittelbar vor dem Feldzug gegen die UdSSR. Der Herausgeber hat Hinweis auf den Kaufman-Plan in einem 1 C-Bericht einer Sicherungsdivision der Heeresgruppe Mitte im Militär-Archiv Freiburg/Brsg. gesehen. Hitler hatte Kenntnis, auch Propaganda-Ministerium (Auskunft Dietr. Allers, verurteilt im Euthanasie-Prozeß in Frankfurt).
Nr. 96 Vgl. Zwischenbemerkung!
Nr. 97 Beschreibung von 14 f 13.
Nr. 98 Vichy-Regierung, Sitz der Regierung Pétain im besetzten Frankreich.
Nr. 101 Vgl. Aktion Reinhard (im Namensverzeichnis enthalten).
Nr. 102 Kommissarbefehl.
Nr. 110 Berater in Judenfragen waren den deutschen Gesandtschaften zugeteilt: In Agram (Zagreb) Abromeit, Franz, SS-Hauptsturmführer. In Den Haag Zapf, Wilhelm, SS-Sturmbannführer, verurteilt vom Schwurgericht München zu 7 Jahren. In Athen Burger, Anton, SS-Hauptsturmführer, Dannecker, wie bereits erwähnt. Siehe Namensverzeichnis, Stichwort „Dannecker!"
Nr. 120 14. März 1939.
Nr. 189 Eichmann bestreitet die Vernichtung von 2½ Millionen Juden in Auschwitz. Aus einer Notiz, die von Eichmann stammt, ist zu entnehmen, daß die Zahl der Deportierten unter insgesamt 2 Millionen liegt. Eichmann kann nicht beurteilen, wie viele getötet worden sind.
Nach Eichmann sind durch Deportierungen betroffen:
Deutsches Reich, Altreich   90 000
Deutsches Reich, Österreich   28 000

Tschechoslowakei von 1937	60 000
Frankreich	20 000
Belgien	20 000
Niederlande	90 000
Luxemburg	500
Norwegen	300
Italien	2 000
Jugoslawien	12 000
Griechenland	30 000
Rumänien	50 000
Ungarn	85 000
Polen	1 000 000

Von Auschwitz sind jüdische Deportierte in andere Lager zur Arbeit umgeleitet worden.
Zu berücksichtigen ist, daß in der UdSSR bis zu 40 % der Juden mit den sowjetischen Armeen nach dem Osten flüchteten.
Manchen Schätzungen liegt die Zahl der in den westlichen Gebieten der UdSSR lebenden Juden zugrunde. Diese Schätzung läßt die Flucht von Juden in den Osten unberücksichtigt. Die Sowjets haben allein 350 000 Juden in das Gebiet an der sowjetisch-iranischen Grenze gebracht.

Nr. 190 „Schriftlicher Befehl des Reichsführers." Diese Behauptung wurde im Ohlendorf-Prozeß aufgestellt.

Nr. 191 Zu den Aussagen von Höß und Ohlendorf: Eichmann scheint auf den Begriff des „Kronzeugen" anzuspielen.

Nr. 192 Einsatzkommandoführer Dr. Braune, der im Ohlendorf-Prozeß zum Tode verurteilt wurde, sagte aus, daß Uhren toter Juden von einer Wehrmachtsstelle angefordert wurden.

Nr. 193 Siehe Fußnote unter Berücksichtigung meiner Streichung!

Quellen- und Literaturverzeichnis

Quellen

Prozeß am Internationalen Militärgerichtshof in Nürnberg
Prozeß gegen Schlegelberger u. a. am amerikanischen Militärgerichtshof (Juristenprozeß)
Prozeß gegen Otto Ohlendorf u. a. am amerikanischen Militärgerichtshof/Einsatzgruppenprozeß

NSG-Verfahren im Gebiet von Bad Robka bei Krakau (141 Js 856/61 Hamburg)
NSG-Verfahren im Raum Lemberg (Ks 5/65 Stuttgart)
NSG-Verfahren im Raum Pinsk (4 Js 901/62 Frankfurt–Stuttgart)
NSG-Verfahren im Raum Stanislau (45 JS & 3–61 – Münster)
NSG-Verfahren im Raum Tomaszow (2 Js 461/64 2 KS 1/69 – Darmstadt)
NSG-Verfahren / Sonderkommando 4a der Einsatzgruppe C in der UdSSR – Js 4/65
NSG-Verfahren – Euthanasie (Ks 2/66 Frankfurt)
NSG-Verfahren „Sonderkommando Platz" (3 Js 2456/65)
NSG-Verfahren Rademacher – Bamberg, in dem die sachbezogenen Originalakten des Auswärtigen Amtes vorlagen
Monatsberichte des Militärbefehlshabers im GG und Unterlagen des Oberkommandos der Wehrmacht

Literatur

Reuben Ainsztein: Jewish Resistance in NAZI Occupied Eastern Europe, London 1974
Hannah Arendt: Elemente und Ursprünge totaler Herrschaft, EVA, Frankfurt
Andreas Biss: Der Stopp der Endlösung – Kampf gegen Himmler und Eichmann in Budapest, Stuttgart 1966
Otto Bräutigam: So hat es sich zugetragen, Würzburg 1968
Martin Broszat: Hitler und die Genesis der Endlösung, in: Vierteljahreshefte für Zeitgeschichte, Heft 4 1977, München
Carl J. Burckhardt: Meine Danziger Mission 1933–1939, München 1960
Civilta Cattolica: Zeitschrift des Jesuitenordens, Rom
Abba Eban: Dies ist mein Volk – Die Geschichte der Juden, Zürich 1970
Ernö Georg: Die wirtschaftlichen Unternehmungen der SS, Stuttgart 1963
Friedrich Heer: Gottes erste Liebe, München 1961
Theodor Herzl: Der Judenstaat, 1896
Paul Hilberg: Destruction of the European Jews, London
Wolfgang Jacobmeyer: Die polnische Widerstandsbewegung im Generalgouvernement und ihre Beurteilung durch deutsche Dienststellen, in Vierteljahreshefte für Zeitgeschichte Heft 4 1977, München
Robert W. Kempner: Eichman und Komplizen, Stuttgart – Wien 1961
Serge Klarsfeld: Deutsche Dokumente – Die Endlösung der Judenfrage für Frankreich, Paris 1977 (gedruckt in deutscher Sprache)
Helmut Krausnick: Kommissarbefehl und Gerichtsbarkeitserlaß in neuer Sicht, in: Vierteljahreshefte für Zeitgeschichte Heft 4, 1977, München

Richard Lichtheim: Rückkehr – Lebenserinnerungen aus der Frühzeit des Zionismus, Stuttgart 1970
Werner E. Mosse: Deutsches Judentum in Krieg und Revolution 1916–1933, Tübingen 1966
Juden im wilhelminischen Deutschland 1890–1914, Tübingen 1972
Entscheidungsjahr 1932 – Zur Judenfrage in der Endphase der Weimarer Republik, 1965
Arnold Paucker: Der jüdische Abwehrkampf gegen den Nationalsozialismus in den letzten Jahren der Weimarer Republik, Hamburg 1968
Henry Picker: Tischgespräche, Stuttgart 1976
Leon Poliakov – Josef Wulf: Das Dritte Reich und die Juden, Berlin 1955
James und Suzanne Pool: Hitlers Wegbereiter zur Macht, Bern 1979
Werner Präg und Wolfgang Jacobmeyer: Das Diensttagebuch des Deutschen Generalgouverneur in Polen, Stuttgart 1975
Peter G. J. Pulzer: Die Entstehung des politischen Antisemitismus in Deutschland und Österreich 1867–1914, Gütersloh 1964
Gerald Reitlinger: Die Endlösung, Berlin 1956
Carlo Schmid: Erinnerungen, Bern 1979
Christian Streit: Keine Kameraden, Stuttgart
Christopher Sykes: Kreuzwege nach Israel, München 1967
Jacob Toury: Die politischen Orientierungen der Juden in Deutschland, Tübingen 1966
Rudolf Vogel: Ein Stempel hat gefehlt, München 1977
John Wheeler-Bennett: Die Nemesis der Macht, Düsseldorf 1954

Walter Lüdde-Neurath

REGIERUNG DÖNITZ

Die letzten Tage des Dritten Reiches

Mit einem umfangreichen Dokumentenanhang und dem „Dönitz-Tagebuch" – Wesentlich erweiterte Neuauflage
200 Seiten – Bilder – Leinen 24,80 DM

Walter Lüdde-Neurath wurde im September 1944 Adjutant des Großadmirals Dönitz. Als solcher erlebte er vor 35 Jahren im Brennpunkt des Geschehens den Zusammenbruch, die Kapitulation der Wehrmacht und die gewaltsame Auflösung der Regierung. Aus eigener Initiative, aber mit Billigung seines Chefs, hielt er Ereignisse, Besprechungen und Anordnungen des von seiner Ernennung überraschten letzten gesamtdeutschen Staatsoberhauptes protokollarisch fest. Diese Aufzeichnungen bilden als „Dönitz-Tagebuch" eine wichtige Quelle für das Ende des Zweiten Weltkrieges in Deutschland und Europa. Das „Dönitz-Tagebuch" wird im vollen Wortlaut unverändert im Anhang dieses Buches wiedergegeben. Im Mittelpunkt dieses Werkes, das erstmals vor zwei Jahrzehnten erschien und inzwischen acht Auflagen in fünf Ländern erreichte, steht der militärisch knappe, aber erregende Erlebnisbericht, der wesentlich zur Klärung dieser schicksalsschweren Zeitspanne der jüngsten deutschen Geschichte beiträgt. Der reiche Dokumentenanhang – von Hitlers Testament über die Kapitulationsurkunden bis zu verschiedenen Zeugnissen über die Beseitigung deutscher Regierungsgewalt – ergänzt den Bericht in hervorragender Weise und gibt dem Werk die Bedeutung einer wissenschaftlichen Dokumentation ersten Ranges.

Bei Erscheinen der ersten Auflage urteilte der schwedische Forscher Sven Hedin: „Für die Geschichtsforschung ist es ja äußerst wertvoll, die reine Wahrheit über die damaligen Geschehnisse zu gewinnen. Sie schreiben nicht nur mit absolut zuverlässiger Wahrheitsliebe, sondern auch mit einer Klarheit, Würde und Ruhe, die den Leser fesselt und mit Dankbarkeit erfüllt."

Dankwart Kluge

Das Hossbach-‚Protokoll'

Die Zerstörung einer Legende
Deutsche Argumente Band 5

168 Seiten – Bilder – Ganzleinen mit Schutzumschlag
19,80 DM

Das „Hoßbach-‚Protokoll'" zählte über Jahrzehnte hinweg zu den sogenannten Schlüsseldokumenten, die Deutschland belasteten. Dieses „Dokument" galt als eines der wichtigsten Beweise der Nürnberger Ankläger gegen die deutsche Reichsführung. Zahlreiche Historiker benutzten das Hoßbach-‚Protokoll', um die deutsche Alleinschuld am Ausbruch des Zweiten Weltkrieges zu beweisen.

Dankwart Kluge, ein junger Forscher und Rechtsanwalt, erbringt nunmehr anhand umfangreichen Quellenmaterials den exakten Nachweis, daß eines der wichtigsten „Dokumente" im Nürnberger Prozeß, das sogenannte Hoßbach-‚Protokoll' von den Alliierten gefälscht worden ist. Dieser Auffassung liegen weitgehend unveröffentlichte Materialien zugrunde, die hiermit erstmalig der Öffentlichkeit vorgelegt werden. Der Verfasser hat darüber hinaus eine Reihe unmittelbar beteiligter Zeugen befragt und damit seine Forschung in überzeugender Weise abgerundet. Der kritische Leser findet eine sachliche Auseinandersetzung mit der bisherigen Argumentation ebenso wie eine nüchterne Bewertung des historischen Geschehens als solches. Die heute tonangebende Historikerschaft wird nach Studium dieses Buches ihren Standpunkt überdenken müssen.

Die vorliegende Veröffentlichung wird auf Jahre hinaus als eine der hervorragenden Einzelstudien zur Ursachengeschichte des Zweiten Weltkrieges angesehen werden müssen.